LE GUIDE VERT

Île-de-France

DÉCOUPAGE GÉOGRAPHIQUE DU GUIDE SUR LA CARTE CI-CONTRE

L'équipe du Guide Vert Michelin, de gauche à droite : Camille Bouvet, Denis Rasse, Natacha Brumard, Amaury de Valroger, Lucie Fontaine, Philippe Orain, Florence Dyan, Catherine Guégan, Hervé Dubois, Fiona Lale, Hélène Payelle, Marie-Pierre Renier, Éric Boucher, Véronique Aissani, Marie Simonet, Carole Diascorn, Jérôme Lévêque, Marion Capéra, Pascal Grougon, Dominique Auclair.

Édito

Redonner du sens au voyage en prenant son temps et dans un plus grand respect de l'environnement, voilà ce à quoi devraient ressembler nos déplacements d'aujourd'hui.

Alors, ralentissons le pas pour nous imprégner en profondeur de la richesse des lieux que nous traversons et des gens que nous rencontrons. Laissons-nous surprendre et réapprenons à nous étonner de tout ce qui se trouve sous nos yeux, en ville ou à la campagne, sur un chemin de traverse, loin de chez nous ou juste au bout de la rue.

La France est une destination magnifique, riche de milliers de sites naturels, villages, églises, châteaux, moulins... sans oublier les femmes et les hommes qui font vivre ces patrimoines et leurs terroirs d'exception. Autant de lieux incontournables ou insolites, connus ou confidentiels, que l'équipe du Guide Vert Michelin a cherchés et dénichés pour vous au cours de ses innombrables tournées sur le terrain.

Cette nouvelle édition du Guide Vert Michelin a été entièrement mise à jour. En complément des sites étoilés ★★★, nos auteurs ont également souhaité partager avec vous leurs itinéraires, leurs infos pratiques, leurs plus belles expériences de slow tourisme ainsi que leurs coups de cœur pour des adresses qui s'engagent dans une démarche écoresponsable, signalées au fil des pages par le symbole 🍃.

*À votre tour de faire le plein de beau, de bon et de rencontres.
Et vos meilleurs moments de voyage seront peut-être publiés dans la prochaine édition !
#coupsdecoeurGuideVertMichelin*

Bon voyage !

*Philippe Orain,
Directeur du Guide Vert Michelin*

Sommaire

Retrouvez nos carnets d'adresses à la fin de chaque chapitre

F. Cormon/hemis.fr

COMPRENDRE L'ÎLE-DE-FRANCE

P. Grougon/Michelin

ORGANISER SON VOYAGE

Nos incontournables

★★★

Fontainebleau

Comme François Ier, Henri IV et Napoléon, grimpez l'escalier majestueux pour plonger dans les fastes de la résidence des rois de France durant sept siècles !
Voir p. 470.

SergeyAK/Getty Images Plus

LUNAMARINA/Getty Images Plus

★★

La Défense

Prolongeant l'axe historique parisien, ce petit Manhattan-sur-Seine est revitalisé par de nouveaux projets architecturaux.
Voir p. 141.

Vladislav Zolotov/Getty Images Plus

★★★

Versailles

Le plus beau, le plus riche et le plus célèbre des palais français ! Impossible de tout voir en une seule fois. Pour une éblouissante première, privilégiez les Grands Appartements et le parc. **Voir p. 175 et 200.**

★★

Giverny

Bienvenue dans le village de Claude Monet, au royaume des couleurs vibrantes. C'est ici, dans l'incroyable jardin du peintre, qu'a fleuri l'impressionnisme. **Voir p. 330.**

iete_vidas/Getty Images Plus

R. Visage/age fotostock

★★★

Château de Chantilly

Entre chevaux et tableaux de maître, la crème des châteaux français élève ses tours dans un sublime parc dessiné par Le Nôtre, dont les jeux d'eau ont inspiré Versailles.
Voir p. 336.

Nos incontournables

★★★

Cathédrale de Chartres

Le joyau de l'art gothique européen : des portails sculptés aux exceptionnels vitraux, l'ensemble est prodigieux. **Voir p. 550.**

Manifestive_Media/Getty Images Plus

★★

Musée de l'Air et de l'Espace du Bourget

Pour survoler l'histoire de l'aviation, des premières machines volantes à la conquête spatiale. **Voir p. 54.**

Horst Gerlach/Getty Images Plus

benslimanhassan/Getty Images Plus

JSSIII/Getty Images Plus

★★★

Forêt de Fontainebleau

Le poumon vert de l'Île-de-France ! Un paradis pour les marcheurs, les grimpeurs et les cavaliers. **Voir p. 488.**

★★★

Basilique Saint-Denis

La nécropole des rois de France élève sa silhouette millénaire sur fond d'immeubles modernes, un sacré anachronisme au cœur de la banlieue nord de Paris. **Voir p. 34.**

Lionel Lourdel et Arnaud Chicurel

★★★

Vaux-le-Vicomte

Si elle a inspiré Versailles, la beauté du château et de son parc a aussi provoqué la chute de Fouquet. Une histoire à méditer à la lueur tremblante des chandelles, l'été. **Voir p. 432.**

Nos coups de cœur

La forêt de Rambouillet.
C. Goupi/age fotostock

TOP 5
Châteaux

1. La Roche-Guyon (p. 315)
2. Breteuil (p. 238)
3. Maintenon (p. 252)
4. Écouen (p. 371)
5. Maisons (p. 294)

Le château de La Roche-Guyon.
F. Van der Meer Marica/ArTerra Picture Library/age fotostock

❤ **Pédaler en famille** et en sécurité sur les pistes cyclables de la forêt de Rambouillet, en racontant à vos petits princes et princesses combien les rois de France aimaient s'y promener pour chasser. **Voir p. 248**.

❤ **Trouver la paix** le temps d'un concert sous les sublimes voûtes de l'abbaye de Royaumont, un bijou cistercien enfoui dans son parc verdoyant. **Voir p. 362**.

❤ **S'inviter chez Chateaubriand,** à la Vallée-aux-Loups : sa maison et son parc romantique gardent le souvenir de l'écrivain penché sur l'écritoire. De quoi donner envie de lire ou relire les *Mémoires d'outre-tombe*. **Voir p. 98**.

❤ **Se laisser envoûter,** un soir d'été, par la féerie du spectacle « Chartres en lumières ». Cette mise en scène lumineuse et sonore des monuments emblématiques de Chartres est une totale réussite. Spectaculaire. **Voir p. 559**.

❤ **Marcher sur les pas de Van Gogh à Auvers-sur-Oise**, de la petite chambre de l'Auberge Ravoux où il mourut à la maison du docteur Gachet à qui il rendait souvent visite. Van Gogh peignit plus de 70 toiles à Auvers. D'autres peintres s'y étaient également installés comme Daubigny dont on visite l'atelier. **Voir p. 306**.

Royaumont, ancienne abbaye cistercienne.
Ph. Schütze/Rodemann/Bildarchiv Monheim/age fotostock

Nos coups de cœur

La château de Saint-Germain-en-Laye.
T. Bognár/age fotostock

❤ **Plonger dans la tourmente** au remarquable musée de la Grande Guerre, à Meaux, où les effets spéciaux parviennent à restituer le fracas mortel de la Bataille de la Marne, taxis compris. **Voir p. 413**.

Provins et la tour César.
kodachrome25/Getty Images Plus

❤ **Faire connaissance** avec Agilbert, Ébrégésile et Telchide, nos ancêtres mérovingiens. Ils reposent dans la crypte mérovingienne (derrière l'église paroissiale de Jouarre), considérée comme l'un des plus anciens édifices religieux de France. **Voir p. 419**.

❤ **Raviver la flamme** à Provins, dont le patrimoine médiéval est toujours enchâssé dans ses remparts. À ne pas manquer : la découverte de la cité l'été, à la lueur des flambeaux et des bougies lors du festival « Les Lueurs du temps ». **Voir p. 464**.

La roseraie du Val-de-Marne.
J. Pfeiffer/Arco Images/age fotostock

L'orangerie du château de Versailles.
NoSystem images/Getty Images Plus

TOP 5
Parcs et jardins

1. Parc du château de Versailles (p. 200)
2. Giverny (p. 330)
3. Château de Chantilly (p. 344)
4. Parc de Courances (p. 515)
5. Vallée-aux-Loups (p. 99)

❤ Voir la vie en roses

2900 fois, soit le nombre de variétés provenant du monde entier qui éclosent en juin à la roseraie du Val-de-Marne. Notre coup de cœur : la délicate rose à odeur de thé. **Voir p. 96**.

❤ Remonter le temps

sous les mâchicoulis du château royal de Saint-Germain-en-Laye, d'une forme pentagonale étonnante. Le château veille désormais sur les collections préhistoriques et gauloises du musée d'Archéologie nationale. Parmi les trésors à voir absolument : la Dame de Brassempouy. **Voir p. 267**.

Nos coups de cœur

Le château de Maintenon.
C. Goupi/age fotostock

❤ **Flirter avec le Grand Siècle** au château de Maintenon, du nom de son illustre propriétaire, à l'ascension sociale fulgurante : née « sur la paille », elle épouse en secret à la mort de la reine un Louis XIV fou d'amour. **Voir p. 252**.

❤ **Rugir de plaisir** au zoo du château de Thoiry, où les animaux de la faune africaine s'admirent en mode safari, depuis la voiture. Autre temps fort : le tunnel aux lions, tout en verre, pour une vue inédite sur les fauves. **Voir p. 261**.

Fresque de MadC à Vitry-sur-Seine.
P. Blanchot/hemis.fr

TOP 5
Architecture contemporaine

Déploiement de la cathédrale de Créteil par Charles Gustave Stosskopf, Udo Zembok, Architecturestudio.
L. Boegly/Architecturestudio

❤ **Épater ses ados** en leur proposant une balade « street art » à Vitry-sur-Seine, l'une des capitales mondiales du graffiti. Arpenter les rues à la recherche des œuvres de l'artiste C215 qui parent la ville de couleurs depuis 2009. Les emmener ensuite découvrir l'art contemporain plus institutionnel, au MAC VAL tout proche. La sculpture de Dubuffet à l'extérieur du musée donne tout de suite le ton de la visite. **Voir p. 87**.

❤ **Se mettre au vert** à l'île de loisirs de Saint-Quentin-en-Yvelines, la plus grande d'Île-de-France, avec sa réserve naturelle, ses étangs, sa ferme pédagogique, son accrobranche, sa piscine à vagues, son golf et mini-golf, ses balades à cheval, à pied, à vélo... Allez, ouste, tout le monde dehors ! **Voir p. 223**.

❤ **Découvrir le destin d'exception de Rosa Bonheur**, peintre animalier du 19e s, dans sa demeure à By-Thomery, près de Fontainebleau. Une passionnante visite guidée fait revivre dans son atelier cette artiste très célèbre de son vivant et qui vécut librement, entourée des animaux qu'elle aimait tant : chats et chiens mais aussi lionne, moutons, cerfs ou chevaux. **Voir p. 484**.

Golf, île de loisirs de St-Quentin-en-Yvelines.
M. Colin/hemis.fr

Nos coups de cœur

Le domaine de Villarceaux.
M. Gaspar/Michelin

❤ **Garnir un royal panier** de fruits et légumes frais, de jus et de confitures issus du potager du Roi, jadis fournisseur officiel de la cour de Versailles. Vous voilà parés pour un pique-nique dans le parc du château tout proche. **Voir p. 169**.

❤ **Briller de tous ses feux** à l'image du château d'Écouen, l'écrin de l'unique musée de France consacré à la Renaissance. Méconnu, il mérite vraiment une visite. **Voir p. 371**.

❤ **Jouer les femmes savantes** au domaine de Villarceaux : habité par le souvenir de Ninon de Lenclos, courtisane du Grand Siècle et femme de lettres, le sublime parc dessine un panorama de l'art des jardins au fil du temps. **Voir p. 328**.

❤ **Dominer l'avant-garde** depuis le toit-terrasse de la Villa Savoye à Poissy. Imaginée par Le Corbusier et Pierre Jeanneret, campée sur ses fins pilotis et équipée d'une rampe en guise d'escalier intérieur, la « boîte en l'air » est une icône majeure de l'architecture moderne. **Voir p. 290**.

❤ **Braver Goudurix, Discobélix et Oziris,** les manèges à sensations (très) fortes du parc Astérix, dans les ruelles du village des irréductibles Gaulois. Par Toutatis ! **Voir p. 376.**

La Coulée verte du sud parisien.
A. Kubacsi/age fotostock

TOP 5
Balades à vélo

1. Coulée verte du sud parisien (p. 612)
2. Vallée de Chevreuse (p. 229)
3. Bords de Marne à Nogent (p. 80)
4. Forêt de Rambouillet (p. 248)
5. Piste du canal de l'Ourcq (p. 612)

La villa Savoye de Le Corbusier et Pierre Jeanneret.
Schütze/Rodemann/Bildarchiv Monheim/age fotostock/©FLC/ADAG, Paris 2023 et ©ADAGP, Paris 2023

Et vous, quels sont vos plus beaux souvenirs de voyage ?

Partagez-les nous sur Instagram ! Vous serez peut-être sélectionnés pour une publication dans une prochaine édition en mentionnant le # : **#coupsdecoeurGuideVertMichelin**

Nos itinéraires

4 jours

Au vert autour de Fontainebleau

En bref : 110 km à travers l'une des plus belles forêts franciliennes.

SergeyAK/Getty Images Plus

Fontainebleau, côté château — J-1

Le matin, promenade dans le parc (**p. 482**) pour profiter des lumières ou des brumes, selon la saison. Puis visite du château (**p. 472**). Soirée en ville et nuit sur place.

Fontainebleau, côté forêt — J-2

Matin : choisissez votre randonnée en forêt selon nos propositions (**p. 488**). Après-midi à Barbizon sur les traces des peintres (**p. 500**). Nuit au vert aux alentours.

Conseils : évitez de venir le w.-end pour échapper à l'affluence.

Les rives du Loing.
benslimanhassan/Getty Images Plus

Vaux-le-Vicomte/ Courances — J-3

Des châteaux, oui, mais aussi de sublimes parcs : celui de Vaux-le-Vicomte est signé Le Nôtre (**p. 432**), celui de Courances est l'un des plus beaux jardins d'eau de la Renaissance (**p. 515**). Nuit à Milly-la-Forêt.

Milly-la-Forêt/ Moret-sur-Loing — J-4

Découverte du berceau de la culture des plantes médicinales (**p. 513**) puis déjeuner en forêt, à Larchant (**p. 519**) avant de partir pour une promenade sur les rives du Loing (**p. 506**).

Conseils : si la météo fait des siennes, revenez plutôt à Barbizon et ses ateliers d'artistes.

5 jours

Sur les traces des peintres

En bref : 330 km pour revenir aux sources de l'impressionnisme.

DEA Picture Library/De Agostini Editore/age fotostock

Auvers-sur-Oise J-1

Sur les traces de Van Gogh (**p. 306**) : auberge Ravoux, maison du docteur Gachet et cimetière. Musée Daubigny sur les impressionnistes. Nuit sur place.

Pontoise/Giverny J-2

Matin : balade dans Pontoise (**p. 302**). Après-midi : maison Monet et musée des Impressionnismes, à Giverny (**p. 330**). Nuit sur place.

Conseils : en chemin, passez par Vétheuil où Monet a vécu pendant vingt ans (p. 318).

Chatou/ Saint-Germain-en-Laye J-3

Musée Fournaise à Chatou avec Renoir et Caillebotte (**p. 278**), puis les Nabis au musée Maurice-Denis de St-Germain-en-Laye (**p. 272**). Nuit sur place.

Yerres et Barbizon J-4

Maison Caillebotte à Yerres, dans laquelle le peintre habita près de 20 ans (**p. 448**). Cap sur Barbizon : auberge Ganne, maison-atelier de Jean-François Millet, musée départemental des peintres (**p. 500**) puis bol d'air en forêt de Fontainebleau, le sujet favori des peintres (**p. 488**). Nuit sur place.

Fontainebleau/ Moret-sur-Loing J-5

Le matin, visite du château de Rosa Bonheur à By-Thomery (**p. 484**). Après-midi à Moret-sur-Loing sur les traces d'Alfred Sisley (**p. 504**).

Auberge Ravoux à Auvers-sur-Oise.
G. J. Cummins/age fotostock

6 jours
L'Île-de-France en majesté

En bref : 260 km au fil des plus beaux parcs et châteaux.

JTB Photo/age fotostock

Versailles — J-1

Matin : visite du château (**p. 175**), image fastueuse d'une époque de création intense et symbole de toutes les folies royales, puis pique-nique dans le parc avant de l'explorer (**p. 200**). Soirée et nuit à Versailles.

Conseils : réservez pour la visite et les Grandes Eaux.

Rambouillet — J-2

Matin : promenade au balcon du Haut-Planet, en forêt de Rambouillet (**p. 249**) ; puis visite du château (**p. 244**). Nuit en chambre d'hôtes alentour.

Vallée de Chevreuse — J-3

Découverte de Chevreuse (**p. 229**) et montée au château de la Madeleine. Après-midi au château de Breteuil (**p. 238**), qui domine la haute vallée de Chevreuse. Nuit en chambre d'hôtes alentour.

Conseils : en saison, un Baladobus rallie les principaux sites de la vallée de Chevreuse (p. 233).

Le Gâtinais français — J-4

Matinée au domaine de Courances (**p. 515**), exemple imposant du style Louis XIII. Reste de la journée et nuit au vert, à Milly-la-Forêt, berceau de la culture des plantes médicinales (**p. 513**) : Conservatoire national des plantes à parfum et chapelle St-Blaise-des-Simples. Nuit au vert aux alentours.

Fontainebleau — J-5

Matin au château (**p. 470**) puis pique-nique dans le parc avant une promenade en forêt (**p. 488**). Promenade des Gorges de Franchard, gorges d'Apremont, tour Denecourt ou rocher des Demoiselles, choisissez votre circuit en forêt selon vos envies. Nuit au vert aux alentours.

Vaux-le-Vicomte J-6

Une journée permet de visiter tranquillement les jardins de Le Nôtre, l'une des œuvres fondatrices du jardin à la française, de pique-niquer, puis de faire une visite du château (**p. 432**). Aux beaux jours, la visite nocturne du château aux chandelles vaut de s'y attarder quelques heures supplémentaires.

Conseils : si vous avez le temps, faites une dernière halte au château de Vincennes (p. 67).

Promenade des Petits-Ponts, Chevreuse.
Delpixart/Getty Images Plus

Forêt de Fontainebleau.
Razvan/Getty Images Plus

Nos itinéraires

En 3 étapes

De Versailles à Chartres

En bref : 106 km à vélo pour explorer l'Île-de-France dans toute sa magnificence.

Playroom/Alamy/hemis.fr

De Versailles à Cernay-la-Ville 36 km

Cette étape au départ du château de Versailles (**p. 175**) comprend quelques routes partagées, mais relativement peu fréquentées. Entre Châteaufort et Magny-Village, quand on quitte la D36, une belle descente précède une montée abrupte. Après Magny-Village, la circulation est parfois dense sur la D195, mais pas d'inquiétude, car elle est désormais dotée de voies cyclables. La descente par le chemin de la Butte aux Buis en arrivant à St-Rémy-lès-Chevreuse (**p. 231**), pour partie en raidillon bitumé, est assez sportive. À la sortie de Choisel, la D24 est dépourvue de piste cyclable.

Conseils : de nombreuses visites peuvent ponctuer ce parcours : le musée de la Toile de Jouy à Jouy-en-Josas (p. 216), le domaine de Dampierre (p. 232) et le château de Breteuil (p. 238), près de Choisel.

De Cernay-la-Ville à Épernon 34 km

Ne manquez pas, pour commencer la journée, de faire un détour par l'ancienne abbaye des Vaux-de-Cernay (13e s.) dont les vestiges sont immergés dans un grand parc (**p. 235**). L'étape est mixte, assez plate avec d'agréables chemins forestiers avant de traverser le parc du château de Rambouillet (**p. 241**; en dehors des heures d'ouverture, suivez la D906 jusqu'à Guéville). Le trajet emprunte ensuite de jolies routes rurales, entre champs et forêts. Successions de côtes à l'approche d'Émancé et jusqu'à Épernon (sur environ 5 km).

Conseils : à Rambouillet, prenez le temps de visiter le parc des 17e-18e s.

D'Épernon à Chartres 36 km

Cette étape bucolique longe la Drouette, puis emprunte la vallée de l'Eure par des petites routes agréables. Après Maintenon – et son très beau château (**p. 252**) –, l'atmosphère champêtre est encore plus affirmée. On aperçoit l'aqueduc de Maintenon et, à l'approche de Chartres, vous n'aurez plus qu'à suivre les flèches de la cathédrale (**p. 550**).

Pour télécharger le tracé GPX du circuit, flashez ce QR code. Ouvrez le fichier téléchargé à partir d'une application GPX et laissez-vous guider !

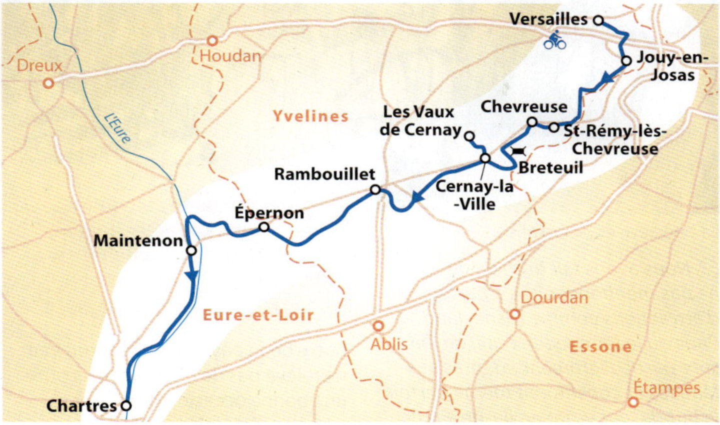

Infos pratiques

Cet itinéraire est une portion de la Véloscénie, (V40) qui relie Paris au Mont-St-Michel en continu.

www.veloscenie.com

VENIR EN TRAIN

De la gare Montparnasse, la ligne N du Transilien dessert Versailles-Chantiers, Rambouillet, Épernon, Maintenon et Chartres.
De la gare St-Lazare, la ligne L dessert Versailles-Rive-Droite.
Le RER C dessert Versailles-Château-Rive-Gauche. Le RER B dessert St-Rémy-lès-Chevreuse.

Vous pouvez prendre le train ou le RER avec un vélo en dehors des heures de pointe (lun.-vend. avant 6h30, de 9h30 à 16h30 et après 19h30 ; w.-end et jours fériés sans restriction), sauf en cas d'affluence.

LOCATION DE VÉLO

Attention, il n'y a pas de loueur à Versailles. Vous pourrez louer à Jouy-en-Josas (à 8mn de RER de Versailles-Chantiers).

Jouy-en-Josas – Stefandbike – 8 r. J.-B. Huet - 09 72 16 57 53 - réserv. en ligne. Location de VAE (70 € w.-end), prêt de remorque et siège enfant. Réparation.

Rambouillet – Loca cycles – Maison Forestière de la porte de St-Léger - 06 67 64 15 87 - www. rambouillet-location-velos.fr - ouv. le w.end. Location de VTT, VTC (25 €/j), remorque et siège enfant.

OÙ DORMIR

Pour les hébergements, voir Vallée de Chevreuse *(p. 234)*, Rambouillet *(p. 247, 251)*.

Conseils : de mi-avril à mi-octobre, Chartres est sublimée par de superbes animations lumineuses et sonores (voir p. 559).

Nos spots en famille

Les Médiévales de Provins.

B. Rieger/hemis.fr

Tout au long du guide, ce symbole vous aidera à repérer les sites ou activités qui intéresseront les enfants.

Nous avons fait le choix de ne pas mentionner ici les parcs d'attractions comme Disneyland Paris ou le Parc Astérix qui, de fait, sont particulièrement adaptés aux familles et constituent même parfois le but de leur visite en Île-de-France.

▸ **À la conquête du musée de l'Air et de l'Espace.** Le nez en l'air, on déambule dans l'aérogare historique de Paris-Le Bourget, on foule le tarmac et on part à la découverte des appareils civils et militaires qui ont marqué l'histoire de l'aéronautique (Boeing 747, Airbus A380, Concorde, Dakota, Mirage, Rafale) et de la conquête spatiale (fusées Ariane 1 et 5). On en sort des étoiles plein les yeux. **Voir p. 54.**

▸ **Partie de campagne au bois de Vincennes.** Inutile de partir loin de la capitale pour se mettre au vert. Quand vous aurez fait le tour de l'immense aire de jeux, des multiples attractions et des « pestacles » jeune public du Parc floral, vous n'aurez que quelques pas à faire pour aller saluer les canards du lac Daumesnil, les poissons de l'aquarium tropical ou les animaux du parc zoologique et de la ferme de Paris. **Voir p. 69, 70 et 73.**

▸ **Découverte de nos régions à France Miniature.** Ici, toute la famille prend des allures de géants. Les sites, monuments et paysages de l'Hexagone s'affichent en effet au format XXS. Du coup, faire le tour de notre beau pays à pied et en un jour ne relève pas de l'exploit, mais offre une bonne occasion de réviser sa géographie ! **Voir p. 221.**

▸ **Au fil des contes au château de Breteuil.** Les personnages des histoires de Charles Perrault qui ont bercé notre enfance jouent à cache-cache dans ce beau château du 17e s., ses dépendances, ses jardins manucurés et son labyrinthe de buis. Balade contée, jeu de piste en compagnie du Petit Chaperon rouge, animations et ateliers ludiques rendent la visite d'autant plus amusante. **Voir p. 238.**

▸ **Escapade animalière à Rambouillet.** Si les cervidés et les animaux sauvages de l'Espace Rambouillet, qui évoluent en toute liberté, se laissent moins facilement approcher, vous pourrez caresser à loisir les animaux qui peuplent la plus importante ferme pédagogique d'Île-de-France : bonjour veau, vache, cochon, couvée... **Voir p. 244.**

▸ **Féerie équestre au musée vivant du Cheval.** Au sein du fastueux château de Chantilly, parions qu'ils seront fascinés par la noblesse et la souplesse des fiers destriers, magnifiques pur-sang et poneys, qui évoluent dans la majestueuse salle du dôme des Grandes Écuries lors des séances d'entraînement, des démonstrations de dressage et des superbes spectacles qui s'y tiennent quotidiennement. **Voir p. 347.**

▸ **Leçon d'histoire au musée de la Grande Guerre.** Moins barbant qu'un manuel scolaire, le plus grand musée d'Europe dédié à la guerre de 14-18 évoque la Première Guerre mondiale sans fard ni détour. Avec ses activités pédagogiques, immersives et interactives, ses reconstitutions réalistes des tranchées, ses véhicules d'époque, ses uniformes et ses pièces d'armement et d'artillerie, il nous plonge littéralement au cœur du conflit. Passionnant et émouvant. **Voir p. 413.**

▸ **Sport à la carte sur les îles de loisirs.** Envie d'une pause nature ? Cap sur la douzaine de bases de plein air et de loisirs qui émaillent les boucles de la Marne et de la Seine : plages surveillées, pédalo, planche à voile, *paddle*, canoë-kayak, aviron, catamaran, mais aussi rafting et hydrospeed... Vous n'avez pas le pied marin ? Les activités ne manquent pas non plus côté terre : tennis, golf, équitation, parcours d'orientation, accrobranche, VTT, trottinette électrique, pour ne citer qu'elles. **Voir p. 409, 428, 451 et 536.**

▸ **Au temps des chevaliers à Provins.** La ville, déjà, convoque le souvenir d'un passé médiéval prestigieux. Mais c'est sans compter avec les nombreuses animations costumées qui rythment les journées en saison : maniement des armes, joutes et tournois équestres, spectacles de fauconnerie, etc. Et s'ils sont en âge d'apprécier, attablez-vous avec les enfants pour un banquet médiéval animé par des troubadours. **Voir p. 456.**

▸ **Initiation à l'escalade en forêt de Fontainebleau.** Terrain de jeu privilégié des grimpeurs parisiens, ses rochers et ses parcours pour tous les niveaux constituent un site d'apprentissage idéal pour les varappeurs en herbe. Ceux qui n'aiment pas quitter le plancher des vaches arpenteront les 500 km de sentiers et les 1 000 km de routes forestières à pied, à vélo ou à cheval. **Voir p. 488.**

Vous avez vécu une super expérience en famille ?

Partagez-la nous sur Instagram ! Vous serez peut-être sélectionnés pour une publication dans une prochaine édition en mentionnant le # : **#enfamilleGuideVertMichelin**

France Miniature.
B. Gardel/hemis.fr

Abbaye de Royaumont.
Schütze/Rodemann/Bildarchiv Monheim/age fotostock

DÉCOUVRIR L'ÎLE-DE-FRANCE

Balades à travers la Petite Couronne

CARTE MICHELIN 101 ZOOM - DÉPARTEMENTS 75, 92, 93 ET 94 VOIR CARTE P. 30-31

Vue sur La Défense depuis le parc du château de Saint-Germain-en-Laye.
P. Moulu/hemis.fr

Nos idées de balades d'une demi-journée à une journée autour de Paris.

1

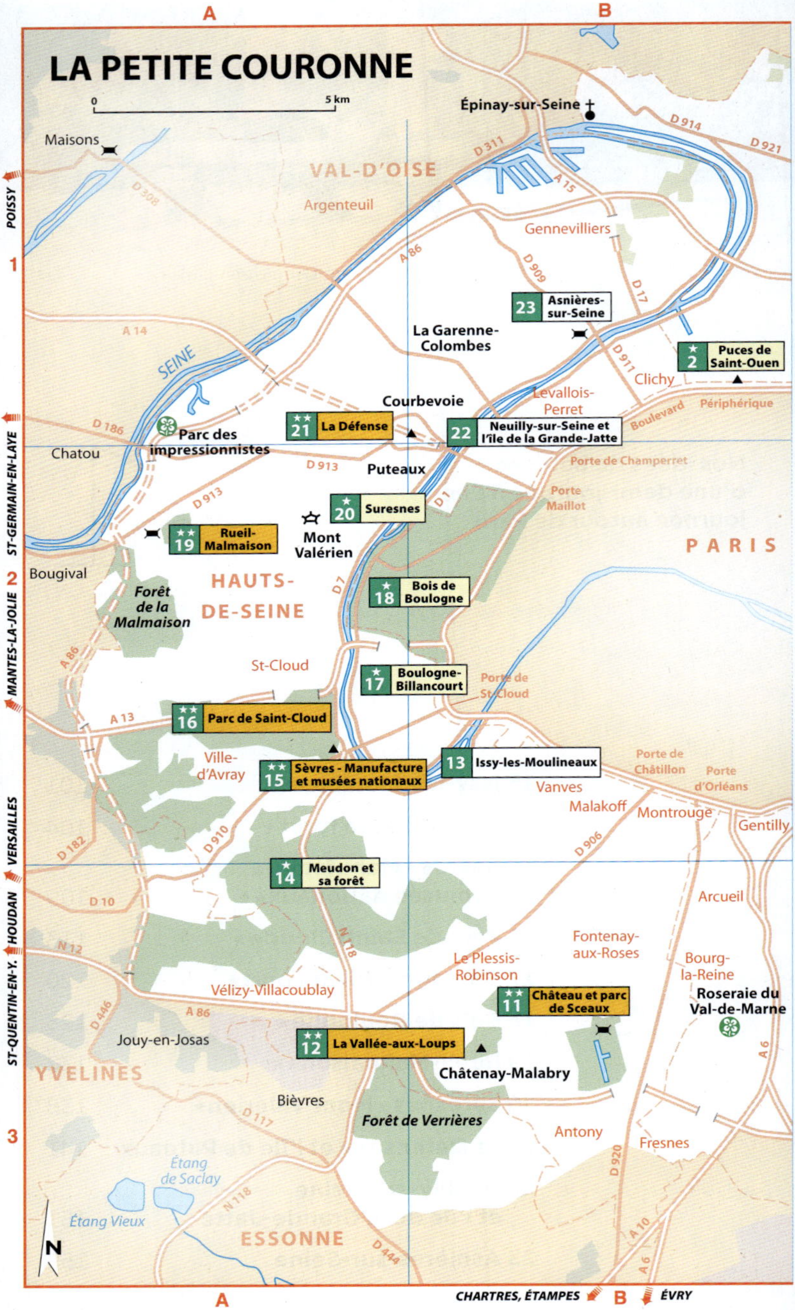
LA PETITE COURONNE
0
5 km
A
B
POISSY
ST-GERMAIN-EN-LAYE
MANTES-LA-JOLIE
VERSAILLES
HOUDAN
ST-QUENTIN-EN-Y.
1
2
3
Maisons
Épinay-sur-Seine
VAL-D'OISE
Argenteuil
Gennevilliers
SEINE
23 Asnières-sur-Seine
La Garenne-Colombes
2 Puces de Saint-Ouen
Clichy
Levallois-Perret
Périphérique
Boulevard
Courbevoie
21 La Défense
22 Neuilly-sur-Seine et l'île de la Grande-Jatte
Parc des impressionnistes
Chatou
Puteaux
Porte de Champerret
Porte Maillot
20 Suresnes
Mont Valérien
19 Rueil-Malmaison
PARIS
Bougival
Forêt de la Malmaison
HAUTS-DE-SEINE
18 Bois de Boulogne
St-Cloud
17 Boulogne-Billancourt
Porte de St-Cloud
16 Parc de Saint-Cloud
Ville-d'Avray
15 Sèvres - Manufacture et musées nationaux
13 Issy-les-Moulineaux
Porte de Châtillon
Porte d'Orléans
Vanves
Malakoff
Montrouge
Gentilly
14 Meudon et sa forêt
Arcueil
Fontenay-aux-Roses
Le Plessis-Robinson
Bourg-la-Reine
Vélizy-Villacoublay
11 Château et parc de Sceaux
Roseraie du Val-de-Marne
Jouy-en-Josas
12 La Vallée-aux-Loups
Châtenay-Malabry
YVELINES
Bièvres
Forêt de Verrières
Antony
Fresnes
Étang de Saclay
Étang Vieux
ESSONNE
N
CHARTRES, ÉTAMPES
ÉVRY
D 914
D 921
D 311
A 15
D 308
A 86
D 909
D 17
A 14
D 911
D 186
D 913
D 1
D 7
A 13
D 910
D 182
D 906
D 10
N 12
N 118
D 446
D 117
D 920
D 444
A 10
A 6

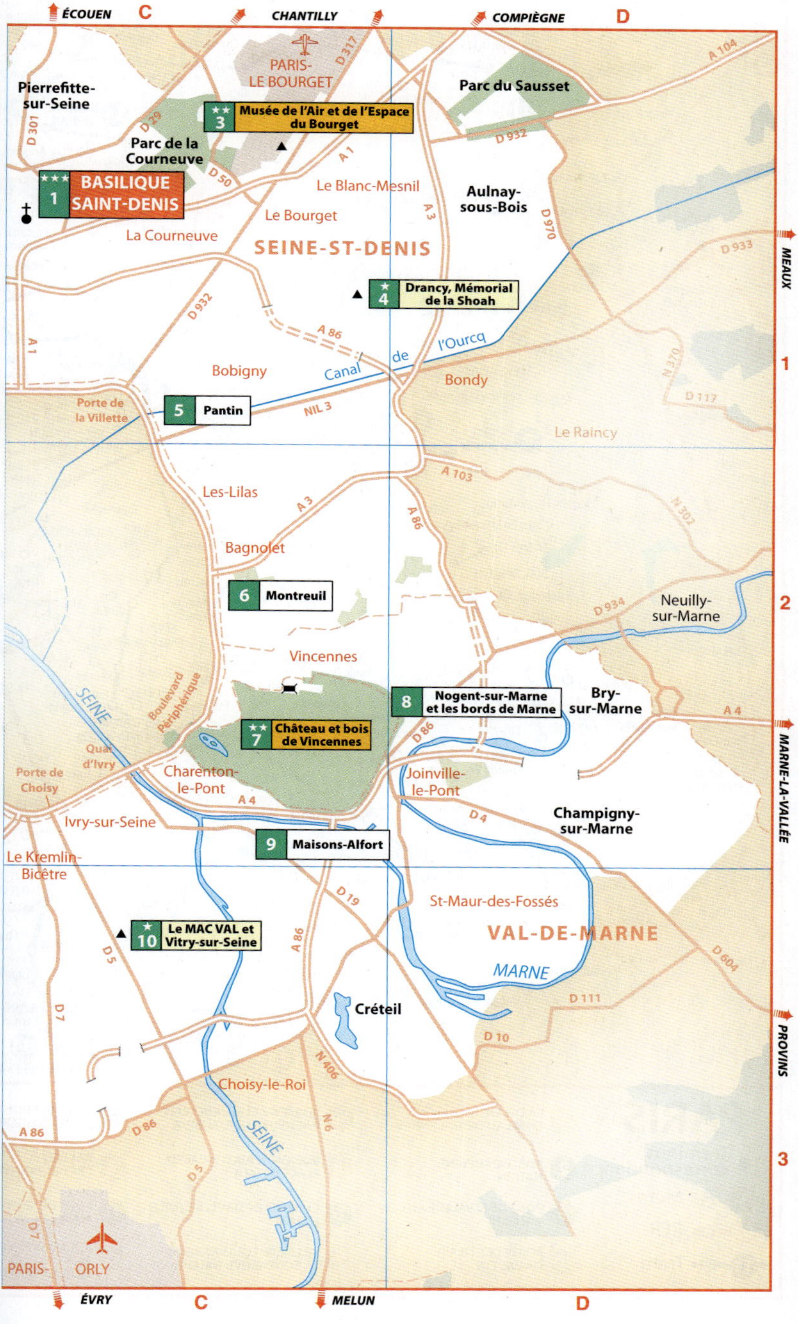
ÉCOUEN
C
CHANTILLY
COMPIÈGNE
D
PARIS-
LE BOURGET
Pierrefitte-
sur-Seine
Parc du Sausset
★★ 3 Musée de l'Air et de l'Espace du Bourget
Parc de la
Courneuve
★★★ 1 BASILIQUE SAINT-DENIS
Le Blanc-Mesnil
Aulnay-
sous-Bois
Le Bourget
La Courneuve
SEINE-ST-DENIS
MEAUX
★ 4 Drancy, Mémorial de la Shoah
Canal de l'Ourcq
Bobigny
Bondy
1
Porte de
la Villette
5 Pantin
Le Raincy
Les-Lilas
Bagnolet
6 Montreuil
2
Neuilly-
sur-Marne
Vincennes
8 Nogent-sur-Marne et les bords de Marne
Bry-
sur-Marne
SEINE
Boulevard
Périphérique
★★ 7 Château et bois de Vincennes
MARNE-LA-VALLÉE
Quai
d'Ivry
Porte de
Choisy
Charenton-
le-Pont
Joinville-
le-Pont
Champigny-
sur-Marne
Ivry-sur-Seine
9 Maisons-Alfort
Le Kremlin-
Bicêtre
St-Maur-des-Fossés
★ 10 Le MAC VAL et Vitry-sur-Seine
VAL-DE-MARNE
MARNE
Créteil
PROVINS
Choisy-le-Roi
SEINE
3
PARIS-
ORLY
ÉVRY
C
MELUN
D

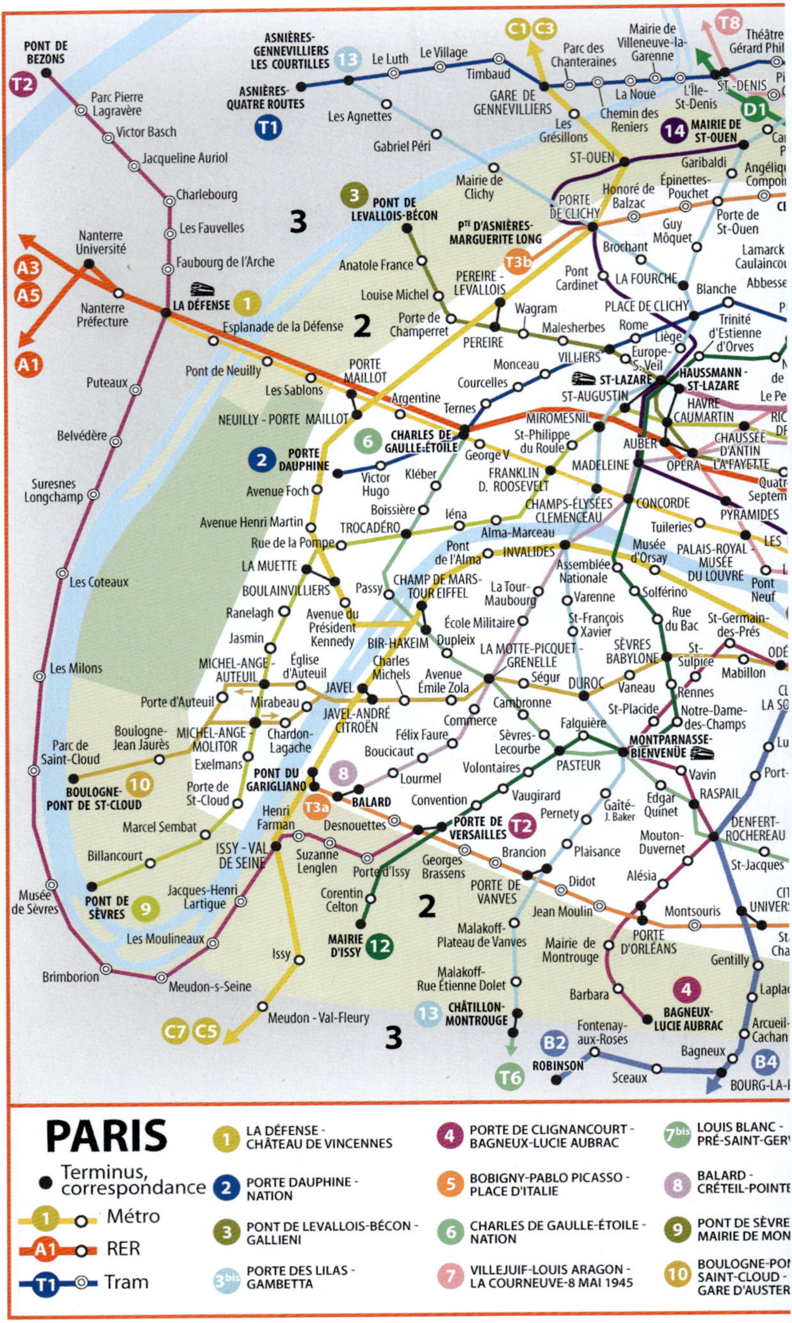
PONT DE BEZONS
T2
Parc Pierre Lagravère
Victor Basch
Jacqueline Auriol
Charlebourg
Les Fauvelles
Faubourg de l'Arche
Nanterre Université
Nanterre Préfecture
A3
A5
A1
LA DÉFENSE
Esplanade de la Défense
Pont de Neuilly
Les Sablons
Puteaux
Belvédère
Suresnes Longchamp
Les Coteaux
Les Milons
Parc de Saint-Cloud
Musée de Sèvres
Brimborion
Meudon-s-Seine
Les Moulineaux
ASNIÈRES-GENNEVILLIERS LES COURTILLES
ASNIÈRES-QUATRE ROUTES
T1
13
Le Luth
Le Village
Timbaud
Les Agnettes
Gabriel Péri
Mairie de Clichy
C1 C3
GARE DE GENNEVILLIERS
Parc des Chanteraines
Mairie de Villeneuve-la-Garenne
La Noue
Chemin des Reniers
Les Grésillons
L'Île-St-Denis
ST-DENIS
T8
D1
14
MAIRIE DE ST-OUEN
ST-OUEN
Garibaldi
Épinettes-Pouchet
Honoré de Balzac
PORTE DE CLICHY
Guy Môquet
Porte de St-Ouen
3
PONT DE LEVALLOIS-BÉCON
Anatole France
Louise Michel
Porte de Champerret
PTE D'ASNIÈRES-MARGUERITE LONG
T3b
PEREIRE-LEVALLOIS
PEREIRE
Wagram
Malesherbes
Pont Cardinet
Brochant
LA FOURCHE
PLACE DE CLICHY
Blanche
Rome
Liège
Europe-S. Veil
Trinité d'Estienne d'Orves
Lamarck Caulaincourt
VILLIERS
Monceau
Courcelles
Ternes
ST-LAZARE
HAUSSMANN-ST-LAZARE
ST-AUGUSTIN
HAVRE CAUMARTIN
CHAUSSÉE D'ANTIN LA FAYETTE
AUBER
OPÉRA
PORTE MAILLOT
NEUILLY - PORTE MAILLOT
Argentine
CHARLES DE GAULLE-ÉTOILE
6
MIROMESNIL
St-Philippe du Roule
George V
FRANKLIN D. ROOSEVELT
MADELEINE
CONCORDE
PYRAMIDES
Tuileries
2
PORTE DAUPHINE
Victor Hugo
Kléber
Avenue Foch
Boissière
Iéna
Avenue Henri Martin
TROCADÉRO
Alma-Marceau
CHAMPS-ÉLYSÉES CLEMENCEAU
Rue de la Pompe
Pont de l'Alma
INVALIDES
Assemblée Nationale
Musée d'Orsay
PALAIS-ROYAL - MUSÉE DU LOUVRE
Pont Neuf
LA MUETTE
BOULAINVILLIERS
Passy
CHAMP DE MARS-TOUR EIFFEL
La Tour-Maubourg
Varenne
Solférino
Rue du Bac
St-Germain-des-Prés
Ranelagh
Avenue du Président Kennedy
École Militaire
St-François Xavier
Jasmin
BIR-HAKEIM
Dupleix
LA MOTTE-PICQUET - GRENELLE
SÈVRES BABYLONE
St-Sulpice
Mabillon
MICHEL-ANGE - AUTEUIL
Église d'Auteuil
Charles Michels
Avenue Émile Zola
Ségur
DUROC
Vaneau
Rennes
Porte d'Auteuil
JAVEL
Mirabeau
JAVEL-ANDRÉ CITROËN
Cambronne
St-Placide
Notre-Dame-des-Champs
Commerce
Falguière
Boulogne-Jean Jaurès
MICHEL-ANGE - MOLITOR
Chardon-Lagache
Félix Faure
Sèvres-Lecourbe
MONTPARNASSE-BIENVENÜE
Exelmans
Boucicaut
Volontaires
PASTEUR
Vavin
10
BOULOGNE-PONT DE ST-CLOUD
Porte de St-Cloud
PONT DU GARIGLIANO
8
Lourmel
BALARD
T3a
Convention
Vaugirard
Pernety
Gaîté-J. Baker
Edgar Quinet
RASPAIL
Henri Farman
Desnouettes
PORTE DE VERSAILLES
T2
DENFERT-ROCHEREAU
Marcel Sembat
ISSY - VAL DE SEINE
Suzanne Lenglen
Porte d'Issy
Georges Brassens
Brancion
Plaisance
Mouton-Duvernet
St-Jacques
Billancourt
Corentin Celton
PORTE DE VANVES
Didot
Alésia
PONT DE SÈVRES
9
Jacques-Henri Lartigue
Jean Moulin
Montsouris
Malakoff-Plateau de Vanves
Mairie de Montrouge
PORTE D'ORLÉANS
MAIRIE D'ISSY
12
Issy
Gentilly
Malakoff-Rue Étienne Dolet
Barbara
4
BAGNEUX-LUCIE AUBRAC
13
CHÂTILLON-MONTROUGE
Meudon - Val-Fleury
C7 C5
T6
B2
ROBINSON
Fontenay-aux-Roses
Sceaux
Bagneux
B4
3
2
PARIS
Terminus, correspondance
Métro
RER
Tram
1 LA DÉFENSE - CHÂTEAU DE VINCENNES
2 PORTE DAUPHINE - NATION
3 PONT DE LEVALLOIS-BÉCON - GALLIENI
3bis PORTE DES LILAS - GAMBETTA
4 PORTE DE CLIGNANCOURT - BAGNEUX-LUCIE AUBRAC
5 BOBIGNY-PABLO PICASSO - PLACE D'ITALIE
6 CHARLES DE GAULLE-ÉTOILE - NATION
7 VILLEJUIF-LOUIS ARAGON - LA COURNEUVE-8 MAI 1945

UIS BLANC - É-SAINT-GERVAIS

LARD - ÉTEIL-POINTE DU LAC

NT DE SÈVRES - AIRIE DE MONTREUIL

ULOGNE-PONT DE INT-CLOUD - RE D'AUSTERLITZ

11 CHÂTELET - MAIRIE DES LILAS

12 MAIRIE D'AUBERVILLIERS - MAIRIE D'ISSY

13 CHÂTILLON-MONTROUGE - ST-DENIS-UNIVERSITÉ/ ASNIÈRES-GENNEVILLIERS LES COURTILLES

14 MAIRIE DE ST-OUEN - OLYMPIADES

T1 ASNIÈRES-QUATRE ROUTES - NOISY-LE-SEC

T2 PORTE DE VERSAILLES - PONT DE BEZONS

T3a PONT DU GARIGLIANO - PORTE DE VINCENNES

T3b PORTE DE VINCENNES - PORTE D'ASNIÈRES-MARGUERITE LONG

T5 MARCHÉ DE ST-DENIS - GARGES-SARCELLES

T6 CHÂTILLON-MONTROUGE - VIROFLAY-RIVE DROITE

T7 VILLEJUIF-LOUIS ARAGON - ATHIS-MONS PORTE DE L'ESSONNE

T8 ST-DENIS-PORTE DE PARIS - ÉPINAY-ORGEMONT/ VILLETANEUSE-UNIVERSITÉ

T9 PORTE DE CHOISY - ORLY-GASTON VIENS

1 Basilique Saint-Denis ★★★

et la ville de Saint-Denis

Dans cette ville populaire, multiculturelle et très animée, les siècles se télescopent... La cathédrale, nécropole des rois de France depuis les Capétiens, abrite une collection unique en Europe de gisants et de tombeaux du 12ᵉ s. au 16ᵉ s. La basilique Saint-Denis a occupé une place exceptionnelle dans l'histoire de France tout comme dans l'histoire de l'art : chacune de ses périodes de construction ou de reconstruction a été une révolution artistique. L'aventure se poursuit aujourd'hui avec un chantier d'envergure qui devrait durer jusqu'à la fin des années 2030 : le remontage de la tour nord et de la flèche d'origine (1219). Parallèlement, Saint-Denis se prépare à accueillir les Jeux Olympiques de 2024.

Se repérer

CARTE C1 (P. 30-31) - PLAN DE ST-DENIS (P. 41).
112 852 habitants – Seine-St-Denis (93)
À 5 km de la porte de la Chapelle par l'A 1.
M Basilique-de-St-Denis et Porte-de-Paris-Stade-de-France. RER B La Plaine-Stade-de-France ou RER D St-Denis et Stade-de-France-St-Denis. Tramway T1 Basilique-de-St-Denis ou T5 Marché-de-St-Denis.

Organiser son temps

Marché mar., vend. et dim. mat.

En famille

La promenade du canal St-Denis ; le parc de la Courneuve.

Carnet pratique p. 45

Nos adresses p. 45

★★★ Découvrir la basilique PLAN DE LA BASILIQUE P. 37

1 r. de la Légion-d'Honneur - ✆ 01 48 09 83 54 - www.saint-denis-basilique.fr - ♿ - avr.-sept. : 10h-18h15, dim. 12h-18h15 ; oct.-mars : 10h-17h15, dim. 12h-17h15 - 9,50 € (-25 ans gratuit) - gratuit 1ᵉʳ dim. du mois (nov.-mars).

La basilique actuelle est essentiellement l'œuvre de Suger au 12ᵉ s. et de Pierre de Montreuil au 13ᵉ s. Premier manifeste de l'art gothique pour le chevet, ce fut un modèle pour les cathédrales de la fin du 12ᵉ s., comme celles de Chartres, Senlis et Meaux.

La construction – De 1136 à 1140, **Suger**, abbé de St-Denis, fait élever la façade et les deux premières travées de la nef. Le chevet et la crypte sont bâtis de 1140 à 1144. La nef carolingienne, provisoirement conservée, est remaniée de 1145 à 1147. Au début du 13ᵉ s., la tour de gauche reçoit une magnifique flèche de pierre. Au cours de ce siècle, le chevet et le chœur sont repris, le transept et la nef sont entièrement reconstruits. Saint Louis confie les travaux à **Pierre de Montreuil** qui les dirige de 1247 jusqu'à sa mort, en 1267. Au Moyen Âge, l'ensemble monastique était entouré d'une enceinte.

La décadence – Au fil des siècles, l'entretien de la basilique laisse à désirer. La Révolution cause de nouvelles déprédations. Napoléon Iᵉʳ fait exécuter les réparations urgentes et rend l'église au culte en 1806.

Gisants à la basilique Saint-Denis.
AlexKozlov/Getty Images Plus

La restauration et le démontage de la flèche – Entamée en 1813, la restauration est conduite par **François Debret**, avec une méconnaissance de l'esprit du Moyen Âge qui soulève l'indignation. En 1837, la foudre tombe sur la **flèche**, provoquant un incendie qui dévaste la tour. Reconstruite avec des pierres trop lourdes, elle s'affaisse si dangereusement qu'il faut la démonter en 1847. **Viollet-le-Duc**, qui remplace Debret en 1847, s'attache à rassembler des documents pour opérer des restitutions fidèles. De 1858 à sa mort, en 1879, il fournit un travail considérable : l'église apparaît telle que nous la voyons aujourd'hui.

Chantier de remontage de la flèche – *www.suivezlafleche.com.*
Un ambitieux et long projet de remontage de la flèche et de la tour nord a commencé en 2020, afin de rétablir l'équilibre d'origine de la façade. Les travaux devraient durer une dizaine d'années. Ce chantier-école unique est ouvert à la visite : des échafaudages et des ateliers permettent de suivre de près les travaux des artisans (tailleurs de pierre, ferronniers, charpentiers, menuisiers, verriers). Au programme, par exemple, initiation à la sculpture et/ou à la taille de pierre, atelier de découverte Pierre & Forge. *(Les ateliers d'été d'avril à septembre, en partenariat avec le Centre des monuments nationaux, proposent une visite guidée de la basilique et un atelier d'initiation à la taille de pierre - 18 €).*

Extérieur

Le tympan du portail central représente le Jugement dernier : celui de droite (refait), la dernière communion de saint Denis ; celui de gauche (refait), le supplice du saint et de ses compagnons. Aux piédroits des portails : Vierges folles et Vierges sages *(au centre)*, travaux des mois *(à droite)* et signes du zodiaque *(à gauche)*. Sur le côté gauche de la basilique, des arcs-boutants doubles contrebutent la nef. La façade du transept, ornée d'une très belle rose, devait comporter deux tours – l'église en aurait comporté six en tout –, mais la construction s'est arrêtée au 1er étage.

Un haut lieu de la royauté

Le temps des pèlerins

Au nord de Lutèce se développe dès le 1er s. une cité romaine, *Catulliacus*. Une voie la traverse pour obliquer vers la future ville de Rouen. Saint Denis y est inhumé, vers 250, dans un cimetière gallo-romain. La tradition attribue à **sainte Geneviève** l'édification d'une première église vers 475, but d'un pèlerinage extrêmement populaire. En 630, **Dagobert** devient le bienfaiteur du monastère qui s'y est implanté. Il en fait une abbaye royale et y installe une communauté bénédictine qui prend en charge les pèlerins.

Précieuses reliques pour un cimetière aux rois

Dagobert est le premier souverain à se faire inhumer à St-Denis. En 754, **Pépin le Bref** s'y fait sacrer roi par le pape. Sous le chœur, il aménage un « martyrium » où l'on vénère les reliques de saint Denis et de ses compagnons, Éleuthère et Rustique. Les liens de l'abbaye avec le pouvoir royal s'amplifient : à partir d'**Hugues Capet**, tous les souverains sont inhumés à St-Denis – sauf cinq d'entre eux.

Si les rois se font enterrer à St-Denis, c'est en raison de la présence des reliques. Au Moyen Âge, on considère qu'elles protègent le corps et l'âme des rois défunts, mais aussi les objets du sacre, qui font partie du trésor de St-Denis : sceptre, main de justice... Enfin, elles protègent l'oriflamme que le roi vient chercher à la basilique pour l'emporter à la bataille. Aujourd'hui, on peut voir une copie de cette bannière, au sud du déambulatoire.

Suger, moine et homme d'État

Cet homme aux dons exceptionnels (vers 1081-1151) confère à St-Denis un éclat sans précédent. Né dans une famille pauvre, il a été « placé » à l'abbaye dès l'âge de 10 ans. Il prend un grand ascendant sur son condisciple, le futur **Louis VI**, qui l'appelle à la Cour ; il devient son conseiller et son ambassadeur auprès du pape. Élu abbé de St-Denis en 1122, Suger redessine les plans de l'église, dans le style gothique. Ministre de **Louis VII**, il est régent pendant que le roi participe à la deuxième croisade. Sa sagesse et son souci du bien public sont tels que Louis VII lui donne le nom de « père de la Patrie ».

Renommée, déclin et renouveau

Créée par l'abbaye en 1109, la **foire du Lendit** garde six siècles durant une réputation européenne. Mille deux cents loges accueillent les marchands. Chaque année, l'Université de Paris s'y rend en corps pour acheter du parchemin.

Quelques siècles plus tard, en 1793, l'abbaye est victime de la colère révolutionnaire. Elle est d'abord transformée en temple de la Raison, puis **Barrère** demande à la Convention de démonter les statues, symboles de la monarchie. Certains tombeaux – comme celui d'Hugues Capet – sont détruits, les corps profanés sont déposés dans des fosses communes. Alexandre Lenoir, membre de la Commission des monuments, transporte les tombeaux les plus précieux à Paris, au dépôt des Petits-Augustins, qui deviendra le musée des Monuments français. En 1817, peu après la fermeture du musée, ces tombeaux sont rapportés à la basilique. Deux ans plus tôt, les corps de Louis XVI et de Marie-Antoinette ont été transférés du cimetière de la Madeleine.

Intérieur

La basilique est longue de 108 m, large de 39 m au transept et haute de 29 m sous voûte, dimensions légèrement inférieures à celles de Notre-Dame de Paris. Le narthex est formé par les deux travées établies sous les tours. Leurs voûtes d'ogives, soutenues par de massifs piliers, sont en partie celles de Suger. La nef, due à Pierre de Montreuil, est d'une élégance remarquable. Les baies du triforium sont ouvertes sur l'extérieur – c'est l'un des premiers exemples de cette disposition. Les vitraux de la nef sont modernes.

★★★ Gisants et tombeaux

À St-Denis se trouvent les sépultures de 42 rois, 32 reines, 63 princes et princesses et 10 grands serviteurs de la Couronne, comme **Du Guesclin (1)**. Depuis la Révolution, leurs tombes sont vides.
Les premiers tombeaux prirent place dans la basilique au début du 13e s. Certains furent déplacés de nécropoles plus anciennes (gisants de **Clovis Ier - 2**, dalle de calcaire de **Frédégonde - 3**), d'autres sont de provenance inconnue (gisant en pierre de Tournai d'une princesse non identifiée **- 7)**. Vers 1260, Saint Louis fit exécuter les gisants de calcaire de ses prédécesseurs inhumés à St-Denis avant lui. Tous ont

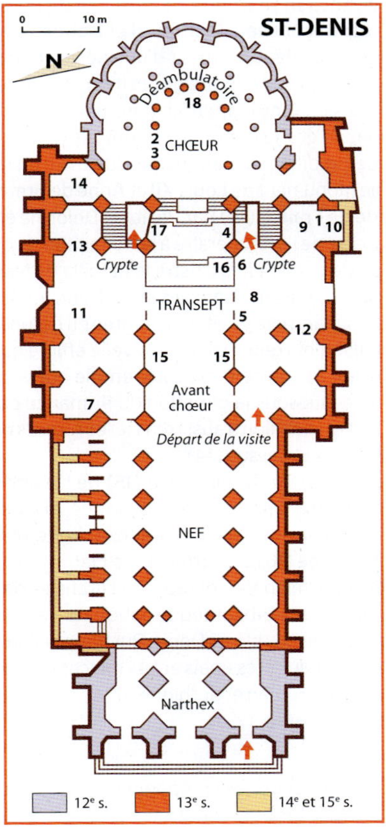

Saint Denis et la légende

Évangélisateur et premier évêque de Lutèce, **saint Denis** fut inhumé dans la basilique et lui donna son nom. Dès le 5e s., son histoire s'est embellie de légendes : décapité à Montmartre, il aurait marché, portant entre ses mains sa tête tranchée, jusqu'à tomber dans la campagne où il fut enterré en cachette par une pieuse femme.

le visage idéalisé, les yeux ouverts. Ils sont couronnés et tiennent le sceptre : cette représentation magnifiée des personnages royaux est caractéristique de l'époque (gisants de **Charles Martel - 5 -** et de **Pépin le Bref - 6)**. Saint Louis fit également édifier le tombeau de **Dagobert (4)**, de dimension exceptionnelle, à l'emplacement de la sépulture d'origine du roi, le premier à être enterré ici (en 638).
Avec le tombeau d'**Isabelle d'Aragon** et **Philippe III le Hardi**, mort en 1285, un souci de représenter la réalité de l'individu **(8)** apparaît, ainsi qu'un nouveau matériau, le marbre : blanc pour le gisant, sur une dalle de marbre noir. À partir du 14e s., on préleva sur le cadavre des rois, lors de l'embaumement, le cœur et les viscères. Le cœur, les entrailles et le corps avaient chacun leur monument, qui n'étaient jamais placés dans le même lieu. La basilique de St-Denis recevait les corps.
À partir du milieu du 14e s., quelques grands personnages font exécuter leurs tombeaux de leur vivant : on se trouve en présence de portraits authentiques. Ainsi **Charles V (9)** par Beauneveu, **Charles VI** et **Isabeau de Bavière (10)**.
À la Renaissance, les **mausolées**, s'ornent d'une décoration somptueuse. Leurs deux étages présentent une pathétique opposition. À l'étage supérieur, le roi et la reine sont figurés en costume d'apparat, dans une pose de prière qui symbolise leur résurrection. À l'étage inférieur, ils sont représentés en défunts, sans vêtements, dans une rigidité cadavérique rendue avec un réalisme minutieux. Remarquez le double monument de **Louis XII** et **Anne de Bretagne (11)**, et celui de **François Ier** et **Claude de France (12)** par Philibert Delorme et Pierre Bontemps : magnifique témoignage de l'art funéraire à la Renaissance, c'est un tombeau en arc de triomphe ; l'un des bas-reliefs illustre la bataille de Marignan.
Catherine de Médicis, qui mourut trente ans après Henri II, eut le temps d'élever le tombeau de son mari. Quand elle se vit représentée en défunte, comme le voulait la tradition, elle défaillit d'horreur. Dans la nouvelle effigie qu'elle commanda, le sommeil a été substitué à la mort. C'est cette effigie qui se trouve dans le tombeau monumental exécuté sous la direction du Primatice par Germain Pilon et Ponce Jacquio (**13**). Germain Pilon a aussi réalisé les gisants du couple souverain en tenue de sacre placés au-dessus (**14**).
Chœur – Les belles stalles pré-Renaissance **(15)** de l'avant-chœur ainsi que la porte en bois sculptée donnant accès, dans la basilique, à la nécropole du bas-côté sud, proviennent du château normand de Gaillon. À droite, remarquable **Vierge★** romane en bois polychrome **(16)**, apportée de St-Martin-des-Champs (12e s.). Le trône épiscopal **(17)** qui lui fait pendant reproduit la chaise de Dagobert (original au cabinet des Médailles de la Bibliothèque nationale à Paris).
Au fond, la châsse moderne des saints Denis, Rustique et Éleuthère **(18)** borde le **déambulatoire★** de Suger aux arcs épais et aux minces colonnes. Des fragments de vitraux (transition entre roman et gothique, 12e s.) et plusieurs retables (13e s.) ornent les chapelles de l'abside.

★★ Crypte

Les reliques de saint Denis et de ses compagnons y furent conservées jusqu'au 12e s. Le déambulatoire inférieur, construit par Suger en style roman, a été

Trouvailles d'archéologues

Entre 1952 et 1960, des fouilles ont été entreprises dans la crypte. Elles ont permis de dégager les bases d'une église primitive, construite entre le 4e et le 5e s. Des pans de murs montrent qu'elle fut agrandie à deux reprises : s'agit-il de l'église bâtie par sainte Geneviève, comme le pensent certains archéologues ? En tout cas, le site abrita des tombes du Bas-Empire (entre 260 et 476). Une découverte reste célèbre : la sépulture de la reine Arégonde, épouse de Clothaire Ier et belle-fille de Clovis (558-561).
Aujourd'hui, la basilique est ceinturée par des jardins, et rien ne subsiste des édifices qui la cernaient au Moyen Âge. Au nord, un cimetière se développa dès le 6e s. Au nord-ouest, un grand bâtiment fut édifié au 8e s. – peut-être un palais destiné à Charlemagne. D'autres fouilles, au sud, ont mis au jour des vestiges du cloître médiéval : débris de chapiteaux, de colonnettes, d'écoinçons... Il fut détruit au 18e s. par les moines qui vendirent certaines sculptures à des amateurs d'art. Une dizaine d'entre elles a été récupérée par de grands musées, notamment le Louvre et le musée de Cluny, à Paris.

considérablement restauré par Viollet-le-Duc (chapiteaux à motifs végétaux). Au centre, la **chapelle d'Hilduin**, nom de l'abbé qui la fit bâtir au 9e s., abrite le caveau collectif des Bourbons, notamment les cendres de Louis XVI, de Marie-Antoinette et la dépouille de Louis XVIII. Ils ont été rejoints en juin 2004 par le jeune Louis XVII, mort au Temple à l'âge de 10 ans, et dont le cœur a pu être authentifié par des tests ADN. 1
En 1817, l'**ossuaire** a recueilli, pêle-mêle, les restes de rois et reines, altesses et princes du sang, Mérovingiens et Capétiens, Orléans et Valois.

Se promener à Saint-Denis

PLAN P. 41

Vingt bornes d'acier et une ligne rouge au sol constituent le fil conducteur du parcours historique (1,7 km) qui s'étend de la basilique au Stade de France. Un dépliant est disponible à l'office de tourisme.
Depuis la basilique, traversez le jardin Pierre-de-Montreuil qui borde la façade nord, où débute le parcours.
Ancien siège du journal *L'Humanité* – *Angle r. de Strasbourg/r. Jean-Jaurès. En sortant du jardin, vous pouvez faire un petit crochet en suivant l'allée des Six-Chapelles à droite jusqu'à la rue de Strasbourg.* Ce bâtiment tout en courbes, en béton et en verre bleuté, fut conçu en 1989 pour le quotidien *L'Humanité*, qui l'occupa jusqu'en 2008, par le célèbre architecte brésilien **Oscar Niemeyer** (1907-2012), principal bâtisseur de Brasilia au Brésil et du siège du Parti communiste français à Paris.
Revenez à la borne 2. Laissez-vous ensuite guider en suivant la ligne rouge marquée au sol qui mène d'une borne à l'autre. Après la borne 6, prenez à droite pour rejoindre la rue du Cygne.

La Fabrique de la ville A1

4 r. du Cygne - ☎ 01 83 72 23 20/28 - www.tourisme93.com - 1er dim. du mois (sf janv. et oct.) 15h-18h - gratuit.
Sous une mystérieuse toile en forme de champignon géant rouge et blanc se cachent des vestiges d'habitations anciennes, objets d'études archéologiques : toit charpenté du 15e s. et maison du 16e s. Un échafaudage permet de grimper au-dessus du squelette des maisons et de découvrir une partie de l'histoire de

la ville, les techniques utilisées au fil des siècles pour les constructions et les méthodes de travail de l'archéologue.
Marchez jusqu'à la rue de la Boulangerie afin de rejoindre la borne 7.

Maison d'éducation de la Légion d'honneur A1

5 r. de la Légion-d'Honneur - ✆ 01 55 87 08 70 - visite guidée uniquement (sf juil.-août), sur réserv. sur www.tourisme-plainecommune-paris.com : 10 €, durée 1h30 - pièce d'identité obligatoire.
Une centaine de bénédictins vécurent jusqu'en 1790 dans cette ancienne abbaye royale. Fondée au 7e s. et plusieurs fois reconstruite, elle fut achevée au 18e s. par de grands architectes : **Jules Hardouin-Mansart**, **Robert de Cotte** et **Jacques Gabriel**. Tapisseries et lambris ont été brûlés à la Révolution, mais l'ample escalier, le cloître aux fenêtres immenses – bordant le jardin à la française reconstitué depuis 2004 – et les **grilles★** du frère Denis, un ferronnier réputé sous Louis XIV, manifestent l'importance passée de cette abbaye, qui accueillait la Cour lors des cérémonies funèbres à la basilique. En 1809, Napoléon affecta le bâtiment à l'éducation des filles des membres de la Légion d'honneur, de la Médaille militaire ainsi que de l'ordre national du Mérite : près de 500 élèves, habillées de bleu, y sont encore aujourd'hui internes de la seconde aux classes préparatoires et BTS. Le **parc** *(entrée libre, r. Pinel ou r. Paul-Vaillant-Couturier)* permet une agréable promenade ; il s'anime lors de la Fête des tulipes *(en avr.)*.
Avancez sur la rue de la Boulangerie.
Rue de la Boulangerie A1 – Cette rue du centre historique abrite les bornes 8 à 11. Le quartier fête chaque année les métiers d'art avec des ateliers-démonstrations et l'ouverture de différents ateliers installés à proximité. Remarquez au n° 46 la **maison aux Masques** avec sa façade en pierre (1re moitié du 18e s.), composée de deux arcades et de quatre hautes fenêtres ornées de ferronnerie, et surmontées de clefs de linteaux représentant les quatre saisons.
Traversez la place de la Résistance où se dressent les bornes 12 et 13 et suivez la rue Gabriel-Péri.

Musée d'art et d'histoire Paul Éluard A1

22 bis r. Gabriel-Péri - ✆ 01 83 72 24 55/57 - www.musee-saint-denis.fr - tlj sf mar. et j. fériés 10h-17h30 (jeu. 20h), w.-end 14h-18h30 - 5 € (-16 ans gratuit) - gratuit le 1er dim. du mois.
L'ancien carmel, fondé en 1625 par le cardinal de Bérulle, abrite depuis 1981 le musée d'art et d'histoire de Saint-Denis. **Louise de France**, septième fille de Louis XV, y séjourna de 1770 à 1787.
À l'entrée, l'édifice précédé d'un péristyle à quatre colonnes est l'ancienne **chapelle des carmélites** qui accueille aujourd'hui expositions et manifestations culturelles. Elle possède une belle coupole à caissons ; les riches sculptures sont dues à Joseph Deschamps.
À l'intérieur du musée, parmi les pièces provenant de l'ancien hôtel-Dieu, une belle **apothicairerie** (17e-18e s.) et un cabinet de **marqueterie** du 17e s.
Sur le cloître, jalonné des pierres tombales des religieuses, s'ouvrent deux salles jadis dévolues au réfectoire et à la cuisine. Elles accueillent les **vestiges archéologiques** exhumés à Saint-Denis : sculptures romanes, chapiteaux, céramiques et humbles objets du Moyen Âge, comme des chaussures en cuir ou des patins à glace taillés dans un os de bœuf (12e s.). Quelques objets du 19e s., peintures (Corot, Lhote) et photographies illustrent l'époque industrielle de Saint-Denis et les transformations de la ville. Le Jardin des cinq sens, créé en 2009 présente une trentaine de plantes et a été aussi conçu pour un public non-voyant.

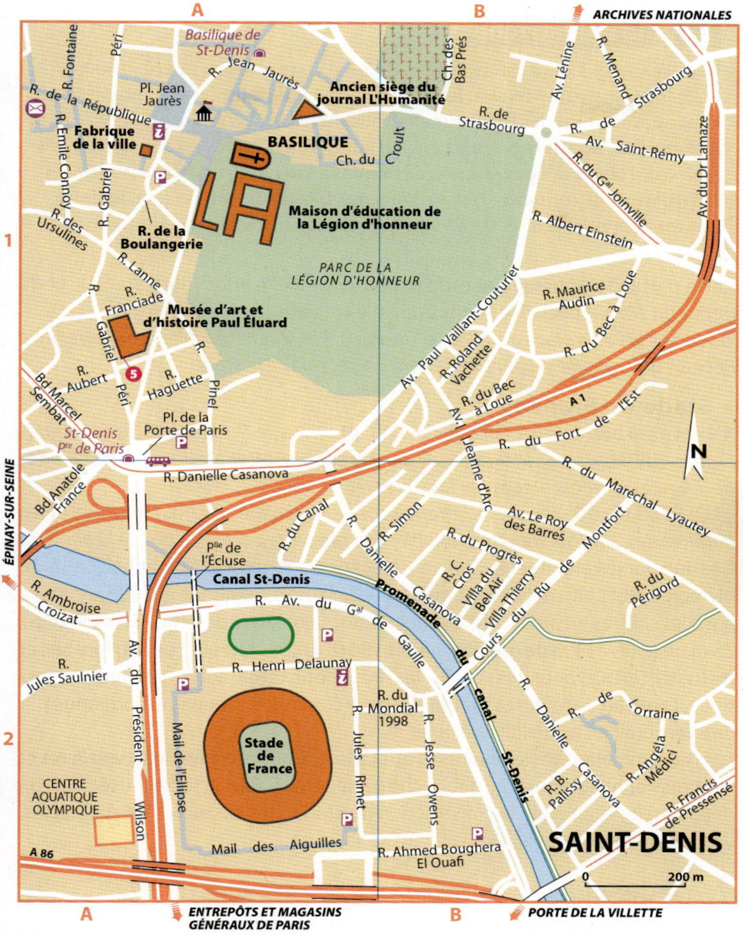

SE RESTAURER
Chez Rochette.............. 5

Au 1er étage, une reconstitution de la cellule de Louise de France, des ornements liturgiques et des peintures de Guillot retracent la vie quotidienne des carmélites. Une salle est consacrée au peintre post-impressionniste **Albert André** (1869-1954) et à des œuvres de **Francis Jourdain** (1876-1958), peintre engagé proche des nabis et créateur de mobilier.

Au 2e étage, dessins, tableaux, sculptures, gravures et documents sont consacrés au siège et à la Commune de Paris en 1870-1871. L'ancien pavillon Louis XV accueille le fonds **Paul Éluard** (le célèbre poète est né à Saint-Denis en 1895). Parmi les incontournables, citons les documents manuscrits d'Éluard ainsi que des cadavres exquis et des dessins d'inspiration surréaliste, *Le Grand Vase aux danseurs et musiciens* de Picasso et *Le Poète* de Zadkine.

Poursuivez dans la rue Gabriel-Péri jusqu'à la porte de Paris.

La ville industrielle

Baptisée Franciade à la Révolution, St-Denis retrouve son nom en 1800. C'est le début de l'ère industrielle : des fabriques de teinture et d'impression apparaissent, puis des industries lourdes sur le site de la Plaine. Aujourd'hui, la ville confirme sa mue, tout en retrouvant ses racines : la moisson d'objets découverts lors de fouilles menées surtout dans les années 1970 permet de connaître l'évolution de la ville depuis son origine. Pour les images de synthèse de cette évolution, consulter *www.saint-denis.culture.fr.*

Cette partie de l'itinéraire aborde la ville industrielle et ouvrière du 19e s. et du début du 20e s., spécialisée dans la chimie et la production d'énergie.
Traversez la vaste place de la Porte-de-Paris. Empruntez ensuite la passerelle de l'Écluse qui franchit le canal de Saint-Denis et rejoint le stade.

★ Stade de France A2

À 3 km de la porte de la Chapelle par l'A 1. M *St-Denis-Porte-de-Paris Stade-de-France. RER B, arrêt La Plaine-Stade-de-France ou RER D, arrêt St-Denis et Stade-de-France-St-Denis. Accès par la porte H.*
01 55 93 00 00 - www.stadefrance.com - ♿ - voir le site pour les jours et les horaires de visite, qui sont très variables (entrée par la porte H) - 15 €, 5-18 ans 10 €.
Dessiné par les architectes Zublena, Macary, Regembal et Costantini, ce stade olympique fut construit en un temps record (31 mois). Inauguré en 1998, il cumule aussi les chiffres records : 17 ha de superficie totale, 270 m de long, 230 m de large, 35 m de haut, 45 km de gradins, plus de 80 000 spectateurs pour du football et du rugby, 96 000 pour des spectacles ! Pour optimiser le confort visuel et acoustique, l'anneau de téflon et d'aluminium qui couvre les tribunes est prolongé par une verrière de 1 ha qui filtre la lumière.
La visite emmène dans les **coulisses** du stade : tribune présidentielle, vestiaires et l'impressionnant tunnel qui débouche sur le terrain. Elle inclut le **musée**, où l'on découvre les étapes de la construction du stade, des costumes de spectacles, des guitares dédicacées…

À voir aussi

PLAN P. 41

Promenade du canal St-Denis et Street Art Avenue AB2

Comptez env. 1h30 de marche de St-Denis-Porte-de-Paris à la porte de la Villette (Paris) - accessible aux vélos (piste cyclable).
Des balades guidées orientées street art ou running sont organisées par l'office de tourisme. *Rens. au 01 55 870 870 - www.tourisme-plainecommune-paris.com - 10 €.*
Cette promenade le long du canal (aménagé en 1821) relie St-Denis (RER D St-Denis) à Paris (porte de la Villette), en passant par le stade de France (St-Denis-Porte-de-Paris, M 13) est dépaysante. Jardins, friches industrielles, résidences, maisons d'éclusiers s'y succèdent ainsi que plus de 30 œuvres de street art qui constituent la **Street Art Avenue**, lancée en 2016.

Parc de l'Île-Saint-Denis HORS PLAN

À 5 km de la porte de la Chapelle par l'A 1. De la station de RER D St-Denis, traversez la Seine par le pont de l'Île-St-Denis, puis bus 237 jusqu'au terminus (Île-St-Denis-Parc départemental).

Finale de la H Cup au Stade de France.
J.-M. Charles/age fotostock

Maison du Parc – *Accès par le quai de la Marine - ✆ 01 71 29 59 90 - https://parcsinfo.seinesaintdenis.fr.*
L'Île-Saint-Denis et ses guinguettes étaient un lieu de détente apprécié des Parisiens au 19e s. Les peintres impressionnistes Alfred Sisley, Berthe Morisot et Édouard Manet y trouvèrent l'inspiration. Les guinguettes ont désormais disparu et le parc étroit, aménagé en bout d'île, est bien tranquille, surtout en semaine.

Entrepôts et magasins généraux de Paris HORS PLAN

50 av. du Prés.-Wilson. Ces entrepôts abritaient les denrées alimentaires destinées à l'alimentation des Parisiens. Certains datent du 19e s. Les bâtiments sont aujourd'hui utilisés comme ateliers ou plateaux de télévision.

Cité du Cinéma HORS PLAN

Ne se visite pas. Installée dans l'ancienne centrale électrique de St-Denis, la Cité du Cinéma est tout droit sortie de l'imagination du réalisateur français Luc Besson. Et la reconversion de ce site industriel mêle de façon harmonieuse des lignes contemporaines et des éléments d'origine. Dans ce temple du 7e art, 62 000 m² se répartissent entre 9 plateaux de tournage, l'École de cinéma Louis-Lumière, ainsi que l'école de la Cité, montée par Luc Besson lui-même et destinée à la formation d'auteurs, de scénaristes et de réalisateurs.

À proximité

PLAN P. 30-31

Archives nationales, à Pierrefitte-sur-Seine C1

À 2 km au nord de St-Denis - 59 rue Guynemer - Pierrefitte-sur-Seine - M St-Denis-Université - ✆ 01 75 47 20 02 - www.archives-nationales.culture.gouv.fr - salle de lecture 9h-16h45 - fermé dim. et 1re quinz. d'août.
Visite guidée du bâtiment et du fonctionnement des archives (gratuit, durée 1h30, réserv. auprès du comité départemental du tourisme https://exploreparis.com.

Les Archives nationales (celles postérieures à 1790) ont quitté le quartier du Marais pour s'installer à Pierrefitte-sur-Seine en 2013. Le bâtiment, très moderne, pensé par Massimiliano Fuksas, a été conçu pour les besoins des documents : aucune lumière directe, des méthodes de conservation et de restauration adaptées, un espace plus vaste et une accessibilité facilitée pour les chercheurs internationaux (proche de l'aéroport Charles-de-Gaulle et de l'autoroute). Le projet du site de Pierrefitte-sur-Seine s'inscrit véritablement dans le désir de dématérialisation des archives du ministère de la Culture et de la Communication : la numérisation et l'accessibilité sur Internet de toutes les archives (un grand nombre l'étant déjà). Aujourd'hui, toute personne peut venir consulter ces archives à Pierrefitte-sur-Seine, dans l'une des trois salles ouvertes au public (salle de consultation des originaux, salle des inventaires et salle des microfilms).

Parc de la Courneuve (parc départemental Georges-Valbon) C1

À 3 km à l'est du centre de St-Denis - entrée du parc côté St-Denis : entrée Marville, av. Roger-Salengro - 01 43 11 13 07 - https://parcsinfo.seinesaintdenis.fr - ♿ - de mai à mi-sept. : 7h30-22h ; de mi-fév. à fin avr. 7h30-19h ; reste de l'année : consulter le site.

Comptabilisant 420 ha et à cheval sur 5 communes et 2 départements, le parc de la Courneuve convient aux grands comme aux petits avec son lac de 12 ha *(baignade interdite mais location de barque ou pédalo)*, ses activités découvertes de la faune et de la flore, ses 4 km de pistes cyclables et ses chemins de randonnée, ses quatre parcours jogging et son parcours sportif (équipement de fitness), ses aires de jeux, sans oublier la centaine d'espèces d'arbres, la roseraie et les jardins fleuris. Le parc organise des animations tout au long de l'année et accueillera plusieurs épreuves sportives ainsi que le « village des médias » lors des JO 2024.

★ Église Notre-Dame-des-Missions à Épinay-sur-Seine B1

À 6 km au nord-ouest de St-Denis - 102 av. Joffre - Épinay-sur-Seine - de St-Denis-Porte-de-Paris (M 13) prendre le T8 dir. Épinay-Orgemont arrêt Gilbert-Bonnemaison (durée 20mn) puis 10mn à pied (longer le flanc gauche de l'église et entrer par l'arrière) - 01 48 41 13 10 - http://saint-denis.catholique.fr.

Construite pour honorer les missions catholiques d'Outre-Mer durant l'exposition coloniale de 1931 au bois de Vincennes, cette église, conçue en bois à l'origine, était vouée à la démolition au terme de la manifestation. Compte tenu de son succès, elle fut finalement transplantée à Épinay-sur-Seine, dans l'objectif également de rechristianiser les banlieues, et reconstruite en 1932 par l'architecte Paul Tournon en étroite collaboration avec une trentaine d'artistes. L'église conserva la plupart de ses œuvres monumentales mais l'architecte utilisa, cette fois, une structure en béton. L'édifice surprend à la fois par la diversité des styles employés et par l'harmonie qui se dégage : façade à l'apparence d'une **pagode** recouverte de céramiques bleues et blanches inspirées de Chine et **clocher-tour** ocre-rouge à l'allure de minaret. À l'intérieur, très lumineux, remarquez la richesse des **sculptures** faisant corps avec l'architecture, la magnifique **triple verrière** du chevet qui entoure un Christ missionnaire, les douze **toiles** toutes réalisées par des artistes différents racontant l'histoire de l'expansion du christianisme à travers le monde, le **baptistère** ou encore la **rosace** octogonale.

Carnet pratique

S'informer

Office de tourisme – *1 r. de la République - St-Denis - ✆ 01 55 87 08 70 - www.tourisme93.com et www.tourisme-plainecommune-paris.com.*
L'office de tourisme organise des visites guidées.

Pass découverte

Avec un billet pour la basilique, le stade de France ou une visite guidée de l'office de tourisme, bénéficiez du tarif réduit pour tous les autres sites.

Agenda

Festival de St-Denis – *✆ 01 48 13 12 10 - http://festival-saint-denis.com/fr/home - fin mai-déb. juil.* Un rendez-vous de la musique classique depuis 1968. Concerts dans la basilique ou le pavillon de la musique de la Légion d'honneur.

L'été du canal – Durant l'Eté du canal, croisières street-art, musicales et patrimoniales sur le canal Saint-Denis et la boucle de la Seine qui longe L'Île-Saint-Denis. Renseignement : *www.tourisme93.com/ete-du-canal.* Réservation : *https://exploreparis.com.*

1

Nos adresses

PLAN P. 41

Restauration

Premier prix

Pour un bon déjeuner sur le pouce, frayez-vous un chemin dans le marché couvert (*Shopping*) : tajine, couscous ou sandwich kefta, *bokit* garni ou brochette des maquis chez le traiteur afro-caribéen, spécialités algériennes (*chakchouka, haswa, mhajeb et msemen*) chez Djamila Hadji aux **délices de Biskra**, spécialités asiatiques ou encore galette sur le stand breton.

5 **Chez Rochette** – A1 - *20 r. Gabriel-Péri - M St-Denis-Porte-de-Paris - ✆ 01 42 43 71 44 - 12h-14h30, 20h-22h, fermé lun.-mar.- entrée/plat ou plat/dessert 14 € (midi)/18 € (soir), menu complet 17/21 €.* Dans une salle chaleureuse, vous savourerez une cuisine maison composée de légumes de saison et d'autres produits en provenance directe du marché. Délicieux plats traditionnels aux accents du sud-ouest. Très bon rapport qualité-prix.

Le Coq Hardi – HORS PLAN - *1 r. Ernest-Renan - ✆ 01 48 20 05 73 - lun.-vend. 6h30-21h30, sam. 8h30-21h30 - fermé dim. - plat du jour env. 12 €.* Les habitués se retrouvent dans cet accueillant bar-restaurant de quartier. Couscous servi le vendredi dans une ambiance animée. Attention, il n'y a pas de restauration le w.-end.

Petite pause

Coopérative Pointcarré – *20 bis r. Gabriel-Péri - M St-Denis-Porte- de-Paris - www.pointcarre.coop - lun.-vend. 10h30-19h, sam. 13h-19h.* La coopérative est un lieu mutualisé, avec espace coworking, centre de formation et, au rez-de-chaussée, un café et une boutique. Arrêtez-vous pour boire un bon café bio issu du commerce équitable et découvrir la belle sélection d'objets (déco, vêtements, papeterie, accessoires de mode, jouets) venant de créateurs ou de commerçants de Saint-Denis et de la région Nord parisienne. Cuisine végétalienne proposée pour le déj. du lun. au vend.

Shopping

Un secteur semi-piéton permet de profiter des pourtours de la basilique et du marché.

Marché – *Entre les rues Gabriel-Péri, Jules-Joffrin et Auguste-Blanqui - Marché de plein air pl. Jean-Jaurès - M Basilique-de-St-Denis - mar., vend. et dim. mat.* Jadis le siège de l'une des plus grandes foires d'Europe, St-Denis reste fidèle à la tradition tout en s'ouvrant sur le monde : un véritable métissage de commerces investit la vaste et élégante halle du 19e s., ainsi que les rues environnantes. Sous la halle : des produits maraîchers régionaux (en particulier champignons, pommes, poires, miel francilien) et du monde (Antilles, Europe méridionale, Maghreb). Sur le marché de plein air, grand déballage de tissus et déstockages de vêtements, chaussures, etc.

La Vinothèque de Saint-Denis – *62 r. Gabriel-Péri - 01 49 17 32 54 - 01 49 17 32 54 - fermé lun.-mar.* Dans cette boutique aménagée au fond d'une cour, vous pourrez découvrir une centaine de vins français sélectionnés sur le volet. Ici, tout vient de producteurs responsables ! Les propriétaires proposent également des assiettes de charcuterie et de fromages ainsi que d'autres produits d'épicerie fine.

L'Île-Saint-Denis

Marques Avenue – *9 quai du Châtelier - M Mairie-de-St-Ouen, puis bus 166 arrêt Marcel-Paul ou bus 237 arrêt Centre commercial - 01 42 43 70 20 - www.marques avenue.com - fermé dim.* Ce centre commercial regroupe 75 boutiques de marque avec des prix 30 % inférieurs aux prix habituels. Quelques magasins d'usine.

En soirée

Théâtre Gérard-Philipe – *59 bd Jules-Guesde - 01 48 13 70 00 - www.theatregerardphilipe.com.* Ce centre dramatique national est un espace de création où s'exprime la modernité du théâtre dans toute sa diversité, de celui qui s'invente aujourd'hui aux dramaturgies apparues à la fin du 19e s.

La basilique Saint-Denis.
A. Chicurel/hemis.fr

De la ville royale au paradis des fripiers

Un peu d'histoire

Au haut Moyen Âge, le village doit son nom à Audoin, évêque de Rouen, mort en ce lieu et canonisé sous le nom de **saint Ouen** (609-683). Aux 13e et 14e s., les rois y établissent une de leurs résidences, et Jean II le Bon y fonde le premier ordre de chevalerie, l'ordre de l'étoile. Puis, au 17e s., le manoir royal est remplacé par un château dont Mme de Pompadour sera l'une des propriétaires.

Le 2 mai 1814, après l'abdication de Napoléon Ier, Louis XVIII, frère de Louis XVI, de retour d'exil, y signe la **déclaration de St-Ouen** par laquelle il écarte le projet de constitution élaboré par le Sénat, mais s'engage à pratiquer un gouvernement constitutionnel. Ce texte établit les bases de la future charte promulguée le 4 juin : c'est le début de la Restauration.

En 1823, Louis XVIII offre à la comtesse du Cayla, sa favorite, le château de St-Ouen qu'il a entièrement fait reconstruire en souvenir de la déclaration de St-Ouen. L'architecte Jean-Jacques-Marie Huvé construit l'édifice actuel : un pavillon carré de style pompéien. Racheté en 1965 par la municipalité, vide de tout le mobilier qui avait été récupéré par la fille de la comtesse, la princesse de Beauvau-Craon, l'édifice héberge aujourd'hui le Conservatoire de musique de la commune. Reconnus « trésor national », les œuvres d'art et le mobilier, réalisé par les plus grandes signatures du début du 19e s. (Bellangé, Feuchère, Poirier ou encore Thomire) ont été rachetés par l'État en 2016.

Les puces

En 1830, une compagnie financière ouvre un port-canal et des docks, et la commune s'industrialise. Un marché se développe porte de Clignancourt, à l'extérieur des fortifications édifiées en 1841 par Adolphe Thiers (démolies vers 1920), sur un terrain surnommé la « zone ». Comme dans toutes les communes situées à l'extérieur de l'enceinte de Paris, les marchandises échappent à l'octroi. St-Ouen devient un lieu de promenade populaire pour les Parisiens, avec ses guinguettes où l'on sert du vin blanc (produit à St-Ouen), ses jardins maraîchers et ses cabanes de marchands qui proposent leur ferraille et leurs chiffons récupérés la nuit dans les poubelles de la capitale. En 1885, le marché aux puces s'institutionnalise, et les « puciers » doivent s'acquitter d'un droit de stationnement. Après la Première Guerre mondiale, des hommes d'affaires achètent des terrains aux alentours de la rue des Rosiers et aménagent des rues, avec des stands mis en location. L'activité se développe jusqu'à devenir aujourd'hui le premier marché de l'antiquité au monde : 15 marchés y sont regroupés sur près de 7 ha, dans un site désormais classé en une aire de mise en valeur de l'architecture et du patrimoine. Cependant, la crise économique, mais aussi le développement des ventes d'antiquités sur Internet et l'évolution des goûts de la clientèle, transforment les puces et, si les marchands n'avouent pas leurs difficultés, des rideaux de boutiques d'antiquaires ne s'ouvrent plus dans les marchés les mieux cotés et les ruelles semblent plus calmes. Les marchands de sape, vendant tous les mêmes vêtements importés, prennent de plus en plus de place, délogeant parfois fripiers et antiquaires. Mais certains marchands font preuve d'ingéniosité et s'ouvrent aux galeries d'art contemporain, aux disquaires, etc. Des restaurants et hôtels en vogue font aussi le choix de s'y implanter.

2 Puces de Saint-Ouen ★

Le nom de St-Ouen, commune limitrophe de Paris au nord de la capitale, évoque le fameux marché aux puces, où les chineurs croisent les visiteurs étrangers, les collectionneurs et les « fashion victims », parmi un dédale de ruelles à ciel ouvert et de galeries couvertes. Des graffs multiples et variés animent depuis quelques années murs et rideaux de fer de ce gigantesque marché d'antiquités intimement lié, depuis toujours, à la musique swing musette et jazz manouche.

Marché aux puces de Saint-Ouen.
P. E. Forsberg/age fotostock

Se repérer

CARTE B1 (P. 30-31) - PLAN DES PUCES (P. 51).
50 697 habitants à Saint-Ouen– Seine-St-Denis (93)
À 1 km de la porte de St-Ouen par la D 111.
RER C St-Ouen. Ⓜ Garibaldi ou Ⓜ Porte-de-Clignancourt.
Vélos en libre-service : Vélib'.

Organiser son temps

Les puces ne sont ouvertes que le sam. (9h-18h), dim. (10h-18h) et lun. (11h-17h).

Nos adresses p. 53

Se promener

PLAN DU MARCHÉ AUX PUCES CI-CONTRE

M *Porte-de-Clignancourt ou Garibaldi. À la sortie du métro Porte-de-Clignancourt, prenez au nord. Passez au-dessus de la Petite Ceinture, puis sous le boulevard périphérique.*
i *124 r. des Rosiers (dans le marché aux puces) - 01 55 87 67 50 - www.tourisme-plainecommune-paris.com.* Demandez le plan des puces, très utile. L'office de tourisme organise des visites guidées des puces le sam., se rens.
Le site est une mine d'informations : *www.marcheauxpuces-saintouen.com.*
Meubles de style, vieux boutons, tenues « vintage » et robes des maisons de luxe françaises, lustres à pampilles, fauteuils de designers, cartes de l'ancien monde, livres, disques vinyle, innombrables objets insolites, dans un état de conservation variable... Dans ce marché de l'antiquité où se mêlent des univers très différents, on trouve du neuf et de l'occasion. N'espérez plus y dénicher des tableaux de maîtres comme dans les années 1920. Mais avec un peu de flair, pas mal de patience, et une propension à la négociation, vous trouverez sans doute votre bonheur ! Et qui sait peut-être des tableaux de petits maîtres ou d'assistants des grands... Nous avons sommairement classé les puces, des traditionnelles aux tendance en passant par les chic, de manière à vous aider à choisir votre marché en fonction de vos goûts. La rue des Rosiers constitue l'artère principale du marché.

Les puces traditionnelles

Marché Vernaison

Berceau des puces et paradis du bric-à-brac dans un cadre bucolique et des ruelles sinueuses, ce marché – le tout premier marché érigé en 1920 et peut-être le plus authentique – porte le nom de son ancien propriétaire, Romain Vernaison, loueur de chaises dans les jardins publics parisiens, qui louait des espaces à des « chiff-tir » ou « **biffins** » (chiffonniers) sur ce lieu-dit « les 26 arpents ». Ces derniers vendaient alors les produits de leur « chine », tradition qui perdure aujourd'hui : bibelots et meubles divers, de toute époque, sont exposés dans quelque 300 stands spécialisés.

Marché Jules-Vallès et les rues pucières

Réputé pour ses prix abordables, il abrite, sous ses deux allées couvertes, 120 stands où vous découvrirez, dans une atmosphère de vide-grenier, beaucoup d'objets insolites, des horloges, des bibelots, des livres, des BD, des affiches et bien sûr, des meubles anciens. Faites un détour par le **jardin éphémère** *(8h-18h)*, dont les murs sont couverts de fresques qui évoluent au fil du temps.
Avec leurs déballages sur les trottoirs, les **rues Paul-Bert**, **Jules-Vallès** et **Lécuyer** ont conservé l'esprit originel et populaire des puces. Le quartier est animé par de nombreux bistrots. Reliant la rue Lécuyer à la rue Jules-Vallès, **le Passage**, nommé aussi « L'Écuyer-Vallès », propose un mélange hétéroclite d'objets anciens : meubles et sculptures de jardins, livres anciens, cartes et gravures ; et pour les âmes de grands couturiers : chaussures et vêtements, costumes de théâtre, accessoires, boutons, dentelle, etc.

Les puces « chic »

★ Marché Dauphine

www.marche-dauphine.com.
Des expositions-ventes sont régulièrement organisées dans la Galerie Dauphine, située au 1er étage du marché.

Son architecture de verre et de métal, réminiscence du pavillon Baltard, en fait le plus moderne des marchés des puces (1991), mais il abrite une telle variété d'objets et de stands qu'il mérite d'être intégré aux puces « traditionnelles ». Ses 180 marchands d'antiquités et de brocante exposent sur 6 000 m² tableaux, estampes, meubles, outils d'artisans, bibelots, mercerie ou mobilier industriel remis au goût du jour par des décorateurs... il y en a vraiment pour tous les goûts et la promenade dans les allées et sur les passerelles étroites est agréable ! Depuis quelques années, le marché a évolué vers la pop culture, très visuelle, qui attire les jeunes. À l'étage, il ne faut pas manquer le **Carré des Libraires**, qui réunit la plus grande concentration de disquaires d'Europe.

★ Marché Biron

www.marchebiron.com. Le « Faubourg-St-Honoré » des puces, comme on l'a surnommé, doit sa création en 1925 à 70 antiquaires qui se constituèrent en société pour exposer ici leurs marchandises, choisissant alors une identité forte, celle des Antiquités et du style Napoléon III. Devenu **Centre international de l'antiquité et de la brocante**, ce marché rassemble en un seul et même lieu quelque 220 boutiques réputées pour la qualité de leurs meubles, tableaux et bibelots, aujourd'hui de toutes époques, aux signatures parfois prestigieuses. Son allée principale séduira le collectionneur et l'amateur d'art qui pourront faire aussi d'excellentes trouvailles dans la seconde allée, plus intime et conviviale.

Marché Cambo

Ce petit coin des puces expose, sur deux étages, du mobilier et des objets d'art des 18e et 19e s. À l'étage, extension de la Maison Beys qui se trouve en face.

SE RESTAURER

Brasserie Biron 1	Le Paul Bert 5	Voies réservées aux piétons les jours de marché
Bonne Aventure 2	Le P'tit Landais 7	Marchés volants
La Péricole 3	Au Roi du Café 9	

Marché Malassis

Sa vaste coupole abrite des stands élégants d'antiquaires-décorateurs, on y voit des meubles restaurés des 18e et 19e s., des objets et du mobilier des années 1930 à 1950 et des années 1970, mais aussi des antiquités de style oriental, des objets de marine, des collectors, des passementeries perlées et des bijoux...

Les puces « tendance »

Marché Paul-Bert Serpette

www.paulbert-serpette.com. Marché incontournable sur 12 000 m² pour tous les amateurs de la chine, il se compose d'une partie à ciel ouvert datant de 1946, Paul Bert, et d'une partie couverte datant de 1970, Serpette. Du côté Paul Bert, le marché offre un singulier mélange de meubles de magasins ou de bistrots, d'ornements de jardin et d'objets décoratifs en tout genre des années 1930 à 1970... Y est présentée une incroyable panoplie de chaises et de fauteuils, mais on peut y trouver des objets aussi insolites qu'une hélice de bateau, des plâtres d'atelier immenses, un squelette ou une patte d'éléphant ! Des expositions-ventes sont régulièrement organisées dans la Galerie des Puces située dans l'enceinte du marché. Et du côté Serpette, une clientèle haut de gamme vient chercher l'objet unique parmi un choix de marchandises de qualité, des arts primitifs jusqu'aux années 1990, en passant par l'Art nouveau. On y trouve des vêtements et costumes, des bijoux, des photographies, gravures, tableaux, des lustres et miroirs et des meubles.

Marché Malik

Ce marché doit son nom à un prince albanais venu s'installer à St-Ouen au début des années 1920. S'il a longtemps été considéré comme le « royaume de la fripe » avec ses stands de chiffonniers, il est désormais celui de la « sape » : la musique R'n'B et hip-hop constitue le fond (très) sonore d'un marché de vêtements de sports, jeans, baskets, qui rappellent les produits proposés par les stands des marchés volants des rues voisines, que l'on dit « pucières » (**rue Jean-Henri-Fabre, avenue Michelet**). Attention, cependant, aux produits de contrefaçon !

Et aussi...

Marché Antica

Ce minuscule marché, qui jouxte Vernaison, offre une chine de qualité dans une atmosphère feutrée : mobilier, lampes, bibelots et tableaux principalement.

L'Entrepôt

Grilles de châteaux, cheminées, boiseries, balcons, radiateurs anciens, faux arbres, statues monumentales, escaliers et autres pièces de grande taille font ici le bonheur d'une clientèle plutôt professionnelle, en quête d'éléments décoratifs hors normes.

L'Usine

Lieu incontournable de l'univers pucier des antiquités, cette ancienne imprimerie abrite une quarantaine de marchands dont la clientèle se limite exclusivement aux professionnels. Particuliers et curieux s'abstenir ! D'ailleurs, ce marché, comme celui de L'Écuyer, reste fermé pendant les jours d'ouverture des autres marchés.

Nos adresses

Restauration

Aux puces PLAN P. 51

Premier prix

5 **Le Paul Bert** – *20 r. Paul-Bert - ✆ 01 40 11 90 28 - www.lepaulbert.fr - jeu.-lun. 8h-18h - fermé mar., merc. et soir - plats 7,50/22 €.* En plein cœur des puces, les petits plats – notamment une fameuse soupe à l'oignon – et une bonne dose de convivialité contribuent au succès de cette brasserie à l'ancienne.

3 **La Péricole** – *2 r. Jules-Vallès - ✆ 01 40 12 44 80 - 12h-16h - menu 18 €.* Du côté des puces professionnelles, ce restaurant aux murs de pierre et à la terrasse sympathique accueille les antiquaires. Cuisine du terroir.

7 **Le P'tit Landais** – *96 r. des Rosiers - ✆ 01 49 45 11 55 - leptitlandais.eatbu.com - jeu.-lun. 8h-20h - menu 15,50 €.* Joli petit bistrot avec une terrasse. Plats et sandwichs variés, spécialités landaises. Concert de jazz manouche le dim. après-midi.

Budget moyen

1 **Brasserie Biron** – *120 av. Michelet - ✆ 01 40 11 18 72 - www.brasseriebiron.com - sam.-lun. midi - carte 18/25 € - 7 ch. 108 € - ☕ 9 €.* Cuisine classique pour ce restaurant né en 1931. Soirées musicales (voir programmation sur le site). Également 7 jolies chambres à l'Hôtel Biron.

9 **Au Roi du Café** – *32 r. Paul-Bert - ✆ 01 40 12 47 33 - 7h-17h - plats 16/25 €.* Une terrasse en plein cœur des puces, de belles assiettes, le tout dans une ambiance décontractée. Ce vieux bistrot reste une valeur sûre.

2 **Bonne Aventure** – *59 r. des Rosiers - ✆ 01 49 48 09 69 - www.bonneaventure.fr - fermé lun. soir, mar.-merc. - 18/25 €.* À la fois restaurant et bar à vins, c'est la bonne surprise qui secoue les puces. La cheffe Alcidia Vulbeau élabore des plats savoureux, tandis que son associé Mathias Tenret propose des bières artisanales et des vins en biodynamie. Une belle réussite !

À St-Ouen

Budget moyen

Le Ripailleur – *9 r. du Dr-Bauer - Ⓜ Mairie-de-St-Ouen - ✆ 09 83 04 68 50 - www.leripailleur.fr - ♿ - mar.-merc. 11h-21h, jeu.-sam. 11h-0h - menu déj. en sem. 21 €, plats 11/13 €.* En face de la patinoire et à deux pas de la mairie, ce restaurant qui louche vers l'esprit bistrot propose une cuisine chaleureuse (ris de veau, pâté en croûte) à base de produits frais, et à prix imbattables. Ici, priment convivialité et ripaille ! Une adresse bien sympathique.

Yaya – *8 r. de l'Hippodrome - Ⓜ Mairie-de-St-Ouen - ✆ 01 44 04 27 65 - www.yayarestaurant.com - fermé dim. soir - plats 18/24 €.* Yaya est le surnom donné aux grands-mères en Grèce. Ce restaurant est né d'une rencontre entre deux frères et un chef. À l'arrivée, une jolie cuisine grecque : poulpe grillé, mezzes, gâteau à l'orange (une recette de la grand-mère des deux frères, justement…). Une table sympathique dans le quartier en plein essor de Saint-Ouen.

En soirée

La Chope des Puces – *122 r. des Rosiers - ✆ 01 40 11 28 80 - www.lachopedespuces.fr - jeu. et w.-end 9h-19h - concerts sam. et dim. 12h30-19h - fermé août, lun.-merc. et vend.* Après une journée de recherches parmi les innombrables trésors des puces, vous apprécierez une halte dans ce troquet dédié au jazz manouche, sur les traces de Django Reinhardt !

3 Musée de l'Air et de l'Espace du Bourget ★★

Le musée de l'Air et de l'Espace déploie ses collections dans l'ancien aéroport du Bourget, en fonctionnement jusqu'à l'ouverture de Roissy en 1973. Créé en 1914 à des fins militaires, le champ d'aviation du Bourget fut, jusqu'à la Seconde Guerre mondiale, le premier aéroport commercial de Paris, point de départ et d'arrivée de raids mythiques… Le visiteur déambule dans l'aérogare des années 1930, où les premiers avions sont suspendus dans une mise en scène somptueuse. La visite se poursuit dans les hangars et sur le tarmac, cadre idéal pour admirer notamment Mirage et Concorde. Une section sur la conquête spatiale complète le parcours. À l'occasion du Salon international de l'aéronautique et de l'espace (années impaires), d'extraordinaires démonstrations de haute voltige créent un véritable ballet aérien sous le regard médusé des spectateurs.

Se repérer

CARTE C1 (P. 30-31).
Seine-St-Denis (93)
À 10 km de la porte de la Chapelle par l'A 1, sortie 5.

M La-Courneuve, puis bus 152. RER B Le Bourget, puis bus 152. Bus 350 direct depuis Paris-Gare-de-l'Est.

En famille

Tout leur plaira : grimper dans un avion, participer à une animation…

Visiter

Aéroport de Paris - Le Bourget - 01 49 92 70 00 - www.museeairespace.fr - P payant - tlj sf lun., avr.-sept. 10h-18h, oct.-mars 10h-17h - 16 € (4-18 ans 6 €, 16-25 ans 8 €) selon les activités choisies, gratuit 1er dim. du mois.

Une application mobile gratuite « Musée de l'Air et de l'Espace » est disponible pour découvrir les collections du musée.

★★ Aérogare

Tous les avions exposés sont des originaux. N'hésitez pas à monter sur les coursives pour les admirer d'en haut !

★ Salle des Huits Colonnes

Conçue par Georges Labro dans le cadre de l'Exposition universelle de 1937, cette splendide salle à l'architecture Art déco est le cœur de l'ancienne aérogare, temple du tourisme moderne, qui a vu transiter des millions de passagers des années 1930 aux années 1970.

★★ Les pionniers de l'air

Dans une mise en scène époustouflante sont racontés les débuts de l'aventure de la conquête de l'air : il fallut d'abord s'élever, puis se diriger, pour enfin voler. Cette épopée est racontée selon des approches historique (notamment l'impact sociétal de ces inventions) et technique. Elle a ainsi induit une nouvelle manière de regarder et de représenter le monde. Sont exposées les premières machines volantes (18e-19e s.) : aérostats et ballons (remarquez la curieuse nacelle en forme de barque), puis de fragiles appareils aux formes d'oiseaux préhistoriques, enfin planeurs et aéroplanes de bois et de toiles. Certains appareils de la collection sont uniques au monde, comme la *Demoiselle* de Santos-Dumont.

★★ La Grande Guerre

L'aéronautique est progressivement devenue essentielle dans le conflit de 1914-1918. Ballons, dirigeables et cerfs-volants servaient au départ à l'observation, tout comme les avions qui évoluent rapidement vers un objectif de combat. À partir de 1916, il devient impossible d'envisager la victoire sans domination aérienne. La violence n'est plus circonscrite au champ de bataille. Les appareils se transforment. Les avions et leurs pilotes entrent dans la légende.
La visite se poursuit sur le tarmac.

★ Tarmac

Divers appareils occupent l'espace du tarmac. Le **Boeing 747★** exposé effectua son dernier vol le 25 février 2000. Il ouvre désormais ses entrailles au public, qui découvre les soutes, la cabine de pilotage, les trappes de train d'atterrissage ou les réservoirs à carburant *(billet Forfait avions)*.
À côté se dressent les fusées *Ariane 1* et *5*, ainsi que des avions civils et militaires dont le *Mig 23* russe, des appareils de l'aéronavale française, les chasseurs *Étendard* et *Crusader*, les patrouilleurs *Neptune* et *Atlantic*...
Espace Normandie Niemen – Cet espace retrace l'histoire de cette unité française sur le front soviétique entre 1942 et 1945. Il accueille également le Planétarium.
Planétarium – *4 € (4-18 ans 6 €, 19-25 ans 8 €, -4 ans non admis).* 3 500 étoiles brillent par hémisphère. Plusieurs thèmes de découverte sont proposés : le ciel, voyage dans le système solaire, les nouvelles planètes, la traversée de l'Atlantique de Saint-Exupéry en se guidant sur les étoiles...

Hall 1939-1945

Les plus beaux avions de cette période sont exposés. On peut même pénétrer dans le *Douglas C-47 Dakota*, qui participa au largage des parachutistes alliés lors du débarquement de Normandie *(billet Forfait avions)*.

★★ Hall Concorde

La visite vous fait traverser pénétrer dans le prototype *Concorde 001* de 1969 et dans le *Sierra Delta* (1980), connu pour ses records de vitesse autour du monde *(billet Forfait avions)*.

★ Hall des Prototypes

Il regroupe plus d'une dizaine de prototypes conçus après la Seconde Guerre mondiale.

La traversée de l'Atlantique : un défi aérien

Ce fut du Bourget que s'envolèrent, le 8 mai 1927, Nungesser et Coli, disparus avec leur *Oiseau blanc* avant d'avoir atteint la côte américaine. Treize jours plus tard, dans la nuit du 21 au 22, Lindbergh, sur le *Spirit of St Louis*, atterrit triomphalement après avoir effectué la première traversée New York-Paris. Dans l'autre sens, l'Atlantique fut franchi par les pionniers Costes et Bellonte, le 1er septembre 1930, sur le *Point d'Interrogation*.

1

Hall de la Cocarde

Il est consacré aux avions de combat depuis les années 1950. Observez la maquette grandeur nature du Mirage F1 (1966), dont la coque transparente permet de visualiser les équipements : on se rend compte à quel point la place du pilote est réduite...

Hall des Voilures tournantes

Ce hall célèbre les 100 ans de l'hélicoptère ; on peut y voir aussi bien des hélicoptères récents que des modèles évoquant les progrès réalisés depuis les projets de Léonard de Vinci...

Hall de l'Entre-Deux-Guerres

C'est le temps des records : première liaison Paris-Londres en 1919, qui ouvre l'ère du transport aérien en France, liaison Paris-New York en septembre 1930, 2 000 km à la moyenne de 322 km/h en 1933...

★ Hall de l'Espace

Dans ce hall de cinq étages plongé dans la pénombre, modèles réduits, expériences et vidéos vous invitent à un voyage dans l'espace. La conquête du cosmos est évoquée par des maquettes de lanceurs et de satellites à l'échelle 1, comme le *Spoutnik*. En 1965, la fusée *Diamant* fit de la France la troisième puissance spatiale derrière les États-Unis et l'URSS. À voir surtout : le module de rentrée du *Soyouz T6*, utilisé en 1982 par Jean-Loup Chrétien, et une maquette grandeur nature du robot Philae. L'espace militaire est présenté avec les missiles stratégiques français SSBS.

À proximité

CARTE P. 30-31

Parc du Sausset D1

Aulnay-sous-Bois. À 8 km au nord-est du Bourget. RER B arrêt Villepinte.
Maison du Parc – *01 71 29 20 80 - parcsinfo.seinesaintdenis.fr - ♿ - de mai à mi-sept. : 7h30-22h ; de fév. à fin avr. : 7h30-19h30 ; reste de l'année : consultez le site.*
Vous trouverez dans la buvette une offre de restauration légère et des boissons non alcoolisées. Une jolie terrasse en bord d'étang invite à faire une pause les jours de beau temps *(merc., w.-end et j. fériés, avr. : 12h-19h ; à partir de 1 mai : 12h-21h30).*
Ce grand parc (200 ha) entoure la gare de Villepinte. Étrangement, malgré sa proximité avec de grands axes de circulation et l'aéroport, on a une impression relaxante de balade à la campagne lorsque l'on s'y promène. Très boisé, le site a gardé son relief d'origine. Il se compose de quatre parties, séparées par la voie ferrée et la route Camille-Pissarro : les **Prés carrés** où il fait bon s'allonger et pique-niquer ; le **Bocage** aux chemins de terre propices aux balades à vélo ; les **Puits d'Enfer** et ses vignes et enfin la **Forêt** et ses nombreuses variétés d'arbres que l'on s'amuse à reconnaître. Le parc offre au visiteur une étonnante singularité de paysages entre agriculture urbaine, parc d'agrément et de loisirs et préservation de la biodiversité.

4 Drancy, Mémorial de la Shoah ★

Entre mars 1942 et août 1944, près de 63 000 juifs internés dans le camp de Drancy ont été déportés vers les camps d'extermination nazis. Ce lieu de mémoire, en lutte contre toute forme de racisme et d'intolérance, éclaire l'histoire des juifs de France pendant la Seconde Guerre mondiale et le rôle du camp de Drancy. Une visite poignante et essentielle.

Se repérer

CARTE C1 (P. 30-31).
Seine-St-Denis (93)
À 6 km de la porte de la Villette par la D 115.

RER B Le Bourget, puis bus 143, arrêt Les Quatre-Routes. M Bobigny, puis bus 251, arrêt Place du 19 mars 1962.

Visiter

110-112 av. Jean-Jaurès - Drancy - ☎ 01 42 77 44 72 - www.memorialdelashoah.org - dim.-vend. 10h-18h (jeu. 22h) - gratuit.

Suivez la passionnante visite guidée *(dim. à 15h, durée 1h30)*.

Premier grand ensemble de ce type, la **cité de la Muette**, dont la construction démarra en 1930, est aujourd'hui la propriété de l'Office des HLM, et a depuis longtemps retrouvé sa vocation initiale de logements à loyer modéré. En 1940, ses bâtiments en forme de U n'étaient pas encore achevés que les Allemands décidèrent d'y installer barbelés et miradors et d'y regrouper des détenus puis des juifs à la suite de la grande rafle réalisée à Paris, le 20 août 1941. Jusqu'à l'été 1944, la cité servit de camp d'internement, le **camp de Drancy**, véritable plaque tournante de la déportation des juifs. Entre 70 000 et 80 000 Juifs y sont internés durant cette période.

À l'entrée de la cité, un **monument** de granit sculpté par Shlomo Selinger (1976) honore la mémoire des milliers de victimes. Les deux blocs latéraux symbolisent les portes de la mort et la sculpture centrale est composée de dix visages mêlés. Des rails de chemin de fer relient l'arrière du monument à un wagon-témoin évoquant les 67 convois de déportés acheminés vers Auschwitz-Birkenau, tandis que dans la cité, au n° 8, une plaque rappelle la détention et la mort du poète **Max Jacob** à Drancy.

Face à la cité, le **Mémorial** est aménagé sur 3 étages. À l'entrée, les visages de 12 000 femmes, hommes et enfants internés dans le camp de Drancy apparaissent successivement sur le mur. Au 3e étage se tient une exposition permanente retraçant l'histoire du camp, la vie quotidienne des internés et l'organisation des convois de déportation (à partir du printemps 1942), à travers une frise chronologique, des vidéos, des photographies ou encore des dessins et des lettres de déportés. Une vaste baie vitrée s'ouvre sur la cité de la Muette. La « table des destins » permet de suivre le parcours de personnes depuis leur arrestation jusqu'à Drancy. Le Mémorial regroupe aussi un centre de documentation et des salles pédagogiques et organise des expositions temporaires.

5 Pantin

À l'instar de ses voisines de l'Est parisien, Pantin a connu des mutations rapides et brutales au cours des deux siècles passés. Les traces de cette histoire se lisent au cœur des réalisations les plus contemporaines. Pans de murs de brique ou gigantesques édifices de béton se mêlent aux bâtiments de verre et de métal. Suivez ces empreintes comme le fil rouge de votre découverte de Pantin.

Se repérer

CARTE C1 (P. 30-31) - PLAN DE PANTIN CI-CONTRE.
59846 habitants – Seine-St-Denis (93)
À 1,6 km de la porte de Pantin par l'avenue Jean-Jaurès.
M Hoche, Église-de-Pantin. RER E Pantin. Tramway T3b, arrêt Delphine-Seyrig. Vélos en libre-service : Vélib'.

En famille

Le parc Stalingrad ; le canal de l'Ourcq en été ; le parc départemental de la Bergère.

Carnet pratique p. 63

Nos adresses p. 63

Se promener

PLAN CI-CONTRE

Église Saint-Germain C1

Menacée par la rénovation urbaine après la Seconde Guerre mondiale, cette église construite à partir de 1664 doit sa survie à son inscription à l'Inventaire des monuments historiques en 1977. Malgré des travaux de consolidation, elle reste en assez mauvais état. Elle est en cours de rénovation. Surélevée sur une terrasse, elle semble dominer le tumulte de l'avenue et de la place du marché.

Traversez la place du marché pour rejoindre la rue Charles-Auray.

Les Grands Moulins de Pantin réhabilités par l'agence Carta - Reichen et Robert Associés.
B. Rieger/hemis.fr

SE RESTAURER
Le Cellier 3
Le Relais.......... 4
Docks B 5

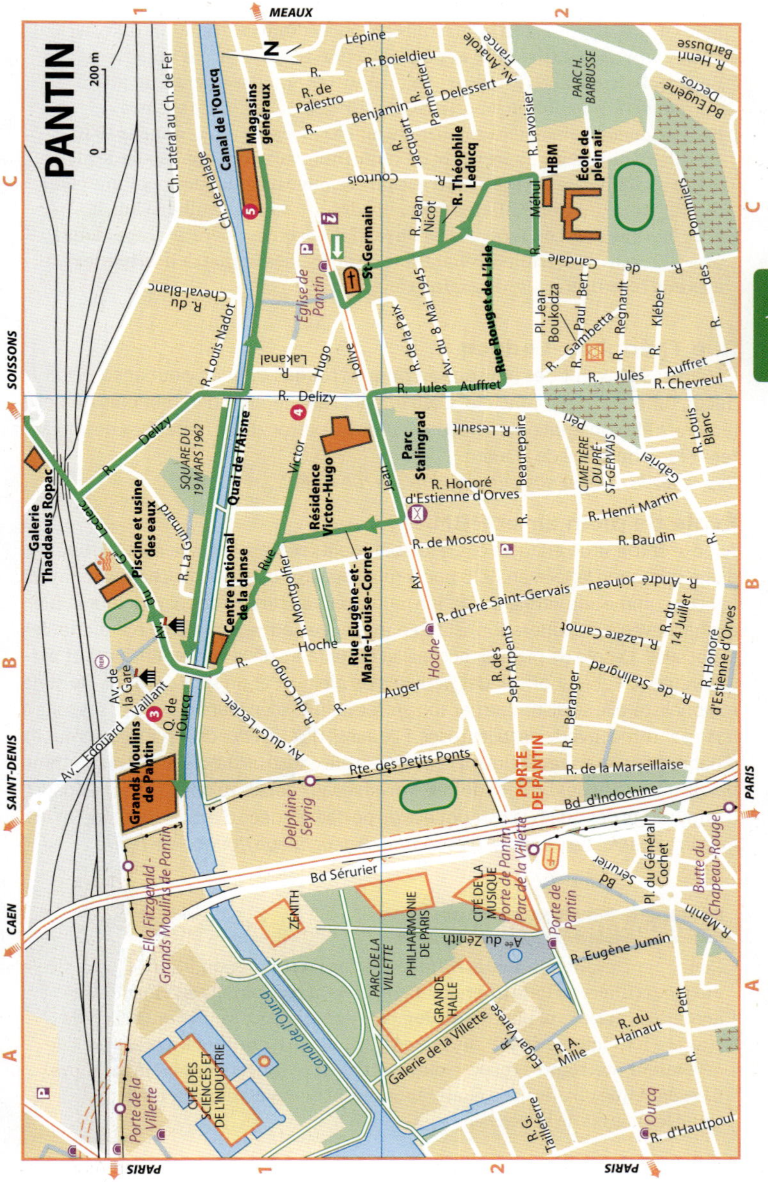

1

Pantin au fil de l'histoire

Au 18e s., Pantin, séparée de Paris par le village de La Villette, était réputée pour son bon air et son paysage agreste. Quelques illustres Parisiens sont venus y construire des folies, et parmi eux Beaumarchais, la célèbre danseuse La Guimard, la scandaleuse vicomtesse de Polignac ou encore le compositeur Étienne-Nicolas Méhul. Cette vie « paisible » s'est achevée avec la Révolution et les guerres napoléoniennes. Coupé en deux par le canal de l'Ourcq puis par le chemin de fer au début du 19e s., le petit village s'est mué en cité ouvrière. Les industriels ont succédé aux artistes. La distillerie Delizy, la manufacture de fil à coudre Cartier-Bresson, la parfumerie Bourgeois, les Grands Moulins et bien d'autres établissements ont attiré une nouvelle population laborieuse. Au 20e s., la ville a été le théâtre d'expériences d'aménagement urbain ambitieuses : dans les années 1930, avec des équipements sportifs et de santé innovants, comme l'école de plein air, et après guerre avec la construction de nouveaux quartiers, comme celui de l'Église et des Courtillières *(voir encadré ci-dessous)*. Aujourd'hui, la ville marque sa reconversion dans le tertiaire par des opérations tout aussi prestigieuses, intégrant la réhabilitation de friches industrielles, tels les **Grands Moulins** et les **Magasins généraux**.

Rue Théophile-Leducq C2

Côté pair s'alignent des maisons en briques rouges dont on peut encore voir le décor, différent pour chacune. Côté impair, l'alignement d'immeubles de belle facture, a été construit pour Théophile Leducq, patron d'une blanchisserie implantée le long du canal de l'Ourcq.

Reprenez la rue Charles-Auray jusqu'à la rue Méhul.

École de plein air et HBM C2

Avec le stade situé en face, ces deux bâtiments représentent la partie tronquée d'une opération lancée en 1928 par la municipalité socialiste de Charles Auray, et conçue comme une vitrine de l'action municipale au service des plus démunis. Bien qu'inachevée, cette opération est toujours saluée pour ses qualités architecturales et sociales. L'école de plein air accueillait les enfants de la ville « déficients et prétuberculeux » et leur offrait des activités de plein air et un suivi médical. De style régionaliste, elle se distingue par son entrée coiffée d'un lourd pignon et ses toits à forte pente recouverts de tuiles roses. Elle aurait dû être encadrée par deux groupes d'habitations, mais seul celui sur la gauche a été construit. L'édifice en L est rythmé par des retraits et des balcons de tailles diverses aux détails soignés. Notez l'élégance des murets et des grilles, ainsi que celle du portail Art déco d'entrée du stade (n° 41).

Repartez par la rue Candale, puis tournez à gauche rue Rouget-de-L'Isle.

Une ondulation saisissante

Pensé par l'architecte Émile Aillaud, le « Serpentin » ondule dans le quartier des Courtillières à Pantin depuis 1959. Ce grand ensemble aux formes arrondies, mesurant plus d'un kilomètre de long, a été rénové en 2015 puis classé « Patrimoine du 20e siècle » en 2016. Ainsi 32 millions de carreaux de céramique aux teintes roses, violettes et bleutées ont été posés sur les murs, dévoilant une pixelisation contemporaine et des variations de couleurs selon les heures de la journée.

Rue Rouget-de-L'Isle C2

La brique rehausse des bâtiments modestes, comme les trois pavillons des n° 40 à 52. Notez les façades soignées des nos 39 à 31, relevées par les couleurs vives des briques vernissées. Le n° 20, qui abritait une briqueterie, est aujourd'hui occupé par **La Nef** *(✆ 01 41 50 07 20 - la-nef.org)*, compagnie et lieu de création de marionnettistes.

Au bout de la rue, prenez à droite, rue Jules-Auffret. Descendez cette rue pour entrer dans le parc Stalingrad sur votre gauche.

Parc Stalingrad B2

Le parc Stalingrad a été créé dans les années 1880. Aujourd'hui, sa superficie atteint les 22 000 m². De l'époque de sa création, il a conservé quelques grands arbres, ainsi que la salle des fêtes, bâtie en 1886, sur l'emplacement d'une demeure du 18e s., qui aurait appartenu à Beaumarchais. Derrière sa façade néoclassique surmontée d'un fronton triangulaire se trouve le **Ciné 104** *(www.cine104.com)*. Dans le parc se situe également la **bibliothèque Elsa-Triolet**. Inauguré en présence de Louis Aragon, le bâtiment se remarque avec ses poteaux en acier peints de couleurs vives par Max Soumagnac. Autre exemple de mise en œuvre du métal, mais cent ans plus tôt, la **serre** a gardé un parfum Belle Époque.

Résidence Victor-Hugo B1

Face au parc Stalingrad, ces 282 logements en copropriété sont l'une des réalisations marquantes de Pantin. L'ensemble associe à la modernité des tours et des barres le classicisme de la composition et l'usage de la pierre de taille.

Si vous n'avez pas pu traverser l'îlot, poursuivez avenue Jean-Lolive et tournez à droite rue Eugène-et-Marie-Louise-Cornet, qui était sans doute l'artère la plus parisienne de Pantin à la Belle Époque. Prenez à gauche la rue Victor-Hugo.

Centre national de la danse B1

1 r. Victor-Hugo - ✆ 01 41 83 98 98 - www.cnd.fr - lun.-sam. 9h-19h.

Cet impressionnant vaisseau de béton nu est unique dans ses formes. Long de 175 m et haut de cinq niveaux, ses 12 000 m², desservis par un immense escalier à double circulation qui occupe tout l'espace central intérieur, ont abrité des services administratifs avant d'être désaffectés au cours des années 1990. Depuis 2004, il héberge le Centre national de la danse. Avec ses 14 studios de danse, sa médiathèque, ses archives, ses espaces de coworking, son restaurant, c'est une institution culturelle unique en France.

Passez le pont et, avant de vous promener le long des berges, dirigez-vous vers l'avenue du Général-Leclerc.

Piscine et usine des eaux B1

Piscine municipale Leclerc - 49 av. du Gén.-Leclerc - ✆ 01 83 74 56 60 - www.est-ensemble.fr/piscine-pantin - horaires se rens..

Ces deux bâtiments, représentatifs de l'architecture des années 1930, ont été construits simultanément et répondent à un programme à la fois industriel et sportif. En effet, la piscine était alimentée par les eaux pompées par l'usine. Les deux édifices sont revêtus de brique rouge avec des frises de grès émaillé noir pour marquer les ouvertures et les couronnements. Le bassin de 33 m, éclairé zénithalement par une grande verrière, est entouré de deux niveaux de galeries qui desservent les cabines. Le décor est remarquable ; les sols sont dallés de céramique et le soubassement des murs est tapissé d'éclats de faïence avec semis de mosaïque bleue.

Poursuivez l'avenue du Général-Leclerc sur 400 m.

1

Galerie Thaddaeus Ropac B1

69 av. du Général-Leclerc - ✆ 01 55 89 01 10 - https://ropac.net- ♿ - mar.-sam. 10h-19h - entrée libre.

Cette galerie d'art contemporain est installée dans une ancienne chaudronnerie en brique. Ses dimensions (5000 m²) lui permettent d'accueillir des œuvres monumentales, exposées dans 4 nefs de 7 à 12 m de hauteur, et mises en valeur par un éclairage zénithal. La galerie présente des artistes internationaux (Anselm Kiefer en 2018, Georg Baselitz en 2019), et accueille des performances, des conférences, des rencontres.

Rebroussez chemin sur l'avenue du Général-Leclerc puis prenez la rue Delizy sur la gauche, en direction du canal.

Canal de l'Ourcq AC1

Le canal a perdu son aspect industriel. Ses berges sont devenues des lieux de promenade agréable, aménagés pour les piétons et les cyclistes ; des croisières sont proposées et le **quai de l'Aisne** est bordé de constructions contemporaines qui valent le coup d'œil. Dès les beaux jours, l'ambiance devient carrément festive (*p. ci-contre*). Autour du canal de l'Ourcq, et sur toute la zone située entre les stations de métro Église-de-Pantin et Raymond-Queneau, un grand projet a été mené par la ville : commerces, bureaux, 600 logements et conservatoire ont permis de revaloriser le quartier, traduisant une reconquête urbaine du canal.

Traversez le canal et descendez sur le quai de l'Aisne, que vous prendrez vers la gauche.

Magasins généraux C1

1 r. de l'Ancien-Canal – ✆ 01 56 41 39 38 - https://magasinsgeneraux.com- ♿ - horaires variables en fonction de la programmation - entrée libre.

L'immense bâtiment de béton (150 m de long, 20 000 m²) construit dans les années 1930, appelé autrefois le « grenier de Paris » (ici transitaient en effet, via le canal de l'Ourcq, céréales, farine, entre la province et la capitale), était abandonné depuis les années 2000. Signe du réveil de Pantin, l'agence de publicité BETC s'y est installée en 2016 après un vaste chantier de reconversion. Outre des bureaux, on y trouve au rez-de-chaussée un grand espace culturel où sont programmés expositions, festivals, rencontres, concerts...

Rebroussez chemin, retraversez le canal et dirigez-vous vers Paris.

★ Grands Moulins de Pantin AB1

De la meunerie à la banque, ces bâtiments sont emblématiques de la présence industrielle aux portes de Paris et d'une reconversion de qualité. Implantés entre canal et chemin de fer dès 1884, ils étaient, avec les Grands Moulins de Paris et de Corbeil, les principaux pourvoyeurs de Paris en farine. Reconstruits plusieurs fois entre 1912 et 1925 par les architectes Haug et Zublin dans un style inspiré à la fois de l'architecture alsacienne et médiévale, ils faisaient figure de citadelle imprenable. Incendiés en 1944, ils ont été réédifiés à l'identique. Au plus fort de leur activité, ils produisaient 190 000 t de farine par an. En 2001, le groupe Soufflet a stoppé la production, et c'est la reprise des bâtiments par BNP Paribas qui en a accéléré la reconversion. La réhabilitation allie histoire et modernité. Des bâtiments conservés côté canal dominent l'ancien silo (34,50 m de haut) ; sur la droite, la tour du château d'eau.

Vous pouvez continuer le long du canal vers le bassin de la Villette.

Carnet pratique

S'informer

Office de tourisme – *140 av. Jean-Lolive - Pantin - ✆ 01 49 15 98 98 - www.tourisme93.com.*
Le service Mémoire et Patrimoine de la mairie *(✆ 01 49 15 39 99)* organise des visites guidées.

Agenda

L'Été du canal, l'Ourcq en fête – *Juil.-août. - www.tourisme93.com/ete-du-canal.* Pendant deux mois, le canal de l'Ourcq devient un lieu de concerts, bals, loisirs nautiques, croisières, cinéma en plein air, etc. Le w.-end, des navettes fluviales *(1 ou 2 €)* permettent de profiter des animations.

Nos adresses

PLAN P. 59

Restauration

Premier prix

4 Le Relais – B1 - *61 r. Victor-Hugo - ✆ 01 48 91 31 97 - www.lesrelaissolidaires.fr - fermé dim. et lun. soir - plats 15/19 €.* Une grande salle et une cour paisible à la belle saison pour un lieu généreux. Le restaurant est géré par une association de réinsertion qui aide des jeunes à trouver un emploi grâce à des formations. Cuisine traditionnelle et du monde.

L'Orange Bleue – HORS PLAN - *3 r. Magenta - ✆ 01 41 71 18 12 - orangebleue.eatbu.com - fermé dim. - plat 12/19 €.* Ce restaurant de spécialités marocaines propose notamment des couscous et des tagines savoureux et généreux.

5 Dock B – C1 - *1 pl. de la Pointe - ✆ 01 41 71 49 69 - www.dockbpantin.com - fermé dim. soir et lun.-mar.* Dans les anciens Magasins Généraux, « Sur le Pouce » propose des snacks à base de produits frais (*plats 6,50/15 €*), et « Gustu » des spécialités méditerranéennes (*plats 9/16 €*).

Budget moyen

3 Le Cellier – B1 - *11 av. Édouard-Vaillant - ✆ 01 48 45 96 58 - le-cellier-pantin.business.site - fermé w.-end, le soir sur réserv. uniquement - plat 18/22 €.* Du côté de l'ancienne mairie, une adresse constante dans le Pantin en mouvement. Spécialités du Sud-Ouest.

En soirée

Théâtre du Fil de l'Eau – *20 r. Delizy - ✆ 01 49 15 41 70 - www.pratique.pantin.fr.* Installé dans une ancienne usine en briques sur le canal de l'Ourcq, ce théâtre propose de nombreux spectacles, mais aussi des expositions d'art contemporain.

Activités

MurMur – *55 r. Cartier-Bresson - ✆ 01 48 46 11 00 - www.murmur.fr - 8h-0h - 16 € (10 € en sem. 7h-16h, 21h30-0h et w.-end à partir de 18h30), cours et stages.* Escalade traditionnelle, cordes et blocs. Au total, 850 m² de surface de grimpe.

Parc départemental de la Bergère – *Chemin latéral à l'av. Paul-Vaillant-Couturier - Bobigny - ✆ 01 43 93 78 95 - Programmation, accès et horaires sur https://parcsinfo.seinesaintdenis.fr.* Longé par le canal de l'Ourcq, le parc offre un paysage varié : buttes, vallonnements, vastes aires de jeux… Les week-ends d'été, un port de loisirs s'installe sur le parc en offrant un service de navettes et permettant l'escale de bateaux croisières pour des rendez-vous festifs très familiaux : activités, concerts, restauration.

6 Montreuil

Montreuil, bastion ouvrier communiste meurtri par le départ de ses usines, est restée une ville populaire tout en étant le symbole de la gentrification de la petite couronne à l'est de la capitale. C'est une ville agréable, entre marché populaire et magasins bios, terrasses branchées et programmation culturelle ambitieuse.

Se repérer

CARTE C2 (P. 30-31).
111 240 habitants – Seine-St-Denis (93)
À 3 km de la porte de Montreuil.
M Robespierre, Croix-de-Chavaux et Mairie-de-Montreuil.
Vélos en libre-service : Vélib'.

En famille

Salon du livre et de la presse jeunesse.

Carnet pratique p. 66

Nos adresses p. 66

Se promener

Hôtel de ville

Pl. Jean-Jaurès. L'hôtel de ville, avec son beffroi de 40 m, fut inauguré en 1935. Sa salle des fêtes, à l'étage, est décorée de boiseries d'acajou, d'ornements bleu, vert et or, et de deux panneaux de Roger Parent. La salle du conseil présente 12 toiles de Charles Fouqueray illustrant l'histoire de Montreuil (1951). Notez la toile monumentale de Paul Signac (1863-1935) *Au temps d'harmonie*.

Église St-Pierre-St-Paul

2 r. de Romainville. Église paroissiale du château de Vincennes, elle fut assidûment fréquentée par Blanche de Castille et Saint Louis. Elle a conservé un remarquable chœur du début du 13e s. dont le plan, avec triforium et oculi, rappelle celui de Notre-Dame de Paris. Le portail date du 14e s. et le vaisseau central du 15e s. D'importants travaux de restauration ont débuté en 2020.

Musée horticole des murs à pêches

Bus 115 et 127 arrêt Danton, ou bus 122 arrêt St-Just - 4 r. du Jardin-École - ☏ 01 70 94 61 30 - http://jardin-ecole.com/newsitejardin-ecole - 2e dim. du mois 15h-18h - entrée libre.

Le vieux village, baptisé « Montreuil-aux-Pêches » par E.-A. Carrière au 19e s., était connu pour la culture de ce fruit et conserve quelques centaines de mètres de **murs à pêches** garnis d'espaliers. Le verger était célèbre au 19e s. pour l'originalité de ses fruits décorés de blasons, de portraits ou de dessins. Le musée présente l'histoire de cet art horticole à travers outils, objets et documents légués par les familles montreuilloises. Vous pouvez demander une visite commentée (part. financière) qui se poursuit par celle du verger et des pêchers palissés à la Montreuil. En saison une dégustation des fruits du verger complète la visite.

Musée de l'Histoire vivante

31 bd Théophile-Sueur - ☏ 01 48 54 32 44 - www.museehistoirevivante.fr - ♿ - merc.-vend. 14h-17h, sam. 11h-18h, dim. 11h-17h30 - fermé août - 4 € (-13 ans gratuit).

Ce musée d'histoire ouvrière et sociale, à l'origine un projet culturel du Parti communiste (archives et collections sur l'histoire du mouvement ouvrier au 20e s.), accueille une à deux expositions temporaires chaque année.

Conservatoire de musique et de danse

13 av. de la Résistance. Trente-cinq ans après sa construction, ce bâtiment conçu par Claude Le Goas reste toujours aussi audacieux. Ses 14 coques d'acier rouge surprennent encore ; elles enserrent chacune une salle de cours, en suspension sur l'espace public, mais protégée du bruit de la place. Au-delà de ses formes, l'originalité du bâtiment est d'avoir intégré l'acoustique au système constructif. Si le conservatoire est avant tout un établissement de formation artistique, de nombreux concerts et spectacles sont régulièrement proposés au public.

Tour Franklin

1 r. Franklin. En 2009, les travaux de réhabilitation de cette tour en ont fait le bâtiment phare du renouveau de Montreuil. L'ancien immeuble de l'Urssaf a été rebaptisé tour Franklin après avoir changé de peau. La façade des années 1970, striée verticalement par de longs éléments de béton, est désormais entièrement vitrée. La tour voisine, elle aussi rénovée avec de grandes façades vitrées, accueille les services municipaux depuis 2019.

Nouveau théâtre de Montreuil - Centre dramatique national

10 pl. Jean-Jaurès - ✆ 01 48 70 48 90 - www.nouveau-theatre-montreuil.com. Conçu par Dominique Coulon, ce bâtiment, comme plié et découpé, apparaît telle une sculpture posée sur la place. Son volume polymorphe est fait de béton blanc et se singularise par deux porte-à-faux spectaculaires. Il comprend une salle de 357 places, une salle de répétition, le restaurant La Cantine *(ouv. midi en sem. et les soirs de représentation)*, et des bureaux. N'hésitez pas à pénétrer entre ces murs obliques peints en dégradé continu du rouge au noir, c'est un vrai dépaysement. Toutes les disciplines, du théâtre à la danse, en passant par le cirque ou le théâtre musical, sont représentées ici.

Maison Trapèze

6-10 r. du 18-Août. Cette étrange maison révèle le goût du contraste et de l'inédit de son architecte, Louis Paillard. Le programme en lui-même est particulier : abriter une habitation et un gymnase dédié au trapèze ballant. Le logement s'inscrit dans le socle en béton bardé de bois ; l'espace dédié au trapèze, de 9 m de haut, est réalisé en ossature métallique revêtue de panneaux sandwichs en polycarbonate alvéolaire en nid d'abeilles. L'architecte a proportionné et dessiné sa volumétrie singulière en fonction de la course maximale en courbe du trapèze. Il faut voir cet édifice la nuit, lorsque le chapiteau devient luminescent et que les encadrements des fenêtres sont illuminés.

Parc des Beaumonts

R. Paul-Doumer. Un lieu idéal pour terminer ce parcours, dans la nature et avec des vues superbes sur la ville. Son aménagement a été conçu en donnant la priorité aux espaces naturels. Le centre du parc est inaccessible aux promeneurs, car il est réservé à la tranquillité de la faune. Depuis l'un des trois observatoires, vous pouvez admirer environ 120 espèces d'oiseaux, la plus coquette étant la huppe fasciée avec sa crête orangée.

Carnet pratique

S'informer

Office de tourisme – *www.tourisme93.com.* Des visites guidées sont organisées par différentes associations.

Agenda

Salon du livre et de la presse jeunesse – *Fin nov.-déb. déc. - Espace Paris-Est-Montreuil, 128 r. de Paris - 01 55 86 86 55 - https://slpjplus.fr - 4 € (-18 ans gratuit).* Une semaine consacrée à la littérature jeunesse.

Centre Tignous d'Art Contemporain - Le 116 – *116 r. de Paris - 01 71 89 28 00 - https://centretignousdartcontemporain.fr - merc.-vend. 14h-18h (sam. 19h).* Ce centre d'art contemporain, réhabilité par l'architecte Bernard Desmoulin et nommé en hommage au dessinateur et caricaturiste Tignous, assassiné lors des attentats contre Charlie Hebdo le 7 janvier 2015, organise événements, ateliers, visites, conférences et débats.

Nos adresses

Restauration

Budget moyen

La Cave – *45 r. de Paris - 01 42 87 09 48 -www.lacaveestrestaurant.com - 12h-14h, 19h30-22h (vend.-sam. 23h) fermé dim. (cave lun.-jeu. 10h30-0h, vend.-sam. 10h30-23h, dim. 10h30-14h) - plat 19,50/23 €.* Cuisine originale et ambiance conviviale. Soirées dégustation organisées une fois par mois.

Pour se faire plaisir

Villa9Trois – *71 r. Hoche - 01 48 58 17 37 - villa9trois.com - fermé lun.-mar. - plat 34/42 €, menu 4 plats 59 €.* Une jolie demeure ancienne, un décor bourgeois et design, une grande terrasse sous les arbres, une cuisine en prise sur les dernières tendances… Cette Villa du « 9 Trois » est un havre pour une clientèle, disons-le, dorée. Dress code : chic et décontracté. Large choix de whiskies.

L'Amourette – *54 r. Robespierre - 01 48 59 99 94 - www.lamourette.fr - fermé w.-end - formule/menu 15/19 € (déj.), plat 17/30 €.* Dans cet amour de bistrot, animé et convivial, on sert de belles assiettes de tradition : assiette de cochonnailles, souris d'agneau…

Shopping

Les Nouveaux Robinson – *49 r. Raspail - 01 56 93 45 50 - lesnouveauxrobinson.coop - 9h-19h, dim. 10h-12h45.* Un magasin bio historique et militant, idéal pour trouver quinoa, tofu et légumes frais.

En soirée

Les Instants Chavirés – *7 r. Richard-Lenoir - M Robespierre - 01 42 87 25 91 - www.instantschavires.com.* Concerts de musiques expérimentales, expositions…

Café La Pêche – *16 r. Pépin - 01 71 86 29 00 - www.lapechecafe.com - lun.-vend. 10h-18h, soirs de concert 20h-1h - concerts 6/14 € (plein tarif), 4/11 € (tarif réduit).* Mi-café, mi-espace scénique, c'est un lieu où il se passe toujours quelque chose, alors renseignez-vous sur la programmation !

7 Château et bois de Vincennes ★★

La notoriété de Vincennes, chef-lieu de canton du Val-de-Marne, est liée à celle de son bois qui, lui, appartient à la Ville de Paris et englobe tout à la fois un parc zoologique, un parc floral, un hippodrome. Mais la ville, jadis fameuse pour sa porcelaine, abrite aussi un château fort, ancienne résidence royale.

Se repérer

CARTE C2 (P. 30-31) - CARTE DU BOIS (P. 68-69).

49 788 habitants à Vincennes. Val-de-Marne (94)

À 2 km de la porte de Vincennes.

M Porte-Dorée ou Château-de-Vincennes. Tramway T3a, arrêt Porte-Dorée. Vélos en libre-service : Vélib'.

À ne pas manquer

La sainte-chapelle et le donjon du château ; le Parc floral.

En famille

Le Parc floral ; l'aquarium de la porte Dorée ; l'arboretum de Paris ; la ferme de Paris ; le Parc zoologique ; une balade en barque sur le lac Daumesnil ; la visite ludique du château.

Carnet pratique p. 76

Nos adresses p. 76

1

★★ Se promener

PLAN DU BOIS P. 68-69

À l'ouest du bois : autour de Daumesnil

Départ M Porte-Dorée. 3h.

Porte Dorée A1

Ancienne porte de Picpus, la place Édouard-Renard fut aménagée pour l'Exposition coloniale de 1931. Elle a conservé de cette époque une fontaine où trône la statue de la « France colonisatrice », et a retrouvé les palmiers qui, il y a trois quarts de siècle, donnaient aux visiteurs de l'exposition un avant-goût des contrées exotiques qu'ils allaient découvrir. Les passants attribuent l'adjectif doré à la statue. En fait, le nom fait allusion à la situation du lieu par rapport au bois : il s'agit en effet de la porte d'orée…

★ Palais de la Porte-Dorée A1

293 av. Daumesnil - M Porte-Dorée (sortie bd Soult) - 01 53 59 58 60 - www.palais-portedoree.fr - accès libre. Construit pour l'Exposition coloniale de 1931 par les architectes Léon Jaussely et Albert Laprade, le bâtiment est un bel exemple d'architecture Art déco. L'immense bas-relief ornant la façade, œuvre d'Alfred Janniot à partir de pierres venues de toute la France, illustre de façon aussi vivante qu'imagée la vie aux colonies, tandis que le « rôle civilisateur » de la France est évoqué à travers les grandes figures dont le nom et les hauts faits sont gravés sur la façade : vestiges d'un temps où le colonialisme s'affichait en toute ingénuité. L'objectif de l'ensemble du bâtiment était de montrer les apports réciproques de la métropole et des colonies, justifiant ainsi le bien-fondé de l'Empire.

À l'intérieur, la salle des fêtes est inspirée des palais marocains ; sa grande fresque murale est de Pierre-Henri Ducos de La Haille et représente les apports moraux et politiques de la France au monde, dans l'esprit colonial. De part et d'autre du hall d'entrée se trouvent deux salons ovales décorés de mobilier Art déco et de grandes fresques murales.

Musée national de l'Histoire de l'immigration – *www.histoire-immigration.fr. Le parcours permanent sera fermé pour travaux jusqu'au printemps 2023. Les espaces d'exposition temporaires sont ouverts tlj sf lun. 10h-17h30, w.-end 10h-19h - 6 € (-26 ans gratuit).*

Cet ancien pavillon de l'Exposition coloniale de 1931, devenu le musée permanent des Colonies, puis le musée des Arts africains et océaniens, accueille depuis 2007 le musée national de l'Histoire de l'immigration. Le lieu n'est

pas anodin. Le but non plus : raconter et expliquer l'histoire des immigrants en France depuis la fin du 19e s. jusqu'à aujourd'hui, à travers tous les types d'immigrations, qu'ils soient économiques, politiques, liés à la décolonisation ou aux guerres. Le parcours « Repères », fondé sur des témoignages vidéo et audio, des ateliers pédagogiques, se déploie au dernier niveau du pavillon.

Au sein de la cité, la **médiathèque Abdelmalek-Sayad** détient 20 000 références (ouvrages, périodiques, films, témoignages écrits et sonores) sur les thématiques de l'histoire, de la mémoire et des cultures de l'immigration en France, du 19e s. à aujourd'hui.

★ **Aquarium tropical de la porte Dorée** – *www.aquarium-tropical.fr.- ♿ - tlj sf lun. 10h-17h30, w.-end 10h-19h - 8 € (-26 ans gratuit).*

1

Bar et restauration au Café du Palais. L'été, la Terrasse éphémère Poisson Lune installée sur le parvis du Palais propose restauration, bar, espace enfants.
Dès l'origine, l'objectif de cet aquarium était de montrer au grand public les richesses aquatiques des colonies et les collections étaient régulièrement enrichies. Y vivent aujourd'hui quelque 300 espèces animales de 80 milieux différents, zones chaudes ou tempérées. L'impressionnante fosse aux crocodiles a fait le succès du lieu, mais vous pourrez aussi admirer les poissons colorés des récifs coralliens, les raies géantes et les tortues.

★ Lac Daumesnil AB1-2

Avec son sentier sur la berge où les canards n'hésitent pas à venir se dandiner, sa grotte artificielle et ses deux îles accessibles par des ponts ou grâce à un passeur en barque (1 €) (café sur l'île de Reuilly), il connaît aux beaux jours une grande animation (*p. 77*).

Centre bouddhique du bois de Vincennes B2

Rte de la Ceinture-du-Lac-Daumesnil - Kagyu-Dzong - 01 40 04 98 06 - www.kagyu-dzong.fr - secrétariat mar.-vend. 14h-17h, merc. 17h-19h30 - pagode fermée nov.-mars et août, ouv. occasionnelle (festivités) : appelez le secrétariat.
Près de 180 000 tavaillons de bois patiemment taillés à la hache dans du châtaignier constituent la belle toiture de cet ancien pavillon de l'Exposition coloniale de 1931. À l'intérieur de cette Grande Pagode, la statue monumentale (9 m de hauteur) du Bouddha dorée à la feuille veille désormais sur les reliques de l'Éveillé, confiées en 2009 par les Patriarches de Thaïlande à l'Union bouddhiste de France. Ce don exceptionnel salue le développement du bouddhisme en Europe. Le temple tibétain voisin propose des enseignements (méditations, peinture, yoga).

★ Parc zoologique de Paris B1

53 av. Daumesnil - 0811 22 41 22 - www.parczoologiquedeparis.fr - - mai-août : 9h30-20h30 ; fin mars-avr. et sept.-fin oct. : 9h30-18h, w.-end 9h30-19h30 ; reste de l'année : 10h-17h - 20 € (3-12 ans 15 €).
Nombreuses animations : visites guidées thématiques, soirées musicales, nocturnes, apprenti-soigneur, petits-déjeuners avec les girafes...
Ce parc nouvelle génération, toujours dominé par son fameux rocher, entend répondre à une mission de recherche et de conservation et non plus uniquement d'exposition d'animaux en cage. Dans cet espace, où paysagistes et architectes ont mis en scène la vie sauvage, les quelque 2 000 animaux issus de 180 espèces sont répartis sur cinq biozones évoquant leur milieu naturel d'origine (Patagonie, Afrique, Europe, Madagascar et Amazonie-Guyane). Il faudra parfois vous armer de patience pour approcher certains pensionnaires, comme Aramis le jaguar, véritable star du zoo. Mention spéciale pour la grande serre tropicale, ainsi que la gigantesque volière.

À l'est du bois

★★ Parc floral de Paris C1

M Château-de-Vincennes - Rte de la Pyramide - 01 49 57 25 50 - www.parcfloraldeparis.com - avr.-sept. : 9h30-20h ; mars et oct. : 9h30-18h30 ; reste de l'année : 9h30-17h - payant juin-sept. : 2,50 € (7-26 ans 1,50 €).
Créé en 1969 par l'architecte paysagiste Collin, ce jardin de 35 ha présente des centaines d'espèces florales. Que ce soit dans la **vallée des Fleurs**, dans le **jardin des Dahlias** *(floraison en sept.-oct., concours fin sept.)*, dans le **jardin des Quatre Saisons** ou dans le **jardin d'Iris** *(mai)*, tout est couleur, odeur et

Le château et sa forêt au fil des siècles

La résidence royale

Au 11e s., la Couronne acquiert la forêt de Vincennes. **Philippe Auguste** entoure cette chasse royale d'un mur de 12 km. Il y bâtit un manoir en 1183, et Saint Louis y ajoute une sainte-chapelle. Selon la légende, celui-ci aurait reçu au pied d'un chêne, « sans empêchement d'huissiers ni d'autres », tous ceux qui viennent lui demander justice.

Le **château fort** est l'œuvre des Valois : Philippe VI le commence en 1336, Jean II le Bon le continue, Charles V le termine en 1370. Ce dernier veut créer une « cité royale », symbole d'une monarchie forte et moderne, mais ses seigneurs « les mieux aimés » boudent à demeurer dans la vaste enceinte.

Devenu gouverneur de Vincennes en 1652, **Mazarin** fait élever par Le Vau les pavillons symétriques du Roi et de la Reine : c'est le **château classique**. Un an après la fin des travaux, en 1660, Louis XIV, jeune marié de 22 ans, passe sa lune de miel dans le pavillon du Roi. À partir du 17e s., le bon air de Vincennes attire les promeneurs ; ceux-ci pénètrent dans le bois par six portes percées dans les murs de clôture. Sous Louis XV, le bois jusque-là réservé aux chasses royales devient un lieu de promenade ouvert à tous. On procède à un reboisement général, commémoré par le monument de la Pyramide.

Du début du 16e s. jusqu'en 1784, le donjon, que n'habitent plus les souverains, devient une **prison d'État**. Ligueurs, jansénistes, chefs de la Fronde, libertins, seigneurs et philosophes s'y succèdent. Parmi les grands noms « hébergés » à la prison de Vincennes, on compte le Grand Condé, le prince de Conti, le cardinal de Retz, le duc de Lauzun, Diderot, le marquis de Sade ou encore Mirabeau. Sur l'ordre de Louis XIV, d'Artagnan, alors sous-lieutenant des mousquetaires, y garde Fouquet en 1662.

Au 18e s., le château délaissé abrite une fabrique de porcelaine, berceau de la manufacture royale de Sèvres. En 1798, la création du Polygone d'artillerie ouvre la série des emprises qui seront effectuées dans la forêt jusqu'à nos jours, pour des raisons militaires ou sportives.

De l'excellence militaire aux sports et loisirs

Sous Napoléon Ier, Vincennes est transformé en un puissant **arsenal**. Les tours sont arasées au niveau des murailles, des canons y sont mis en batterie. Les mâchicoulis et les créneaux sont supprimés.

Le donjon reçoit à nouveau des prisonniers d'État. Sous Louis-Philippe, Vincennes est incorporé aux défenses de Paris, devenant ainsi un **établissement militaire**. Un fort est construit à côté du château, dont les murs sont renforcés par d'épaisses casemates. Des glacis achèvent d'« enterrer » l'ensemble. Napoléon III fait commencer la restauration de Vincennes par **Viollet-le-Duc**.

En 1860, il cède Vincennes – château et terrains militaires exceptés – à la Ville de Paris pour qu'il soit transformé en parc à l'anglaise. Alphand remanie le bois en parc paysager. Haussmann fait creuser le lac de Gravelle. Un champ de courses pour le trot est créé.

Aujourd'hui, la cour Royale a retrouvé sa noble allure du 17e s. depuis que l'on a procédé à la restauration des pavillons, au dégagement du large fossé qui entoure le donjon, et à la démolition des casemates du 19e s. Le château montre ainsi à nouveau sa fière ordonnance de grande demeure royale. Les pavillons du Roi et de la Reine abritent les services historiques des trois armées.

L'extension de Paris au 19e s.

Lors de la construction de l'enceinte fortifiée de Thiers, de 1841 à 1845, 17 portes furent aménagées pour le passage des grandes routes, 23 barrières pour les routes départementales et 12 poternes pour les chemins vicinaux. Cette enceinte parisienne, qui correspond au tracé des boulevards des Maréchaux, englobe des villages qui furent totalement ou en partie annexés à Paris lors de la création des arrondissements, à partir de 1860. Ainsi, les villages de Vaugirard, Grenelle, La Villette et Belleville furent supprimés, et leurs territoires rattachés à Paris. La plus grande partie du territoire des villages d'Auteuil, de Passy, des Batignolles-Monceau, de Montmartre, La Chapelle-St-Denis, Charonne et Bercy le furent également, les fractions restantes étant rattachées à des villages voisins. Enfin, les villages d'Ivry, de Gentilly, Montrouge, Vanves, d'Issy, de Neuilly-sur-Seine, Clichy, St-Ouen, d'Aubervilliers, de Pantin, du Pré-St-Gervais, de Bagnolet et St-Mandé ne perdirent qu'une petite partie de leur territoire au profit de Paris.

ravissement. Certains pavillons ainsi que l'immense hall de la Pinède abritent plusieurs fois par an des expositions ou des spectacles variés. La floraison des camélias a lieu début mars, celle des tulipes à partir d'avril et celle des rhododendrons et azalées à partir de mai. Des expositions temporaires de sculptures et quelques statues contemporaines font du parc un musée de plein air : la fontaine monumentale de François Stahly, *La Montagne* de Vito Tongiani, *La Mahone* de Jean Amado...

À l'est du parc, une vaste aire de jeux occupera vos enfants des heures entières : toboggans, balançoires, tour Eiffel en toile d'araignée, train blanc, minigolf, piscine à boules, accrobranche et théâtre.

Attractions – *01 49 57 24 81 - www.parcfloraldeparis.com/fr/node/41 - été : 9h30-20h - pavillons et jardin des Papillons (gratuits) - aire de jeux, quadricycles parisiens (Rosalies), minigolf, parcours acrobatique - tarifs variables, consultez le site.*

Lac des Minimes D1

Il doit son nom au couvent des Minimes qui formait jadis une enclave dans la forêt royale. Un pont donne accès à l'île de la Porte-Jaune où l'on peut bruncher.

Jardin d'agronomie tropicale René-Dumont D1

RER A Nogent-sur-Marne, bus 114, arrêt Pierre Sémard - 45 bis av. de la Belle-Gabrielle - 01 48 08 13 00 - www.paris.fr - avr.-sept. : 9h30-20h ; mars et oct. : 9h30-18h30 ; reste de l'année : 9h30-17h - gratuit.

Précédé d'un portique chinois, ce jardin de 6,7 ha fut successivement jardin d'essai pour les cultures tropicales (1899), théâtre de l'Exposition coloniale de 1907, hôpital pendant la Première Guerre mondiale et lieu de mémoire pour les soldats originaires des anciennes colonies. Il appartient désormais à la Ville de Paris. Un centre de recherche agronomique (Cirad) y a installé un campus et la cité du développement durable. Promeneurs, étudiants et professeurs se partagent l'espace. Certains pavillons de 1907, restaurés abritent expositions et espaces de conférence. Le pavillon de la Tunisie accueille un restaurant salon de thé *La Belle Gabrielle - cantine du jardin (10h-18h),* tenu par une association d'insertion de femmes. D'autres pavillons sont envahis par la végétation, tout comme les serres historiques de 1899. Méconnu, ce jardin avec ses grandes pelouses est un havre de paix, rafraîchissant et mystérieux.

Le lac Daumesnil et ses barques.
benslimanhassan/Getty Images Plus

1

Arboretum de Paris D2

Bois de Vincennes - rte de la Ferme - 01 53 66 14 00 - www.ecoledubreuil.fr - avr.-sept. : 9h30-20h ; mars et oct. : 9h30-18h30 ; nov.-fév. : 9h30-17h - gratuit.
Il dépend de l'école d'horticulture Du Breuil, créée en 1867 sous l'impulsion d'Haussmann et installée porte Daumesnil, avant 1936. Près de 1200 arbres de 800 espèces différentes y sont cultivés sur 12 ha : séquoia géant, marronnier d'Inde, épicéa d'Orient, cèdre bleu de l'Atlas...

Lac de Gravelle C2

Rte de la Ferme. Ce lac artificiel créé par Haussmann permettait à l'origine de refouler les eaux de la Marne et de réguler les crues. Aujourd'hui, il sert avant tout de réservoir aux deux autres lacs du bois de Vincennes (Daumesnil et des Minimes). De paisibles nénuphars lui confèrent un charme particulier...

Hippodrome CD2

01 49 77 17 17 - www.vincennes-hippodrome.com - ouv. en fonction du calendrier des courses.
Royaume des turfistes, c'est l'un des temples du trot. Si vous êtes à la recherche d'une idée de sortie originale, ne manquez pas les courses en nocturne organisées au printemps.

Ferme de Paris C2

RER A Joinville-le-Pont - Rte du Pesage - 01 71 28 50 56 - www.paris.fr - avr.-sept. : w.-end 13h30-18h30 (et mar.-vend. 13h30-17h en juil.-août), vac. scol. de Pâques 13h30-17h ; reste de l'année : consultez le site - gratuit.
Veaux, vaches, cochons, brebis, moutons, arbres fruitiers et champs de blé : une vraie ferme pour apprendre aux petits citadins que la salade ne pousse pas dans des sachets et que les poules ont des plumes. On peut assister à la traite des vaches à 16h et, selon la saison, à la tonte des moutons.

★★ Visiter le château

PLAN DU CHÂTEAU CI-DESSOUS

1 av. de Paris - Ⓜ Château-de-Vincennes - ✆ 01 48 08 31 20 - www.chateau-de-vincennes.fr - de mi-mai à mi-sept. : 10h-18h ; de mi-sept. à mi-mai : 10h-17h - 9,50 € (-26 ans gratuit) ; audioguide 3 € - gratuit 1er dim. du mois (nov.-mars) - visite guidée gratuite à certaines heures. Livret-jeu gratuit à télécharger sur www.vincennes-tourisme.fr ou appli gratuite « Vincennes en famille » à télécharger sur Playstore.

Vincennes présente deux aspects distincts : un fier et sévère donjon, unique résidence médiévale des souverains encore existante en France, et un majestueux ensemble du 17e s.

Des fouilles récentes ont mis au jour les vestiges du manoir capétien où ont séjourné Philippe Auguste et Saint Louis.

Le tour de l'enceinte

Avant de pénétrer à l'intérieur des remparts, il est conseillé d'en faire le tour extérieur à pied en empruntant les talus bordant les douves.

★ **Tour du Village** – C'était la résidence des gouverneurs qui surveillaient ainsi l'entrée et dirigeaient la défense de la forteresse. Sous ses voûtes gothiques subsistent quelques détails rappelant sa vocation militaire : fente des chaînes du pont-levis, rainure de la herse et archères.

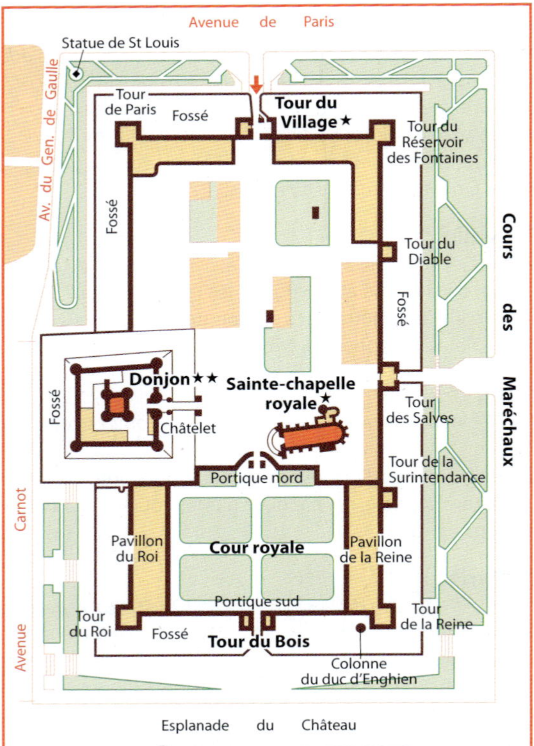

CHÂTEAU DE VINCENNES

★★ **Donjon** – Il domine la face ouest du rempart. Ce chef-d'œuvre de l'art militaire du 14ᵉ s. (1361-1369) conserve sa haute tour de 50 m flanquée de quatre tourelles d'angle, ainsi qu'un éperon au nord. Le donjon proprement dit est entouré d'une enceinte fortifiée ou « chemise » qui a son propre fossé. Des tourelles défendent les quatre angles. Un chemin de ronde couvert fait le tour de la chemise : il a conservé ses créneaux et ses mâchicoulis, au-dessous desquels ont été percées des embrasures de canons. Habité par les souverains jusqu'à la fin du 15ᵉ s., le donjon servit ensuite de prison. Épisode savamment narré par Alexandre Dumas dans *Vingt ans après*, c'est de ce chemin de ronde que le duc de Beaufort, chef ligueur incarcéré par Mazarin, s'évada à l'aide d'une corde, au matin de la Pentecôte en 1648, alors qu'il faisait sa promenade accompagné d'un garde soudoyé.
Tour du Bois – Au sud, l'esplanade du château offre une vue d'ensemble du portique qui ferme l'enceinte au Midi. La tour du Bois, au centre, a été arasée par Le Vau et transformée en entrée d'honneur ; du côté intérieur, elle présente son caractère d'arc triomphal. Du pont qui franchit le fossé, on aperçoit, au pied de la tour de la Reine, une colonne qui marque l'endroit où fut exécuté le **duc d'Enghien**, accusé de conspiration par Bonaparte, le 21 mars 1804.
Cours des Maréchaux – Tracé en 1931, il permet d'admirer les cinq tours de la face est des remparts, toutes privées de leurs étages supérieurs. La **manufacture de porcelaine** de Vincennes était installée dans la tour du Diable.

1

L'intérieur de l'enceinte

★★ **Donjon** – Il est précédé d'un pont-levis *(en travaux au moment de la rédaction de ce guide)* et d'un châtelet. Au 1ᵉʳ étage, dans la **salle du Conseil** – qui a conservé son plafond d'origine –, un film est consacré à Charles V ; on accède sur le côté à une cellule de prisonnier aux murs peints et graffités dans laquelle ont séjourné Mirabeau et Mᵍʳ de Boulogne. Un escalier large et confortable mène au 2ᵉ étage, qui abritait la **chambre royale**. Elle présente des documents sur le château ; on peut admirer la polychromie d'origine du 14ᵉ s. sur les voûtes. À proximité, la salle du Trésor, l'étude, l'oratoire et la chapelle étaient également les espaces quotidiens du roi Charles V. Par un bel escalier à vis, on redescend au rez-de-chaussée, qui servait de cuisine, pour découvrir la vie carcérale dans le donjon.
★ **Sainte-chapelle royale** – *De mi-mai à mi-sept. : 10h30-13h, 14h-17h30 ; reste de l'année : 10h30-13h, 14h-16h30 - dernier accès 45mn av. la fermeture.* La chapelle, qui a fait l'objet d'une importante restauration, accueille ponctuellement des expositions. Commencée par Charles V en remplacement de celle de Saint Louis, elle ne fut terminée que sous Henri II (1552). À part les vitraux et des détails décoratifs, l'édifice est purement gothique. La façade, aux belles roses de pierre, est de style flamboyant. Les beaux **vitraux**★ Renaissance du chœur représentent des scènes de l'Apocalypse. Dans l'oratoire nord se trouve le tombeau du duc d'Enghien.
Cour royale – Témoignage du Vincennes classique, elle est fermée par le portique nord. De part et d'autre s'élèvent les pavillons royaux. Dans le pavillon de la Reine ont vécu Anne d'Autriche et Monsieur, frère de Louis XIV. Le duc de Montpensier, fils de Louis-Philippe, fut le dernier occupant princier (1840-1848). Mazarin s'éteignit dans le pavillon du Roi (1661), alors qu'il attendait l'achèvement de ses appartements dans le pavillon de la Reine.

Carnet pratique

S'informer

Office de tourisme – *28 av. de Paris - Vincennes - 01 48 08 13 00 - www.tourisme-vincennes.fr.*

Agenda

Parc floral

Riche programmation de concerts, de fin juin à déb. sept. - programme complet sur *festivalsduparcfloral.paris - gratuit (droits d'entrée du parc à acquitter : 2,50 €, -26 ans 1,50 €, gratuit -7 ans) sf Les Nocturnes.*

Pestacles – Festival jeune public avec théâtre, concerts, lectures et spectacles de rue.

Paris Jazz Festival – Concerts jazz et soul de groupes du monde entier l'apr.-midi le w.-end.

Classique au vert – Concerts de musique classique l'apr.-midi le w.-end.

Les Nocturnes – 7 soirées exceptionnelles mixant classique et jazz - *27/33 €.*

Château et ville

Toiles sous les étoiles –*Un w.-end en août - 01 43 98 67 71 - Vincennes.fr - gratuit.* Trois soirées cinéma en plein air dans la cour du château.

Festival America – *Tous les 2 ans, un w.-end en sept. - www.festival-america.com.* Un rendez-vous incontournable autour des littératures et cultures nord-américaines. Prochaine édition en 2024.

Nos adresses

PLAN P. 68-69

Restauration

Premier prix

2 **Le Bosquet** – C1 - *Parc floral - Paris - M Château-de-Vincennes - 01 43 28 87 15 - sites.google.com/view/restaurantbosquet - horaires du parc floral - plat 12/14 €.* Le Bosquet est idéal pour une pause. Le meilleur endroit du bois pour les enfants.

Budget moyen

1 **Barto** – C1 - *22 av. de Paris - M Château-de-Vincennes - 01 43 65 00 73 - https://barto-pizza.fr - lun. et jeu. 12h-14h30, 19h-22h30, merc. 19h-22h30, vend. 12h-14h30, 19h-23h, sam. 12h-15h, 19h-23h, dim. 12h-15h - fermé mar. - plat 11,50/24 €.* Face au château, ambiance animée et familiale dans ce restaurant dont la carte affiche tous les classiques de la cuisine italienne : pizzas rouges ou blanches, bruschetta, antipasti, etc. Vous pouvez aussi opter pour la version *street food* chez **Panozzi,** le petit frère logé au 2 r. du Château qui propose d'originaux sandwichs à base de produits frais, dans une pâte à pizza.

En soirée

Cartoucherie – *Rte du Champ-de-Manœuvre - Paris - M Château-de-Vincennes, puis navette théâtre gratuite ou bus 112 - cartoucherie.fr - théâtres fermés pdt vac. d'été.* Ancien site de fabrication d'armement et de poudre, situé dans le bois de Vincennes, la Cartoucherie a été reconvertie progressivement en lieu de création théâtrale en 1970 par la troupe du Théâtre du Soleil, fondée notamment par Ariane Mnouchkine et Philippe Léotard. Expérience intuitive et entreprise collective – la Cartoucherie accueille aujourd'hui

5 théâtres et 3 ateliers de recherche dramatique –, ce lieu unique contribue activement au renouvellement de l'art théâtral en France, renonçant par exemple au traditionnel espace théâtral à l'italienne.

Nouveau Chalet du Lac – *Orée du bois de Vincennes - Paris - M St-Mandé - 01 43 28 09 89 - chaletdulac.fr - clubbing vend.-sam. à partir de 23h - 13 €, 15 € avec 1 boisson.* Au bord du lac de St-Mandé, ce pavillon Belle Époque accueille aujourd'hui des thés dansants et des soirées thématiques rock.

Activités

Location de barques

Barques du lac Daumesnil – *Rte de ceinture du lac Daumesnil - Paris - M Porte Dorée - 01 43 28 19 20 - http://barques.org - - tlj 10h-19h - fermé mi-nov.-mi-fév. - 14 €/h pour 1-2 pers, 15 €/h pour 3-4 pers., caution 20 €.*

Lac des Minimes – *M Château de Vincennes - 06 86 08 01 12 - fermé fin nov.-déb. mars - Tlj 13h30 - 18h. - 10 €/h pour 1-2 pers., 12 €/h pour 3-5 pers., caution 10 €.*

Location de vélos

Pavillon de Gravelle - Cyclorama – *2 route du Pesage - M Porte-Dorée - 06 81 34 47 19 - vac. scol : tlj ; automne-hiver : selon le temps (se rens. par tél.) ; reste de l'année : merc. et w.-end - 5 €/h, 18 €/j.*

Accrobranche

Accrobranche du Parc floral – *06 21 69 81 77 - parcfloral.evasion-verte.fr - merc., w.-end, vac. scol. - fermé hiver et par mauvais temps - 22 € (enf. 17 €)/2h.* Quatre parcours dans les arbres pour enfants (dès 6 ans) et adultes.

Pour les enfants

Guignol – *Parc floral - 09 83 41 76 51 - guignolparcfloral.blogspot.com - merc., w.-end à 15h et 16h ; petites vac. scol. : tlj à 15h et 16h ; vac. scol. été : tlj sf lun. à 15h et 16h - 3,50 €.* Le programme change chaque semaine (ts les 2 j. en été).

Théâtre des Marionnettes de Paris – *Paris - derrière la mairie de St-Mandé - 06 75 23 45 89 - www.lesmarionnettesdeparis.com - - oct.-avril : merc., sam. et dim. et tlj vac. scol. 15h30 et 16h30 ; mai-sept. : merc., sam. et dim. et tlj vac. scol. 16h30 - fermé 2 sem. en août - 5 €.*

1

8 Nogent-sur-Marne

et les bords de Marne

Sur son blason, deux châteaux : Beauté et Plaisance, deux noms qui racontent Nogent, devenue dès le 18e s. et surtout avec l'arrivée du chemin de fer au milieu du 19e s. le lieu des loisirs dominicaux. La ville est un sympathique condensé du Paris de la Belle Époque : un pavillon Baltard rescapé des Halles, une fontaine Wallace, un square, des rues commerçantes animées... Tandis que les bords de Marne et les guinguettes attirent toujours les promeneurs.

Guinguette à Nogent-sur-Marne.
D. Thierry/Photononstop

Se repérer

CARTE D2 (P. 30-31).
34042 habitants – Val-de-Marne (94)
À 6 km de la porte de Vincennes par la N 34.
RER A, 2 arrêts à Nogent-sur-Marne ou RER E, arrêt Nogent-Le Perreux.
Vélos en libre-service : Vélib'.

En famille

Le vaste parc du Tremblay pour faire du vélo; faire du canoé ou marcher le long de la Marne.

Carnet pratique p. 82

Nos adresses p. 82

Se promener

Musée de Nogent-sur-Marne

36 bd Gallieni - ☏ 01 48 75 51 25 - museenogentsurmarne.net - tlj sf lun. et vend. 14h-18h, sam. 10h-12h, 14h-18h - gratuit.
Ce musée d'histoire locale et régionale propose une exposition permanente consacrée aux paysages et à l'architecture des bords de Marne, et aux loisirs des Parisiens (canotage et guinguettes). Des expositions temporaires sont consacrées à l'histoire de la ville et de ses environs.

Pavillon Baltard

12 av. Victor-Hugo. Sauvé de la destruction des Halles et installé sur l'ancien emplacement du château de Beauté, le pavillon Baltard sert de cadre à des expositions, des salons, des spectacles, des congrès. Il est connu pour les émissions de télévision qu'il a accueillies (la *Nouvelle Star* pour n'en citer qu'une !).

Carré des Coignard

150 Grande-Rue-Charles-de-Gaulle - ☏ 01 43 24 63 70 - www.ville-nogentsurmarne.com - ♿ - tlj sf lun. 15h-19h - gratuit. Ancien hôtel particulier, le Carré accueille des expositions temporaires d'art contemporain.

1

À proximité

CARTE P. 30-31

Champigny-sur-Marne D2

À 3 km au sud de Nogent-sur-Marne par la D 45 qui traverse la Marne au pont de Nogent.
La ville occupe presque toute la boucle sur la rive gauche de la Marne, émaillée de nombreuses îles, dont certaines sont classées Réserve départementale naturelle. En aval du pont de Champigny a été aménagée une agréable **promenade** (6 km). Sur la hauteur, au détour de chemins de randonnée, un monument entouré de quatre canons commémore les sanglantes journées du 30 novembre et du 2 décembre 1870, au cours desquelles les Parisiens assiégés tentèrent en vain de briser l'étreinte prussienne.
Église St-Saturnin – Elle évoque encore, par son architecture harmonieuse et sa situation tranquille, le charme du vieux village de Champigny. Le clocher (12e s.) constitue la partie la plus ancienne de l'édifice. De la belle nef (13e s.), très sobre, éclairée par des oculi au-dessus du triforium, se dégage une impression d'équilibre. Certains chapiteaux sont intéressants par leur décor de feuillages de la région parisienne. Une belle sculpture gothique (le Christ devant Pilate, saint Pierre tranchant l'oreille de Malchus) orne l'autel de la chapelle latérale gauche.

Les guinguettes

Après l'âge d'or de la période impressionniste à la fin du 19e s., les guinguettes ont progressivement disparu du paysage d'Île-de-France. Relancés par une politique régionale et par la passion de l'**Association Culture Guinguette** *(☏ 01 45 16 37 51)*, ces établissements refleurissent sur les bords de Marne ou de Seine et font revivre, avec plus ou moins de succès, les ambiances pittoresques de la Belle Époque *p. 82.*

On vous emmène sur les bords de Marne

Par un dimanche ensoleillé, quel bonheur d'enfourcher son vélo direction le bois de Vincennes puis les bords de Marne. Difficile de se mettre au vert à quelques coups de pédales du périph, où la piste cyclable a parfois bien du mal à s'extraire des voies rapides et des ponts autoroutiers. Malgré tout, la présence de l'eau a quelque chose de réconfortant pour un citadin. Arrivé à Maisons-Alfort, quel dilemme ! Les plus sportifs se laisseront tenter par la belle boucle de la Marne, soit 13 km via St-Maur-des-Fossés. Les plus pressés prendront le raccourci en ville pour rejoindre directement Joinville-le-Pont, où on récupère le chemin de halage. Ici, à moins d'une demi-heure de la porte de Charenton, les bords de Marne se font plus champêtres. À l'approche de Nogent, on se surprend à fredonner *Quand on s'promène au bord de l'eau*... Cela fait bien longtemps que la baignade est interdite à cet endroit, que les casques de vélo ont remplacé les canotiers, et pourtant il y a toujours foule pour guincher à la guinguette de l'île du Martin-Pêcheur ou chez Gégène *(voir p. 82)*. Avis aux amateurs de bal musette ! Les autres choisiront un coin plus tranquille pour déjeuner sur l'herbe.

Pour aller plus loin sur les bords de Marne, voir la région 5 « Au nord-est ».

Musée de la Résistance nationale – *40 quai Victor-Hugo - 01 49 83 90 90 - www.musee-resistance.com - mar.-vend. 13h-18h, w.-end 11h-19h - 8 €.* Dans ce nouveau musée situé en bord de Marne, la Résistance est évoquée tout d'abord avec des sculptures qui ornent l'escalier de manière monumentale. Le parcours chronologique, illustré de films, photographies, journaux, radios, etc., évoque le rôle de la Résistance, ses enjeux et la vie quotidienne des Français de 1940 à 1945. À ne pas manquer : le sac à double paroi de Lise London et le manuscrit du poème *Liberté* de Paul Éluard.

Bry-sur-Marne D2

À 4 km à l'est de Nogent-sur-Marne par la D 120 - RER A 4 Bry-sur-Marne.

Diorama de Louis Daguerre - Église Saint-Gervais-Saint-Protais – *Angle Grande-Rue-Charles-de-Gaulle et r. du Four - 01 45 16 68 33 - 8h30-19h30 - accès libre.* La petite église Saint-Gervais-Saint-Protais de Bry-sur-Marne possède l'unique exemplaire de diorama de **Louis Daguerre** (1787-1851). Considéré comme l'un des pères de la photographie, il est aussi l'inventeur de ce dispositif en trompe-l'œil changeant en fonction de la lumière, très en vogue à Paris au 19e s. Pour installer cet exemplaire, il démolit le fond de l'église qu'il remplaça par une extension avec un mur incurvé et une verrière puis suspendit une grande toile translucide de 32 m², représentant le chœur d'une cathédrale gothique. Dans cet immense décor, se cache une foule de détails comme une bougie dont la flamme, en s'éteignant,

Le démon de la photo

La commune de Bry-sur-Marne a acquis la propriété du peintre et photographe français **Louis Daguerre** (1787-1851) avec le projet d'y installer un musée dédié aux nombreuses inventions liées à sa passion pour la photographie et à ses recherches sur le diorama, « spectacle d'illusion réaliste », dans lequel des éléments de décor apparaissent en trompe-l'œil, présentés avec des effets de lumière. En attendant, la commune a mis en ligne en 2020 son musée virtuel, qui permet de découvrir notamment la belle collection de daguerréotypes : https://museedebry.fr.

Aviron sur la Marne.
B. Gardel/hemis.fr

laisse apparaître sur la peinture une mèche incandescente ainsi qu'une traînée de fumée ; des toiles d'araignées ou un clou accroché au mur. Selon l'intensité de la lumière, la scène peinte semble se modifier et l'effet est si subtil qu'à l'époque le public croyait réellement que l'église était devenue cathédrale.
Détérioré par le temps, le diorama a été restauré entre 2007 et 2013, un travail colossal à l'initiative de la ville de Bry-sur-Marne qui souhaite raviver l'héritage de Daguerre.
Espace Maurice Joron-Musée Adrien Mentienne – *6 bis Grande-Rue-Charles-de-Gaulle - ✆ 01 45 16 68 33 - museedebry.fr - ♿ - mar.-merc. et vend. 9h30-12h, 14h-18h30, sam. 9h30-12h - gratuit.* Le musée Adrien Mentienne consacre un espace au peintre français Maurice Joron (1883-1937) : sa fille a fait un important don de ses œuvres au musée en 1995. Blessé à la bataille de la Marne, cet artiste a exécuté de nombreuses scènes – dessins à la mine de plomb, d'une grande justesse – pour deux journaux de l'époque, *Le Crapouillot* et *La Guerre documentée*. Il y évoque des épisodes de la Première Guerre mondiale qui l'avaient beaucoup marqué. Dans les années 1930, il s'orienta vers le nu, alors très en vogue. Il a également laissé de sa famille et de ses proches de nombreux portraits, qui révèlent son extrême sensibilité.

Carnet pratique

S'informer

Office de tourisme – *5 av. de Joinville - Nogent-sur-Marne - ✆ 01 48 73 73 97 - www.tourisme-valleedelamarne.com.* L'office de tourisme organise des visites guidées thématiques : architecture des 19e et 20e s., histoire de Nogent, les bords de Marne, etc.

Agenda

Médiévales – *Dernier w.-end de mai ou 1er w.-end de juin.* Spectacles et animations médiévales sur le parvis de l'hôtel de ville.

Nos adresses

Restauration

Les **guinguettes** souffrent du contexte économique et de l'évolution des loisirs. Certaines privilégient d'autres ambiances (salsa, tango) et font valoir leur atmosphère bon enfant. Chez Gégène a conservé l'esprit guinguette et rencontre un franc succès le w.-end. Préférez le soir ou le dim. midi pour tester ces lieux (*encadré p. 79*).

Sur les bords de Marne

Budget moyen

Chez Gégène – *162 bis quai de Polangis, allée des Guinguettes - Joinville-le-Pont - par le pont de Nogent dir. Joinville, à dte av. Gallieni, puis à dte bd de Polangis - ✆ 01 48 83 29 43 - www.chez-gegene.fr - fermé mi-déc.-mars, lun. et mar. sf j. fériés - sur réserv. pour les repas dansants - plats 10/17 €, menu repas dansant 37 €, goûter dansant 25 €, entrée au bal du dim. 12 €.* Bastion de la musique populaire, cette guinguette qui a vu le jour à la fin du 19e s. est encore une véritable institution des bords de Marne. À l'instar de nos aînés, venez y déguster une friture et vous encanailler au son des flonflons du bal-musette. Bals et repas dansants sam. soir et dim. midi (programme sur le site Internet).

La Guinguette de l'Île du Martin-Pêcheur – *41 quai Victor-Hugo - Champigny-sur-Marne - ✆ 07 86 46 12 79 - www.guinguette.fr - ♿ - merc.-vend. 16h-0h, w.-end 12h-0h - fermé nov.-déb. mars - réserv. conseillée - planche à partager à partir de 7 €, plat 18 €.* Cette guinguette est installée sur une île au milieu de la rivière. Empruntez la passerelle pour aller prendre un verre ou vous restaurer, dans un cadre bucolique. DJ sets, live musicaux, jeux de plein air.

Shopping

Marché d'Adamville – *R. Baratte-Cholet - St-Maur-des-Fossés - merc. et sam. 8h-13h.* Créé au 19e s., ce marché compte aujourd'hui une centaine d'étals permanents, et le double le samedi. Ambiance conviviale.

En soirée

Bodega Feria – *13 bd des Alliés - Champigny-sur-Marne - Parc du Tremblay - ✆ 01 48 80 19 58 - www.bodegaferia.fr - P ♿ - vend.-sam. - formules 42/66 €.* Ambiance féria et Sud-Ouest dans ce grand chapiteau chic. Dîner avec démonstration d'artistes de cirque au dessert, soirée « clubbing » (musique des années 1980 jusqu'à aujourd'hui et féria). Vous pouvez venir uniquement pour la soirée clubbing à partir de 22h30 *(25 €)*. Ambiance festive garantie !

Activités

À Nogent-sur-Marne

Port de plaisance – *Square Tino-Rossi - ✆ 01 41 93 13 57 - www.fayolleplaisance.fr - oct.-avr. : lun.-vend. 9h-13h, 14h-17h, w.-end 9h-12h ; mai-sept. : lun.-vend. 9h-13h, 14h-19h, w.-end 9h-13h, 14h-20h.* Les installations modernes de ce port permettent d'accueillir des bateaux de 4 à 25 m, avec ou sans passagers. Vous pourrez également y prendre un rafraîchissement, manger et louer (de mai à septembre) des bateaux électriques sans permis et des pédalos.

Nogent nautique – *8 r. du Port - ✆ 01 48 71 37 92 - www.nogentnautique.fr.* Bassin olympique et solarium, mais aussi sauna, hammam et espace fitness, sur les bords de Marne.

À Joinville-le-Pont

Bowling de Joinville – *162 quai de Polangis - ✆ 01 42 83 80 93 - www.bowlingstriky.fr - horaires : voir le site - bowling 4/7,50 €/pers./partie (selon horaire), billard 14,90 € la 1re heure puis 14 €/h.*

Joinville Eau Vive – *30 Chemin de l'Île Fanac - ✆ 01 42 83 52 81 - jevck2.ovh.* Le club propose différentes activités autour du canoë-kayak.

Port de Joinville – *Port de plaisance - ✆ 01 48 83 35 10 - 35/45 €/h.* Possibilité de louer des bateaux électriques de mai à septembre *(5 ou 7 places).*

À Champigny-sur-Marne

Parc du Tremblay – *11 bd des Alliés - ✆ 01 48 81 11 22 - parc-tremblay.fr - été 8h-22h, hiver 8h-20h (21h mi-sais.).* Prenez un agréable bol d'air sur cet espace de 75 ha consacré aux sports, à la détente et aux jeux : les aires de jeux pour les enfants, espaces aquatiques, courts de tennis côtoient le golf 9 trous et la zone pour bicross.

À Choisy-le-Roi

Au Fil de l'Eau – *43 galerie Rouget-de-Lisle - ✆ 01 48 52 22 22 - aufildeleau.eu - croisières en juin-sept. : w.-end 14h-18h - 7 €/h (2-12 ans 4 €).* Croisières commentées (1h) dans des petits bateaux en aluminium, écologiques et pour certains électriques, les catalantes et catapuces. L'association gère aussi le passeur qui opère entre Nogent et le parc du Tremblay *(mai-sept. : w.-end - gratuit)*, également entre le square d'Yverdon à Nogent et le quai de Polangis à Joinville *(mai-sept. : w.-end - gratuit)*, ainsi qu'à Choisy entre le port de Choisy et le quai des Gondoles (entrée sud du parc) *(mai-sept. : merc. et w.-end - gratuit).*

Base nautique Roland-Bouchier – *222 Quai Gallieni - ✆ 01 48 81 30 09 - canoë-kayak 9,15/15,70 €.* La base accueille de nombreuses activités dans le cadre privilégié des boucles de la Marne. Deux dimanches par mois, d'avril à octobre (interruption en août), elle propose aussi la découverte de cette réserve naturelle en canoë-kayak.

1

9 Maisons-Alfort

Située sur la rive sud de la Marne, tout près de la Seine, Maisons-Alfort est essentiellement composé de quartiers pavillonnaires et du village d'origine remanié. Si son centre comporte quelques éléments d'architecture 1930, la ville peut surtout s'enorgueillir d'un musée unique : l'une des plus belles collections d'art vétérinaire au monde.

Se repérer

CARTE C2 (P. 30-31).
56 483 habitants – Val-de-Marne (94)
À 5 km de la porte de Charenton.
M École-Vétérinaire-de-Maisons-Alfort. RER D arrêt Maisons-Alfort.

En famille

Le lac de Créteil.

Nos adresses p. 86

Visiter

Musée Fragonard de l'École nationale vétérinaire

7 av. du Gén.-de-Gaulle - ✆ 01 43 96 71 72 - www.vet-alfort.fr - merc.-jeu. et w.-end 14h-18h - fermé août - 8 € (-26 ans gratuit).
Âmes sensibles s'abstenir ! Le musée de l'École vétérinaire vous emmène entre crânes humains, moulages de viscères, squelettes complets d'animaux spectaculaires (girafe, éléphant, rhinocéros entre autres), monstres animaliers et maladies animales transmissibles à l'homme, jusqu'au clou de l'exposition : le cabinet de curiosités. Honoré Fragonard, professeur d'anatomie à Alfort, constitua ici en 1766 une sorte de musée, appelé « Cabinet du Roy », consacré à l'anatomie, la physiologie et la pathologie. Celui-ci présente une curieuse collection d'écorchés, hommes, fœtus ou animaux momifiés. Impossible d'ignorer les « œuvres » inquiétantes d'Honoré Fragonard : le fameux **Cavalier** montant un cheval au galop, qui évoque le *Cavalier de l'Apocalypse* de Dürer, et *L'Homme à la mandibule* rappelant Samson tenant une mâchoire d'âne à la main, ou encore les trois embryons dansant.
Jardin botanique – Créé en 1766, le jardin botanique de l'École contient des plantes médicinales, fourragères, toxiques et mellifères organisées sous forme de massif.

Église Ste-Agnès

Cet édifice en ciment armé (1932) est surprenant par sa forme (un losange irrégulier surmonté d'un clocher hexagonal de 53 m) et sa décoration intérieure : un ensemble de vitraux, œuvre de Max Ingrand, forme à mi-hauteur une cage de verre bleu et rouge.
Toute proche de Ste-Agnès, remarquez la belle façade de l'ancienne **usine de la Suze** *(av. du Gén.-Leclerc).* Pour que sa distillerie s'inscrive en harmonie avec l'église voisine, son directeur Fernand Moureaux avait fait appel, en 1934-1935, à l'architecte Paul Fénard pour qu'il transforme son établissement, ce qu'il fit avec succès.

Musée de Maisons-Alfort

Château de Réghat - 34 r. Victor-Hugo - M Les-Juilliottes, remontez l'av. du Gén.-Leclerc puis prenez la r. Carnot à gauche - ✆ 01 45 18 39 50 - ♿ - maisons-alfort.fr - fermé, se rens.

Le musée Fragonard, musée d'anatomie de l'école vétérinaire.
D. Thierry/Photononstop

Le musée raconte l'histoire de la ville à travers les âges : résultats des fouilles réalisées sur le site de la ville ; son histoire du Moyen Âge au 20e s. ; reconstitutions de boutiques d'artisans d'autrefois et espace célébrant les guinguettes, loisirs et sports maisonnais.

À proximité

Notre-Dame de Créteil - cathédrale du 21e s. C3

2 r. Pasteur Vallery-Radot (quartier Montaigut) - Créteil - M Créteil-Université, sortie 1, puis 10mn à pied : suivre le mail des Mèches puis à droite sur l'av. du Gén. de-Gaulle - lun.-vend. 10h-16h, w.-end 15h-18h - ✆ 01 45 17 24 00 - catholiques-val-de-marne.cef.fr.

Inaugurée en 2015, cette élégante cathédrale à l'architecture contemporaine s'élève à l'emplacement d'une église des années 1970 (la façade, discrète, est restée d'origine). Sur le parvis se dresse le clocher, détaché de l'édifice ; ce dernier se compose de deux hautes coques sphériques en bois symbolisant des mains jointes pour la prière. L'intérieur, tout en courbe, surprend par les effets de lumière, un gigantesque vitrail de 55 m de long traversant le bâtiment. Un espace culturel accueille expositions, concerts et rencontres. Montez à la tribune pour admirer le point de vue.

De la cathédrale, vous pouvez facilement aller jusqu'au lac à pied (15mn env.). Par l'av. du Gén.-de-Gaulle, longez le centre commercial, traversez le quartier des Choux par l'allée piétonne et empruntez la passerelle au-dessus de la route de Choisy. Réalisation singulière et emblématique des années 1970, **Les Choux** se composent de tours rondes aux balcons en forme de pétales de béton. L'allée piétonne passe au pied de ces immeubles. De l'autre côté de la passerelle s'étend le **lac de Créteil** (42 ha), agréable espace incluant des aires de jeux, de vastes pelouses, une base nautique et une piscine extérieure.

Nos adresses

Restauration

Premier prix

La Perle du Maroc – *261 av. de la République - ✆ 01 42 07 42 32 - www.laperledumaroc.fr - formule 13,50 €, menu déj. 15,50 € (sem.), couscous 13/20 €.* Chaleureux décor oriental pour savourer couscous ou tagines, déclinés en différentes variétés.

Budget moyen

Grand Café de la Mairie – *5 av. de la République - ✆ 01 43 96 26 90 - formule déj. 17 € (sem.).* La vaste terrasse de ce restaurant fait face à la mairie. À l'intérieur, une salle élégante avec comptoir en bois, belle horloge, ventilateurs. Cuisine classique de bistrot en semaine ou petite restauration : salades, croques, tartines accompagnées de frites ou de salade.

Pour se faire plaisir

La Bourgogne – *164 r. Jean-Jaurès - ✆ 01 43 75 12 75 - www.restaurant-labourgogne.com - lun.-sam. 12h-13h30, 20h-21h15, fermé sam. soir et dim. - menu 3 plats 39,50 €, menu 59 €.* Cette maison fleure bon la province. On y sert une cuisine traditionnelle et des plats d'inspiration bourguignonne. Accueil chaleureux, décor chic et moderne.

En soirée

Le NECC (Nouvel espace culturel Charentonneau) – *107 av. Gambetta - ✆ 01 58 73 43 03 - www.theatredemaisons-alfort.org.* De nombreux concerts et spectacles sont organisés dans cette salle aux équipements sonores à la pointe de la technique. Le Ciné Necc propose, quant à lui, une programmation thématique mensuelle.

Théâtre Claude Debussy – *116 av. du Gén.-de-Gaulle - ✆ 01 41 79 17 20 - www.theatredemaisons-alfort.org.* Théâtre d'abonnés fidèles, où la musique et la danse occupent une place privilégiée dans la programmation. C'est aussi un lieu d'exposition où l'on peut découvrir le travail des artistes maisonnais.

10 Le MAC VAL ★

et Vitry-sur-Seine

Le musée d'Art contemporain du Val-de-Marne, qui a soufflé 15 bougies en 2020, soutient et présente la création artistique en France depuis les années 1950. Seul musée d'art contemporain d'Île-de-France, il est délibérément tourné vers les habitants du Val-de-Marne, qui l'ont adopté et investi, et en font un lieu vivant, loin de l'image intimidante que peut parfois encore avoir l'art contemporain aujourd'hui.

Le MAC VAL - Musée d'art contemporain du Val-de-Marne, par l'architecte Jacques Ripault.
B. Gardel/hemis.fr

Se repérer

CARTE C3 (P. 30-31).

95 510 habitants – Val-de-Marne (94)
À 5 km de la porte de Choisy par la N 305.
Tramway T3, arrêt Porte-de-Choisy, puis bus 183, arrêt Musée-MAC VAL ; RER C, arrêt Vitry-sur-Seine, puis bus 180, arrêt Musée-MAC VAL ; RER D, arrêt Maisons-Alfort-Alfortville, puis bus 172, arrêt Henri-de-Vilmorin.
Par le sentier des Arts – *env. 30mn - http://sentier.des.arts.free.fr* (attention le sentier n'est plus fléché). Depuis le M Villejuif-Paul-Vaillant-Couturier, empruntez la rue J.-B.-Clément. Le Sentier vous emmène jusqu'au MAC VAL, par des tours et détours entre les maisons et jardins familiaux du vieux Vitry.

En famille

Partir à la recherche des œuvres de street art ; visiter l'Exploradôme.

Nos adresses p. 89

Street art

Vitry-sur-Seine est une des capitales mondiales du street art. C'est l'artiste urbain C215, alias Christian Guémy, qui est à l'origine des premières œuvres d'art : graffitis, pochoirs, mosaïques, etc. Depuis 2009, son empreinte est partout dans les rues de Vitry. Par la suite, il a convié des artistes internationaux comme Pixel Pancho, Finnbarr, Sonda et a ouvert, en 2014, un second atelier à Ivry-sur-Seine.

Des balades commentées à la découverte du street art en Val-de-Marne sont régulièrement organisées *(12 € - 2-3h - réserv. sur www.tourisme-valdemarne.com.).*

★ Visiter le MAC VAL

Pl. de la Libération - 01 43 91 64 20 - www.macval.fr - - tlj sf lun. 10h-18h, w.-end 12h-19h - 5 € (-26 ans gratuit), gratuit 1er dim. du mois.

Un restaurant agréable donne sur le jardin.

Les bâtiments, conçus par l'architecte Jacques Ripault, sont constitués de simples blocs de béton. Cet ensemble, blanc, bas et horizontal, contraste avec la ville environnante, et en premier lieu avec le bruyant rond-point qui fait face au musée, au centre duquel trône une sculpture monumentale de Jean Dubuffet. À l'intérieur, deux vastes plateaux reliés par des plans inclinés accueillent les collections permanentes et les expositions temporaires sur 4 000 m^2. Le cheminement, fluide, est guidé par la lumière diffusée par les baies vitrées horizontales, avec vue sur le jardin et ses sculptures.

Le fonds du musée, qui compte plus de 2 500 œuvres, est constitué des créations achetées par le Val-de-Marne dans le cadre de son soutien aux artistes contemporains. Elle est révélée progressivement selon des parcours qui changent régulièrement. Ces accrochages, réussis, assortis d'une programmation d'expositions temporaires qui convoquent des artistes majeurs ou des sujets à débat, créent des passerelles entre l'art, les publics et leur environnement. Mission réussie : le musée connaît un succès grandissant, notamment auprès des habitants de Vitry-sur-Seine.

Se promener

Galerie municipale Jean Collet

59 av. Guy-Môquet - 01 43 91 15 33 - http://galerie.vitry94.fr - - tlj sf lun. 13h30-18h (merc. aussi 10h-12h) - gratuit. La galerie municipale de Vitry accueille diverses expositions et manifestations autour de l'art contemporain.

Exploradôme

18 av. Henri-Barbusse - 01 43 91 16 20 - www.exploradome.fr - - vac. scol. (zone C) : tlj 10h-18h, sam. 10h30-18h, dim. 13h-18h ; reste de l'année : horaires variables, voir le site - 7 € (4-18 ans 5 €) - 8 € atelier.

Ce bâtiment aux lames de couleurs abrite une soixantaine d'expériences ludiques pour initier les enfants au plaisir de la science : imprimez votre ombre sur le mur, bâtissez un pont romain, faites rouler une roue carrée ou évaluez la distance que vous devrez pédaler pour éliminer la banane de votre déjeuner ou pour recharger votre portable ! Les animateurs se feront un plaisir de tout vous expliquer et de vous rappeler les bonnes pratiques du développement durable.

Parc départemental des Lilas

Depuis Ⓜ Bibliothèque-François-Mitterrand ou Mairie-d'Ivry, bus 132 arrêt Groupe-scolaire-Jean-Jacques-Rousseau - R. Lemerle-Vetter - ✆ 01 43 99 70 00 - accès libre.

Ce grand parc doit son originalité à sa gestion de manière naturelle : jardins, cultures, vergers et espaces boisés en font un lieu en évolution constante. Après avoir suivi le grand mail et son canal fleuri, vous pouvez traverser la roseraie, rendre visite aux poneys, apprendre à reconnaître les plantes médicinales, etc. Jeux, ruchers et animations estivales.

À l'est du parc, au-delà des champs, accordez-vous une pause sur les pelouses ombragées (entrée rue Mario-Carpa). Il est interdit de cueillir les fleurs !

Pont suspendu du Port-à-l'Anglais

Ce bel ouvrage d'art, au tablier en acier, fut construit entre 1913 et 1928 pour remplacer le bac qui permettait de traverser la Seine entre Alfortville et Vitry. Mais d'où vient ce nom ? L'Anglais est la déformation de Langlois, nom d'une famille de fermiers qui résidaient ici au Moyen Âge.

Nos adresses

Restauration

Premier prix

Le Jardin des Phénix – *24 av. Anatole-France - ✆ 01 46 80 06 46 - fermé dim. - formule déj. sem. 13/15 € bc, carte 25 €.* Très bon restaurant chinois de Vitry.

Budget moyen

Le Fondant – *10 av. du Gén.-Leclerc - ✆ 01 46 80 06 45 - www.lefondant.fr - fermé sam. midi, dim. soir et lun. - formule déj. sem. 19,50 €, menu déj. 27 €, plats 18,50 €* Proche du MAC VAL, ce restaurant propose une cuisine traditionnelle.

En soirée

Nouveau gare au Théâtre – *13 r. Pierre-Sémard - ✆ 01 43 28 00 50 - www.gareautheatre.com.* Théâtre, danse, cabaret. Restauration dès 19h.

Théâtre des Quartiers d'Ivry - Centre dramatique national – *1 pl. Pierre-Gosnat - Ivry-sur-Seine - ✆ 01 43 90 11 11 - www.theatre-quartiers-ivry.com.* Installée à la Manufacture des Œillets, une ancienne usine métallurgique, cette scène nationale propose une programmation variée. Restauration sur place.

11 Château et parc de Sceaux ★★

Sceaux possède l'un des plus beaux parcs d'Île-de-France. À un saut de RER, ou même à quelques coups de pédale par la Coulée verte, vous voici au cœur d'un parc où les familles viennent prendre l'air le week-end. Son château-musée et ses dépendances vous réservent bien des surprises.

Château de Sceaux.
Hallé/YAY Micro/age fotostock

Se repérer

CARTE B3 (P. 30-31) - PLAN DU PARC (p. 92).
20 004 habitants à Sceaux – Hauts-de-Seine (92)
À 7 km de la porte d'Orléans par la D 920.
RER B Parc-de-Sceaux ou Sceaux.

Organiser son temps

Prévoir une demi-journée pour découvrir le château et le parc.

En famille

Faire un tour en barque sur le grand canal. Avec l'application mobile « Baludik », découvrir de manière ludique les sculptures du parc.

Carnet pratique p. 97

Nos adresses p. 97

Visiter le domaine

PLAN DU PARC P. 92

8 av. Claude-Perrault - ✆ 01 41 87 29 50 - http://domaine-de-sceaux.hauts-de-seine.fr - ♿ - tlj sf lun., mars-oct. 14h-18h30, nov.-fév. 13h-17h - fermé la 1re quinz. de janv. - 3 à 5 € (-26 ans gratuit).
Le domaine est composé de plusieurs bâtiments historiques majeurs : le château qui abrite le musée, l'orangerie, le pavillon de l'Aurore et les écuries *(voir encadré Histoire, p. 94).*

Entrée d'honneur

Conçue pour Colbert, elle comprend deux pavillons à frontons et deux guérites surmontées de groupes attribués à Jean-Baptiste Théodon. Ceux-ci représentent les emblèmes de Colbert : le dogue et la licorne, symboles de la fidélité et de l'honnêteté.

Orangerie du domaine de Sceaux

Ouvert sam. et dim. aux horaires du musée. Édifiée par l'architecte **Jules Hardouin-Mansart** en 1686, à la demande du marquis de Seignelay, l'orangerie – longue de 88 m et haute de 12 m – présente une décoration de frontons sculptés. Elle servait en été de salle de fêtes et abritait en hiver les 300 orangers du parc. D'importants travaux de restauration, achevés en 2016, lui ont redonné tout son éclat. À l'intérieur, on peut y voir les sculptures du parc datant de l'époque de Colbert.

1

★ Château

Après de grands travaux, le musée a rouvert ses portes en septembre 2020 avec un nouveau parcours de visite, sur l'art de vivre à la française, de Louis XIV à Napoléon III. Le visiteur progresse d'époque en époque et, de salle en salle, découvre les origines de la seigneurie de Sceaux et la création de la demeure des Colbert, puis le faste de la cour du duc et de la duchesse du Maine, le séjour délicieux du duc de Penthièvre, le déclin du domaine de Sceaux sous la Révolution ainsi que sa renaissance au 19e s. avec les Trévise.
Rez-de-chaussée – À gauche du vestibule d'entrée, le Grand Salon, aux lambris blancs et dorés inspirés des décors des salons de l'hôtel Soubise à Paris, est majestueux. Y est exposée une splendide table à jeu de Hoffenricher, dit Potarange, en placage de bois de rose, marqueterie de bois d'ébène et ivoire (18e s.).
La salle Colbert, dans l'angle sud-ouest du château, au splendide plancher marqueté, est consacrée au ministre et à son fils, le marquis de Seignelay (période : 1670-1700), notamment à travers un tableau attribué à Nicolas Loir, *Colbert protecteur des Arts*. Celui-ci acquit le château de Sceaux en 1670 et fit appel aux meilleurs artistes de son temps pour le transformer : Charles Le Brun décora le grand escalier, André Le Nôtre conçut le parc à la française, Antoine Coysevox fut chargé des sculptures...
Le salon Ovale est la seule pièce qui a conservé son décor d'origine de salon de musique (lambris vert céladon). Il est consacré à la faïence de Sceaux (18e-19e s.), caractérisée par les scènes pastorales et les décors d'oiseaux.
L'ancienne salle à manger tendue de soie rouge (salle Maine) est consacrée au duc et à la duchesse du Maine (période : 1700-1775). La duchesse donnait au château, entre 1705 et 1753, ses Grandes Nuits, réceptions fastueuses suivies de feux d'artifice, concerts, pièces de théâtre, etc. Aujourd'hui, dans le même esprit, sont organisées les « Grandes Heures de Sceaux » comme au temps de Louise-Bénédicte de Bourbon *(☞ p. 97)*. Cette salle en conserve plusieurs chefs-d'œuvre dont *Le Festin de Didon et Énée* (1704), l'une des œuvres majeures de François de

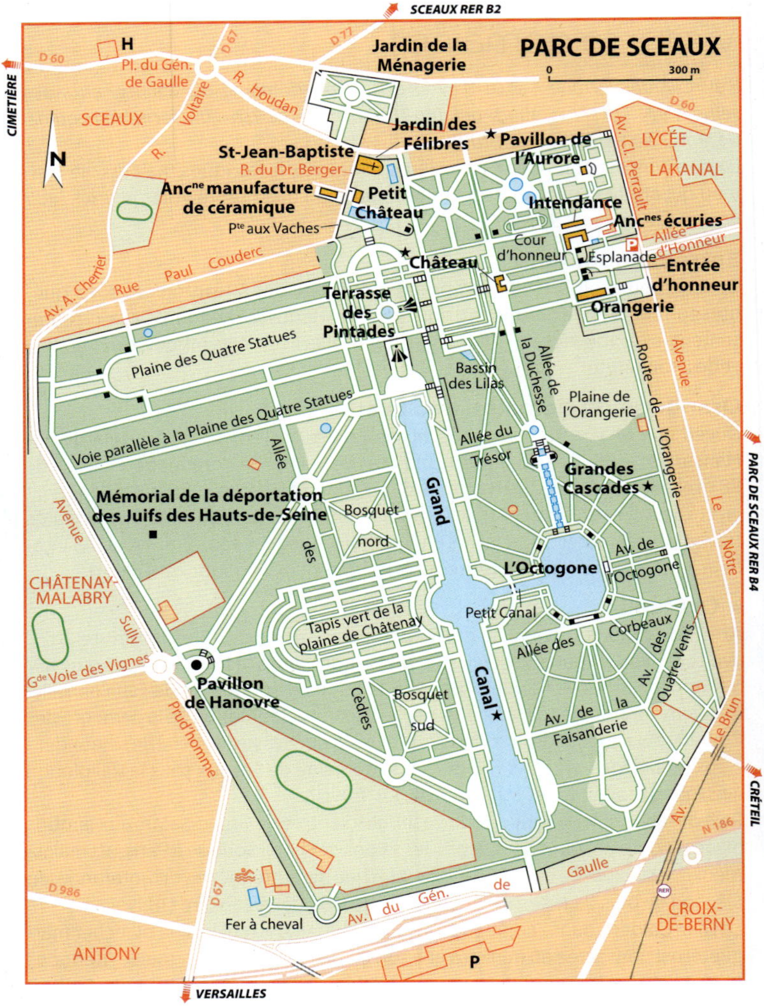

Troy (1645-1730), représentation allégorique de la cour du duc et de la duchesse du Maine ; également l'exceptionnelle commode en laque de Coromandel, attribuée à Bernard II van Risamburgh.

La salle qui conduisait aux cuisines a été transformée en bibliothèque. Colbert possédait en effet la troisième bibliothèque de France (appelée la Colbertine), pourvue de 22000 ouvrages (aujourd'hui conservés à la bibliothèque nationale). L'escalier d'honneur a été restauré dans le goût du Second Empire (polychromie de marbres et trompe-l'œil). Sur le palier, remarquez deux statues équestres en bronze doré d'après les originaux de Coysevox réalisés pour orner l'abreuvoir de Marly. Au plafond, édaillons avec les portraits des grands souverains.

Premier étage – Belle enfilade de salons donnant sur le parc et sur ses bassins. Consacrée au duc de Penthièvre (période 1775-1793), la première salle s'organise autour de quatre grands panneaux décoratifs (v. 1757) de François Boucher et d'Alexis

Peyrotte, provenant du château de Crécy et réinstallés à Sceaux par Penthièvre en 1775. Au-dessus de la cheminée s'impose le portrait du prince par Jean-Baptiste Charpentier. Au centre de la pièce se remarque une magnifique table à transformation, dite « à la Bourgogne », de Jean-Pierre Latz. Le grand tableau représentant le parc du château de Méréville est dû au peintre Hubert Robert. Le salon suivant évoque la destruction de l'ancien château de Sceaux, en 1802-1803, et la construction du château neuf, entre 1856 et 1862, par le duc et la duchesse de Trévise. Dans la salle Trévise est présentée une belle collection de paysages du 19e siècle (dont quatre grands panneaux de Caruelle d'Aligny) réunis autour d'un imposant portrait du duc par Larivière. Dans l'angle sud-ouest, une chambre de style Empire conserve plusieurs meubles et objets provenant du château de Neuilly, dont le très beau lit de Caroline Murat (Jabob Frères, v. 1803). Dans l'angle sud-est, une jolie pièce tendue de soie fleurie accueille un petit dîner improvisé à l'évocation du 18e siècle.
La galerie (retour vers l'escalier d'honneur) présente une superbe collection de céramiques produites par l'ensemble des manufactures franciliennes au cours des 18e et 19e siècles : Sceaux, Vincennes, Sèvres, Chantilly, Creil et Montereau, Saint-Cloud... On traverse également le salon reconstitué de la « folie » de « la Guimard », danseuse célèbre du 18e s.
Centre de documentation – *01 41 87 28 69 - accès sur demande préalable.* Fonds exceptionnel d'archives sur l'histoire de l'Île-de-France : plus de 13 000 ouvrages, des documents iconographiques, dossiers de presse, photographies, correspondances, cartes postales... une mine d'informations !

1

Visiter le parc

PLAN DU PARC P. CI-CONTRE

8 av. Claude-Perrault - 01 41 87 29 50 ou 06 64 40 56 66 - http://domaine-de-sceaux.hauts-de-seine.net - - mai-juil. : 7h-21h ; avr. et août : 7h-20h30 ; reste de l'année : consultez le site - gratuit.
L'application « Baludik » propose un parcours ludique (jeux d'observation et énigmes) à la recherche des trésors sculptés du domaine *(gratuit - 1h15 à 2h).*

★ Grandes Cascades

Merc., sam., dim. L'allée de la Duchesse conduit aux Grandes Cascades, où l'eau se déverse dans le bassin de l'Octogone. L'eau dégringole sur dix paliers s'échappant de plusieurs mascarons de bronze attribués à **Rodin** (1878). L'ensemble avait été dessiné par Le Nôtre en collaboration sans doute avec Le Brun ; il fut refait dans le style Art déco dans les années 1930.

L'Octogone

Ce bassin est resté tel que Le Nôtre le conçut. Très vaste, avec sa couronne de platanes, il offre un spectacle d'une sereine majesté. Son jet monte à 35 m.

Pavillon de Hanovre

Dans l'axe du Petit Canal, il fut construit par Chevotet en 1760 et transporté du boulevard des Italiens en 1930. Seule la façade a été remontée en 1931 à Sceaux. Le bâtiment est en cours de réhabilitation.

★ Grand Canal

Cette belle nappe d'eau, aussi longue que le Petit Canal de Versailles (1 030 m), est bordée d'une double rangée de peupliers d'Italie.

Terrasse des Pintades

Des rampes mènent du canal à une terrasse d'où partent les deux grandes perspectives du parc : l'une vers le château, l'autre dans l'axe du Grand Canal.

Histoire du domaine de Sceaux

En 1670, **Colbert**, surintendant des Bâtiments, se fait construire ici une superbe demeure. Il a, pour ce projet, recours à l'architecte Claude Perrault, au peintre-décorateur Le Brun et aux sculpteurs Girardon et Coysevox. Les jardins sont confiés à Le Nôtre, qui tire parti d'un terrain accidenté. L'eau, captée au flanc des coteaux du Plessis-Robinson, alimente le canal, les bassins et les fontaines. Invité de marque, Louis XIV en personne assiste en 1677 à l'inauguration du château ; celle-ci donne lieu à une somptueuse fête au cours de laquelle sera représentée *Phèdre* de Racine. Le fils de Colbert, le marquis de Seignelay, reçoit huit ans plus tard à Sceaux la visite du Roi-Soleil et de Mme de Maintenon ; Racine et Lully, pour la circonstance, composeront *L'Idylle de Sceaux*.
En 1700, le domaine est vendu au **duc du Maine**, fils légitimé de Louis XIV et de Mme de Montespan. Le roi s'arrête souvent chez son fils préféré. La duchesse du Maine, petite-fille du Grand Condé, s'entoure d'une cour et attire les beaux esprits. Elle fait jouer comédies, tragédies, opéras et ballets. Le tout-Versailles et le tout-Paris parlent des « Nuits de Sceaux », pleines d'illuminations et de feux d'artifice. C'est là que Voltaire aurait écrit Candide.
À la veille de la Révolution, Sceaux appartient au neveu du duc du Maine, le duc de Penthièvre, dont le poète Florian est bibliothécaire. À la mort du duc en 1793, le domaine devient un bien national et est vendu à un négociant qui fait raser le château et met le parc en culture. De 1856 à 1862, le **duc de Trévise**, héritier du domaine par sa femme, fait construire sur l'emplacement de l'ancien château de Colbert le château en brique et pierre de style néo-Louis XIII que l'on connaît aujourd'hui. Le parc est alors redessiné selon les plans de Le Nôtre et Sceaux accueillera, sous le Second Empire, de brillantes fêtes. Mais les héritiers se désintéressent peu à peu du domaine et celui-ci finit par tomber à l'abandon. Alain-Fournier y trouvera les premiers décors du *Grand Meaulnes*.
En 1923, le département de la Seine fait heureusement l'acquisition du domaine et en lotit environ le tiers pour pouvoir financer des travaux de restauration. Propriété du département des Hauts-de-Seine depuis 1971, Sceaux offre aujourd'hui au visiteur un superbe parc de 181 ha, ainsi que le musée du Domaine départemental de Sceaux, logé dans le château du duc de Trévise.

Mémorial de la déportation des Juifs des Hauts-de-Seine

Ce mémorial est un ensemble de 12 statues en fonte de fer, placées dans une clairière. Cette œuvre du sculpteur Christian Lapie évoque les 12 fils de Jacob et la déportation.

Petit Château

Élégant édifice du début du 17e s., rattaché au domaine par Colbert ; c'est ici que furent élevés les enfants de la duchesse du Maine. Jusqu'alors propriété de la Ville de Sceaux, il a été rattaché de nouveau au domaine en 2010. Depuis, le Petit Château est devenu un espace d'exposition (collections permanentes du musée et expositions temporaires), qui accueille également jusqu'à l'été 2026 un espace dédié au projet du futur musée du Grand Siècle à Saint-Cloud (*encadré p. 117*). Le jardin, restauré dans l'esprit du 18e s., comporte deux fontaines de rocailles et une statue fontaine contemporaine, *L'Olympe*, œuvre de Claude Lalanne.

★ Pavillon de l'Aurore

Ouvert sam. et dim. aux horaires du musée.
La forme dissymétrique de ce pavillon lui vient de sa position originelle de belvédère, le long du mur oriental du domaine. Colbert acquit les terres au-delà de celui-ci et le pavillon se trouva alors au centre d'un jardin potager. Ce pavillon de jardin d'inspiration italienne – rare exemple de ce type de bâtiment du 17e s. en France – servait pour les haltes pendant les promenades, ainsi que pour des concerts et fêtes. Cet édifice, coiffé d'une coupole, est desservi par des escaliers à balustres, savamment disposés. À l'intérieur, on remarque les boiseries, le pavement, les plafonds, mais surtout l'admirable coupole de Charles Le Brun représentant l'Aurore (1672). Colbert reçut ici l'Académie française en 1677. Pour cette occasion, le poète Quinault lut un poème de 900 vers consacré à la fresque de la coupole, sans se soucier un instant de la fatigue de ses auditeurs qui, la tête renversée, suivaient sur la voûte la description.
Coupole – L'Aurore, accompagnée du Bruit et de la Rosée, chasse sur son char la Nuit. Celle-ci porte des fleurs de pavot dans les cheveux et emporte sous sa cape animaux nocturnes et monstres de cauchemar. L'Aurore précède le Soleil et suit du regard l'étoile du point du jour symbolisée par un putto tenant une torche. On comprendra aisément l'allégorie politique : Colbert prépare la venue et l'ascension du Roi-Soleil, Louis XIV. La balance centrale symbolise les vertus du gouvernement, le putto la déséquilibre légèrement du pied, annonçant une ère de changement.
À gauche de l'Aurore, la Nature exprime l'abondance, point de départ d'une guirlande qui relie les saisons et leurs signes du Zodiaque ; de l'autre côté du char, Bacchus la regarde. L'Hiver, vieillard drapé de blanc, est auprès de la Nuit, accompagné de l'infortuné Tithon, époux éternellement vieillissant de l'Aurore. De part et d'autre de la voûte, Castor et Pollux échangent leur place aux Enfers. Quelques figures (un des oiseaux par exemple) sont des peintures marouflées.
Devant le pavillon de l'Aurore, un **jardin d'iris** explose de couleurs et de parfums dès le mois de mai.

Intendance

Cette maison de style Louis XVI était la résidence de l'intendant du domaine ; fidèle à sa vocation, elle est aujourd'hui habitée par le directeur du domaine.

Anciennes écuries

Elles furent construites sous Colbert d'après un projet de Le Pautre. Le bâtiment, entièrement rénové, accueille aujourd'hui deux salles dédiées aux expositions temporaires, une boutique-librairie *(tlj sf lun. haute sais. : 10h-12h, 13h-18h30 ; basse sais. : 10h-12h30, 13h30-17h)*. En face des écuries se trouve l'abreuvoir ou bain des chevaux *(visible depuis l'esplanade)*.

Se promener à Sceaux

PLAN DU PARC P. 92

Un parcours historique rythmé par 24 « pierres de Sceaux », plaques en lave émaillée, raconte l'histoire du lieu - *rens. à l'office de tourisme.*

Église St-Jean-Baptiste

Elle a reçu sous Louis-Philippe sa façade et sa flèche. À l'intérieur, derrière le maître-autel, *Baptême du Christ* par Tuby (17e s.), provenant de la chapelle de l'ancien château. Souvenirs du duc et de la duchesse du Maine. Devant l'autel du bas-côté gauche, médaillon de la Vierge, attribué à Coysevox (18e s.).

1

Jardin des Félibres

Près de l'église se trouve la tombe du fabuliste cévenol **Florian** (1755-1794), petit-neveu de Voltaire, qui finit ses jours à Sceaux. Depuis le 19e s., les **Félibres** viennent ici chaque année *(un dim. de juin)* lui rendre hommage. Le Félibrige était un mouvement littéraire lancé par Frédéric Mistral pour sauvegarder la culture de langue d'oc. Des bustes de poètes provençaux (dont Mistral) sont rassemblés ici.

Jardin de la Ménagerie

70 r. Houdan - avr.-sept. : 7h30-21h ; oct.-mars : 7h30-20h.

C'est l'ancienne « ménagerie » de la duchesse du Maine, où sont enterrés ses canaris et son chat favori. La Révolution y ouvrit un bal public, le « bal de Sceaux », fréquenté par les Muscadins et les Merveilleuses. Encore très couru des Parisiens au temps où Balzac donna ce titre à l'une de ses nouvelles ; de nos jours, ce lieu de promenade accueille de nombreuses manifestations festives.

Ancienne manufacture de céramique

Située au coin de la rue des Imbergères, elle fut fondée par la duchesse du Maine. Il faut savoir que, dans la seconde moitié du 18e s. Sceaux accueillait l'une des manufactures de céramique les plus importantes de France, grâce à la « faïence japonée » inventée par le chimiste Jacques Chapelle. Vous pouvez en admirer certaines pièces au musée du Domaine départemental de Sceaux.

À proximité

CARTE P. 30-31

★★ Roseraie du Val-de-Marne B3

1 r. Albert-Watel - ✆ 01 47 40 04 04 - https://roseraie.valdemarne.fr - de déb. mai à mi-sept. : 10h-19h - 4 € (-5 ans gratuit).

▶ *De Sceaux, à 2,7 km à l'est du château par la D 60. Bus 192 (parc de Sceaux) arrêt Sous-préfecture-Église.*

▶ *De Paris, à 10 km de la porte de Gentilly par l'A 6. RER B Bourg-la-Reine, puis bus 172 ou 192 arrêt Sous-préfecture-Église ; M Porte-d'Italie, puis bus 131, 186 ou 184.*

En bordure d'un parc, la **roseraie du Val-de-Marne**, créée en 1894 par Jules Gravereaux, l'un des fondateurs du Bon Marché, et dessinée par le paysagiste Édouard André, accueille 2 900 variétés de roses qui offrent à la floraison *(pleine saison en juin)* un magnifique spectacle. Les collections de la roseraie, extrêmement complètes, permettent de suivre l'histoire de la rose, de sa forme sauvage (églantier) aux dernières variétés hybrides. Les roses sont ordonnées en grandes familles : roses galliques, roses de la Malmaison, roses à odeur de thé... La roseraie réunit aussi l'une des plus importantes collections de roses anciennes au monde. Le **parc** ayant accueilli le grand prix national de la rose, vous trouverez çà et là des bosquets de roses originales.

Carnet pratique

Agenda

Les Grandes Heures de Sceaux – *4 w.-ends par an - réserv. au ✆ 01 41 87 29 71 - domaine-de-sceaux.hauts-de-seine.fr - tarifs selon animations.* Ces soirées-spectacles, qui rappellent les fêtes de la duchesse du Maine mettent la musique baroque à l'honneur.

Les concerts de l'Orangerie de Sceaux – *Sept. - ✆ 01 75 32 58 37 - www.festival-orangerie.fr.* Festival de musique de chambre incontournable dans l'hexagone.

Nos adresses

Restauration

À Antony

Budget moyen

La Tour de Marrakech – *72 av. Division-Leclerc - ✆ 01 46 66 00 54 - www.latourdemarrakech-restaurant.com - fermé lun. - formule déj. 24 €, plats 16,50/21 €.* Un Paris-Marrakech par voie express ! Décor délicieusement mauresque, plats du pays joliment mitonnés, desserts faits maison, sans oublier l'accueil et le service prévenants.

Petite pause

Château et parc

Il y a deux kiosques (sandwichs, viennoiseries, crêpes, boissons) – un au sud du château, un autre tout au bout du Grand Canal – et un restaurant, *Le Trévise*, à l'entrée.

À Sceaux

L'Étoile du berger – *6 r. du Dr-Berger - ✆ 01 46 60 57 56 - www.letoileduberger.fr - 7h-20h - fermé mar.* En face de l'église, ce salon de thé sympathique et chic vous propose pâtisseries, glaces et boissons diverses.

Shopping

Marché – *66 r. Houdan - Sceaux - marché traditionnel : merc. et sam. mat. ; marché bio : dim. mat.* La belle halle en fer forgé accueille de nombreux petits étals alléchants.

Activités

Location de barques – *✆ 07 65 68 15 45 - avr.-fin oct. : lun.-vend. 13h-19h, w.-end 11h-19h ; sept.-oct. : merc. 13h-18h30 (oct. 17h30), w.-end 11h-18h30 (oct. 17h30) - 30mn/11 €, 1h/14 €, 1/4 d'h suppl. 3,50 €.* Sur le grand canal, dans le parc (capacité 4 adultes et 1 enf.).

1

12 La Vallée-aux-Loups ★★

et Châtenay-Malabry

Espèce d'arbre jadis très répandue dans la région, le châtaignier a donné son nom à la commune de Châtenay-Malabry. Les amateurs d'architecture apprécieront la ville pour ses demeures des 17e et 18e s., tandis que les âmes romantiques préféreront le domaine de la Vallée-aux-Loups, paradis verdoyant épargné par l'urbanisation, qui fut le refuge d'écrivains et artistes, dont Chateaubriand et Fautrier.

Se repérer

CARTE B3 (P. 30-31).
34 021 habitants – Hauts-de-Seine (92)
À 10 km de la porte d'Orléans par la D 906, entre le parc de Sceaux et la forêt de Verrières.
RER B Robinson.

En famille

Le rucher de Verrières à Verrières-le-Buisson.

Nos adresses p. 100

Visiter Châtenay-Malabry

98 r. Jean-Longuet - 01 47 02 75 22 - www.chatenay-malabry.fr.

★ Église St-Germain-l'Auxerrois

Sur l'ancienne place du village se dresse le beau clocher roman de l'église paroissiale. Une voûte d'ogives très pure abrite le chœur formé d'une seule travée de plan carré et éclairé par un vitrail moderne. Remarquable par la simplicité de ses lignes, la nef centrale de l'église est couverte d'une charpente à solives apparentes. Belle série de chapiteaux à crochets dans la nef et le chœur, historiés de thèmes curieux et frustes dans la petite travée à gauche du chœur. L'escalier menant au clocher possède encore une élégante vis de châtaignier.

★★ Maison de Chateaubriand - Vallée-aux-Loups

87 r. Chateaubriand - 01 55 52 13 00 - vallee-aux-loups.hauts-de-seine.fr - avr.-sept. : 10h-12h, 13h-18h30 ; nov.-fév. : 10h-12h, 13h-16h30 ; mars et oct. : 10h-12h, 13h-17h30 - fermé lun. et 1re quinz. de janv. - 5 €, 4 € hors période d'expositions temporaires (-26 ans gratuit).

Après avoir publié dans *Le Mercure de France* en 1807 un article hostile au despotisme napoléonien, **Chateaubriand** (1768-1848) se voit contraint de quitter Paris. Il acquiert alors le domaine de la Vallée-aux-Loups, chaumière au milieu d'une clairière en friche, située à deux lieues de la porte d'Orléans. Il vit là, avec Mme de Chateaubriand, près de dix ans de bonheur qu'il consacre à l'enrichissement du lieu et à son travail d'écrivain. Il y débute la rédaction de ses *Mémoires*. Il transforme les taillis en un parc littéraire évoquant ses voyages à travers le monde : cèdres du Liban, cyprès chauves de Virginie, roseaux du Nil... Le pavillon dans le parc lui sert de cabinet de travail et de bibliothèque. Dans ce lieu vite célèbre, il offre à ses amis la primeur de ses écrits. C'est le point de départ des fameuses lectures du salon de Mme Récamier, à l'Abbaye-aux-Bois.

Chambre à coucher dans la maison de Chateaubriand.
Godong/UIG/age fotostock

Plongé dans des difficultés financières, il vend la Vallée-aux-Loups en 1818 à Mathieu de Montmorency, ami de Mme Récamier, laquelle y fera de nombreux séjours entre 1818 et 1826. Une aile à droite du bâtiment principal est alors ajoutée, ainsi qu'une orangerie et une chapelle dans le style Restauration.
En 1826, la fille de Montmorency hérite du domaine. Cette famille conserve la Vallée-aux-Loups jusqu'en 1914, agrandissant le parc et ajoutant une aile gauche au bâtiment.
La visite de l'intérieur présente une reconstitution fidèle du cadre de vie à l'époque de Chateaubriand et de Mme Récamier : mobilier, souvenirs, gravures, manuscrits. On remarque la **méridienne** sur laquelle Mme Récamier posa pour David et l'escalier à deux volées de marches qui proviendrait d'un brick anglais. Un film *(35mn)* retrace la vie de l'écrivain.
La maison comporte aussi un centre de recherche *(sur RV)* consacré à l'époque de Chateaubriand, fort d'une collection de plus de 12 000 livres et d'un fonds important de documents iconographiques.

Parc boisé de la Vallée-aux-Loups

✆ 01 41 87 28 60 - vallee-aux-loups.hauts-de-seine.fr - nov.-janv. : 8h-17h ; fév. : 8h-18h ; mars : 7h30-19h ; avr.-août : 7h-21h ; mai : 7h-21h30 ; juin-juil. : 7h-22h ; sept. : 7h30-20h30 ; oct. : 8h-19h - gratuit.
Ouvert au public depuis 1982, ce grand parc de 36 ha couvert de chênes et de châtaigniers entoure le parc « à l'anglaise » de Chateaubriand. La faune y est abondante, rappelant l'origine du nom du lieu, lié à la profusion du gibier et donc à la présence de prédateurs.

Arboretum de la Vallée-aux-Loups

Entrée nord : 102 r. de Châteaubriand ; entrée sud : 140 av. Jean-Jaurès - ✆ 06 64 40 57 52 - ♿ - avr.-sept. : 10h-19h ; mars et oct. : 10h-18h ; reste de l'année : 10h-17h - gratuit.
Créé au 18e s., cet arboretum (12,7 ha) a été conçu comme un jardin « à l'anglaise » avec des « fabriques », une glacière et même une grotte et une cascade. Propriété jusqu'en 1986 de la famille des pépiniéristes Croux, il offre une diversité exceptionnelle d'arbres remarquables pour leur rareté botanique ou pour leurs dimensions impressionnantes, comme ce magnifique cèdre bleu pleureur de l'Atlas,

supporté par des piliers de bois, ou ces cyprès chauves dont les racines étranges surgissent au bord de l'eau.

L'Île Verte

Avr.-sept. : 10h-19h ; mars et oct. : 10h-18h ; reste de l'année : 10h-17h - gratuit.
On entre ici dans un véritable jardin romantique, avec ses murs végétaux, son étang, ses buissons et son fouillis de végétation. La demeure centrale a été construite entre 1822 et 1828. Elle est acquise par le dramaturge Jules Barbier (1825-1901) en 1852 : il y aménage le jardin, agrandit la maison et fait creuser l'étang. Après le décès de la fille de Barbier, c'est l'écrivain Marcel Arland qui loue le domaine de 1933 à 1936. En 1945, le peintre Jean Fautrier (1898-1964) s'installe dans la maison et y réside jusqu'à sa mort. Une de ses toiles, peinte en 1958 en référence au conflit irlandais, donne son nom au domaine.

À proximité

CARTE P. 30-31

Forêt de Verrières AB3

À 2 km de Châtenay-Malabry. Depuis le carrefour du 11-Novembre-1918, suivez la route du Plessis-Piquet. Nombreuses aires de stationnement.
Au cours de vos promenades sur les larges allées, vous rencontrerez des châtaigniers, des chênes, des frênes, des érables et des merisiers. Le GR 11 permet de traverser la forêt sur 5 km, et il existe aussi un sentier de petite randonnée, un peu plus sinueux. Roller et vélo sont praticables sur la route goudronnée qui fait le tour de la forêt. La forêt étant implantée sur un plateau culminant à 173 m, elle dégage de beaux **points de vue** sur Paris.

Nos adresses

Shopping

Rucher de Verrières – *24 r. Jean-Jaurès - Verrières-le-Buisson - 01 60 11 50 94 - www.verrieres-le-buisson.fr/fiche/le-rucher-de-verrieres - tlj sur RV et w.-end à 15h.* Au cours de la visite, vous pourrez admirer la vie des abeilles et suivre la fabrication du miel. Dégustation de miels de la région, hydromel et pain d'épice maison (sur commande).

Activités

Randonnée pédestre – De la forêt de Verrières à la forêt de Meudon, cette promenade de 7 km à travers le parc boisé de la Vallée-aux-Loups, le parc Henri-Sellier, le bois de la Garenne, le bois de la Solitude... Des calocèdres, conifères aux faux airs de Cyprès, balisent le sentier.

13 Issy-les-Moulineaux

Autrefois ville industrielle, abritant sur son île les casernes de l'Armée, Issy-les-Moulineaux a bien changé. Ville coquette ayant beaucoup misé sur le numérique et les nouvelles technologies, elle a attiré de nombreuses sociétés de médias et les sièges sociaux de grandes entreprises qui, installés le long de la Seine, forment un centre d'affaires aux bâtiments de verre. À deux pas, le parc départemental de l'île St-Germain, à l'atmosphère champêtre, offre un grand bol d'air.

Se repérer

CARTE B2 (P. 30-31).

67 981 habitants – Hauts-de-Seine (92)
À 2 km de la porte de Versailles par l'avenue Ernest-Renan.
M Mairie-d'Issy ou Corentin-Celton. Tramway T2 Issy-Val-de-Seine, J.-H.-Lartigue ou Les Moulineaux. RER C Issy ou Gare d'Issy-Val-de-Seine.
Vélos en libre-service : Vélib'.

En famille

Le parc départemental de l'île St-Germain ; Escape game au musée français de la Carte à jouer.

Nos adresses p. 103

Visiter

Espl. de l'Hôtel-de-Ville - 01 41 23 87 00 - www.issytourisme.com.

Musée français de la Carte à jouer

16 r. Auguste-Gervais - 01 41 23 83 60 - www.museecarteajouer.com - ♿ - merc.-vend. 11h-17h, w.-end 14h-18h - fermé 2e quinz. d'août - 5,40 € (-26 ans gratuit).
Un Escape game propose une suite d'énigmes à résoudre en moins d'une heure *(inscriptions au 01 41 23 83 60 - dim. à 14h15 et à 15h45, vac. scol. (zone C) merc.-dim. à 14h15 et à 15h45 - 7,70 €).*
L'histoire des cartes à jouer, didactiques, ludiques ou satiriques est présentée à travers des **collections rares★**. Parmi les plus anciennes, une très belle **carte de tarot enluminée★** (15e s.) attribuée à l'école de Milan (Italie), des cartes de Lyon (15e s.), premier centre de production sous l'Ancien Régime, ainsi que de Toulouse (déb. 16e s.) et de Rouen (déb. 17e s.). Une vitrine présente le costume du roi de cœur dans les ballets russes de Diaghilev et des exemples d'utilisation des cartes dans les arts décoratifs. Les cartes sont ici présentées comme des objets d'art... mais il est vrai qu'en éludant l'aspect ludique, l'ensemble est bien sérieux. Une galerie conduit ensuite à l'ancien pavillon de Conti qui abrite la **galerie historique de la ville**. Une vitrine de boulangerie accueille le visiteur, un espace rappelle l'époque industrielle de la ville (pointeuse d'époque), un autre les débuts de l'aviation à Issy. Les artistes qui ont séjourné dans la ville sont évoqués : Matisse, Chaurand-Naurac, Rodin et Antrac. Une maquette du château d'Issy fait apprécier la beauté du site au temps des Conti.

Église Saint-Étienne

L'église avec son clocher de 34 m fut construite entre 1634 et 1645. L'intérieur est décoré de grandes toiles. La Sainte Famille, toile classique du milieu du 17e s. aux figures colorées et éléments antiques, s'oppose aux peintures réalistes et sombres du 19e s. (Le Christ au pied de la Croix de Michel Marigny et Les Sept péchés capitaux bourreaux du Christ de Nicolas Auguste Hesse). Elle abrite dans le bas-côté gauche un **tympan★** de style roman du 12e s, représentant le Christ en Majesté.

Séminaire Saint-Sulpice

33 r. du Gén.-Leclerc - ✆ 01 46 62 13 13 - seminairesaintsulpice.fr - visite guidée uniquement (rens. à l'office de tourisme).

Le bâtiment était à l'origine un château construit vers 1550 et acheté par Marguerite de Valois en 1605. Après son départ en 1615, il passe de main en main avant de devenir un séminaire dans les années 1650-1660. À l'époque, il sert de lieu de vacances aux séminaristes parisiens. Détruit en 1890, il est remplacé par l'édifice actuel. La visite commence par le jardin à la française du 17e s., avec ses allées rectilignes et son bassin central. Au fond, à gauche, le nymphée (17e s.) accueille un décor marin qui allie coquillages, pierres et pierres semi-précieuses. Un panneau rappelle que le séminaire fut un haut lieu de la querelle du pur amour opposant Bossuet à Fénelon.

En ressortant du cabinet aux coquillages, un tunnel vous conduit à un parc et au bâtiment Notre-Dame de Lorette, en hommage au sanctuaire italien Loreto (Italie centrale), dédiée à la Vierge Marie.

En revenant dans le jardin, on accède à la chapelle qui fut construite entre 1898 et 1901, d'après celle de Versailles, par l'architecte Édouard Bérard. Dans l'ovale central, une Assomption de Bartolini reproduit celle du séminaire St-Sulpice à Paris qui fut détruite. Remarquez le maître-autel en marbre jaspé, les chandeliers en bronze et or et les vitraux. Dans la crypte sont rassemblés des souvenirs de la Commune : deux cachots, dont celui de Mgr Darboy (1813-1871), archevêque de Paris.

Se promener

★ Parc départemental de l'île St-Germain

170 quai de Stalingrad - ✆ 06 64 40 57 44 - www.hauts-de-seine.fr - mai-juil. : 7h-21h ; avr. et août : 7h-20h30 ; reste de l'année : consultez le site - gratuit.

Le parc se partage en deux parties : au nord-est, un espace de pelouses avec des aires de jeux et de détente, un poney-club, dominé par la sculpture de Dubuffet ; au sud-ouest, un découpage en jardins. Ceux-ci forment, pour le promeneur, autant de surprises aux couleurs et odeurs changeantes au fil des saisons : jardins clos aux tonnelles ombragées et murs de pierre, jardin de lavande aux parfums du Sud, jardins imprévus pour un air de campagne, potager pour apprendre à associer les cultures, plantes sauvages, etc.

Tour aux Figures – *extérieur : accès libre aux horaires du parc ; visite guidée de l'intérieur le w.-end : réserv. obligatoire sur www.hauts-de-seine.fr.* Le parc est dominé par l'étonnant monolithe de **Jean Dubuffet** (1901-1985) de 24 m de haut, créé en 1968, inauguré en 1988. Première commande publique faite à l'artiste, l'œuvre s'inscrit dans le cycle de l'Hourloupe. L'extérieur, peint de figures bleues et rouges, a retrouvé l'éclat de ses couleurs d'origine lors de sa restauration en 2020. L'intérieur est à nouveau accessible au public : une rampe noire et blanche de 117 m monte en colimaçon à travers une structure qui évoque une grotte, un coquillage ou encore un labyrinthe. Pour en savoir plus, un espace d'accueil et de médiation a été aménagé dans la halle du parc.

Nos adresses

Restauration

Pour se faire plaisir

River Café – *146 quai de Stalingrad - Pont-d'Issy - ✆ 01 40 93 50 20 - rivercafe.fr - plat 19/48 € - réserv. conseillée.* Amarrée sur la Seine, face à l'île St-Germain, une ex-barge à pétrole transformée en péniche. Le décor intérieur, boiseries, meubles en rotin et plantes vertes, s'inspire du style colonial et de l'univers marin. La terrasse fleurie est très agréable en été. Plats au goût du jour suivant le rythme des saisons.

Restaurant Manufacture – *20 espl. de la Manufacture - dans la r. Ernest-Renan - ✆ 01 40 93 08 98 - www.restaurantmanufacture.fr - fermé sam. et dim. - formule 34 €, menu 44 €.* Immense salle sur deux niveaux et décor design pour ce restaurant installé dans un bâtiment de l'ancienne manufacture de tabac : un cadre idéal pour une soirée conviviale. Cuisine de bistrot revue et corrigée dans un esprit actuel.

Shopping

Marchés – *Pl. Paul-Vaillant-Couturier (marché Corentin-Celton) et Esplanade de l'Hôtel-de-Ville (marché République) - Marché Corentin-Celton : mar. et dim. mat., jeu. apr.-midi ; marché République : merc. et vend. apr.-midi.* La ville compte 4 marchés dont ces 2 principaux installés en plein air au niveau des 2 stations de métro. Les commerces alimentaires y sont légion et l'ambiance conviviale.

Activités

Promenade Bleue – Cette zone de promenade continue de 39 km, portée à terme à 66 km, a été aménagée en piste cyclable et piétonne sur l'ancien chemin de halage reliant Issy-les-Moulineaux et Rueil-Malmaison.

14 Meudon et sa forêt ★

Située sur les pentes du plateau qui porte le bois du même nom, Meudon bénéficie d'un cadre naturel privilégié. À la fin du 17e s., le Grand Dauphin y chassait encore le loup... Longue ligne horizontale au-dessus du sud-ouest de Paris, la fameuse terrasse de Meudon se distingue de loin, avec le dôme vert-de-gris de son célèbre observatoire.

Se repérer

CARTE A2-3 (P. 30-31) - CARTE DE LA FORÊT (P. 107).
45 818 habitants – Hauts-de-Seine (92)
À 5 km de la porte de Versailles par la N 189.
RER C Meudon-Val-Fleury ou liaison SNCF (ligne N) depuis Paris-Montparnasse, arrêt Meudon ou Bellevue. Tramway T2 Meudon-sur-Seine ou Brimborion et T6 Meudon-la-Forêt et Georges-Milandy.

Nos adresses p. 108

Se promener à Meudon

PLAN P. 107

Hôtel-de-Ville - 6 av. Le-Corbeiller - 01 41 14 80 00 - www.meudon.fr.

Avenue du Château

Cette majestueuse avenue est plantée de quatre rangées de tilleuls. À mi-hauteur à gauche, une plaque signale, au n° 27, la petite maison où **Richard Wagner** composa le livret du *Vaisseau fantôme* (1841).

★ Terrasse

Longue de 450 m et large de 136 m, la célèbre terrasse est couverte de beaux arbres et de pelouses. Située à 153 m d'altitude, elle offre un **panorama**★ étendu sur Meudon, la vallée de la Seine et Paris. Après la grille à gauche se dresse l'un des **mégalithes** de la forêt. De jolies gaines des 16e et 17e s. ornent le mur de soutènement de la terrasse supérieure. L'extrémité sud de l'esplanade repose sur l'ancienne orangerie du château. Celle-ci, vestige du Château-Vieux, accueille de mi-oct. à mi-mai les orangers du parterre du parc de St-Cloud et du jardin des Tuileries ; le reste du temps, elle sert à des expositions, concerts et événements divers. De là, on découvre la belle perspective tracée par Le Nôtre ; à l'horizon, le grand ensemble moderne de Meudon-la-Forêt.

Observatoire – *5 pl. Jules-Janssen - 01 45 34 21 92 - www.observatoiredeparis.psl.eu - fermé à la visite en 2022.* À droite se dresse l'Observatoire, section d'astrophysique de l'Observatoire de Paris. Cet établissement, créé en 1876 par l'astronome Janssen, est le plus important des observatoires français et le principal centre de recherches spatiales. Symbole du patrimoine scientifique et architectural de Meudon, la grande **coupole** tournante de 18,5 m de diamètre qui coiffe la partie centrale du Château-Neuf abrite une lunette astronomique datant de 1893. Remarquez aussi la tour en forme de champignon, construite en 1965 : les rayons solaires, captés dans son fût de 35 m, y sont décomposés et étudiés au spectroscope.

La Villa des Brillants, musée Rodin.
B. Gardel/hemis.fr

Musée d'Art et d'Histoire – *11 r. des Pierres - ✆ 01 46 23 87 13 - https://musee.meudon. fr - ♿ - réouv. prévue au printemps 2023 : tlj sf lun. 14h-18h - fermé août - gratuit (visite guidée 8 €) - parc de sculptures en accès libre.* Armande Béjart, femme de Molière, acquit en 1676 cette charmante maison, occupée en son temps par Ambroise Paré. Le musée est consacré en partie à l'histoire de Meudon et de ses paysages, au travers notamment de la très belle collection Grellety-Bosviel. L'autre partie présente les collections artistiques de la ville : Dunoyer de Segonzac, Magnelli, Pape. Une place importante est donnée aux sculptures et peintures contemporaines (Arp, Bourdelle, Stahly, César, Beck). Jardin à la française.

★ Musée Rodin – Villa des Brillants

19 av. Auguste-Rodin - ✆ 01 41 14 35 00 - www.meudon.musee-rodin.fr - réouv. prévue au printemps 2023 : horaires se rens. - gratuit.

Il est possible d'accéder au musée par le métro Mairie-d'Issy puis env. 30mn de marche *(via le parc Henri-Barbusse).*

Bâtie sur une colline dominant la Seine, la **villa des Brillants** fut acquise en 1895 par Auguste Rodin (1840-1917) qui y vécut avec sa compagne Rose Beuret. Pour y accéder, on suit une belle allée de marronniers, ornée de bronzes originaux. Le couple recevait ici de nombreux amis, dont des artistes et des modèles pour des séances de pose ; le rez-de-chaussée comprenant un espace atelier, une salle à manger et un salon est ouvert à la visite. Un charmant jardin entoure la maison. L'espace le plus intéressant est la vaste **galerie des plâtres**, aménagée dans les années 1930 en contrebas de la villa. La façade de la galerie provient de l'ancien château d'Issy-les-Moulineaux. On y voit des plâtres originaux *(Porte de l'Enfer, Balzac, Bourgeois de Calais, ...)*, moulages, esquisses et ébauches du maître. Ce lieu permet d'approcher les étapes de création des œuvres de Rodin et de comprendre ses méthodes de travail (un espace est consacré aux techniques de la sculpture avec présentation d'outils et de matériaux ainsi que des films d'animation). Devant la galerie des plâtres se trouve le tombeau d'Auguste Rodin et de sa femme, tous deux morts en 1917, sur lequel se dresse la statue du célèbre *Penseur*.

Splendeur et décadence

Un château royal devenu observatoire

Le château royal

Au 15e s., le manoir de la duchesse d'Étampes devient la propriété du cardinal de Lorraine, de la maison des Guises, qui le conservent pendant un siècle ; en 1654, des difficultés financières les conduisent à le céder à **Abel Servien**, marquis de Sablé, surintendant des Finances. Ce dernier dépense beaucoup pour faire transformer le Château-Vieux par Le Vau et créer la fameuse terrasse. Menant un train de vie princier, il accumule des dettes énormes et, en 1659, son fils doit vendre Meudon à **Louvois**, déjà seigneur de Chaville. Le nouveau châtelain poursuit les travaux d'embellissement et confie le dessin des jardins à **Le Nôtre**, puis à **Mansart**. À la mort de Louvois, Louis XIV obtient de sa veuve l'échange de Meudon contre le château de Choisy, propriété de son fils le Grand Dauphin. Animé par son goût des arts, Monseigneur remanie la décoration et l'aménagement intérieur du château. Puis en 1706, il fait construire à l'emplacement de la Grotte le **Château-Neuf**. Après la mort du Grand Dauphin en 1711 et celle de son fils en 1712, le domaine sera administré par Louis XIV jusqu'en 1715.

Une vocation militaire

Jusqu'à la Révolution, Meudon est délaissé. En 1793, le chimiste Berthollet et le général Choderlos de Laclos, auteur des *Liaisons dangereuses*, créent dans le Château-Vieux un centre de recherches d'artillerie. Un incendie l'endommage si gravement qu'il faut le raser en 1804. Ses colonnes de marbre rose décorent encore aujourd'hui l'arc de triomphe du Carrousel et le palais du Luxembourg à Paris. Au Château-Neuf, où a été installé un atelier de ballons militaires, les destructions sont moindres. Napoléon Ier le fait remeubler. Marie-Louise et le roi de Rome y séjournent pendant la campagne de Russie. C'est ici que furent confectionnés les aérostats qui contribuèrent à la victoire de Fleurus en 1794, remportée par Jourdan sur les Autrichiens. En 1870, la terrasse est transformée en redoute pour les batteries prussiennes tirant sur Paris. Vers la fin de l'occupation allemande, le château de Meudon prend feu en même temps que celui de St-Cloud. Seules les deux petites ailes ont subsisté. La partie centrale de l'édifice a été restaurée et transformée en observatoire.

Bellevue, tout l'art du 18e s. aujourd'hui disparu

Acheté et édifié au milieu du 18e s. par Mme de Pompadour, le domaine de **Bellevue** reçoit très souvent la visite de Louis XV. La marquise y donne des réceptions brillantes, retient les écrivains (elle y joue dans *Le Devin du village*, opéra de Jean-Jacques Rousseau). Le décor intérieur est signé par les meilleurs artistes. En 1757, le souverain rachète à la favorite le château et le parc, les agrandit et y fait installer un chauffage par eau chaude sous le plancher. Mesdames, filles du Bien-Aimé et tantes de Louis XVI, y ajoutent un jardin botanique et un hameau. Pillé à la Révolution et vendu comme bien national, Bellevue disparaît au 19e s. sous la forme de lotissements. De l'ancien domaine de Bellevue, il ne reste plus, au carrefour de la rue Marcel-Allégot et de l'avenue du 11-Novembre, qu'un fragment de la terrasse avec sa balustrade. La « belle vue » d'antan a cédé la place au paysage de l'agglomération parisienne avec, au premier plan, Boulogne-Billancourt et l'île Seguin.

★ Forêt de Meudon

PLAN CI-DESSOUS

À 9 km de la porte de Versailles par la N 189. RER C Meudon-Val-Fleury, puis bus 289. Pour démarrer la promenade par la lisière occidentale, liaison SNCF depuis Paris-Montparnasse, gare de Chaville-Rive-Gauche, ou RER C Chaville-Vélizy.

La forêt domaniale couvre sur 1150 ha un plateau accidenté entre Sèvres et Villacoublay. Par la **route des Bois-Blancs**, gagnez l'**Étoile du Pavé de Meudon**, carrefour marqué par un relais hertzien; d'un promontoire voisin, vue sur les bois de Viroflay. De là, par la **route des Treize-Ponts**, gagnez le **« Chêne des missions »**, site mégalithique reconstitué en 1895. De retour à l'Étoile du Pavé de Meudon, prenez aussitôt à droite la route de la Mare-Adam qui, par le carrefour du même nom, conduit au **carrefour de la Queue-de-l'Étang** et passe sous la voie express. La route forestière descend sur l'étang de Villebon, croise l'**avenue de Trivaux**, passe entre les deux étangs de Chalais et de Trivaux et serpente à travers bois en obliquant à gauche juste avant la D 2. La forêt comprend 16,5 km de sentiers de petite et grande randonnée.

★ Fondation Arp - Atelier Jean et Sophie Taeuber, Clamart

21 r. des Châtaigniers - ✆ 01 45 34 22 63 - www.fondationarp.org - visite à horaire fixe : vend. 14h30, 16h, w.-end 14h30, 15h30, 16h30 - fermé août - 10 € (12-18 ans 7 €).

Cachée dans une rue fleurie de Clamart, la **maison-atelier** du sculpteur **Jean Arp** (1886-1966) fut dessinée dans les années 1920 par sa compagne, **Sophie Taeuber** (1889-1943), dans un style cubiste épuré. Jean Arp, d'origine alsacienne, collabora au mouvement du Blaue Reiter initié par Kandinsky en 1912, et le couple participa ensuite aux manifestations du mouvement Dada, d'abord en Suisse aux côtés d'Hugo Ball, puis en Allemagne avec Raoul Hausmann, Kurt Schwitters et Max Ernst, enfin à Paris avec Tristan Tzara et le constructiviste Théo Van Doesburg.

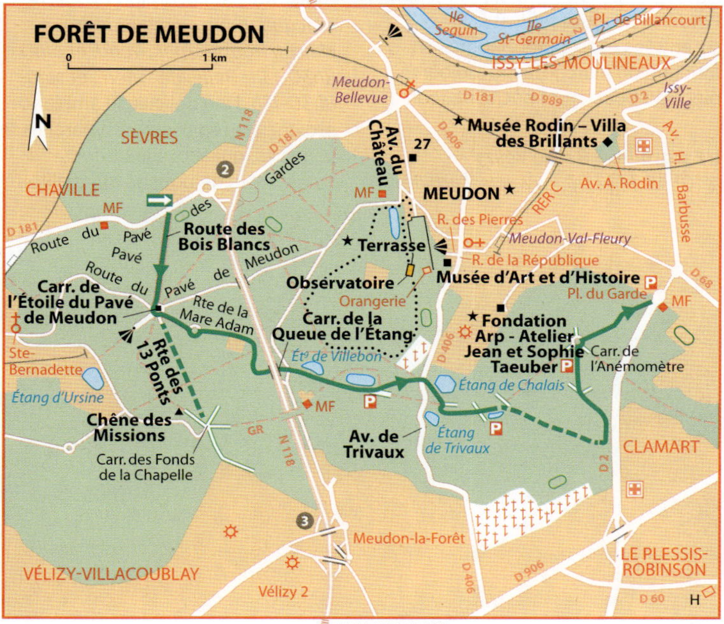

On retrouve, dans la maison de Clamart, toute la fantaisie et la loufoquerie Dada : les propriétaires et leurs nombreux invités (eux-mêmes artistes) s'y sont beaucoup amusés, si l'on en croit les nombreuses photos et œuvres collectives qui illustrent cette joie de vivre. Installées dans la maison, le jardin et l'atelier, les sculptures de Jean Arp, tout en rondeur et en lignes pures, invitent à la caresse, ce que le visiteur peut faire, muni de gants prêtés à l'accueil.
La Fondation Arp travaille parallèlement à l'authentification des œuvres de ces deux artistes pionniers et propose aux artistes du monde entier de venir créer dans ce lieu plus qu'inspirant.
En sortant de la Fondation, remontez la rue, dans ce que l'on appelle le « triangle des Châtaigniers » : vous verrez d'étonnantes maisons, toutes plus originales les unes que les autres, dessinées par les architectes **Chemetov et Deroche** *(n° 33 rue des Châtaigniers)* et par Jacques-Émile Lecaron *(nos 24, 20 et 6 rue des Fougères)*.

Nos adresses

Restauration

Budget moyen

Nova Kfé – *5 r. de Paris - ✆ 01 46 23 08 47 - lun.-vend. 11h30-23h, sam. sur réserv. - fermé dim. - formules déj. 13,90 €, formule 21 €, menu 25 €.* Ce néo-bistrot revisite les classiques de la cuisine française. L'ardoise propose midi et soir six entrées et six plats élaborés en fonction du marché, avec toujours pièce du boucher et pêche du jour.

Une folie

L'Escarbille – *8 r. de Vélizy - ✆ 01 45 34 12 03 - www.lescarbille.fr - fermé dim. et lun. - formule déj. sem. 44 €, menu 3 plats 67 €.* Cette maison centenaire jouxtant la gare affiche un intérieur soigné et sert une belle cuisine dans l'air du temps variant au gré du marché et des saisons.

Shopping

Marché Maison Rouge et marché Bellevue – *R. Lavoisier et r. Pierre-Wacquant - www.meudon.fr - Maison Rouge : mar., vend. et dim. 8h30-13h ; Bellevue : merc. et sam. 8h30-13h.* Une délicieuse ambiance provinciale règne sur ces marchés couverts, qui accueillent des commerces de bouche de qualité.

15 Sèvres - Manufacture et musée nationaux ★★

La Manufacture nationale de porcelaine, installée ici depuis le 18e s., a fait connaître dans le monde entier le nom de cette ville. Depuis 2010, la manufacture et le musée se sont rassemblés pour créer un véritable pôle de valorisation autour des arts du feu.

Se repérer

CARTE A2 (P. 30-31).

23 463 habitants à Sèvres – Hauts-de-Seine (92)

M Pont-de-Sèvres, puis traverser la Seine par le pont de Sèvres (500 m).

Tramway T2, arrêt Musée-de-Sèvres ou liaison SNCF (ligne L) depuis Paris-St-Lazare.

Nos adresses p. 112

Visiter

2 pl. de la Manufacture - 01 46 29 22 05 - www.sevresciteceramique.fr - ♿ - tlj sf mar. 10h-13h, 14h-18h - 7 € (-18 ans gratuit) - gratuit 1er dim. du mois.

Pour constituer votre service, la boutique est à votre disposition !

La Cité de la Céramique est le fruit de la réunion de la Manufacture nationale de Sèvres et du musée national de la Céramique en un « pôle international de la céramique et des arts du feu ». La Manufacture fut créée à Vincennes en 1740 par Mme de Pompadour et transférée à Sèvres en 1756. Le musée, lui, fut fondé en 1824 par **Alexandre Brongniart**, directeur de la Manufacture de Sèvres de 1800 à 1847. En 1876, la manufacture et son musée s'installent dans leur emplacement actuel en bord de Seine, sur une parcelle du parc de St-Cloud. En 1934, leur séparation est décidée, le musée devenant un musée national avec une direction distincte. Aujourd'hui, aboutissement d'une réflexion sur la valorisation d'un patrimoine, l'unité de production et le musée se réunissent de nouveau, tournés à la fois vers la mise en valeur de leur riche passé, et vers l'art contemporain, le numérique et l'avenir.

Ateliers de production

Visite certains lun. et jeu. 14h30-16h (voir site Internet), sur réserv. - 18 € - billet donnant accès aux collections nationales.

La visite vous permet de découvrir le savoir-faire et la patience des artisans-artistes dont le travail aboutit à la création de pièces luxueuses. Les méthodes employées et le processus suivi sont les mêmes qu'au 18e s.

Collections et expositions

Cet extraordinaire musée, riche de plus de 55 000 pièces, présente un choix véritablement encyclopédique de céramiques de tous horizons, du plus humble pichet normand aux pièces historiques les plus somptueuses, comme le service de l'impératrice Catherine de Russie. Toutes les techniques à base d'argile cuite sont illustrées : pâte poreuse (faïence, poterie, pâte siliceuse) et pâte imperméable,

Entrepôt avec les moules de la manufacture de Sèvres.
J.-B. Rabouan/hemis.fr

vitrifiée (grès, porcelaine dure, porcelaine tendre). Vous découvrirez ainsi les secrets de la céramique blanche, de la glaçure transparente, ou les techniques du décor à petit feu ou à grand feu, en même temps qu'une incroyable variété de formes et de motifs.

Galerie des savoir-faire – Ce focus sur les techniques et les étapes de fabrication propres à la manufacture, agrémenté de vidéos, outils, échantillons de matériaux et panneaux didactiques, constitue une belle introduction à la visite.

Rez-de-chaussée – 1300 pièces, dont une centaine sortent des réserves, occupent les six salles qui déroulent un parcours chronologique et géographique. La première pièce présente la céramique de ses **origines** en Mésopotamie jusqu'au Moyen Âge avec ses évolutions techniques le long du pourtour méditerranéen. Suivent les **céramiques de Chine, Corée et Japon** qui servirent de modèles à la céramique de Sèvres du temps d'A. Brongniart. Les **productions islamiques** se singularisent pendant un millénaire, suscitant l'admiration : motifs végétaux, réseaux géométriques, utilisation de la calligraphie et invention du lustre métallique. À la **Renaissance** en Europe (14e s.-déb. 17e s.), les arts du feu se nourrissent d'influences techniques et décoratives venues d'Espagne et d'Italie. La majolique se développe, la faïence se généralise et des expériences sont tentées pour imiter la porcelaine d'Asie. La Renaissance est également illustrée par les étonnantes terres vernissées de **Bernard Palissy** (1510-1590), aux grenouilles, lézards et escargots en relief. La céramique est aussi utilisée comme **élément architectural** (carreaux, sculptures, décors, poêles, etc.). La dernière salle est consacrée aux **céramiques des Amériques**, précolombiennes coloniales et post-coloniales. Dans l'escalier qui mène à l'étage, vous pouvez admirer des œuvres d'artistes contemporains : Louise Bourgeois, Johan Creten et Bertrand Lavier, créateur de *La Bocca* (2006), un canapé en porcelaine rouge, véritable prouesse technique.

1er étage – Dans le **salon d'honneur** aux colonnes corinthiennes, trône une autre œuvre exceptionnelle, le **vase de Neptune** (1867, hauteur : 3,15 m, diamètre : 1,17 m), le plus grand jamais réalisé à Sèvres. Notez également les vases somptueux, décorés par Béranger sous Napoléon Ier et la Restauration, ou les vases

de style Art déco encadrant la porte d'entrée. Les salles de droite retracent l'histoire de la manufacture avec – entre autres – le service des Arts industriels, peint par Develly à partir de 1820 et représentatif des pièces de Sèvres : sauf exception, celles-ci doivent porter de l'or. Remarquez aussi les danseuses et musiciennes en biscuit, inspirées des modèles d'Agathon Léonard, qui firent le succès de la Manufacture de Sèvres entre 1869 et 1928, ainsi que des reproductions de tableaux sur plaques de porcelaine et les décors de la manufacture de Meissen en Saxe. Les salles de gauche retracent l'histoire de la porcelaine française et européenne au 18e s., à une époque où chaque manufacture produit ses services de table répondant à l'évolution de l'art de vivre. Certains décors sont en camaïeu bleu mais de nombreuses porcelaines et faïences de grand feu sont à décors polychromes, telles les magnifiques collections régionales du 18e s. Sont particulièrement mises en valeur les productions des manufactures de Rouen, Nevers et Delft.
Les dernières salles sont dédiées à la création contemporaine, notamment aux œuvres créées par les artistes français et étrangers invités chaque année par la manufacture.

La porcelaine de Saint-Cloud

La **manufacture de porcelaine de St-Cloud**, créée par Pierre Chicaneau en 1677, fut active pendant près d'un siècle. Les porcelaines tendres, délicates et translucides, présentent un décor de lambrequins en camaïeu bleu et des dorures appliquées. Certaines sont ornées de motifs d'inspiration orientale. La marque est un soleil en bleu.

1

À proximité

Jardin des métiers d'Art et du Design (JAD)

À 5mn à pied, par la promenade des jardins. 6 Grande-Rue - www.le-jad.fr - en période d'exposition : merc. 14h-18h30, jeu.-vend. 16h-18h30, w.-end 11h-18h30.
Dans les anciens bâtiments de l'École nationale supérieure de céramique, ce nouvel espace regroupe des ateliers d'artisans d'art et designers, une galerie d'expositions, un espace de conférence.

Balade de Sèvres à Ville-d'Avray PLAN P. 114-115

Maison des Jardies

Accès par la gare SNCF Sèvres-Ville-d'Avray.
14 av. Gambetta - ✆ 01 45 34 61 22 - www.maison-des-jardies.fr - merc.-jeu. et 1 w.-end sur 2 (consultez le site) 14h30, 16h et 17h - 6 € (-26 ans gratuit).
Simple mais charmante, avec ses volets bordeaux et son treillage, cette maison du 17e s. faisait partie de la propriété des Jardies. En 1838, **Balzac** la racheta, y logea son jardinier et se fit construire un « chalet » de campagne, aujourd'hui disparu. Couvert de dettes, il revendit son domaine dès 1841. Plus tard, ce fut la maison de **Gambetta**, qui l'acheta en 1878 pour se soustraire à une vie politique épuisante ; il y mourut le 31 décembre 1882. Au cours de la visite, souvenirs et anecdotes évoquent le grand homme de la IIIe République.
Devant la maison, un **monument de Bartholdi** rend hommage à Gambetta, qui choisit symboliquement d'être député de Strasbourg, alors que l'Alsace était occupée par les Allemands.

Ville-d'Avray

Cette localité résidentielle est située au milieu d'agréables espaces verts. Vestige de l'ancienne forêt de Rouvray qui s'étendait de Boulogne à Versailles, la **forêt de Fausses-Reposes** est un beau massif forestier planté de chênes, de châtaigniers et de bouleaux. Son nom rappelle la feinte du cerf pendant les chasses à courre pratiquées ici jusqu'à la fin du Second Empire. Des **étangs★** s'étagent dans un vallon en bordure de la forêt de Fausses-Reposes. C'est au bord du Vieil Étang, plus sauvage, que Corot aimait peindre dans une modeste cabane (monument commémoratif). Le sentier de la berge et de la digue, avec ses pêcheurs à la ligne, est une promenade reposante.
En revenant en ville, vous pourrez visiter l'**église St-Nicolas-St-Marc**. De style Louis XVI, elle est assez bien conservée et renferme un *Saint Jérôme dans le désert* de Corot ainsi que, dans le transept, de petites fresques peintes par l'artiste. L'église abrite aussi plusieurs modèles en plâtre de sculptures monumentales de J. Pradier.

Nos adresses

PLAN P. 114-115

Restauration

À Sèvres

La Grande-Rue regorge de restaurants, avec terrasse à l'arrière, qui satisferont toutes les faims et tous les budgets.

Premier prix

2 **Les Marronniers** – *3 Grande-Rue - ✆ 01 45 34 30 05 - lun.-vend. 7h-23h - plat du jour 9,90 €.* Le restaurant le plus connu de Sèvres. À l'heure du déjeuner, pour déguster une cuisine traditionnelle. Le soir, pour boire un verre autour d'une planche (charcuterie, fromages).

Budget moyen

1 **Chalet de l'Oasis** – *Parc de St-Cloud - accès par la porte du Mail, 12 bis Grande-Rue ; le soir après 22h, la sortie se fait uniquement par la sortie Nord porte de St-Cloud - ✆ 01 49 66 12 83 - mi-mars-oct. (midi) et mai-août (soir) - fermé j. de pluie - pas de réserv. - plat 19/26 €.* Une oasis de verdure dans le parc de Saint-Cloud. La délicieuse terrasse fleurie ouvre sur une prairie et dévoile, en contrebas, la ville de Sèvres et la colline de Brimborion. Une carte classique dans un lieu privilégié pris d'assaut aux beaux jours.

À Ville-d'Avray

Boutiques, antiquaires et restaurants jalonnent la rue de St-Cloud, qui permet de rejoindre le parc de St-Cloud en une agréable balade.

Pour se faire plaisir

Le Café des Artistes – HORS PLAN - *55 r. de Versailles - ✆ 01 41 15 37 00 - www.etangs-corot.com - formule déj. 38 € - plat 29/42 €.* Ici se prépare une cuisine contemporaine, goûteuse et inspirée, réalisée avec de beaux produits, que l'on ira volontiers déguster en terrasse, en contemplant le charmant jardin. Idyllique et bucolique.

16 Parc de Saint-Cloud ★★

Sur la rive gauche de la Seine, à deux encâblures du métro Pont-de-St- Cloud, le parc de cette ville résidentielle, dessiné par Le Nôtre, a conservé l'essentiel de son ancien tracé. D'une superficie de 460 ha, il s'étend jusqu'au plateau de Garches. Si l'ancien palais, résidence préférée de nombreux rois et empereurs, a disparu dans les flammes, le parc offre encore des vues splendides sur Paris. Aux beaux jours, on vient y faire du vélo, jouer au foot, lézarder sur les pelouses ou assister au festival Rock en Seine. Mais c'est dans les matins d'hiver, lorsque les statues émergent de la brume, que l'on ressent le mieux la grandeur passée d'un lieu que l'expansion du Grand Paris pourrait encore fragiliser.

Grande Cascade du parc de Saint-Cloud.
A. de Valroger/Michelin

Se repérer

CARTE A2 (P. 30-31) - PLAN (P. 114-115).

30 012 habitants à Saint-Cloud – Hauts-de-Seine (92)

À 4 km de la porte d'Auteuil par l'A 13 ou par le pont de St-Cloud.

Ⓜ Boulogne-Pont-de-St-Cloud puis traverser la Seine par le pont de St-Cloud; également Ⓜ Pont-de-Sèvres puis traverser la Seine par le pont de Sèvres. Tramway T2 Parc-de-St-Cloud ou musée de Sèvres. Bus 52 ou 72 arrêt Parc-de-St-Cloud. Vélos en libre-service : Vélib'.

En famille

Vaste parc idéal pour une balade à vélo et ponctué d'aires de jeux; la ferme pédagogique du Piqueur.

Carnet pratique p. 119

Nos adresses p. 119

★★ Domaine national de St-Cloud

PLAN CI-DESSOUS

01 41 12 02 90 - www.domaine-saint-cloud.fr - - mai-août : 7h30-22h ; mars-avr. et sept.-oct. : 7h30-21h50 ; reste de l'année : 7h30-20h50 (mars., avril et sept,-oct. 7h-30h50) - gratuit piétons et vélos, 3 € moto, 5,50 € voiture.

Ne manquez pas, en saison, les **Jeux d'eaux★★** (*Agenda p. 119), ni les nombreux ateliers à faire en famille (rens. sur le site Internet).*

Si le palais de « Monsieur », frère de Louis XIV, a disparu lors de la guerre de 1870, le parc témoigne du grand art ordonnateur de Le Nôtre, qui a modelé un site à la symétrie impeccable, en fonction de la vue que le frère du roi avait depuis ses salons.

Musée historique

1 bis av. de la Grille-d'Honneur - 01 41 12 02 90 - www.domaine-saint-cloud.fr - - mai-août : merc. 15h30-19h ; sept.-avr. : merc. 15h-18h - gratuit.

À gauche de la grille d'honneur, côté pont de St-Cloud, dans le bâtiment des Écuries basses, le musée évoque l'histoire du domaine de St-Cloud et de son château. On y voit une maquette du palais vers 1855, des portraits des personnages qui l'occupèrent, le service à thé en porcelaine de Sèvres de la reine Marie-Amélie, décoré de vues modernes du parc traversé par le chemin de fer conduisant à Versailles, des gravures et clichés évoquant ce lieu de fêtes sous le Second Empire. Un appareil à vues stéréoscopiques permet de découvrir en relief les jardins et les pièces de réception aujourd'hui disparues.

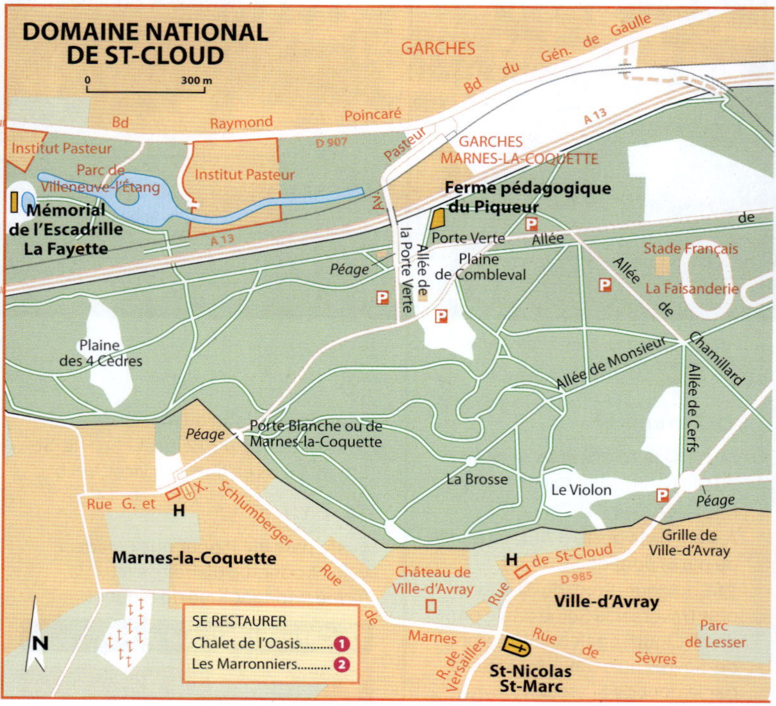

★ Jardin du Trocadéro

Aménagé à la Restauration sur la colline de Montretout, il domine l'emplacement du château. Il était destiné à l'éducation et au divertissement des petits-enfants de Charles X. Il est traité en jardin anglais, avec une charmante pièce d'eau et une volière. De la terrasse, panorama sur Paris ; au premier plan, l'ancien Jardin privé du château et le pavillon d'Artois (en partie du 17e s.).

La Grande Perspective

Terrasse du Château – Des ifs et un plan en marbre marquent l'ancien emplacement du château. C'était, jusqu'à sa destruction, le point de départ de la Grande Perspective, un alignement d'espaces hiérarchisés qui s'étageaient d'est en ouest sur plus de 2 km : la terrasse comprenait le parterre de l'Orangerie, l'allée des Statues, la pièce des Vingt-Quatre Jets, le Tapis Vert, le rond de la Grande Gerbe et l'allée de Marnes. Autour s'étendait le Jardin privé.

Terrasse de l'Orangerie – Elle accueille, de mai à octobre, une cinquantaine d'orangers et de lauriers en caisses. L'hiver, ils sont mis à l'abri à Meudon.

Tapis Vert – Entre le rond de la Grande Gerbe et la pièce des Vingt-Quatre Jets, cette pelouse ouvre une belle perspective sur les parterres fleuris et Paris.

Rond-point de la Balustrade

Napoléon Ier avait élevé ici un monument, surmonté d'une lanterne qui restait allumée lorsqu'il résidait au château. Un monument antique d'Athènes ayant servi de modèle, les Parisiens l'appelaient la lanterne de Démosthène. Les Prussiens la

1

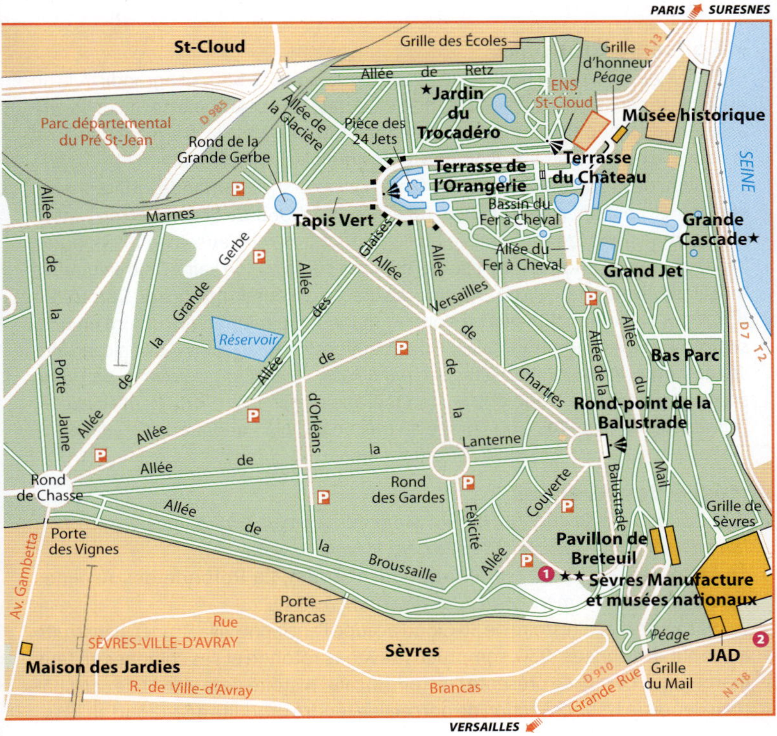

firent sauter en 1870. Le **panorama ★★** sur Paris est superbe.

Le Bas Parc

Il s'étend le long de la Seine en contrebas de la terrasse du château, du pont de Saint-Cloud au pont de Sèvres.

★ **Grande Cascade** – Savante composition du 17e s., elle est due à Lepautre et fut agrandie par Jules Hardouin-Mansart (90 m de longueur). Elle est dominée par les statues allégoriques de la Seine et de la Marne. L'eau ruisselle de vasque en bassin par la seule pression gravitaire. Elle est recueillie par la cascade basse, qui la redistribue à l'infini jusqu'au bas du parc.

Grand Jet – Avec ses 42 m de hauteur, c'est le plus puissant du parc.

Pavillon de Breteuil – Sur les splendides coteaux boisés dominant Sèvres, ce pavillon du 18e s., ancien Trianon de St-Cloud, abrite le Bureau international des Poids et Mesures.

Saint Cloud le moine

Clodoald, petit-fils de Clovis et de Clotilde, échappa au massacre de ses frères et devint le disciple de l'ermite Séverin. Il fonda un monastère et y mourut en 560. Son tombeau étant devenu un but de pèlerinage, le village de Nogent, qui l'entourait, fut appelé St-Cloud.

Ville de St-Cloud

Dominée par la flèche de l'église St-Clodoald (1865), la pittoresque vieille ville, aux rues étroites et fort pentues s'étage sur le versant du coteau, le long de la Seine.

★ Église St-Clodoald

En 550, il y avait ici une chapelle que saint Clodoald (522-560) fit agrandir. À la fin du 18e s., le sanctuaire était en très mauvais état ; Marie-Antoinette fit construire à St-Cloud un hôpital et une chapelle et en 1788, elle posa la première pierre de la nouvelle église. Mais la Révolution interrompit le projet. Napoléon III décida la poursuite de la construction en 1860 et l'église de style romano-gothique avec son impressionnant clocher (60 m) fut achevée en 1865. La décoration de l'église est de style néobyzantin, propre aux architectures religieuses du 19e s. ; notez les peintures du chœur, les fresques murales sur la vie de saint Clodoald et les mosaïques de la chapelle de la Vierge. L'autel du chœur en marbre de Carrare fut offert par Napoléon III. Vous ne pourrez manquer la magnifique **chaire en bois sculpté★**, œuvre monumentale d'Ernest Guilbert (1900). Saint Clodoald et saint Jean y entourent saint Pierre, inspiré par un ange aux ailes déployées, dans une scène d'un réalisme troublant. Un magnifique *Christ en croix* du peintre Michel Dumas (1863) a été restauré, grâce au mécénat de la Fondation Michelin et de l'association La sauvegarde de l'art français.

Musée des Avelines

60 r. Gounod - ✆ 01 46 02 67 18 - www.musee-saintcloud.fr - ♿ - merc.-sam. 12h-18h, dim. 14h-18h - fermé août et 25 déc.-1er janv. - gratuit.

☺ Le musée abrite un restaurant dans l'atrium, La Rotonde des Avelines (*✆ 06 02 14 76 37 - merc.-dim. 12h-18h - brunch 28 €*).

Le musée d'art et d'histoire de St-Cloud occupe l'ancienne villa Brunet, construite au début des années 1930, somptueuse avec sa rotonde et ses colonnes en faux marbre noir. Le musée présente l'histoire locale : histoire de la ville et de son château depuis le 17e s., collection de porcelaine tendre produite à St-Cloud au 18e s.,

Une scène impériale

L'assassinat d'Henri III

En 1589, Henri III assiège Paris, soulevé par la Ligue. Un moine jacobin, Jacques Clément, veut punir le roi qui s'est allié au protestant Henri de Navarre. Il se fait introduire auprès du roi à St-Cloud et le frappe de son couteau. Henri III meurt deux jours après.

Le château de Monsieur

La demeure épiscopale passe en 1658 aux mains de Monsieur, frère de Louis XIV. Son épouse Henriette d'Angleterre y meurt en 1670. Remarié à Charlotte Élisabeth de Bavière, Monsieur porte à 590 ha les 12 ha du domaine et fait élever de somptueux bâtiments, sur les plans de Jules Hardouin-Mansart. De 1690 à 1695, Le Nôtre dessine le parc, où est aménagée la Grande Cascade. En 1785, Marie-Antoinette fait l'acquisition du château et le meuble fastueusement. La Révolution le décrète domaine national.

Le 18 Brumaire an VIII

Le général Bonaparte est revenu d'Égypte. L'armée et l'opinion voient en lui le chef qui ramènera l'ordre et la paix. Le 9 novembre 1799, le siège des Conseils est transféré à St-Cloud. Le lendemain, les Cinq-Cents, sous la présidence de Lucien Bonaparte, siègent à l'Orangerie. Le général, accueilli par des vociférations, n'est sauvé que par son frère qui fait chasser les Cinq-Cents de leur salle par Murat. Le Directoire est aboli.

Le St-Cloud impérial

En 1802, Bonaparte est nommé consul à vie. St-Cloud devient sa résidence officielle préférée. Son mariage civil avec Marie-Louise y est célébré en 1810, suivi de la cérémonie religieuse dans le Salon carré du Louvre. En 1814, le maréchal prussien Blücher s'installe au château. Ivre de vengeance, il lacère les soieries, dévaste la chambre et la bibliothèque. Charles X signe à St-Cloud les « ordonnances » de juillet 1830 qui abolissent la Charte et provoquent sa chute. C'est de là qu'il part pour l'exil. Le 1er décembre 1852, le prince-président Louis Napoléon y est proclamé empereur. La guerre est déclarée à la Prusse le 15 juillet 1870. Le 13 octobre 1870, l'édifice est incendié. Il est démoli en 1891.

Un avenir incertain

De nombreuses manifestations (Rock en Seine, Le Grand Feu, courses de cross, salons...) font la joie du grand public mais peuvent momentanément altérer l'agrément et la cohérence du parc. Par ailleurs, son accès depuis le pont de Saint-Cloud est peu engageant, surtout depuis la construction du viaduc de l'autoroute de Normandie dans les années 1960. Enfin, de nombreux véhicules peuvent traverser le parc moyennant péage, ce qui semble anachronique à l'heure où l'on cherche à réduire la place des véhicules dans les villes mais cela demeure un moyen non négligeable de contribuer financièrement à l'entretien du parc, comme la tenue des concerts et autres événements.

Musée du Grand Siècle

À l'horizon 2025, c'est dans les anciennes casernes Sully, à l'entrée du parc, que le public pourra découvrir ce musée principalement dédié à l'art du 17e s. français.
https://museedugrandsiecle.hauts-de-seine.fr.

toiles des artistes locaux importants des 19e s. et début 20e s. (Duval Le Camus, Regnault, Dantan et Latouche). La donation Oulmont constitue un élément essentiel du fonds du musée avec des objets et portraits du 18e s. et quelques meubles, mais surtout avec la collection d'œuvres d'Eugène Carrière (1849-1906), peintre emblématique d'un art entre symbolisme et Art nouveau, qui fut un ami de Rodin.

★ Église Stella Matutina

Consacré en 1965, ce sanctuaire moderne a la forme d'une immense tente circulaire de bois, métal et verre, reposant par neuf points d'appui sur un socle de béton et précédée par un auvent en forme de proue. Par leurs lignes convergentes, la toiture de cuivre et la charpente de sapin procurent une saisissante impression d'envolée et de perspective, accentuée par la disposition concentrique des bancs autour de l'autel.

On peut gagner le bois de Boulogne *(p. 126)* à pied : descendez l'av. André-Chevrillon, empruntez le bd Jules-Peltier qui conduit au quartier résidentiel du Val d'Or, dont les rues sont bordées de belles propriétés anciennes. Vous longez le talus des Milons, agrémenté de jardins ouvriers. Remarquez la gare du tramway « Les Coteaux », construite sur des pilotis de fonte. Revenez sur vos pas. La passerelle de l'Avre permet aux piétons et aux vélos de rejoindre le bois de Boulogne. En la traversant, on a une très belle **vue★** sur la Seine.

À proximité

PLAN DU DOMAINE P. 114-115

Marnes-la-Coquette

À 8 km au sud-est de St-Cloud par la D 907 qui traverse la ville.

Si petite soit-elle, cette adorable commune vaut un détour, ne serait-ce que pour découvrir la ville où Pasteur vécut et réussit en 1885 la première vaccination pratiquée sur l'homme, aboutissement ultime de ses recherches, qui allait bouleverser la médecine. La place de la Mairie avec son ancienne poste et la petite église paroissiale forme un tableau charmant aux portes de la capitale.

★ **Mémorial de l'Escadrille La Fayette** – *Accès à partir du bd Raymond-Poincaré.* Élevé par une fondation américaine dans le parc de Villeneuve-l'Étang, ce monument est dédié aux 209 aviateurs volontaires des États-Unis ayant pris part à la Première Guerre mondiale dans l'escadrille La Fayette. Il se compose d'un arc et d'une colonnade qui se reflètent dans une pièce d'eau. Sous la terrasse, la crypte renferme les restes des 67 pilotes tués, dont l'as Lufbery. On peut de là également accéder au Parc de Saint-Cloud.

Carnet pratique

Agenda

Festival Rock en Seine – *Domaine national de St-Cloud - www.rockenseine.com - fin août - 59/139 €, pass de 1 et 3 j. (tarif réduit 1 j., 39 €).* Depuis la première édition en 2003, ce festival accueille les grands noms du pop-rock au cœur du parc de St-Cloud.

Festival Films sous les étoiles – *Domaine national de St-Cloud - fin juin - entrée libre.* Un écran géant aménagé sur les pelouses du parc de St-Cloud, des projections gratuites à partir de 22h, des paniers-repas, ce festival de cinéma en plein air a tout pour plaire.

Grand Feu de Saint-Cloud – *Domaine national de St-Cloud, en face de la Grande Cascade - www.le-grand-feu.com - déb. sept. de 21h à 23h - 32/89 €.* C'est dans le bas du parc, face à la Grande Cascade, qu'est tiré le plus grand feu d'artifice d'Europe. Des tribunes de 10 000 places sont montées pour l'occasion. Il est fortement conseillé de venir très en avance.

Jeux d'eaux – *01 41 12 02 90 - www.domaine-saint-cloud.fr - en juin et sept. : dim. 15h, 16h et 17h.* Spectacle grandiose, à ne pas rater !

1

Nos adresses

Voir aussi Nos adresses à Sèvres p. 112

Restauration

Budget moyen

Mama Sista – *47 bis bd Sénard - 01 46 02 09 43 - www.restaurantmamasista.com - mar.-merc. 12h-14h, jeu.-vend. 12h-14h, 19h30-21h, sam. 19h30-21h - plats 19/32 €.* Des ingrédients simples : un accueil chaleureux, une cuisine maison et originale, et en prime, une jolie terrasse à apprécier toute l'année !

Le Garde-Manger – *21 r. d'Orléans - 01 46 02 03 66 - www.legardemanger.com - fermé dim. - plats 19/22 €.* Cet établissement qui avait déménagé a retrouvé son adresse d'origine et offre à présent un cadre flambant neuf. Cuisine généreuse de bistrot et sympathique carte des vins.

Activités

Vélocipèderie – *2 allée de la Grande Gerbe - 01 47 71 64 29 - à partir de 5 €.* Location de vélos et aussi tandems, rosalies, kart...

Ferme pédagogique du Piqueur – *Allée de la Porte Verte - 01 75 60 38 08 - www.jardindupiqueur.fr - merc. et w.-end. - café solidaire merc.* Idéal pour découvrir les animaux de la ferme et s'initier à une agriculture respectueuse de l'environnement grâce aux nombreux ateliers proposés : permaculture, compost, hôtel à insectes...

Hippodrome de Saint-Cloud – *1 r. du Camp-Canadien -3 km au nord du parc - 01 49 10 20 30 - www.france-galop.com - mi-nov.-mars : 8h-12h, 13h-16h (hors j. de courses), avr.-mi-nov. : 7h30-12h, 13h-16h30 (15h30 les j. de courses) - accès 5/8 € - visites gratuites les dim. de course (rens. sur le site).* L'hippodrome de Saint-Cloud est bien connu des turfistes qui viennent y suivre les courses de plat. Installé au pied du mont Valérien, il s'étend sur 75 ha et a la particularité d'accueillir un golf en son centre. Il organise quelques manifestations réputées comme le Grand Prix de Saint-Cloud.

17 Boulogne-Billancourt ★

Ancien bastion des usines Renault, dotée d'un important patrimoine architectural des années 1930, Boulogne-Billancourt opère sa mue. L'île Seguin et les rives de Billancourt, laissées en friche avec le départ du constructeur automobile en 1992, forment désormais un grand pôle culturel dans lequel s'inscrit la Seine musicale, impressionnant bâtiment dédié à toutes les musiques, qui domine la pointe aval de l'île Seguin.

Se repérer

CARTE AB2 (P. 30-31).

121583 habitants – Hauts-de-Seine (92)

À 1,5 km de la porte de St-Cloud par l'avenue Ernest-Vaillant.

M Marcel-Sembat, Billancourt et Pont-de-Sèvres, ou M Boulogne-Jean-Jaurès et Boulogne-Pont-de-St-Cloud. La ligne de bus SUBB (service urbain Val-de-Seine) relie les différents quartiers de la ville *(7h-19h20 sf dim., gratuit, rens. boulognebillancourt.com)*.

Vélos en libre-service : Vélib'.

Carnet pratique p. 125

Nos adresses p. 125

Visiter

★ MA30 - Musée des Années 30

Dans l'espace Landowski - 28 av. André-Morizet - 01 55 18 46 42 - - tlj sf lun. 11h-18h - 7 € (-26 ans gratuit).

Ce musée majeur pour la période des années 1920 aux années 1950 s'intéresse aux différents courants classiques et réalistes de l'entre-deux-guerres. La visite démarre au **4e étage,** où sont célébrées les noces entre l'**art** et l'**industrie** en mettant l'accent sur la naissance et le développement du design industriel en Europe et aux États-Unis. Sont aussi évoqués les grands mouvements artistiques de l'époque : l'Union des artistes modernes en France, Streamline aux États-Unis, le Bauhaus en Allemagne. Le mobilier est signé par Jules Leleu, Ruhlmann, grande figure de l'Art déco avec son fauteuil *Le Collectionneur* (1925), et surtout **Jean Prouvé** : sa chaise longue (acier, câble tressé, toile...) est intemporelle, tout comme l'ameublement conçu pour le sanatorium du plateau d'Assy. À voir aussi : les céramiques d'André Fau et *Le Conquérant*, une œuvre post-cubiste d'Alfred Lombard.

Au 3e étage, l'**art sacré** puise son inspiration dans la vie quotidienne : *Mise en Croix* de Georges Devallières, études de Maurice Denis... Une section évoque les « dimanches de Boulogne » lorsque Daniel-Henry Kahnweiler, marchand d'art des « cubistes », réunissait les artistes de la nouvelle génération : Antonin Artaud, Desnos, Raymond Radiguet, Gertrude Stein, Picasso, Le Corbusier, Erik Satie... La toile *Panier et siphon* (1925) est signée **Juan Gris**, qui dessina pour Kahnweiler les motifs en tapisserie d'un remarquable ensemble de chaises. L'**orientalisme**, scandé par l'Exposition coloniale de 1931, magnifie la colonisation, mais c'est aussi le fruit sincère de l'éblouissement des artistes pour les pays d'outre-mer : *Marché à Fez* d'Yvonne Mariotte, bronzes comme la *Tête d'Indochinoise* de Vu Cao Dam, ou encore *Rythme africain*, un grand plâtre d'Évariste Jonchère...

Au 2e étage, le **néoclassicisme** explore le nu féminin, rejette l'allégorie et prône la simplicité avec des silhouettes solides (*Nageuse* de Yencesse, *Baignade au Ponte Milvio* par Cheussial...). Dans la lignée du **réalisme poétique**, Amédée de La Patellière *(Repos dans les champs)* revient aux pastorales traditionnelles. Enfin, les portraits que le peintre **Arbit Blatas** a consacrés à tant d'artistes donnent un visage à Zadkine, Maillol, Dufy, Bonnard, Vuillard, Chirico, Vlaminck, Léger et Gromaire... Blatas fut le pilier de l'école de Paris qui réunit les « Montparnos », artistes exilés de Russie ou d'Europe centrale, et s'illustre avec les toiles de Lubitsch, Volovick et Lipska dont quelques œuvres sont exposées.

Musée Paul-Landowski

Dans le Musée des Années 30 - mêmes conditions de visite. Cet espace abrite un riche ensemble de documents, études et dessins de **Paul Landowski** (1875-1961), sculpteur de l'entre-deux-guerres, célèbre pour être l'auteur du *Christ du Corcovado* à Rio de Janeiro. Des sujets mythologiques – *Dionysos* (1943), *Héraclès et la biche aux pieds d'airain* (1922) –, des thèmes de la vie quotidienne – *Le Voleur d'oranges* (1905), *Bédouine à la cruche* (1905) – et enfin des créations plus personnelles comme le buste de Nadine Landowski (1919) y sont à l'honneur.

Itinéraire architecture des années 1930

En sortant de l'espace Landowski, partez sur les traces des réalisations architecturales des années 1930 à Boulogne. Vous êtes au cœur du quartier administratif commandité par le maire socialiste avant-gardiste André Morizet. Dans l'avenue qui porte son nom, au n° 27, observez la superbe porte de l'hôtel des Postes (1938) ; en face, l'**hôtel de ville** (architecte Tony Garnier, 1934) est typique de l'architecture fonctionnaliste de l'époque. Enfin, au n° 24 bis, remarquez les courbes de béton de l'immeuble occupé aujourd'hui par le commissariat de police. Ce bâtiment était un dispensaire municipal.

Au nord de la ville, le triangle formé par les rues Denfert-Rochereau, des Pins et Gambetta réunit quelques pépites en un tout petit périmètre. **Le Corbusier** a édifié deux villas-ateliers en 1924 *(9 allée des Pins, entrez par la grille située au 47 bd d'Auteuil)*, ainsi que la villa Cook *(6 r. Denfert-Rochereau)*, mitoyenne avec la villa Collinet réalisée par **Robert Mallet-Stevens** et l'hôtel Dubin de **Raymond Fischer**, les trois maisons formant un ensemble homogène très représentatif de la modernité des années 1930. Au n° 5 de la même rue, le remarquable immeuble de rapport à la forme d'un paquebot est l'œuvre de Pingusson (1933). Tout près, ne ratez pas les immeubles des nos 2, 3, 5 et 8 rue Gambetta. André Malraux, quant à lui, s'installe un peu plus loin dans une maison dessinée par **Courrèges** *(19 bis av. Robert-Schuman)*.

Les années 1930 et l'architecture à Boulogne

Boulogne, rattachée en 1925 à Billancourt, a connu son âge d'or pendant l'entre-deux-guerres, avec l'essor de l'industrie automobile et aéronautique, les débuts du cinéma (des studios de cinéma sont créés en 1928 : Gance, Renoir et Pagnol y tournent), mais aussi avec l'arrivée d'artistes et des plus grands architectes d'avant-garde qui y firent leurs premières armes, bâtissant des immeubles à bon marché ou des villas-ateliers... Les uns privilégient le béton, un matériau nouveau, d'autres inventent un style néoclassique épuré, ou bien un style cubiste.

★ Musée départemental Albert-Kahn

10-14 r. du Port - ✆ 01 55 19 28 00 - http://albert-kahn.hauts-de-seine.fr - ♿ - avr.-sept. : 11h-19h ; oct.-mars : 11h-18h - fermé lun. - 8 € (-26 ans et 1er dim. du mois gratuit).

Musée – Depuis avril 2022, c'est dans un magnifique bâtiment conçu par l'architecte japonais Kengo Kuma que se déploient les collections *(voir ci-après)*. Si la façade côté rue s'abrite sous une carapace métallique opaque, celle côté jardin donne à voir la verdure, non pas directement mais filtrée subtilement par des lames de bois et de métal et une coursive *(engawa)*, éléments empruntés à l'architecture traditionnelle japonaise.

Le parcours de visite débute au rez-de-chaussée et plonge immédiatement le visiteur dans une sélection des exceptionnelles **Archives de la Planète★**. Constituées par les équipes d'Albert Kahn, elles sont dues à deux inventions des frères Lumière : le cinématographe et l'autochrome. Elles rassemblent quelque 72 000 photographies en couleur, 4 000 plaques stéréoscopiques (procédé de photographie en noir et blanc et en relief) et des films qui représentent une centaine d'heures de projection, constituant une formidable documentation sur la vie quotidienne, économique, sociale, religieuse et politique des peuples du 19e s. Un auditorium, un espace de documentation, un café et une boutique complètent la visite ; au 1er étage, un salon est dédié aux familles, à côté d'un vaste espace d'exposition temporaire.

★ **Les jardins** – Après avoir réuni 4 ha de terrain en 1910, Albert Kahn fait aménager un jardin « mappemonde » répondant à sa démarche de dialogue entre les peuples. L'ensemble réunit un jardin japonais, avec son pont arqué rouge (réplique du pont sacré du sanctuaire de Nikko, au nord-ouest de Tokyo) et son pavillon pour la cérémonie du thé ; un jardin anglais ; un jardin à la française, réalisé par les paysagistes Henri et Achille Duchêne ; un palmarium ; un verger roseraie ; une forêt bleue composée d'épicéas et de cèdres de l'Atlas qui débouche sur une parcelle évoquant des marais ; puis une forêt dorée plantée de bouleaux et une forêt vosgienne, avec son sous-bois de plantes alpestres, souvenir d'enfance d'Albert Kahn. Des bâtiments restaurés abritent de petites expositions qui complètent le parcours muséal ; voyez en particulier la **Fabrique des images**, consacrée aux opérateurs qui ont parcouru le monde pour rapporter de précieuses images.

Musée Paul-Belmondo

14 r. de l'Abreuvoir - ✆ 01 55 18 69 01 - www.boulognebillancourt.com - ♿ - mar.-vend. 14h-18h, w.-end 11h-18h (billetterie 45mn av. fermeture) - 7 € (-26 ans gratuit).

Albert Kahn (1860-1940)

À 16 ans, **Albert Kahn** quitte sa région natale du Bas-Rhin pour venir travailler à Paris. Employé à la banque des frères Goudchaux, il obtient son bac et une licence de droit. En 1892, il devient associé principal de l'établissement, puis crée sa propre banque en 1898 qui prospère grâce à la spéculation boursière. Ami du philosophe **Bergson** et du sculpteur **Rodin**, il fréquente l'élite intellectuelle et artistique de son temps. Convaincu que la connaissance des cultures étrangères encourage le respect entre les peuples et que son époque va vivre de profondes mutations, il utilise sa fortune pour publier des bulletins d'information, créer le cercle « Autour du monde » et financer, entre 1909 et 1931, des reportages photographiques et cinématographiques dans 52 pays afin de recueillir une part de la mémoire de l'humanité. Le krach de 1929 porte un coup fatal à toutes ses entreprises : ses biens sont saisis et sa propriété rachetée par la préfecture de la Seine.

Musée Albert-Kahn, conçu par Kengo Kuma.
B. Gardel/hemis.fr

Le château Buchillot est l'une des dernières demeures de Boulogne datant du 18e s.; elle accueille les plâtres originaux, les œuvres graphiques, les sculptures en bronze et en marbre, les sanguines et les médailles du sculpteur néoclassique **Paul Belmondo** (1898-1982). Dans le pavillon d'accueil, son atelier de la rue Victor-Considérant à Paris a été reconstitué. Le bâtiment central est conçu comme une médaille, avec des pièces blanches en avers et des pièces boisées étonnantes en revers. Le rez-de-chaussée abrite les œuvres de jeunesse de l'artiste, ses grandes sculptures néoclassiques et ses bustes les plus travaillés sont placés dans des niches de la grande galerie blanche au design épuré. Au 1er étage, on pénètre dans la galerie (pièces reconstituées). Y sont expliquées les différentes techniques de taille en fonction du matériau (métal, pierre, bois), de modelage et de fonte. Le 2e étage s'attache davantage à l'enfance. On découvre une bonne dizaine de bustes d'enfants, dont ceux de l'acteur Jean-Paul Belmondo et de la danseuse étoile Muriel Belmondo, enfants du sculpteur. Ce travail est remis en contexte par la présentation d'œuvres contemporaines (Constant Le Breton, Yves Brayer). Au dernier étage, une salle mansardée présente les médailles réalisées pour la Monnaie de Paris; le cabinet des dessins dévoile dans ses tiroirs les fameuses sanguines.
Dans le **parc** sont installées des sculptures contemporaines de Colin Marigny, Gunnar Nilsson, Henri Le Pecq, etc.

Parc Edmond-de-Rothschild

3 r. des Victoires - ✆ 01 46 29 44 25 - ♿ - de mi-mai à fin août : 7h-21h ; de déb. mars à mi-mai et sept.-oct. : 8h-19h, w.-end 9h-19h ; reste de l'année : 8h-17h30.
Les 15 ha de ce joli parc paysager sont les vestiges d'un domaine acquis par le baron **James de Rothschild** vers 1856. Ce dernier avait doté les lieux d'un château et de jardins anglais, français et japonais. Saccagé après l'Occupation, réduit de moitié par la construction de l'hôpital Ambroise-Paré et le raccordement de l'autoroute au périphérique, l'endroit a néanmoins conservé un charme romantique, avec son lac (12 600 m²), ses canards de Barbarie et ses superbes arbres : cèdres du Liban, arbres aux écus, platanes d'Orient... Seul bémol, la proximité de l'A 13 qui peut venir rompre la sérénité du lieu.

Quartier de l'île Seguin-rives de Seine

Depuis la fermeture des usines Renault à Boulogne *(☞ encadré ci-dessous)* et le début de la démolition du site, le secteur de l'île Seguin et des rives de Seine boulonnaises, toujours en travaux, est en train de changer d'allure. Séparé en trois zones – le Trapèze, le quartier du pont de Sèvres et l'île Seguin –, il accueille désormais sur 74 ha logements, bureaux, commerces et espaces verts. De grands architectes tels Jean Nouvel, sir Norman Foster ou Dominique Perrault ont été sollicités pour la réalisation du projet. La priorité est mise sur le développement durable et tout est pensé basse consommation, récupération de l'eau, énergies renouvelables.

Dans le quartier du **Trapèze**, citons notamment l'immeuble l'Angle, de silhouette tout de verre *(4 cours de l'Île-Seguin)* ; l'immeuble Aurélium *(1 cours de l'Île-Seguin)*, à la façade cuivrée conçue par l'architecte Dominique Perrault, la tour Horizons des Ateliers Jean Nouvel, composition censée représenter les quatre éléments *(30 cours de l'Île-Seguin)*, ou encore l'immeuble Métal 57 *(30 cours de l'Île-Seguin)*, restructuration et extension du bâtiment originel de Claude Vasconi de 1984. L'aménagement de **l'île Seguin** a été confié à Jean Nouvel. L'île accueille depuis 2017 la **Seine musicale** *(www.laseinemusicale.com)*, énorme boule recouverte de panneaux solaires qui semble flotter sur la Seine (architectes Shigeru Ban et Jean de Gastines). Elle héberge salles de concert et studios d'enregistrement. L'île Seguin a ainsi l'ambition de devenir le pôle culturel de l'ouest du Grand Paris *(☞ p. 570)*. Une fondation d'art contemporain ainsi qu'un complexe hôtelier devraient être inaugurés sur l'autre pointe de l'île, à l'horizon 2025.

L'île Seguin, une citadelle de l'industrie

L'**île Seguin** (11,5 ha) doit son nom au chimiste Louis Armand Seguin, qui y crée une tannerie en 1795. Chaque année, 50 000 peaux de bœufs y sont tannées... En 1898, le jeune ingénieur **Louis Renault** (1877-1944) fabrique sa première voiture dans le jardin de ses parents à Boulogne, puis se lance dans la voiture de tourisme et invente la « prise directe », l'ancêtre des boîtes de vitesse. De ses ateliers sort aussi le premier moteur à refroidissement à air pour l'aviation. À la fin des années 1920, il achète la quasi-totalité de l'île et y implante son usine, des terrains de sport et des jardins pour le personnel. Trois ans plus tard, il y fait bâtir une véritable forteresse. Des milliers de pieux en béton la soutiennent, enfoncés jusqu'à 10 m de profondeur. Inspiré par le fordisme, Renault installe de longues chaînes de montage qui seront toutes opérationnelles en 1937. L'usine est nationalisée en 1945 : ainsi naît la **régie des usines Renault**. L'île Seguin devient alors le premier site de construction automobile en France.

En 1992, Renault quitte le site pour Guyancourt (Yvelines). Après plusieurs projets avortés (Fondation d'art contemporain de François Pinault dont les collections sont finalement parties à Venise), l'île Seguin est destinée à devenir le « centre de gravité culturel du Grand Paris », sous la responsabilité de l'architecte Jean Nouvel *(☞ ci-dessus)*.

Carnet pratique

S'informer

Office de tourisme – *25 av. André-Morizet - Boulogne-Billancourt - ✆ 01 41 41 54 54 - https://otbb.org.*

Parcours Années 30 – L'office de tourisme propose des visites guidées autour du patrimoine architectural des années 1930.

Agenda

Festival Chorus des Hauts-de-Seine – *Fin mars-déb. avr. - La Seine Musicale - ✆ 01 74 34 53 54 - www.chorus92.fr.* Festival incontournable pour la scène musicale française.

Nos adresses

Restauration

Budget moyen

Les Trois Petits – *117 ter r. du Point-du-Jour - ✆ 01 41 41 90 47 - fermé lun. soir, sam.-dim. - formule déj. 21 €, plats 21/28 €.* Le cadre et l'accueil sont très plaisants, tout comme la cuisine, de grands classiques revisités avec soin et simplicité. La formule de midi en fait l'un des meilleurs rapports qualité-prix de Boulogne. Bon choix de vins.

Chez Madeleine – *39 r. de Paris - ✆ 01 46 89 46 57 - www.chezmadeleine.fr - fermé dim.-lun. - menu mezzes 17/18 €.* En toute convivialité – on est accueilli ici comme si l'on faisait partie de la famille –, Madeleine régale ses clients d'une cuisine libanaise gorgée de soleil : mezzes chauds et froids, brochettes de viande marinées et grillées, mouhalabieh en dessert, etc. Des préparations goûteuses et pleines de fraîcheur : un régal !

Pour se faire plaisir

La Plantxa – *58 r. Gallieni - ✆ 01 46 20 50 93 - www.plantxa.com - fermé dim. et lun. - menu 48/65 €, plat 19/35 €.* Depuis l'arrivée du médiatique Juan Arbelaez, jeune chef colombien, la recherche et l'originalité règnent en maîtres dans les cuisines de la Plantxa. En toute décontraction, « comme à la maison », on se régale de ses assiettes percutantes et soignées, où les associations de saveurs tombent toujours juste. Décoiffant !

La Table de Cybèle – *38 r. de Meudon - ✆ 01 85 15 27 49 - www.latabledecybele.com - fermé dim. et lun. - menu 36 €, plat 22/28 €.* À la tête de ce néobistrot, un couple franco-américain, et c'est Cybèle, née à San Francisco, locavore et écoresponsable, qui officie en cuisine, signant des recettes originales, axées sur les bons produits.

Le Gorgeon – *42 av. Victor-Hugo - ✆ 01 46 05 11 27 - fermé w.-end - 30/60 €.* Un bistrot comme on les aime, avec un comptoir millésimé 1925 et une ambiance bon enfant à midi. Sur l'ardoise, rien que de grands classiques : œuf mayo, andouillettes AAAAA, harengs pommes à l'huile, asperges, ris de veau, etc. Avec une petite carte de vins de propriétaires très judicieuse.

En soirée

Carré Belle-Feuille – *60 r. de la Belle-Feuille - Ⓜ Marcel-Sembat - ✆ 01 55 18 54 00 - www.boulognebillancourt.com.* La scène boulonnaise pour la musique et la danse à l'objectif clair : variété et qualité !

La Seine musicale – *Île Seguin - www.laseinemusicale.com.* Concerts classiques, jazz, comédies musicales…

1

18 Bois de Boulogne ★

Avec ses lacs, ses cascades, ses étangs, ses jardins, ses pelouses impeccables et ses sous-bois, le bois de Boulogne a gardé son charme d'antan. Quelques larges voies pour les voitures, des allées ombragées pour les cavaliers, des parcours réservés aux marcheurs, des jardins enclos : Boulogne attire aussi les amateurs de jogging, les rameurs, les pêcheurs, les cyclistes et bien sûr les enfants.

Se repérer

CARTE AB2 (P. 30-31) - PLAN DU BOIS (P. 128-129).
Paris (75)
À 5 km de la porte d'Auteuil.
M Porte-Maillot ou Sablons, Porte-d'Auteuil. RER C Porte-Maillot.
Vélos en libre- service : Vélib'.

À ne pas manquer

Bagatelle, ses iris et sa roseraie ; le Pré Catelan ; les lacs.

En famille

Le jardin d'Acclimatation ; le festival en plein air Théâtre de verdure.

Nos adresses p. 131

Se promener

PLAN DU BOIS P. 128-129

Depuis la place du Mar.-de-Lattre-de-Tassigny (M Porte-Dauphine), la route de Suresnes conduit au lac Inférieur.

★ Les lacs C2-3

Le **lac Inférieur**, avec ses deux îles, compose avec le **lac Supérieur** deux lieux de détente et de promenade (*p. 131*).

Du carrefour des Cascades, en longeant le lac Inférieur, on atteint la route de la Grande-Cascade. À droite, se détache le chemin de la Croix-Catelan qui passe près du Racing Club de France. Avancez jusqu'à la Croix-Catelan.

★ Pré Catelan B2

Selon la légende, Catelan était un troubadour de la cour de Provence qui fut assassiné sous Philippe le Bel. Le nom est sans doute plutôt celui du capitaine des chasses de Louis XVI, Théophile Catelan, mais la légende fait honneur au romantisme du lieu : belles pelouses, plaisants ombrages et son magnifique **hêtre pourpre** à l'immense ramure, l'un des plus beaux arbres de Paris. On remarquera aussi le magnolia grandiflora, le séquoia géant planté en 1872, et les araucarias, originaires du Chili, et que l'on surnomme les « désespoirs des singes » en raison des épines qui émaillent chacune de leurs feuilles.

Jardin Shakespeare – *www.paris.fr - été : 9h30-20h ; hiver : 9h30-17h (en dehors des représentations et en fonction des conditions météorologiques).* Au sein du Pré Catelan, ce jardin, avec son théâtre en plein air, présente des arbustes et des fleurs évoqués par le dramaturge anglais dans son œuvre. De mai à septembre, des pièces de théâtre pour les très jeunes et les ados sont jouées en plein air lors du festival Théâtre de verdure (*06 63 03 72 37 - letheatredeverdure.com - programmation en ligne).*

Reprenez la route de la Cascade vers l'ouest.

Les aménagements successifs du bois

De la chasse au plaisir – En 1308, Philippe IV fait un pèlerinage à Notre-Dame de Boulogne-sur-Mer. À son retour, il fait édifier, en forêt de Rouvray, une église semblable, au hameau de Menus. Le nom de Boulogne remplaça très vite celui de Menus. La forêt de Rouvray fut d'abord un lieu de chasse pour les Mérovingiens avec ours, cerfs, loups et sangliers, puis un lieu de refuge pour les bandits, avant d'être entourée et protégée d'une muraille percée de huit portes par Henri II. Le classicisme s'imposant, Colbert fait aménager (17e s.) ce terrain de chasse royale de routes rectilignes qui se croisent en étoile. Enfin ouvert au public, le bois devient un lieu de promenade. C'est le bois actuel. Aux 17e et 18e s., la fréquentation du bois laisse à désirer. Un dicton rapporte que « les mariages du bois de Boulogne ne se font pas devant monsieur le curé ».
Modernisation – Au 19e s., Napoléon III et Haussmann entreprennent le remplacement des routes rectilignes par des allées sinueuses, le creusement de mares et de lacs, l'édification de kiosques, chalets, restaurants et l'aménagement de deux parcs d'attractions. Le 20e s. a apporté le boulevard périphérique, le jardin des Serres et le stade du Parc des Princes. Si le bois de Boulogne a subi de lourds dégâts lors de la tempête du 26 décembre 1999, la nature a repris ses droits... et les citadins ont retrouvé le plaisir de se promener sous ses frondaisons.

1

Longchamp AB2-3

Entre l'étang de Longchamp et le carrefour des Tribunes s'élevait autrefois l'abbaye fondée en 1255 par sainte Isabelle, sœur de Saint Louis. Longchamp est plus connu aujourd'hui pour ses prix hippiques.
Carrefour de Longchamp – Il est habillé par la Grande Cascade qui est artificielle. Un peu plus loin, le monument des Fusillés rappelle l'assassinat de 35 jeunes gens par les Allemands le 16 août 1944.
Château de Longchamp – La Fondation GoodPlanet y a aménagé un lieu d'exposition sur le développement durable. On peut suivre aussi le sentier pédagogique avec un naturaliste : cela ouvre des horizons inconnus sur la richesse de la faune et de la flore du bois. Une tour, visible de la route des Moulins, reste l'un des rares témoignages de l'existence de l'abbaye en cet endroit.
Hippodrome – La route des Tribunes fait le tour des installations. On jouit d'une vue complète sur les pistes depuis le restaurant panoramique. Ce célèbre champ de courses a été inauguré par Napoléon III en 1857.
À l'extrémité sud des terrains de sport, près du Polo de Paris, une stèle rappelle que l'aéronaute brésilien **Santos-Dumont** établit ici, le 12 novembre 1906, l'un des premiers records du monde d'aviation, en parcourant une distance de 220 m en 21,4 secondes.
De la route de la Seine à la butte Mortemart (dans l'axe de la grande piste du champ de course), vue sur La Défense.

★★ Parc de Bagatelle B2

Rte de Sèvres-à-Neuilly - bus 43 - ☏ 03 21 89 09 91 - www.paris.fr - avr.-sept. : 9h30-20h; oct. : 9h30-18h30; reste de l'année : consultez le site - gratuit.
Le château fut construit en 64 jours suite à un pari entre le comte d'Artois et sa belle-sœur Marie-Antoinette en 1775; dans le même temps, le jardinier Blakie trace le jardin de style anglais.

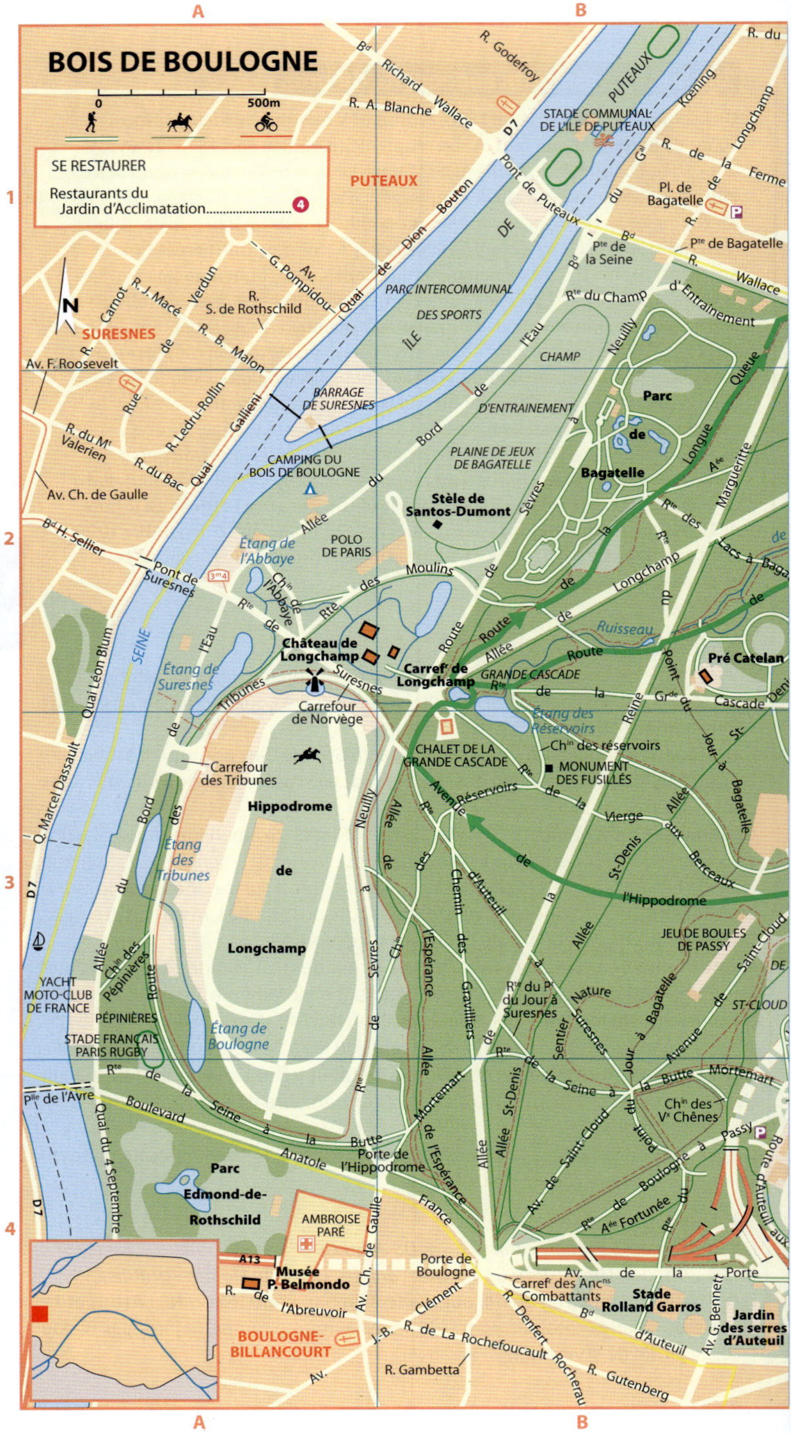
BOIS DE BOULOGNE
0
500m
SE RESTAURER
Restaurants du Jardin d'Acclimatation........ 4
N
A
B
1
2
3
4
PUTEAUX
SURESNES
BOULOGNE-BILLANCOURT
SEINE
ÎLE DE PUTEAUX
STADE COMMUNAL DE L'ILE DE PUTEAUX
PARC INTERCOMMUNAL DES SPORTS
BARRAGE DE SURESNES
CAMPING DU BOIS DE BOULOGNE
CHAMP D'ENTRAINEMENT
PLAINE DE JEUX DE BAGATELLE
Stèle de Santos-Dumont
POLO DE PARIS
Étang de l'Abbaye
Étang de Suresnes
Château de Longchamp
Carref de Longchamp
Carrefour de Norvège
Carrefour des Tribunes
GRANDE CASCADE
CHALET DE LA GRANDE CASCADE
Étang des Réservoirs
MONUMENT DES FUSILLÉS
Parc de Bagatelle
Pré Catelan
Hippodrome de Longchamp
Étang des Tribunes
Étang de Boulogne
YACHT MOTO-CLUB DE FRANCE
PÉPINIÈRES
STADE FRANÇAIS PARIS RUGBY
JEU DE BOULES DE PASSY
Parc Edmond-de-Rothschild
AMBROISE PARÉ
Musée P. Belmondo
Porte de Boulogne
Carref des Ancns Combattants
Stade Rolland Garros
Jardin des serres d'Auteuil
Porte de l'Hippodrome
Pte de la Seine
Pte de Bagatelle
Pl. de Bagatelle
Pte de l'Avre
Pont de Suresnes
Pont de Puteaux
Bd Richard Wallace
R. Godefroy
R. A. Blanche
Quai de Dion Bouton
Av. G. Pompidou
R. S. de Rothschild
R. J. Macé
R. Carnot
R. de Verdun
R. B. Malon
Av. F. Roosevelt
R. Ledru-Rollin
Quai Gallieni
R. du Mt Valerien
R. du Bac
Av. Ch. de Gaulle
Bd H. Sellier
Quai Léon Blum
Q. Marcel Dassault
Quai du 4 Septembre
Bd de la Seine
Bd Anatole France
R. de l'Abreuvoir
Av. Ch. de Gaulle
Av. J.-B. Clément
R. de La Rochefoucault
R. Gambetta
R. Denfert Rochereau
R. Gutenberg
Bd d'Auteuil
Av. G. Bennett
Av. de la Porte d'Auteuil
Route de la Longue Queue
Rte des Lacs à Bagatelle
Route de Sèvres à Neuilly
Allée de Longchamp
Route de l'Hippodrome
Rte de la Grde Cascade
Rte du Point du Jour à Bagatelle
Allée de la Reine Marguerite
Chin des réservoirs
Rte de la Vierge aux Berceaux
Allée de St-Denis
Avenue de St-Cloud
Chemin des Gravilliers
Allée de l'Espérance
Allée de Mortemart
Rte de la Seine à la Butte Mortemart
Rte du Pt du Jour à Suresnes
Sentier Nature
Chin des Vx Chênes
Av. de Saint-Cloud
Rte de Boulogne à Passy
Aée Fortunée
Rte du Champ d'Entraînement
Allée du Bord de l'Eau
Rte des Moulins
Rte de Suresnes
Chin de l'Abbaye
Rte des Tribunes
Chin des Pépinières
Allée du Bord des Tribunes
Allée de la Reine Marguerite
Route des Réservoirs
Allée des Fortifications
Ruisseau de Longchamp
A13
D7

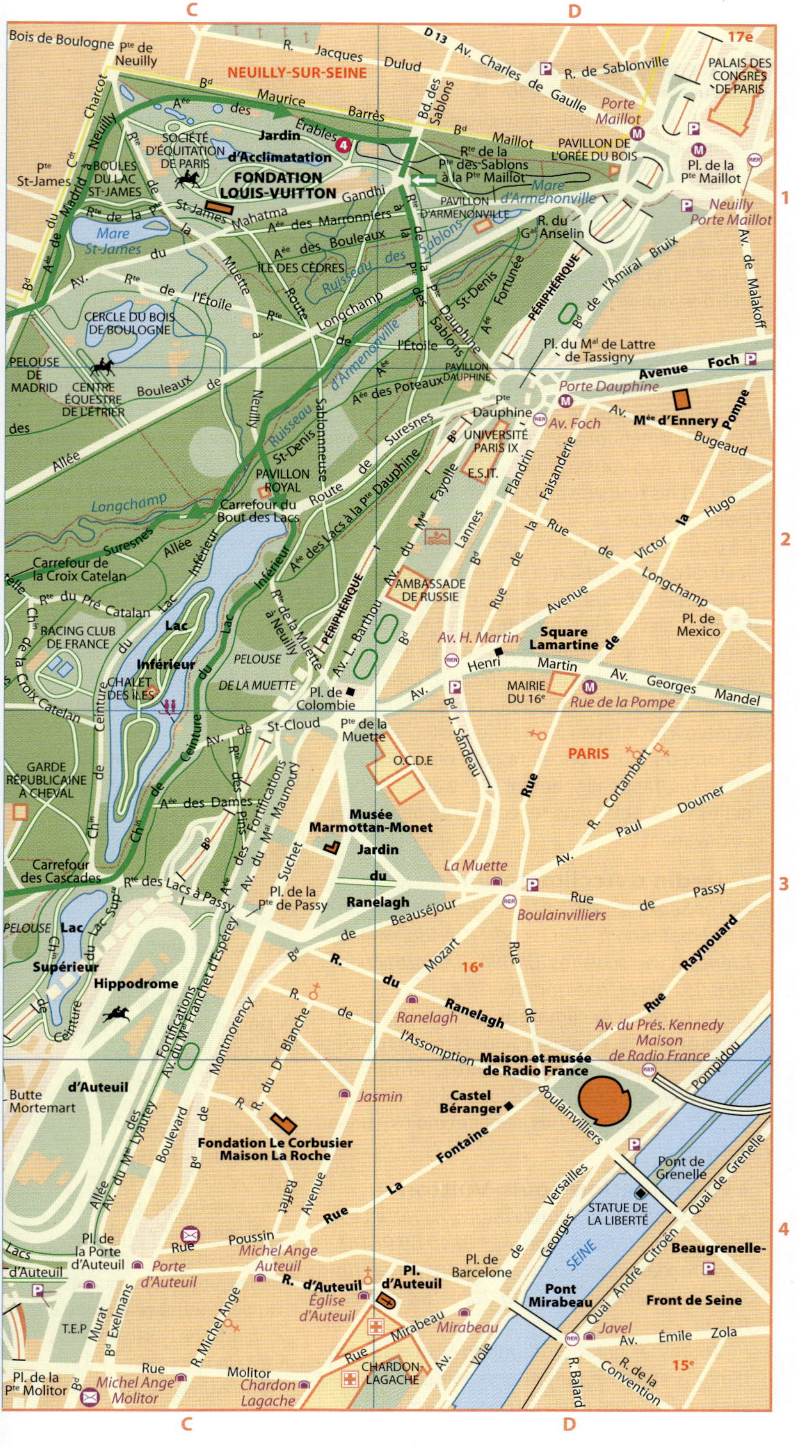
C
D
1
2
3
4
17e
Bois de Boulogne
Pte de Neuilly
R. Jacques Dulud
NEUILLY-SUR-SEINE
D 13 Av. Charles de Gaulle
R. de Sablonville
PALAIS DES CONGRÈS DE PARIS
Porte Maillot
Bd Maurice Barrès
Bd des Sablons
Bd Maillot
PAVILLON DE L'ORÉE DU BOIS
Pl. de la Pte Maillot
Neuilly Porte Maillot
Charcot
Neuilly
Bd de Madrid
Cdt
Jardin d'Acclimatation
Aée des Erables
SOCIÉTÉ D'ÉQUITATION DE PARIS
FONDATION LOUIS-VUITTON
Rte de la Pte des Sablons à la Pte Maillot
Mare d'Armenonville
Pte St-James
BOULES DU LAC ST-JAMES
Mare St-James
Rte de la Pte St-James
Aée Mahatma Gandhi
Aée des Marronniers
PAVILLON D'ARMENONVILLE
R. du Gal Anselin
Aée des Bouleaux
ÎLE DES CÉDRES
Ruisseau des Sablons
Rte de la Muette
Rte du Pré Catelan
Rte de l'Étoile
Route de Longchamp
Aée de la Pte des Sablons
Aée de la Pte Dauphine
St-Denis
Fortunée
PÉRIPHÉRIQUE
Bd de l'Amiral Bruix
Av. de Malakoff
CERCLE DU BOIS DE BOULOGNE
PELOUSE DE MADRID
CENTRE ÉQUESTRE DE L'ÉTRIER
Allée des Bouleaux
Rte de Neuilly
Ruisseau d'Armenonville
Aée des Poteaux
PAVILLON DAUPHINE
Pl. du Mal de Lattre de Tassigny
Avenue Foch
Porte Dauphine
Pte Dauphine
Av. Foch
Mée d'Ennery
Av. Bugeaud
Pompe
Allée de Longchamp
Ruisseau St-Denis
Sablonneuse
PAVILLON ROYAL
Carrefour du Bout des Lacs
Route de Suresnes
Route des Lacs à la Pte Dauphine
UNIVERSITÉ PARIS IX
E.S.I.T.
Bd Lannes
Av. du Mal Fayolle
Flandrin
Rue de la Faisanderie
Victor Hugo
Rue de Longchamp
Carrefour de la Croix Catelan
Allée de Suresnes
Rte du Pré Catalan
Lac Inférieur
Aée des Lacs
AMBASSADE DE RUSSIE
Avenue
Pl. de Mexico
Ch de la Croix Catelan
RACING CLUB DE FRANCE
CHALET DES ÎLES
Rte de la Muette à Neuilly
PELOUSE DE LA MUETTE
Av. L. Barthou
Av. H. Martin
Square Lamartine
Av. Henri Martin
Av. Georges Mandel
MAIRIE DU 16e
Rue de la Pompe
Pl. de Colombie
Ceinture du Lac
Av. de St-Cloud
Pte de la Muette
Bd J. Sandeau
PARIS
GARDE RÉPUBLICAINE À CHEVAL
Rte des Pins
Bd des Fortifications
Aée des Dames
Av. du Mal Maunoury
O.C.D.E
Rue Cortambert
Av. Paul Doumer
Musée Marmottan-Monet
Jardin du Ranelagh
Suchet
La Muette
Carrefour des Cascades
Rte des Lacs à Passy
Pl. de la Pte de Passy
Rue de Passy
Boulainvilliers
Av. du Mal Franchet d'Esperey
Rue de Beauséjour
Bd de Beauséjour
PELOUSE
Lac Supérieur
Ch de Ceinture du Lac Sup
Hippodrome
16e
R. du Ranelagh
Mozart
Rue de Boulainvilliers
Rue Raynouard
Ranelagh
R. de l'Assomption
Av. du Prés. Kennedy
Maison de Radio France
Maison et musée de Radio France
Pompidou
Montmorency
R. du Dr Blanche
Butte Mortemart
d'Auteuil
Jasmin
Castel Béranger
Fondation Le Corbusier Maison La Roche
Allée
Av. du Mal Lyautey
Boulevard
Bd de Montmorency
Raffet
Avenue
Rue La Fontaine
Versailles
Pont de Grenelle
Quai de Grenelle
STATUE DE LA LIBERTÉ
Lacs d'Auteuil
Pl. de la Porte d'Auteuil
Porte d'Auteuil
Rue Poussin
Michel Ange Auteuil
R. d'Auteuil
Pl. d'Auteuil
Église d'Auteuil
Pl. de Barcelone
Av. de Georges
SEINE
Beaugrenelle-Front de Seine
Pont Mirabeau
Quai André Citroën
T.E.P
Murat
Bd Exelmans
R. Michel Ange
Rue Mirabeau
Mirabeau
Voie
Javel
Av. Émile Zola
15e
Pl. de la Pte Molitor
Bd
Rue Molitor
Michel Ange Molitor
Chardon Lagache
CHARDON-LAGACHE
Av.
R. Balard
R. de la Convention

Une heureuse erreur

Les deux lacs du bois de Boulogne sont nés à la suite d'une erreur humaine ! Entre 1852 et 1858, le bois de Boulogne a été complètement modifié selon les souhaits de Napoléon III, mais l'architecte paysagiste Varé a alors créé une dénivellation qui a modifié le cours de la rivière alimentant aujourd'hui les deux lacs. La partie inférieure restait inondée tandis que la partie supérieure était toujours à sec ! L'ingénieur Alphand trouva alors la solution en séparant le lac en deux par une digue sur laquelle passe une chaussée et en dessous de laquelle tombe une cascade de 6 m de haut.

Côté est, dans la partie paysagère du parc, le décor est presque celui d'un conte de fées. Les arbres abritent petits ponts, rochers, grottes, miroirs d'eau et cascades. Un hêtre pleureur de 140 ans se penche sur le bassin des Nymphéas, tacheté de lotus et de nénuphars. Vous verrez une pagode chinoise du 19e s., et un chemin en colimaçon vous conduira à travers une forêt de bambous à un belvédère d'où l'on voit les tours de La Défense et, en contrebas, le terrain d'entraînement des joueurs de foot.

Le parc, avec ses petits jardins regroupant les fleurs par espèces, est un vrai festival de couleurs. À la sortie de l'hiver, les pelouses se colorent de milliers de tulipes, jacinthes et narcisses, sur fond de magnolias, cerisiers et pêchers en fleur. En mai-juin vient le temps des iris et, derrière le château, des pivoines en massifs. En juin, c'est le moment de découvrir les lauréates du concours international de roses nouvelles. La roseraie *(face à l'orangerie)* en possède 1200 variétés. L'été est la saison des plantes aquatiques : la pièce d'eau couverte de nymphéas ressemble à un tableau impressionniste.

Le long du mur d'enceinte côté ouest, un potager présente les cultures au fil des mois dans l'alignement d'une allée de buis taillés en arabesques et de tonnelles et çà et là vous rencontrerez des paons se pavanant.

★ Jardin d'Acclimatation C1

M° Les Sablons - ✆ 01 40 67 90 85 - www.jardin-dacclimatation.fr - lun.-vend. : 10h-18h, w.-end, j. fériés et vac. scolaires 10h-19h - 7 € - attraction : 45 €/15 tickets ; pass journée 35 €.

Le jardin d'Acclimatation, complètement rénové en 2018, propose toujours miroirs déformants, Guignol, rivière enchantée, ferme (animaux et volière), plaine de jeux, chaises volantes, etc. : 45 activités pour les jeunes et moins jeunes enfants.

★★★ Fondation Louis-Vuitton C1

M° Les Sablons (à 15mn du métro, navette 1 €) - 8 av. du Mahatma-Gandhi - ✆ 01 40 69 96 00 - www.fondationlouisvuitton.fr - ♿ - tlj sf mar. 11h-20h (vend. 21h), w.-end 10h-20h - 16 € (-26 ans 10 €).

Toutes les heures, des **micro-visites** *(durée 15mn)*, gratuites et sans réservation, sont proposées pour découvrir les œuvres de la fondation.

Triste zoo

Entre 1877 et 1937, des millions de Parisiens vinrent au Jardin d'Acclimatation pour assister à des « spectacles ethnologiques » d'êtres humains venus des colonies (Nubiens, Sénégalais, Kali'nas, Fuégiens...). Ces exhibitions humaines visaient alors à tracer une hiérarchie entre prétendus « civilisés » et « sauvages ». Une plaque commémorative rappelle aujourd'hui cette « époque où l'autre avait été regardé comme un "animal" en Occident ».

Rendez-vous au **salon de thé**, *Le Franck*, une fois la nuit tombée, quand les poissons conçus par Frank Gehry confèrent au lieu une note poétique.

Extérieur - Dominant le bois de Boulogne et le jardin d'Acclimatation, un vaisseau déploie ses voiles, sa proue semblant fendre l'air de sa structure de verre et d'acier. Rarement un édifice aussi imposant a paru si léger. Due à l'architecte américano-canadien **Frank Gehry**, auteur du renommé musée Guggenheim à Bilbao, la fondation Louis Vuitton a ouvert ses portes en 2014. Son fondateur, Bernard Arnault, a obtenu la concession du bâtiment jusqu'en 2062, date à laquelle il deviendra musée municipal parisien.

Alternant les lignes droites et les courbes, elle joue sans cesse sur les frontières entre extérieur et intérieur, mais également sur les matériaux : pierre de Rocheron, de couleur beige-rosé, extraite en Bourgogne, Ductal (béton blanc), verre, bois, acier. Frank Gehry s'est inspiré de l'architecture métallique du 19e s. tout en multipliant les innovations techniques propres au 21e s. Long de 150 m, large de 40 m, l'édifice s'élève à 46 m de hauteur. Du **toit-terrasse**, la **vue** sur le faîte des hêtres et des chênes du jardin d'Acclimatation est spectaculaire.

Intérieur – La fondation abrite une collection permanente et des expositions temporaires, dans les onze galeries bénéficiant de la lumière naturelle. Parmi les œuvres à demeure figurent l'installation du danois **Olafur Eliasson,** *Inside the Horizon*, dont les panneaux lumineux de teinte jaune se reflètent dans les eaux du bassin – la réflexion est une ligne directrice de l'édifice. L'œuvre évolutive de l'argentin **Adrian Villar Rojas**, *Where the Slaves Live*, strates de pierre et de verdure dont la structure varie au fil des mois – les plantes continuent à croître –, est un témoignage du temps qui passe.

1

Nos adresses

PLAN P. 128-129

Restauration

4 **Restaurants du jardin d'Acclimatation** – C1 - *M Sablons ou Porte-Maillot - www.jardindacclimatation.fr - ♿ - lun.-vend. 10h-19h, w.-end 10h-20h - plats 18/24 €.* Le jardin d'Acclimatation comporte 6 espaces de restauration : crêperie, snacks, glacier, restaurant italien (Da Antonio, possibilité de réserver au ✆ 01 40 67 96 99), et brasserie (La Terrasse du Jardin).

Activités

Lac Inférieur – Un bateau assure le transfert sur les îles, où est installé un restaurant-terrasse (réserv. obligatoire).

Location de barques – *Carrefour du lac Inférieur.- ✆ 06 95 14 00 01 - 12h-18h- fermé déb. nov.-mi fév. - 12 €/h.*

Petit train du jardin d'Acclimatation – *Bois de Boulogne - Au départ de la porte Maillot (ttes les 20mn) - ✆ 01 40 67 90 85 - www.jardindacclimatation.fr - de 10h à la tombée de la nuit - 7 € (-3 ans gratuit).* Il permet de traverser le bois de Boulogne jusqu'à l'entrée principale du jardin d'Acclimatation.

19 Rueil-Malmaison

★★

Le bonheur qu'ont connu Joséphine et Bonaparte à Malmaison peut sembler lointain, au regard de l'urbanisation de Rueil aujourd'hui... Ce fut pourtant le château préféré de Bonaparte pendant la durée du Consulat, comme en témoigne un décor d'une rare homogénéité. Ce fut aussi, avec les Tuileries, le siège du gouvernement de la France de 1800 à 1802.

Le centre-ville de Rueil-Malmaison.
B. Gardel/hemis.fr

Se repérer

CARTE A2 (P. 30-31).

78 317 habitants – Hauts-de-Seine (92)

À 9 km de la porte Maillot par la N 13.

RER A La Défense, puis bus 258 arrêt Le Château ou RER A Rueil-Malmaison, puis bus 144, arrêt Église ou Mairie.

Nos adresses p. 137

Visiter

★★ Musée national du Château de Malmaison

15 av. du Château - 01 41 29 05 55 - www.musees-nationaux-malmaison.fr - tlj sf mar., avr.-sept. : 10h-12h30, 13h30-17h45, w.-end 10h-12h30, 13h30-18h15 ; oct.-mars, fermeture 17h15, w.-end 17h45 (dernière entrée 45mn av. fermeture) - 6,50 €, 8,50 € lors d'expositions temporaires (-26 ans gratuit).

Construit vers 1622, ce château comportait un corps central et deux ailes en retour (ajoutées à la fin du 18e s.) lorsqu'il fut acquis en 1799 par **Joséphine de Beauharnais**, devenue Madame Bonaparte (*p. 134*). La grille d'entrée possède encore ses vieilles lanternes à potence. Une véranda fut adjointe à l'ensemble en 1801-1802. Consacrées au souvenir de Joséphine et de l'Empereur, les collections exposées proviennent de Malmaison même, mais aussi de St-Cloud, des Tuileries et d'autres palais nationaux.

Rez-de-chaussée – On pénètre dans le château par le vestibule et ses quatre colonnes de stuc. À droite, la salle de billard mène au salon de compagnie, dit **Salon doré**, qui frappe par son plafond blanc et or conçu par l'architecte Berthault et par sa cheminée de marbre blanc, encadrée par deux tableaux de Gérard et Girodet, inspirés par les poèmes d'Ossian. Remarquez les six fauteuils ornés de têtes égyptiennes. En bout d'aile, le **salon de Musique** contient la harpe de l'impératrice et le piano de la reine Hortense.

De l'autre côté du vestibule, on traverse la salle à manger au décor pompéien pour atteindre la **salle du Conseil**. Ornée d'attributs guerriers, cette pièce, qui accueillit 169 conseils des ministres entre 1801 et 1802, possède un décor en forme de tente militaire rayée bleu et blanc. Les sièges proviennent de l'ancien château de St-Cloud, les portraits de Madame Mère et de Joséphine sont de Gérard. Enfin, la **bibliothèque**, aménagée par Fontaine et Percier en 1800, compte aujourd'hui 500 livres portant le fameux B-P de Bonaparte, et 700 autres aux armes de Napoléon. Elle contient aussi des cartes de campagnes, un globe céleste provenant des Tuileries et des meubles de l'atelier Jacob Frères.

Premier étage – Napoléon vint passer ses derniers moments à Malmaison en juin 1815, entre Waterloo et le départ pour Ste-Hélène, dans le **Salon** et la **chambre de l'Empereur**, aux murs revêtus de tentures claires. Vous y verrez plusieurs grands portraits de la famille impériale, par Gérard, le lit du prince Eugène aux Tuileries, et exposée sur un guéridon, la Victoire que tenait dans sa main la statue de l'Empereur placée au sommet de la colonne de la Grande Armée, place Vendôme à Paris, et qui fut déposée en 1871.

Deux salles consacrées à **Bonaparte, général et consul**, présentent une des versions du célèbre *Bonaparte franchissant les Alpes au Grand-Saint-Bernard* de David, le sabre d'apparat et le glaive du général, et la table des maréchaux, représentant l'Empereur entouré des maréchaux ayant participé à la bataille d'Austerlitz. Une autre salle, consacrée quant à elle à **Joséphine impératrice**, contient la frise provenant de l'hôtel occupé par Bonaparte et Joséphine, rue Chanteraine à Paris ; parmi les objets précieux exposés, notez la table de toilette de Joséphine, sa montre, le buste de Joséphine par Chinard, différentes pièces issues des Manufactures de Sèvres, de Dihl et Guérhard et de Dagoty. L'**appartement de Joséphine** termine l'étage. Il se compose d'une antichambre, simplement meublée, d'une chambre d'apparat dotée d'une tente à 16 pans, d'une chambre ordinaire, d'un cabinet de toilette et d'un boudoir octogonal tendu de mousseline. Vous remarquerez aussi un très beau coffret à bijoux de Martin-Guillaume Biennais et un délicat nécessaire de toilette de Félix Rémond.

Joséphine, l'Empereur et Malmaison

Splendeur et abandon

Née à la Martinique en 1763 dans une grande propriété, veuve du général de Beauharnais, **Marie-Josèphe Rose Tascher de La Pagerie** épouse le général **Bonaparte** en 1796. Trois ans plus tard, elle achète le château de Malmaison. Devenu Premier consul, le général habite aux Tuileries, mais trouve cette demeure « triste comme la grandeur » et vient régulièrement à Malmaison, qu'il fait rénover et agrandir. De 1800 à 1802, le château devient, avec les Tuileries, le siège du gouvernement de la France, où les ministres du Consulat se réunissent fréquemment.

Joséphine, passionnée de botanique

Empereur en 1804, Napoléon doit s'installer dans ses résidences officielles : les Tuileries, St-Cloud et Fontainebleau. Les passages à Malmaison sont trop rares au gré de l'impératrice. Joséphine se consacre à l'aménagement du parc qu'elle agrandira jusqu'à en faire un domaine de 726 ha. Son jardin botanique et sa roseraie n'ont pas de rivaux. Dans la grande serre chaude – la petite Malmaison – achevée en 1805, elle cultive des plantes rares et des végétaux exotiques. Chauffée par 12 grands poêles, la serre mesurait environ 50 m de long sur 19 m de large, et des arbres de 5 m de haut pouvaient y pousser.

Le temps du divorce

En 1809, Joséphine se retire à Malmaison après sa séparation d'avec l'Empereur. L'absence d'héritier provoque en effet un divorce pour raison d'État. Joséphine y restera jusqu'à sa mort en 1814. Ayant pris froid au château de St-Leu, chez sa fille la reine Hortense, elle meurt le 29 mai 1814, à 51 ans.

Les adieux avant l'exil

Dix mois après la mort de Joséphine, Napoléon, s'étant échappé de l'île d'Elbe, vient en pèlerinage à Malmaison. À la fin des Cent-Jours, c'est ici qu'il se réfugie, auprès d'Hortense devenue sa belle-sœur et dont le fils sera le futur Napoléon III. Le 29 juin 1815, il revoit une dernière fois le château et sa famille, avant le départ pour Rochefort et Ste-Hélène.

Valse de propriétaires et reconstitution du domaine

À la mort de Joséphine, le prince Eugène hérite des 726 ha du domaine. Il meurt en 1824, et le château est vendu en 1828. Le parc sera peu à peu morcelé. Le château est racheté un million de francs par Napoléon III, qui veut reconstituer son mobilier. En 1877, en fort mauvais état, il est revendu par l'État avec son parc de 60 ha. En 1896, le banquier Osiris s'en porte acquéreur – le parc est réduit à 6 ha. Après avoir restauré le château, il en fait don à l'État en 1904. Finalement, le prince Victor-Napoléon lègue à Malmaison la propriété où se trouve le mausolée du Prince impérial, fils de Napoléon III. M. Edward Tuck et et son épouse Julia Stell, propriétaires du château de Bois-Préau, font aussi donation de leur résidence à l'État en 1926, avec les 19 ha de l'ancien parc de Joséphine.

Deuxième étage – Entièrement rénové en 2017, cet étage du musée présente des souvenirs de la captivité de Napoléon à Sainte-Hélène, des objets liés au retour des cendres et à la légende napoléonienne. On peut notamment y admirer un paravent de Chine, daté de la fin du 18e ou du début du 19e s. Remarquez la pendule en forme de borne réalisée par Martin Pigneret : elle se trouvait sur le bureau de l'Empereur à Sainte-Hélène et est arrêtée à l'heure de sa mort (17h49).
Enfin, le musée conserve un masque mortuaire de Napoléon en plâtre réalisé par le docteur François-Charles Antommarchi (1789-1838).

Parc de Malmaison

15 av. du Château - 01 41 29 05 55 - www.musees-nationaux-malmaison.fr - tlj sf mar., avr.-sept. : 10h-18h30 ; oct.-mars : 10h-18h - 1,50 € (-26 ans gratuit).
Réduit à 6 ha, il contient un cèdre de Marengo planté à la suite de cette victoire (14 juin 1800), plusieurs essences rares ainsi que la roseraie. Celle-ci rassemble une **collection de roses** similaire à celle que l'Impératrice Joséphine possédait à l'époque. La passion de l'impératrice pour les fleurs était telle qu'elle aurait engagé des botanistes afin qu'ils parcourent le monde à la recherche des variétés les plus rares. À l'extrémité d'une allée de tilleuls centenaires s'élève l'une des dernières « fabriques » ayant subsisté sur le domaine : le **pavillon d'été** (1790), utilisé par Napoléon comme cabinet de travail, concurremment avec la bibliothèque. En sortant du domaine, longez à pied, vers la droite, le parc par l'avenue Marmontel *(grille)*. On aperçoit à gauche le mausolée du Prince impérial, fils de Napoléon III, tué par les Zoulous en 1879.
Suivez les plaques rondes de bronze où figure une abeille, symbole de l'Empire, pour accéder au parc de Bois-Préau.

Château de Bois-Préau

Av. du Château - 01 41 29 05 55 - www.musees-nationaux-malmaison.fr - tlj sf mar. 13-17h30 (dernière entrée 17h) - 8 € (exposition), 11 € billet combiné avec le château de Malmaison.
Une vaste demeure, entourée d'un parc de 17 ha, fut construite vers 1700 pour deux imprimeurs et libraires du roi. Rachetée en 1810 par Joséphine qui voulait agrandir son domaine, elle devint, en 1853, propriété d'un conseiller municipal de Rueil qui démolit le château et le fit reconstruire. En 1926, après avoir changé plusieurs fois de mains, le Bois-Préau fut légué aux Musées nationaux et transformé en annexe du musée de Malmaison, consacrée aux souvenirs de Napoléon à Ste-Hélène, à l'histoire du retour des Cendres et, de façon plus globale, à la légende napoléonienne.

★ Parc de Bois-Préau

Accès au 1 av. de l'Impératrice-Joséphine ou r. Charles-Floquet - 01 41 29 05 55 - www.musees-nationaux-malmaison.fr - ♿ - tlj sf mar. mai-sept. : 9h30-20h, lun. 9h30-19h ; avr. : 9h30-19h ; oct.-mars : 9h30-18h - gratuit.
Autour du château de Bois-Préau, ce jardin de 17 ha conserve encore aujourd'hui son style à l'anglaise de la fin du 18e s. À l'entrée du parc, la statue majestueuse de Joséphine par Dubray accueille le visiteur. Rivières, plans d'eau, arbres bicentenaires (pins laricio et noisetiers de Byzance, notamment) et parterres de fleurs confèrent au lieu une ambiance d'antan. Vous succomberez indéniablement au charme naturel et au romantisme de ce parc. L'immense pelouse invite à un déjeuner sur l'herbe.

Musée d'Histoire locale

Pl. du 11-Novembre-1918 - ✆ 01 47 32 66 50 - www.rueil-tourisme.com - tlj sf dim. 14h-17h - gratuit.

Dans le bâtiment de l'ancienne mairie, on découvre un panorama intéressant sur l'histoire de la ville (Richelieu, le couple impérial, la caserne et les gardes suisses, les guerres, etc.) et ses principales activités passées : la vigne, la blanchisserie (imposant fourneau en fonte pour chauffer les fers à repasser). Au 1er étage, une salle est consacrée au Consulat et à l'Empire, avec un très grand tableau de Maurice Orange, *Bonaparte en Égypte contemplant la momie d'un roi* (1895). Une autre salle expose la **momie de Ta-Iset**, une fillette âgée de 4-5 ans, remontant à l'époque ptolémaïque et qui fut découverte dans les encombrants en 2000 !

Musée franco-suisse - Caserne des Gardes suisses

5 pl. du Gén.-Leclerc - ✆ 01 47 32 66 50 - www.rueil-tourisme.com - visite sur demande - gratuit.

Documents d'époque, armes, effets personnels, figurines et uniformes y retracent la vie des Gardes suisses, chargés de la protection du roi, logés en ville à partir de 1646 puis installés dans la caserne de Rueil dès 1756.

Église St-Pierre-St-Paul

L'édifice fut restauré avec l'aide de Napoléon III. L'intérieur est Renaissance. Le **buffet d'orgues★**, œuvre florentine de la fin du 15e s., est l'un des plus beaux de France. Il fut offert par Napoléon III. À droite du chœur, tombeau en marbre blanc de Joséphine. L'impératrice, agenouillée en costume de cour, est représentée dans la célèbre pose du tableau du sacre par David. À côté, petit mausolée élevé à la mémoire de son oncle, gouverneur de la Martinique. À gauche du chœur, monument funéraire de la reine Hortense, morte en 1837. Le maître-autel est orné d'un beau bas-relief en bronze du 17e s. représentant l'embaumement du Christ et provenant de la chapelle du château de Malmaison. Remarquez le *Jacob mourant en Égypte* de Lafond, ainsi que les huiles du 17e s.

Atelier Grognard

6 av. du Château-de-Malmaison - ✆ 01 47 14 11 63 - ♿ - en période d'exposition tlj sf lun. 10h30-18h - 6 €.

Cette ancienne fabrique de plaques pour la gravure, construite au 19e s. et restaurée avec les matériaux d'origine, accueille aujourd'hui un centre culturel et des expositions temporaires d'art moderne ou contemporain.

Se promener

CARTE P. 30-31

ⓘ 33 r. Jean-Le-Coz - ✆ 01 47 32 35 75 - www.rueil-tourisme.com.

Forêt de la Malmaison A2

▶ Par la D 39 (à gauche, en sortant de l'église St-Pierre-St-Paul), puis à droite, la rue Masséna, vous rejoignez la rue Charles-Floquet, prolongée par l'avenue de Versailles. Entrez en forêt jusqu'à l'étang de St-Cucufa où vous laisserez votre voiture. Vous pouvez aussi prendre le bus 431, arrêt Saint-Cucufa.

Cette forêt de 200 ha est surtout peuplée de chênes et de châtaigniers. Une chapelle dédiée à saint Cucufa, martyr en 304 sous l'empereur Dioclétien, y aurait été élevée. L'**étang de St-Cucufa★**, dans un vallon boisé, est couvert de nénuphars en été. L'impératrice Joséphine avait installé sur ses bords une « vacherie », une laiterie et la maison du pâtre, qui fournissaient en lait le château de Malmaison. Les bâtiments qui bordent une extrémité de l'étang ont été construits par l'impératrice Eugénie et modifiés à plusieurs reprises. Les bois offrent une agréable balade aux beaux jours.

Parc des impressionnistes A1

Les bords de Seine sont aménagés pour circuler à pied et découvrir, en direction de Bougival, une belle vue sur la partie la plus étroite de l'**île de la Grenouillère** (commune de Croissy-sur-Seine), immortalisée par le tableau d'**Auguste Renoir**, *La Grenouillère* (1869), et celui de Claude Monet, *Les Bains de la Grenouillère*, peint la même année. Le parc s'inspire des tableaux de Monet à Giverny, avec ses plantes vivaces, sa pièce d'eau et sa grenouillère. Le promeneur peut imaginer facilement l'ambiance de l'époque sur les bords de Seine, rendus proches de Paris par l'ouverture de la gare de Rueil. Les Parisiens venaient y pratiquer le canotage et la baignade, se restaurer et danser dans les guinguettes (*Chatou p. 277*).

Nos adresses

Restauration

Budget moyen

Bistrot Le Beauharnais – *29 pl. de l'Église - 01 41 29 12 21 - plats 10/21 €.* Au cœur du vieux bourg, bien placé pour observer le va-et-vient de la ville, notamment si l'on se poste sur la terrasse. Le bistrot offre une fraîche cuisine de marché.

Café Leffe – *2 pass. d'Arcole, accès 15-21 bd Maréchal-Foch - 01 47 49 31 86 - www.cafeleffe-rueil.fr - fermé dim. - plats 14/34 €.* Au cœur du vieux Rueil, voilà une adresse chaleureuse et sympathique. Aux beaux jours, la terrasse est prise d'assaut. Si vous aimez les viandes rouges, les poissons et les bonnes tartes, vous ne serez pas déçus!

Activités

Promenade des Gallicourts – *Dép. et arrivée : parc de Bois-Préau - rens. à l'office de tourisme de Rueil-Malmaison.* Le vallon des Gallicourts relie la forêt de la Malmaison à la Seine. Les parcours pédestres courts (1,3 ou 1,7 km) donnent un bon aperçu de cette partie de la Coulée verte. La promenade complète des Gallicourts fait 13 km, au départ du RER A de Rueil-Malmaison : thématiques impressionniste (bords de Seine) et impériale (château de la Malmaison, château et parc de Bois-Préau, église St-Pierre-St-Paul).

Château de la Petite Malmaison – *229 bis av. Napoléon-Bonaparte - 01 47 49 48 15 - www.petitemalmaison.fr - visite : en sais. les dim., hors sais. un dim. par mois les jours de concert - visite 5 €, concert 15/25 € - concerts, festivals.* Ce château servit de serre aux plantes exotiques de l'impératrice Joséphine. Vous découvrirez ce superbe cadre lors d'un concert.

Balades à vélo – L'office de tourisme édite un plan des itinéraires cyclables : centre-ville/berges de Seine, Nanterre/Bougival, etc. Voir aussi Promenade bleue (*p. 103*).

1

20 Suresnes - Mont Valérien ★

Le vin de Suresnes coulait jadis sur la table de François Ier et Henri IV. La ville continue aujourd'hui à produire l'un des meilleurs crus d'Île-de-France, mais reste avant tout associée au terrible souvenir de la Seconde Guerre mondiale : de 1940 à 1944, plus d'un millier de personnes furent exécutées au mont Valérien, devenu lieu de mémoire et de pèlerinage de la Résistance.

Se repérer

CARTE A2 (P. 30-31).
49 311 habitants – Hauts-de-Seine (92)
À 6 km de la porte d'Auteuil par la D 1.
Tramway T2 Suresnes-Longchamps ou liaison SNCF (ligne L ou U) depuis Paris-Saint-Lazare, arrêt Gare-de-Suresnes-Mont-Valérien. Vélos en libre-service : Vélib'.

Nos adresses p. 140

Se promener

50 bd Henri-Sellier - 01 42 04 41 47 - www.suresnes-tourisme.com.

★ Mont Valérien

Depuis la gare de Suresnes, prenez la rue du Calvaire, puis, en face, l'avenue du Professeur-Léon-Bernard.

Occupé par le 8e régiment de transmissions depuis 1944, le fort du mont Valérien abrite aussi, depuis 1922, un service de colombophilie militaire et de météorologie. Lieu de mémoire, le site rappelle le souvenir des 4 500 otages et résistants fusillés par les Allemands durant l'Occupation, parmi lesquels Honoré d'Estienne d'Orves, Missak Manouchian et Gabriel Péri. Les prisonniers étaient exécutés dans une clairière située en contrebas du fort ; leurs corps étaient ensuite enterrés dans les cimetières de la région parisienne.

★ **Mont Valérien, haut lieu de la mémoire nationale** – *01 47 28 46 35 - www.mont-valerien.fr - visite guidée sur demande préalable (1h30) juil.-août et nov.-fév. :*

Histoire de Suresnes

Le mont Valérien (alt. 161 m), dominant les coteaux de Suresnes, était déjà sacré au Moyen Âge. Un ermitage, puis un calvaire, édifié au 17e s., attiraient les pèlerins qui traversaient la Seine avec le bac de Suresnes. Plus tard, le site accueillit l'un des 13 forts construits sous Louis-Philippe pour défendre la capitale. Celui-ci tint un grand rôle au cours du siège de Paris en 1870-1871. Suresnes s'industrialisa en profitant des bords de Seine. S'y installèrent d'abord des blanchisseries, des teintureries, puis des ateliers de mécanique et de fonderie. En 1914, Suresnes devint le principal centre de fabrication des obus. **Louis Blériot**, en 1915, y construisit les premiers ateliers de l'industrie aéronautique, une activité d'ailleurs toujours présente sur les berges de la Seine. Entre 1921 et 1956, le maire de Suresnes dota sa commune d'une **cité-jardin**, un ensemble architectural novateur offrant aux ouvriers et ingénieurs des logements modernes dans un cadre de verdure. Cette cité fut réhabilitée dans les années 1980-1990.

La vigne à Suresnes

Dès le 9e s., des cépages plantés sur les coteaux de Suresnes donnaient un vin réputé. Mais en 1709, un terrible hiver ravagea les vignes. Les ceps de remplacement produisant un vin de moindre qualité, on lança alors la mode des bains de raisins en fermentation : la future impératrice Joséphine soignait ainsi ses douleurs. Dans les années 1980, la production reprit. Aujourd'hui, quelque 3 000 pieds de vigne situés **rue du Clos-du-Pas-St-Maurice** donnent l'un des meilleurs crus d'Île-de-France.

15h ; reste de l'année : 15h et 16h, w.-end 14h30 et 16h - gratuit. Ce monument, élevé sur le glacis sud-ouest du fort à la gloire des héros et martyrs de la Seconde Guerre mondiale, fut inauguré par le général de Gaulle le 18 juin 1960. Un mur en grès rose de plus de 100 m est jalonné de 16 hauts-reliefs en bronze illustrant les phases essentielles des combats. Au centre, devant l'immense croix de Lorraine, brûle la flamme du souvenir, ranimée solennellement chaque 18 juin. De part et d'autre, deux portes donnent accès à une crypte creusée à flanc de coteau, dans laquelle ont été déposés les corps de 16 soldats et résistants, ainsi qu'une urne contenant les cendres anonymes de plusieurs déportés. Un 17e caveau a été aménagé pour recevoir la dépouille du dernier Compagnon de la Libération.

Sur les superstructures du fort, on peut visiter la chapelle où étaient enfermés les prisonniers : des graffitis sont encore visibles sur les murs, et des poteaux d'exécution portant de sinistres traces de balles ont été installés. Devant la chapelle se trouve une énorme cloche de bronze sur laquelle sont gravés les noms des 1008 fusillés identifiés du mont Valérien. Plus loin, on aperçoit la clairière des exécutions. Dans l'ancienne écurie, une exposition retrace l'histoire de la répression en France pendant la guerre ; des lettres de fusillés illustrent cette période tragique.

Vous arrivez sur le boulevard Washington, au pied du fort du Mont-Valérien. La promenade qui le longe est superbe : bien que méconnue, c'est l'une des plus belles **vues★★** sur Paris : à gauche, les gratte-ciel de La Défense, toute proche, dominent les toits de Puteaux et Suresnes, tandis que vous découvrez face à vous Montmartre, la tour Eiffel et le bois de Boulogne. De l'autre côté du boulevard, le **cimetière américain** aligne ses croix blanches rappelant le souvenir des 1541 soldats tombés durant la Première Guerre mondiale et des 24 soldats inconnus de la Seconde Guerre mondiale qui y reposent. Fin mai, pour *Memorial Day*, les autorités américaines et françaises honorent la mémoire des disparus.

Promenade Jacques-Baumel

Accès par l'av. du Professeur-Léon-Bernard.

Une allée permet de faire le tour de la butte au cœur d'un parc en bandeau : vous aurez une **vue** panoramique sur tout l'ouest parisien. Au niveau du cimetière de Nanterre, se trouve un chemin agrémenté d'un parcours sportif.

Musée d'Histoire urbaine et sociale

Derrière l'hôpital Foch, qui se trouve au pied de la gare - 1 pl. de la Gare de Suresnes-Longchamp - ✆ 01 41 18 37 37 - www.webmuseo.com/ws/musee-suresnes - ♿ - 14h-18h - fermé lun.-mar. - 4 € (-26 ans gratuit).

Ce musée retrace l'évolution de la ville d'un point de vue architectural, urbain, social, culturel et industriel. Il possède notamment une collection de flacons Lalique réalisés pour le parfumeur Coty qui avait implanté son industrie à Suresnes en 1905. Le musée a mis aussi en place un parcours-découverte de la ville avec 21 panneaux explicatifs sur 9 sites emblématiques de Suresnes.

1

Nos adresses

Restauration

Pour se faire plaisir

Les Petits Princes – *26 r. du Val-d'Or - ✆ 01 41 47 87 61 - www.petits-princes.fr - fermé dim. et lun. - formule 22 €, menus 39/50 € - plat 20/42 €.* C'est une jolie petite maison d'angle, sise non loin du tram T2, que vous remarquerez à sa façade peinte. Ici, on concocte une cuisine actuelle, déclinée sous forme d'un menu-carte, et élaborée par un chef au beau parcours. À noter, sur l'arrière, une cour/terrasse avec verdure.

Au Père Lapin – *10 r. du Calvaire - ✆ 01 45 06 72 89 - www.auperelapin.com - fermé dim. soir - plats 21/48 €.* Cette ancienne guinguette s'est reconvertie en un restaurant branché. Sa terrasse arborée reste un endroit très agréable, face au cimetière du Mont-Valérien. La vue sur la tour Eiffel est très prisée! Bonne cuisine inventive.

Shopping

Le Grand Comptoir – *4 r. Pagès - à proximité des quais - ✆ 01 42 04 11 00 - www.legrandcomptoir.com - fermé lun.* L'un des premiers concept stores de France qui, depuis de nombreuses années, présente des vêtements chic pour hommes, femmes et enfants, mais aussi des objets, de l'ameublement, dans un style chic, classique et design... à des prix très abordables. On trouve toujours quelque chose à acheter!

Le cimetière américain du Mont Valérien.
timsimages/Alamy/hemis.fr

21 La Défense ★★

et l'île de Puteaux

Prolongeant la perspective de l'axe historique qui va du Louvre à la Grande Arche, La Défense s'est construite depuis un demi-siècle selon des visions futuristes. Vitrine de l'architecture contemporaine, ce quartier tourné vers l'avenir est devenu un pôle économique international, un musée en plein air et une scène de la création artistique.

Se repérer

CARTE AB1 (P. 30-31) - PLAN DE LA DÉFENSE (P. 144-145).

Hauts-de-Seine (92)

À 1 km de la porte Maillot par l'avenue Charles-de-Gaulle.

M Esplanade-de-la-Défense ou La Défense-Grande-Arche.

RER A La Défense- Grande-Arche.

Tramway T2 La Défense. Vélos en libre-service (à proximité) : Vélib' à Puteaux ou Pont-de-Neuilly.

En famille

Une balade à vélo ou en trottinette sur le parvis, vaste espace sans voitures ; Naturoscope ; le parc André-Malraux.

Carnet pratique p. 149

Nos adresses p. 150

Se promener

PLAN P. 144-145

Sur l'Esplanade, quartier piétonnier entre la Seine et la Grande Arche, seuls les vélos et les rollers font concurrence aux piétons. C'est l'occasion d'une formidable **promenade**★★, au départ de l'Arche, à la découverte de l'architecture et des sculptures contemporaines. Sur la place Carpeaux, où seront situées les **tours Sisters**, imaginées par Christian de Portzamparc (livraison prévue en 2027), le *Pouce* **(1)** de César donne le signal du départ pour aller se faufiler entre une trentaine d'*Utsurohi* **(2)**, colonnes reliées par des fils en acier et conçues par l'artiste japonaise Aiko Miyawaki.

Un petit détour par la passerelle surplombant le boulevard circulaire, vers le faubourg de l'Arche et son pôle universitaire Léonard de Vinci, permet d'apercevoir au loin le monumental *Colosse* **(3)** du Polonais Igor Mitoraj.

Quartier des affaires

À moins de 1 km de Paris, le quartier couvre 160 ha et a un pied dans les communes de Puteaux, Courbevoie et Nanterre. Depuis 1964, 67 tours ont germé puis grandi, accueillant quelque 1 500 sièges sociaux. C'est le 1er quartier d'affaires d'Europe et le 4e mondial, accueillant 180 000 salariés mais aussi 45 000 étudiants et 42 000 habitants. Les 11 secteurs du découpage originel ont été remplacés par cinq grandes zones : l'Arche nord, l'Arche ouest, l'Arche sud, l'Esplanade nord et l'Esplanade sud. La dalle piétonne occupe, à elle seule, 31 ha.

La Défense : une constante mutation

Un urbanisme audacieux

Née en même temps que la Vᵉ République, La Défense se profile en 1958 aux confins de Courbevoie, Nanterre et Puteaux, sur un espace autour du **Centre national des industries et techniques** (CNIT), alors tout juste inauguré, et où se mêlent encore jardins maraîchers, petits commerces, usines, friches industrielles et habitat vétuste. Les premières tours s'élèvent au début des années 1960 (certaines ont déjà disparu, tel l'immeuble Esso qui a laissé sa place à la silhouette découpée du Cœur Défense) sur une dalle de béton longue de plus d'un kilomètre. La circulation automobile, les transports en commun, le stationnement et la desserte des immeubles ont lieu en souterrain. En 1970, la **ligne A du RER** met La Défense à 5mn du cœur de Paris, et les tours de la seconde génération atteignent 200 m de haut (GAN-CB21, FIAT, devenue Framatome). En 1981, **Les Quatre Temps** devient le plus grand centre commercial d'Europe. Le parti pris d'un **parvis** magnifié par la présence de la **Grande Arche** (1989) et d'une **Esplanade**, avec ses espaces piétonniers, reste aujourd'hui la seule opération aboutie d'un urbanisme de dalle dans le monde. Cafés, restaurants, cinémas, hôtels, escaliers mécaniques, ascenseurs, usines de ventilation, WiFi sur tous les espaces publics... améliorent au fil des ans ce site aux nombreuses tours imaginées par des architectes de renom. Aujourd'hui, il héberge 3 600 entreprises (1 500 sièges sociaux) ; 180 000 salariés y travaillent, 500 000 passagers y transitent chaque jour, 42 000 y habitent et 45 000 y étudient... parmi 73 sculptures contemporaines et monumentales constituant un véritable musée en plein air.

Un nouveau souffle

Près de 50 ans après sa création, le bâti de La Défense a vieilli et ne correspond plus aux standards internationaux. D'importantes restructurations sont prévues d'ici à 2030 : démolition des immeubles obsolètes, reconstruction de tours permettant d'augmenter la surface de bureaux, à l'image de la tour CB 31 Axa, désormais nommée **First**, dont la rénovation annonçait la future *skyline* de La Défense *(encadré page ci-contre)*. L'emblème de ce renouveau devait être la tour Phare de 297 m de haut, dotée d'un belvédère pour le public et d'une façade double peau assurant une ventilation naturelle optimisant les consommations d'énergie... Projet ambitieux conçu par Thom Mayne, lauréat du concours international d'architecture lancé par l'**Epadesa** (Établissement public d'aménagement La Défense-Seine-Arche), ancien EPAD, il a été annulé faute de moyens financiers. Les projets architecturaux ont néanmoins repris et les chantiers se multiplient. L'élément le plus spectaculaire sera sans doute la tour The Link (Total) qui devrait atteindre 228 m de haut. L'offre des logements doit aussi être renforcée, pour tenter un nouvel équilibre habitat/emploi, tandis que l'aménagement d'espaces verts se poursuit. Le prolongement d'Éole (ligne E du RER) à La Défense, et au-delà, vers Mantes-la-Jolie *(mise en service complète prévue pour fin 2024)*, devrait placer le site et la région de projet Seine-Arche au cœur du développement de l'Île-de-France. Des pistes cyclables, de nouvelles passerelles piétonnes et le réaménagement des boulevards circulaires faciliteront la circulation et l'accès au site.

★★ La Grande Arche

1 parvis de la Défense - ✆ 01 40 90 52 20 - www.lagrandearche.fr - 15 € (3-18 ans 7 €) - 10h-19h.

Au cœur de La Défense, cette immense arche en béton de 300 000 t et de 110 m de côté, recouverte de verre et de marbre blanc de Carrare, est due à l'architecte danois **Otto von Spreckelsen**, dont c'est l'unique œuvre en France… et posthume. L'Arche abrite des administrations et, dans la paroi nord, des bureaux privés.

Une grande phase de rénovation de l'Arche a débuté en 2015. Le granit remplace le marbre, abîmé, qui ornait la structure jusqu'alors. Ce matériau apporte une nouvelle luminosité au bâtiment. Depuis 2018, le toit est de nouveau accessible au public. Après être monté avec l'ascenseur panoramique, vous débouchez sur un belvédère avec **vue** imprenable sur Paris et Nanterre ; le pont-promenade dessert un espace d'exposition et une zone de restauration.

L'Arche, placée dans le prolongement de l'axe historique de Paris, est légèrement déviée par rapport à l'axe de La Défense, pour des raisons techniques. Elle domine le **parc André-Malraux** ; au nord, l'ancien **cimetière de Neuilly** et, au sud, celui de **Puteaux**. À l'ouest, partant d'une dalle au pied de l'Arche et s'étendant jusqu'aux tours jumelles, en forme de demi-cylindres, de la Société Générale, remarquez les **jardins de l'Arche**, un paysage conçu sur le thème des quatre éléments.

Côté nord de l'Esplanade

CNIT

Le Centre des nouvelles industries et technologies, construit en 1958 par les architectes Jean de Mailly, Robert Camelot et Bernard Zehrfuss, est remarquable tant par ses dimensions (80 000 m² de surface couverte) que par la hardiesse de sa conception : record du monde en matière de portée (218 m). La voûte en voile de béton, en forme de coquille renversée, ne repose que sur trois points d'appui distants de 218 m, et la poussée horizontale qui s'exerce sur chacun d'entre eux est égale au poids de la tour Eiffel (7 500 t). En 1989, l'intérieur de l'ancien Palais de La Défense fut réaménagé en une vaste « place de village », qui forme aujourd'hui un ensemble lumineux et élégant.

Une nouvelle skyline à l'horizon

Véritables sculptures issues de l'imagination d'architectes de renom, les tours se multiplient un peu partout dans le monde, et contribuent au prestige des sites où elles sont érigées. Si l'Europe n'a jamais eu la fièvre des gratte-ciel, les capitales économiques deviennent friandes de projets qui attirent les grandes multinationales. Après Londres (avec sa tour The Shard de 310 m de haut en forme de pic à glace conçue par Renzo Piano et inaugurée en 2012) ou Barcelone (avec, depuis 2005, la tour Glòries (ex-Agbar) de Jean Nouvel), La Défense se dote elle aussi de tours « quatrième génération » qui répondront aux critères de développement durable et d'économie d'énergie, comme le Prætorium inauguré en 2009, Carpe Diem de Robert Stern livrée en 2013, et la tour Majunga (2014). Les difficultés économiques au sein du quartier d'affaires semblent oubliées devant le nombre de chantiers. L'hôtel Meliá, de Vasconi, et la tour D2, d'Anthony Béchu et Tom Sheehan, ont vu le jour en janvier 2015, la tour Trinity de Crochon-Brullmann en 2020, tandis que la tour Hekla de Jean Nouvel ou encore l'Arboretum et ses bureaux écologiques sont annoncés pour 2023.

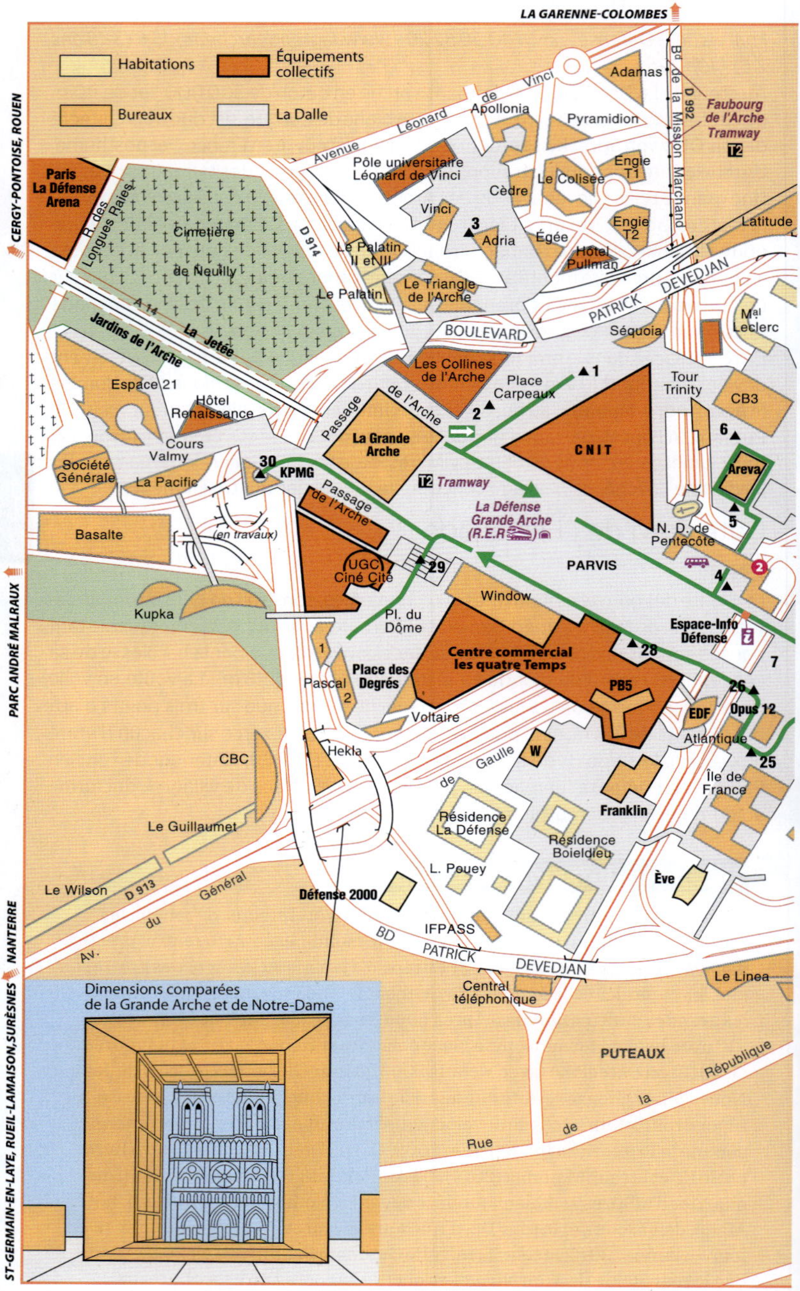
LA GARENNE-COLOMBES
CERGY-PONTOISE, ROUEN
PARC ANDRÉ MALRAUX
ST-GERMAIN-EN-LAYE, RUEIL-LAMAISON, SURESNES NANTERRE
Habitations
Équipements collectifs
Bureaux
La Dalle
Paris La Défense Arena
R. des Longues Raies
Cimetière de Neuilly
D 914
Avenue Léonard de Vinci
Apollonia
Adamas
Bd de la Mission Marchand
D 992
Faubourg de l'Arche Tramway
Pyramidion
Pôle universitaire Léonard de Vinci
Cèdre
Le Colisée
Engie T1
Engie T2
Vinci
Adria
Égée
Hôtel Pullman
Latitude
Le Palatin II et III
Le Palatin
Le Triangle de l'Arche
BOULEVARD
PATRICK DEVEDJAN
Séquoia
Mal Leclerc
A 14
La Jetée
Jardins de l'Arche
Espace 21
Hôtel Renaissance
Les Collines de l'Arche
Place Carpeaux
Tour Trinity
CB3
Passage de l'Arche
La Grande Arche
CNIT
Cours Valmy
Société Générale
La Pacific
KPMG
Tramway
La Défense Grande Arche (R.E.R.)
Areva
Basalte
(en travaux)
UGC Ciné Cité
N. D. de Pentecôte
PARVIS
Window
Kupka
Pl. du Dôme
Espace-Info Défense
Centre commercial les quatre Temps
PB5
Pascal
Place des Degrés
Voltaire
EDF
Opus 12
Atlantique
CBC
Hekla
W
de Gaulle
Île de France
Franklin
Le Guillaumet
Résidence La Défense
Résidence Boieldieu
L. Pouey
Ève
Le Wilson
D 913
Av. du Général
Défense 2000
IFPASS
BD PATRICK DEVEDJAN
Central téléphonique
Le Linea
PUTEAUX
Rue de la République
Dimensions comparées de la Grande Arche et de Notre-Dame

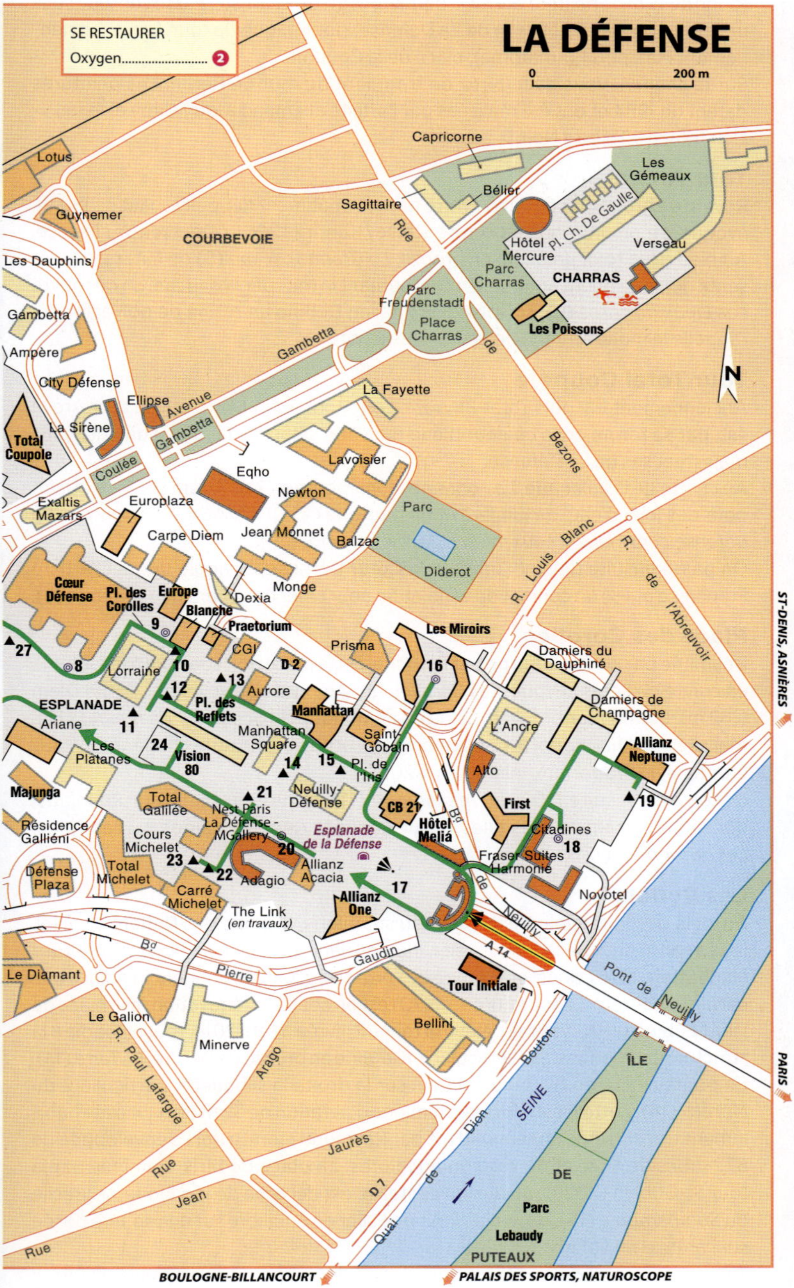
LA DÉFENSE
SE RESTAURER
Oxygen........................ 2
0
200 m
N
COURBEVOIE
CHARRAS
ESPLANADE
Esplanade de la Défense
Lotus
Guynemer
Les Dauphins
Gambetta
Ampère
City Défense
Total Coupole
La Sirène
Ellipse
Avenue Gambetta
Coulée
Exaltis Mazars
Europlaza
Carpe Diem
Eqho
Newton
Jean Monnet
Lavoisier
Balzac
Parc Diderot
La Fayette
Capricorne
Sagittaire
Bélier
Les Gémeaux
Pl. Ch. De Gaulle
Hôtel Mercure
Verseau
Parc Charras
Les Poissons
Parc Freudenstadt
Place Charras
Rue de Bezons
R. Louis Blanc
R. de l'Abreuvoir
Cœur Défense
Pl. des Corolles
Europe
Blanche
Dexia
Monge
Praetorium
CGI
Lorraine
Prisma
D 2
Les Miroirs
Damiers du Dauphiné
Damiers de Champagne
L'Ancre
Allianz Neptune
Aurore
Manhattan
Manhattan Square
Saint-Gobain
Pl. de l'Iris
Pl. des Reflets
Ariane
Les Platanes
Vision 80
Majunga
Total Galilée
Nest Paris La Défense - MGallery
Neuilly-Défense
CB 21
Hôtel Meliá
Alto
First
Citadines
Fraser Suites Harmonie
Novotel
Résidence Galliéni
Défense Plaza
Cours Michelet
Total Michelet
Carré Michelet
Adagio
Allianz Acacia
Allianz One
The Link (en travaux)
Bd de Neuilly
A 14
Tour Initiale
Bd Pierre Gaudin
Le Diamant
Le Galion
Minerve
Bellini
Arago
R. Paul Lafargue
Rue Jean Jaurès
Rue
D 7
Quai de Dion Bouton
SEINE
Pont de Neuilly
ÎLE DE PUTEAUX
Parc Lebaudy
8 9 10 11 12 13 14 15 16 17 18 19 20 21 22 23 24 27
ST-DENIS, ASNIÈRES
PARIS
BOULOGNE-BILLANCOURT
PALAIS DES SPORTS, NATUROSCOPE

Gagnez le **parvis** sur lequel trône la fameuse *Araignée rouge* de Calder **(4)**, stabile rouge de 15 m de hauteur qui fut la dernière œuvre de l'artiste. Passez ensuite sous un immeuble bas (la Maison de La Défense) pour gagner la tour Areva (anciennement Fiat, puis Framatome), place de la Coupole.
Sur le chemin, vous découvrez un fragment du mur de Berlin. Les peintures datent de 1984 et ont été réalisées par l'artiste allemand Kiddy Citny et le musicien français Thierry Noir.

Tour Areva

Revêtu de granit noir poli et de verre fumé, ce bâtiment dépouillé, haut de 180 m, évoque le monolithe noir du film de Stanley Kubrick : *2001, l'Odyssée de l'Espace*. Au pied de la tour, un buste en bronze, *Le Grand Toscano* **(5)** de Mitoraj, représente quelque géant antique. En contournant la tour par la gauche, on découvre *Les Lieux du corps* **(6)**, sculpture de l'Italien Delfino en résine de polyester qui rappelle le monde imagé de la science-fiction.

Tour Total Coupole

Anciennement Elf, puis Total-Fina-Elf, cette tour aussi haute que la tour Areva est, par sa forme et sa couleur bleue qui varie selon l'éclairage, l'une des plus majestueuses de La Défense.
Au centre de l'esplanade, *La Fontaine monumentale* (**7**) d'Agam (1977) s'éclaire pour des jeux d'eau, de lumière et de musique (*✆ 01 47 74 84 24 - www.parisladefense.com - jeux d'eaux muets 12h-15h, w.-end 16h-18h).*
On passe ensuite devant l'immeuble **Cœur Défense**, à l'angle duquel l'artiste François a utilisé un conduit de ventilation pour créer une cheminée végétale **(8)**.

Place des Corolles

Délimitée par les **tours Europe** et **Blanche**, cette place doit son nom à la fontaine en cuivre de Louis Leygue, *Les Corolles* **(9)**. Au nord s'élève la tour Carpe Diem (162 m). Sur un mur bas, la fresque en céramique du *Sculpteur de nuages* **(10)**, réalisée par Atila, apporte dans ce paysage artificiel une note chimérique. Vous êtes face au Prætorium, inauguré en 2009.
Découvrez ensuite *L'Oiseau mécanique* **(11)**, œuvre du sculpteur Philolaos, qui replie ses immenses ailes d'acier devant deux fontaines mécaniques, *Les Nymphéas* **(12)**.

Les Reflets

Au-delà de l'immeuble **Vision 80**, bâti sur pilotis, la **place des Reflets** offre les jeux changeants de la lumière se reflétant dans les vitres de l'imposante **tour Manhattan** (1975), dont l'enveloppe de verre et les courbes donnent à l'édifice une certaine légèreté. La tour Aurore (1970) est en cours de rénovation ; à la place de l'immeuble Bureau Veritas s'élève la tour D2, livrée à l'été 2014, tour arrondie à la structure en losanges. Sur cette place, allégorie en bronze de Derbré, *La Terre* **(13)**. En poursuivant, on distingue au loin sur la droite la silhouette particulière du *Moretti* **(14)** ; cette inesthétique cheminée d'aération de 32 m de haut a été habilement transformée en œuvre d'art par Raymond Moretti qui l'a enveloppée de 672 tubes de fibre et de verre multicolores. La **place de l'Iris**, dominée par la tour St-Gobain (2020), au design cristallin, est décorée de la silhouette gracile du *Somnambule* **(15)**, œuvre d'Henri de Miller en équilibre sur une sphère posée sur l'arête d'un volume cubique.
Tournez à gauche devant la tour CB 21, ex-GAN, aux parois vert foncé en forme de croix grecque.

L'esplanade du quartier d'affaires de La Défense.
MileA/Getty Images Plus

1

Les Miroirs

Premier immeuble de bureaux de la troisième génération (1981), cet ensemble dû à Henri La Fonta est composé de huit corps de bâtiments qui s'articulent, tel un paravent, sur une cour intérieure. En son centre, des cylindres décorés par Deverne émergent d'un bassin et forment la *Mosaïque* **(16).**
Du patio des Miroirs, vous apercevez au loin le **quartier Charras** et sa **tour Les Poissons**.

Bassin Takis (17)

De retour à l'Esplanade, découvrez ce joli miroir d'eau animé par 49 signaux métalliques lumineux et flexibles, placés à des hauteurs variables. De là, perspective intéressante sur l'Arche, l'Arc de Triomphe, la tour Montparnasse et la tour Eiffel. Vous longez le bâtiment de l'**hôtel Meliá**.
Tournez à gauche et remarquez en passant, sur votre gauche, la curieuse **tour First**, ex-**CB 31 Axa**, en forme d'étoile à trois branches, de Pierre Dufau : cet édifice a été surélevé à 231 m et surmonté d'une flèche torsadée.
Au square Vivaldi, *Fontaine du dialogue* **(18)** de Busato composée de deux personnages en bronze.
Sur la place Napoléon-Ier, au pied de la tour **Allianz-Neptune**, un monument en forme de croix de la Légion d'honneur intitulé *Du retour des cendres de Napoléon* **(19)** commémore le retour des cendres de l'Empereur, débarquées à Courbevoie en 1840 pour reposer une nuit, selon le vœu de l'exilé, « sur les bords de la Seine ». L'Aigle impérial qui orne le monument proviendrait des grilles des Tuileries.
Rebroussez chemin et revenez vers le bassin Takis.

Tour Initiale

Première de La Défense à atteindre 100 m de hauteur (1967), l'ancienne tour Nobel possède une façade de couleur bleu-vert, alliant la finesse des armatures métalliques à la transparence des parois de verre.

Côté sud de l'Esplanade

Remarquez sur votre gauche la **tour Allianz One**, de forme triangulaire. En continuant votre chemin, vous apercevrez une fontaine à boire en forme de *Grenouille* **(20)**, de Torricini, puis le bas-relief en bronze *Ophélie* **(21)**, du sculpteur catalan Fenosa.

Contournez l'hôtel Nest Paris La Défense - MGallery sur la gauche afin de voir à gauche une sculpture en acier peint de 14 m de haut, *Doubles Lignes indéterminées* **(22)**, de l'artiste Venet et, plus loin à droite, dominant le cours Michelet, une sculpture de Jakober intitulée *BC1* **(23)** : des fers roulés, soudés entre eux, rappellent un casque de footballeur américain.

De retour sur l'Esplanade, poursuivez à gauche et longez l'immeuble Total Galilée (actuellement abandonné). La petite place composée de 35 jardinières ornées de visages et de mains enlacées est l'œuvre du Polonais Selinger, *La Danse* **(24)**.

Entre la **tour Opus 12**, siège social de l'Epadesa, et la tour Atlantique, remarquez *Dame Lune* **(25)**, une fine sculpture en marbre blanc du sculpteur d'origine argentine Julio Silva. Profitez-en alors pour regarder la perspective alentour : vous distinguerez au loin à gauche la **tour Ève**, reconnaissable à sa silhouette en forme d'ellipse qui se dresse au sud du quartier Villon, et, plus loin encore, vers la droite, la tour **Défense 2000**, au profil évasé vers le bas. Remarquez aussi, plus proches, les tours **Franklin** (deux blocs imbriqués) et **W** qui dressent leur masse puissante, à demi cachée par la tour **PB5** en forme de tripode.

Finissez de contourner Opus 12, et vous apercevrez au pied de la tour, sur l'Esplanade, une sculpture du Coréen Lim Dong-Lak, *Les Totems poétiques* **(26)**, en Inox, acier et bronze, qui révèle un miroir sphérique d'où émerge un végétal aux courbes harmonieuses.

Au beau milieu de l'Esplanade, remarquez l'incontournable statue en bronze de Barrias, *La Défense de Paris* **(27)**, qui trône au pied de *La Fontaine* d'Agam, à l'ombre de la **tour EDF** (1999) dessinée par I. M. Pei, architecte de la pyramide du Louvre. Cette statue immortalise la défense de Paris contre les Prussiens en 1871 : un échec sanglant, mais un acte de bravoure qui justifia, en 1883, le nom de La Défense au rond-point de Courbevoie où elle fut érigée avant d'être déplacée au milieu des tours en 1983.

Devant le **centre commercial Westfield Les Quatre Temps** se dresse une sculpture de Joan Miró, *Personnages fantastiques* **(28)**, composée de deux facétieux géants aux couleurs vives. Prenez **L'Escalier (29)** de Kowalski, à gauche de l'immeuble Window. Jetez à droite un coup d'œil sur la sphère de l'ancien Dôme Imax (1992), devenu un multiplex, et gagnez la **place des Degrés**, elle aussi due à Kowalski qui a su créer ici un environnement spatial de qualité.

Revenez sur l'Esplanade, et longez le passage de l'Arche par le cours Valmy vers la tour Europlaza (KPMG), en arc de cercle, formant un écrin de verre pour *Tindaro* **(30)**, tête monumentale de Mitoraj.

Finissez votre promenade en contrebas de l'Arche, pour découvrir les **jardins de l'Arche** et la **jetée** devant relier à terme le parc du Chemin-de-l'Île (Nanterre) ; le tout constitue avec les **Terrasses** un vaste espace vert renouant avec la perspective historique. Le **Paris La Défense Arena**, stade de rugby du Racing 92 construit près des Jardins, a ouvert ses portes en 2017. C'est également la plus grande salle de spectacle d'Île-de-France, avec 40 000 places.

À proximité

L'île de Puteaux B2

À 3 km de la porte Maillot en contournant le bois de Boulogne. Accès depuis Neuilly-sur-Seine M Pont-de-Neuilly, puis bus 93 ou 157 arrêt Pont-de-Puteaux (ou 20mn à pied) ; depuis La Défense par Puteaux M Esplanade-de-la-Défense, puis 20mn à pied en longeant le quai de Dion-Bouton.

Cette île de la Seine, située entre les communes de Puteaux et de Neuilly-sur-Seine, est accessible par le pont de Puteaux. Avec ses six terrains de football, 24 courts de tennis, son practice de golf et ses piscines, c'est le paradis des sportifs et des promeneurs du dimanche.

Naturoscope – *01 46 92 75 40 - www.puteaux.fr - - merc. 10h-12h, 14h-17h, w.-end 14h30-18h (sept.-mars 2e w.-end du mois seult) ; vac. scol. (zone C) : 10h-12h, 14h-17h, w.-end 14h30-18h - fermé de mi-juil. à déb. sept. - gratuit.* La mission du Naturoscope est de sensibiliser le grand public à l'environnement et au développement durable. Il organise des expositions, des visites guidées et des randonnées nature. Il dispose d'une salle de projection et d'aquariums d'eau douce présentant la faune aquatique de la région parisienne.

Palais des Sports – *01 46 25 03 70 - horaires sur www.puteaux.fr.* Ce complexe dispose d'une piscine, d'un espace détente, de salles de musculation, de boxe et de danse. Il est la première des nombreuses installations sportives que vous rencontrerez sur l'île. Suivent des salles de basket, de tennis, des terrains de football et de rugby.

Parc Lebaudy – *juin-sept. : 9h-20h ; oct.-mai : 9h-19h - gratuit.* Ce parc est un site classé. Lieu de détente et d'émerveillement botanique en plein cœur de l'île, il accueille une **roseraie** qui compte plus de 1200 rosiers pour 200 variétés de fleurs. Le parterre est composé de personnalités ou de lieux célèbres comme Victor Hugo, Caroline de Monaco, Jacques Prévert, Charles de Gaulle ou la Rose de Puteaux. Après la roseraie, un élégant kiosque en pierre domine le parc, puis vient un parcours de santé… Avis aux amateurs de remise en forme ! La promenade s'arrête ici. En sortant du parc Lebaudy, vous quittez Puteaux pour Neuilly-sur-Seine.

1

Carnet pratique

S'informer

Office de tourisme – *15 pl. du Parvis-de-la-Défense - 01 47 74 84 24 - www.ladefense.fr.*

Visite guidée – Téléchargez sur le site de l'office de tourisme l'audioguide pour vous guider dans votre visite.

Agenda

La Défense Jazz Festival – *Mi-juin - grande scène du parvis - 01 47 29 30 48 - ladefensejazzfestival.hauts-de-seine.fr - gratuit.* Dix jours dédiés au jazz, au blues et à leurs dérivés.

Les Extatiques – *Fin juin-déb. oct. - extatiques.fr.* Parcours artistique en plein air, original et ludique. Il se poursuit sur le site de La Seine musicale à Boulogne-Billancourt (p. 124).

Nos adresses

PLAN P. 144-145

Restauration

Pour déjeuner sur le pouce, des **food trucks** sont présents du lundi au vendredi, près de la Grande Arche, sur le Parvis et sur le cours Valmy. Au menu, cuisines du monde.

2 **Oxygen** – *1/2 esplanade de La Défense - www.oxygen-ladefense.fr.* Un nouveau lieu hybride a ouvert ses portes à l'entrée de La Défense (face au pont de Neuilly). Il regroupe plusieurs enseignes de restauration rapide inédites, une brasserie, une pizzeria et un bar à cocktails. Des événements sont aussi organisés toute l'année.

À proximité

Pour se faire plaisir

Saperlipopette ! – *24 r. Mars et Roty - Puteaux - 01 41 37 00 00 - www.saperlipopette1.fr - tlj - menu 39,90 €, plat 27/35 €.* Cette ancienne brasserie a subi un sacré lifting, devenant un restaurant chaleureux et branché, sous la houlette experte de l'équipe de l'Escargot 1903, Macaille etc. La cuisine, façon bistrot chic – côte de bœuf et quasi de veau sont toujours à l'ardoise – est généreuse et bien tournée. Service stylé et attentionné.

Cabane – *8 r. du Docteur-Foucault - Nanterre - 01 47 25 22 51 - www.cabanerestaurant.com - fermé lun. et dim. - menu déj. 29 €, menu 39 €.* Pour une première affaire, c'est un coup de maître. Le jeune chef Jean-François Bury au parcours solide (George V et Shangri-La), ancien de Top Chef 2017, fait souffler sur Nanterre un vent de bistronomie des plus agréables au travers d'un menu-carte aux recettes modernes et aux assiettes généreuses. Tout est maîtrisé, on se régale.

Shopping

Les Quatre Temps – *Accès par l'esplanade, les parkings ou le métro-RER - 01 47 73 54 44 - fr.westfield.com/les4temps - lun.-sam. 10h-20h30, dim. 10h-20h.* Véritable point névralgique de La Défense, Les Quatre Temps est, avec ses 250 enseignes, l'un des plus grands centres commerciaux d'Europe. Pas moins de 100 000 visiteurs s'y croisent chaque jour.

Activités

Parc André-Malraux – *39 av. Pablo-Picasso - Nanterre - 06 64 40 56 56 - Vous pouvez y accéder à pied depuis La Défense par la passerelle du Couchant (entre le Dôme et l'Arche).* Dans la plaine de Nanterre, ce parc paysager de 25 ha comprend un jardin botanique et un jardin de roses. Le parc est très apprécié des pêcheurs (étang de 2 ha) et des sportifs (mur d'escalade en accès libre de mai à sept. les w.-end, de 14h à 17h).

22 Neuilly-sur-Seine

et l'île de la Grande-Jatte

Neuilly fait figure d'enclave privilégiée dans la banlieue parisienne. La tranquillité de ses rues verdoyantes permet de sympathiques promenades pour découvrir un patrimoine architectural varié et parfois surprenant. Quant à l'île de la Grande-Jatte, les impressionnistes aimaient en leur temps venir y peindre. La beauté de l'île et son calme attirent encore les promeneurs, pour les espaces verts ou pour une balade parmi les élégants pavillons.

L'île de la Grande-Jatte, peinte en 1873 par Alfred Sisley (musée d'Orsay).
J.-E. Bulloz/De Agostini Editore/age fotostock

Se repérer

CARTE B1 (P. 30-31) - PLAN DE NEUILLY-SUR-SEINE (P. 152-153).

59999 habitants – Hauts-de-Seine (92)
À 1,5 km de la porte Maillot par l'avenue Charles-de-Gaulle.
M Les Sablons.
Vélos en libre-service : Vélib'.

En famille

La Maison de la pêche et de la nature, sur l'île de la Grande-Jatte ; le centre aquatique à Bois-Colombes.

Nos adresses p. 158

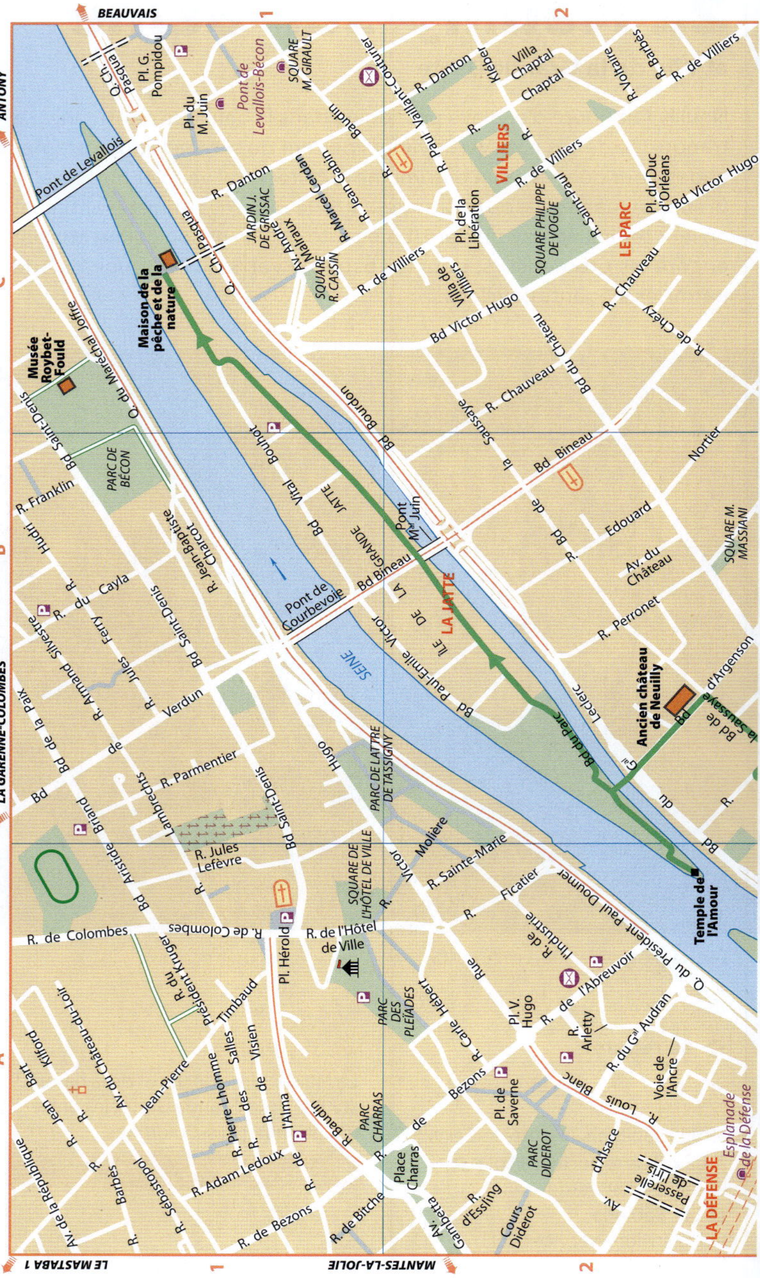
BEAUVAIS
ANTONY
LA GARENNE-COLOMBES
LE MASTABA 1
MANTES-LA-JOLIE
Maison de la pêche et de la nature
Musée Roybet-Fould
Ancien château de Neuilly
Temple de l'Amour
Pont de Levallois
Pont de Courbevoie
Pont Mal Juin
Pont de Levallois-Bécon
SEINE
ÎLE DE LA GRANDE JATTE
LA JATTE
VILLIERS
LE PARC
LA DÉFENSE
Esplanade de la Défense
PARC DE BÉCON
PARC DE LATTRE DE TASSIGNY
SQUARE DE L'HÔTEL DE VILLE
PARC DES PLÉIADES
PARC CHARRAS
PARC DIDEROT
SQUARE PHILIPPE DE VOGÜÉ
SQUARE M. MASSIANI
SQUARE R. CASSIN
JARDIN J. DE GRISSAC
SQUARE M. GIRAULT

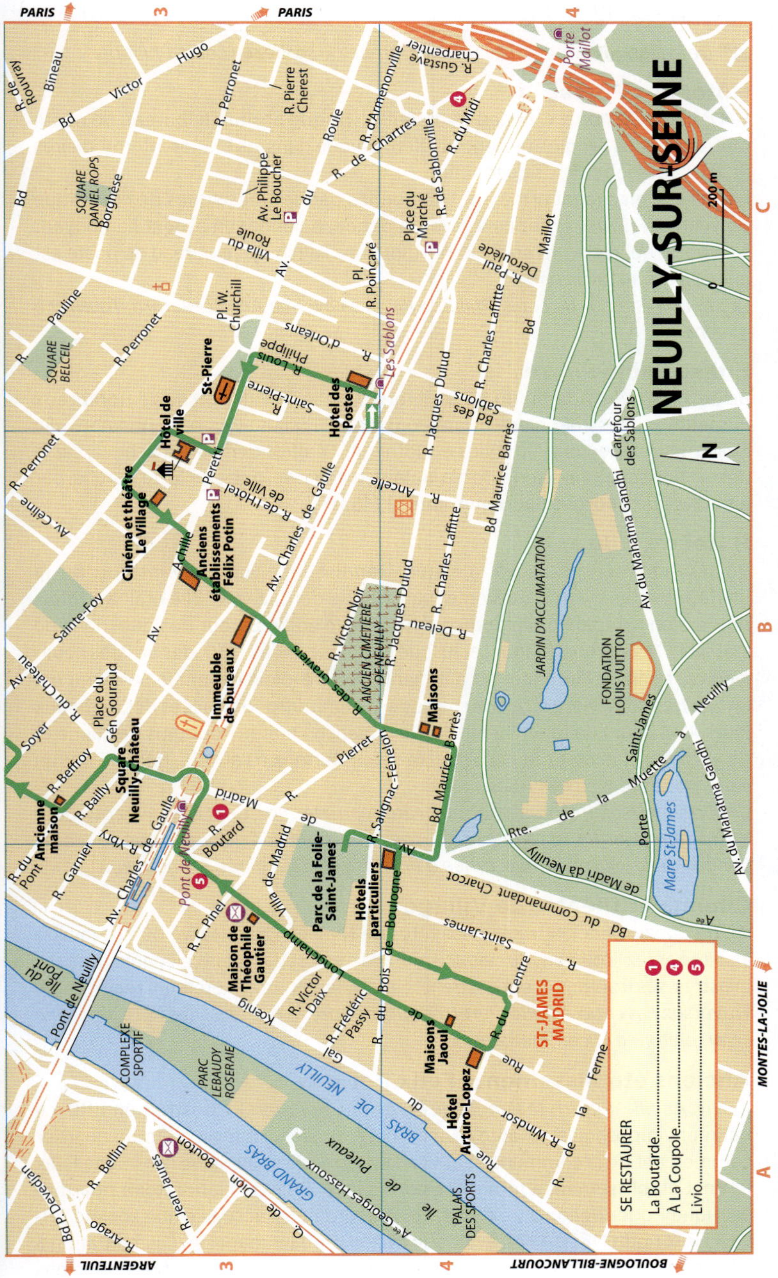
NEUILLY-SUR-SEINE
SE RESTAURER
La Boutarde 1
À La Coupole 4
Livio 5
PARIS
ARGENTEUIL
BOULOGNE-BILLANCOURT
MONTES-LA-JOLIE
Ancienne maison
Square Neuilly-Château
Cinéma et théâtre Le Village
Hôtel de ville
St-Pierre
Hôtel des Postes
Anciens établissements Félix Potin
Immeuble de bureaux
Maisons
Hôtels particuliers
Parc de la Folie-Saint-James
Maison de Théophile Gautier
Maisons Jaoul
Hôtel Arturo-Lopez
ST-JAMES MADRID
ANCIEN CIMETIÈRE DE NEUILLY
JARDIN D'ACCLIMATATION
FONDATION LOUIS VUITTON
Mare St-James
Carrefour des Sablons
Porte Maillot
Les Sablons
Pont de Neuilly
SQUARE BELCEIL
SQUARE DANIEL ROPS
COMPLEXE SPORTIF
PARC LEBAUDY ROSERAIE
PALAIS DES SPORTS
GRAND BRAS
BRAS DE NEUILLY
Île du Pont
Île de Puteaux
Av. Charles de Gaulle
Bd Maurice Barrès
Bd du Commandant Charcot
Bd Victor Hugo
Bd Bineau
Bd Maillot
Bd des Sablons
R. Perronet
R. Charles Laffitte
R. Jacques Dulud
R. des Graviers
Bd du Bois de Boulogne
Bd de la Saussaye
R. de Chartres
Av. du Roule
R. de Longchamp
R. du Château
Av. Sainte-Foy
Av. Achille Peretti
R. Madrid
R. Boutard
R. Beffroy
R. Bailly
R. Garnier
R. Pierret
R. Delabordère
R. Ancelle
R. Louis Philippe
R. d'Orléans
Pl. W. Churchill
Place du Marché
R. de Sablonville
R. du Midi
R. Pierre Cherest
Av. Philippe Le Boucher
Villa du Roule
R. Paul Déroulède
R. Saint-Pierre
R. de l'Hôtel de Ville
R. Victor Noir
R. Deleau
R. Salignac-Fénelon
R. de la Ferme
R. Windsor
R. du Centre
R. Saint-James
Av. du Mahatma Gandhi
Rte. de la Porte Saint-James
R. C. Pinel
R. Victor Daix
R. Frédéric Passy
Villa de Madrid
R. Bellini
R. Arago
R. Jean Jaurès
Q. de Dion Bouton
Bd P. Devedjan
Allée Georges Hassoux
200 m
A
B
C
3
4
N

Se promener

PLAN P. 152-153

De la station de métro Les Sablons, prenez la sortie rue Louis-Philippe.

Hôtel des Postes C3

2-4 r. Louis-Philippe. Ce beau bâtiment de brique abritait le bureau de poste (autrefois dans l'angle), un central téléphonique dans les étages intermédiaires et, au 5e, des logements de fonction.

Les piliers, en ciment armé, sont camouflés par des mosaïques de céramique polychrome. Elles contribuent, avec la brique, à donner un aspect flamboyant à l'édifice, qui reste un repère important dans l'avenue. Le bureau de poste est aujourd'hui installé au n° 4.

Continuez dans la rue Louis-Philippe jusqu'à l'avenue Achille-Peretti. Tournez à gauche.

Église Saint-Pierre C3

90 av. du Roule. À la fin du 19e s., le quartier se développa et de nombreux immeubles haussmanniens furent construits. Il fallut alors bâtir une nouvelle église dans ce secteur. De style néogothique, l'édifice demeure inachevé, car la décoration sculptée extérieure n'a jamais été réalisée, outre celle du porche, par les élèves de **Georges Saupique**, après 1945.

Hôtel de ville B3

96 av. Achille-Peretti. Édifice néo-Renaissance, caractéristique de la IIIe République, c'est la troisième mairie bâtie dans la ville. Elle était autrefois dotée d'un campanile en fonte, qui fut enlevé en 1978 pour des questions de stabilité. Dès sa construction, et jusque dans les années 1930, des artistes neuilléens ont décoré l'intérieur du bâtiment. Le terre-plein devant le bâtiment est un lieu très convivial grâce aux chaises « Luxembourg » installées dès les beaux jours. Des cours de taï-chi y ont lieu le dimanche matin. Pour plus de calme et de verdure, choisissez le petit square Jean-Mermoz à l'arrière, dominé par un superbe cèdre bleu de l'Atlas.

En sortant du square, prenez le boulevard Jean-Mermoz, dont vous avez pu voir le buste dans le jardin, et tournez à gauche dans la rue de Chézy, marquée à l'angle par une belle villa en brique, ornée d'une frise de céramique Art nouveau.

Cinéma et théâtre Le Village B3

4 r. de Chézy. L'ancienne salle des fêtes de Neuilly n'a conservé que sa façade inspirée assez librement du classicisme. Elle n'en est pas moins élégante avec ses pilastres, ses frontons et ses bas-reliefs. L'intérieur a été entièrement réaménagé.

Traversez l'avenue Achille-Peretti pour prendre la rue des Huissiers, une voie semi- piétonne et commerçante.

Anciens établissements Félix Potin B3

159 av. Achille-Peretti (à l'angle de la rue des Huissiers). Construit en 1910, ce bâtiment imposant, surmonté d'un dôme, était alors situé au cœur du quartier commerçant de la commune et abritait une grande épicerie de l'enseigne Félix Potin. L'établissement a fermé ses portes vers 1945 et le laboratoire pharmaceutique Roger Bellon s'y est installé. Aujourd'hui, il accueille une société privée. Félix Potin (1820-1871) avait ouvert son premier magasin d'alimentation à Paris en 1844, à l'âge de 24 ans. Il avait fait fortune en appliquant des principes modernes de commerce : vente au juste poids, affichage des prix, produits de qualité et marges réduites.

Continuez dans la rue des Huissiers jusqu'au croisement avec l'avenue Charles-de-Gaulle.

★ Immeuble de bureaux B3

136 av. Charles-de-Gaulle. Construit en 1974 pour le groupe **Havas**, alors la plus importante agence de publicité en Europe, l'immeuble se devait d'avoir une image forte. Pari réussi, puisque le bâtiment marque toujours autant l'avenue, avec son cylindre vitré, inséré dans des poutres métalliques qui scandent l'édifice horizontalement. Côté rue des Huissiers apparaissent deux autres cylindres, qui complètent l'équilibre de la composition. Havas n'occupe aujourd'hui plus les locaux.
Traversez l'avenue en empruntant le passage souterrain. Prenez la rue des Graviers. Au n° 6bis, vous passerez devant l'ancien siège de l'*Herald Tribune*, puis longerez le vieux cimetière où est enterré Anatole France.
Continuez en direction du bois de Boulogne.

Maisons de la rue des Graviers B4

25 et 29 r. des Graviers. Au n° 25, à l'angle de la rue des Graviers et de la rue Charles-Laffitte se dresse une grande villa néo-normande à colombages, coiffée de toitures tourmentées. On s'attendrait davantage à la trouver sur la côte... La maison située au n° 29 est décorée de ferronneries d'inspiration sylvestre : arbres, oiseaux, corbeilles de fleurs très stylisées lui donnent une physionomie inclassable. Elle abrite actuellement le consulat d'Arabie saoudite.
Le boulevard Maurice-Barrès longe le bois de Boulogne et le jardin d'Acclimatation. Vous pouvez y faire une halte, mais la prochaine étape est un parc. À vous de choisir ! Avant d'emprunter à droite l'avenue de Madrid, faites un saut à gauche jusqu'au n° 53 boulevard du Commandant-Charcot, où vit toujours la famille des célèbres scientifiques (ne se visite pas).

Parc de la Folie-Saint-James AB3

16 av. de Madrid - été : 10h-19h ; hiver : 10h-17h ou 18h - gratuit.
Le parc et la demeure sont les vestiges d'une vaste propriété qui s'étendait sur 12 ha, de la Seine au bois de Boulogne. Son commanditaire **Claude Baudard de Vaudésir**, baron de Saint-James, trésorier général de la Marine et des Colonies (1738-1787), voulait rivaliser avec le château de Bagatelle, érigé pour le comte d'Artois. Il fit donc appel, pour le parc, au même architecte, **François-Joseph Bélanger**.
Dessiné dans le style anglo-chinois alors en vogue, le jardin était ponctué d'éléments de style exotique ou romantique : temple, rocher, grotte, belvédère, pavillons chinois et gothique... Il était parcouru par une rivière agrémentée de ponts et de cascades. Il ne reste que le rocher, un petit temple, un pont et le château, de style néoclassique, sans doute conçu par l'architecte Jean-Michel Chevotet.
Les cinéphiles peuvent aller jusqu'au 11bis avenue de Madrid, où vécut le cinéaste René Clair. Retournez ensuite sur vos pas pour emprunter la rue du Bois-de-Boulogne.

Hôtels particuliers A4

4 et 6 r. du Bois-de-Boulogne. Plus attendus dans des programmes industriels ou de logements sociaux, les deux architectes **Eugène Beaudouin** et **Marcel Lods** ont édifié, en 1927, ces deux hôtels jumeaux, dont la rigueur correspond à un savant travail sur le cube. Appréciez la manière dont ils ont réussi, avec peu de moyens, à créer une composition géométrique équilibrée et inventive et tout à fait audacieuse.
Tournez rue Delabordère, puis à droite rue du Centre.

Hôtel Arturo-Lopez A4

12 r. du Centre. Ce bel hôtel Louis XVI est une authentique demeure du 20e s. Il fut construit par un passionné d'architecture et de décoration de l'Ancien Régime, Paul Rodocanachi (1871-1952), héritier d'une grande famille grecque (1903). L'hôtel fut acheté, en 1928, par un autre amoureux du passé, le Chilien Arturo Lopez-Willshaw (1900-1962), qui le remania pour abriter sa collection de meubles et d'argenterie et accueillir des fêtes mondaines.
Empruntez à droite la rue de Longchamp.

★ Maisons Jaoul A4

81 bis r. de Longchamp. Présentes dans tous les recueils d'architecture, ces deux maisons accolées, construites par **Le Corbusier** en 1955, ne se laissent entrevoir qu'au travers de la grille du portail. Adepte des murs lisses, le célèbre architecte s'est ici résolu à utiliser la brique, mariée au bois et au béton. Laissé nu, ce dernier laisse voir les formes des voûtes catalanes des couvertures. Les dimensions sont fondées sur le **modulor**, notion inventée par Le Corbusier, soit la taille d'un homme de 1,83 m.

Maison de Théophile Gautier A3

32 r. de Longchamp. Un peu isolée aujourd'hui au milieu d'immeubles récents, la maison doit sa survie à la notoriété de son hôte, Théophile Gautier, qui y habita entre 1857 et 1872. L'écrivain y recevait ses amis artistes, Alexandre Dumas, Charles Baudelaire ou encore Jules et Edmond Goncourt. C'est ici qu'il écrivit notamment *Le Capitaine Fracasse.*
Rejoignez l'avenue Charles-de-Gaulle. Sur le terre-plein, profitez de la vue splendide sur La Défense, puis prenez la rue du Château.

Square Neuilly-Château B3

Ce bel ensemble est composé de trois immeubles organisés autour d'une cour ouverte sur la rue. Cette configuration était prônée par les urbanistes du début du 20e s., car elle apportait air et lumière dans les logements, et constituait des lieux de transition entre les espaces privés et publics.
Les façades de brique rouge sont ornées de **céramique polychrome** aux motifs géométriques.
Continuez jusqu'à la place du Général-Gouraud. Vous vous trouvez dans le quartier des murs peints. Tournez rue Paul-Chatrousse.

La plus ancienne maison de Neuilly B3

Angle des rues Paul-Chatrousse et Ybry. Fortement remaniée, cette grande maison en pierre de trois niveaux agrémentée de deux étages de combles est considérée comme la doyenne de la ville. Elle fut construite, en 1754, par un cabaretier florissant qui devait sa fortune à une visite de Louis XV dans son auberge.
Au bout de la rue Ybry, au 17 rue Soyer, passez devant l'immeuble de bureaux bâti par l'architecte espagnol Ricardo Bofill, puis rejoignez le boulevard de la Saussaye jusqu'au boulevard d'Argenson que vous prenez à gauche.

Ancien château de Neuilly B2

52 bd d'Argenson. Du château construit en 1751 pour le comte d'Argenson, ministre de la Guerre de Louis XV, il ne reste aujourd'hui que l'aile droite, dite **pavillon de Mme Adélaïde**, et occupé par des religieuses. Vous ne verrez pas grand-chose par-dessus la grille, mais les explications figurant sur la borne relatent très bien la riche histoire des lieux.
Dirigez-vous vers la Seine et franchissez la passerelle pour atteindre l'île de la Grande-Jatte.

Île de la Grande-Jatte

PLAN P. 152-153

Monet, Sisley et Seurat l'ont peinte... Aujourd'hui, on peut s'y promener le long des berges, ou à la pointe aval dans un jardin au milieu duquel un **rucher** permet de se familiariser avec le monde des abeilles grâce à des panneaux.

Parcours des impressionnistes – Un itinéraire *(4 km)* autour de l'île, ponctué de 10 panneaux, permet de découvrir les toiles des plus grands peintres impressionnistes, placées à l'endroit où elles ont été réalisées.

L'île offre à sa pointe amont (commune de Neuilly) un complexe sportif. À l'extrémité se trouve un jardin public : du **temple de l'Amour** (18e s.), provenant du parc Monceau, on aperçoit les tours de La Défense.

Maison de la pêche et de la nature – *22 allée Claude-Monet - ✆ 01 47 57 17 32 - www.maisonpechenature.fr - ♿ - juil. : 14h-18h ; reste de l'année : merc. 10h-13h, 14h-18h, w.-end 13h-18h - 3,50 € (5-17 ans 2 €).* Voici un moyen de se familiariser avec les espèces piscicoles de la Seine : aquariums, nurserie pour les poissons et les écrevisses, collection retraçant l'histoire de la pêche à la ligne du début du 20e s. à nos jours... Un grand bassin permet aux enfants de caresser carpes, carassins et esturgeons. Vous pourrez aussi découvrir les joies de la pêche. Notez que l'endroit accueille par ailleurs des tortues de Floride abandonnées en Île-de-France !

1

À proximité

PLAN P. 152-153

Musée Roybet-Fould, à Courbevoie C1

À 2 km au nord de l'île.

Depuis l'île de la Grande-Jatte ou le M Pont-de-Levallois-Bécon, traversez la Seine par le pont de Levallois, puis tournez tout de suite à gauche et marchez 10mn. 178 bd St-Denis - ✆ 01 71 05 77 92 - www.museeroybetfould.fr - tlj sf lun.-mar. 10h30-18h - gratuit.

Cette villa-atelier du 19e s. à la façade insolite est l'ancien pavillon de la Suède et de la Norvège à l'Exposition universelle de 1878 : succession d'arcatures, chapiteaux à palmettes, auvent conique... Transformée en musée depuis 1951, la villa accueille une trentaine d'œuvres de Consuelo Fould, autant de toiles du peintre Ferdinand Roybet (dont une truculente *Main chaude* de 1894 et un pathétique *Refus de l'impôt* de 1905). À voir aussi : *L'Amour blessé* et le buste de Firmin Raimbeaux de Jean-Baptiste Carpeaux. Une **collection de poupées** du 17e s. à nos jours est présentée en alternance avec des expositions.

De la terrasse, vue sur la Seine et la façade d'une partie de l'ancienne **caserne Charras**. Cet édifice, construit sous Louis XV pour les gardes suisses à l'emplacement de l'actuelle place Charras, fut démoli lors de l'aménagement de celle-ci. Seul cet élément du pavillon central a été conservé et remonté ici en 1962.

Le Mastaba 1, à La Garenne-Colombes HORS PLAN

À 3,5 km au nord de l'île.

10 av. Rhin-et-Danube - ✆ 01 72 42 45 74 - www.mastaba1.fr - ♿ - w.-end 14h-18h - gratuit.

Derrière le portail tricolore, un pot monumental rouge, autre version du célèbre pot doré de l'artiste et constructeur **Jean-Pierre Raynaud**. Inspirée par les monuments funéraires égyptiens, la maison, aux trois quarts enterrée, accueille aujourd'hui des expositions d'art contemporain.

Nos adresses

PLAN P. 152-153

Restauration

Budget moyen

5 **Livio** – A3 - *6 r. de Longchamp - 01 46 24 81 32 - www.chezlivio.com - tlj - plat 13/34,50 €.* Une trattoria de qualité aux spécialités alléchantes : saltimbocca, carpaccio, pizzas, tiramisu…

Pour se faire plaisir

1 **La Boutarde** – B3 - *4 r. Boutard - 01 47 45 34 55 - www.laboutarde.com - fermé sam. midi et dim. - formule 32 €, menu 38 €.* Un vrai bistrot ! Service décontracté, boiseries et ardoise du jour suivant l'inspiration du chef.

4 **À La Coupole** – C4 - *3 r. de Chartres - 01 46 24 82 90 - fermé w.-end - formule 31 €, menu 39,50 €.* Un lieu chic et sobre, d'esprit feutré (boiseries sombres, tons crème et chocolat), où l'on savoure une bonne cuisine traditionnelle. Parmi les spécialités de la maison : le foie gras et les abats, ris et rognons en tête !

À Courbevoie

Premier prix

Le Grand Bé – *153 av. de la République - 01 43 33 27 54 - lun.-sam. soir - formule déj. 15 €.* Sans chichis et sans trop bourse délier, vous pourrez apprécier une goûteuse et copieuse cuisine traditionnelle à base de produits frais. Le soir, l'établissement fait bar et propose des snacks.

À La Garenne-Colombes

Budget moyen

Le Saint-Joseph – *100 bd de la République - 01 42 42 64 49 - www.lesaintjoseph-restaurant.fr - fermé sam. midi, dim.-lun. - menu carte 38 €.* Dans ce bistrot de quartier, mijote une goûteuse cuisine au goût du jour, déclinée sous forme d'un menu-carte, imaginé par le chef Benoît Bordier, passé par les Régalade de Bruno Doucet et étoilé à Jean (Paris 9). On se régale dans une ambiance familiale, jusqu'à la petite carte des vins, mettant en avant des femmes vigneronnes. Un coup de cœur !

Shopping

Boulangerie Baillon – *29 r. de Chézy - M Les Sablons - 01 46 24 41 39 - 7h-20h15 (19h sam.) - fermé dim.* Cette boutique est connue à la fois pour sa baguette Baillon, ses pains spéciaux et ses pâtisseries. Ne passez pas à côté de la tarte au citron, du fraisier et de la forêt noire « à notre façon ».

Activités

Centre aquatique – *30/42 r. Jean-Jaurès - Bois-Colombes - 01 46 49 87 74 - cabc.fr - horaires : consulter le site.* Un véritable temple de la détente : piscines, pataugeoires, toboggan, rivière à contre-courant, et aussi balnéothérapie, hammam et Spa.

23 Asnières-sur-Seine

Les bords de Seine ont été reconquis avec l'ouverture du parc de l'Île-Robinson, mais il ne règne plus aujourd'hui l'atmosphère festive immortalisée par les impressionnistes à la fin du 19e s. Cette traversée d'Asnières est une balade plutôt paisible qui fait la part belle aux espaces verts, avec quelques détours par des lieux historiques.

Se repérer

CARTE B1 (P. 30-31).
87143 habitants – Hauts-de-Seine (92)
À 4 km de la porte de Clichy par la D 19.
M Les Sablons.
Vélos en libre-service : Vélib'.

En famille

Cimetière des chiens ; parc de l'Île-Robinson.

Nos adresses p. 161

Se promener

Ateliers Louis-Vuitton

R. de la Comète - ✆ 09 77 40 40 77 - visite : consulter le site ticketing-la-galerie.louisvuitton.com. Vous voici devant les ateliers du célèbre malletier. La maison a été fondée en 1854 par **Louis Vuitton** à Paris, avant de déménager en 1859 à Asnières. À l'époque des premiers transatlantiques et des chemins de fer, Louis Vuitton a inventé la malle moderne, à couvercle plat, plus facile à empiler que celle à couvercle bombé, utilisée pour les diligences. À l'intérieur se perpétue un savoir-faire artisanal ; les compagnons malletiers, les selliers et les serruriers travaillent encore suivant les techniques transmises de génération en génération.

La Galerie Louis-Vuitton

16-18 r. Louis-Vuitton - ✆ 09 77 40 40 77 - visite : consulter le site ticketing-la-galerie.louisvuitton.com. L'ancienne demeure de Louis Vuitton abrite désormais une exposition qui présente de belles pièces des collections familiales et retrace l'histoire de la célèbre maison.

Faites le tour du pâté de maisons et reprenez la rue Hector-Gonsalphe-Fontaine. Cette artère est bordée de maisons bourgeoises de la Belle Époque. Notez l'emploi de la céramique en carreaux cassés au n° 12bis.

Église Sainte-Geneviève

4 r. du Cardinal-Verdier. Sur une petite place, l'église forme une toile de fond charmante pour ce secteur historique. Le décor est complété par un **mur peint**, sur le pignon de la plus ancienne maison d'Asnières (1709).

L'église est l'un des principaux vestiges de la ville du 18e s. ; elle a été reconstruite par **Jacques Hardouin-Mansart** (1677-1762) en 1701. Mais seuls le chœur et les quatre premières travées de la nef sont d'origine. La façade, la tribune et les bas-côtés datent de 1929. Au-dessus du portail, la statue de sainte Geneviève est une réplique de celle du Sacré-Cœur de Montmartre. À l'intérieur, remarquez le maître-autel en pierre du 18e s.

Suivez la rue de l'Église où se trouve l'office de tourisme, tournez à gauche rue Gambetta, puis de nouveau à gauche rue du Château.

Asnières-sur-Seine au fil de l'histoire

Située dans une boucle de la Seine, à l'écart de Paris, Asnières est longtemps restée un lieu de villégiature. La présence d'un village était attestée depuis le 12e s., mais le territoire était déjà peuplé au néolithique, comme l'ont prouvé les découvertes archéologiques. C'est avec l'ouverture de la gare en 1837 que le village prend vraiment son essor. Il se trouve sur la **première ligne de chemin de fer de France** ouverte aux voyageurs (Paris-Le Pecq). Les lieux encore bucoliques deviennent alors une destination privilégiée pour les amateurs de fêtes et de sports nautiques. Les **peintres impressionnistes** trouvent l'inspiration sur les bords de Seine et font entrer Asnières dans les musées du monde entier. L'urbanisation est rapide jusqu'à la Première Guerre mondiale et elle s'accélère encore dans les années 1920-1930. Elle s'effectue par lotissements de rues entières, ce qui donne à la ville une belle homogénéité. L'industrialisation affecte peu le paysage de la ville qui accueille cependant quelques grandes entreprises, comme **Astra Calvé** ou **Citroën**. Aujourd'hui, seul **Louis Vuitton**, implanté en 1859, maintient un site d'envergure en centre-ville.

★ Château d'Asnières

89 r. du Château - ✆ 01 71 07 82 25 - 1er dim. du mois 14h-18h - gratuit.
Bien que privé de son grand parc, le château est un exemple très significatif de l'architecture de l'époque Louis XV. Il a été construit de 1750 à 1752, par **Jacques Hardouin-Mansart de Sagonne** (1711-1778), petit-fils du maître d'œuvre de Versailles. Nicolas Pineau fut chargé de la décoration intérieure et Guillaume II Coustou sculpta *Apollon* et *Vénus*, qui ornent l'entrée (aujourd'hui des copies). Dans ce lieu de fêtes très prisé sous le Second Empire, on se ruait pour assister aux démonstrations d'aérostat. Un des protagonistes de *La Vie parisienne* d'Offenbach le chante à tue-tête : « Qu'on me mène au bal d'Asnières ». Le jardin accueille tous les étés un festival de théâtre.

Parc Voyer-d'Argenson

R. du Château. Le parc du château a été morcelé dès 1845. Demeure le jardin, racheté par la mairie en 1926 et baptisé du nom du commanditaire du château. Il a conservé l'aspect des parcs haussmanniens : étang, petit pont, presqu'île surmontée d'un kiosque aux parois imitant des branches…

Cimetière des chiens

4 Pont-de-Clichy - ✆ 01 40 86 21 11 - decouvrir.asnieres-sur-seine.fr - tlj sf lun. 10h-18h30 (de mi-oct. à mi-mars 16h30) - 3,50 € (6-12 ans 1,50 €).
Implanté sur l'ancienne île des Ravageurs, voilà un cimetière très particulier, puisqu'il est réservé aux animaux de compagnie (y reposent aussi un lion, une gazelle, un cheval…). C'est à l'initiative de Marguerite Durand (1864-1936), comédienne et journaliste féministe, qu'a été créé ce lieu en 1899. Plus de 100 000 animaux y reposent, dont quelques stars comme Rintintin, ou ayant appartenu à des célébrités, tels les chats de **Sacha Guitry**, les chiens de Courteline ou de Saint-Saëns. Remarquez l'étrange portail « classico-mauresque » datant de 1899.

Parc de l'Île-Robinson

L'île Robinson a été rattachée à la terre ferme, mais le parc a conservé, par son nom, sa mémoire insulaire. Après les fêtes de la Belle Époque, l'île délaissée a servi de dépôt de charbon, pour finalement redevenir un lieu de détente.

La partie la plus tranquille, protégée de la rue par une butte boisée, s'ouvre sur le fleuve. Une promenade dallée vous permet de flâner au plus près de l'eau.

Hôtel de Charras

55 r. Maurice-Bokanowski. Cette rue est bordée de maisons de ville élégantes datant de la fin du 19e s. L'hôtel de Charras, attesté en 1765, était alors entouré d'un grand parc. Sa façade à l'ordonnancement bien sage fut le théâtre de nombreux tourments. La famille de Charras est passée à la guillotine en 1794, à l'exception du marquis. En 1909, la maison est au cœur d'un scandale, lorsqu'il est question d'y installer un centre de rééducation pour les prostitués des deux sexes. C'est aujourd'hui un immeuble d'habitation.

Immeubles Art déco

R. du Général-Mangin. L'urbanisation d'Asnières dans la première moitié du 20e s. s'est effectuée sur le mode du lotissement. C'est le cas de la rue du Général-Mangin, qui présente une remarquable homogénéité. Les immeubles arborent des façades de brique rythmées par des oriels ou des balcons s'élevant du 2e au 4e étage. Observez les **portes d'entrée** et les **frises de ciment moulurées** aux motifs floraux ou géométriques de style Art déco.

L'Alcazar

1 r. de la Station. Ce **cinéma** a conservé sa belle façade de l'époque où l'architecture des cinémas était déjà une incitation au rêve (1921). Ce cinéma-concert fastueux de 1400 places possédait un orchestre symphonique. Plusieurs établissements de bal et de concert s'y étaient succédé, avant que le cinématographe s'y installe.

Nos adresses

Restauration

Premier prix

Sole Mio – *4 bis Grande Rue Charles-de-Gaulle - ✆ 01 47 90 91 30 - fermé dim. midi - plat 10/19 €.* À proximité de la gare SNCF, une pizzeria sans prétention mais à l'accueil sympathique et bien pratique en fin de parcours.

Budget moyen

Rhapsody – *118 r. de Colombes - ✆ 06 44 63 11 37 - www.restaurant-rhapsody.fr - fermé w.-end - plats 29/31 €.* Ce restaurant lumineux au décor de tendance scandinave, sert une cuisine bistronomique de haute volée, mélangeant saveurs et textures. La carte est courte mais efficace, et peut aussi satisfaire les végétariens. Terrasse agréable.

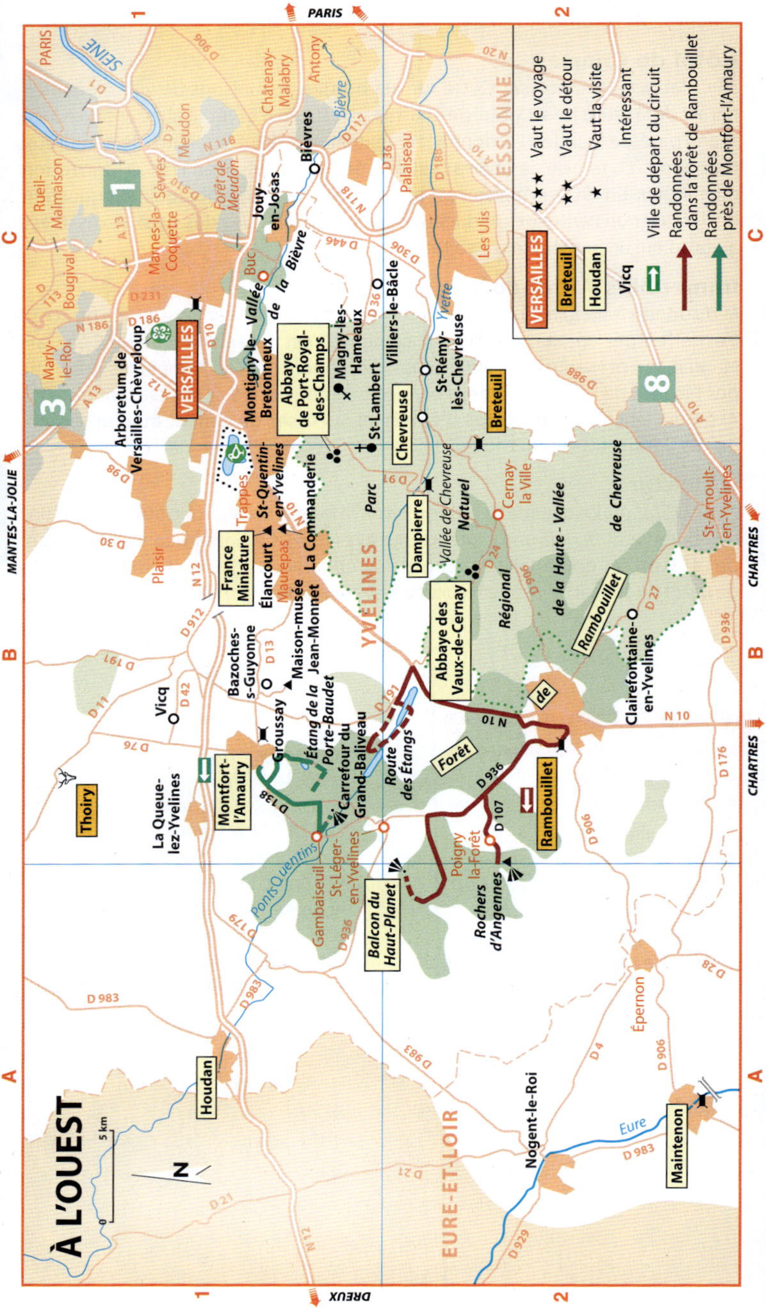
À L'OUEST
0
5 km
N
PARIS
MANTES-LA-JOLIE
DREUX
CHARTRES
CHARTRES
A
B
C
1
2
SEINE
PARIS
Rueil-Malmaison
Marly-le-Roi
Bougival
Marnes-la-Coquette
Sèvres
Meudon
Forêt de Meudon
Châtenay-Malabry
Antony
Bièvre
Bièvres
Jouy-en-Josas
Buc
Vallée de la Bièvre
Palaiseau
Les Ulis
ESSONNE
VERSAILLES
Arboretum de Versailles-Chèvreloup
Montigny-le-Bretonneux
Abbaye de Port-Royal-des-Champs
Magny-les-Hameaux
St-Lambert
Villiers-le-Bâcle
Chevreuse
St-Rémy-lès-Chevreuse
Yvette
Breteuil
Trappes
St-Quentin-en-Yvelines
Élancourt
Maurepas
La Commanderie
Maison-musée Jean-Monnet
France Miniature
Plaisir
Dampierre
Vallée de Chevreuse
Parc Naturel Régional de la Haute-Vallée de Chevreuse
Cernay-la-Ville
Abbaye des Vaux-de-Cernay
YVELINES
Bazoches-s-Guyonne
Vicq
Thoiry
La Queue-lez-Yvelines
Montfort-l'Amaury
Grosrouvre
Étang de la Porte-Baudet
Carrefour du Grand-Baliveau
Route des Étangs
Forêt de Rambouillet
Rambouillet
Clairefontaine-en-Yvelines
St-Arnoult-en-Yvelines
Gambaiseuil
St-Léger-en-Yvelines
Pont Quentin
Balcon du Haut-Planet
Poigny-la-Forêt
Rochers d'Angennes
Houdan
Épernon
Nogent-le-Roi
Maintenon
Eure
EURE-ET-LOIR
A 13
A 12
A 10
N 10
N 12
N 20
N 118
N 186
D 7
D 10
D 13
D 24
D 27
D 30
D 36
D 42
D 76
D 91
D 98
D 107
D 113
D 117
D 138
D 179
D 186
D 188
D 191
D 231
D 306
D 446
D 906
D 910
D 912
D 936
D 983
D 988
D 4
D 11
D 21
D 28
D 176
D 929
1
3
8
VERSAILLES Vaut le voyage
Breteuil Vaut le détour
Houdan Vaut la visite
Vicq Intéressant
Ville de départ du circuit
Randonnées dans la forêt de Rambouillet
Randonnées près de Montfort-l'Amaury

Nos idées de balades d'une demi-journée à une journée autour de Paris.

2

À l'ouest Des Yvelines à l'Eure-et-Loir

CARTE MICHELIN DÉPARTEMENTS 311 – YVELINES (78)

Ville de Versailles ★★

À côté du château, la ville de Versailles forme un ensemble unique, conçu pour loger les courtisans qui ne voulaient pas s'éloigner du roi. Une cité bâtie pour faire entrer le soleil par trois grandes avenues qui convergent toutes vers le château. Prenez le temps de découvrir ses façades de caractère, ses témoignages de l'architecture classique et baroque et ses ruelles aux pavés inégaux qui résonnent encore de son passé de « ville royale ». Elle s'anime autour de son superbe marché, ou sur les terrasses des quartiers Notre-Dame et Saint-Louis.

Statue de Louis XIV, Place d'Armes.
J. Fuste Raga/age fotostock

Se repérer

CARTE C1 (P. 162) - PLAN DE VERSAILLES (P. 166).

84 808 habitants – Yvelines (78)
À 18 km de Paris depuis la porte d'Auteuil par l'A 13, sortie n° 1 Versailles-Château.
RER C Versailles-Rive-Gauche.
Liaisons SNCF depuis Paris-St-Lazare (arrêt Versailles-Rive-Droite) ou Paris-Montparnasse (arrêt Versailles-Chantiers).

À ne pas manquer

La place d'Armes ; l'Académie du spectacle équestre.

En famille

Le potager du Roi ; le domaine de Mme Élisabeth ; l'arboretum de Versailles-Chèvreloup ; la cueillette à la ferme de Gally.

Nos adresses p. 172

Se promener

PLAN P. 166

2bis av. de Paris - 01 39 24 88 88 - www.versailles-tourisme.com. En 2023 l'office de tourisme déménagera place Lyautey, face à la gare Versailles-Chantiers. Trois itinéraires balisés, jalonnés de panneaux, permettent de découvrir les curiosités patrimoniales de la ville. L'office de tourisme propose également des visites guidées variées.

Aux abords du château

★★ Place d'Armes A2

Achevées en 1683 par Jules Hardouin-Mansart, les anciennes **écuries royales★** ferment en arc de cercle l'esplanade grandiose qui fait face au château, marquant la base du triangle formé par les avenues de St-Cloud, de Paris et de Sceaux. Leur taille est identique et, jadis, seule leur fonction justifiait la distinction entre « Grande » et « Petite » Écurie. Les portes monumentales, les hauts-reliefs et les rotondes révèlent toute l'importance que Louis XIV accordait au logement de quelque 600 chevaux, mais aussi des écuyers, des palefreniers, des musiciens et des pages. La statue de Louis XIV était initialement dans la cour de Marbre *(p. 176)*.

★ Grande Écurie A2

Réservée aux chevaux de main, dressés pour la chasse et la guerre, elle était dotée d'un manège où étaient données des fêtes royales.

Galerie des Carrosses – *- w.-end. 12h30-18h30 - gratuit.* Les deux longues galeries de ces écuries ne sont pas trop grandes pour présenter ces luxueuses voitures dorées aux riches décors. C'est notamment le cas de cette suite unique de **berlines de gala** construites pour le cortège du sacre de Napoléon Ier. Particulièrement impressionnant par son luxe et ses proportions (7 t), le **carrosse du sacre de Charles X** (1825) devait être tracté par huit puissants chevaux. Beaucoup plus modeste, la **petite voiture de promenade du dauphin** était utilisée par le premier fils de Louis XVI, tuberculeux. Et comment ne pas rester admiratif devant la finesse des superbes **traîneaux de cour** réalisés sous Louis XV pour sillonner le parc en hiver ? La visite se termine par le char funèbre de Louis XVIII.

★ **Académie équestre nationale du domaine de Versailles** – *Av. Rockfeller - 01 39 02 62 70 - bartabas.fr -* . « Son Altesse Le Cheval », pour reprendre une expression de La Varende, est de retour à Versailles, plus précisément dans la Grande Écurie du château où **Bartabas**, fondateur du Théâtre équestre Zingaro, a créé son académie (2003). Le manège séduit par son décor de bois agrémenté de miroirs et de lustres en verre de Murano. Les spectateurs peuvent assister au spectacle équestre, qui change chaque année *(env. 1h - 16 à 28 €)* le week-end et visiter librement ensuite les écuries. Venez découvrir la magnifique enceinte historique de la Grande Écurie, bâtiment remarquable par son ampleur et par la noblesse de son architecture.

Petite Écurie A2

Elle abritait jadis les carrosses, les voitures et les chevaux d'attelage, ainsi que des montures ordinaires à la disposition de la Cour. Elle héberge depuis 1970 la **Galerie des sculptures et des moulages**, désormais ouverte aux visiteurs *(avr.-oct. : w.-end 12h30 - 18h30)* : sont exposés dans ce cadre magnifique des plâtres et copies d'antiques issus des collections du musée du Louvre, ainsi que des originaux en marbre des sculptures du jardin de Versailles.

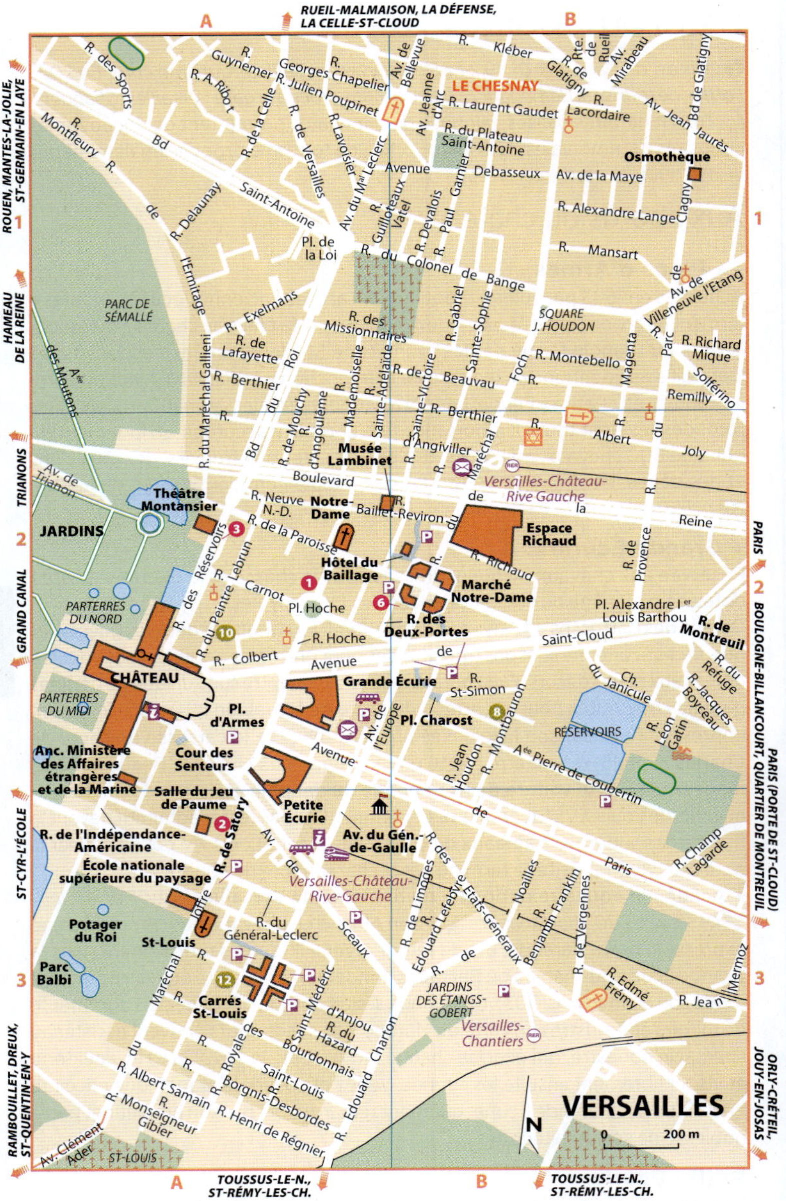

SE RESTAURER

Au Chapeau Versailles 1874 1
Le Bistrot du 11 2
La Brasserie du Théâtre Montansier 3
Le Boeuf à la Mode 6

SE LOGER

Hôtel Mercure Versailles Château 8
Hôtel Le Versailles 10
Hôtel La Résidence du Berry 12

★ Rue de l'Indépendance-Américaine A2-3

C'était, sous l'Ancien Régime, une rue de ministères et de services. Au nº 1, l'**ancien Grand Commun**, construit par Mansart en 1684, abritait 1500 « officiers », commis, cuisiniers, etc. Au nº 3, l'ancien **hôtel de la Guerre** fut bâti en 1759 par Berthier. Au nº 5, l'ancien **ministère des Affaires étrangères et de la Marine** (1761) présente un noble portail, surmonté des statues de la Guerre et de la Paix. En 1762, l'alliance entre la France et les « insurgents » d'Amérique fut conclue dans ce bâtiment. En 1783, le traité qui allait consacrer l'indépendance des États-Unis y fut élaboré. Depuis le 19e s., il héberge la **bibliothèque municipale**. Ses collections proviennent des bibliothèques royales saisies pendant la Révolution.

Cour des Senteurs A2

8 r. de la Chancellerie. Ce petit passage (restaurant, salon de thé, épicerie fine et boutique proposant des toiles de Jouy) rejoint la rue des Récollets. Un mini parcours olfactif complète l'expérience.

★ Quartier St-Louis A3

Par la rue du Vieux-Versailles où se sont installés des ateliers d'artisans, on rejoint sur la gauche la **rue du Jeu-de-Paume.**

Versailles, lieu du pouvoir

Ville royale – Dès 1671, le village de Versailles est démoli pour être reconstruit selon la volonté du roi. Louis XIV donne des terrains à tous ceux qui en font la demande, moyennant un impôt de 5 sous par arpent (3 194 m²). Obligation est faite aux acquéreurs de respecter les consignes fixées par le service des Bâtiments du Roi pour assurer l'unité architecturale de la ville : pour que la silhouette du château soit bien visible, le toit des maisons ne doit pas dépasser le niveau de la cour de Marbre.
Ville parlementaire – La défaite de 1870-1871 et la révolte de la Commune rendent à Versailles son rôle de siège du gouvernement. En quelques jours, la population passe de 40 000 à 150 000 habitants. Thiers, le chef du pouvoir exécutif, s'installe dans une partie de la préfecture avec Mac-Mahon et Jules Grévy. Les sénateurs et députés qui n'ont pu trouver place en ville campent avec les ministres au château, qui abrite également la Banque de France, la Caisse des dépôts et consignations et le Conseil d'État. Les ambassades se logent où elles peuvent... En 1875, dans l'aile du Midi, on bâtit un hémicycle pour accueillir le Parlement, mais le Sénat siège toujours à l'Opéra. Le 2 août 1879, le Parlement revient à Paris.
Les ors de la République – Sous les IIIe et IVe Républiques, les élections présidentielles se déroulent à Versailles, lors de la réunion des deux Chambres en « congrès ». La Ve République n'occupe le château que pour les révisions de la Constitution, qui nécessitent l'ensemble du corps législatif.
La ville actuelle – Si la plupart des maisons érigées au temps du Roi-Soleil ont disparu, Versailles garde l'empreinte du 18e s. Longtemps bridée par la proximité de Paris, la ville ne mérite plus autant sa réputation de « belle endormie ». La politique de réhabilitation met en valeur ses belles façades où le gris d'antan fait place à des nuances de jaune ou de rose, comme dans le quartier St-Louis. Cœur du « vieux Versailles », la rue de Satory est devenue piétonne et est aussi animée que le quartier Notre-Dame, repaire des brocanteurs où, l'été venu, les restaurants déploient leurs terrasses.

Les Versaillais, ces soldats

Le terme de **Versaillais** désigne les habitants de Versailles, bien sûr, mais aussi les troupes régulières du gouvernement d'**Adolphe Thiers**, qui s'installa à Versailles pendant la guerre de 1870-1871. Lors de la **Semaine sanglante** du 22 au 28 mai 1871, ces troupes mirent fin au gouvernement insurrectionnel de la Commune, qui s'opposait alors à la défaite française de la guerre franco-prussienne de 1870 et à l'Assemblée nationale à majorité monarchiste.

Salle du Jeu de Paume A3

R. du Jeu-de-Paume - www.chateauversailles.fr - ♿ - seult en visite guidée, billets en vente au château, aile des Ministres nord - 10 € en plus du billet d'entrée pour le château (10-17 ans 7 €) - visite libre le 1er dim. du mois de juin à oct. 12h30-18h30. Construite vers 1686 pour l'usage de la Cour, cette salle est l'un des rares « jeux de paume » ancêtre du tennis, conservés aujourd'hui. Lieu emblématique de l'histoire de France, c'est dans cette salle que se réunirent le 20 juin 1789, les 500 députés du tiers état et du bas clergé. Exclus de l'hôtel des Menus-Plaisirs où se tenaient les états généraux, ils jurèrent de ne jamais se séparer avant d'avoir donné une Constitution à la France. Au mur, le tableau monumental de Luc-Olivier Merson, le *Serment du Jeu de Paume* reprend l'esquisse de Jacques-Louis David de 1791 restée inachevée – la visite guidée commence d'ailleurs par cette fresque qui se trouve au château de Versailles. Sur les murs, une frise cite les noms des 500 députés. Ce lieu de mémoire a été restauré en 2022.

Par la rue de Fontenay, gagnez la **rue de Satory**. Le n° 18 fut la maison natale du général Hoche, non loin de la Petite Écurie où son père était palefrenier. Sa façade présente de belles ferronneries du 18e s. *(ne se visite pas)*. Le quartier St-Louis, avec ses anciens hôtels particuliers, fut construit sous Louis XV. Rue Hardy, le **potager du Roi** *(ci-contre)* étend son quadrillage au pied du château.

★ Cathédrale St-Louis A3

La construction de l'église St-Louis accompagne l'extension de la ville de Versailles vers le sud, sur l'emplacement de l'ancien parc aux Cerfs. Achevée en 1754 par Jacques Hardouin-Mansart de Sagonne, petit-fils de Jules, cette église est un bel exemple d'architecture rocaille. La façade est composée d'un niveau où règne l'ordre dorique et d'un second niveau avec des colonnes corinthiennes, couronné par un fronton triangulaire et encadré par deux volutes. La façade est entourée de deux tours carrées, coiffées d'un dôme en forme de bulbe. À l'intérieur, assez sobre, la nef est éclairée par de larges fenêtres au-dessus des grandes arcades, les deux niveaux étant séparés par une corniche fortement saillante ; remarquez le soin apporté à la réalisation des cartouches qui marquent la clé de chacune des arcades, encadrées de guirlandes de roses. Dans les chapelles, reliquaire de Saint Louis (17e s.), nombreuses toiles du 18e s. notamment dans le bas-côté gauche, *Saint Pierre marchant sur les eaux* de Boucher (1764) ou *L'Adoration des Bergers* de J. Restout (1761), dans le bras droit du transept. L'orgue sculpté de Clicquot (1761) comporte 3131 tuyaux. Pendant la Révolution, l'église accueillit plusieurs séances des états généraux, notamment le renouvellement du serment du Jeu de Paume par un grand nombre de députés du clergé le 22 juin 1789.

Carrés St-Louis A3

De part et d'autre des actuelles rues Royale et d'Anjou, Louis XV fit bâtir un marché (1737) qui a bénéficié d'une belle restauration. Ses boutiques étaient surmontées d'un simple comble mansardé, et alignées autour de quatre placettes : carrés au Puits, à l'Avoine, à la Fontaine, à la Terre.

★ Potager du Roi A3

10 r. du Mar.-Joffre - 01 39 24 63 24 - www.potager-du-roi.fr - ♿ - avr.-oct. : tlj sf lun. 10h-18h ; nov.-déc. : mar.-vend. 10h-18h, sam. 10h-13h ; reste de l'année : mar.-vend. 10h-18h - 5 €, nov.-mars 3 € (-26 ans gratuit).

On peut ici acheter des livres et faire son marché : fruits et légumes frais, sans oublier les confitures et les jus de fruits.

Au temps du Roi-Soleil, le potager de Louis XIII était devenu trop exigu pour satisfaire les besoins de la Cour. Louis XIV chargea donc en 1678 J.-B. La Quintinie, passé maître dans l'art des primeurs, d'aménager un site marécageux de 9 ha à côté de la pièce d'eau des Suisses. Achevé en 1683, ce potager aux techniques novatrices – aqueduc souterrain, mûrissement sous cloches... – fournissait à la Cour des fruits et légumes rares, et même à contre-saison : fraises en janvier, asperges en décembre ou figues en juin. Depuis 1976, il abrite l'**École nationale supérieure du paysage**. Le potager est divisé en 16 carrés de légumes regroupant une cinquantaine d'espèces ; le carré 11 rassemble des variétés anciennes de fraisiers. Autour, une douzaine de jardins abritent 5 000 arbres fruitiers, soigneusement taillés. Dans le jardin d'herbes fines poussent encore des plantes qu'appréciait La Quintinie, comme la « tripe-madame » ou le « perce-pierre ». Dans le potager et le verger poussent près de 130 variétés de pommes et autant de poires, mais aussi les tomates piriformes, les choux frisés, le potiron bleu de Hongrie ou la « courge spaghetti »...

Parc Balbi – *12 r. du Mar.-Joffre - 01 30 97 82 30 - www.versailles.fr - ♿ - mai-sept. : 8h30-21h ; mars-avr. : 9h-19h ; reste de l'année : 9h-18h ou 17h.* Ce jardin situé contre le Potager du roi, fut créé en 1785 pour la comtesse de Balbi, favorite du comte de Provence. Il s'agrémentait d'un lac, d'un pont chinois et d'une grotte surmontée d'un belvédère.

Les églises et les états généraux

Le 4 mai 1789, les députés se rassemblent à l'église Notre-Dame ; rejoints par le roi, ils forment une procession jusqu'à l'église Saint-Louis où a lieu la messe d'ouverture des états généraux. En 1875, la messe du Saint-Esprit y ouvre la session de l'Assemblée nationale qui vote l'organisation des pouvoirs à l'origine de la IIIe République.

★ Quartier Notre-Dame

Depuis la place d'Armes, descendez la rue Hoche et traversez la place du même nom, pour admirer la perspective conduisant vers l'église Notre-Dame.

★ Église Notre-Dame A2

35 r. de la Paroisse.

Élevée en 1686 par Hardouin-Mansart dans la perspective de l'actuelle rue Hoche, c'était la paroisse du roi et de la Cour. La façade offre un exemple d'architecture classique, superposant les ordres dorique et ionique, couronnés par un fronton triangulaire. L'ordre dorique règne à l'intérieur. Autour de la nef *(panneaux explicatifs)* ont été disposés 12 médaillons sculptés : apôtres, personnages du Nouveau Testament. Au-dessus de l'entrée de la chapelle (19e s.) du Saint-Sacrement, tableau de Michel Corneille le Jeune : *L'Assomption* (1686). Plusieurs monuments funéraires rappellent les liens entre l'Église et la Cour.

Remontez la rue de la Paroisse et prenez à gauche la rue Rameau, puis la rue du Bailliage.

Le **Bailliage**, avec ses ruelles et ses cours charmantes, est une zone piétonne investie par les antiquaires et restaurants branchés. C'est le rendez-vous des chineurs, un lieu de flânerie très animé, surtout le dimanche.

Hôtel du Bailliage B2

Il fut bâti en 1724 par Gabriel, Premier Architecte du roi, et abrita pendant plus d'un siècle le tribunal du bailli et les prisons de la ville. Transformé à usage d'habitation en 1844, il a été restauré. Son rez-de-chaussée accueille des antiquaires.

En poursuivant par le passage de la Geôle, on aperçoit sur la gauche l'entrée de la prison, qui a conservé ses anciennes geôles. On atteint le **marché Notre-Dame** (B2), quatre halles autour desquelles s'étendent des ruelles pittoresques comme la **rue des Deux-Portes** (AB2), où abondent restaurants et boutiques.

Poursuivez la rue de la Paroisse jusqu'à l'avenue de St-Cloud.

Le célèbre **lycée Hoche**, inauguré par Napoléon en 1803, occupe en partie les anciens bâtiments du couvent de la Reine. La cour et la chapelle (dessinée par Richard Mique) sont visibles de la rue.

Faites demi-tour et prenez à droite la rue de l'Abbé-de-l'Épée, puis à gauche la rue Richaud, qui conduit à l'ancien hôpital royal.

Espace Richaud B2

78 bd de la Reine. Accès par la R. du Mar.-Foch et le passage de la Charité - ✆ 01 30 97 85 15 - www.versailles.fr - ouv. pdt les expositions merc.-vend. 12h-19h, sam.-dim. 10h-19h.

L'espace Richaud occupe l'ancien hôpital royal, lequel fut édifié sous Louis XVI en 1781, sur le site d'une maison de charité et d'après des plans d'Ange-Jacques Gabriel, par l'architecte Charles-François Darnaudin. Les modifications apportées au 19e s., notamment l'aile basse, n'ont pas rompu l'harmonie qui se dégage de ce vaste ensemble néoclassique. L'hôpital a cessé son activité en 1981. Après des années d'abandon, les lieux ont été restaurés sous la direction des architectes Jean-Michel Wilmotte et Frédéric Didier pour accueillir des logements, des boutiques et un espace culturel. Au centre et autour du quadrilatère, trois **jardins** publics ont été aménagés. Réalisée par Darnaudin, la **chapelle** se tient au cœur de l'ensemble qu'elle domine par son dôme. Elle n'est pas sans rappeler le Panthéon romain avec sa forme circulaire, ses colonnades et sa coupole à caissons. Elle peut se découvrir lors d'expositions temporaires et de spectacles.

Tournez à gauche dans le boulevard de la Reine pour rejoindre le musée de la Ville de Versailles - Hôtel Lambinet.

★ Musée Lambinet AB2

54 bd de la Reine - ✆ 01 30 97 28 75 - www.versailles.fr - merc.-vend. 12h-19h, w.-end 10h-19h - 6 €.

Cet hôtel particulier fut élevé dans la seconde moitié du 18e s. sur une partie de l'ancien étang de Clagny (asséché en 1736-1737). Son nom vient de la dernière propriétaire, Mme Lambinet, qui légua son hôtel à la ville en 1929 pour qu'il devienne un musée. Plusieurs des 35 salles du musée ont conservé leurs boiseries sculptées, peintes ou dorées. Le rez-de-chaussée est consacré à l'histoire du musée, des collections, des donateurs et donatrices. Au premier étage, vous pénétrez dans un bel intérieur d'**appartement du 18e s.** – antichambre, salle à manger, chambres d'homme et de femme, salon et cabinet de travail. De nombreux meubles estampillés révèlent le raffinement de cette époque. Sont présentées également des œuvres du 16e au 20e s. Parmi les sculptures, remarquez notamment les œuvres de **Houdon**, dont les bustes de Rousseau et Voltaire et le célèbre *Voltaire assis*, ainsi

Place du Marché à Versailles.
B. Gardel/hemis.fr

que d'autres pièces comme le buste de Louis XVI par Pajou et le *Maréchal de Saxe* par Jean-Baptiste Lemoyne. Au deuxième étage, les salles présentent l'histoire de la ville : pots à pharmacie et argenterie de l'ancien hôpital, coffre ayant servi à transporter le linge de Louis XVI lorsqu'il était au Temple, armes de la manufacture royale de Versailles, gravures du serment du Jeu de Paume, etc. Une salle est consacrée à l'assassinat de Marat par Charlotte Corday, une autre à la Déclaration des droits de l'homme (allégorie de Jean-Baptiste Regnault). Quelques grandes figures versaillaises, à commencer par le général Hoche, sont évoquées.

2

Quartier de Montreuil HORS PLAN

Ce vieux village, avec son église et sa rue de Montreuil qui serpente du boulevard de la République à l'avenue de St-Cloud, est très commerçant.

Domaine et Orangerie de Mme Élisabeth

73 av. de Paris - ✆ 01 39 07 78 78 - www.domaine-madame-elisabeth.fr - parc 11h-20h (oct.-mars 18h) - gratuit. Animations pour les enfants (chasse aux œufs à Pâques, comptoir de Noël...).

Ce domaine de 7 ha appartenait à la princesse de Guéméné, gouvernante des enfants royaux. Mme Élisabeth, sœur de Louis XVI, venait y jouer lorsqu'elle était enfant. En 1783, Louis XVI racheta le domaine pour le lui offrir. Âgée de 19 ans, celle-ci résidait encore au château, mais aimait beaucoup son domaine : la « bonne dame de Montreuil » y créa une basse-cour, une laiterie et un dispensaire. Ayant refusé d'émigrer au moment de la Révolution, Élisabeth fut guillotinée le 10 mai 1794. Plus tard, sa demeure fut transformée en hôpital militaire, puis en manufacture d'horlogerie.

L'Orangerie est l'œuvre de La Brière, architecte de Louis XVI. Il conçut une vaste salle rectangulaire, ouvrant uniquement au Midi. Plus tard, l'Orangerie fut percée de nombreuses fenêtres. Rachetée en 1997 par le conseil général des Yvelines, elle a été réaménagée pour abriter des expositions d'art contemporain. Le jardin, bel espace de nature et de promenade offre trois parcours de visite (*parcoursdme.*

yvelines.fr). Largement remanié, il conserve quelques traces de sa conception originale, comme la grotte encore visible au fond du parc.

Quartier de Clagny B1

Osmothèque, Conservatoire international des parfums
36 r. du Parc-de-Clagny - ✆ 01 39 55 46 99 - www.osmotheque.fr - ♿ - séances thématiques sous forme de conférences et visites sur réserv. - fermé août - 24 €.
Lieu unique au monde, l'osmothèque a pour mission de recenser les parfums existants, de faire renaître les grands classiques disparus et d'imaginer les possibles. Les amateurs se laisseront séduire par près de 3000 parfums, dont 400 disparus, et découvriront, sous la conduite des osmothécaires, les parfums du grand couturier Paul Poiret ou du créateur de la parfumerie française François Coty. Ne manquez pas non plus l'Eau de Napoléon Ier à Sainte-Hélène.

À proximité

CARTE P. 162

Arboretum de Versailles-Chèvreloup C1
Quittez Versailles par le bd St-Antoine au nord-ouest (PLAN P. 166 A1). *En face du centre commercial Parly II. De Versailles-Rive-Gauche à Parly II par bus Phébus ligne B - 30 rte de Versailles - ✆ 01 39 55 53 80 - www.arboretumdeversailles chevreloup.fr - 10h-18h (17h nov.-fév.), billetterie 1h av. fermeture - 7 € (-26 ans 5 €).*
Depuis 1924, un ancien enclos du Grand Parc de Versailles (205 ha) est affecté au Muséum national d'Histoire naturelle pour compléter la collection d'arbres du Jardin des Plantes. L'arboretum abrite 2500 espèces et variétés provenant de régions tempérées ou froides (de la Chine au Caucase ou aux États-Unis). Une allée de cèdres bleus de l'Atlas sépare les jeunes plantations, majoritairement des essences européennes comme l'alisier blanc, le tilleul de Crimée, le frêne pleureur ou des érables de tous les pays, des plantations les plus anciennes. Dans cette zone, les arbres sont regroupés par famille; on y rencontre l'arbre aux 40 écus, le séquoia toujours vert ou le mélèze de Sibérie. La proximité du parc de Versailles explique la présence de quelques arbres vénérables, dont certains ont malheureusement été touchés par la tempête de 1999. Le *pavillon d'accueil abrite* des expositions temporaires.
Tous les espaces de l'arboretum se visitent. Les serres et des pépinières où sont rassemblées les collections d'arbres, de plantes tropicales et de plantes horticoles (5000 espèces dont 3000 rares ou menacées) se découvrent sur réservation lors des visites thématiques.

Nos adresses

PLAN P. 166

Restauration

Les quatre contre-allées qui bordent la **place du Marché** B2 forment un agréable parcours, jalonné de bars (À la Gaieté, Le Franco-Belge, Le Ducis...), de crêperies, de pizzerias et de restaurants. L'été, les terrasses y déploient leurs chaises. Ne manquez pas également les petits restaurants de la rue Satory A3 et de la place Charost B2!

Budget moyen

6 **Le Bœuf à la Mode** – B2 - *4 r. au Pain - ✆ 01 39 50 31 99 - www.*

leboeufalamode-versailles.com - plats 21/30 €. Il règne une ambiance conviviale et décontractée dans ce bistrot typique des années 1930. Le décor - banquettes rouges, bibelots, affiches, miroirs... - est très réussi et les spécialités du terroir goûteuses.

1 **Au Chapeau Versailles 1874** – A2 - *7 r. Hoche - ✆ 01 39 50 10 81 - www.chapeau1874.fr - fermé lun. et dim. soir - réserv. obligatoire - plats 18/24 €.* Une institution que ce restaurant qui existerait depuis le siècle des Lumières... Ambiance et décor versaillais, s'accordant à une belle cuisine bistronomique.

Pour se faire plaisir

2 **Le Bistrot du 11** – A3 - *10 r. de Satory - ✆ 01 75 45 63 70 - www.lebistrotdu11.com - fermé dim.-lun. - formule 32 €, menu 42 €.* Vous l'avez deviné : l'équipe de la Table du 11, restaurant étoilé Michelin, se cache derrière ce Bistrot du 11, installé dans une rue touristique piétonne non loin du château. De beaux produits sont déclinés sous la forme d'un menu-carte : œuf, lentilles et persil; cabillaud, chou pointu et tarama; tarte au chocolat chaud, vanille... C'est soigné, et les prix sont raisonnables.

3 **La Brasserie du Théâtre Montansier** – A2 - *15 r. des Réservoirs - ✆ 01 39 50 03 21 - www.brasseriedutheatremontansier.fr - fermé dim. soir et lun. - formule 26 €, plat 23/32 €.* D'innombrables photos d'artistes ayant fréquenté les lieux jonchent les murs de cette brasserie de 1895, située, comme son nom l'indique, à côté du théâtre. Décor de style années 1930, petite terrasse couverte et cuisine traditionnelle. Réserv. conseillée le soir.

Zin's Artisan Cuisinier – HORS PLAN - *125 r. Yves-Le-Coz - ✆ 01 30 21 01 63 - www.zins-artisancuisinier.com - fermé lun. mar. et dim. soir - formule déj. 29 €, menu déj. 36 €, menu carte 42 € - réserv. conseillée.* Une véritable étape gourmande, dans le quartier de Porchefontaine. Faire le marché tous les deux jours, ne proposer que du fait-maison (à part le pain) et une large collection de vins : tel est le sacerdoce du chef, Alain Zinsmeister ! Et aux beaux jours, on déjeune sur la jolie terrasse à l'arrière, avec vue sur le jardin des plantes aromatiques du chef.

Petite pause

San Luis – *5 r. André-Chénier - Accès possible place du Marché-Notre-Dame - ✆ 01 30 21 56 67 - fermé lun.* San Luis cultive le goût de la glace depuis quatre générations. Accueil chaleureux et large choix de parfums originaux.

Esprit d'atelier – *5 r. du Vieux-Versailles - ✆ 01 30 21 73 86 - ✆ 06 09 88 20 28 - espritdatelier.com - brunch merc.-dim. 10h-16h - fermé lun., mar. - 22/25 €.* Un café, deux ateliers, une galerie... De quoi passer un moment dépaysant dans une ambiance bohème et déguster des gâteaux faits maison...

J.C. Gaulupeau – *44 r. de la Paroisse - ✆ 01 39 50 01 63 - www.gaulupeau-receptions.com - fermé lun. et le soir.* Dans le petit salon de thé aux canapés verts et fauteuils Chesterfield à l'arrière de la boutique, vous pourrez déguster les douceurs de la maison Gaulupeau, fondée en 1769. En saison (nov.-mars), goûtez donc la spécialité traditionnelle : la Bombe aux marrons !

Shopping

☺ Les artères commerçantes sont la rue de la Paroisse A2 et la place du Marché B2, la rue Royale A3 et la rue du Général-Leclerc. On peut aussi flâner aux Manèges, en face de la gare Rive-Gauche. Le passage

2

de la Geôle regroupe de nombreux antiquaires.

Le Potager du Roi – *p. 169.*

Marché Notre-Dame – *Pl. du Marché-Notre-Dame - halles : tlj le mat. sf lun. ; extérieur : mar., vend., dim. mat.*

Aux colonnes – *14 r. Hoche - 01 39 50 30 74 - fermé lun.* Découvrez ici les Favorites du Roy, chocolats aux fruits confits, parfumés avec une touche de rhum et recouverts de cacao.

En soirée

Procurez-vous le *Sortir à Versailles* et le bimestriel *Le Journal de Versailles*, disponibles dans les offices de tourisme et à la mairie.

Centre de musique baroque de Versailles – *22 av. de Paris - Hôtel des Menus-Plaisirs - 01 39 20 78 18 - cmbv.fr.* Cette institution chargée de valoriser le patrimoine musical français baroque et classique propose des concerts et de conférences.

Théâtre Montansier – *13 r. des Réservoirs - 01 39 20 16 00 - www.theatremontansier.com.* Ce théâtre est l'une des premières salles « à l'italienne ». Il fut inauguré en 1777 en présence de Louis XVI et de Marie-Antoinette.

La Royale Factory – *2 r. Jean-Houdon - 09 51 74 78 83 - royalefactory.fr.* Ce café-théâtre est installé dans une salle de cinéma centenaire : concerts, one-man-show ou théâtre, et spectacles pour enfants.

Activités

À proximité

Ferme de Gally – *Rte de St-Cyr-l'École - Bailly - 01 30 14 60 60 - 01 39 63 30 90 - www.lesfermesdegally.com - ferme : lun., mar., jeu. et vend. 15h30-18h, merc. 14h-18h, w.-end 10h-18h30 - cueillette (selon la météo) : lun. 13h30-18h, mar.-dim. 9h-18h.* 50 ha sont ouverts à la cueillette. Découvrez aussi les animations de la ferme, ainsi que des jeux et énigmes.

Hébergement

Premier prix

Chambre d'hôte La Halte de la Fontaine – HORS PLAN - *62 r. Jean-de-la-Fontaine - 01 39 20 08 23 - http://haltedelafontaine.monsite-orange.fr - - 3 ch. 68 € .* Vous logerez dans l'annexe de la propriété située dans un quartier pavillonnaire, à 200 m de la gare de Porchefontaine.

Budget moyen

12 **Hôtel La Résidence du Berry** – A3 - *14 r. Anjou - 01 39 49 07 07 - www.hotel-berry.com - - 38 ch. 109/118 € - 14 €.* Entre carrés St-Louis et potager du Roi, ce bel immeuble du 18e s. abrite des chambres intimes et joliment personnalisées. Espace bar-billard cosy et petit jardinet.

Pour se faire plaisir

8 **Hôtel Mercure Versailles Château** – B2 - *19 r. Philippe-de-Dangeau - 01 39 50 44 10 - www.mercure.com/1909 - P 12 € - - 60 ch. 121/181 € - 16,50 €.* Dans un quartier paisible, établissement dont les chambres sont avant tout pratiques.

10 **Hôtel Le Versailles** – A2 - *7 r. Ste-Anne - 01 39 50 64 65 - hotel-le-versailles.fr - P 20 € - - 47 ch. 145/186 € - 12 €.* Proche du château et au calme, cet hôtel propose des chambres colorées et inspirées de personnages historiques.

Château de Versailles ★★★

Symbole de perfection classique, le plus grand palais du monde fut, de la fin du 17e s. à la Révolution, un chantier permanent, image fastueuse d'une époque de création intense et symbole de toutes les folies du pouvoir royal de Louis XIV à Louis XVI. En 1837, Louis-Philippe dédia le château à « toutes les gloires de France ». Miraculeusement préservés des ravages du temps, le château et l'ensemble du domaine retrouvent progressivement, grâce à d'importants travaux de restauration, toute leur splendeur d'antan.

Le château de Versailles, classé au Patrimoine mondial de l'Unesco.
pidjoe/Getty Images Plus

Se repérer

CARTE C1 (P. 162) - PLAN DU CHÂTEAU (P. 186-187).

Yvelines (78)

Pour se rendre à la ville de Versailles, *p. 164.*

À ne pas manquer

Les Grands Appartements ; la Galerie des Glaces ; les appartements privés du Roi.

Organiser son temps

Voir carnet pratique p. 198.

En famille

Audioguides pour les enfants – *À partir de 8 ans.*

Carnet pratique p. 198

Nos adresses p. 199

Les abords du château

★★ Cours

La grille d'honneur du château date de Louis XVIII. Une fois franchie, trois cours successives s'ouvrent au visiteur : la cour d'Honneur, la cour Royale, puis la cour de Marbre. L'avant-cour est bordée par les ailes mettant en communication les quatre pavillons habités par les ministres sous la monarchie.

Depuis 2008, la **cour Royale** est à nouveau séparée de la cour d'Honneur par une grille – qui avait été démontée et fondue en 1793. Seuls les seigneurs ayant droit aux « honneurs du Louvre » (princes de sang, ducs et pairs, etc.) pouvaient la franchir en carrosse. Les sculptures de Coysevox *(L'Abondance)* et de Tuby *(La Paix)* ont aussi retrouvé leur emplacement d'origine, sur les guérites placées de part et d'autre de la porte monumentale de la grille. Les deux ailes, qui étaient à l'origine les communs du château, furent raccordées par la suite au corps central. Au-delà des ailes du Nord et du Midi, trois grilles dorées signalent les entrées d'honneur des Grands Appartements : à droite l'entrée primitive (condamnée à la suite de la suppression de l'escalier des Ambassadeurs). En face, trois autres grilles s'ouvrent sur l'escalier de la Reine.

★★ Cour de Marbre

Pavée de marbre blanc et noir, elle a retrouvé son niveau d'origine. C'est le cœur du château de Louis XIII dont les façades ont été remaniées et enrichies par Le Vau et Hardouin-Mansart : balustrades, bustes, statues, vases. Les trois fenêtres cintrées de la chambre du Roi s'ouvrent au 1er étage de l'avant-corps central, derrière un balcon doré supporté par huit colonnes de marbre.

La **statue équestre de Louis XIV** a été restaurée. Installée en 1836, à l'emplacement exact du grand portail central, elle a été réimplantée sur la place d'Armes.

★★★ Façade sur le parc

Attention, les jours de Grandes Eaux, l'accès aux jardins est payant et la sortie des jardins est considérée comme définitive. Vous ne pourrez plus accéder au château. Dirigez-vous vers les jardins par la cour des Princes, du côté de l'aile du Midi, contournez le corps central du château et prenez du champ en avançant vers le jardin pour admirer cette façade entièrement restaurée.

Le château se développe sur 680 m. Évitant la monotonie, le corps central fait saillie sur les ailes, des avant-corps ornés de colonnes rompent la rigidité des lignes horizontales.

Le toit plat, à l'italienne, est dissimulé par une balustrade portant des trophées et des vases. Les statues d'Apollon et de Diane, entourées par les Mois de l'année, surmontent les avant-corps de la partie centrale où vivait la famille royale. Les enfants et petits-enfants du roi, ses frères et sœurs logeaient dans l'aile du Midi.

La terrasse qui s'étend devant le château domine toutes les perspectives du parc. Elle porte à ses extrémités les magnifiques **vases géants★** de la Guerre *(au nord)* par Coysevox, de la Paix *(au sud)* par Tuby, placés respectivement sous les baies du salon de la Guerre et du salon de la Paix, ainsi que de nombreux vases « pare-feu » destinés à enrayer un incendie éventuel. Au pied du corps central s'alignent les quatre premières fontes réalisées par les frères Keller d'après l'antique : Bacchus, Apollon, Antinoüs et Silène.

Cette terrasse offre une **vue★** d'ensemble sur les parterres et les perspectives du parc : en avant les parterres d'eau et l'« axe du Soleil », avec le Grand Canal en fin de perspective ; à gauche les parterres du Midi ; à droite les parterres et les bosquets du Nord, coupés par l'allée d'Eau dont la perspective se termine au bassin de Neptune.

Visite libre

PLAN DU CHÂTEAU P. 186-187

Avec la réouverture en 2022 de l'ensemble des appartements du rez-de-chaussée du corps central, deux circuits sont désormais possibles en visite libre : d'une part la galerie de l'histoire du château suivie par les Grands Appartements au 1er étage (le Grand Appartement du Roi ; la Galerie des Glaces ; la chambre du Roi ; le Grand Appartement de la Reine et enfin les galeries historiques) ; d'autre part le rez-de-chaussée avec les appartements du dauphin, de la dauphine, de Mesdames, filles de Louis XV. Les fermetures d'espaces pour travaux peuvent donner lieu à des aménagements de parcours. Par ailleurs la galerie des Batailles n'est pas toujours ouverte.

★★ Galerie de l'histoire du château (A À M)

À droite avant de démarrer la visite, vous pouvez admirer la **chapelle★★★** (*p. 195*). Occupant les anciens appartements du duc du Maine – fils de Louis XIV et de Mme de Montespan – et des princes de Bourbon-Conti, les 11 salles de cette galerie présentent une remarquable introduction à l'histoire du château et de son domaine, à l'aide de grandes projections vidéo, de maquettes décrivant les états successifs du château La première salle expose une maquette du château et un **film★** sur son évolution à partir d'images en 3D : vous apprécierez toute l'étendue des transformations du palais, depuis le simple pavillon de chasse de Louis XIII jusqu'aux ultimes aménagements contemporains. La salle suivante montre une maquette de Versailles en 1668, dont les dimensions, encore modestes, sont déjà sans commune mesure avec le pavillon de Louis XIII : son fils Louis XIV, au début de son règne, y tient déjà de somptueuses fêtes dont certaines célébrant ses campagnes victorieuses. Plus loin, dans la pièce consacrée à Versailles au siècle des Lumières, la maquette de l'Opéra dévoile tout le génie mécanique qui permet de faire vivre une représentation.

Dans l'espace dévolu aux parterres et aux bosquets, remarquez le portrait d'André Le Nôtre par Carlo Maratta (1679). Impossible de manquer la vaste **maquette★** du domaine de Versailles, située dans la salle suivante : elle vous permettra de prendre toute l'étendue de ses dimensions.

Un peu plus loin, le tableau de *Louis-Philippe et ses fils devant les grilles du château de Versailles* signé Par Horace Vernet (1846) rend hommage au fondateur du musée de Versailles.

Dans le hall d'escalier est exposé Le Parnasse français (L. Garnier), ensemble sculpté à la gloire du règne du Roi-Soleil, et le palier du premier étage accueille le tableau monumental Louis XIV protecteur de l'Académie royale de peinture et de sculpture par H. Testelin.

Au 1er étage, les salles d'Afrique accueillent des expositions temporaires.

Les salles Louis XIV

Réouvertes depuis 2020 après une profonde refonte, dix salles en enfilade racontent le règne de Louis XIV au travers de peintures et de sculptures. Tableaux du roi lui-même à différentes époques, de ses premières campagnes militaires, mais surtout portraits de son temps. Les personnages de la cour succèdent aux ministres, aux membres de sa famille, aux artistes : Molière, La Fontaine, Charles Perrault... La dernière salle réunit des tableaux des maisons royales – Meudon, Saint-Cloud, Fontainebleau, Saint-Germain-en-Laye...

2

★★★ Grands appartements

PREMIER ÉTAGE, EN VERT SUR LE PLAN P. 186-187

Avant d'entrer dans le Grand Appartement du Roi, n'oubliez pas de regarder l'intérieur de la **chapelle★★★** *entièrement rénovée (accessible seulement en visite guidée,* *p. 195**), depuis le vestibule haut de la chapelle* (N)*, qui permettait au roi d'accéder à la tribune royale depuis son appartement.*

★★★ Grand Appartement du Roi

Tout à la gloire du Roi-Soleil, cet appartement illustre le mythe solaire duquel Louis XIV se réclamait. Il commence au salon d'Hercule et se poursuit par une enfilade de six salons bâtis par Le Vau en 1668 et décorés par Le Brun, illustrant chacun un astre, d'où son ancien surnom d'« appartement des Planètes ». D'ordinaire, il n'était meublé que de tabourets et, suivant les nécessités de l'étiquette, de « ployants » (sièges pliants en X), guéridons et consoles. Trois fois par semaine, les lundi, mercredi et jeudi de 18h à 22h, se déroulait ici la réception que Louis XIV offrait à sa Cour. Il y avait alors « Appartement ». Le jeu et la danse étaient les grandes distractions. Des milliers de bougies étaient allumées lors des fêtes (jusqu'à 14 000 lors du bal masqué de 1739 !).

On accédait autrefois au Grand Appartement du Roi depuis la cour Royale, par l'escalier des Ambassadeurs, détruit en 1752. Somptueux témoignage du premier style Louis XIV, l'ensemble utilise surtout les matières nobles : marbres multicolores, bronzes, cuivres ciselés ou dorés de style baroque italien. Remarquez les lustres et les girandoles en cristal de roche sur les guéridons.

★★★ Salon d'Hercule – Créé à partir de 1712, ce salon était le passage obligé du roi se rendant à la chapelle, et le lieu des grandes fêtes royales. Sa décoration fut terminée par Robert de Cotte en 1736. Deux tableaux de Véronèse occupent leur emplacement primitif. Le **Repas du Christ chez Simon le Pharisien★**, une immense toile offerte à Louis XIV par la république de Venise, a regagné son cadre doré. La seconde toile, au-dessus de la cheminée ornée de bronze doré, représente *Éliézer et Rébecca*.

Le plafond, peint par Antoine Lemoyne, met en scène **L'Apothéose d'Hercule★**, admis parmi les dieux de l'Olympe et accueilli par Jupiter qui lui donne la main d'Hébé, déesse de la Jeunesse. Lemoyne mit trois ans à peindre ce plafond, le plus imposant de France (480 m²) avec ses 142 personnages : dieux, muses, génies ailés, faunes... Admiratif, Louis XV lui donna le titre de Premier peintre du roi. Mais Lemoyne, épuisé et insatisfait de son art, se suicida six mois après l'achèvement du plafond, en 1737.

Salon de l'Abondance (O) – Les soirs d'« Appartement », du temps de Louis XIV, il contenait trois buffets, l'un pour les boissons chaudes et les deux autres pour les froides : vins, eaux-de-vie, sorbets, jus de fruits dits alors « eaux de fruits ». Le salon a recouvré un « meuble » d'hiver : tentures de velours vert frappé. Quatre portraits de la famille royale, par Rigaud et Van Loo, y ont été placés : le Dauphin, Philippe V, le duc de Bourgogne et Louis XV.

Les deux salons suivants étaient primitivement des vestibules, au débouché de l'escalier des Ambassadeurs ; les lambris de marbre convenaient parfaitement à ces pièces de passage, prolongement de l'ensemble décoratif de l'escalier d'honneur.

Salon de Vénus (P) – Son plafond, peint par Houasse, comme celui des salons suivants, est divisé en compartiments peints qu'encadrent des bordures de stuc doré.

La foule de Versailles

Classé au Patrimoine mondial de l'Unesco, le château de Versailles est le monument le plus visité de France, avec quelque 8 millions de touristes par an, dont plus de 40 % venant de l'étranger. Les jours de forte affluence, environ 18 000 visiteurs foulent ainsi les pavés du Roi...
Cette affluence est parfois pénible, mais pour vous consoler, sachez que déjà au temps du Roi-Soleil, courtisans en chaises à porteurs, marchands, laquais, musiciens et ouvriers se bousculaient dans le dédale des couloirs du château, et il fallait une importante troupe de gardes suisses pour canaliser cette foule bigarrée...

Salon de Diane (Q) – Salle de billard au temps de Louis XIV. Tableaux de C. de La Fosse et G. Blanchard. Le **buste de Louis XIV** (1665) par Bernini, dit le Bernin, est étourdissant de virtuosité baroque.
Salon de Mars (R) – Le changement de décor (murs tendus de tissu) rappelle que l'on entre ici dans l'ancien appartement royal proprement dit (salle des Gardes). Louis XIV l'affecta au bal, au jeu et à la musique les soirs d'« Appartement ». De part et d'autre de la cheminée, deux tribunes, supprimées en 1750, recevaient les musiciens. Deux tableaux ont retrouvé leur place du 18e s. : *La Famille de Darius aux pieds d'Alexandre* par Le Brun, et *Les Pèlerins d'Emmaüs* d'après Véronèse. Aux murs latéraux, Louis XV et Marie Leszczyńska, tous deux de Van Loo, occupent toujours leur emplacement d'origine. Plafond aux motifs guerriers, par Audran, Jouvenet et Houasse.
Salon de Mercure (S) – Ancienne antichambre, il servit ensuite épisodiquement de chambre de parade. Le jeu s'y tenait les soirs d'« Appartement ». Les peintures du plafond sont l'œuvre de Jean-Baptiste de Champaigne. *David jouant de la harpe* par le Dominiquin, était l'un des tableaux préférés de Louis XIV. En 1715, le cercueil de Louis XIV fut exposé dans le salon de Mercure une semaine entière. Il fut veillé par 72 ecclésiastiques se relayant pour que quatre messes soient célébrées à la fois, sans interruption de 5h à midi.
Salon d'Apollon ou salle du Trône (T) – Le trône était placé sur une estrade disposée sous un dais au milieu du grand mur. On y distingue les trois crochets qui soutenaient le dais. C'est ici qu'étaient reçus les ambassadeurs. Les jours d'« Appartement », cette salle était dévolue à la danse et à la musique. Au plafond, C. de La Fosse a peint le *Char du Soleil*. Ici s'achève le « Grand Appartement » du roi dans son premier état, tout le front du château, du côté des jardins, ayant été repris pour l'aménagement de la Galerie des Glaces et de ses deux annexes, le salon de la Guerre et le salon de la Paix.

★ Salon de la Guerre

Ce salon d'angle fait jonction entre le Grand Appartement et la Galerie des Glaces. Il est orné d'un grand bas-relief ovale, par Coysevox, représentant le roi triomphant de ses ennemis.

★★★ Galerie des Glaces

La Galerie des Glaces ou « Grande Galerie », terminée par Mansart en 1684, couvre la terrasse éphémère (1668-1678) que Le Vau avait aménagée face aux jardins. C'est, avec les deux salons qui l'encadrent, le chef-d'œuvre du premier peintre du roi, Charles Le Brun, et de son équipe. Longue de 73 m, large de 10,5 m et haute de 12,3 m, elle est éclairée par 17 grandes fenêtres auxquelles correspondent 17 panneaux de glace sur le mur opposé. Les 357 « miroirs de glace » qui composent ces

2

De 1660 à nos jours : un chantier perpétuel

Au temps de Louis XIV

Succédant à son père à l'âge de 5 ans, en 1643, Louis XIV ne décide de transformer l'ancien pavillon de chasse de Louis XIII qu'en 1660, année de son mariage avec Marie-Thérèse, Infante d'Espagne. Une œuvre titanesque démarre et, en 1682, Louis XIV, marqué par les événements de la Fronde, annonce solennellement qu'il installe le gouvernement de la France à Versailles, loin de l'agitation parisienne. Le château devient la capitale politique, mais aussi une vitrine de l'art français, devenant le théâtre de cérémonies prestigieuses. Les chantiers se poursuivront presque jusqu'à la mort du roi (1715), cinq ans après l'achèvement du Trianon et de la chapelle.

Les maîtres d'œuvre

Les constructions se sont développées en alternance avec les guerres et les périodes de paix, suscitant chaque fois de nouveaux chantiers : une entreprise architecturale de près de cinquante ans, conduite en concordance avec les campagnes militaires de Louis XIV.

La première campagne est celle des 20 ans du roi ou de la paix des Pyrénées (1659). La prestigieuse équipe de Vaux-le-Vicomte (*p. 432*) – **André Le Nôtre**, **Charles Le Brun** et **Louis Le Vau** – y participe. C'est l'époque de la création du parc et des jardins.

La deuxième campagne, pour les 30 ans du roi ou la paix d'Aix-la-Chapelle (1668), se porte sur le gros œuvre : une enveloppe enrobe le château Vieux (ou ancien pavillon de chasse de Louis XIII) sur ses trois faces, en pierre côté jardin, en brique et pierre du côté des cours symétriques. **François d'Orebay** prend la relève de Le Vau, mort en 1670 ; Le Brun dirige une équipe de sculpteurs pour la décoration de l'intérieur comme de l'extérieur.

La troisième campagne s'ouvre avec la paix de Nimègue (1678) et les 40 ans du roi : **Jules Hardouin-Mansart** agrandit l'espace couvert du château pour permettre au roi de transférer à Versailles le siège du gouvernement. L'apport de Mansart se traduit par l'implantation des écuries, la construction des ailes des Ministres du côté des cours et les ailes du Nord et du Midi. Les Grands Appartements sont transformés par la création des salons de la Guerre et de la Paix encadrant la nouvelle Galerie des Glaces. C'est l'occasion de remplacer la décoration dédiée aux dieux antiques par la présentation du règne et du royaume : la voûte de la Galerie des Glaces raconte les hauts faits de Louis XIV.

L'Europe, coalisée contre le royaume, interrompt les travaux, mais ceux-ci reprennent en 1698 après le traité de Ryswick. La dernière campagne permet à Mansart, nommé surintendant des bâtiments, de construire la chapelle qui s'inspire avant tout de la Sainte-Chapelle à Paris, modèle fondé par Saint Louis.

Sous Louis XV

Les courtisans délaissent Versailles, le temps de la Régence, mais à la majorité du roi, en 1722, Louis XV et la Cour retrouvent le chemin du château. Le palais subit des transformations pour être mis au goût du jour. Le roi fait transformer les appartements privés pour se soustraire à la foule et à la cour. Il confie à l'architecte **Ange-Jacques Gabriel** le soin de rendre la façade du château vers la ville plus homogène, mais le manque de crédits ne permet pas ces transformations. Toutefois, le salon d'Hercule, l'Opéra et le Petit Trianon sont construits.

Sous Louis XVI

En 1783, Louis XVI achève le Hameau de la Reine et son jardin paysager, ce qui vaut la destruction du jardin botanique créé par Louis XV, au grand dam de l'Europe savante (☞ « Domaine de Marie-Antoinette » p. 212). Dès le début de la Révolution française en 1789, la famille royale quitte Versailles pour Paris. Jamais plus le château n'abritera de roi.

À toutes les gloires de France

Après la prise des Tuileries et la chute de la monarchie, le 10 août 1792, le mobilier du château est vendu aux enchères publiques, à l'exception de quelques meubles importants. Des tableaux, tapis et tapisseries sont réservés pour un musée, qui sera finalement créé au Louvre. Le château est conservé par la République, et lorsque l'Empire est proclamé, Versailles redevient la résidence de la Couronne. **Napoléon** y entreprend des travaux de restauration, mais les événements historiques ne lui laissent pas la possibilité de s'y installer. Ses successeurs sur le trône de France (Louis XVIII et Charles X, frères de Louis XVI) n'ont pas le désir de s'y établir. Menacé de destruction en 1830, le château est sauvé par le roi **Louis-Philippe** qui, en 1837, le transforme en musée dédié à « toutes les gloires de la France », avec l'ambition de rallier à sa dynastie toutes les classes de la société.
Transformé en hôpital militaire durant la guerre de 1870, le château de Versailles devient le siège de l'état-major des Prussiens et, l'année suivante, l'Empire allemand est proclamé dans la Galerie des Glaces. En 1875, la République est proclamée dans la salle de l'Opéra.

Des années de restauration

De 1925 à 1936, le château a bénéficié du mécénat exceptionnel de **John D. Rockefeller** qui a permis d'éviter la destruction notamment de la toiture et du corps central du bâtiment, ainsi que des Trianons et des jardins. Par la suite, de nombreuses fondations et des mécénats d'entreprise ont véritablement permis de sauver Versailles.
Lancé en 2003, l'ambitieux projet de rénovation du **Grand Versailles** vise à redonner à l'ensemble du domaine tout son éclat historique. Depuis, le domaine est en perpétuel chantier. Les restaurations et rénovations continuent à se succéder. Versailles dispose désormais d'un Centre de recherches sur les lieux et expressions du pouvoir au pavillon de Jussieu dans le Trianon, ainsi qu'un Centre de musique baroque, et s'attache au regroupement des réserves dans les écuries et le Grand Commun, afin que les trésors non exposés soient accessibles aux chercheurs.

Projet Grand Versailles Numérique (GVN)

Parallèlement au chantier de rénovation du Grand Versailles, un ambitieux projet numérique permet dès à présent au visiteur de mieux comprendre et de suivre les travaux. Vous pouvez visiter le site *www.gvn.chateauversailles.fr* pour faire une visite virtuelle de Versailles et profiter de Versailles 3D dans la galerie de l'Histoire du château (☞ p. 177) ou sur Internet *(www.gvn.chateauversailles.fr)*.

Les grandes dates de Versailles

- **1631** – Construction du château de Louis XIII.
- **1643** – Mort de Louis XIII. **Règne de Louis XIV**. Régence d'Anne d'Autriche.
- **1661** – Règne personnel de Louis XIV, sans Premier ministre.
- **1664** – Première des grandes fêtes royales : Les Plaisirs de l'île enchantée.
- **1666** – Inauguration des fontaines.
- **1668** – Construction de l'« enveloppe de pierre », projet de Le Vau.
- **1671** – Le roi décide de créer une ville à Versailles.
- **1674** – Premier grand séjour du roi à Versailles.
- **1682** – La Cour et le gouvernement s'installent à Versailles.
- **1683** – Mort de la reine Marie-Thérèse. Mariage secret de Louis XIV avec Mme de Maintenon.
- **1684** – Achèvement de la Galerie des Glaces. Construction de l'Orangerie.
- **1687** – Le Trianon de Marbre remplace le Trianon de Porcelaine.
- **1710** – Naissance de Louis XV, arrière-petit-fils de Louis XIV.
- **1715** – Mort de Louis XIV. **Règne de Louis XV**. Régence de Philippe d'Orléans. La Cour quitte Versailles. Elle y reviendra en 1722.
- **1741** – Achèvement du bassin de Neptune.
- **1745** – Mme de Pompadour, favorite de Louis XV pendant quinze ans.
- **1754** – Naissance de Louis XVI.
- **1768** – Achèvement du Petit Trianon.
- **1770** – Mariage de Louis XVI avec Marie-Antoinette d'Autriche-Lorraine.
- **1774** – Mort de Louis XV. **Règne de Louis XVI**.
- **1783** – Signature des traités de Versailles (indépendance des États-Unis).
- **1789** – Réunion des états généraux dans la salle des Menus-Plaisirs. La famille royale quitte Versailles qui n'est plus le siège du pouvoir.
- **1837** – Inauguration par Louis-Philippe du musée dédié à toutes les gloires de France.
- **1871** – Les députés siègent dans l'Opéra royal du château puis dans une nouvelle salle au centre de l'aile du Midi jusqu'en 1879.
- **1919** – Signature du traité de Versailles mettant un terme à la Première Guerre mondiale dans la Galerie des Glaces.
- **2000** – Grande campagne de replantation suite à la tempête de 1999.
- **2003** – Lancement du projet du « Grand Versailles ».
- **2007** – Restauration de la Galerie des Glaces.
- **2010** – Restauration de l'antichambre du Grand Couvert.
- **2012** – Réaménagement des galeries de l'Histoire du château.
- **2019** – Réouverture du Grand Appartement de la Reine.
- **2021** – Réouverture de la Chapelle royale entièrement restaurée.
- **2022** – Réouvertures de l'appartement du Dauphin et de l'appartement de Mme du Barry. Réouverture de la salle du Serment du Jeu de Paume.

Quelques chiffres

Le château de Versailles couvre une surface de 67 121 m², dont à peine 15 970 m² sont ouverts à la visite ! Il contient 700 pièces, 67 escaliers, 352 cheminées, 2 153 fenêtres et 11 ha de toitures, sans parler des innombrables objets d'art et peintures...

panneaux sont les plus grands que l'on sût couler à l'époque. La galerie reçoit les derniers feux du soleil couchant et offre, de ses fenêtres centrales, une superbe **perspective★★★** sur l'« axe du Soleil ».
La **voûte** illustre l'art de la *quadratura* qui consiste à unifier la peinture avec l'architecture, la sculpture et l'ornement, dans une perspective illusionniste. Le décor peint de cet immense vaisseau glorifie le règne de Louis XIV, alors au sommet de sa puissance. Allégories et trompe-l'œil évoquent les faits marquants des 17 premières années de son règne, la composition générale s'ordonnant autour de la grande peinture centrale, *Le Roi gouverne par lui-même* (1661). Les scènes glorifient les hauts faits militaires du roi, structurés par le conflit avec la Hollande, illustré aux deux extrémités de la galerie, qui s'achève par la Prise de Gand. Les réformes administratives et économiques, répondant au souhait du souverain d'unifier son pays, trouvent aussi leur place (Réformation de la Justice, 1667). Louis XIV est représenté comme un monarque soucieux de ses sujets, ainsi dans *Soulagement du peuple pendant la famine* (1662)*, et protecteur de la vie artistique et intellectuelle, La Protection accordée aux Beaux-Arts* (1663). Remarquez la corniche qui souligne la voûte : en stuc doré, elle est surmontée de 24 trophées présentés par des *putti* et six cartouches encadrés de griffons.
Dans ce cadre somptueux, réservé aux grandes fêtes de la Cour, pour les mariages princiers et les audiences extraordinaires, Louis XIV reçut le doge de Gênes, l'ambassadeur du roi de Siam et les ambassadeurs de Perse. En 1855, sous le Second Empire, la galerie retrouva les fastes de l'Ancien Régime, lors de la réception par Napoléon III et l'impératrice Eugénie de la reine Victoria. C'est ici que fut proclamé

Les grands appartements

Cette partie du château comprend d'une part les pièces de réception connues sous le nom de « Grand Appartement du Roi » et la célèbre Galerie des Glaces ; d'autre part, les pièces d'habitation consacrées à la vie publique du roi et de la reine.
La vie des souverains se déroulait entre les salons et galeries d'apparat des Grands Appartements. Les appartements d'habitation officiels, semi-publics, et les appartements privés permettaient de garder une certaine intimité. Au 18e s., Louis XV fait aménager les Petits Appartements, pour y vivre à l'écart de la Cour.
Dans les pièces d'habitation, les tentures étaient déposées deux fois par an, à l'entrée de l'été et de l'hiver. On distinguait le **meuble d'été** (soieries) et le **meuble d'hiver** (velours). Sur les murs tendus d'étoffe étaient accrochés des tableaux religieux des écoles italienne et française : Poussin, Véronèse, Titien.
Le roi et la reine avaient chacun leur appartement, disposé symétriquement de part et d'autre de l'axe transversal du bâtiment. La suite des pièces comprenait, dans l'ordre, au moins une salle des gardes, des antichambres, la chambre, le Grand Cabinet et les cabinets privés (la communication privée entre les deux appartements s'établissait en principe par ces salons).
À Versailles, ce schéma symétrique fut adopté de 1673 à 1682. Marie-Thérèse étant morte en 1683, il n'était pas question d'installer Mme de Maintenon dans l'appartement de la souveraine. Louis XIV quitta son appartement du nord du corps central, qui venait d'être transformé au prix d'enrichissements décoratifs inouïs en « Grand Appartement » de parade et de divertissement, et se transporta sur la cour de Marbre.

l'Empire allemand le 18 janvier 1871 ; cinquante ans plus tard, Clemenceau choisit le même endroit pour la signature du traité de Versailles qui mit fin à la Première Guerre mondiale.

★★★ Appartement du Roi

L'appartement intérieur, dit « Appartement du Roi », se distribue autour de la cour de Marbre. Il fut aménagé de 1682 à 1701 par Hardouin-Mansart dans le château de Louis XIII ; sa décoration marque une nette évolution du style Louis XIV. Les plafonds ne sont plus compartimentés, mais peints en blanc. Des lambris blanc et or remplacent les revêtements de marbre. De grandes glaces surmontent les cheminées.

Cabinet du Conseil (3) – Comme le salon de l'Œil-de-Bœuf, elle résulte de la réunion de deux anciens salons, le cabinet des Termes et le cabinet des Perruques. L'opération fut réalisée sous Louis XV, Gabriel étant chargé de la décoration. Les nouvelles boiseries, de Rousseau, remplaçant les glaces du temps de Louis XIV, comptent parmi les chefs-d'œuvre du style rocaille français, marqué de légèreté, d'équilibre et de richesse.

Dans le Grand Cabinet furent prises un siècle durant des décisions qui engagèrent le destin de la France, dont, en 1775, la participation à la guerre de l'Indépendance américaine.

Admirez, en passant, la décoration de la chambre de Louis XV *(porte ouverte sur la gauche – on y accède avec la visite guidée « Appartements privés du roi »).*

Chambre du Roi (2) – Louis XIV s'y installa en 1701. Le lit du roi se trouvait dans l'axe du château et de son parc, la ligne est-ouest marquant la course du Soleil. La pièce, donnant sur la cour de Marbre, fait donc face au soleil levant. C'est dans cette chambre que mourut Louis XIV, le 1er septembre 1715, d'une gangrène à la jambe.

De 1701 à 1789 se déroulèrent dans la chambre du Roi les cérémonies du lever et du coucher. Le roi était éveillé vers 7h du matin par son Premier valet de chambre. La première visite était celle du médecin. Puis venaient les grandes entrées (les membres de la famille et ceux qui ont une charge), les secondes entrées et enfin les gens de qualité. Après le déjeuner suivi de la toilette, le roi quittait son appartement pour assister à la messe de 10h dans la chapelle.

La chambre du Roi est reconstituée à peu près exactement, avec son « meuble d'été » de 1722 (deuxième année de l'installation de Louis XV au château) : derrière la balustrade a été remonté un lit surélevé « à la française », avec son ciel de lit et ses rideaux de brocart brodé d'or et d'argent. Au niveau de l'attique, remarquez les *Quatre Évangélistes* par Valentin de Boulogne ; en dessus-de-porte, *Sainte Madeleine* par le Dominiquin, *Saint Jean-Baptiste* par Caracciolo et deux tableaux de Van Dyck dont son autoportrait.

Salon de l'Œil-de-Bœuf (1) – C'est dans ce fameux salon que les gentilshommes

Valet de chambre, une charge convoitée

Le Roi-Soleil disposait de 28 valets de chambre qui le servaient et l'assistaient selon un calendrier et un emploi du temps bien précis. Leurs privilèges ? L'approcher quotidiennement et, au besoin, lui présenter une requête. Leur charge les anoblissait, les exonérait de payer la taille (impôt royal) et leur assurait de substantiels revenus. Les plus connus d'entre eux furent sans doute **Marie Du Bois** (un homme malgré son prénom) qui laissa son journal, et **Alexandre Bontemps**, important personnage de la Cour pendant près de soixante ans qui gagna la confiance totale de Louis XIV.

La Galerie des Glaces, château de Versailles.
L. Lourdel/hemis.fr

attendaient le lever et le coucher du roi. Ce salon réunit en une seule pièce la chambre occupée par le roi de 1684 à 1701 (la partie éclairée par deux fenêtres sur la cour de Marbre) et un cabinet. Aménagé sous la direction de Hardouin-Mansart et Robert de Cotte, il montre le changement vers l'élégance et la légèreté décorative depuis le début du règne : remarquez la frise de jeux d'enfants, à la hauteur du célèbre œil-de-bœuf (auquel répond, en face, une baie identique en glaces), ainsi que le buste de Louis XIV par Coysevox. Les tableaux de Véronèse et du Bassan accrochés ici ont été remplacés par des portraits de la famille royale et par un tableau de Nocret regroupant, dans le style allégorique, la famille de Louis XIV. *Retour dans la Galerie des Glaces.*

★ Salon de la Paix

Il est symétrique au salon de la Guerre. Dès la fin du règne de Louis XIV, il fut annexé à l'appartement de la Reine, une cloison mobile assurant, en cas de besoin, sa séparation d'avec la galerie. Un tableau de Lemoyne, *Louis XV donnant la Paix à l'Europe*, surmonte la cheminée.

★★ Grand Appartement de la Reine

Il fut créé pour la reine Marie-Thérèse, épouse de Louis XIV, qui y mourut en 1683.
Chambre de la Reine (U) – Cette pièce a retrouvé, après une longue restauration, son « meuble d'été » de 1787. Aménagée pour Marie-Thérèse, elle a été habitée ensuite par la femme du Dauphin, fils du roi ; par la duchesse de Bourgogne, femme du petit-fils du Roi-Soleil, qui y donna naissance à Louis XV ; par Marie Leszczyńska (durant quarante-trois ans), femme de Louis XV ; enfin par Marie-Antoinette, épouse de Louis XVI. Dix-neuf enfants de France, dont Louis XV et Philippe V d'Espagne, sont nés dans cette chambre. Une très ancienne et rigoureuse tradition exigeait que les accouchements des reines de France fussent publics.
Le décor des boiseries et du plafond a été réalisé par les Gabriel pour Marie Leszczyńska. La cheminée, le grand meuble serre-bijoux, les « feux » (chenets) à décor de sphinx, l'écran de cheminée et le dessus-de-lit furent exécutés pour

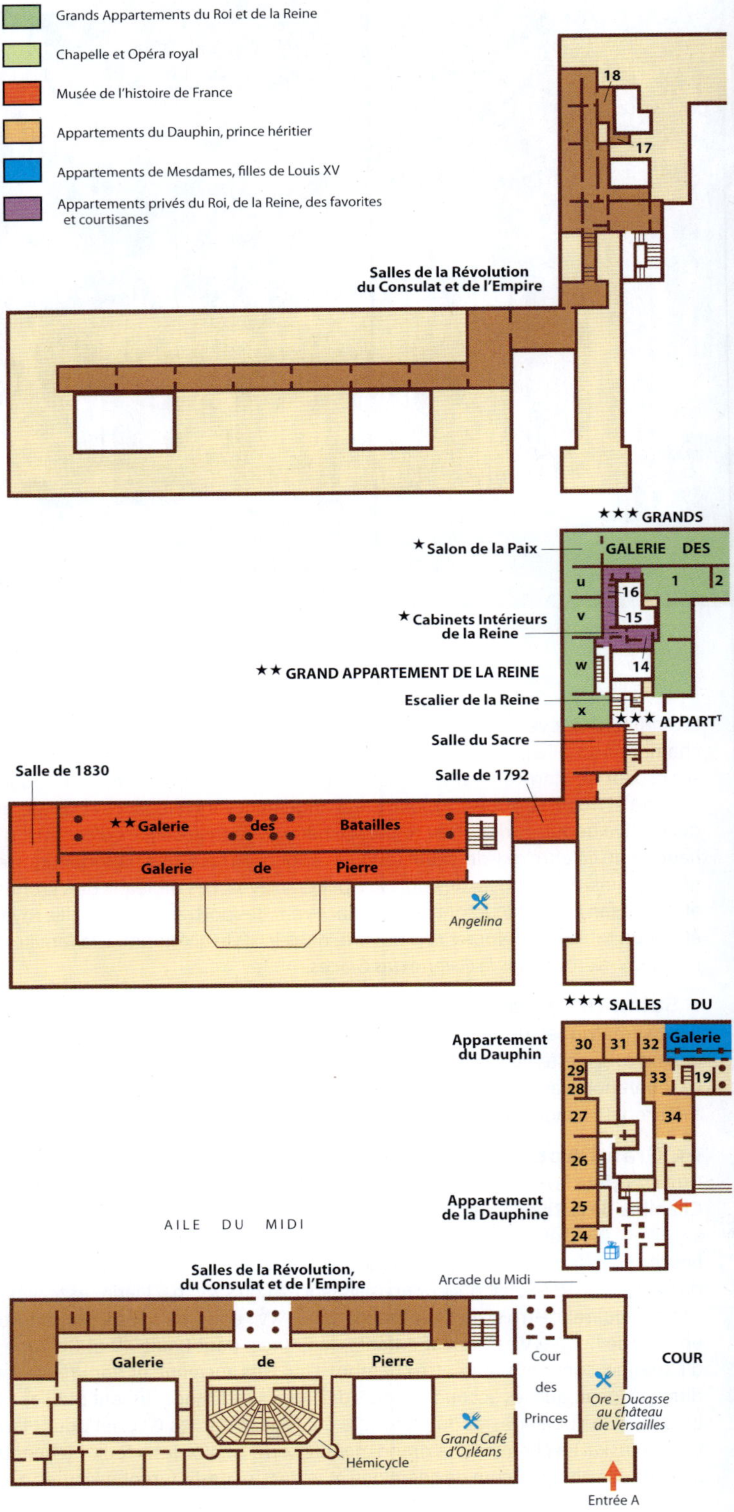

Grands Appartements du Roi et de la Reine
Chapelle et Opéra royal
Musée de l'histoire de France
Appartements du Dauphin, prince héritier
Appartements de Mesdames, filles de Louis XV
Appartements privés du Roi, de la Reine, des favorites et courtisanes
18
17
Salles de la Révolution du Consulat et de l'Empire
★★★ GRANDS
★ Salon de la Paix
GALERIE DES
u
1
2
16
15
v
★ Cabinets Intérieurs de la Reine
★★ GRAND APPARTEMENT DE LA REINE
w
14
Escalier de la Reine
x
★★★ APPART^T
Salle du Sacre
Salle de 1830
Salle de 1792
★★ Galerie des Batailles
Galerie de Pierre
Angelina
★★★ SALLES DU
Appartement du Dauphin
30
31
32
Galerie
29
28
33
19
27
34
26
Appartement de la Dauphine
25
24
AILE DU MIDI
Salles de la Révolution, du Consulat et de l'Empire
Arcade du Midi
Cour des Princes
COUR
Galerie de Pierre
Ore - Ducasse au château de Versailles
Grand Café d'Orléans
Hémicycle
Entrée A

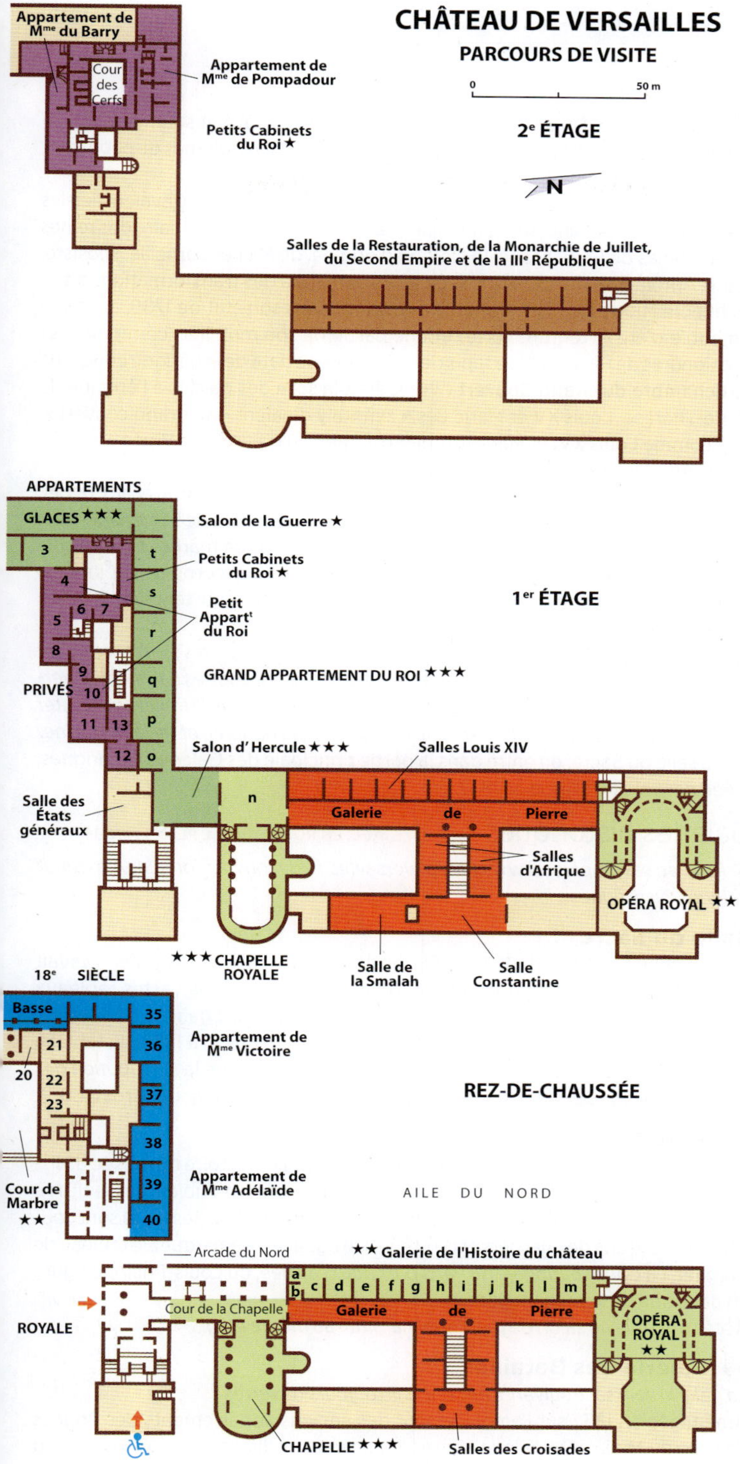
CHÂTEAU DE VERSAILLES
PARCOURS DE VISITE
0
50 m
2e ÉTAGE
N
Appartement de Mme du Barry
Cour des Cerfs
Appartement de Mme de Pompadour
Petits Cabinets du Roi ★
Salles de la Restauration, de la Monarchie de Juillet, du Second Empire et de la IIIe République
1er ÉTAGE
APPARTEMENTS
GLACES ★★★
Salon de la Guerre ★
3
t
Petits Cabinets du Roi ★
4
s
5
6
7
Petit Appartt du Roi
r
8
9
PRIVÉS
10
q
GRAND APPARTEMENT DU ROI ★★★
11
13
p
12
o
Salon d' Hercule ★★★
Salles Louis XIV
Salle des États généraux
n
Galerie de Pierre
Salles d'Afrique
OPÉRA ROYAL ★★
★★★ CHAPELLE ROYALE
Salle de la Smalah
Salle Constantine
18e SIÈCLE
REZ-DE-CHAUSSÉE
Basse
35
21
36
Appartement de Mme Victoire
20
22
37
23
38
Cour de Marbre ★★
39
40
Appartement de Mme Adélaïde
AILE DU NORD
Arcade du Nord
★★ Galerie de l'Histoire du château
a
b
c
d
e
f
g
h
i
j
k
l
m
Cour de la Chapelle
Galerie de Pierre
OPÉRA ROYAL ★★
ROYALE
CHAPELLE ★★★
Salles des Croisades

Marie-Antoinette. On admire surtout les tentures d'alcôve et soieries d'ameublement (« gros de Tours ») décorées de bouquets, rubans, plumes de paon, etc., retissées à l'identique à Lyon.

Antichambre des Nobles de la Reine (V) – Cette antichambre, où avaient lieu les présentations à la reine, servit aussi de chambre de parade mortuaire des reines et dauphines de France. Seul le plafond d'origine, de Michel Corneille, subsiste. Marie-Antoinette, ne goûtant pas ce style, demanda des transformations à son architecte Mique (1785). Le salon est restauré dans son état de 1789, avec son « meuble d'été » (tenture verte) et une partie de son mobilier (commodes et encoignures de Riesener). Le tapis de la Savonnerie date de la période Louis XIV.

Antichambre du Grand Couvert (W) – C'était la salle des gardes à l'époque de Marie-Thérèse. Louis XV et Marie Leszczyńska y dînaient « au grand couvert », tout comme Louis XVI et Marie-Antoinette. Tableau d'Élisabeth Vigée-Lebrun : *Marie-Antoinette et ses enfants* (1787).

Salle des Gardes de la Reine (X) – Elle a gardé son décor de Le Brun et N. Coypel, transféré du salon de Jupiter (devenu salon de la Guerre lors de l'aménagement de la Galerie des Glaces). Le cadre Louis XIV de lambris de marbre s'y retrouve donc intact. Dans cette salle, le matin du 6 octobre 1789, un corps-à-corps meurtrier opposa les gardes de Marie-Antoinette aux émeutiers qui tentaient d'envahir l'appartement.

Après la découverte des Grands appartements, deux possibilités s'offrent à vous : traverser la salle du Sacre pour atteindre les galeries historiques (vérifier l'ouverture de la galerie des Batailles) ; ou bien emprunter l'escalier de la Reine pour visiter le rez-de-chaussée, appartements de Mesdames, du dauphin et de la dauphine.

Par la salle du Sacre, on entre dans la partie principale des Galeries historiques, créée par Louis-Philippe en 1837.

Galeries historiques PREMIER ÉTAGE, EN ROUGE SUR LE PLAN P. 186-187

Pour en savoir plus : www.chateauversailles.fr/decouvrir/domaine/chateau/galeries-historiques.

Salle du Sacre

D'abord une chapelle, de 1676 à 1684, cette grande salle des Gardes recevait le Parlement. Louis-Philippe la fit modifier pour y placer les vastes tableaux commandés lors du sacre de Napoléon Ier. On voit aussi, à gauche de l'entrée, le célèbre *Sacre*, deuxième version peinte par David de 1808 à 1822, du tableau du Louvre. En face, une autre composition du même auteur, la *Distribution des aigles au Champ-de-Mars* ; au fond, *Murat à la bataille d'Aboukir* par Gros (1806).

Salle de 1792

Dans le vestibule précédant la salle, une frise rappelle l'histoire du musée d'Histoire de France. La salle de 1792 est une grande pièce non meublée, qui se situe à la charnière du corps de bâtiment central et de l'aile du Midi. Ses murs sont couverts de portraits de guerriers et de scènes de batailles. Remarquez le tableau de Coignet, *La Garde nationale de Paris part pour l'armée*, où Louis-Philippe figure en uniforme de lieutenant général.

Accès possible au salon de thé Angelina, situé au même étage.

★★ Galerie des Batailles

La galerie et la salle suivante ne sont pas toujours ouvertes.

Aménagée en 1837 sur l'emplacement des anciens appartements des Princes de l'aile du Midi, cette galerie impressionne par ses dimensions : 110 m de long sur 13 m de large. Son nom est dû aux 33 grandes compositions militaires dont Louis-Philippe fit orner les murs pour évoquer les principales victoires françaises. On y découvre aussi bien celles de l'Ancien Régime que celles de la République et de l'Empire, depuis Tolbiac (496) *(1re à gauche de l'entrée)* jusqu'à Wagram (1809) *(1re à droite de l'entrée)* due à Horace Vernet, chargé aussi de Bouvines, Fontenoy, Iéna, Friedland... On relève encore les noms de Delacroix (Taillebourg) et du baron Gérard (Austerlitz)...

Salle de 1830

Cette pièce met à l'honneur son commanditaire, Louis-Philippe. Elle est consacrée à l'accession au trône du « roi-citoyen ».

Escalier de la Reine

C'était, à la fin de l'Ancien Régime, l'entrée normale du château pour ceux qui se rendaient dans les appartements royaux. Sa décoration est d'une grande richesse. Admirez, du haut du palier, la réussite de la juxtaposition de marbres polychromes (décoration du « premier Versailles » de Le Brun). La grande peinture en trompe-l'œil est due à Meusnier, Pœrson et Belin de Fontenay.

★★ Appartements du dauphin et de la dauphine

REZ-DE-CHAUSSÉE, EN ORANGE SUR LE PLAN P. 186-187

Après une importante restauration de l'appartement du dauphin en 2022, un nouveau parcours de visite comprend les appartements du dauphin, de la dauphine, de Mesdames filles de Louis XV, du Capitaine des Gardes et la salle des Hoquetons. Les appartements du Dauphin, prince héritier, et de la Dauphine ont conservé une partie de leurs boiseries d'origine et ont pu être partiellement remeublés ; ils gardent l'empreinte de Louis, Dauphin de France, fils de Louis XV, et de sa seconde épouse Marie-Josèphe de Saxe. Les peintures et les bustes exposés sont les œuvres des plus grands artistes du 18e s. Le mobilier est somptueux.

Première antichambre de la dauphine (24) – Plusieurs tableaux évoquent la succession de Louis XIV : portrait de Louis XV à cinq ans par Alexis Belle (1723), *Cavalcade du Roi (Louis XV) après le sacre, le 22 octobre 1722* par Pierre-Denis Martin.

Deuxième antichambre (25) – La cheminée, portant un buste du Régent par J.-L. Lemoyne, vient probablement de la chambre de la Reine à l'époque de Marie Leszczyńska. Portrait de cette dernière par AlexisSimon Belle (1725).

Grand Cabinet de la Dauphine (26) – Cette ancienne salle des gardes rappelle le mariage de Louis XV et de Marie Leszczyńska.

Chambre de la Dauphine (27) – Elle présente un lit à la polonaise et de magnifiques fauteuils réalisés par Heurtaut, des portraits de Mesdames Henriette et Adélaïde, belles-sœurs de la Dauphine, en Flore et en Diane peints par Nattier. Marie-Josèphe de Saxe donna ici naissance à Louis XVI, Louis XVIII et Charles X.

Cabinet intérieur de la Dauphine (28) – Il a conservé son décor de boiseries safran à rechampis turquoise, en vernis Martin. La nouvelle restauration commencée en juin 2021 a permis à la pièce de retrouver son état d'origine. Remarquez une commode par Bernard II Van Riesen Burgh, composée de panneaux de laque du Japon, et le secrétaire à cylindre de Marie-Josèphe de Saxe par J.-F Œben et J.-H. Riesener.

Bibliothèque du Dauphin (29) – La restauration de l'appartement du dauphin, l'un des plus prestigieux du château, a duré près de deux ans. Elle a permis de retrouver l'état des lieux connu en 1747, lorsque le fils de Louis XV s'y installa. La remise en état des décors et des dorures a rendu à cet appartement tout son éclat.

L'étiquette et les fêtes autour du Roi-Soleil

Louis XIV rassemble la noblesse autour de sa personne. Avec la Cour et les services, quelque 3 000 personnes logent dans le château ou dans ses dépendances immédiates. La journée de Cour, suivant le mot de Saint-Simon, est une « mécanique » soigneusement réglée où se succèdent réceptions, conseils et fêtes. Dès son entrée à Versailles, Louis XIV divise l'espace en deux : le roi à droite, la reine à gauche, une répartition interprétée comme l'expression des droits de la reine sur la Couronne d'Espagne, dont l'entrée en vigueur aurait mis l'héritière à égalité avec le roi.
Louis XIV, qui parle couramment l'italien et l'espagnol, fait de Versailles le creuset de valeurs liées à l'esthétique à travers le bal, le jeu ou la mode. Il joue sur scène, jusqu'en 1671, des rôles de dieux ou de héros mythologiques, d'empereurs romains… Une célèbre gravure le représente, en costume solaire, dans le *Ballet de la nuit*.
Lui qui a l'oreille fort juste et une grande mémoire musicale suit la composition des divertissements de **Delalande** ou des opéras de **Lully**, donne à **Quinault** les sujets de ses opéras, assiste aux répétitions et chante les airs. Il joue à la guitare, « mieux qu'un maître » selon la palatine, et apprend le clavecin, qu'il apprécie à la fin de sa vie avec les concerts de **Couperin**.

On retrouve dans la bibliothèque le même type de boiseries que dans le cabinet intérieur de la Dauphine, polychromes et en vernis Martin. Elles encadrent des marines de Vernet en dessus-de-porte.
Grand Cabinet du Dauphin (30) – Cette grande pièce d'angle est d'une harmonie et d'une clarté exceptionnelles. Elle contient les portraits de Mesdames Adélaïde, Victoire, Louise et Sophie par Natoire, ainsi qu'un très beau mobilier dû à Jacob provenant du salon des Jeux de Louis XVI à St-Cloud. L'étonnant globe terrestre et céleste, intégrant un second globe avec les reliefs terrestres, a été commandé par Louis XVI pour l'instruction de son fils. La grande console qui mêle bois jaune, filets d'ébène et bronzes dorés a été livrée pour l'appartement du Dauphin en 1787 par Cl.-Ch. Saunier. On y admire également le baromètre sculpté par Lemaire à l'occasion du mariage du Dauphin – futur Louis XVI – et de Marie-Antoinette.
Chambre du Dauphin (31) – Occupée à partir de 1684 par Monseigneur (fils de Louis XIV) et jusqu'au fils de Louis XVI (1789), elle a conservé son décor exécuté en 1747 ; remarquez la très belle armoire-bibliothèque à panneaux de laque (B. Van Risenburgh) et le lit en tapisserie « à la duchesse » du 18e s. La cheminée est l'une des plus belles du château.
Deuxième antichambre (32) – Aux murs, les portraits des filles de Louis XV sont dus à Nattier.

★★ Appartements de Mesdames, filles de Louis XV

REZ-DE-CHAUSSÉE, EN BLEU SUR LE PLAN P. 186-187

En traversant la Galerie basse, vous parvenez aux appartements des six filles de Louis XV, récemment restaurés et remeublés. Elles s'y installèrent à partir de 1652.

Galerie basse

Cloisonnée en appartements sous Louis XVI, reconstituée en partie sous Louis-Philippe, elle a été rétablie dans l'état Louis XIV ; de 1782 à 1789, Marie-Antoinette a utilisé pour elle et ses enfants les pièces aménagées dans cette galerie.

Appartement de Mme Victoire

L'ancien cabinet des Bains de Louis XIV, qui contenait deux cuves de marbre, fut transformé plusieurs fois avant de devenir la **première antichambre** de Mme Victoire. Dans la **seconde antichambre**, les volets intérieurs sont les seuls vestiges de l'ancienne chambre des bains. En dessus-de-porte, les fables de La Fontaine sont illustrées par Oudry.

Le **Grand Cabinet** (35), magnifique pièce d'angle qui a retrouvé sa cheminée, évoque la musique : les trophées et la corniche sculptés par Verberckt déploient une iconographie musicale ; les clavecins de F.-E. Blanchet Ier et Rückers rappellent les talents de musicienne de Mme Victoire, à qui Mozart dédia deux sonates pour clavecin et violon.

L'ancienne **chambre à coucher** de Mme Victoire (36) a été remise en valeur par l'installation d'un mobilier exceptionnel – remarquez le lit à la turque – et la réfection du « meuble d'été ». On traverse le **cabinet intérieur** – admirez les boiseries d'Antoine Rousseau – avant d'arriver à la **bibliothèque** (37). Dans les armoires, quelques livres portent les armes de Mesdames.

Appartement de Mme Adélaïde

Ces salles, après avoir constitué le second appartement de la marquise de Pompadour, qui y mourut, furent attribuées à Mme Adélaïde en 1769.

Après le **cabinet intérieur**, ancien cabinet de laque rouge de Mme de Pompadour, vous passez dans la **chambre** (38), où les peintures des dessus-de-porte de Natoire illustrent les arts (allégories de la Peinture, de la Sculpture, de l'Architecture et de la Musique).

Grand Cabinet (39) – Le grand orgue de salon placé le long du mur de fond de la pièce nous rappelle que Mme Adélaïde pratiquait régulièrement plusieurs instruments (orgue, violon). Les portraits des sœurs aînées de Mme Adélaïde sont de Nattier.

Ancien salon de l'escalier des Ambassadeurs, la **salle des Hoquetons** (40) servait d'« annexe » à l'escalier, démoli en 1752. Cette appellation vient des gardes de la prévôté de l'hôtel, qui étaient chargés de la police intérieure du château. Les belles proportions de la pièce donnent une idée de la splendeur de l'escalier disparu. La **pendule**★ monumentale (1754) de Passemant, Roque (horloger) et Germain (bronzier) est en restauration. Des **sculptures d'animaux** sont actuellement exposées. Ce sont les vestiges des 330 statues qui ornaient les 39 fontaines du célèbre Bosquet du Labyrinthe, détruit en 1775 et remplacé par le Bosquet de la Reine.

La visite du rez-de-chaussée se termine par l'**appartement du Capitaine des gardes** (21-23) véritable galerie de peintures : dans la première pièce, un portrait de Marie-Antoinette par Élisabeth Vigée Le Brun, une série de portraits des Habsbourg et les bustes de Diderot et Voltaire par Houdon. Dans les pièces suivantes sont présentés plusieurs tableaux de Marie-Antoinette, de ses amies, de ses enfants et des sœurs de Louis XVI.

À la suite, deux pièces des **appartements privés de Marie-Antoinette** sont désormais accessibles à la visite libre : sa chambre et la pièce des bains.

La reine avait récupéré ces pièces de l'appartement de Mme Sophie après la mort de celle-ci (1782). Dans la **chambre**, remarquez le coffret à bijoux de Carlin, orné de plaques de porcelaine, cadeau de mariage de Louis XV à Marie-Antoinette. Le décor de sa salle de bains (19), de boiserie blanc et bleu adopte une iconographie aquatique (algues, corail, dauphins, cygnes, etc.). Marie-Antoinette ne s'en servit jamais car cette **pièce des bains** n'était pas terminée lorsqu'elle dut quitter le château. Les boiseries démontées par Louis-Philippe furent remontées

2

Versailles, reflet du mécénat royal

Fait nouveau dans l'histoire des demeures royales, les appartements sont meublés de manière permanente dès leur ouverture. Grâce aux efforts de Colbert pour développer un artisanat et une industrie de luxe, le château, ouvert à tous, devient « une sorte d'exposition permanente des arts et métiers français ». Les collections s'enrichissent considérablement sous Louis XIV : vases de pierres dures, bronzes, peintures et sculptures de l'école française. À la suite de Louis XIV, Louis XV puis Louis XVI décorent les appartements au goût du jour. Les décors Louis XIV subsistent dans quelques pièces, mais l'essentiel du château présente aujourd'hui une décoration « rocaille », de style Louis XV.

en 1980. La visite guidée des appartements privés de Marie-Antoinette permet d'entrer dans cette pièce ainsi que dans la deuxième salle de bains, située à l'étage et utilisée dès 1770.

Visites guidées

Billets en vente aile des Ministres nord - 10 € en plus du billet d'entrée (10-17 ans 7 €).

★★ Appartements privés du roi

PREMIER ÉTAGE, EN VIOLET SUR LE PLAN P. 186-187

La visite de ces appartements privés est conseillée aux visiteurs déjà initiés à Versailles et goûtant les harmonies décoratives du 18e s.
Cette enfilade de pièces suit le Grand Appartement du Roi et constitue un espace plus privé et plus intime.
Antichambre des Chiens (6) – Pièce de passage au débouché de l'escalier privé (« degré du Roi »), par lequel on accède au petit appartement. On y réutilisa des boiseries Louis XIV, d'où un changement, épisodique, du style décoratif.
Salle à manger dite « des Retours de Chasse » (7) – Elle servit à Louis XV les jours de chasse, plusieurs fois par semaine de 1750 à 1769, pour des soupers auxquels quelques-uns de ses compagnons de chasse privilégiés étaient admis. Le mobilier des appartements provient surtout du château de Louis XVI à Compiègne.
Chambre à coucher (4) – Elle ne peut pas être reconstituée aussi fidèlement que la chambre de Louis XIV ; les rideaux de brocart ont été réalisés récemment d'après un modèle de 1765. Évoquons les contraintes de l'étiquette : Louis XV (à partir de 1738), puis Louis XVI (jusqu'à la fin de l'Ancien Régime) regagnaient chaque matin la chambre de Louis XIV pour le « lever », et inversement, se prêter à la cérémonie du « coucher » avant de rejoindre leur couche. Louis XV s'éteignit ici le 10 mai 1774, victime de la petite vérole.
Cabinet de la Pendule (5) – Cette pièce servait sous Louis XV jusqu'en 1769 de salon de jeux les soirs de souper. La **pendule astronomique**★★★ de Passemant et Dauthiau fut apportée ici en janvier 1754. Une raie de cuivre dans le parquet indique le méridien de Versailles. Cette norme internationale a permis aux explorateurs d'uniformiser les cartes géographiques.
Cabinet intérieur du Roi (8) – Louis XV tint à donner à ce cabinet un éclat tout à fait exceptionnel : c'est un chef-d'œuvre de l'art décoratif – Gabriel et Verberckt s'y sont surpassés en fait de décor rocaille – et de l'ébénisterie française du 18e s. Le **bureau à cylindre**★★★ (1769, par Œben et Riesener) fait partie des pièces de prestige ayant échappé à la dispersion du mobilier et des œuvres d'art en 1792.

La chambre à coucher du roi donnant sur la cour de Marbre.
De Agostini/G. Dagli Orti/age fotostock

Le **médaillier** (1738), de l'ébéniste Gaudreaux, en forme de commode surchargée de bronzes dorés, fut complété, avec l'enrichissement des collections de Louis XV, par deux meubles d'encoignure (1755), par Joubert. Sur le médaillier, le candélabre (1783) « de l'Indépendance américaine » a retrouvé place entre deux vases de Sèvres (bronzes de Thomire). Les chaises proviennent d'un ensemble de Foliot (1774).

Ce cabinet, privé à l'origine, prit sous Louis XVI un caractère semi-officiel. Ici eut lieu en 1785, en présence de Marie-Antoinette, l'entrevue au cours de laquelle le roi signifia au cardinal de Rohan, compromis dans l'affaire du Collier, sa prochaine arrestation.

On passe ensuite dans l'arrière-cabinet de travail – ou cabinet des Dépêches – où Louis XV et Louis XVI conservaient leurs documents confidentiels et recevaient leurs émissaires particuliers.

Cabinet de Mme Adélaïde (9) – Première des « salles neuves » réaménagées par Louis XV en 1753 sur la cour Royale, à l'intention de sa fille préférée, « Madame Adélaïde », ce « cabinet doré » montre, outre de magnifiques boiseries rocaille, des lambris dorés ornés de trophées (musique, pêche, jardinage). Mme Adélaïde utilisa ce cabinet comme salon de musique. Mozart enfant s'y serait produit au clavecin devant la famille royale, durant l'hiver 1763-1764. Louis XVI s'en servait de « cabinet des bijoux ». On y admire un extraordinaire **médaillier★★**, dû à Bennemann, dont les tiroirs sont décorés avec de la cire fondue, mélangée de plumes d'oiseaux et d'ailes de papillons, coulée sur des plaques de verre. Ce procédé ingénieux mais fragile remplaçait la marqueterie, car les bois exotiques étaient alors introuvables.

Bibliothèque de Louis XVI (10) – Gabriel, pourtant vieillissant, et le sculpteur Rousseau firent de cet aménagement raffiné l'une des premières réussites du style décoratif Louis XVI (1774). La noblesse des bibliothèques, dont les portes sont dissimulées par de faux dos de livres, est tempérée par la gaieté des rideaux et des tissus des sièges à motifs « chinois ». La grande table ronde d'acajou de

La vie quotidienne au château

La Cour compte de 4 000 à 5 000 personnes en tout, jusqu'à 10 000 personnes les « jours de grande presse », selon les termes de Mme de Sévigné. Le **grand maître de la maison du Roi**, office qui appartient depuis 1641 au prince de Condé, règle annuellement les dépenses de bouche. Pour avancer les fonds nécessaires à l'achat des marchandises, les pourvoyeurs de la Cour sont avant tout des financiers qui se remboursent sur les intérêts servis par le roi. Les restes des tables royales et princières sont consommés ou vendus par tous ceux qui commandent, préparent et apportent les plats : gentilshommes servant ou maîtres d'hôtel. C'est le système de la **desserte**, trafic très lucratif. Viandes et poissons sont revendus aux commerçants de Versailles par l'intermédiaire des Suisses ; les boissons, le café et le chocolat le sont dans des baraques en plâtre ou en bois près des rampes d'accès ou des grilles. Les courtisans n'ont pas de cuisine et réchauffent sur des braseros les plats achetés sur leurs propres deniers, grâce au système de la desserte. Cuisines improvisées, réchauffoirs et boutique de charbon empuantissent les galeries hautes et basses du château. S'y ajoute le continuel flux de visiteurs et de solliciteurs qui, pourvu que la mise soit correcte, se mêlent aux courtisans.

Riesener, dont le plateau a été taillé dans une seule pièce de bois, était utilisée par Louis XVI pour corriger les cartes géographiques.

Salon des Porcelaines (11) – Ancienne salle à manger des Retours de Chasse de Louis XV, Louis XVI y instaura les « soupers de société » de 1769 à 1789. Y sont exposées quelques pièces du premier service de porcelaine de Sèvres commandé par Louis XV, le service bleu céleste, et des plaques de porcelaine de Sèvres peintes d'après Oudry, commandées par Louis XVI.

Salle des Buffets (13) - Dans cette pièce se trouvait autrefois un billard. On y conservait également les services les plus précieux. Aujourd'hui, une centaine de pièces des services en porcelaine Louis XV et Louis XVI y est exposée.

Salon des Jeux de Louis XVI (12) – De la porte d'entrée, on peut admirer une restitution presque complète de cet ensemble décoratif et mobilier : encoignures de Riesener (1774), chaises de Boulard, soieries cramoisi et or des rideaux et des sièges.

★★ Opéra royal REZ-DE-CHAUSSÉE, PLAN P. 186-187

Voir « ABC d'architecture » p. 592. L'opéra accueille concerts et spectacles. Voir la programmation : chateauversailles-spectacles.fr

Dès 1682, date de son installation à Versailles, Louis XIV avait prévu la construction d'une salle des ballets et l'emplacement fut choisi par Mansart. Mais les guerres et les difficultés financières interrompirent sa construction. Louis XV confia à l'architecte Gabriel le soin d'entreprendre les travaux en 1768 et l'Opéra fut inauguré en 1770 pour les fêtes du mariage du Dauphin, le futur Louis XVI, avec Marie-Antoinette. Première salle de forme ovale en France, il constituait, en plein règne de Louis XV, une des premières manifestations du style dit Louis XVI. La décoration étonnamment moderne, inspirée de l'Antiquité, a été sculptée par Pajou. Pour remédier à l'absence de salle de bal dans le château, l'Opéra fut doté de moyens techniques exceptionnels : pour les fêtes et les festins, les planchers de la corbeille et du parterre pouvaient être mis au niveau de la scène. Cette salle offre une acoustique d'une rare qualité et peut contenir environ 700 personnes. On pouvait presque doubler sa capacité en montant des galeries sur la scène. Au centre du balcon, sous une demi-coupole d'un effet très réussi, s'ouvre la loge privée du roi munie d'une grille amovible. Tout en haut, dans les cintres, d'autres loges fermées par des grilles achèvent l'ordonnance des volumes intérieurs. Les bas-reliefs des balcons, exécutés par Pajou, représentent, aux premières loges, les dieux de l'Olympe, aux secondes loges, des amours et les signes du zodiaque.

★★★ Chapelle royale REZ-DE-CHAUSSÉE, PLAN P. 186-187

La chapelle royale a fait l'objet d'une restauration de grande envergure, pendant plus de trois ans, et qui s'est achevée au printemps 2021. Pour cette remise en état « comme à l'origine », 150 artisans d'art ont rénové le toit, la charpente, les décors sculptés, les vitraux. La chapelle a retrouvé sa place parmi les fleurons du château. À la fin de son règne, Louis XIV voulut bâtir une chapelle digne de la Contre-Réforme. Dédié à Saint Louis, ce chef-d'œuvre de Mansart, avec son décor blanc et or, fut achevé en 1710 par son beau-frère Robert de Cotte. Louis XIV n'y entra qu'à l'âge de 72 ans. Ce fut le dernier édifice construit à Versailles sous son règne. Suivant la tradition des chapelles palatines, la chapelle du château comporte deux niveaux, la tribune réservée au roi et à la famille royale, et le rez-de-chaussée pour les fidèles.
Les bas-reliefs des piliers et des arcades, très remarquables, sont de Van Cleve, Le Lorrain, Coustou, etc. La place habituelle de l'orgue étant prise par la tribune royale, l'instrument de Clicquot, aux fines sculptures exécutées d'après les dessins de Robert de Cotte, a été placé dans la tribune du chevet. Il fut inauguré par François Couperin lors de la cérémonie de bénédiction de la Chapelle. L'autel de Van Cleve est en marbre. Son devant, orné par Vassé d'un bas-relief de bronze doré, représente une Pietà. La peinture de l'abside, par de La Fosse, représente la Résurrection.

★ Appartements privés de Marie-Antoinette

PREMIER ÉTAGE, EN VIOLET SUR LE PLAN P. 186-187

Ces appartements ne sont accessibles qu'occasionnellement, quelques jours par mois et uniquement en visite guidée.

★ Cabinets intérieurs de la Reine

Ces pièces exiguës, simples lieux de retraite, « prennent jour » sur deux cours intérieures et ne permettaient pas aux reines de France d'habiter, comme le roi, à l'écart de leur Grand Appartement. Imprégnées de la séduction du 18e s., elles doivent presque entièrement leur disposition et leur décor à Marie-Antoinette.
Cabinet doré (14) – Les boiseries des frères Rousseau marquent le renouveau du décor à l'antique : bandeaux à rosaces, sphinx, trépieds, cassolettes, etc. Très beaux ouvrages de bronze, dont le splendide lustre. La commode et la table sont de Riesener. La harpe de Naderman rappelle le goût de la reine pour la musique, qu'elle cultivait avec Grétry, Gluck ou son rival Piccinni. Là avaient lieu également les séances de pose accordées à la portraitiste Élisabeth Vigée-Lebrun.
Bibliothèque (15) – On remarque les poignées des tiroirs en forme d'aigle à deux têtes, emblème des Habsbourg.
Méridienne (16) – Ce petit boudoir octogonal fut la pièce de repos de Marie-Antoinette. Aménagée par Mique en 1781 à l'occasion de la naissance du premier dauphin, elle rappelle, dans sa décoration, l'amour conjugal et l'attente du dauphin : lys, cœurs percés de flèches, dauphins, etc. La pièce, récemment restaurée, a retrouvé une soierie mauve, deux fauteuils de Georges Jacob et son ottomane. Parmi les pièces précieuses offertes en cadeau à la reine figurent ici la pendule à automate (don de la Ville de Paris) et la table au plateau de bois pétrifié (cadeau de l'impératrice Marie-Thérèse d'Autriche à sa fille).

GÉNÉALOGIE SOMMAIRE DES BOURBONS

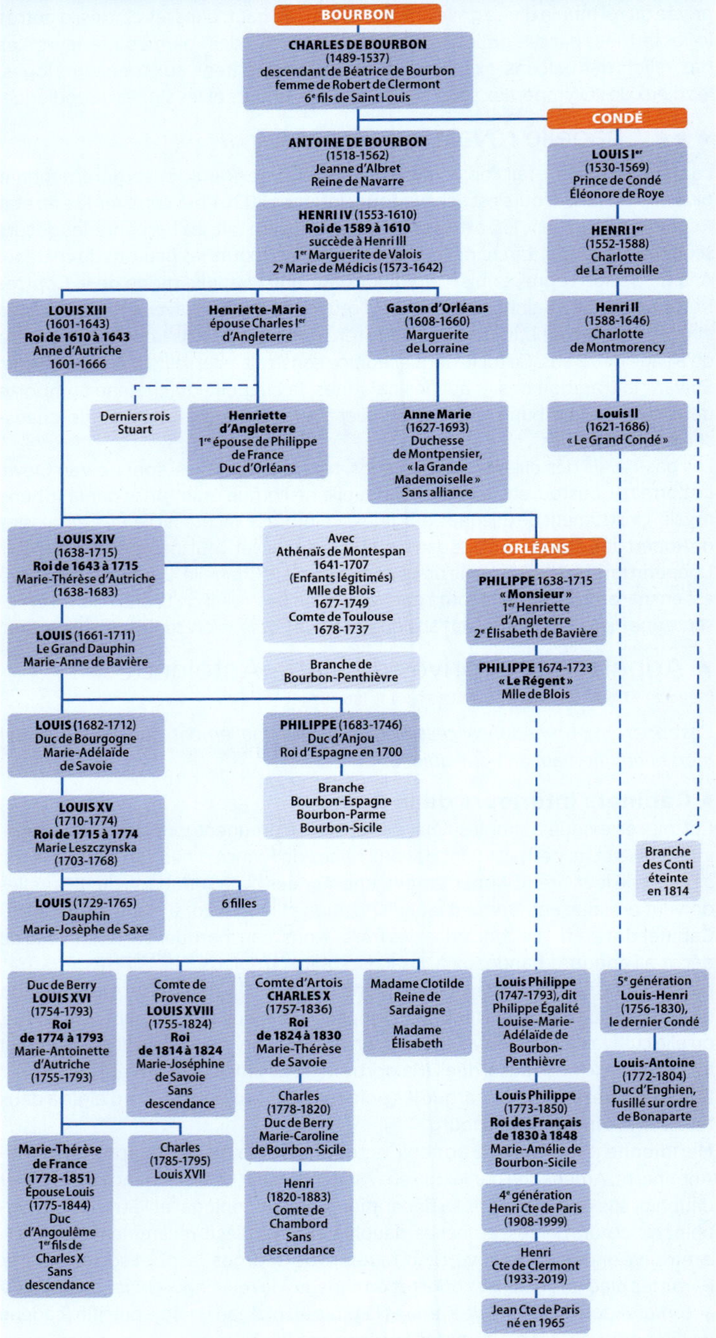

Pompe et solennités

Initialement réservé à la Cour, l'Opéra connut des réceptions somptueuses à l'occasion de la visite du roi de Suède en 1784, de l'empereur Joseph II en 1777 et 1781, de la reine Victoria en 1855. L'Assemblée nationale y tint ses séances de 1871 à 1875. Le 30 janvier 1875, l'adoption de l'amendement Wallon y jetait les fondements de la IIIe République. La reine Élisabeth d'Angleterre y fut reçue en 1957.

La visite se poursuit au deuxième étage, où logeaient les femmes de chambre de la reine. À la fin des années 1770, Marie-Antoinette empiète progressivement sur cet espace pour compléter son appartement privé où elle souhaitait pouvoir recevoir en privé, tout comme le roi, les courtisans qu'elle appréciait.
Salle de bains – Dans un décor de boiserie blanc et bleu, on voit sur le sol en marbre l'emplacement de la baignoire. Un réservoir d'eau et une chaudière étaient situés à l'étage supérieur.
Salle à manger (17) – Les armoires d'angles présentent le dernier service commandé par la reine, en 1786, le « service à frise riche ».
Cabinet du Billard (18) – Les soieries blanches de ce salon de compagnie, brodées de fils de soie représentant des médaillons et des guirlandes de fleurs, ont été restituées presque à l'identique. Les fauteuils de Jacob ont été replacés.
La visite se poursuit dans les couloirs qui mènent à la Chambre de la Reine et à la petite porte qu'emprunta Marie-Antoinette pour fuir les émeutiers le 6 octobre 1789. Au rez-de-chaussée, on termine par la chambre et la pièce des bains, visibles en visite libre *(voir p. 191)*.

2

★ Appartements des favorites du roi

DEUXIÈME ÉTAGE, EN VIOLET SUR LE PLAN P. 186-187

Vous accédez à l'étage des favorites par l'**escalier d'Épernon** : relié directement avec l'appartement du roi, il permet une liaison aussi discrète que rapide.

Appartement de Mme de Pompadour

Jeanne-Antoinette Poisson (1721-1764), marquise de Pompadour, s'installa dans l'attique en 1745, après la mort de la duchesse de Châteauroux, première favorite de Louis XV. Elle habita dans ce logement pendant cinq ans, avant de déménager au rez-de-chaussée, comme « amie » du roi. L'antichambre illustre le style des appartements des courtisans. Les chaises, dues à Foliot, se trouvaient au château de la marquise à Bellevue. Notez les portraits de Mme de Pompadour par Nattier. Le mobilier du 18e s., qui permet d'évoquer l'intérieur et les goûts de la favorite, provient surtout de la donation Windsor. Dans le boudoir, quelques meubles de la marquise ont pu être replacés ; le portrait du marquis de Marigny, son frère, est de Jean-François de Troyes.
La visite passe par la petite chambre de Mme du Hausset, dame de compagnie de la marquise qui écrivit des mémoires sévères à l'encontre du rôle politique et des intrigues de Mme de Pompadour. Remarquez le sol en tomettes. Le contournement de la **cour des Cerfs** permet d'évoquer les bibliothèques de Louis XV et les ateliers où Louis XVI menait des expériences, qui se déroulaient dans les galeries.

Appartement de Mme du Barry

En 1769, Louis XV installe sa favorite Mme du Barry, Jeanne Bécu (1743-1793), dite aussi Mademoiselle de Vaubernier, dans l'appartement occupé jusqu'à sa mort deux ans plus tôt par sa belle-fille Marie-Josèphe de Saxe, veuve du Dauphin.

Une restauration de grande ampleur terminée en 2022 lui a rendu tout l'éclat et le raffinement d'origine. Composé de 12 pièces, cet appartement luxueux destiné à la favorite du roi fait scandale. Accroc supplémentaire au protocole, c'est le souverain, et non Mme du Barry, qui se déplaçait pour rejoindre sa favorite.
Le « vernis Martin » utilisé sur les murs et des éléments de décoration rappellent l'occupation des lieux par la famille royale (frises, fleurs de lys sur la cheminée).
Au-dessus de son appartement, Louis XV avait fait aménager une **galerie des Chasses**, agrémentée alors de tableaux de Boucher, Van Loo, etc., et divisée en deux pièces en 1767. Avec Mme du Barry, la première sert de salle de jeux ; les deux vases en porphyre et bronze doré de Valadier illustrent le goût de la comtesse pour le style néoclassique. Le mobilier est du 18e s. La chambre à coucher présente un lit « à la turque », une table et un coffre à bijoux de Carlin.
Dans le salon, les chaises estampillées Louis Delanoix à dossier à médaillon faisaient partie d'une série de 13, dont une plus haute pour le roi, livrée à la comtesse en 1769. Sur un mur peu éclairé se trouve une huile sur verre de Montpetit représentant Louis XV en 1774 ; sur le mur d'en face, la comtesse est figurée en déesse Flore par Drouais (1769). Remarquez le superbe service de table de Mme du Barry en porcelaine de Sèvres.

Carnet pratique

Coordonnées et horaires

Pl. d'Armes - ✆ 01 30 83 78 00 - www.chateauversailles.fr - ♿ - avr.-oct. : 9h-18h30 (fermeture billetterie à 17h) ; nov.-mars : 9h-17h30 - (fermeture billetterie à 16h50) - fermé lun. 1er janv., 25 déc. et 1er mai.

Quand venir ?

Évitez l'été où la fréquentation est très dense. Sinon privilégiez le Domaine de Trianon, et visitez le château en basse saison.

Organiser son temps

Vous ne pourrez pas tout voir en une journée ! Il y a deux types de visites : la visite libre et les visites guidées. La **visite libre** concerne les lieux les plus célèbres du château : les Grands Appartements du Roi, la Galerie des Glaces, la chambre du Roi... (les expositions temporaires sont incluses). Des **visites guidées** (*voir ci-contre*) permettent de découvrir d'autres parties du château.

Si vous restez une journée complète : consacrez une demi-journée aux intérieurs du château et aux jardins, puis promenez-vous dans le domaine de Trianon. (*p. 208*).

Point d'information

Afin de bien organiser votre visite, RV au point information de l'Aile des Ministres sud.
Certaines salles peuvent être fermées : si vous souhaitez visiter une portion particulière du château, renseignez-vous le matin sur son ouverture (galeries historiques, appartements de Mesdames...).

Billets

La réservation en ligne est désormais obligatoire, avec choix d'un créneau horaire. Voir le site Internet ou les points de vente Fnac.

Billet Château – *18 € (-18 ans gratuit)* Il donne accès au château (avec réservation horaire) : aux 2 circuits en visite libre, aux expositions temporaires et aux jardins, sauf les jours de Grandes Eaux.

Passeport – *20 € (27 € les jours de Grandes Eaux musicales ou de Jardins musicaux).* Vendu sur internet, il donne accès à l'ensemble du domaine de Versailles : au château, avec réservation horaire, au domaine de Trianon, et permet de profiter en saison du spectacle des Grandes Eaux musicales.

Audioguide – *Sur réserv. - 5 € (4 €).* Disponible en 12 langues, parcours enfant en français. À retirer au comptoir des audioguides, après le passage au contrôle d'entrée.

L'**application gratuite** du Château de Versailles, pour smartphones et tablettes, propose des parcours de visite et une carte interactive.

Visites guidées

Elles permettent de découvrir d'autres parties du château. Si vous souhaitez faire une visite guidée, réservez-la à l'avance ou dès votre arrivée. *Billets en vente aile des Ministres nord - 10 € en plus du billet d'entrée (10-17 ans 7 €) - dans la limite des places disponibles.*

Petit train

01 39 54 22 00 - www.train-versailles.com - 8,50 € (-18 ans 6,50 €) - dép. parterre du Nord. Il fait la navette entre le château et le Domaine de Trianon. Circuit-promenade *(45mn)* avec arrêt au Grand et au Petit Trianon et au Grand Canal.

Agenda

Spectacles – *01 30 83 78 89 - www.chateauversailles-spectacles.fr.* L'opéra et la chapelle de Versailles proposent opéras, ballets, concerts de musique baroque et classique, pièces de théâtre. D'avril à octobre, mise en eau et en musique des fontaines des jardins du château lors des Grandes Eaux musicales *(p. 214)*.

2

Nos adresses

PLAN P. 186-187

Restauration

Premier prix

Le Grand Café d'Orléans – *01 39 50 29 79 - www.chateauversailles.fr - w.-end 9h30-18h (10h-17h30 nov.-mars) - tlj sf lun. pdt les vac. scolaires - formule midi 8 €.* Aménagé dans l'aile du Midi, le Grand café d'Orléans propose une restauration rapide salades, sandwichs, soupes, wrap, desserts... sur place ou à emporter.

Angelina – *01 39 20 08 32 - www.angelina-paris.fr - 10h-17h, w.-end 10h-18h - fermé lun. - plat 24,50/32 €.* Le célèbre salon de thé parisien propose une restauration rapide et des plats à déguster dans une salle au calme.

Pour se faire plaisir

Ore - Ducasse au château de Versailles – *www.ducasse-chateauversailles.com - rest. : 9h-17h30 - 12/40 €, formule déj. 42/52 €, plat 14/26 €; le soir en été, Ducasse au château de Versailles lors des Grandes Eaux nocturnes : menu 70 €.* Le jour, un restaurant pour déjeuner ou pour une pause chic pendant les heures d'ouverture du château. Le soir, on replonge dans l'histoire et l'on y mange comme des rois.

Parc du château de Versailles ★★★

Épure des perspectives, raffinement des décors végétaux et majesté des statues ornant les bassins : le paysagiste Le Nôtre réalisa pour le Roi-Soleil le plus beau des jardins, surpassant les fastes déployés par Fouquet à Vaux-le-Vicomte, dont Louis XIV était jaloux. En quelques années, le jardinier réalisa un ensemble d'autant plus remarquable qu'il dut maîtriser la nature marécageuse des lieux : un entrelacs de jardins, de fontaines et de bassins, une myriade de statues et de grottes, des empilements de rochers où l'eau, véritable passion du Grand Siècle, surgit de partout. Les Grandes Eaux permettent d'apprécier pleinement ce chef-d'œuvre.

Le bassin d'Apollon dans le parc du château de Versailles.
A. Bednorz/Bildarchiv Monheim/age fotostock

Se repérer

CARTE C1 (P. 162) - PLAN (P. 202-203).

Yvelines (78)

Pour se rendre à la ville de Versailles, *p. 164.*

À ne pas manquer

Le parterre d'Eau, le bosquet de la Colonnade, le bassin de Neptune, l'Orangerie et le Domaine de Marie-Antoinette.

En famille

Les Grandes Eaux musicales ; le Hameau de la Reine ; une promenade en barque sur le Grand Canal ou une balade à vélo dans le parc.

Carnet pratique p. 214

Nos adresses p. 215

L'invention du jardin à la française

Les jardins du roi

Créateur du jardin baroque « à la française », **André Le Nôtre** (1613-1700) réalisa le parc de Vaux-le-Vicomte (*p. 432*). Impressionné, Louis XIV lui confia la réalisation de celui de Versailles en 1661. Ce maître jardinier, doué d'un sens inouï des perspectives, passa trente-six ans de sa vie à le modeler.

Le Nôtre travailla sous la direction de Colbert et avec **Charles Le Brun**, qui dessina un grand nombre de statues et de fontaines, puis avec **Jules Hardouin-Mansart**, qui agrandit notamment l'Orangerie de **Louis Le Vau**. Certains jours, jusqu'à 36 000 ouvriers travaillaient sur le site... Des forêts entières furent transplantées, et 150 000 plantes y poussaient chaque année. Le roi voulait voir le « détail de tout » et rédigea en 1697 un itinéraire en 25 paragraphes, minutieux et dépouillé, *Manière de montrer les jardins de Versailles.*

Pour alimenter en eau les jardins (Versailles est construit à 130 m au-dessus du niveau de la Seine), des pompes mues par des manèges de chevaux aspiraient l'eau de l'étang de Clagny. On captait les eaux de la Bièvre, puis celle des étangs de Trappes, Bois-d'Arcy, Rambouillet... On rêvait de capter celles de la Loire. Sans succès... Puis l'aqueduc de Buc (580 m de long) fut édifié pour récupérer les eaux de pluie de Saclay. La fameuse « machine » de Marly-le-Roi (*p. 284*) permettait de pomper jusqu'à 2 000 m^3 d'eau par jour dans la Seine. Mais la dérivation de l'Eure, tentée par Vauban, s'acheva sur un échec...

Géométrie et fantaisie

Les jardins de Versailles, construits selon un plan géométrique rigoureux, sont l'archétype du jardin à la française. Deux grands axes en définissent l'ordonnance : l'axe nord-sud, du bassin de Neptune à la pièce d'eau des Suisses, et l'axe est-ouest, de la façade de la Galerie des Glaces jusqu'à l'extrémité du Grand Canal. Au-delà des différents parterres plantés de broderies de buis, de bassins et de contours fleuris, un réseau d'allées rectilignes, bordées de charmilles et de haies où se nichent de hautes statues, dessinent l'architecture végétale. Des bosquets, ou salons de plein air, ornés de fontaines, réservent de multiples surprises à l'intérieur de ce grand jardin. 824 **sculptures** en font le plus grand musée de plein air de la sculpture classique : statues en marbre, bronze ou plomb, vases décoratifs, s'inspirant de la mythologie gréco-romaine et des récits de l'histoire ancienne.

Le parc au fil des siècles

Avant la Révolution, la superficie du parc était de 8 000 ha, comprenant les jardins du château (93 ha) proprement dits, le jardin (le Grand Canal, la ménagerie et le Trianon) et le Grand Parc (la réserve de chasse et les villages environnants). Il était entouré de 43 km de murs, percés de 22 portes « royales ». Après les cessions du Second Empire, la superficie s'est restreinte à 815 ha. L'ouragan de décembre 1999 a infligé au parc des blessures dévastatrices : 7 492 arbres ont été arrachés ; les plus hauts, de 30 à 40 m, ont été les plus touchés ; 80 % d'entre eux étaient des espèces rares. Cette catastrophe accéléra le programme de rénovation du parc : des documents d'archives ont permis peu à peu de lui redonner sa composition originelle d'avant la Révolution.

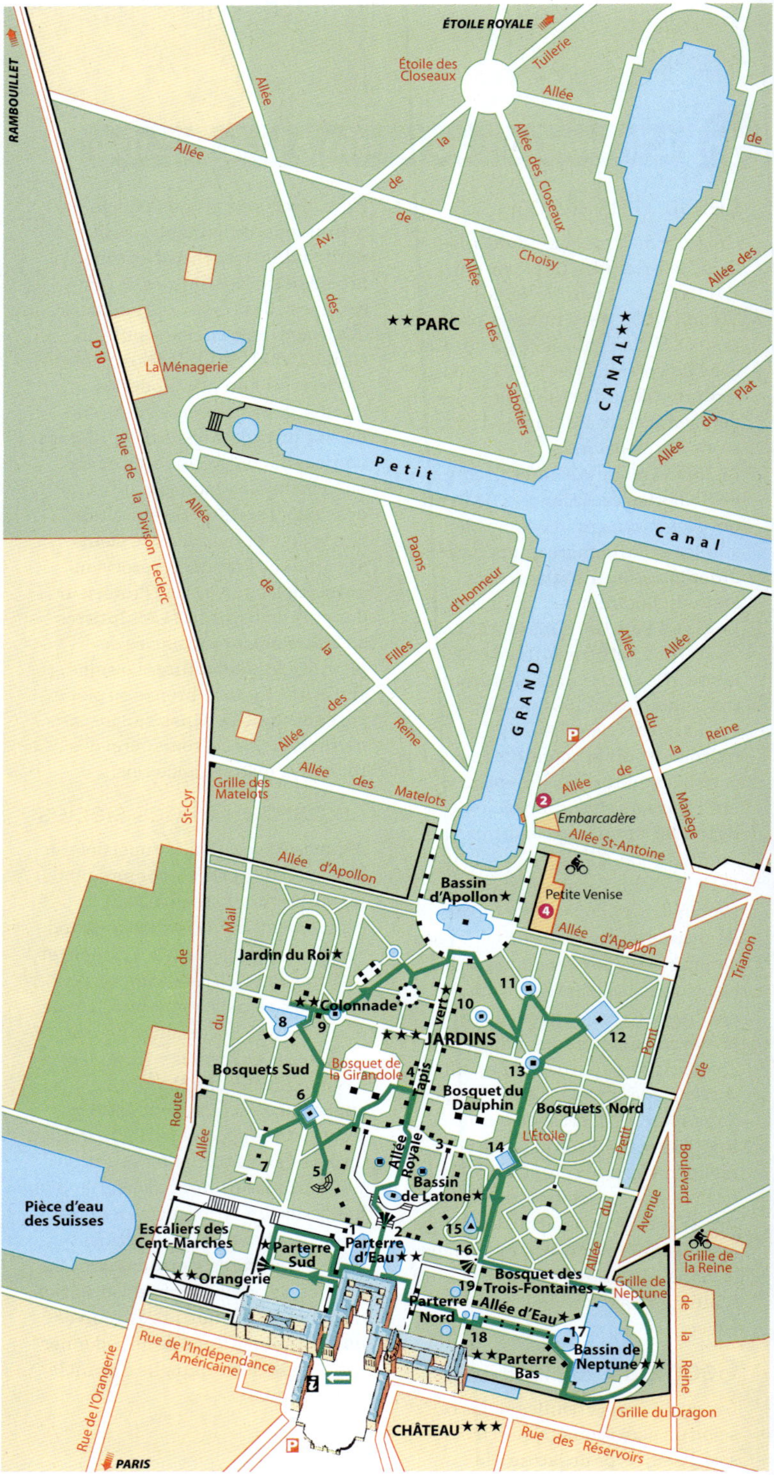

ÉTOILE ROYALE
RAMBOUILLET
Étoile des Closeaux
Tuilerie
Allée
Allée de la
Av. de Choisy
Allée des Closeaux
Allée des Sabotiers
★★ PARC
CANAL★★
GRAND
Petit
Canal
La Ménagerie
D 10
Rue de la Division Leclerc
Allée de la Reine
Allée des Paons
Allée des Filles d'Honneur
Allée du Plat
Allée des
Allée du Manège
Allée de la Reine
Grille des Matelots
Allée des Matelots
Embarcadère
Allée St-Antoine
Route de St-Cyr
Allée d'Apollon
Bassin d'Apollon★
Petite Venise
Allée d'Apollon
Trianon
Route du Mail
Jardin du Roi★
★★Colonnade
★★★JARDINS
Tapis vert
Bosquets Sud
Bosquet de la Girandole
Bosquet du Dauphin
Bosquets Nord
L'Étoile
Allée Royale
Bassin de Latone★
Allée du Petit Pont
Boulevard de la Reine
Avenue de Trianon
Pièce d'eau des Suisses
Escaliers des Cent-Marches
★Parterre Sud
Parterre d'Eau★★
★★Orangerie
Bosquet des Trois-Fontaines★
Parterre Nord
Allée d'Eau★
★★Parterre Bas
Bassin de Neptune★★
Grille de Neptune
Grille de la Reine
Grille du Dragon
Rue de l'Indépendance Américaine
Rue de l'Orangerie
PARIS
CHÂTEAU★★★
Rue des Réservoirs

ÉTOILE ROYALE
Allée de Gally
Travers
Prés Bouillons
Avenue de Fontenay
Allée
Fond
Rû de Gally
Avenue de St-Cyr
Bailly
Allée de la Ceinture
Allée du Rond d'Eau
des
Étoile des Ha!! Ha!!
Ha!! Ha!!
de
★JARDINS DU GRAND TRIANON
Petite Étoile
Allée du Mail de la Reine
Grand Carré
Grande Étoile
Étoile de la Reine
Rendez-vous
Arboretum du national de Chèvreloup
21
22
20
★Jardins
GRAND TRIANON★★
Châteauneuf
Jardin du Roi
Allée des Deux Trianons
Pépinières
Glacières
Le Trèfle
★Pavillon français
Pavillon Frais
Théâtre de la Reine
★★ DOMAINE DE TRIANON
Rocher
Orangerie
Jardin français
Grotte
Chapelle
Belvédère
Allée
Ferme
PETIT TRIANON★★
★★HAMEAU DE LA REINE
Allée du Petit Trianon
Temple de l'Amour
Jardin anglais★★
Grand Lac
Tour de Marlborough et Laiterie
Moulin
Colombier
Allée St-Antoine
Maison de la Reine
Réchauffoir
Porte St-Antoine
ST-GERMAIN
Le Chesnay
Allée des Moutons
Boulevard St-Antoine
D 186
PARC DU CHÂTEAU DE VERSAILLES
0
400 m
N
VERSAILLES
SE RESTAURER
Angelina Petit Trianon 1
La Flottille 2
La Petite Venise 4

★★★ Les jardins

PLAN DU PARC P. 202-203

Avr.-oct. : 8h-20h30 (dernier accès 19h) ; nov.-mars : 8h-18h - gratuit (hors Grandes Eaux musicales). Fermeture à 17h30 les sam. des Grandes Eaux nocturnes en été. Voir circuit sur le plan p. 202-203.

Le château est construit sur une butte qui fut élargie par d'énormes apports de terre. Sa terrasse domine de 10,5 m le **bassin de Latone★**, de 30 m le bassin d'Apollon, de 32 m le plan du Grand Canal et de 17 m le parterre de l'Orangerie. Depuis la terrasse du château, la **perspective★★★** (3,2 km) s'étend sur les parterres, le Tapis Vert, le bassin d'Apollon et le Grand Canal. Un axe secondaire, du bassin de Neptune à la pièce d'eau des Suisses, coupe le premier axe au niveau de la terrasse dominant les parterres. De chaque côté : des allées rectilignes et des bosquets selon le dessin voulu par Le Nôtre : ainsi, le bosquet des Trois-Fontaines ou la Salle de Bal champêtre.

Certains bosquets sont fermés par des grilles pour des raisons de protection, mais elles n'empêchent pas de les voir. Vous ne pouvez y accéder que pendant les journées des **Grandes Eaux** et des **Jardins musicaux** (*p. 214*).

Parterre Sud et Orangerie

★ Parterre Sud

Ce parterre fleuri, avec ses arabesques de buis, s'étendait sous les fenêtres de la reine. Du bord de la terrasse de l'Orangerie, la **vue★** se déploie sur la **pièce d'eau des Suisses** (700 m) et les hauteurs de Satory.

★★ Orangerie

Conçue par Louis Le Vau et transformée en 1684 par Jules Hardouin-Mansart, l'Orangerie est exposée plein sud et conserve son double vitrage d'époque. Sous Louis XIV, ce bâtiment aux lignes pures (155 m de long) abritait 3 000 arbres rares, dont 2 000 orangers. Aujourd'hui, 1 080 arbres l'occupent, dont quelques-uns remontent à l'Ancien Régime. Les bacs, le fût et la boule de feuillage mesurent chacun un tiers de l'ensemble, respectant un équilibre parfait. En été, le parterre accueille les bacs contenant les orangers, lauriers-roses, myrtes, grenadiers, citronniers et palmiers (il n'y en avait pas sous Louis XIV). Et le coup d'œil sur les parterres est splendide... Dans les six pièces de gazon, haies et buis forment le même dessin qu'à la fin du règne de Louis XIV. L'Orangerie se prolonge par deux ailes en retour qui portent les escaliers cyclopéens des **Cent-Marches**.

Dans l'axe apparaît la **pièce d'eau des Suisses**, bassin d'une superficie de 16 ha creusé par des gardes suisses. À son extrémité, la statue équestre de Louis XIV par Le Bernin a déplu au roi et s'est trouvée reléguée loin du château.

L'axe du soleil

★★ Parterre d'Eau

Les deux bassins dessinent un parvis où convergent les perspectives des jardins, des parterres Nord et Sud. Les margelles portent, à leurs extrémités, les statues des fleuves français (représentés par des hommes) et de leurs affluents (représentés par des femmes). Sur leur grand côté, des groupes d'enfants sont séparés par des nymphes couchées. Ces chefs-d'œuvre ont été fondus dans le bronze par les frères Keller.

Point du Jour (1) – Cette sculpture est l'œuvre de Marsy. Les deux autres sont *L'Eau* de Legros et *Le Printemps* de Magnier.

★ Diane chasseresse (2)

L'Air, une œuvre de Le Hongre, regarde vers *Le Point du Jour*. Sa voisine est *Diane chasseresse* ou *L'Heure du Soir* de Desjardins. L'autre statue représente *Vénus ou l'Heure du Midi*, par Marsy. Ces œuvres comptent parmi les plus belles des jardins. En haut des escaliers, de part et d'autre, deux fontaines, jadis appelées « Cabinets des animaux », sont composées de bronzes représentant des chiens combattant des « fauves ».

★ Bassin et parterre de Latone

De vastes degrés et une double rampe conduisent du parterre d'Eau vers ce bassin, qui a été restauré en 2015. Le groupe de marbre représente la mère d'Apollon et de Diane, qui vient d'obtenir de Jupiter, père de ses enfants, le châtiment des paysans de Lycie – ceux-ci ayant souillé l'eau où elle voulait se désaltérer et l'ayant insultée. Les coupables sont déjà transformés en tortues et grenouilles. Dans les bassins latéraux des Lézards et des Crapauds, la métamorphose est en cours… À l'origine, Latone se tournait vers le château, et l'allégorie du roi faisant justice des insultes publiques ou privées était plus claire.
À droite, au bas de la rampe, statue de la **Nymphe à la coquille** (3). C'est une copie moderne de l'œuvre de Coysevox, exécutée d'après l'antique (à voir au Louvre).

Allée royale

Centre névralgique de toute la géométrie du domaine, l'allée a été restituée selon les plans de Le Nôtre. Élargie en 1665, elle fut agrémentée en 1680 d'un parterre central, le Tapis Vert★. L'allée est bordée de vases et de statues comme *Cyparissos et son cerf* par Flamen, et *Didon sur le bûcher* par Poulletier.
Dirigez-vous vers les bosquets Sud.
Dans l'allée Sud, la *Vénus de Richelieu* (4) est sculptée par Legros, sur le modèle d'un torse antique conservé dans les collections du cardinal.

2

Bosquets Sud

Bosquet de la Girandole – Créé sous le règne de Louis XIV, et réhabilité en l'an 2000, c'est l'un des deux plus anciens bosquets du parc.
★ **Bosquet de la Salle de Bal** (5) – Ce fut la dernière création de Le Nôtre entre 1678 et 1682. Sa restauration a permis de rétablir l'esplanade centrale, où venait jadis danser la Cour. L'amphithéâtre est composé de rampes, de banquettes de gazon et de gradins de rocailles, où des jets d'eau donnent vie au bosquet. L'ensemble est orné de coquillages de Madagascar et de lapis-lazuli, de vases et torchères en plomb dorés à la feuille, figurant des masques de fête.
Bassins des Saisons – Exécutés d'après les dessins de Le Brun, ils s'ordonnent dans deux allées parallèles au Tapis Vert. Ces groupes de plomb ont été à nouveau dorés et peints « au naturel ». Ce sont : côté Midi, le bassin de *Bacchus ou l'Automne* (6) par Marsy, *Saturne ou l'Hiver* (9) par Girardon ; côté nord, au-delà

Un royaume végétal

Versailles (850 ha) compte 43 km d'allées, 250 000 arbres d'alignement, 16 000 m² de buis, plus de 17 km de charmilles, 385 topiaires – ces ifs taillés selon les 58 gabarits conçus par Le Nôtre – et 9 750 m² de parterres… où sont placés, chaque année, quelque 210 000 plants, 55 fontaines et 600 jeux d'eau. Au temps du Roi-Soleil, les plantes étaient renouvelées jusqu'à quinze fois dans l'année.

★★★ Les Grandes Eaux

Pour apprécier pleinement la magie des jardins de Versailles, les Grandes Eaux font revivre les jeux d'eau des bassins et des bosquets au Grand Siècle et vous plongent aux plus belles heures des fêtes versaillaises. 620 jets débitent 36 000 m³ d'eau à l'heure. L'eau est puisée dans le Grand Canal, la machine de Marly qui drainait l'eau de la Seine ayant été démolie en 1968. Les **Grandes Eaux musicales** font danser les eaux avec la musique baroque au cours d'une promenade *(dépliant-itinéraire distribué à l'entrée)*. Les spectateurs attendent le début des Grandes Eaux sur le degré qui domine le bassin de Latone. Commencez le circuit dès l'épanouissement des jets du bassin de Latone et suivez l'itinéraire, en donnant la priorité aux bosquets, ouverts exceptionnellement ces jours-là, en premier lieu celui de la Salle de Bal et celui d'Apollon (invisible des allées). La fin du spectacle et son apothéose ont lieu aux bassins de Neptune et du Dragon.
Les **Grandes Eaux nocturnes** invitent à une balade de nuit, qui vous fera découvrir les fontaines crachant leurs eaux sous les feux de lumières fériques ou originales ; des acteurs jouent les grands personnages qui ont marqué Versailles. Un feu d'artifice accompagné de musique baroque clôt la soirée. *Pour les informations pratiques, voir p. 214.*

du bosquet du Dauphin, font pendant *Flore ou le Printemps* (13) par Tuby, ainsi que *Cérès ou l'Été* (14) par Regnaudin.

Bosquet de la Reine (7) – Il fut créé en 1775, à l'occasion de la replantation du parc, sur l'emplacement de l'ancien Labyrinthe. Il s'orne d'érables, superbes en automne et, en son centre, de bustes et de statues de bronze parmi lesquelles l'*Aphrodite capitoline*, le *Gladiateur combattant*, moulages d'après les antiques.

Bassin du Miroir (8) – Dans les bosquets Sud, deux bassins constituaient « l'île Royale ». Louis XVIII remplaça le plus grand, qui s'envasait, par un jardin de style anglais, le jardin du Roi. Seul subsiste le bassin du Miroir, entouré de statues.

★ **Jardin du Roi** – Ce jardin, voisin du Miroir d'eau, est très fleuri en saison. Il forme une enclave dans les bosquets du Versailles classique. On admire sa plantation d'arbres où se mêlent plusieurs essences, et sa belle pelouse centrale.

★★ **Bosquet de la Colonnade** – Le péristyle circulaire fut élevé en 1684 par Mansart, avec la collaboration d'une quinzaine de sculpteurs. On remarque son élégant anneau de 32 fûts de marbre, aux coloris subtils : bleu, rouge, mauve, blanc. Des masques en bas-relief ornent les clés et des jeux d'enfants musiciens les écoinçons. Au centre, *Enlèvement de Proserpine par Pluton* de Girardon.

★ **Bassin d'Apollon** – Le groupe, œuvre de Tuby, représente le char d'Apollon, maître du Soleil, sortant de l'onde parmi les monstres marins pour éclairer la Terre. L'esplanade qui fait suite, vers le Grand Canal, est bordée de statues qui comportent souvent des parties antiques : remarquez les lignes de discontinuité entre les différents fragments.

Bosquets Nord

Bosquet des Dômes (10) – Dessinés par Mansart, les deux pavillons, qui avaient donné leur nom au bosquet, furent démolis en 1820. Autour du bassin, des bas-reliefs représentent les armes en usage dans les diverses nations. On y rencontre la délicatesse et l'élégance de Girardon. Très belles statues dont celles d'*Acis* et de *Galatée* par Tuby.

★★ **Bosquet de l'Encelade** (11) – Dessiné par Marsy, ce théâtre de verdure d'inspiration baroque était fermé depuis 1703. Il a été restauré à l'identique en 1998.

Sa rotonde en treillages de bois s'orne de pavillons en arcs de triomphe, et de vases en cuivre doré portant des buis taillés en forme de jarres à deux anses. Le groupe sculpté contraste, par son réalisme violent, avec les autres groupes qui ornent le jardin. Seuls la tête et les bras du titan Encelade émergent des rochers qu'il avait accumulés pour escalader le ciel et qui vont l'ensevelir : une allusion du Roi-Soleil à Fouquet, en forme d'avertissement...

Bassin de l'Obélisque (12) – Dessiné par Mansart, ce bassin surélevé est entouré de marches de pierre et de glacis de gazon. Aux Grandes Eaux, les nombreux jets qui jaillissent du motif central forment un obélisque liquide.

Bosquet du Dauphin – Créé sous Louis XIV, ce bosquet est l'un des deux plus anciens du parc avec le bosquet de la Girandole.

★★ **Bosquet des Bains d'Apollon** (15) – Aménagé en 1776 selon les dessins d'Hubert Robert, il est agrémenté d'un jardin anglais, caractéristique de la mode lancée par Marie-Antoinette au Petit Trianon. Au bord d'un petit lac, sous un grand rocher creusé d'une grotte, apparaît le **groupe d'Apollon**★ (un moulage remplace le groupe sculpté original en marbre, pour le protéger des intempéries). Après la course du jour, le dieu se repose. Il est servi par des nymphes sculptées par Girardon et Regnaudin. De chaque côté, les chevaux du Soleil sont pansés par des tritons, œuvre de Marsy et Guérin.

Carrefour des Philosophes (16) – Encadré par de grands termes, il offre une **vue**★★ « de profil » sur le château *(angle nord-ouest)*. Belle perspective sur l'allée montante, délimitée à droite par des statues de la « grande commande » comme *L'Hiver* par Girardon, à gauche par une double rangée d'ifs.

2

Bassins de Neptune, du Dragon et allée d'Eau

★★ Bassin de Neptune

Placez-vous dans l'axe du bassin, près de la statue de la Renommée. Cette réalisation est hors d'échelle, si l'on se réfère aux aménagements du Versailles classique : elle déborde le quadrilatère des jardins vers le nord. Construit par Le Nôtre, c'est le plus vaste bassin de Versailles, qui prit son aspect actuel sous Louis XV, en 1741, avec l'inauguration de sa décoration de plomb : *Neptune et Amphitrite* entourés de dieux et d'animaux marins (par Adam, Lemoyne et Bouchardon).

Bassin du Dragon (17)

Cette allégorie de la victoire sur les monstres marins est une réfection de 1889, sauf le corps du dragon – transpercé, il évoque la Fronde vaincue.

★ Allée d'Eau ou des Marmousets

De 22 petits bassins de marbre blanc, en double file, sortent des groupes de trois enfants de bronze portant une vasque de marbre rose.

De part et d'autre de l'allée, découvrez le bosquet de l'**Arc de triomphe** (à gauche en montant), dominé par un groupe représentant la France triomphante, et le bosquet des **Trois Fontaines**★ (à droite en montant), succession de trois bassins ornés de coquillages.

Parterre Nord

Créé en 1668, il s'étendait sous le premier appartement du Roi.

Bassin des Nymphes de Diane (18)

Autour du bassin, les **bas-reliefs**★ de Girardon donnent leur nom au bassin. Ils ont inspiré des peintres des 18e et 19e s. comme Renoir.

Silhouettes de pierre

Ces statues (*L'Air, L'Heure du Soir, Le Printemps*, etc.) faisaient partie de la « grande commande » notifiée par Colbert aux artistes en 1674. Une trentaine de marbres, dont 24 statues réparties en 6 thèmes : les quatre éléments, les quatre heures du jour, les quatre poèmes, les quatre saisons, les quatre parties du monde et les quatre tempéraments de l'homme devaient ponctuer l'esplanade du château. Mais cette disposition aurait hérissé ce parterre « à la française » de grandes silhouettes blêmes. Le projet fut remplacé par l'ensemble, plus original, du parterre d'Eau et de bronzes couchés. Les statues furent alors disposées le long des différents parterres.

★★ Parterre Bas

Il est encadré, au nord et à l'ouest, par des statues de la « grande commande » adossées aux bosquets (*encadré p. 208*). La **fontaine de la Pyramide★** (19), exécutée en plomb par Girardon sur les dessins de Le Brun, ravit par sa gracilité et son inspiration – tritons, dauphins, écrevisses, etc. Au sommet des marches qui montent au parterre d'Eau, sont disposés le **Rémouleur**, bronze moulé d'après l'antique, et la **Vénus à la tortue** : elle était dite « Vénus honteuse », c'est-à-dire « pudique », sous Louis XIV. Elle est coulée en bronze d'après l'une des plus belles œuvres de Coysevox, inspirée d'un antique (au Louvre).

★★ Le parc

PLAN DU PARC P. 202-203

Avr.-oct. : 7h-20h30 (dernier accès piétons 19h45, dernier accès voiture 19h) ; reste de l'année : 8h-18h (dernier accès voiture 16h50) - p. 214.

★★ Grand Canal

Le Grand Canal, mis en eau en 1670, mesure 1670 m de long et le Petit Canal qui le croise 1070 m. Autour du canal, le reboisement restaure la diversité du Grand Siècle : charmes, ifs, marronniers blancs, tilleuls champêtres, d'une hauteur maximale de 18 m. Il y a quelques années, ses 1872 arbres ont été retaillés à 15 m, pour retrouver la perspective initiale.

Le grand bras du Grand Canal offre une illusion d'optique savamment étudiée. Sa largeur (environ 62 m) n'est pas constante afin de garantir l'harmonie et l'équilibre de la perspective depuis la terrasse du château.

Les bâtiments de la Petite Venise hébergeaient les matelots vénitiens, pilotes de la flottille de la Cour (gondoles, modèles réduits de navires de guerre ou de commerce, etc.).

★★ Domaine de Trianon

PLAN DU PARC P. 202-203

Voir le circuit sur le plan p. 202-203. L'avenue de Trianon (1 km) conduit directement de la grille de Neptune au Grand Trianon. L'allée de la Reine part de la tête du Grand Canal.

Avr.-oct. : 12h-18h30 ; nov.-mars : 12h-17h30 (billetterie 40mn av. fermeture) - fermé lun. et 1er Mai - 12 € (-26 ans gratuit) - p. 214.

★★ Château du Grand Trianon

De 1670 à 1687, il n'y eut d'abord que le Trianon de Porcelaine, revêtu de plaques de faïence de Delft. Il servait uniquement pour des collations que Louis XIV venait

prendre en compagnie de Mme de Montespan. Trop fragile, ce Trianon se détériora, tandis que la favorite tombait en disgrâce...
En 1687, Mansart bâtit en six mois le Trianon de Marbre que Louis XIV réservait à la famille royale. Celui-ci fut dépouillé de ses meubles à la Révolution. Napoléon Ier le fit remeubler lors de son mariage avec Marie-Louise, petite-nièce de Marie-Antoinette, et Louis-Philippe le fit restaurer pour s'y installer avec sa famille. Il sert aujourd'hui aux réceptions officielles.
En traversant la cour en hémicycle, fermée par une grille basse, on se trouve face à deux corps de bâtiments couverts en terrasse, reliés par un péristyle. L'ensemble compose une harmonie de marbres à dominante rose.
Invisible de la cour, une aile s'étend perpendiculairement à la galerie qui prolonge l'aile droite en équerre : elle est dite « Trianon-sous-Bois ». Le **péristyle** ou loggia, ouvert sur la cour et sur les jardins, est l'œuvre de Robert de Cotte – Louis XIV adopta son dessin malgré l'avis de Mansart. On y donnait soupers et réceptions.
Appartements – L'architecture intérieure, très sobre, a peu changé depuis Louis XIV. Le mobilier est Empire, Restauration ou Louis-Philippe, tel que l'ont connu Napoléon Ier et Louis-Philippe qui y logèrent leur famille. Les tableaux sont dus à des artistes français du 17e s.
Dans l'aile gauche, après le boudoir de l'impératrice Marie-Louise, vous pénétrez dans le **salon des Glaces** qui servit de cabinet du Conseil. On admire le mobilier Empire et les soieries des rideaux, retissées suivant le modèle commandé par Marie-Antoinette *(Les Quatre Parties du monde)*.
La **chambre** dite « de l'Impératrice » fut décorée pour Marie-Louise ; le lit fut commandé par Napoléon pour les Tuileries, puis remanié pour Louis-Philippe. Cloisonnée par Napoléon à hauteur des colonnes, elle a retrouvé ses dimensions. Au mur, le tableau *Saint Jean à Patmos*, par Le Brun, a retrouvé son emplacement d'origine.
Suivent le salon de la chapelle, qui devint le salon de l'impératrice, et l'**antichambre** des Seigneurs, qui a conservé son décor de 1692 et devint une salle à manger.
Après avoir traversé le péristyle, on arrive dans l'aile droite, au salon rond qui desservait les différents appartements. Plusieurs **salons** furent réaménagés sous Louis-Philippe, avec un relatif souci d'intimité. Sur les murs, les tableaux mythologiques furent exécutés par des maîtres français du 17e s.
À droite, l'appartement de la reine des Belges a été modifié par Louis-Philippe pour sa fille Louise, qui avait épousé Léopold de Saxe-Cobourg, roi des Belges. Notez les deux commodes et la console en marqueterie Boulle (1846).
Reprenant la visite dans l'aile qui donne sur les jardins, dans l'ancien **salon de Musique** de Louis XIV, observez les volets que ferment les logettes où se tenaient les musiciens. Le **salon de famille** de Louis-Philippe était auparavant la première chambre à coucher de Louis XIV.
Le **salon des Malachites** tire son nom des pièces diverses – vasques, candélabres, bahuts-bibliothèques – dont le dessus est en malachite, une pierre dure de couleur verte extraite en Sibérie. Il s'agit de dons du tsar Alexandre Ier à Napoléon, après l'entrevue de Tilsit.
Le grand cabinet de l'Empereur, nommé **Salon frais** au 17e s., exposé au nord, conserve quatre tableaux de l'ancien Versailles, en accord avec le plan décoratif prévu par Mansart pour ce corps de bâtiment (présentation de vues des jardins et du château). Les deux meubles serre-papiers (1810) et la console (1806) sont de Jacob-Desmalter, d'après un dessin de Percier.
Le cabinet topographique de Napoléon donne accès au Petit Appartement de l'Empereur *(Cinq pièces - visite sur demande)*. C'est dans ce cabinet que

Les fêtes de Marie-Antoinette

En 1777, Marie-Antoinette organisa pour la fête du roi une foire dans le jardin anglais. La reine, déguisée en limonadière, reçut ses invités vêtus de costumes de marchands ambulants. Au programme, généralement, un spectacle dans son théâtre, un souper, puis l'illumination des jardins par des feux de fagots dans les fossés et des lampions dans les arbres. Les dimanches d'été, des tentes étaient dressées sur les pelouses pour des bals rustiques. La reine aimait jouer la comédie : en 1780, elle campa Colette dans *Le Devin de village* de Rousseau et, en 1784, Rosine dans *Le Barbier de Séville* de Beaumarchais. Ses fidèles compagnons de théâtre – le comte d'Artois, le comte de Vaudreuil, la duchesse de la Guiche et la comtesse de Polignac – composaient la « Troupe des Seigneurs ». Mais elle était aussi spectatrice, invitant les acteurs de la Comédie-Française, de la Comédie-Italienne et de l'Opéra. Après l'affaire du Collier, en août 1785, Marie-Antoinette fit ses adieux au théâtre.

l'Empereur se retirait pour travailler ; le mobilier – bureau, tables, petit tabouret qui se transforme en escabeau – date de cette époque.

La **galerie★** en retour d'angle qui fait suite expose 21 tableaux de Cotelle : on y découvre les bosquets de Versailles et du Trianon à l'époque de Louis XIV. Admirer les lustres Empire, ouvrages des cristalleries de Montcenis (Le Creusot). À l'extrémité de la galerie, le **salon des Jardins** est envahi par une douce lumière tamisée.

★ Jardins

Ceux du Grand Trianon ont le charme des jardins de fleurs, sans complications allégoriques. La terrasse du **jardin Bas** (20) domine l'escalier en fer à cheval descendant vers le **bassin** (21) du même nom. Elle offre une belle vue sur la partie transversale du Grand Canal. Au-delà des parterres s'étend un bois percé de belles allées.

Coquelourdes, cléomes, matricaires... quelques-unes des fleurs en vogue aux 17e et 18e s. sont remises à l'honneur aujourd'hui grâce aux recherches et aux patients travaux des jardiniers du Trianon. On remarque surtout le Buffet d'eau (22) où la fontaine décorée de marbres de différentes couleurs, œuvre de Jules Hardouin-Mansart en 1703, dresse l'unique décor mythologique du Trianon : *Neptune et Amphitrite* président l'ensemble.

En contournant l'aile de Trianon-sous-Bois, passez dans l'ancien jardin particulier du roi, encadré par des ailes en équerre : elles abritèrent à la fin du règne les appartements de Mme de Maintenon et de Louis XIV.

Si vous voulez revenir vers le Petit Trianon, franchissez le pont dit de Réunion, que fit établir Napoléon Ier.

★★ Château du Petit Trianon

Du Grand Canal, vous pouvez atteindre le Petit Trianon par l'allée de la Reine. Le Petit Trianon, le Hameau de la Reine et les jardins, constituent le **Domaine de Marie-Antoinette** et ont fait l'objet d'une importante restauration, redonnant à ces lieux tout leur charme d'antan.

Attention, certains bâtiments sont fermés hors saison.

Le dernier étage du Petit Trianon, l'attique, est accessible uniquement lors de visites guidées *(1h30)*. Il fut probablement occupé par la sœur du roi Louis XVI, Mme Élisabeth.

Le **Petit Trianon** naquit d'une passion royale pour la botanique et l'agronomie : Louis XV fit construire dans le domaine une « ménagerie » (ferme expérimentale) et aménager par Claude Richard un jardin botanique et des serres. Une école de botanique fut créée avec, pour « démonstrateur », le savant Bernard de Jussieu. En 1768, Gabriel acheva le château, quatre ans après la mort de Mme de Pompadour, inspiratrice du projet. Marie-Antoinette avait 19 ans lorsqu'en 1774 Louis XVI lui offrit le Petit Trianon. Elle y vint avec ses enfants et sa belle-sœur, Mme Élisabeth, fuyant l'étiquette de la Cour.
Le paysage fut remodelé à l'anglaise et orné de « fabriques », dans un esprit rousseauiste, par la reine, aidée de son architecte **Richard Mique** et de son jardinier **Claude Richard** ; le jardin de Jussieu et les serres furent sacrifiés.
Restauré et remeublé à plusieurs reprises, notamment sous l'Empire pour Pauline Borghèse, sœur de Napoléon Ier, puis pour l'impératrice Marie-Louise, le château devint en 1867 un musée consacré à Marie-Antoinette, à l'instigation de l'impératrice Eugénie, très attachée à la mémoire de la reine.
Sa sobre façade sur cour, donnant sur le jardin français, témoigne du talent de Gabriel : rythmée par quatre colonnes couronnées d'une légère galerie, soulignée par deux rampes qui conduisent de la terrasse au jardin, elle est un chef-d'œuvre du style Louis XVI. Les pièces réaménagées expriment brillamment la maîtrise de Guibert, à qui furent confiées les **boiseries★★**.

Les Offices

Salle des Gardes – Au rez-de-chaussée, la visite débute par cet espace sobre. L'architecte du lieu, Gabriel, est honoré par un buste de marbre, placé au-dessus de la cheminée. 2
★ **Vestibule** – Il s'agit sans conteste de la pièce maîtresse de ce niveau. Le pavement aux couleurs du Petit Trianon, blanc et vert, est en marbre de Campan (Pyrénées). Dans la **rampe** en fer forgé et bronze doré, chef-d'œuvre de serrurerie, le chiffre de Marie-Antoinette (MA) a remplacé celui de Louis XV.
Salle de billard – Dans la pièce d'angle, la table que vous voyez n'est pas celle sur laquelle a joué Louis XV ; il s'agit d'une copie réalisée d'après des documents de 1776. Suivent plusieurs pièces liées au service du Trianon : la salle de l'argenterie, qui conservait les services de table royaux, puis le réchauffoir, où vous admirerez la voûte plate et la vaste cheminée à hotte. Entre ces deux salles, notez le mécanisme qui permettait d'actionner les panneaux du boudoir de la reine.

Appartements

Le premier étage rassemble les salles de réception et des pièces plus intimes au décor raffiné. L'**antichambre** est une pièce-palier où vous découvrirez un portrait de Marie-Antoinette par Élisabeth Vigée-Le Brun. La **Grande salle à manger** est agrémentée de tableaux représentant les différentes sources de l'alimentation (*La Moisson* par Lagrenée, *La Chasse* par Vien, *Les Vendanges* par Hallée et *La Pêche* par Doyen), et meublée de sièges de genre étrusque provenant de la laiterie de la Reine à Rambouillet, signés G. Jacob et réalisés d'après des dessins de H. Robert. Le billard de Louis XV y fut installé par Marie-Antoinette. La **petite salle à manger** révèle *La Marquise de Pompadour en Belle Jardinière* et des tableaux de Jean-Baptiste Patter. Pièce consacrée au jeu et à la musique, comme en témoignent la table de quadrille, la harpe ou encore la pendule à musique, le **salon de compagnie** contient des boiseries ornées de la lettre L entrelaçant trois fleurs de lys. Il précède les appartements privés de la reine, qui débutent par le **boudoir** ou « cabinet des glaces mouvantes ». Aménagée dans l'ancien cabinet de Louis XV, la chambre de Marie-Antoinette abrite un superbe mobilier dit aux

« épis », signé G. Jacob. Elle communique avec la garde-robe à chaise, ou salle de bains, installée pour la duchesse d'Orléans, épouse du fils aîné de Louis-Philippe.

Chapelle

Construite par Gabriel immédiatement après le Petit Trianon, la chapelle reprend la disposition des chapelles palatines (tribune royale, ceinturée d'une balustrade, faisant face à l'autel) et est d'une extrême sobriété. L'autel est orné d'un tableau de Vien, exécuté en 1774 et représentant Saint Louis et Marguerite de Provence rendant visite à saint Thibault, abbé des Vaux-de-Cernay (*p. 235*). Celui-ci remet au couple royal une branche de fleur de lys dont les onze fleurs symbolisent leur future descendance.

Jardin français

Le Jardin français est ordonné autour d'une pelouse aux bordures fleuries séparées par deux bassins et bordée par des allées de tilleuls et des charmilles. Au centre, la perspective est interrompue par le Pavillon français.
Antérieur au Petit Trianon, le **Pavillon français★** *(ne se visite pas)*, créé par Gabriel en 1749, était un lieu de repos et de collation pour Louis XV. Le salon circulaire, ouvert sur quatre cabinets (boudoir, réchauffoir, cuisine, garde-robe), est orné d'un riche décor sculpté : huit colonnes corinthiennes supportent une corniche décorée d'une frise d'oiseaux de basse-cour. Au centre, la lanterne est décorée de fleurs de porcelaine. Le **Pavillon frais** *(ne se visite pas)*, construit entre 1751 et 1753, lui aussi dû à Gabriel, était une véritable salle à manger d'été où le roi faisait goûter les produits de la laiterie et du potager voisins. Le parterre et les deux bassins ovales situés devant le pavillon ont été reconstitués, ainsi que les treillages décoratifs de ses façades.
Le **théâtre de la Reine**, restauré entre 1925 et 1936, puis en 2001, s'appuie à la charmille du Jardin anglais. Marie-Antoinette confia sa construction à Mique, en 1777. Vous pouvez maintenant voir, depuis une première pièce octogonale, une salle d'environ 200 places, tendue de velours et de satin bleu, aussi profonde que la scène, laquelle est équipée de deux machineries. Ses décors sculptés en carton-pâte soulignent le caractère non officiel du théâtre destiné à recevoir l'entourage intime de la Reine. Pour l'éclairage, deux candélabres sont supportés par des femmes portant des cornes d'abondance. Le plafond peint par Lagrenée représente *Apollon entouré de grâces et de muses*.
À la stricte organisation et au classicisme du jardin français s'opposent la liberté et le foisonnement du jardin anglais, où la nature vivante incite à la rêverie.

★★ Jardin anglais

Avec le peintre Hubert Robert, Mique créa, entre 1777 et 1787, un jardin pittoresque rythmé par un ruisseau, ponctué de « fabriques » dispersées au détour d'allées sinueuses et de pièces d'eau. Le **temple de l'Amour**, qui abrite *L'Amour se taillant un arc dans la massue d'Hercule*, une réplique de la statue de Bouchardon *(original au Louvre)*, et le **Belvédère**, entouré de quatre sphinges (sphinx à buste de femme), sont deux fabriques inspirées de l'Antiquité. Le Belvédère servait aussi de salon de musique, comme l'indiquent les motifs de son décor. Admirez aussi le pavement de marbres de différentes couleurs. D'autres fabriques imitent la nature : le **Rocher** suintant de cascatelles et la **Grotte** surplombent un petit lac et offrent une belle vue sur le Jardin anglais.

★★ Hameau de la Reine

Aux abords du Hameau de la Reine, là où Marie-Antoinette avait fait venir de Suisse ses taureaux, ses vaches... et un « bouc blanc et pas méchant », les

Le Hameau de la Reine.
W. Jungk/Premium/age fotostock

animaux de la **ferme** pédagogique font la joie des enfants (✆ *réserv. 06 46 48 79 13).*

2

Après 5 ans de travaux, le Hameau a réouvert au public en juillet 2018. Des restaurations supplémentaires se sont achevées en 2022 : le boudoir, la laiterie de propreté et les berges du grand lac. Vous admirerez les maisons villageoises de ce charmant hameau réalisé de 1783 à 1786 par l'architecte et ami de Marie-Antoinette, Richard Mique : une douzaine de chaumières, disposées autour d'un lac, un peu à l'écart de la **ferme**, sont associées à un jardin, un verger, un bois... Subsistent le **moulin** avec sa roue à aubes, une tour de la Pêcherie, appelée aussi tour de Marlborough, en souvenir d'une chanson introduite à la cour de Louis XVI par la nourrice du dauphin, la **Maison de la Reine** *(visible uniquement lors des visites guidées),* flanquée de son escalier en colimaçon et qui était jadis reliée au billard *(disparu)* par une galerie de bois. La Maison de la Reine a été entièrement restaurée et remeublée dans le style de Marie-Antoinette. Enfin, le **colombier** et le **réchauffoir** (cuisine), ainsi que les vestiges de la **grange** qui servait de salle de bal, et de la **laiterie** de propreté (où l'on goûtait les laitages), autrefois doublée d'une laiterie de préparation, sont également visibles.

Chaque fabrique du jardin était associée, à l'origine, à un décor végétal particulier : peupliers formant un décor en fond de scène pour le Belvédère, bois et jardinets clos autour du Hameau de la Reine, saules pleureurs enrobant le temple de l'Amour, non loin duquel se trouve, depuis l'an 2000, le **bosquet des États-Unis**, où fut replanté le premier arbre après la tempête, un tulipier de Virginie. Dans le même bosquet, créé à la suite des attentats du 11 septembre 2001 aux États-Unis, 50 arbres symbolisent les États d'Amérique : séquoia de Californie, érable à sucre du Wisconsin...

Enfin vous pouvez partir à la découverte des quinze **arbres admirables** (de par leur histoire ou leur rareté botanique), implantés dans le domaine de Trianon (*parcours disponible sur l'application mobile gratuite du château de Versailles : « Les arbres admirables de Trianon ».*

Carnet pratique

S'informer

01 30 83 78 00 - www.chateauversailles.fr - ♿ - avr.-oct. : 7h-20h30 ; nov.-mars : 8h-18h sf météo exceptionnelle.
Accès piéton : grille d'Honneur (8h-19h ; nov.-mars : dernier accès 17h30), grille de la Reine (7h-20h30 ; nov.-mars : 17h30), grille des Matelots (9h30-19h ; nov.-mars : 17h), porte St-Antoine (7h-19h30 ; nov.-mars : 17h) - gratuit (sf Grandes eaux musicales).
Accès voiture : grille de la Reine (9h - dernier accès caisse 17h50, et porte St-Antoine seult w.-end et j. fériés (9h - dernier accès caisse 17h50.

Domaine de Trianon – *01 30 83 78 00 - www.chateauversailles.fr - ♿ - avr.-oct. : 12h-18h30 ; reste de l'année : 12h-17h30 - fermé lun. et 1er Mai - possibilité de visite guidée sur demande (1h30) - 12 € (-18 ans gratuit et -26 ans pour résidents Union Européenne).* Le billet donne accès au Petit et au Grand Trianon, au Hameau de la Reine, au théâtre de la Reine, au temple de l'Amour et au Belvédère.

« Jardins de Versailles » – *www.chateauversailles.fr/decouvrir/ressources.* L'application mobile gratuite du château propose, en vous géolocalisant, des commentaires, vidéos, etc., et une visite virtuelle des jardins.

Se garer

Outre celui de la Place-d'Armes, différents parkings (payants) permettent d'accéder au parc (allée de Bailly), au Grand Trianon, au Petit Trianon et au Hameau de la Reine.

Se déplacer

Petit train – *01 39 54 22 00 - www.train-versailles.com - 8,50 € (11-18 ans 6,50 €) - dép. parterre du Nord.* Un petit train fait la navette entre le château et le Domaine de Trianon. Circuit-promenade *(45mn)* avec arrêt au Grand et au Petit Trianon et au Grand Canal.

Agenda

Les Grandes Eaux musicales – *01 30 83 78 89 - www.chateauversailles-spectacles.fr - d'avr. à fin oct. : sam., dim. 10h30-12h, 14h-17h ; de début mai à fin juin : mar. - 10,50 € (6-17 ans 9 €), 27 € pour le passeport* *encadré p. 206.*

Les Grandes Eaux nocturnes – *01 30 83 78 89 - www.chateauversailles-spectacles.fr - de mi-juin à mi-sept. : sam. 20h30-23h05 - réserv. conseillée - 31 € (6-17 ans 27 €).*

Les Jardins musicaux – *01 30 83 78 89 - www.chateauversailles-spectacles.fr - de déb. avr. à fin oct. : mar. et vend. et du mar. au vend. en juil. et août, 10h-19h - jeux d'eau musicaux au bassin du Miroir ttes les 10mn de 10h à 19h - 10 € (6-17 ans 9 €), 27 € pour le passeport.* Promenade musicale dans les bosquets habituellement fermés au public.

La Sérénade royale – *01 30 83 78 89 - www.chateauversailles-spectacles.fr - de mi-juin à mi. sept. : sam. 5 séances de 18h30 à 20h - réserv. conseillée - 29 € (6-17 ans 26 €, couplé avec les Grandes Eaux nocturnes 50 € (6-17 ans 43 €).* Juste avant les Grandes Eaux nocturnes, 45mn de visite-spectacle de la Chapelle royale à la Galerie des Glaces, menée par la compagnie de danse l'Éventail et les Folies Françoises. Danseurs, chanteurs et musiciens font revivre le siècle de Louis XIV dans les plus belles salles du château.

Nos adresses

PLAN P. 202-203

Restauration

Le **pique-nique** est interdit dans les jardins, mais autorisé dans le parc (à partir du Grand Canal). Un bon coin pour vos agapes : à 5mn à pied du château *(rte de St-Cyr, D 10)*, la **pièce d'eau des Suisses** prolonge la perspective de l'Orangerie jusqu'au pied des bois de Satory. Le site est agréablement ombragé et la vue sur le château magnifique.

Premier prix

1 **Angelina Petit Trianon** – *01 39 20 91 67 - www.angelina-paris.fr - 12h-17h - fermé lun. - formule déj. 10,50 €, plat 9/11 €.* Le célèbre salon de thé parisien propose une restauration rapide (sandwichs, boissons, pâtisseries alléchantes) à emporter ou, par beau temps, à déguster sur la terrasse installée le long du chemin reliant les deux Trianon.

Budget moyen

2 **La Flottille** – *01 39 51 41 58 - laflottille.fr - P - avr.-oct. 8h-19h, nov.-mars 8h-17h - plats 13/24 €.* Au bord du Grand Canal, dans le parc du château, petit pavillon de la fin du 19e s. aux airs de guinguette, éclairé par une grande verrière. Trois formules : restaurant, brasserie et salon de thé. Pas d'extase à table, mais bonheur garanti sur la terrasse en été !

4 **La Petite Venise** – *01 39 53 25 69 - www.lapetitevenise.com - mar.-merc. 11h45-15h45, jeu.-dim. 11h45-12h45, fermé lun. - plats 18/24 €.* Si vous préférez un coin calme, à l'écart du flot des touristes, allez à La Petite Venise, installée dans les écuries de Louis-Philippe restaurées. En terrasse ou dans une salle blanc et bleu, elle invite à une excursion gustative à Venise. Paninis en vente à l'extérieur.

Activités

Vélo – *01 39 66 97 66 - astel-versailles.com - mi-fév.-mars 10h-17h30, avr.-oct. 10h-18h45, nov. 10h-17h - fermé mi-nov.-mi-fév. - vélo 7 €/1/2h, 9 €/h.* Points de location : Grand-Canal/Petite Venise *(tlj)*, porte St-Antoine et grille de la Reine *(w.-end)*.

Barque – *01 39 66 97 66 - astel-versailles.com - tte la journée en sais. et w.-end ; reste de l'année : apr.-midi en sem. mars-avr. et sept.-nov. - fermé mi-nov.-fév. - 18 €/h.* Départ Grand Canal/Petite Venise.

Voiture électrique – *01 39 66 97 66 - astel-versailles.com - avr.-oct. : 10h-18h45 ; nov. : 10h-17h ; fév.-mar. : 10h-17h30 - fermé déc.-janv. - 38 €/h.* Départs Grand Canal/Petite Venise, terrasse sud du château.

2

Jouy-en-Josas

Au cœur de la vallée de la Bièvre, Jouy-en-Josas doit son renom à Oberkampf, son premier maire, qui utilisa les eaux de la rivière pour fabriquer les fameuses toiles de Jouy. La vallée, encore boisée, évoque aussi le souvenir de Victor Hugo, un familier du château des Roches, sur la route de Vauboyen. Mais surtout, la réputation de Jouy-en-Josas a dépassé les frontières depuis que son nom est devenu indissociable d'HEC, la grande école de commerce qui y a installé son campus.

Se repérer

CARTE C1 (P. 162).
8 049 habitants – Yvelines (78)
À 15 km de Paris par la N 118 au pont de Sèvres, puis A 86 direction Versailles.
Liaison SNCF de Paris-Montparnasse. RER C Jouy-en-Josas ou Petit-Jouy-Les Loges.

Nos adresses p. 219

Visiter

31 av. Jean-Jaurès - 01 30 21 38 28 - www.jouy-en-josas-tourisme.fr.

★ Musée de la Toile de Jouy

54 r. Charles-de-Gaulle - 01 39 56 48 64 - www.museedelatoiledejouy.fr - - tlj sf lun. 11h-18h, mar. 14h-18h - 8 € (-8 ans gratuit).
À la boutique du musée, la toile de Jouy se décline sur toutes sortes d'objets : papier à lettres, services de table, foulards, parapluies, sacs... et le parc derrière le château est un cadre idéal pour une promenade ou un pique-nique.
Le musée, dont la présentation a été entièrement renouvelée en 2020, est installé dans le château de l'Églantine (19e s.), près du site de l'ancienne manufacture

Le temps des indiennes

À la fin du 17e s., l'Europe s'entiche des toiles de coton, peintes d'animaux et de fleurs aux couleurs vives, que les grandes compagnies de navigation rapportent d'Inde. En France, la vogue des « **indiennes** » en vient à concurrencer la production de drap et de soie... Irrités, les manufacturiers obtiennent de Louis XIV la prohibition des toiles peintes, en 1686. Cette censure est levée en 1759 et dès l'année suivante, l'Allemand **Christophe Philippe Oberkampf** (1738-1815) profite de cette opportunité. À 22 ans, ce fils de teinturier fonde à Jouy l'une des premières fabriques de toiles de coton imprimées. En 1783, elle devient manufacture royale. Toujours à l'affût d'innovations, Oberkampf emploie jusqu'à 1 300 ouvriers, effectif exceptionnel pour l'époque. Les planches de cuivre, gravées en creux, puis la technique du rouleau permettent d'obtenir des camaïeux chatoyants et délicats qui font la gloire de la manufacture, la plus importante d'Europe au début du 19e s. Mais les guerres napoléoniennes et l'essor d'autres fabriques portent des coups très durs à l'usine. Liquidée en 1843, elle est détruite vingt ans plus tard.

Toile de Jouy.
Spiderplay/Getty Images Plus

royale des toiles imprimées. Au rez-de-chaussée, on découvre le bureau d'Oberkampf, un salon et une chambre tendus de toile de Jouy qui permettent de vivre une expérience immersive. Au premier étage, l'histoire de la toile imprimée est retracée depuis l'importation des étoffes indiennes au 17e s. jusqu'à nos jours où elle est revisitée par des créateurs. Le savoir-faire de **Christophe Philippe Oberkampf** (1738-1815), en avance sur son temps grâce à ses connaissances chimiques notamment, apparaît dans les très belles pièces exposées, témoins de la qualité du travail de la manufacture. Certains thèmes, tels la pastorale ou l'escarpolette, dessinés par Jean-Baptiste Huet, ont été maintes fois réédités. Le charme des motifs et la qualité des dessins sont des témoins de l'élégance de l'art français à la fin du 18e s. et au début du 19e s.

L'application mobile gratuite « La Manufacture virtuelle d'Oberkampf » permet de découvrir la vie d'Oberkampf et propose une visite interactive du musée.

Église St-Martin

Pl. de la Division-Leclerc. La base du clocher est la partie la plus ancienne (13e s.) de cette église qui abrite, à l'extrémité de l'unique bas-côté, une Vierge (12e s.), restaurée, en bois polychrome, la **Diège★**, nommée ainsi en référence au socle de la statue, sur lequel on pouvait lire « Deigen », abrégé de « Dei Genitrix », signifiant Mère de Dieu en latin.

Maison Léon Blum

4 r. Léon-Blum - ✆ 01 30 70 68 46 - www.maisonleonblum.fr - mai-oct. : dim. 12h-18h (en sem. sur réserv.) ; reste de l'année : sur réserv., 8 pers. mini - 5 € (-12 ans gratuit).

Cette ancienne ferme du 18e s. fut la demeure de Léon Blum de 1945 jusqu'à sa mort en 1950. Il y vécut avec Jeanne, une cousine éloignée, qui était parvenue à le rejoindre en captivité, à Buchenwald, où ils se marièrent en 1943. Une exposition revient sur le rôle de Blum dans le mouvement socialiste, ainsi que sur son œuvre de critique et d'essayiste. Chef du gouvernement après la victoire du Front

Hommage à Nadar

En 1858, c'est à Bièvres que fut réalisée la première photographie aérienne : elle fut prise en ballon par Félix Tournachon, dit Nadar (1820-1910). En souvenir, une stèle est plantée au carrefour de la N 118 et de l'A 86. Chaque année, le premier week-end de juin, Bièvres accueille la **Foire de la photo**, de réputation internationale.

populaire aux élections de 1936, il est en effet à l'origine de nombreuses mesures sociales (congés payés, conventions collectives, semaine de 40 heures) et d'un vaste plan de réarmement. Dans la pièce principale, on découvre ainsi son bureau de travail et sa bibliothèque, conservés à l'identique.

À proximité

CARTE P. 162

Bièvres C1

À 4 km à l'est de Jouy-en-Josas par la D 117. RER C depuis Paris via *Versailles-Chantiers et Jouy-en-Josas ou* via *Massy-Palaiseau, arrêt Bièvres ou Vauboyen.*

Maison littéraire de Victor Hugo – *45 r. de Vauboyen - ✆ 01 69 41 82 84 - www.maisonlitterairedevictorhugo.net - ♿ - visite guidée (50mn) w.-end 14h30-18h30 - fermé déc.-fév. - 5 € (-12 ans 4 €) - 2 € parc seul.* Le château des Roches était la propriété de Louis-François Bertin, dit Bertin l'Aîné, directeur du *Journal des Débats*. Entre 1815 et 1841, pris dans la vogue romantique, Bertin l'Aîné y anima un salon littéraire qui attira des intellectuels de premier rang : outre Chateaubriand, Ingres, Rossini ou Berlioz, son grand ami Victor Hugo y séjourna maintes fois avec sa famille entre 1828 et 1837. La vallée de la Bièvre lui inspira de nombreux poèmes, dont *Tristesse d'Olympio*.

Le château abrite un musée consacré à l'œuvre de Victor Hugo et à la période où il vécut au château. Les collections comprennent de nombreux manuscrits, livres, photographies, ainsi que des épreuves d'imprimerie. Les salons de l'hôtel, restaurés dans l'esprit romantique du 19e s., réunissent des témoignages divers : lettres autographes de Victor Hugo et d'intellectuels contemporains, brouillons hâtivement rédigés, épreuves annotées des *Misérables* ou des *Contemplations*, photos… Et jusqu'aux derniers mots rédigés par Hugo avant sa mort, le 22 mai 1885 : « Aimer, c'est agir. »

Dans le beau parc (10 ha) bordant la Bièvre, on retrouve les vignes grimpantes, les saules et les châtaigniers qu'affectionnait le poète.

Musée français de la Photographie – *78 r. de Paris - ✆ 01 69 35 16 50 - www.museedelaphoto.fr - tlj sf lun.-mar. 13h30-17h30 - gratuit.* Ce musée possède un fonds très riche : 15 000 appareils photographiques et 1 million de clichés. Mais la présentation, austère et peu didactique, s'adresse surtout aux initiés. Elle retrace l'histoire de la reproduction mécanique d'une image, depuis Léonard de Vinci jusqu'aux appareils récents, en passant par la découverte de Nicéphore Niépce, les inventions de Louis Daguerre, l'apparition de la photographie d'amateur en 1888 (George Eastman – marque déposée Kodak) ou celle du « petit format » (Leica) en 1925.

Vallée de la Bièvre C1

La rivière prend sa source au hameau de Bouviers, à Guyancourt, et traverse la vallée sur 15 km avant de bifurquer vers le nord. Canalisée et enterrée à partir d'Antony, c'est le seul affluent de la Seine à Paris.

Le GR 11 serpente sur 50 km de Neauphle-le-Château jusqu'à Sceaux. Il passe dans la vallée de la Bièvre, traversant des forêts. Au départ de chaque gare, un chemin permet d'y accéder.

En remontant la Bièvre vers St-Quentin-en-Yvelines, sur la route de Jouy, on passe devant la porte de Jouy, logement du garde du domaine des chasses royales au 17e s. reconverti en maison forestière, puis on remarque l'**aqueduc de Buc**. Long de 488 m, haut de 45 m, il fut construit en 1684 pour amener aux bassins de Versailles les eaux du plateau de Saclay. Après avoir traversé le petit bourg de Buc, vous parvenez à l'étang de la Geneste *(réservé à la pêche)*. Suivent les étangs du Val d'Or, du Moulin à Renard, Braque et de la Minière *(ce dernier est classé réserve naturelle)*, on pratique la pêche sur le premier. Des chemins permettent d'en faire le tour *(baignade et canotage interdits)*. Enfin, vous atteignez la fontaine des Gobelins, la source de la Bièvre.

Nos adresses

Restauration

Premier prix

Avila – *8 r. de Beuvron - ✆ 09 84 59 67 41 - www.avilarestaurant.fr - fermé sam. midi, dim.-lun. - tapas 6/16 €.* Des tapas élaborés et typiques de la cuisine espagnole et latino-américaine sont servis dans ce bar-restaurant à l'ambiance chaleureuse.

Budget moyen

Le Robin des Bois – *38 av. Jean-Jaurès - ✆ 01 39 56 40 34 - http://le-robin.fr - plats 17/18 €.* Dans cet ancien relais de poste, vous dégusterez une pierrade ou une côte de bœuf, spécialités de la maison.

Saint-Quentin-en-Yvelines

Ville nouvelle, St-Quentin-en-Yvelines garde des témoignages des différentes époques qu'elle a traversées, comme la chapelle des Templiers à Élancourt ou encore les premières HBM (habitations bon marché) et HLM (habitations à loyers modérés) de Trappes. L'agglomération illustre l'évolution d'une banlieue liée à son histoire ouvrière et à l'urbanisme des années 1980, soucieux de la qualité de vie.

France Miniature à Élancourt.
B. Gardel/hemis.fr

Se repérer

CARTE B1 (P. 162).

228139 habitants - Yvelines (78)
St-Quentin-en-Yvelines s'étend du sud-ouest de Versailles au versant nord de la vallée de Chevreuse, de part et d'autre de la N 10.
En voiture, à 30 km de Paris par l'A 13 puis l'A 12. Liaison SNCF depuis Paris-Montparnasse. RER C St-Quentin-en-Yvelines.

En famille

La réserve naturelle; France Miniature; l'Île de loisirs de St-Quentin-en-Yvelines.

Nos adresses p. 223

Se promener

La ville nouvelle de St-Quentin-en-Yvelines regroupe douze communes (Coignières, Les Clayes-sous-Bois, Élancourt, Guyancourt, Magny-les-Hameaux, Maurepas, Montigny-le-Bretonneux, Plaisir, Trappes, La Verrière, Villepreux et Voisins-le-Bretonneux) et environ 230 000 habitants dans une conception de l'urbanisme planifiant simultanément les logements et les équipements prioritaires. L'aménagement du centre-ville se développe autour de la gare de St-Quentin-en-Yvelines.

Montigny-le-Bretonneux C1

Accès par la D 36 depuis la N 10. Gare SNCF de St-Quentin-en-Yvelines.
Le Temple et les Arcades du lac construits par **Ricardo Bofill** encadrent le lac de la Sourderie. Sur la place Georges-Pompidou s'élève le théâtre réalisé par **Stanislas Fiszer**.
Musée de la Ville – *Quai François-Truffaut - 01 34 52 28 80 - www.museedelaville.sqy.fr - - mar.-sam. 14h-18h - gratuit.*
Le musée organise des visites guidées de la ville (architecture, œuvres d'art, paysages) sur réservation.
Situé au cœur de la ville nouvelle, ce musée est atypique. Le contexte local lui permet une grande originalité dans le choix de ses expositions temporaires et la composition de ses collections qui privilégient les dernières décennies : arts ménagers, mobilier design, luminaires, art public, plaquettes de promoteurs immobiliers, affiches politiques, etc. Des bornes interactives vous font redécouvrir le passé des lieux et certaines de ses collections.

2

Réserve naturelle de St-Quentin-en-Yvelines BC1

Accès par la D 912 depuis la N 10. Bus 463 (sf dim.) depuis la gare de St-Quentin, arrêt « Base de loisirs » - Rd-pt Éric-Tabarly - 01 30 16 44 43 - www.reservenaturelle78.fr - lun.-vend. 9h-12h30, 13h30-17h30, w.-ends et j. fériés 10h-12h, 13h30-17h30 - 5 €/voiture.
Ce site de 87 ha, à l'ouest de l'étang de St-Quentin, accueille plus de 260 espèces d'oiseaux nicheurs ou migrateurs : bécassines, canards, grèbes.

Élancourt B1

Accès par la D 23 depuis la N 10. Depuis la gare de SQY, bus 401 direction Village, arrêt « Nouvelle Amsterdam ».
Le secteur des Sept-Mares, à Élancourt, est l'un des « centres de quartier » les plus caractéristiques, avec sa rue commerçante piétonne, son immeuble administratif groupant les services publics et des bureaux privés, sa médiathèque signalée par un beffroi de brique, son centre religieux « œcuménique », son lycée, etc.
★ **France Miniature** B1 – *25 bd André-Malraux - Élancourt - 01 30 16 16 30 - www.franceminiature.fr - - juil.-août : 10h-19h ; sept.-oct. : merc.-jeu. 10h-17h, w.-end et vac. scol. (zone C) 10h-18h ; reste de l'année : consulter le site - fermé nov.-mars - 24 € (4-11 ans 18 €).* Un livret-jeux et une édition spéciale du journal *Mon Quotidien* sont disponibles en supplément pour rendre la visite encore plus attrayante pour les enfants.
Tel Gulliver abordant Lilliput, le visiteur commence son périple en grimpant au sommet des Alpes (altitude 9 m !), d'où il a une vision panoramique d'une France réduite à 5 ha, avec ses 117 monuments remarquables représentés à l'échelle 1/30. Parmi les montagnes, les plaines, les fleuves en réduction et les 10 000 arbres nains, tout un réseau piétonnier permet de se promener à travers les provinces et

d'en découvrir les richesses architecturales ou les réalisations industrielles les plus représentatives. On peut aussi faire le parcours en empruntant le train miniature pour découvrir les arènes d'Arles, le pont du Gard, le viaduc de Garabit long de 16 m, les hospices de Beaune ou bien encore la tour Eiffel dominant l'ensemble du haut de ses 10 m, le château de Versailles, le barrage de Bort-les-Orgues ou le Stade de France, le Mont-St-Michel, la cité de Carcassonne... Véritable prouesse de miniaturisation, unique en Europe, le château de Chambord à lui seul a nécessité 2000 heures de travail aux maquettistes !
Onze attractions complètent cette visite à la fois ludique et instructive : dans la « parade des zotos », les enfants visitent une France en bandes dessinées à bord de petites voitures électriques, tandis que les sportifs partiront à l'assaut des parois d'un volcan de 8 m ; les plus grands pourront survoler la Manche à bord d'une nacelle, propulsée à 40 km/h ; les aventuriers s'essaieront aux épreuves emblématiques de Koh Lanta.
Vous pourrez vous restaurer sur place ou pique-niquer sous une aire couverte.

La Commanderie B1

D 58 depuis la N 10 ou le centre d'Élancourt. Depuis la gare de La Verrière (ligne SNCF Paris Montparnasse-Rambouillet), bus 402 arrêt « chapelle de la Villedieu ». 58 rte de Dampierre - ✆ 01 39 44 54 00 - lacommanderie.sqy.fr - ♿ - mar.-vend. et j. de manifestations 13h30-18h - fermé juil.-sept. - gratuit.

Les Templiers fondèrent la commanderie de la Villedieu vers 1180. Lorsque Philippe le Bel abolit leur Ordre en 1312, elle fut placée sous l'obédience de la commanderie des Hospitaliers de Louviers-Vaumion, puis en 1474 de ceux de St-Jean de Latran. Revenu à l'Église, le domaine est vendu à la Révolution comme bien national ; les bâtiments servent de ferme jusque dans les années 1960. Aujourd'hui, elle a été entièrement rénovée et est devenue un lieu d'innovation incontournable pour qui s'intéresse à l'art contemporain.
La **chapelle** témoigne de l'architecture des commanderies du 12e s. même si ses 14 fenêtres ogivales, séparées de contreforts, et sa tourelle octogonale au toit conique, dénotent d'une importance particulière du lieu. Notez l'archivolte sculptée en point de diamant du porche. À l'intérieur, la nef se compose de trois travées aux dimensions égales ; remarquez les consoles et clés de voûte sculptées. L'abside est à cinq pans et les six arcs composent une voûte haute de 11,8 m. La chapelle accueille concerts, événements culturels et expositions temporaires, tout comme le bâtiment des Gardes et celui de Bièvre. On y découvre des œuvres étonnantes réalisées par des artistes invités ou résidents.

Magny-les-Hameaux C1

Depuis la N 10, suivez la D 36 sur 9 km puis tournez à droite par la D 938. Bus 464 depuis la gare de St-Quentin, arrêt « Magny-Hôtel de Ville ».

Église – *Abbaye de Port-Royal-des-Champs p. 224.*

Vallée de la Bièvre C1

Vous pouvez rejoindre Jouy-en-Josas depuis St-Quentin-en-Yvelines, en faisant le circuit-promenade décrit p. 218 en sens inverse.

Nos adresses

Restauration

À proximité

Budget moyen

Restaurant Les Alizés – *Étang de St-Quentin - Montigny-le-Bretonneux - ✆ 01 30 58 40 95 - www.restaurant-lesalizes.fr - mar.-vend. 10h-15h, w.-end 10h-17h, fermé lun. - formule en sem. 19,50 €, plat 18,50/24,50 €.* Pour déjeuner en terrasse ou dans une salle entièrement vitrée avec vue sur les étangs de St-Quentin.

Pour se faire plaisir

La Ferme de Voisins – *4 r Port-Royal - Voisins-le-Bretonneux - ✆ 01 30 44 18 18 - www.lafermedevoisins.fr - fermé sam. midi et dim. - formules midi 55 €, menus 79/99 €, plat 29 €.*On accède à ce joli corps de ferme du 19e s. par une cour fleurie, qui fait office de terrasse l'été venu. La carte, plutôt courte, met en valeur les incontournables de la maison – sucettes de gambas, tête de veau « irremplaçable » – et recèle des plats goûteux et créatifs. Une belle adresse à découvrir au plus vite.

Activités

À proximité

Île de loisirs – *En voiture, suivez la N 10 et empruntez la D 912 avant Trappes. RER C St-Quentin-en-Yvelines, puis bus 463 (sf dim.), arrêt Base-de-Loisirs-Golf - ✆ 01 30 16 44 40 - http://saint-quentin-en-yvelines.iledeloisirs.fr - P payant - ♿ (partiellement) - 8h-19h30 - tarif variable en fonction des activités.* Autour des étangs de St-Quentin est installée la plus grande base de loisirs d'Île-de-France. Cet espace, qui abrite aussi une réserve naturelle nationale, propose des activités variées et à destination de tous publics : équitation, parcours dans les arbres, piscine à vagues, voile, canoë et kayak, golf et minigolf, parcours d'orientation, ferme pédagogique et nombreux parcours de balades à cheval, à pied ou à vélo. Possibilité de pique-niquer dans le parc ou de déjeuner au Restaurant Les Alizés.

2

Abbaye de Port-Royal-des-Champs ★

« Tout ici respire Dieu, la paix, la vérité », écrit Jean Racine, élève à Port-Royal... L'abbaye de mère Angélique fut le foyer du jansénisme, rigoureux mouvement spirituel du Grand Siècle. Lieu de mémoire, le beau vallon boisé où se dressent les ruines de Port-Royal offre aujourd'hui au visiteur les rares vestiges d'une abbaye meurtrie. Le musée permet de mieux comprendre cette période de l'histoire de France.

Se repérer

CARTE C1 (P. 162).
Yvelines (78)
À 30 km de Paris par l'A 13, sortie St-Quentin-en-Yvelines, puis direction Voisin-le-Bretonneux; l'abbaye se trouve à 2 km, sur la commune de Magny-les-Hameaux.
RER C St-Quentin-en-Yvelines, ou RER B St-Rémy-lès-Chevreuse, puis bus 464, arrêt Buloyer. Le dimanche, RER B St-Rémy-lès-Chevreuse, puis Baladobus *(p. 233)*.

Organiser son temps

Comptez 4h aller-retour pour le sentier Jean-Racine depuis le musée de Port-Royal-des-Champs jusqu'à Chevreuse.

Se promener

PLAN DE L'ABBAYE CI-CONTRE

Musée national de Port-Royal-des-Champs

Rte des Granges - 01 39 30 72 72 - www.port-royal-des-champs.eu - musée des Granges : avr.-oct. : lun. et merc.-vend. 10h30-12h30, 14h-18h, w.-end et j. fériés 10h30-18h30; nov.-mars. : lun. et merc.-vend. 10h-12h, 14h-17h30, w.-end et j. fériés 10h30-18h30; ruines de l'Abbaye w.-end 13h-18h30 (hiver 10h30-18h) - musée : 4,50 € (-26 ans gratuit), parc uniquement 1 €; abbaye : gratuit.

Cet ensemble se visite en deux temps. En contrebas, les ruines de l'abbaye sont entourées d'un parc. Plus haut, sur le plateau, l'ancien bâtiment des Petites Écoles accueille le musée des Granges. La ferme où logeaient les Solitaires est fermée au public.

Site de l'Abbaye

On découvre l'emplacement du cloître, mais les tilleuls qui le délimitaient, formant un carré, ont été victimes de la tempête de 1999. Une pelouse remplace le cimetière où les religieuses étaient enterrées depuis 1204. L'église était attenante au cloître. Le sol fut surélevé par les Solitaires pour remédier à l'humidité. Par la suite, l'édifice fut rasé jusqu'au dallage. En rétablissant le niveau primitif, la base des piliers a été dégagée des murs, qui dessinent la forme de l'édifice. À l'emplacement du chœur s'élève un oratoire, construit en 1891. Des jardins d'évocation, dits « jardins d'utilités », un jardin médicinal, un verger ont été plantés, ainsi qu'un cèdre pour remplacer celui âgé de 200 ans, touché par une tornade en 2017.

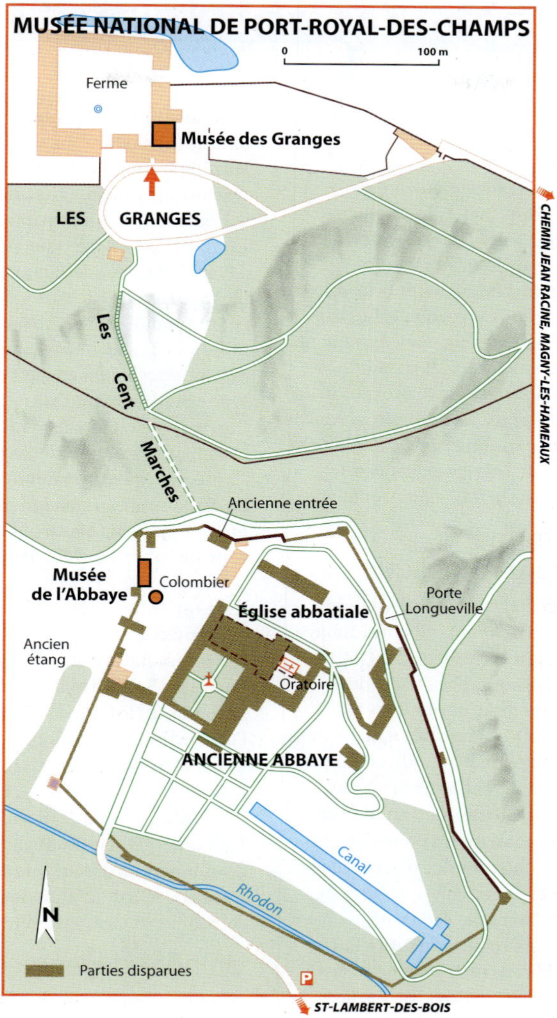

Musée de l'Abbaye

À côté du colombier, l'ancienne grange (17e s.) abrite des tableaux, gravures et souvenirs évoquant l'histoire du domaine.

Pour se rendre des Petites Écoles jusqu'à l'église de l'abbaye, « ces messieurs » utilisaient chaque jour les **Cent Marches** qu'ils avaient tracées eux-mêmes, d'après la tradition. Encore visible, cet escalier n'est plus praticable.

Musée des Granges

Dominant le versant nord du vallon, le bâtiment des Petites Écoles fut construit en 1651-1652 pour servir de pensionnat aux garçons. Une aile de style Louis XIII

Un haut lieu de la vie religieuse et politique

L'abbaye Notre-Dame-de-Porrois

Une abbaye de religieuses est fondée ici en 1204. Elle suit la règle de Cîteaux – des cisterciens sont installés non loin, aux Vaux-de-Cernay. Quatre siècles plus tard, cette règle stricte s'est relâchée. Les dix religieuses et les six novices mènent une existence des plus mondaines : le cloître est devenu un promenoir, le jeûne une pratique périmée, le vœu de pauvreté une obligation difficilement compatible avec les exigences des réceptions. On fête même le carnaval.

La réforme de mère Angélique

Au début du 17e s., la jeune abbesse Angélique Arnauld réforme l'abbaye. Elle rétablit la clôture (1609) et impose l'observance stricte de la règle, la méditation et le travail manuel. Les novices affluent. La mère Angélique choisit pour directeur de conscience l'abbé de St-Cyran, disciple de **Cornelius Jansénius**. Cet homme austère a pour souci de détacher l'homme des plaisirs, de le convaincre de sa corruption.
En 1625, l'abbesse décide de transférer sa communauté à Paris, dans le faubourg St-Jacques (c'est l'abbaye de Port-Royal de Paris, aujourd'hui une maternité) : les locaux sont en effet devenus trop étroits, et le site marécageux ruine la santé des religieuses.

Ces « messieurs de Port-Royal »

À la même époque se développe un mouvement intellectuel et religieux chez certaines élites bourgeoises parisiennes. En 1637, ces « solitaires », attirés par la retraite et la pénitence, décident de fonder une communauté laïque dans le monastère abandonné par les religieuses. Ils effectuent des travaux : drainage, exhaussement du sol, construction de bâtiments.
En 1648, mère Angélique revient à Port-Royal-des-Champs et partage l'effectif de sa florissante communauté entre cette abbaye et celle de Paris. Désormais, les Solitaires résident en haut de la colline dominant l'antique Porrois : c'est le site des Granges.
En opposition aux collèges jésuites, ils créent les **Petites Écoles**, où ils dispensent un enseignement apprécié pour sa haute tenue morale, et novateur en bien des aspects : petits groupes d'enfants de 6 à 17 ans, livres en français et non en latin, apprentissage de langues étrangères, refus des châtiments corporels...
Parmi les Solitaires figurent Antoine Arnauld, dit le Grand Arnauld, l'un des frères d'Angélique, les Lemaistre – dont Lemaistre de Sacy, le traducteur de la Bible –, Lancelot l'helléniste, Nicole le moraliste et Hamon ; tous comptent parmi les plus grands esprits de leur temps. **Blaise Pascal** (1623-1662) fait deux courtes retraites aux Granges en 1656.

Un hôte devenu célèbre

Orphelin, **Jean Racine** (1639-1699) fut élevé à Port-Royal-des-Champs où sa grand-mère et sa tante étaient religieuses : âgé de 9 ans à son arrivée, il y séjourna jusqu'à ses 17 ans et y fit ses « humanités ». Lancelot et Nicole lui apprirent le grec, le latin et la versification française, la rhétorique et la diction. Racine sut tirer le plus grand profit de ces leçons, et devint un lecteur incomparable. Il tenait Louis XIV sous le charme de sa voix, ses interprètes recherchaient ses conseils. L'écrivain se brouilla momentanément avec les religieuses et ses maîtres lorsqu'il publia ses tragédies profanes et fréquenta le monde, mais il renoua plus tard avec eux.

Un foyer du jansénisme

Les jésuites prennent ombrage de l'emprise exercée par Port-Royal sur les consciences et les intelligences de la Cour et du Parlement. Se sentant menacés, soutenus par le pape et le roi, ils entament une guerre intellectuelle contre le jansénisme, en accusant **Cornelius Jansénius** d'hérésie à travers son œuvre, *Augustinus*.

En 1656, Antoine Arnauld est exclu de la Sorbonne, les Solitaires, les maîtres des Petites Écoles et les enfants doivent quitter les Granges. À la mort d'Angélique en 1661, Port-Royal, monastère florissant et influent, voit son expansion stoppée par la décision de Louis XIV d'interdire le recrutement de novices. Des Solitaires et même des religieuses sont dispersés, voire expulsés ; les Petites Écoles ferment.

La crise reprend de plus belle en 1664, quand les religieuses de Port-Royal-des-Champs refusent de signer le Formulaire qui stipule que les propos de Jansénius sont hérétiques. Les religieuses de Port-Royal-de-Paris désavouent leurs sœurs des Champs. En 1705, celles-ci ne sont plus que vingt-cinq, dont la plus jeune a 60 ans. Le roi leur retire leurs terres en 1707 (et les confie à Port-Royal-de-Paris, entérinant par là la scission entre les deux communautés). Le 20 octobre 1709, elles sont expulsées. Le corps de **Racine**, qui avait été inhumé selon ses vœux à Port-Royal, est transféré à St-Étienne-du-Mont, à Paris. Il repose désormais auprès de Pascal.

La destruction de l'abbaye

En 1710, le bâtiment conventuel et l'église abbatiale sont rasés, le cimetière profané et les ossements des religieuses jetés dans une fosse commune au cimetière de St-Lambert. Les objets et le mobilier religieux sont dispersés dans les paroisses de la région – ainsi, les dalles funéraires servent à paver l'église de Magny-les-Hameaux *(ces dalles ont depuis été relevées,* *p. 222)*.

Pourtant, les idées jansénistes suscitent encore de graves troubles sous Louis XV : les Parlements, en rébellion constante avec le pouvoir monarchique, refusent d'enregistrer les ordonnances et édits royaux, des prêtres renoncent à distribuer les sacrements, une presse clandestine circule. Le jansénisme ne perdra sa vigueur qu'après la Révolution.

On vous emmène à l'abbaye de Port-Royal

Marcher sous la voûte de verdure, puis admirer les vestiges d'une abbaye meurtrie, avec pour seule compagnie le chant des oiseaux... Enfin, pas tout à fait. La mémoire d'un homme nous accompagne, et pas n'importe lequel : le poète et dramaturge **Jean Racine** (1639-1699), dont le chemin porte son nom, entre bois et champs, ponctué de bornes gravées de ses vers. L'homme fut le plus célèbre élève de l'abbaye, foyer intellectuel et religieux, détruit en 1710 sur ordre de Louis XIV. Motif : professer de nouvelles idées (le jansénisme) et contester l'absolutisme royal. On aura le temps d'en méditer en marchant cinq kilomètres *(4h AR)*, en rejoignant le hameau de la Lorioterie et le moulin Fauveau, le carrefour du Roi de Rome, puis celui de la Madeleine jusqu'à Chevreuse *(p. ci-contre)*, charmante cité préservée, où il fait bon, aussi, flâner le long des maisons en meulière dorée bordées de glycines, les petits ponts enjambant l'Yvette... Il est l'heure de rebrousser le chemin Racine, celui-ci n'étant pas une boucle. Le soleil poudre d'or les sous-bois qui tressaillent. Le vent ? L'on repense aux vers de Jean Racine, qui l'emprunta tant de fois : « Là, l'on voit la biche légère, Là le chevreuil champêtre et doux ». Chut...

fut ajoutée au 19e s. Le musée expose des livres, des dessins et des gravures : on y découvre l'histoire du jansénisme et de l'abbaye, ses Solitaires et ses Petites Écoles, une salle consacrée à Blaise Pascal et à Jean Racine. Des toiles de Philippe de Champaigne (1602-1674) rappellent les liens étroits qui unissaient le peintre et l'abbaye : ses deux filles étaient pensionnaires au monastère. La *Mater Dolorosa* est la copie d'une œuvre de Philippe de Champaigne par son neveu, Jean-Baptiste. Le bâtiment du musée donne sur la cour de la ferme. Pascal composa ici, en 1655, son *Mystère de Jésus*. La tradition veut que le savant ait donné les calculs du treuil du puits permettant de remonter, d'une hauteur de 60 m, un seau grand comme neuf seaux ordinaires.

Autres souvenirs de Port-Royal

St-Lambert-des-Bois

La petite église campagnarde, dotée d'un rare clocher-mur, est située au-dessus du village. Dans le cimetière entourant l'église, la fosse où furent jetés les ossements exhumés de Port-Royal en 1712 est dite **carré de Port-Royal**, et marquée par une pyramide de granit édifiée au début du 20e s. Dans l'allée qui part de la grille d'entrée, à droite, une croix porte l'inscription : « À la personne humaine » élevée en 1944.

Église Saint-Germain-de-Paris

À Magny-les-Hameaux – R. Ernest-Chausson - ✆ 01 39 44 71 71 - www.magny-les-hameaux.fr.

Ce bel édifice du 12e s. comporte un vaisseau du 15e s. (voir les culots taillés dans le grès, au-dessus de la porte latérale) et un chœur du 17e s. L'église renferme des pierres tombales provenant de l'abbaye de Port-Royal, la plupart du 17e s. Elles servent de dallage et sont désormais relevées contre les murs : certaines présentent des effigies (14e s. et 15e s.) gravées dans des décors gothiques. Selon la tradition, le maître-autel de l'église provient également de Port-Royal. Sur le retable sculpté, on identifie l'agneau mystique surmonté de la Trinité et de chérubins.

Chevreuse ★

Siège du Parc naturel régional de la Haute-Vallée de Chevreuse, cette jolie commune se trouve à la limite du département de l'Essonne. Dominée par son imposant château fortifié, elle a gardé, autour de sa petite place des Halles, le charme d'un village, et jouit d'un cadre préservé au cœur de la vallée de Chevreuse, où coule l'Yvette.

La promenade des Petits-Ponts, Chevreuse.
Delpixart/Getty Images Plus

Se repérer

CARTE C2 (P. 162).

5 610 habitants – Yvelines (78)

À 28 km au sud-ouest de Paris par la N 118 jusqu'au Christ de Saclay, puis la D 306 et la D 906 longeant la vallée de l'Yvette jusqu'à Chevreuse.

RER B St-Rémy-lès-Chevreuse puis bus 39.

À ne pas manquer

Une promenade aux abords du château de la Madeleine, qui surplombe la ville ; la visite de la maison-atelier de Foujita, à Villiers-le-Bâcle et la maison-musée Raymond Devos à St-Rémy-lès-Chevreuse.

En famille

La maison-musée Raymond Devos à St-Rémy-lès-Chevreuse ; une balade à cheval en vallée de Chevreuse.

Carnet pratique p. 233

Nos adresses p. 233

Se promener

Église St-Martin

Accès au parking par l'étroit passage couvert du Prieuré s'amorçant au carrefour central de la localité. Entrez par le côté droit.

L'église, en meulière dorée, forme un ensemble architectural cohérent, bien que la construction se soit étalée du 12e au 17e s. Elle se signale par son clocher (12e s.) surmonté d'une flèche d'ardoise. Les vantaux sculptés du portail ouest viennent de l'abbatiale de Port-Royal.

L'intérieur montre un remarquable chœur à déambulatoire, disposition exceptionnelle dans une église de campagne. Des fragments de vitraux de la fin du 16e s. subsistent dans l'abside. Les orgues, exécutées par L.-A. Cliquot en 1732, présentent un modèle de buffet à la française et une tribune ornée de panneaux du 18e s. Le très bel escalier ajouré qui y conduit date du 15e s.

À côté de l'église, vestiges du prieuré St-Saturnin, édifice construit au 11e s.

Promenade des Petits-Ponts

En bordure du canal de l'Yvette, une promenade pittoresque permet de voir les fameux **petits ponts** qui permettaient jadis de rejoindre quelque 22 tanneries et moulins artisanaux. Ce sont là les témoins de l'activité des tanneries de peaux de chèvres, qui donna son nom à Chevreuse. Le **lavoir** municipal, restauré, sert d'abri aux promeneurs.

Château de la Madeleine

On y monte en voiture en partant du n° 30 de la rue de la Porte-de-Paris et en suivant un chemin fléché en fort dénivelé.

Chemin Jean-Racine - ✆01 30 83 69 56 - www.parc-naturel-chevreuse.fr - mar.-dim. 11h-20h (18h en hiver) - accès libre.

Érigé du 11e au 15e s., le château, qui appartint notamment aux seigneurs de Chevreuse, à Louis XIV et au duc de Luynes, doit sa renaissance, après une longue phase d'abandon, aux travaux de restauration entrepris par le conseil général des Yvelines. Aujourd'hui, sur les six tours que possédait le château à l'origine,

Une résidence proche du pouvoir

Dès le 11e s., un château fort se dresse sur la colline. La baronnie de Chevreuse est ensuite acquise par Anne de Pisseleu, maîtresse de François Ier. Pour plaire à sa favorite, le roi élève la seigneurie au rang de duché en 1545. Au 16e s., le fief de Chevreuse entre dans la famille des Guises. Le dernier Guise qui ait été duc de Chevreuse est Claude de Lorraine, seigneur de Dampierre. Il épouse **Marie de Rohan**, veuve à 21 ans du connétable de Luynes, favori de Louis XIII.

Grande amie d'Anne d'Autriche, la duchesse tient une place de premier plan dans la vie politique et galante du temps. Richelieu et Mazarin ont fort à faire pour déjouer ses intrigues. Elle est exilée trois fois. À la mort de son second mari, dont elle n'a pas d'enfant, la duchesse laisse Chevreuse à son fils du premier lit, le duc de Luynes. Sa vie mouvementée se termine à 79 ans, dans l'humilité et la pénitence. Le duché est acquis par Louis XIV en 1692 et ses revenus sont affectés à la maison d'éducation de St-Cyr fondée par Mme de Maintenon. Le château est abandonné. Dampierre (➜ *p. 232*) détrône dès lors Chevreuse comme résidence ducale.

quatre se dressent fièrement. Le donjon du 11e s., rectangulaire, a été découronné et embourgeoisé au 18e s. par un toit à deux versants qui lui donne, vu de loin, un faux air de chapelle. La tour ouest, dite « tour des Gardes » *(fermée pour raisons de sécurité)*, a conservé son couronnement de mâchicoulis. Dans les caves, une frise chronologique et des maquettes retracent l'histoire du château.
Ses abords constituent une promenade agréable. De là, vous pourrez contempler le châtelet d'entrée restauré en son état du 15e s.
Maison du Parc naturel régional de la Haute-Vallée de Chevreuse – Installée dans le château, cette maison présente une petite exposition pour découvrir le Parc naturel. Balades, ateliers et animations sont proposés au sein du parc.
Le sentier Jean-Racine permet de rejoindre à pied le bourg.

Sur les pas de Jean Racine

Employé par son oncle Vitart, régisseur du duc, à surveiller divers travaux du château, **Jean Racine** (1639-1699) séjourna à Chevreuse en 1661 et s'y ennuya fort. Pour se distraire, il descendait très souvent au **cabaret du Lys** ; la maison existe encore au n° 3 rue Lalande *(plaque)*.
De Chevreuse, le jeune poète aimait se rendre à Port-Royal à travers bois. Le **sentier Jean-Racine** *(5 km aller ; encadré p. 228)* a été jalonné de plaques numérotées portant chacune deux vers extraits des odes de Racine. Partant de Chevreuse, ce chemin longe le château de la Madeleine et conduit au domaine de Port-Royal-des-Champs *(p. 224)*.

À proximité

CARTE P. 162

2

Maison-musée Raymond Devos, à St-Rémy-lès-Chevreuse C2

10 r. de Paris - 01 30 47 76 71 - raymond-devos.org - - été : merc.-dim. 14h-19h (18h en hiver) - 8 € (12-18 ans 5 €) - visite guidée 10 €.
Dans la villa Hiéra que **Raymond Devos** (1922-2006) acquit en 1963, vous découvrirez sur trois niveaux l'univers de l'artiste, homme de mots, musicien, clown et poète : la reconstitution de sa loge, une sélection de ses nombreuses récompenses, les 17 instruments de musique dont il jouait, son bureau tel qu'il l'a laissé, ses dessins, ses costumes, ses livres et… ses jouets. Enfant d'une famille pauvre, il s'offrit en effet à l'âge adulte train électrique, Meccano, théâtre miniature, etc., rassemblés au grenier. Au fur et à mesure de la visite, vous pourrez voir (ou revoir) ses sketchs emblématiques… car si on peut trouver moins que rien, c'est que rien vaut déjà quelque chose !

Fondation de Coubertin C2

À 2 km à l'est de Chevreuse par la D 906 et la D 938.
01 30 85 69 89 - www.coubertin.fr - horaires et tarif, consulter le site. Le château de Coubertin (17e s.) abrite la **Fondation** qui est ouverte uniquement lors des expositions temporaires et des animations (Journées du Patrimoine). L'occasion de découvrir le parc et ses sculptures, notamment le jardin des bronzes, repensé par

Le paradis des cyclistes

La vallée de Chevreuse est très prisée des cyclistes, qui mettent leurs roues dans celles des coureurs du Tour de France. En effet, la célèbre course emprunte pratiquement chaque année la côte des 17 tournants (portion de la D 91) à partir de Dampierre.

l'architecte Robert Auzelle, écrin de verdure pour de nombreux chefs-d'œuvre du 20e s., réalisés, entre autres, par Antoine Bourdelle, Joseph Bernard, Pablo Gargalo, Étienne Martin, ou encore Étienne Hajdu. Les ateliers ne se visitent pas.

Maison-atelier Foujita, à Villiers-le-Bâcle C1

À 7 km à l'est de Chevreuse par la D 906. RER B Massy-Palaiseau, puis bus 91-06, arrêt Rond-Point de Villiers-le-Bâcle (sf dim.) - 7 rte de Gif - 01 69 85 34 65 - www.fondation-foujita.org - w.-ends 13h30-17h30 ; visite sur RV mar., jeu. et vend. 9h30-16h30 - gratuit.

Le peintre franco-japonais **Léonard Tsuguharu Foujita** (1886-1968) est une figure incontournable de l'école de Paris et du Montparnasse de l'entre-deux-guerres, qui connut la célébrité avec des œuvres très personnelles (portraits, nus, natures mortes, scènes religieuses) – dont le tableau *Nu couché à la toile de Jouy* représentant Kiki de Montparnasse, – où le réalisme poétique se mêle d'éléments japonisants : couleurs lisses et ivoirines, élégance précieuse. La maison-atelier qu'il aménagea entièrement, après son achat en 1960, est une charmante demeure rurale du 18e s. surplombant la vallée de la Mérantaise. On plonge de manière intimiste dans l'univers du peintre avec les meubles qu'il a chinés ou créés. Dans les combles, vous découvrirez pinceaux, pigments, toiles, chevalets, maquettes. Sur le mur, on découvre l'esquisse préparatoire de la fresque conçue, après la conversion de l'artiste au catholicisme en 1959, pour la chapelle Notre-Dame-de-la-Paix à Reims.

★ Domaine de Dampierre B2

À 5 km à l'ouest de Chevreuse par la D58.

01 30 52 52 83 - www.domaine-dampierre.com - mar.-vend. 10h-17h30 (fermeture billetterie à 17h), w.-end et vac. scol. 18h30 (fermeture billetterie à 18h) - fermé de déb. nov. au dernier w.-end de mars - 8 € (7-17 ans 5 €).

Le château est en cours de restauration, mais le domaine se visite ; on peut même y faire des promenades en calèche *(1h env.)*.

Construit pour Honoré d'Albert de Luynes, duc de Chevreuse, gendre de Colbert et ministre d'État, par **Jules Hardouin-Mansart** entre 1675 et 1683, ce modèle d'architecture classique appartint pendant trois siècles à la même famille. Le corps d'habitation entouré de douves, ouvrant sur les cours des écuries et des communs, est précédé, de chaque côté de la cour d'arrivée, par deux bâtiments à arcades. Les divers tons roses de la brique alternant avec des chaînes de pierre et les colonnes composent une très heureuse harmonie de couleurs sur les jardins à la française attribués à Le Nôtre. La promenade se poursuit dans le parc traité à l'anglaise. Par ailleurs, la promenade en calèche, tirée par des mules américaines, permet de découvrir le parc et les vestiges du château de Becquencourt ainsi que la faune sauvage qui l'entoure (daims et sangliers).

Carnet pratique

S'informer

Office de tourisme – *3 r. de l'Église - Chevreuse - ✆ 01 30 52 02 27 - www.chevreuse-tourisme.com.*

Arriver/partir

Baladobus – *✆ 01 30 52 09 09 - www.parc-naturel-chevreuse.fr - avr.-oct. : un dim. par mois, consulter le site pour les horaires - 4 €, 10 € famille (-6 ans gratuit) - dép. de la gare RER de St-Rémy-lès-Chevreuse.* Cette navette rejoint les châteaux de la Madeleine et de Breteuil, le domaine de Dampierre, l'abbaye des Vaux-de-Cernay et le petit moulin de Cernay, mais aussi le musée national de Port-Royal-des-Champs, la maison du parc naturel régional ainsi que des sentiers pédestres (GR 11, PR, circuits du Parc naturel et sentiers thématiques).

Nos adresses

Restauration

Budget moyen

Le Normand – *31 r. de Rambouillet - ✆ 01 30 52 09 93 - www.le-normand-chevreuse.fr - fermé dim. soir. lun.-mar. - menus 24/42 €.* Une carte pas trop longue pour une cuisine française de saison préparée à partir de produits frais et de la région. Ici, même le pain est préparé sur place ! À la belle saison, prenez place dans le jardin d'été.

Le Clos de Chevreuse – *33 r. de Rambouillet - ✆ 01 30 52 17 41 - www.leclosdechevreuse.fr - fermé dim. soir, lun. et mar. - formule déj. 25 €, menu 54 €, plat 20 €.* Chaleur de la cheminée l'hiver et fraîcheur du jardin-terrasse l'été : un cadre approprié pour savourer la cuisine de ce restaurant où tout est fait maison.

À proximité

Budget moyen

Au Bord du Lac – *2 r. de la Digue - St-Rémy-lès-Chevreuse - ✆ 01 30 52 00 43 - auborddulac.com - fermé vend. soir et dim. soir - formule déj. 24 €, menus 30/50 € - 19 ch. 80 € ☕ 8,50 €.* Dans un cadre très agréable, avec d'un côté un lac et de l'autre la campagne de St-Rémy-lès-Chevreuse, ce restaurant (qui est aussi un hôtel) propose des plats français à la présentation originale.

Le P'tit Chalet – *8 Grande-Rue - Dampierre-en-Yvelines - ✆ 01 30 47 50 99 - fermé lun. et w.-end soir - plats 15/25 €.* Un restaurant à l'ambiance très sympathique en plein cœur de Dampierre et à deux pas du château. Vous y dégusterez une cuisine généreuse, notamment de savoureuses viandes grillées. Terrasse très agréable en été.

Une folie

La Table des Blot – *1 Grande-Rue - Dampierre-en-Yvelines - ✆ 01 30 47 56 56 - www.latabledesblot.com - fermé dim. soir, lun. et mar. - menu sam. soir 65 €, menu 5 plats 85 €, plat 25/35 € - ch. 90/120 € - ☕ 15 €.* Le chef, Christophe Blot, sert une cuisine inspirée des livres de recettes de sa grand-mère, recettes qu'il personnalise avec bonheur. Professionnel accompli, il régale ses clients de plats goûteux élaborés avec les meilleurs produits. Il propose également des stages de cuisine et des chambres.

Shopping

L' Alchimiste artisan siropier – *9 r. Lalande - ✆ 01 30 45 18 87 - www.*

lalchimiste-artisan-siropier.com - merc.-dim. 10h-19h. Marc Chenue fabrique des sirops qui sentent bon l'enfance, mais pas uniquement ! Il innove aussi et joue sur les saisonnalités de ses matières premières : en été on découvre donc son sirop de pêche aux épices et en hiver ses créations à base de sapin. Également bar à sirops, goûter gourmand, animations et (évidemment) dégustations...

À proximité

Marché couvert – *St-Rémy-lès-Chevreuse - Espace Jean-Racine - r. Ditte - merc. et sam. mat.* Les étals, uniquement alimentaires, proposent de bons produits de la région. Le samedi, petits producteurs et camelots investissent les abords de la halle.

Activités

Randonnée pédestre

Parmi les 250 km de chemins balisés, les principaux GR sont le GR 1 (de St-Arnoult-en-Yvelines à Rambouillet) et le GR 11 (de St-Rémy-lès-Chevreuse au Mesnil-St-Denis). Voir carte IGN TOP 25 (2215 OT). La Maison du Parc propose des circuits balisés. Application gratuite Sitytour.

Les Écuries de la Vallée de Chevreuse – *2 r. de la Mare-aux-trois-Ormes - ferme de Villeneuve - Magny-les-hameaux - ☎ 01 30 43 47 02 - https://evc.ffe.com - randonnée 40 €/h.* Ce centre organise des randonnées en forêt et dispense des cours (passage d'obstacles, dressage...). Le club de poney initie les enfants (dès 5 ans) et propose des stages pendant les vacances scolaires.

Hébergement

Premier prix

Résidence-hôtel Les Ducs de Chevreuse – *7 rte de Choisel - ☎ 01 30 07 33 30 - www.lesducs.com - P - 48 appart. 69/113 € - ☕ 10 €.* Au cœur d'un parc à deux pas du centre. Les logements (2 ou 3 pièces) sont confortables, bien équipés et parfois dotés d'une terrasse.

Au bord du Lac – *Voir p. préc.*

La Table des Blot – *Voir p. préc.*

Les Vaux de Cernay

et l'ancienne abbaye ★

Chaos de rochers surplombant une vallée étroite, eaux dégringolant en cascades sous les arbres, marécages et ruines d'abbaye : les Vaux de Cernay offrent un visage atypique et romantique qui a su s'attacher les faveurs des peintres paysagistes de la fin du 19e s. Si le site attira les moines bâtisseurs au 12e s., leur abbaye, partiellement conservée, promet désormais tranquillité et cadre sublime à ses hôtes privilégiés.

L'ancienne abbaye des Vaux-de-Cernay.
encrier/Getty Images Plus

Se repérer

CARTE B2 (P. 162).

Yvelines (78)

Au sud-ouest de Paris, atteindre Les Vaux de Cernay par l'A 13, l'A 12 puis la N 10, sortie Auffargis. La D 24 permet d'aller à l'abbaye.

RER B St-Rémy-lès-Chevreuse, puis Baladobus (*p. 233*).

Nos adresses p. 237

Se promener

Les Vaux de Cernay

La charmante D 24 suit la vallée jusqu'à Cernay-la-Ville. Les Vaux sont quasi parallèles à la vallée de Chevreuse, située à quelques kilomètres. La D 24 remonte le vallon supérieur du ru des Vaux-de-Cernay, à l'écart du domaine de l'**ancienne abbaye des Vaux-de-Cernay★**, invisible derrière ses murs. Une grille d'honneur, style Louis XV, marque la fin de la propriété.

Le long du ru des Vaux-de-Cernay, dont les eaux vives forment des cascatelles, les chaos de rochers de grès s'accrochent à la forte pente et font la célébrité du vallon. À la fin du 19e s., la beauté des lieux, associée à la présence d'auberges et de guinguettes, attira de nombreux peintres, artistes et écrivains. Ainsi, une **école de Cernay**, menée par Léon Germain Pelouse (1838-1891), existait à l'instar de celle de Barbizon. L'hôtel des Cascades, à Cernay, servait alors de quartier général à cette petite colonie de peintres paysagistes.

À pied – *Circuit : 30mn à 2h. Garez votre véhicule près du chalet des Cascades. Près de là, la route qui mène à Dampierre traverse le ru sur la chaussée du moulin des Roches.* Pénétrez dans un sous-bois. Vous atteignez l'**étang de Cernay**, créé par les moines comme réserve de pêche. Au terme de la levée, vous arrivez au monument du peintre Pelouse, par Falguière.

La promenade peut se poursuivre de 30mn à 1h : empruntez le large chemin montant, à droite, sur le plateau boisé. En arrivant au rebord, revenez, en arrière et à droite, le long du chemin de corniche contournant le promontoire.

À vélo – *Empruntez la D 91 en direction de Dampierre, puis la D 202 à gauche. La piste commence non loin de là. Laissez votre voiture au parking.*

L'itinéraire, sinueux, traverse de beaux peuplements d'arbres et longe le versant nord-est du vallon, sur lequel on a de belles échappées. Sur la gauche, vous apercevrez l'ancienne abbaye des Vaux-de-Cernay. Plus loin, la piste rectiligne traverse une plaine jusqu'à proximité des Essarts. En passant par Auffargis et St-Hubert, au-delà de la N 10, vous rejoignez la forêt de Rambouillet où vous pouvez poursuivre le circuit : le tour du massif *(30 km)* demande une journée.

Visiter

★ Ancienne abbaye des Vaux-de-Cernay

01 34 85 23 00 - www.abbayedecernay.com - en cours de rénovation, réouv. prévue au printemps 2023 se rens.

Fondée au 12e s. par les moines de Savigny qui obéissent à la règle cistercienne, l'abbaye voit son essor encouragé par les dons du roi et des seigneuries voisines. Sa renommée atteint son apogée au 13e s. sous l'abbatiat de **Thibaut de Marly**, de 1235 à 1247. L'humilité et la piété de l'abbé sont exemplaires. À sa mort, sa réputation provoque un afflux de pèlerins, et sa sainteté est rapidement reconnue. Il est canonisé en 1270.

Le 14e s. marque le début des difficultés de l'abbaye, atteinte par la peste et par les guerres successives. Sa mise en commende (1542) entraîne la ruine du domaine. Abandonné en 1791 par ses derniers religieux, il est vendu et morcelé, puis utilisé pendant près d'un siècle comme carrière de pierre. La famille Rothschild le rachète au 19e s., le restaure, et y construit un manoir néogothique. Racheté en 1945, le site est transformé en 1988 en complexe hôtelier.

L'abbaye des Vaux-de-Cernay, dont il ne reste plus que quelques vestiges, fait désormais partie d'un ensemble composé d'une part de l'hôtel Abbaye des Vaux-de-Cernay *(54 chambres)*, correspondant au manoir des Rothschild ; d'autre part, de la Ferme des Vallées

L'eau miraculeuse

Sur le domaine de l'ancienne abbaye coule la **fontaine St-Thibault**, à laquelle burent Saint Louis et son épouse stérile, Marguerite de Provence. Ce sont les eaux de cette fontaine qui, selon la légende, auraient rendu féconde la reine de France.

(30 chambres), autrefois utilisée par les moines et frères convers qui exploitaient la terre et les vignobles ; et enfin, des haras *(40 chambres),* construits par les Rothschild.
Vous pourrez, sans être client, vous promener dans le **parc** (65 ha) afin d'y admirer la **façade** ouvragée de l'église abbatiale (fin 12e s.). Vous verrez aussi la **salle des Moines** *(transformée en salle de concerts),* remarquable par ses deux travées voûtées en arête d'ogives et ses colonnes aux chapiteaux de grès, et dans un bois voisin, la fameuse **fontaine St-Thibault** (*encadré p. ci-contre*).
En plein cœur du domaine des Vaux de Cernay se dresse un petit moulin.

Nos adresses

Hébergement

Le Parc naturel de la vallée de Chevreuse propose deux gîtes d'étape. Réserv. obligatoire à la Maison du parc (*01 30 52 09 09 - www.parc-naturel-chevreuse.fr*).

Maison de Fer – À proximité du château de Dampierre, elle dispose de 20 lits (chambres de 2, 4 et 6 lits) et est ouverte toute l'année sauf entre Noël et le 1er janv.

Maison des Hauts-Besnières – À La Celle-les-Bordes, elle abrite 32 lits (chambres de 2 lits et 1 dortoir de 14 lits) et reçoit le w.-end sauf entre Noël et le 1er janv.

Château de Breteuil ★★

Situé en vallée de Chevreuse, Breteuil compte parmi ces châteaux qui font le charme de l'Île-de-France. Découvrir Breteuil, c'est aller à la rencontre d'une famille dont les ancêtres ont participé à l'histoire de France : cinquante personnages de cire, mis en scène avec l'aide du musée Grévin, animeront votre visite. Le domaine présente plus d'un attrait. Dans le parc plein de charme, et pour leur plus grand plaisir, les enfants pourront rencontrer les célèbres personnages des contes de Perrault, le Chat botté menant la danse...

Château de Breteuil.
L. Lourdel/hemis.fr

Se repérer

CARTE BC2 (P. 162).
Yvelines (78)
À 43 km de Paris par la N 118 au pont de Sèvres; sortez à Saclay, suivez les D 306 et D 906 direction Chevreuse (fléchage depuis Chevreuse).
RER B, St-Rémy-lès-Chevreuse, puis Baladobus (*p. 233*).

En famille

Les histoires de Charles Perrault racontées aux enfants par une conteuse costumée; les aires de jeux aménagées dans le parc.

Visiter

01 30 52 05 11 - www.breteuil.fr - visite guidée 10h-17h30, visite sup. dim. et j. fériés - 17,80 € (-18 ans 15,80 €) - 11,80 € (enf. 10,80 €) parc, anciennes cuisines et colombier médiéval.

Profitez encore un peu du lieu en prenant une crêpe ou un croque-monsieur dans le kiosque *(dans le parc du château - avr.-oct. : dim. et tlj vac. été)*. Ce lieu se transforme en salon de thé en hiver *(nov.-mars : dim. - fermé fin déc.)*.

★★ Le château

Commencé en 1600, le château de Breteuil fut agrandi aux 18e et 19e s. Construit dans le style Louis XIII en brique et pierre, il se compose d'un corps de logis encadré par deux ailes basses.

L'évocation des souvenirs de la famille, maîtresse des lieux depuis 1712, commence au rez-de-chaussée avec les portraits de plusieurs ancêtres, ministres de rois. L'un d'eux travailla avec **Charles Perrault** qui fut contrôleur général des finances sous Louis XIV, avant d'être élu à l'Académie française et de devenir le célèbre conteur que l'on connaît, d'où la présence du Chat botté et de ses comparses les musiciens, écrivains ou parfumeurs, dans les différents étages du château.

De pièce en pièce, on suit les Breteuil de génération en génération, grâce à plusieurs mises en scène où des personnages de cire font revivre des événements historiques. On peut ainsi voir Louis XVI, entouré de son ministre **Louis-Auguste de Breteuil** et de Marie-Antoinette, signer l'arrestation du cardinal de Rohan, impliqué dans l'affaire du Collier en 1785 ; Louis XVIII, assis dans son authentique fauteuil roulant (attribué à Jacob), discute affaires avec le duc Decazes et le préfet **Charles de Breteuil**, qui s'impliqua dans la charte préfigurant une monarchie constitutionnelle ; Proust allongé sur un lit de laque, invité par **Henri de Breteuil** ; le même Henri de Breteuil, député, en compagnie de Gambetta et du futur roi Édouard VII discutant dans le fumoir, en 1881, des bases de l'Entente cordiale franco-britannique. Une pièce est dévolue à **Émilie de Breteuil, marquise du Châtelet**, et femme de sciences, qui vécut quinze ans avec Voltaire et traduisit en français et pour la première fois, les *Principes mathématiques* de Newton (1726) *(voir encadré ci-contre)*.

N'ayant pas subi de dommages pendant la Révolution, le château conserve intact le **mobilier** réuni par les générations successives de la famille, offrant ainsi une véritable histoire de la vie quotidienne du 17e au 19e s.

Le trésor du château est l'admirable **table de Teschen**. Incrustée de pierres dures, de gemmes et de bois pétrifié, cette œuvre de Neuber est chargée de symbolique sur les bénéfices de la paix retrouvée pour les arts et les lettres. Elle fut offerte par l'impératrice Marie-Thérèse à **Louis Auguste de Breteuil** (1730-1807), médiateur heureux au traité de Teschen (1779) qui devait mettre fin à un grave conflit régional entre l'Empire et la Prusse. Vendue au Louvre, les visiteurs peuvent ici en admirer une superbe reproduction.

Une transmission assurée

Femme de lettres, mathématicienne et physicienne, **Émilie du Châtelet** (1706-1749) a été un maillon clé de la diffusion en France de la pensée d'Isaac Newton, les *Principes mathématiques* étant l'un des plus importants livres scientifiques jamais édités. Véritable « passeur » scientifique, elle a aussi contribué à diffuser l'œuvre physique de Leibniz.

2

La renaissance du jardin à la française

Henri Duchêne (1841-1902) fut l'un des pionniers de la renaissance du style classique du jardin à la française. Après avoir obtenu un diplôme d'ingénieur des Arts et Métiers, il entre au service de la Ville de Paris. Très tôt, on lui confie la création de squares et de promenades. Il se tourne ensuite vers l'étude des parcs et jardins pour une clientèle privée. Alors que la mode de l'époque est à la transformation partielle ou totale du paysage, Henri Duchêne renoue avec la tradition, ordonnant le jardin d'après les axes de la maison. Rejoint rapidement par son fils Achille (1866-1947), les deux hommes se font un nom dans le monde de l'art des jardins. On leur doit plus de 6 000 parcs et jardins dans le monde dont 480 grands domaines, tels que Vaux-le-Vicomte, Champs, Courances, Le Marais et Breteuil, pour n'en citer que quelques-uns.

La visite se termine par la **chapelle néogothique**, décorée de vitraux de Chartres, puis par les **cuisines** où personnages en perruque et pâtissiers s'activent.

Les dépendances

Suivez la botte qui vous conduit aux écuries, au lavoir, au pavillon de chasse et au pavillon du labyrinthe afin d'y retrouver des mises en scène de sept contes de Perrault, classiques indémodables de la littérature enfantine : *Le Petit Chaperon rouge, La Belle au bois dormant, Le Chat botté, Le Petit Poucet, Peau d'âne, Barbe bleue* ou encore *Cendrillon.*

Le colombier médiéval du château présente une exposition permanente originale autour de l'art de la table, avec 12 maquettes réalisées par Brigitte Duboc s'inspirant de tableaux de maîtres. Un enregistrement réalisé en 1912 de la *Barcarolle,* pièce composée par le marquis François de Breteuil, accompagne votre visite. De nombreuses expositions temporaires font vivre le château toute l'année.

★★ Le parc

Situé sur le bord d'un plateau qui domine la haute vallée de Chevreuse, le parc se compose de trois espaces. À proximité du château, les **jardins à la française**, créés par les Duchêne (*encadré ci-dessus*) vers 1900 selon les principes de Le Nôtre, forment un écrin composé d'un miroir d'eau, de statues, d'ifs et de buis, et d'un colombier médiéval abritant 3 200 boulins (ayant autrefois valeur de symbole, le nombre de ces loges à pigeons était proportionnel à la superficie du domaine seigneurial, chaque boulin représentant un demi-hectare).

Dominant le labyrinthe végétal, le **jardin des Princes**, aménagé en compartiments, offre des couleurs vives à la belle saison. On peut observer dans le **parc romantique** (75 ha) des arbres remarquables (chênes tricentenaires). Ne pas manquer les points de vue sur la vallée de Chevreuse.

Un jeu de piste avec le Petit Chaperon rouge permet de découvrir la biodiversité du parc grâce à un parcours balisé ; un espace de jeux leur est réservé à gauche du château. Le labyrinthe fait le bonheur des enfants qui découvrent, au milieu du parcours, un pavillon abritant Cendrillon dansant dans les bras de son prince charmant.

Une conteuse accompagne les enfants lors d'une visite guidée et « contée » - *vac. scol. (zone C) : tlj 16h30 - 17,50 € (enf. 14,50 €)*

Parc et château de Rambouillet ★★

Au sud-ouest de Versailles, le domaine national de Rambouillet, dans le Parc naturel régional de la Haute-Vallée de Chevreuse, s'étend sur 20 000 ha de bois, survivance de l'ancienne forêt d'Yveline. Un château du 14e s., remanié au fil des siècles, se dresse à la lisière de la ville, prolongé par un parc.

Se repérer

CARTE B2 (P. 162) - CARTE DU DOMAINE (P. 242).

27 141 habitants – Yvelines (78)
À 44 km de Paris par l'A 13, puis l'A 12 et la N 10. Liaison SNCF depuis Paris-Montparnasse.

En famille

Le musée Rambolitrain ; la ferme pédagogique de la Bergerie nationale.

Carnet pratique p. 246

Nos adresses p. 246

★★ Parc

CARTE DU DOMAINE P. 242

01 34 83 00 25 - www.chateau-rambouillet.fr - ♿ - avr.-sept. : 8h-21h ; oct.-avr. : 10h-17h - gratuit.

Ce beau parc, tapissé de jonquilles au printemps, est réputé pour la variété de ses jardins, témoins d'un aménagement qui s'est poursuivi aux 17e et 18e s. Toute l'évolution du goût de l'époque s'y résume, des parterres classiques jusqu'aux allées sinueuses où s'épanouissent des arbres exotiques.

Rondeau – À l'est du parc, cette pièce d'eau fut creusée dans la seconde moitié du 17e s. pour drainer un marais, et achevée au début du 18e s. pour le comte de Toulouse.

Jardin à la française – En revenant vers le château, on traverse la « petite salle », le « miroir » et la « grande salle », formant un jardin géométrique qui fut aménagé pour le duc de Penthièvre.

Jardin d'eau – Face au château, le Grand Canal fut creusé dès la seconde moitié du 17e s. par le duc de Montausier, époux de Julie d'Angennes. Sa perspective se prolonge par un Tapis Vert.

Quinconce – Cet ensemble, à l'est du château, fut créé vers 1710 pour le comte de Toulouse : ses arbres, des tilleuls de Hollande, sont plantés selon un dessin en échiquier appelé « quinconce » dans l'art des jardins. Au centre se trouve la *Barque solaire*, un bronze du sculpteur Karel. Inauguré en 1993, il devait trouver place à l'Élysée, mais François Mitterrand l'a offert au domaine.

Jardin anglais – En 1772, au-delà du Tapis Vert, le duc de Penthièvre fit dessiner par Goupy et Paindebled un jardin où dominent les essences exotiques. Organisé le long d'une rivière se multipliant en bras enjambés de ponts, on y trouvait des fabriques disséminées dans la nature selon un jeu de contrastes en vogue à la fin du 18e s. (le kiosque chinois se trouvait sur la grotte des Amants).

La **grotte des Amants** évoque des fiancés qui s'y seraient réfugiés en 1792, surpris par un orage. Les canaux dessinent un trapèze et le découpent en îlots : île des Festins, îles des Roches, etc. Certains îlots servaient de potager et de basse-cour.

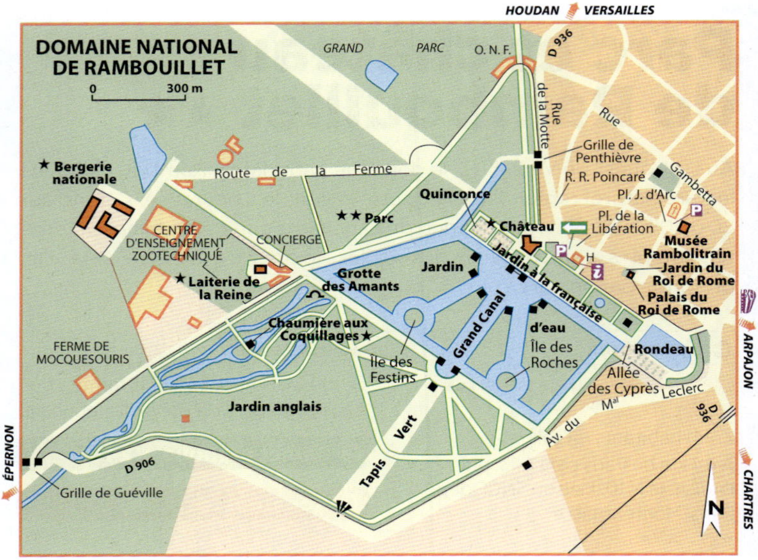

★ **Chaumière aux Coquillages** – Bâtie en 1779 sur une île au cœur du jardin anglais pour la princesse de Lamballe, cette « fabrique » d'aspect rustique à l'extérieur abrite un intérieur très raffiné et richement décoré : un salon circulaire où nacres et coquillages multiples mêlés à la pâte de verre et au métal, pris dans des mortiers colorés, ornent pilastres, niches, guirlandes, vases et médaillons, donnant l'illusion d'une architecture à l'antique. Un petit cabinet de toilette aux boiseries peintes dans un style pompéien y est attenant ; à l'époque, deux négrillons automates sortaient des niches et offraient des parfums.

★ **Laiterie de la Reine** – À l'extrémité orientale des canaux, cette « fabrique » néoclassique en grès fut créée en 1785 pour Marie-Antoinette. Elle est composée de deux pavillons latéraux où était préparé le lait et d'un pavillon central. Faites un détour dans la rotonde du pavillon de gauche, ornée de quatre panneaux en trompe-l'œil réalisés en grisaille par Piat-Joseph Sauvage. Le fronton du pavillon central, en forme de temple, est orné d'un médaillon figurant une vache allaitant son veau dû à Julien, sculpteur du roi. L'intérieur se compose de deux salles. Dans la rotonde surmontée d'une coupole à caissons et rosaces, les murs conservent leurs niches où des vases à anses en tête de chèvre servaient à la dégustation du lait. Le long des murs, des tables de marbre soutenues par des consoles permettaient de poser la vaisselle en porcelaine de Sèvres utilisée pour le service du lait. Le dallage et la table de marbre datent du Premier Empire. Le décor orné des chiffres de l'Empereur fut remplacé sous la Restauration par l'étoile sur fond rouge. Au fond de la seconde salle, rectangulaire, dite aussi « Salle de fraîcheur », s'élève une **grotte** artificielle monumentale ; on y voit la nymphe Amalthée et la chèvre qui nourrit l'enfant Jupiter, sculptée dans le marbre par Julien (1787).

★ Bergerie nationale

À l'intérieur du parc, à 1,5 km de la grille d'entrée : suivez les panneaux. ✆ 01 61 08 68 70 - www.bergerie-nationale.educagri.fr - ♿ - merc., w.-end et vac. scol. (zone C) 14h-18h30 (billetterie 1h av. fermeture) - 7 € (3-12 ans 5 €).

Résidence royale puis présidentielle

La mort de François Ier

À 52 ans, atteint d'une fièvre lente, le roi décline. Il quitte St-Germain au mois de février et rend visite à des connaissances établies dans la région. L'histoire veut qu'au retour, il souhaite s'arrêter chez son capitaine des gardes du corps, Jacques d'Angennes, au château de Rambouillet. Édifié en 1375 par Jehan Bernier, grand personnage de la cour de Charles V, ce château est depuis 1384 dans la famille d'Angennes. L'état du roi s'aggrave et le 30 mars 1547, « ayant cognoissance de sa fin, il rend son âme à Dieu ».

Du 17e au 18e s.

En 1706, Louis XIV achète le domaine pour le comte de Toulouse, l'un des fils « légitimés » de Mme de Montespan. Celui-ci triple la surface des appartements du château en ajoutant les ailes en retour au corps du bâtiment. Sous Louis XVI, le domaine appartient au **duc de Penthièvre**, fils du comte de Toulouse. Il réaménage le parc pour sa belle-sœur, la **princesse de Lamballe**, pour qui il fait construire la Chaumière aux coquillages. En 1783, Louis XVI, grand chasseur qui apprécie beaucoup Rambouillet, conclut l'achat du château. Marie-Antoinette ne se plaît guère dans ce lieu qu'elle appelle « la Crapaudière ». Pour la distraire et lui rappeler le Trianon, le roi fait construire la Laiterie.

Escale d'exilés

Le 29 juin 1815, dans la soirée, **Napoléon Bonaparte** revient de Malmaison. Il fait arrêter sa berline devant le château où il venait jadis chercher le calme et l'oubli après son divorce d'avec Joséphine, et où il passa des jours heureux avec Marie-Louise, sa seconde épouse. L'Empereur signe son abdication au château et repart pour un voyage dont le terme sera Ste-Hélène…
Le 31 juillet 1830, **Charles X** arrive à Rambouillet, chassé de St-Cloud par l'insurrection. Le vieux roi hésite pendant trois jours sur le parti à prendre. Mais ses troupes se débandent, tandis qu'une armée populaire se rapproche de Paris. L'abdication est signée le 2 août, puis Charles X se met en route pour l'Angleterre.

Un lieu de rencontres internationales

Le château, loué après l'abdication de Charles X, revient dans le giron de l'État à la chute du Second Empire. En 1886, **Félix Faure** le fait réaménager et son successeur, **Félix Loubet**, est le premier président à y tenir des conseils des ministres. Sous la Ve République, le château accueille de nombreux chefs d'État étrangers en visite officielle : **Konrad Adenauer** en 1960, **Boris Eltsine** en 1995, **Nelson Mandela** en 1996, **Hosni Moubarak** en 1998… C'est à Rambouillet, en 1975, qu'a lieu le premier sommet des pays les plus industrialisés. Et c'est ici qu'en mars 1999, une conférence fut organisée pour tenter de trouver une issue à la situation du Kosovo. Depuis 2009, le château ne fait plus partie des résidences présidentielles.

En 1785, une ferme expérimentale fut créée à l'initiative de Louis XVI. Le roi souhaitait introduire en France de nouvelles espèces : chèvres angoras de Turquie, vaches suisses, baudets toscans, chevaux égyptiens, mais surtout, mérinos dont la laine fine importée d'Espagne était fort coûteuse. Il conclut donc avec son cousin, le roi d'Espagne Charles III, l'achat de 383 têtes qui firent un périple de plus de cinq mois, depuis la Castille jusqu'à Rambouillet. L'expérience fut un succès : preuve en est, la bergerie est le conservatoire génétique national pour la race mérinos. La Révolution préserva l'établissement du roi et Napoléon encouragea l'élevage. Il est à l'origine de l'actuel bâtiment, construit en 1804. Une école de bergers s'y est implantée en 1926 de même que, depuis 1955, le Centre d'enseignement zootechnique. Sur le porche d'entrée, on peut lire l'inscription suivante : *Curat oves oviumque magistros* (« L'école prend soin des moutons et de leur maître »). Des manifestations sont organisées pour tout public toute l'année, n'hésitez pas à consulter le site Internet.

Ferme pédagogique – C'est la plus importante d'Île-de-France. Elle compte quelque 400 moutons, 80 vaches laitières, des chevaux de trait, des ânes, une porcherie, des lapins, une basse-cour... De nombreuses animations y sont proposées toute l'année.

★ Château

CARTE DU DOMAINE P. 242

R. de la Motte - 01 34 83 00 25 - www.chateau-rambouillet.fr - tlj sf mar. avr.-sept. : 10h-12h, 13h30-18h (oct.-mars 17h) - 9,50 € (-18 ans gratuit).

En cas d'encombrement du parking de l'hôtel de ville, stationnez dans le parc (tolérance sur certains emplacements).

De l'ancien château fort, remanié au cours des siècles, ne subsiste que la grosse tour où serait mort François Ier, et qui porte son nom. Elle est noyée dans les constructions datant du comte de Toulouse. Le château, amoindri depuis la suppression de l'aile gauche par Napoléon Ier, forme une équerre. Les façades, pour l'essentiel, datent du 19e s.

L'escalier Renaissance – Vous empruntez d'abord un escalier voûté de briques, rare vestige du château Renaissance.

Premier étage – La visite débute avec les appartements de l'Empereur *(en cours de restauration, réouv. prévue en mai 2023)*. Après la salle à manger et la chambre, où Napoléon Ier passa sa dernière nuit avant son départ pour l'île d'Aix, gagnez le cabinet de bains de l'Empereur, aux murs et plafond peints dans un style pompéien où figurent les emblèmes impériaux et des scènes à la gloire de l'Empire. Vous traversez ensuite la tour médiévale pour rejoindre les « Appartements d'Assemblée », dus au comte de Toulouse. Ils sont décorés de **lambris★** rocaille d'une extrême finesse, en particulier le boudoir de la comtesse de Toulouse, où les lambris déploient en un réseau de dentelle d'une prouesse remarquable un véritable microcosme (continents, éléments, zodiaque), et le cabinet de travail du Président dont les boiseries illustrent à profusion les activités des saisons au château. D'époques variées, le mobilier porte la marque des occupations successives du lieu.

Deuxième étage – Depuis le salon du méridien, vous gagnez le deuxième étage où se trouvent les chambres destinées à accueillir les chefs d'État étrangers. Dans le salon et le bureau,

Le saviez-vous ?

C'est de Rambouillet, où il résida du 23 au 25 août 1944, que le général de Gaulle donna à la division Leclerc l'ordre final de marche sur Paris.

Statue dans le parc du château de Rambouillet.
C. Goupi/age fotostock

admirez l'élégance et la sobriété des lignes du mobilier et des boiseries dus à Jules Leleu. Suit la chambre à coucher, dans laquelle serait mort François Ier en 1547. Pour continuer la visite, redescendez au premier étage.

Premier étage – Vous pénétrez dans les appartements du roi, en commençant par la salle à manger, ancienne salle des fêtes, où Charles X abdiqua. La pièce est tendue d'immenses tapisseries de la série Nouvelle Inde (1792) : *La Négresse portée dans un hamac* et *Le Porteur indien*. Ne manquez pas la très belle **vue** sur le parc.

Rez-de-chaussée – La salle de Marbre date de Jacques d'Angennes. Cette salle fraîche, dans la tradition de la Renaissance, est entièrement revêtue de marbre rouge et gris. C'est un témoin du château au temps d'Henri II.

Visible uniquement de l'extérieur en raison de sa fragilité, n'oubliez pas de regarder la **salle de bains★**, l'une des rares conservées *in situ*. Dite aussi « cabinet des Faïences », cette pièce de l'époque du comte de Toulouse est entièrement recouverte de carreaux de Delft tous différents, agrémentée de deux grandes compositions marines et de quatre panneaux floraux polychromes.

À l'extérieur du château

Palais du Roi de Rome

Pl. du Roi-de-Rome - ✆ 01 75 03 44 50 - http://rambouillet.fr - lors des expositions temporaires 14h30-18h, sam. 10h30-12h30, 14h30-18h - fermé lun.-mar. - gratuit.
Cet hôtel, bâti en 1813 à la demande de Napoléon Ier, devait accueillir son fils, le roi de Rome. Il fut construit à l'emplacement de l'ancien hôtel du Gouvernement avec deux ailes encadrant un corps central, aujourd'hui disparu. Mais l'Aiglon n'y séjourna que quelques heures, avant de partir en captivité en Autriche avec sa mère Marie-Louise. Le rez-de-chaussée du palais accueille des expositions temporaires liées au patrimoine rambolitain : mobilier, peintures, et collection de jeux de l'oie du 16e s. à aujourd'hui.

Jardin du Roi de Rome

Pl. du Roi-de-Rome - ✆ 01 75 03 44 50 - ♿ - avr.-oct. : 11h-19h30, sam. 10h-19h30 ; nov.-mars : 11h-18h, sam. 10h-18h - gratuit. Réaménagé selon ses plans d'origine, ce jardin romantique (5 000 m²) recèle une stèle à la mémoire du « petit roi de Rome ».

Musée Rambolitrain

4 pl. Jeanne-d'Arc - ✆ 01 75 03 44 60 - www.rambolitrain.com - tlj sf lun.-mar. 10h-12h, 14h-17h30 - fermé de déb. à mi-janv. - 4,50 € (3-18 ans 3,50 €).
Une collection impressionnante de trains-jouets et de maquettes (plus de 4 000 pièces, 400 m de voies) retrace l'histoire du chemin de fer jusqu'à nos jours. Un grand réseau en « O » fait le tour du 2e étage. *Chaque année, le 1er dim. d'oct., le festival Vapeur vive vous invite à monter à bord du train à vapeur.*

À proximité

CARTE P. 162

La Chapelle à Clairefontaine-en-Yvelines B2

À 8 km au sud-est de Rambouillet.
Impasse de l'Abbaye - ✆ 01 34 94 39 87 - www.lachapelledeclairefontaine.org - ♿ - sam.-dim. 14h-18h - 6 € (-15 ans gratuit) - billet jumelé avec la Maison Elsa Triolet-Aragon 12 € (p. 545).
Dans l'ancienne chapelle des Dominicaines construite en 1958 dans un style très épuré, le galeriste Baudoin Lebon a créé un centre d'art contemporain. Les fenêtres hautes éclairent la nef où sont exposées les œuvres (gravures, peintures, sculptures, photographies...) et où ont lieu des concerts, des spectacles. La Chapelle est un lieu multiculturel, dont la visite se poursuit dans le parc orné de sculptures et planté de beaux arbres. Remarquez le nom de la chapelle, dû au plasticien Joël Ducorroy.

Carnet pratique

S'informer

Office de tourisme – *1 r. du Gén. de Gaulle - Rambouillet - ✆ 01 34 83 21 21 - www.rambouillet-tourisme.fr.*

Pass touristique

Pass Malin – Il donne accès, à tarif réduit, à la Bergerie nationale, Espace Rambouillet, château de Breteuil, parc de Thoiry, parc aux Étoiles de Triel-sur-Seine, Serre aux papillons à La-Queue les-Yvelines et France Miniature à Élancourt, et bien d'autres sites. Disponible sur www.passmalin.fr.

Nos adresses

Restauration

Budget moyen

La Maison du Bœuf – *2 av. du Gén.-Leclerc - ✆ 01 30 59 48 89 - www.lamaisonduboeuf.fr - fermé sam. midi, dim. soir et lun. - formule déj. 16,80 €, plat 16,80/36 €.* Une steackhouse très accueillante proposant des viandes de haute qualité à des prix abordables.

Cheval Rouge – *78 r. du Gén.-de-Gaulle - ✆ 01 30 88 80 61 - www.restaurant-le-cheval-rouge-rambouillet.fr - fermé mar. et merc. - menu 39 €, plat 24 €.* Cuisine traditionnelle et menu-carte rythmé par les saisons sont proposés dans la véranda.

Pour se faire plaisir

L'Orangerie des Trois Roys – *4 r. Raymond-Poincarré - ✆ 01 30 88 69 95 - www.lorangerie-rambouillet.fr - fermé w.-end - plat 32/54 €.* Face aux grilles du château, on savoure aussi bien une cuisine traditionnelle que des recettes plus actuelles. Parmi les plats proposés : gambas croustillantes à la menthe fraîche ou crème froide d'asperges vertes.

À Gazeran

Une folie

Villa Marinette – *20 av. du Gén.-de-Gaulle - ✆ 01 34 83 19 01 - www.villamarinette.fr - fermé dim. soir, lun. et mar. - menu déj. 39 €, menu 71 €, plat 35/37 €.* La salle à manger chaleureuse et le jardin clos invitent à découvrir une cuisine inventive. Belle carte des vins de Bordeaux.

Shopping

Boutiques de la Bergerie nationale – *Parc du château - ✆ 01 61 08 69 09 - drive fermier : commande av. merc. 22h et retrait sam. 11h-18h ; boutique souvenir : 11h-18h30.* Deux petites boutiques : l'une est un drive fermier (volaille, foie gras, confit, salaison, miel, confiture et vin) ; dans l'autre, vous trouverez, en plus de l'alimentaire, des écharpes, couvertures et chemises en laine mérinos majoritairement issus de la production de la Bergerie nationale.

Activités

Centre équestre de la Bergerie nationale – *Dans le parc du château - ✆ 01 61 08 68 47 - www.bergerie-nationale.educagri.fr/centre-equestre.* Poney-club à partir de 6 ans, stages pendant les vac. scol.

Hébergement

Budget moyen

Mercure Relays du Château – *1 pl. de la Libération - ✆ 01 34 57 30 00 - www.all.accor.com - ♿ - 83 ch. 95/129 €* ☕. Face au château, ancien relais de poste du 17e s. superbement rénové : l'intérieur mêle avec raffinement l'ancien et le moderne. Chambres bien équipées et d'un grand confort.

2

Forêt de Rambouillet ★

Immense, l'antique forêt d'Yveline couvrait à l'époque gallo-romaine tout le quart sud-ouest de la région parisienne. La forêt de Rambouillet qui en faisait partie, parsemée d'une vingtaine d'étangs, fut, pendant des siècles, un domaine de chasse à courre pour les rois, comme le rappellent ses routes en étoile. Très prisée des cavaliers, elle compte aujourd'hui un beau réseau de pistes cyclables et d'innombrables chemins, balisés pour la randonnée.

Cerfs dans le parc Espace Rambouillet.
S. Sonnet/hemis.fr

Se repérer

CARTE B2 (P. 162).
Yvelines (78)
À 44 km de Paris par la D 910/D 10, puis la N 10. Pour se rendre à Rambouillet, *p. 241.*

À ne pas manquer

Deux jolies vues : la première sur la vallée de la Vesgre depuis le balcon du Haut-Planet ; la seconde sur le vallon des Ponts-Quantins, depuis le carrefour du Grand-Baliveau ; le vénérable chêne Baudet.

En famille

L'Espace Rambouillet ; une baignade à la base de loisirs des Étangs de Hollande ; les pistes cyclables en forêt d'Yveline.

Nos adresses p. 251

Visiter

La forêt s'étend sur 22000 ha (dont à peine 14000 sont classés forêt domaniale). Elle occupe un plateau argileux d'une altitude de 110 m à 180 m, sillonné de vallons sablonneux. Au nord se trouvent les massifs de St-Léger et Rambouillet ; au sud, celui des Yvelines, plus morcelé par les domaines privés.

Espace Rambouillet

Rte du Coin-du-Bois - ✆ 01 34 83 05 00 - www.espacerambouillet.fr - en cours de restructuration, réouv. prévue au printemps 2023 - se rens. Parking et centre d'accueil à 500 m au sud-ouest de la route de Rambouillet à Clairefontaine (D 27).

Ce parc permet une approche originale des animaux sauvages. Dans la **Forêt des cerfs**, un sentier *(1,8 km)* est jalonné de postes d'observation qui facilitent la découverte des cerfs, daims, aurochs, chevreuils, sangliers... Dans la **Forêt sauvage**, les animaux évoluent en totale liberté sur 180 ha. **La Forêt des aigles** abrite une centaine de rapaces en volière.

Petit conseil : prenez des jumelles pour observer plus facilement les animaux. Et venez plutôt d'avril à octobre : si la météo le permet, une équipe de fauconniers présente les rapaces en vol libre. Le week-end, c'est aussi l'occasion pour les enfants d'une promenade en poney.

Randonnées

CARTE P. 162

Le GR 1 traverse la forêt du nord au sud, de Montfort-l'Amaury B1 à Rambouillet B2. Le GR 22 la sillonne du nord-ouest au sud-ouest, de Gambaiseuil à St-Léger-en-Yvelines.

Au départ de Rambouillet AB2

Circuit tracé en rouge sur la carte p. 162.

Rochers d'Angennes

À 8,5 km au nord-ouest de Rambouillet par la D 936, puis la D 107 à gauche. Départ : parking de la zone de silence des Rabières. Remontez sur 100 m le village, en suivant la ligne de la plus grande pente, pour trouver à droite le bon chemin montant au sommet.

Au-delà d'une plate-forme entourée de rochers, formant un cirque, on atteint cette crête accidentée : cette promenade, très fréquentée à la belle saison, offre une belle **vue** sur la vallée de la Guesle et les étangs d'Angennes, envahis par les roseaux et les plantes de milieux humides.

★ Balcon du Haut-Planet

À 12 km au nord-ouest de Rambouillet par la D 936. Après le carrefour du Haut-Planet, prenez à droite la « route » non carrossable du Haut-Planet, accidentée au passage des vallons. Départ : parking de la Croix Pater.

Après la source de la Fontaine bleue à droite, le chemin remonte sur une esplanade ombragée, au bord du plateau où surgit le panorama le plus spectaculaire du massif : au nord, **vue** sur la vallée de la Vesgre et le château du Planet.

Route des Étangs

À 8 km au nord de Rambouillet par la N 10, puis la D 191 jusqu'à St-Hubert. Garez-vous derrière la Maison des étangs et rigoles, près de l'étang de St-Hubert.

4h à pied. Une chaîne d'étangs (6 km de long) fut créée entre 1675 et 1685, à la demande de Vauban, pour acheminer les eaux jusqu'aux bassins de Versailles, comme le souhaitait Louis XIV. Depuis les deux **étangs de Hollande**, nom qui dérive de l'ancien manoir d'Orlande, se succédaient six bassins étagés, séparés par des chaussées. Seuls restent en eau les bassins extrêmes. À la sortie ouest de St-Hubert, suivez l'allée forestière de Corbet, traversez l'allée de Villarceau, rejoignez le carrefour des Petites-Yvelines, puis celui de la Malmaison. Rejoignez à gauche le carrefour du Bourgneuf et, au sud-est, la route des Étangs qui longe la rive nord de l'étang de Bourgneuf. Par la D 60, gagnez la rive sud de l'étang de Corbet. Dépassez la vanne qui le sépare de l'étang de Pourras, et longez le bois de Pourras jusqu'à la Croix Vaudin. Une allée, à gauche, traverse le bois jusqu'au pont Napoléon, à droite duquel s'étire l'étang de St-Hubert. Il ramène à l'allée forestière de Corbet.

Au départ de Montfort-l'Amaury B1

Circuit tracé en vert sur la carte p. 162.

Carrefour du Grand-Baliveau

À 8 km au sud-ouest de Montfort-l'Amaury par la D 138. Au carrefour, prenez le chemin partant à droite du panneau « route forestière du Parc-d'En-Haut ».
30mn à pied AR. Ici, la futaie clairsemée laisse pousser le gazon, forme dégradée de peuplement très agréable à l'œil. Bientôt se dégage, par une éclaircie, une jolie **vue★** sur un vallon solitaire, celui des Ponts-Quentins.

Étang de la Porte-Baudet ou des Maurus

À 4 km au sud de Montfort-l'Amaury par la D 112, puis la D 13. Laissez à droite la route de Gambais, tournez à gauche dans la rue du Vert-Galant et suivez les sinuosités de la route, sans quitter le plateau. Départ : parking des Brûlins. 45mn à pied AR.
Le site de l'étang est l'un des plus beaux de la forêt, bien qu'il ait été très touché par la tempête de 1999. À 1 km au-delà, par la route Belsédène puis la route Goron, on remarque le **chêne Baudet** : âgé de plus de 550 ans, c'est le plus vieux de la forêt, d'une circonférence de 5,8 m.

À vélo

Grand tour de la forêt à vélo

Circuit : 30 km. La piste débute à 3 km de Dampierre, au-dessus de Senlisse, non loin de la D 202. L'itinéraire longe le vallon des Vaux-de-Cernay (p. 235).
En passant par Auffargis et St-Hubert, au-delà de la N 10, vous rejoindrez les étangs de Hollande : prenez à gauche vers Rambouillet. La piste goudronnée passe près de l'étang du Coupe-Gorge, traverse la D 936, et longe le château de Rambouillet. Rejoignez une route, puis traversez Poigny. La piste passe par le balcon du Haut-Planet (*p. 249*). Après une descente, vous arrivez sur une petite route : prenez vers Montfort-l'Amaury. La D 936 franchie, suivez de nouveau la

Une biodiversité surveillée

Yveline signifiait « abondante en eau » (du nom celtique *ioline*). La forêt de Rambouillet, plus humide que celle de Fontainebleau, est très appréciée des cerfs, chevreuils et sangliers. Elle présente une biodiversité particulièrement riche. L'Office national des forêts (ONF) veille sur les futaies de chênes (60 %) et de pins (30 %) ainsi que diverses essences (10 %) comme le bouleau et le hêtre.

piste au milieu des pins. Traversez Gambaiseuil pour atteindre Montfort. Vous pouvez retourner aux étangs de Hollande par une autre piste cyclable, sinueuse et vallonnée, en passant près des étangs de la Plaine et la Porte-Baudet, puis regagner Les Vaux-de-Cernay par le même itinéraire qu'à l'aller.

Du château de Rambouillet à Montfort-l'Amaury

Circuit : 18 km. La piste débute aux abords du château de Rambouillet : laissez votre voiture au parking de l'hôtel de ville.

Cette voie forestière est l'une des plus vertes promenades d'Île-de-France. En longeant l'enceinte du domaine royal sur 2 km jusqu'au Petit Parc, vous traversez la route pour commencer votre circuit vers St-Léger-en-Yvelines. La route se poursuit tout droit, interrompue par la D 61 et les voies de service liées aux étangs de Hollande, offrant une promenade alternant forêt, clairières et espaces de taillis. À mi-parcours, vous longerez les étangs de Hollande, endroit aménagé d'une aire de loisirs et d'un restaurant mais idéal aussi pour pique-niquer.

Nos adresses

Restauration

Premier prix

Au Relais d'ANJE – *Rte des Petites-Yvelines - Les Bréviaires - 01 30 46 35 92 - www.aurelaisdanje.fr - lun.-vend. déj. seult - menus 13,80/18,50 €.* Après une promenade dans la forêt de Rambouillet, faites escale dans ce restaurant familial. Les desserts faits maison sont particulièrement à tester !

Activités

Loca Cycles – *Rambouillet - Maison forestière de la Porte de St-Léger - 06 07 64 15 87 - www.rambouillet-location-velos.fr - 10 €/2h, 14 €/5h, 22 €/j ; rollers 8 €/2h, 13 €/5h, 20 €/j.* Location de cycles (VTC, VTT, tandem, tricycle remorque...) et de rollers pour la forêt de Rambouillet.

Base de loisirs des Étangs de Hollande – *Forêt de Rambouillet - 01 34 86 30 50 - www.rt78.fr - ouv. en sais. : merc.-dim. 11h30-19h - 5,30 € (enf. 3,70 €).* Plage, activités nautiques et aussi mini-golf.

Étang de St-Hubert – Pratique la pêche. Concernant la réglementation, s'adresser à la Fédération des Yvelines pour la pêche et la protection du milieu aquatique : *19 r. du Dr-Roux - Limay - 01 34 77 58 90 - www.federationpeche78.fr.*

Centre d'études de Rambouillet et sa forêt (Cerf) – *50 r. du Muguet - Rambouillet - 01 34 94 35 20 - 06 71 24 75 21 - www.cerf78.fr.* Cette association propose notamment des sorties d'initiation nature (*1/2 j*). Programme sur le site Internet.

Hébergement

Huttopia Rambouillet – *Rte du Château-d'Eau - 01 30 41 07 34 - www.europe.huttopia.com - de déb. avr. à déb. nov. - 92 empl. - tarif camping : 20/28 € - pers. suppl. 8,90 €.* En bordure d'un étang, avec une piscine écologique et au cœur de la forêt domaniale de Rambouillet.

2

Château de Maintenon ★

Petite ville de la Beauce située aux confins de l'Île-de-France, sur l'Eure, Maintenon possède un très beau château, sorti de l'anonymat grâce à l'une de ses prestigieuses propriétaires, la marquise de Maintenon. L'histoire du château éclaire à sa manière le Grand Siècle de Louis XIV.

Se repérer

CARTE A2 (P. 162).
4292 habitants – Eure-et-Loir (28)
À 76 km de Paris par la N 10 puis la D 906 à partir de Rambouillet.

Liaison SNCF de Paris-Montparnasse (50mn).

Nos adresses p. 255

Visiter

2 pl. Aristide-Briand - ☏ 02 37 23 00 09 - www.chateaudemaintenon.fr - tlj sf lun. 10h30-19h - billetterie fermée 1h av. fermeture - fermé de mi-nov. à déb. fév. - 8,50 € (7-18 ans 4 €).

Des visites contées, ainsi que des visites nocturnes du château et du jardin sont organisées : *avr. à oct., 1h, 12 € (-7 ans gratuit), réserv. obligatoire.*

Tirant parti d'un ancien château fort baigné par l'Eure, dont le gros donjon carré a subsisté, Jean Cottereau, trésorier des Finances sous Louis XII, François Ier et Henri II, fait aménager l'édifice actuel à partir de 1509 dans le style Renaissance. Louis XIV acquiert le domaine de Françoise d'Angennes en 1674. La rémunération que perçoit la future marquise de Maintenon pour ses services rendus comme gouvernante lui permettra d'acheter le château. La marquise laisse le château à sa nièce, mariée au duc d'Ayen, fils du premier maréchal de Noailles. Maintenon est resté ensuite dans la famille de Noailles, jusqu'en 1983 où le domaine est légué à la Fondation Maintenon qui confie sa gestion en 2005 au Conseil général d'Eure-et-Loir.

Passez la voûte encadrée de deux tourelles en encorbellement (au-dessus de la porte figurent les armes de Jean Cottereau : trois lézards) et gagnez la cour intérieure, point de départ de la visite. Vous voyez à droite le donjon du 12e s., vestige du château fort primitif. L'aile qui se raccorde au donjon fut bâtie par Mme de Maintenon. Sur la porte de la tour, armes de la marquise « En franc quartier d'argent à la tête de griffon couronné de sable ». Un escalier dont la porte montre un saint Michel et les lézards de Jean Cottereau mène aux appartements de Mme de Maintenon composés d'une antichambre, d'une chambre (où coucha Charles X fuyant Rambouillet, dans la nuit du 3 au 4 août 1830).

Quittant le corps central du château, vous gagnez ensuite, au 1er étage de l'aile Renaissance, les Petits Appartements aménagés pour Mme de Montespan et ses enfants.

La visite se termine par les pièces d'apparat aménagées par les Noailles au 19e s., entre autres le Grand Salon (portraits de Mme de Maintenon et de Mme de Montespan) et la galerie des Portraits dédiée aux hommes illustres de la famille. La dépouille de Mme de Maintenon reposant dans la chapelle de l'École militaire de St-Cyr, un simple monument funéraire a été érigé en 1980.

Maintenon et Versailles

L'ascension de « Mme de Maintenon » à la cour

Lorsque le duc du Maine, fils de Mme de Montespan et de Louis XIV, est légitimé, Françoise Scarron – à qui l'enfant a été confié – apparaît officiellement à la Cour. Désormais, Louis XIV, qui s'intéresse beaucoup à son fils, la voit chaque jour. Tout d'abord, il la trouve pédante ; mais peu à peu, revenant sur ses préjugés contre la « veuve Scarron », il succombe à son charme, son intelligence et sa vivacité d'esprit. En 1674, elle achète le domaine de Maintenon, ce qui lui vaut d'être appelée par les envieux « Madame de Maintenant », après avoir été nommée en public par le roi « Madame de Maintenon ». Après la mort de la reine, Louis XIV épouse secrètement Françoise d'Aubigné durant l'hiver 1683-1684, dans la chapelle de Versailles.
Les historiens se sont interrogés sur le rôle effectif joué par Mme de Maintenon. Si son influence dévote sur la cour est certaine, son pouvoir politique semble beaucoup plus discutable. Après le décès du roi en 1715, elle se retire à St-Cyr dans son institution pour l'éducation des jeunes filles nobles sans fortune et y meurt en 1719.

Un travail de Romain

De 1685 à 1688, la région de Maintenon a été le théâtre d'une des entreprises les plus audacieuses du siècle : le captage de l'Eure pour l'alimentation des bassins de Versailles. Louvois charge l'ingénieur Vauban des plans et des ouvrages. La Voise et la Drouette sont canalisées pour porter les bateaux de pierres de taille et de moellons de grès extraits à Gallardon et à Épernon. Le charbon de Newcastle nécessaire aux fours à chaux et à brique, les fers et les tuyaux commandés en Hainaut, en Champagne et en pays d'Ouche arrivent par la Seine et par l'Eure. Le projet prévoit la construction d'un aqueduc d'environ 80 km entre Pontgouin et l'étang de la Tour *(est de Rambouillet)*, déjà relié aux réservoirs de Versailles par les « rigoles » du plateau de Trappes. Il représentait une longueur totale à la crête de 4 600 m. L'opération est menée comme une opération militaire : 20 000 soldats prêtent main-forte, pour les terrassements, aux 10 000 ouvriers spécialisés et aux paysans requis pour les transports. En 1689, avec le déclenchement des guerres de la ligue d'Augsbourg, les chantiers sont mis en sommeil et la troupe, en piètre état sanitaire, gagne les frontières. L'œuvre, une « cruelle folie », au dire de Saint-Simon, ne fut jamais reprise. Mme de Maintenon, qui dès lors cessa d'y séjourner, reçut l'ouvrage inachevé en dédommagement des dégâts causés sur ses propriétés.

Du poète au roi

Françoise d'Aubigné (1635-1719), petite-fille du célèbre poète protestant Agrippa d'Aubigné, eut une extraordinaire destinée. Jeune fille sans fortune, née probablement dans la prison royale de Niort où son père est incarcéré, la future **Mme de Maintenon** épouse le poète burlesque Scarron en 1652. Veuve à 25 ans, elle devient la gouvernante des enfants nés de la favorite de Louis XIV, Mme de Montespan. Sachant plaire au roi par son goût de la culture et de la vertu, elle supplante finalement Mme de Montespan, compromise dans l'affaire des poisons, et épouse religieusement et en secret Louis XIV, sans pour autant devenir reine.

Jardin à la française – L'ancien parterre a été transformé en un spectaculaire jardin à la française en hommage à André Le Nôtre. Le jardin a d'ailleurs été conçu d'après les idées du célèbre jardinier qui fut mandaté en 1676 par Louis XIV pour dessiner les plans du parc s'étendant du château à l'aqueduc.

★ Aqueduc

Il en subsiste une cinquantaine d'arcades, parfois écroulées et noyées sous la végétation, entre la gare de Maintenon et la D 6 (route de St-Piat). Le passage de la route de Gallardon, sous une arche réduite aux pierres taillées de quatre arcs suspendus dans le vide, est spectaculaire.

À proximité

CARTE P. 162

Nogent-le-Roi A2

À 8 km au nord-ouest de Maintenon par la D 983.

1 r. Porte-Chartraine - 02 37 51 46 76 - www.nogentleroi-tourisme.com.

Ce bourg doit son nom à un château royal maintenant disparu où Philippe Auguste et Saint Louis venaient souvent.

Du parking aménagé au sud, vue sur le chevet de l'**église St-Sulpice** étayé d'arcs-boutants et le transept (fin 15e s.). L'édifice bute à l'ouest sur la lourde tour-clocher du 17e s. L'église faisait corps avec l'enceinte le long du fossé naturel du Roulebois. Entrez par la porte du transept, surmontée de créneaux. À l'intérieur, le dessin des fenêtres est caractéristique du style flamboyant. La nef, réduite à deux travées, est couverte d'une voûte en bois reproduisant les nervures et les clés de la voûte Renaissance en pierre. Dans le déambulatoire, vitraux légendaires du 16e s. La façade inachevée et simplement murée présente l'ébauche d'un décor pompeux du 17e s.

Du côté de la façade de l'église, la ville conserve un ensemble de **maisons à pans de bois** contemporaines de l'église. La maison d'angle de la rue du Marché-à-la-Volaille est particulièrement intéressante.

Nos adresses

Restauration

Budget moyen

Le Café Vauban – *1 r. de la Ferté - ✆ 02 34 40 14 14 - www.castelmaintenon.com - fermé le midi - menu 45 €, plat 22/26 € - 33 ch. 135/170 €* . C'est Kévin Gondal qui est désormais aux commandes du Café Vauban, le restaurant du Castel Maintenon. Vous pourrez déguster une cuisine du marché écoresponsable et locavore évoluant au fil des saisons.

À Nogent-le-Roi

Budget moyen

Relais des Remparts – *2 r. du Marché-aux-Légumes - ✆ 09 70 35 93 58 - www.restaurant-relais-des-remparts.com - fermé dim. soir, mar. soir et lun. - menus 19,50/40 €.* Les clés du succès de ce restaurant ? Une cuisine traditionnelle et goûteuse, un service aimable et efficace, et une confortable salle à manger harmonieusement décorée.

À Épernon

Budget moyen

Au rêve gourmand – *1 r. St-Pierre - ✆ 02 37 83 41 69 - fermé dim. soir, lun., merc. soir et jeu. soir - menus 20,60/32,90 €, plat 13/18 € (réserv. conseillée).* Dans une ambiance romantique, cuisine créative et raffinée à base de produits frais.

Shopping

Sandrine Saveurs – *7 r. Aristide Briand - Mainvilliers - ✆ 02 34 43 29 14 - lun.-vend. 9h-17h.* Décorées du panache d'or de la gastronomie française en 2010, les confitures de Sandrine Mia sont incontournables. Sandrine se fera un plaisir de vous conseiller des recettes pour mettre en valeur ses créations, toujours préparées de manière artisanale. Parmi celles-ci, abricots et anis étoilé, ananas à la noix de coco, courgette à la menthe, poire williams et pralin noisette, etc., sans oublier la dernière-née : potimarron, raisins secs et rhum.

2

L'aqueduc et le château de Maintenon.
A. Chicurel/hemis.fr

Montfort-l'Amaury ★

C'est dans cette petite ville au passé médiéval que Maurice Ravel composa une grande partie de son œuvre. Les rues étroites de Montfort-l'Amaury s'étendent au pied des ruines de son château fort. Aujourd'hui, la ville est devenue un lieu de villégiature plutôt chic, où se sont multipliés les antiquaires et les petits restaurants de « campagne ».

La bibliothèque du château de Groussay.
L. Moreau/hemis.fr

Se repérer

CARTE B1 (P. 162).
2935 habitants – Yvelines (78)
À 50 km de Paris par la N 12.
Liaison SNCF de Paris-Montparnasse.

En famille

La Serre aux papillons de La Queue-lez-Yvelines; les pistes cyclables en forêt d'Yveline.

Nos adresses p. 260

Un avant-poste breton en Île-de-France

Fortifiée au 11e s. par **Amaury de Montfort**, la cité devint une principauté sous l'égide de cette puissante famille. Le plus célèbre des Montfort fut **Simon IV** qui mena la croisade contre les Albigeois, rattacha le Languedoc au royaume et fut tué en 1218, alors qu'il assiégeait Toulouse. En 1312, l'union d'une Montfort avec le duc Arthur rattacha la cité à la Bretagne. Le mariage de la duchesse **Anne de Bretagne**, comtesse de Montfort, avec Charles VIII, puis avec Louis XII, fit entrer Montfort-l'Amaury sous le contrôle du roi de France.

Se promener

3 r. Amaury - 01 34 86 87 96 - www.montfortlamaury.fr.

★ Église St-Pierre

L'église fut reconstruite par Anne de Bretagne à la fin du 15e s. ; sa décoration se poursuivit sous la Renaissance et s'acheva au début du 17e s. avec la surélévation uniforme de la nef, ainsi que le remaniement de la façade et du clocher. Faites le tour de l'église, entourée de demeures anciennes. D'intéressantes gargouilles ornent les côtés de l'abside où de hauts arcs-boutants contrebutent le chœur. Le joli portail du flanc droit porte les médaillons d'André de Foix et de sa femme, les bienfaiteurs ayant permis les embellissements de la Renaissance. À l'intérieur, des **vitraux★** Renaissance ornent les bas-côtés et le déambulatoire de l'église. On ne connaît pas leurs auteurs, mais il s'agit peut-être d'artistes réputés, comme Pinaigrier et Jean Cousin. De nombreuses clés pendantes enjolivent les voûtes des bas-côtés. Parmi les clés historiées de la nef, remarquez celle qui est sculptée aux armes d'Anne de Bretagne (hermines).

★ Ancien charnier

La porte d'entrée, de style gothique flamboyant, est finement sculptée. Le cimetière est entouré de galeries à arcades, recouvertes d'une belle charpente en forme de carène renversée. La galerie de gauche est du 16e s., les deux autres sont du 17e s. Ces galeries recevaient, suivant l'usage médiéval, les ossements des morts quand le cimetière était plein.

Ruines du château

Un chemin en lacet conduit au sommet de la colline. Deux pans de murailles recouverts de lierre évoquent le donjon du 11e s. La tourelle en brique et pierre est un vestige du château élevé par Anne de Bretagne. À 185 m de haut, la **vue★** s'étend sur la cité, ses vieux toits et les premières frondaisons de la forêt de Rambouillet, au sud.

★ Maison-musée Maurice-Ravel

5 r. Maurice-Ravel - visite guidée sur réserv. obligatoire auprès de l'office de tourisme - 9,50 € (13-18 ans 5 €, -12 ans gratuit).

Le musicien vint s'installer en 1921 à Montfort-l'Amaury dans cette petite villa, baptisée « Le Belvédère », et y composa, dans une semi-retraite, quelques-unes de ses plus belles œuvres. Il quitta Montfort alors qu'il avait cessé d'écrire depuis

Les sortilèges de Ravel

De treize ans plus jeune que Debussy, **Maurice Ravel** (1875-1937) apparaît comme l'autre personnalité musicale française la plus importante de son temps. Durant toute sa carrière, il participa activement à la vie artistique parisienne. Sa notoriété franchit les frontières de son vivant et gagna les États-Unis. Pour le plus que célèbre *Boléro*, il obtint une popularité durable qui ne doit cependant pas éclipser des chefs-d'œuvre tels que *Daphnis et Chloé* (composé pour les Ballets russes), *La Pavane pour une infante défunte* ou encore *La Rhapsodie espagnole*. Il composa également deux opéras, des pièces de piano, de la musique de chambre et des mélodies pour voix et orchestre. Sa musique influença des compositeurs américains, comme George Gershwin, ainsi que la couleur des orchestres de jazz.

2

quatre ans, et mourut à Paris, en 1937. Les pièces étroites ont gardé leur ameublement et leur décor, souvent dessinés par le maître lui-même. On découvre d'innombrables bibelots rappelant ses goûts raffinés. Le jardin a été replanté dans l'esprit « japonais » qu'affectionnait le musicien.

Château de Groussay

Sur la D 13, en dir. de Bazoches-sur-Guyonne - www.chateaudegroussay.com - visite du château J. du Patrimoine et à cert. dates (se rens. à l'office de tourisme) 12 € - parc : avr.-oct. : w.-end 13h30-19h (dernière entrée 18h) 5 €.

Propriété privée, le château date du début du 19e s. Il fut racheté en 1938 par Charles de Beistegui, célèbre amateur d'art et mécène inspiré (le « goût Beistegui »), qui a imposé sa marque à l'aménagement intérieur du château. C'est lui qui a dessiné le sol et le plafond de la salle hollandaise. Dans la bibliothèque en acajou, deux escaliers en colimaçon lui donnent un aspect spectaculaire. Dans le couloir incurvé, les grandes tapisseries ont été réalisées spécialement pour cette pièce d'après des cartons de Goya. Il crée aussi un théâtre à l'italienne. Charles de Beistegui a également remanié le parc, modifiant le terrain et creusant des cours d'eau. Il s'est inspiré des jardins anglais du 18e s. pour parsemer son domaine de fabriques (ou folies) : tente tartare, pagode chinoise, pont palladien, etc.

À proximité

CARTE P. 162

Serre aux papillons, à La Queue-lez-Yvelines B1

À 4,5 km au nord-ouest de Montfort-l'Amaury par la D 155.

1 av. des Platanes - ✆ 01 34 86 67 55 - www.serreauxpapillons.com - ♿ - visite guidée (1h-1h30 env.) tlj 9h30-18h (dernière visite 1h av. fermeture) - fermé déc.-mi-fév. - 9,50 € (3-14 ans 7 €).

Située à l'intérieur de la jardinerie Poullain, la **Serre aux papillons** accueille 700 papillons exotiques dans une atmosphère et une chaleur tropicales.

Maison Louis-Carré, à Bazoches-sur-Guyonne B1

À 4 km à l'est de Montfort-l'Amaury par la D 13 - 2 ch. du St-Sacrement - ✆ 01 34 86 79 63 - www.maisonlouiscarre.fr - visite guidée sur réserv. mars-nov. : w.-end 14h-18h, dép. ttes les heures - 15 € (-12 ans gratuit).

Louis Carré, collectionneur et galeriste, confia en 1956 à l'architecte Alvar Aalto la construction de cette très belle villa finalisée en 1959, la seule réalisation de cet architecte finlandais en France. Tout a été conçu par l'architecte, de l'aménagement intérieur à son mobilier au jardin, qui s'intègre parfaitement dans le paysage.

Maison-musée Jean-Monnet, à Houjarray B1

À 4,5 km à l'est de Montfort-l'Amaury par la D 13 en direction du Tremblay-sur-Mauldre. Franchissez la D 191 et, peu avant Bazoches-sur-Guyonne, tournez à droite vers Houjarray, puis parcourez encore 1 500 m.

7 ch. du Vieux-Pressoir - ✆ 01 34 86 12 43 - www.jean-monnet-europe.eu - de mi-avr. à mi-oct. : 10h-17h, w.-end 10h-18h ; reste de l'année : 10h-17h - gratuit.

Jean Monnet (*encadré ci-contre*) rédigea dans cette maison le texte de la déclaration du 9 mai 1950 qui fonda la Communauté européenne du charbon et de l'acier, à l'origine de l'Union européenne. En 1975, il s'y retira définitivement pour rédiger ses *Mémoires* et s'y éteignit en 1979. Ses cendres ont été transférées au Panthéon en 1988. L'ameublement a été en partie conservé, on peut voir ses *Mémoires*, des échanges de correspondance qu'il eut avec R. Schuman, Roosevelt, Adenauer, De Gaulle, des journaux dont il fit la couverture, des

L'un des pères fondateurs de l'Europe

Économiste et homme politique, **Jean Monnet** (1888-1979) fait une carrière marquée par l'ouverture sur le monde anglo-saxon. Il participe à la Commission maritime interalliée pendant la Grande Guerre. Conseiller financier dans l'entre-deux-guerres, il joue un rôle important dans la coordination de l'effort de guerre franco-britannique en 1939. Il négocie, pour le Royaume-Uni, l'achat de matériel à Washington. Membre du Comité français de libération nationale, il est envoyé aux États-Unis par de Gaulle : il obtient l'annulation des 4/5e de la dette et l'octroi de nouveaux crédits (accord Blum-Byrnes). En 1947, il met en place le plan Monnet. Premier président de la Communauté européenne du charbon et de l'acier, il reste aussi le fondateur d'un comité d'action pour les États-Unis d'Europe.

panneaux d'exposition, un buste de Marianne réalisé en 1945 par le sculpteur Paul Belmondo et des tableaux peints par sa femme Silvia.

★ Houdan A1

À 18 km à l'ouest de Montfort-l'Amaury par la N 12.

4 pl. de la Tour - 01 30 59 53 86 - www.tourisme-pays-houdanais.fr.

Houdan possède un petit centre-ville de caractère, blotti autour d'un donjon. Des trois puissantes enceintes de la ville, dont la première suivait l'actuelle rue des Fossés, il ne subsiste que les tours de guet de l'Abreuvoir, Jardet et Guinand, du 16e s. Mais sa réputation tient à sa poule au plumage noir caillouté de blanc (Label rouge, *p. 594*) qui est fêtée lors de la foire Saint-Matthieu en septembre !

Donjon – *Pl. de la Tour - 07 68 71 40 21 - www.ledonjondehoudan.fr - ♿ - merc., vend. 10h-12h30, 14h-17h, sam. 10h-12h30, 14h-18h, et dernier dim. du mois 10h-12h30, 14h-16h30 - 5 € (6-18 ans 3 €).* Amaury III de Montfort fit construire le donjon entre 1125 et 1132. L'édifice, restauré, est tout ce qui reste du château qu'édifièrent les seigneurs de Montfort. Il servit de tour de guet, de prison et plus récemment de château d'eau. La tour est flanquée de quatre tourelles. À l'origine, il n'y avait aucune ouverture au rez-de-chaussée, et l'on pénétrait au 1er étage par une échelle. Dans les salles, des panneaux illustrent son histoire. De la terrasse panoramique au sommet du donjon, vous aurez un beau point de vue sur la ville et les environs.

Maisons anciennes – Observez, le long de la rue de Paris, les maisons à pans de bois des nos 37-39 et du no 66 (décor de fleurs de lys). Plus haut, la cour de l'ancien hôtel de ville (bâtiment à horloge) montre un décor d'auberge du passé (auberge du Grand Amiral) : écuries, chambres donnant sur des galeries. L'auberge du Plat d'Étain a conservé sa vocation.

Église – Dans une chapelle du déambulatoire, une fresque commémore le pèlerinage de 32 Houdanais à N.-D.-de-Montserrat (Espagne), en 1582. Remarquez la petite scie symbolique tenue par l'Enfant Jésus (Montserrat veut dire « Mont Scié »). L'orgue est de Louis Alexandre Clicquot (1734-1739) : c'est l'un des très rares instruments en France ayant conservé sa facture d'origine.

2

Nos adresses

Restauration

À Houdan

Budget moyen

La Poularde – *24 av. de la République - D 912 - 01 30 59 60 50 - www.alapoularde.com - fermé lun.-merc. - formule w.-end. 25 €, menu 39 €, plat 26 €.* À la carte, la fameuse poule de Houdan, mais aussi des recettes traditionnelles rythmées par les saisons. Élégante salle feutrée et grande terrasse d'été.

Le Donjon – *14 r. d'Épernon - 01 30 59 79 14 - www.restaurantledonjon.fr - fermé dim. soir et lun. - formule 19,50 €, menus 45 €, plats 23/30 €.* Cuisine au goût du jour servie dans un joli cadre contemporain et coloré.

Filomena – *6 pl. de la Libération - 01 34 86 49 41 - ristorantefilomena.fr - fermé dim.-mar. midi - pizza 12,50/27 €.* De succulentes et généreuses pizzas composées de produits frais et de qualité. Accueil chaleureux.

Aux Mesnuis

Une folie

La Toque blanche – *12 Grande-Rue - 01 34 86 05 55 - www.restaurant-la-toque-blanche.com - fermé lun.-mar. - menus 45/80 €.* Auberge tenue de père en fils depuis quatre générations, La Toque blanche propose des plats qui évoluent au gré des saisons. Cadre agréable et convivial ; accueil de qualité.

Shopping

Le Show Colha – *48 r. de Paris - 01 34 86 04 81 - fermé dim. apr.-midi et lun.* Martine Colas, nièce et cousine des célèbres chocolatiers de Maule, a ouvert boutique en ville. On y retrouve pralines, ganaches et délices chocolatés des artisans Colas, ainsi que, selon la saison, des créations délicates qui ravissent autant l'œil que les papilles.

Poule de Houdan – Houdan, centre agricole, perpétue le souvenir de la race de poules, bonnes pondeuses et de chair délicate, qui portait son nom et avait fait de la cité le premier marché aux volailles de France en élaborant un savoureux pâté de volaille : le pâté de Houdan.

Activités

Pistes cyclables – *p. 250.*

Hébergement

Budget moyen

Saint-Laurent – *2 pl. Lebreton - 01 34 57 06 66 - www.hotelsaint-laurent.com - - 19 ch. 105/150 € - 17 €.* À vous de choisir votre décor : le superbe hôtel particulier du 17e s., les chambres plus récentes du pavillon situé dans le jardin ou le grand luxe de la Résidence.

Parc et château de Thoiry ★★

La grande originalité de ce parc zoologique est la « réserve », un vaste espace dans lequel les animaux, principalement d'Afrique, évoluent en liberté. C'est le visiteur qui est enfermé, dans sa voiture, le long des 8 km que dure le safari ! Mais Thoiry, c'est aussi un très grand zoo traditionnel, une superbe aire de jeux, et même un château Renaissance assorti d'un jardin à la française. De quoi satisfaire toute la famille !

Se repérer

CARTE B1 (P. 162).
Yvelines (78)
À 52 km de Paris par l'A 13, puis l'A 12 et la N 12, et enfin la D 11 depuis Jouars-Pontchartrain.

À ne pas manquer

Le tunnel des lions et des tigres à l'heure du goûter ; les varans de Komodo.

Organiser son temps

Prévoyez une journée complète. Regardez les heures des repas des animaux pour profiter du spectacle.

En famille

Tout !

Carnet pratique p. 263

Nos adresses p. 263

Se promener

01 34 87 40 67 - www.thoiry.net - ♿ - juil.-août et vac. scol. (hors vac. de Noël) : 10h-18h (fermeture de la caisse à 17h et de l'accès au zoo à pied à 18h) ; avr.-juin et sept.-oct. (hors vac. scol.) : 10h-17h (fermeture de la caisse à 16h et de l'accès au zoo à pied à 17h) ; reste de l'année : consulter le site - 31 € (3-11 ans 24 €).

★★ Le parc animalier et le jardin botanique

En vous promenant dans les allées du parc zoologique, vous ferez d'étonnantes rencontres : des félins rares ou menacés, des oiseaux, la plus grande meute de loups d'Europe en captivité, les acrobaties et les vocalises des gibbons ainsi que les ébats des lémuriens sur les îles voisines. Disséminés dans le jardin, des « arbres qui parlent » racontent la vie des animaux et enseignent le chant des oiseaux. Point d'orgue de la visite, le **tunnel des tigres** : sensations garanties à l'heure du goûter ! Autres vedettes, les lions et les hyènes qui s'ébattent eux aussi dans un espace équipé d'un tunnel de verre. Ne manquez pas les **varans de Komodo** (5 m de long) que vous ne verrez nulle part ailleurs en France : véritables fossiles vivants, ces spectaculaires reptiles vous transporteront un instant à l'époque des dinosaures.

Les enfants *(5-12 ans)* apprécieront l'**aire de jeux**, tout comme les filets rebondissants (**Safari Air Park**), tendus entre les arbres, qui permettent de contempler la plaine africaine. Toute proche, la **miniferme** et ses animaux familiers qu'ils peuvent caresser, captiveront les plus petits. Avec les plus grands, tentez de percer les mystères du **labyrinthe interactif** – le plus étendu du genre en Europe (2 300 m de parcours). Et pour les plus courageux, la **tyrolienne** (10 €), à 20 mètres de hauteur, permet de prendre son envol au-dessus des lions et de la réserve africaine.

L'**Arche des petites bêtes** est consacrée aux petits animaux qui peuplent notre planète : 70 espèces y sont représentées, comme l'étonnante grenouille mousse, la mante religieuse indienne ou le ouistiti pygmée. Cet espace sensibilise les enfants à la protection de la nature et de cette faune méconnue.

La réserve

En parcourant à bord de votre véhicule ce circuit de 8 km, vous verrez d'abord évoluer la **faune africaine**, représentée par des girafes, des zèbres ou de paisibles antilopes et quelques pensionnaires plus ombrageux : éléphants, rhinocéros, hippopotames... Vous découvrirez ensuite la **faune américaine** : bisons, ours (ces derniers en enclos sécurisé), puis **européenne** : tout droit descendus des murs de la grotte de Lascaux, bisons d'Europe, daims, chevaux de Przewalski vous transporteront quelques millénaires en arrière...

★★ Le château

01 34 87 52 25 - www.chateaudethoiry.fr - avr.-août : tlj sf lun. 14h-18h - visite libre incluse avec le billet du zoo, visite du château seul 4 €.

Le château étant toujours habité par la famille du comte de La Panouse, seuls les salons du rez-de-chaussée et la salle des archives sont ouverts à la visite.

Les visites guidées en costume ou les anecdotes retrouvées dans les 50 malles d'archives sont autant de moyens insolites de faire apprécier l'histoire aux enfants.
Au milieu du 16e s., Raoul Moreau, trésorier d'Henri II, passionné d'alchimie et d'ésotérisme, confie à l'architecte Philibert Delorme la construction de cette « maison solaire », élevée sur une faille magnétique et selon les règles architecturales du nombre d'or. Cette situation exceptionnelle au sommet d'une colline permet au château de jouer son rôle d'instrument solaire, avec des manifestations spectaculaires comme le lever ou le coucher du soleil dans l'axe de la façade lors des solstices. Claude Desgot, neveu de Le Nôtre, conçut un **parc à la française** en 1708, avec une perspective inversée depuis la terrasse du château, une haie d'ifs et de tilleuls s'écartant progressivement.

Girafes et lechwes dans le parc du château de Thoiry.
A. Boutin/Thoiry ZooSafari

Carnet pratique

Arriver/partir

En dehors du dimanche, liaison SNCF de St-Lazare (arrêt Mantes-la-Jolie), puis bus n° 78 (direction St-Quentin-en-Yvelines), arrêt Mairie-de-Thoiry. Il reste alors 6mn de marche *www.transilien.com*.

Agenda

Thoiry Lumières sauvages – *Fin oct.-déb. mars (17h-20h) - inclus dans le billet ou 19,90 € seul (3-11 ans 17,90 €).* Parcours dans les jardins du château ponctué de lanternes lumineuses en forme de plantes et animaux.

Nos adresses

Restauration

À l'entrée du parc, le restaurant **La Cantine de l'explorateur** propose plats (burgers, frites, sandwichs, salades...) et boissons *(paniers 14,90 € et panier Petit Explorateur 8,90 €).* Vous trouverez deux autres points de restauration dans le zoo. Nombreux coins pique-nique.

À proximité

Budget moyen

La Licorne – *31 r. de la République - Beynes - à 6 km à l'est de Thoiry par D 119 - 01 34 89 96 17 - www.restaurant-lalicorne-beynes.fr - fermé dim.-lun. - formule déj. en sem. 17 €, formule 26,90 €, menu 34,50 €.* Petite adresse pratique à quelques kilomètres de la réserve africaine. Décor campagnard et cuisine concoctée avec des produits du marché. Accueil courtois.

Shopping

Chocolats Colas – *21 bis bd Paul-Barré - Maule - 01 34 75 18 83 - www.chocolatscolas.fr - fermé dim.* Cette maison familiale a pris place parmi les meilleurs chocolatiers de la région.

La Ferme du Logis – *Jumeauville - à 500 m au sud-ouest du bourg par la rte de Goupillières - 01 30 42 61 27 - www.lafermedulogis.com - cueillette entre avr. et nov. - consulter le site pour les jours d'ouv. et les horaires - boutique fermée dim.-lun.* Ici, 22 ha sont consacrés à la cueillette de fruits, légumes et fleurs. Vente de volailles. Avant de vous y rendre, renseignez-vous sur les produits disponibles.

Hébergement

Budget moyen

Chambre d'hôte La Fauconnerie du Roy – *1 bis r. de l'Ormoir - Montainville - à 6 km à l'est de Thoiry par D 45 - 06 09 40 69 60 - 01 34 75 17 24 - www.lafauconnerie.com - P - 1 ch. 130 € - 12 €, 1 maison pour 6 pers. 272 € pour 2/4 pers., 1300 €/sem.* Une étape de caractère que cette fauconnerie bâtie en 1680. L'authenticité est garantie. Parc, piscine, jeux (trampoline, ping-pong, balançoires), poulailler, prêt de vélos et accès libre au tennis municipal.

Une folie

Hôtel Château de Villiers-le-Mahieu – *R. du Centre - Villiers-le-Mahieu - 01 34 87 44 25 - www.lesmaisonsdecampagne.com - P - 98 ch. 193/343 €.* Bordé de ses douves en eau, ce château fort du 13e s. trône au milieu d'un parc boisé. Charme du passé et modernité côté chambres, bien-être grâce à l'espace spa de 700 m².

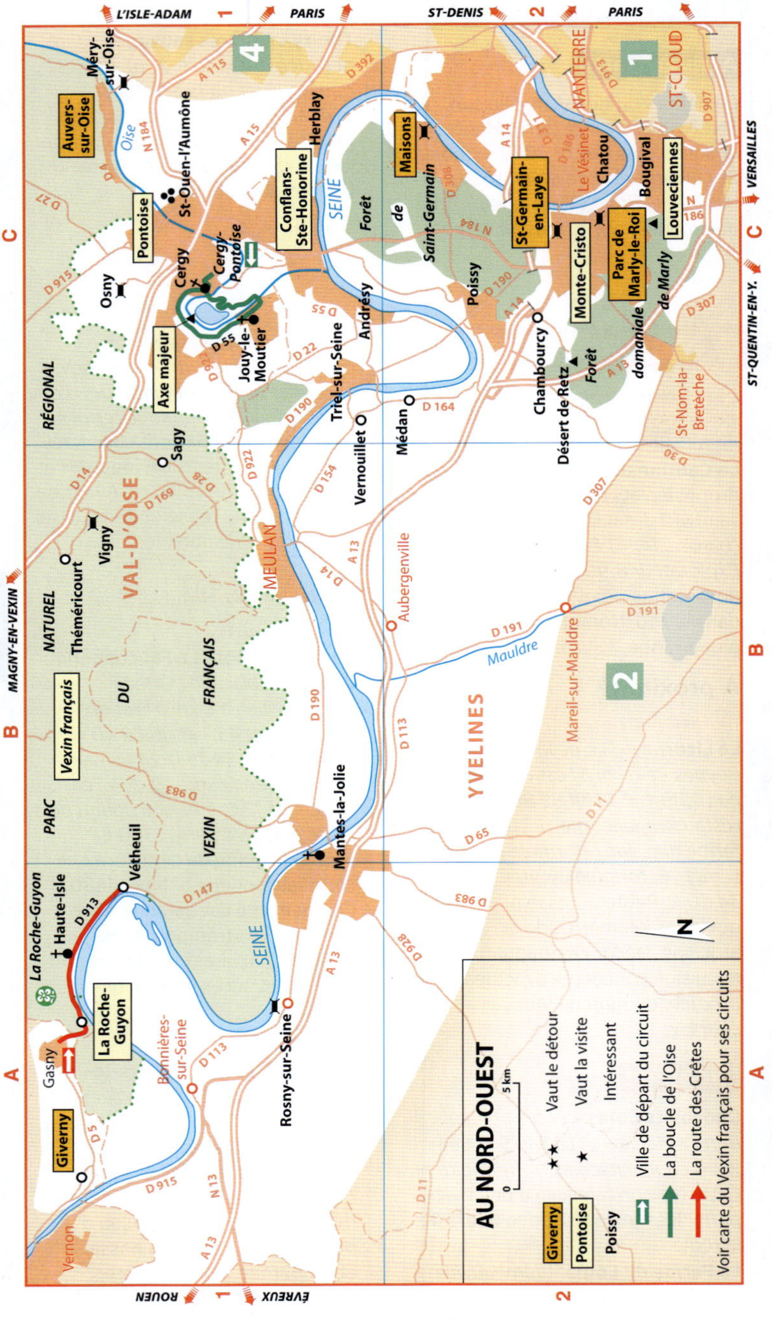
AU NORD-OUEST
0
5 km
Giverny ★★ Vaut le détour
Pontoise ★ Vaut la visite
Poissy Intéressant
Ville de départ du circuit
La boucle de l'Oise
La route des Crêtes
Voir carte du Vexin français pour ses circuits
L'ISLE-ADAM
PARIS
ST-DENIS
PARIS
ROUEN
ÉVREUX
MAGNY-EN-VEXIN
VERSAILLES
ST-QUENTIN-EN-Y.
PARC NATUREL RÉGIONAL DU VEXIN FRANÇAIS
Vexin français
VAL-D'OISE
YVELINES
Forêt de Saint-Germain
Forêt domaniale de Marly
SEINE
Oise
Mauldre
Giverny
Gasny
La Roche-Guyon
Haute-Isle
Vétheuil
Vernon
Bonnières-sur-Seine
Rosny-sur-Seine
Mantes-la-Jolie
Théméricourt
Vigny
Sagy
Osny
Pontoise
Cergy
Cergy-Pontoise
Axe majeur
Jouy-le-Moutier
St-Ouen-l'Aumône
Auvers-sur-Oise
Méry-sur-Oise
Conflans-Ste-Honorine
Herblay
Maisons
Andrésy
Triel-sur-Seine
Vernouillet
Médan
Poissy
Chambourcy
Désert de Retz
St-Nom-la-Bretèche
St-Germain-en-Laye
Monte-Cristo
Parc de Marly-le-Roi
Louveciennes
Bougival
Chatou
Le Vésinet
NANTERRE
ST-CLOUD
MEULAN
Aubergenville
Mareil-sur-Mauldre
A 13
A 14
A 15
A 115
N 13
N 184
N 186
D 915
D 913
D 5
D 113
D 147
D 983
D 14
D 169
D 28
D 922
D 22
D 55
D 190
D 154
D 164
D 113
D 191
D 65
D 11
D 928
D 307
D 30
D 308
D 392
D 907
D 27
A
B
C
1
2
4

Nos idées d'escapades d'une à deux journées autour de Paris.

3

Au nord-ouest Les boucles de la Seine

de St-Germain-en-Laye à Giverny

CARTE MICHELIN DÉPARTEMENTS 311 – EURE (27), YVELINES (78), VAL-D'OISE (95)

Saint-Germain-en-Laye ★★

Pas moins de vingt-neuf rois de France résidèrent au château de St-Germain jusqu'au départ de Louis XIV pour Versailles en 1682. Aujourd'hui, un superbe musée d'archéologie a pris place entre ses murs. Des terrasses du domaine se déploie une vue splendide sur l'ouest parisien. La charmante ville qui vit naître Henri II, Charles IX, Louis XIV… et Debussy se découvre au cours de promenades dans des rues piétonnes, chic et animées, tandis que les œuvres des peintres nabis sont exposées dans un prieuré qui fut un temps la demeure de Maurice Denis.

Se repérer

CARTE C2 (P. 264) - PLAN DE ST-GERMAIN-EN-LAYE (P. 271).
44 806 habitants – Yvelines (78)
À 22 km de Paris
par l'A 14 (sortie 6a).
RER A St-Germain-en-Laye.

À ne pas manquer

Le musée d'Archéologie nationale ; la Grande Terrasse.

Organiser son temps

Comptez 4h pour voir toutes les collections du musée.

Nos adresses p. 275

Se promener

PLAN P. 271

3 r. Henri IV - Jardin-des-Arts - 01 30 87 20 63 - www.seine-saintgermain.fr. L'office de tourisme organise des visites encadrées par des guides-conférenciers.

★ Château et abords B1-2

C'est en arrivant à St-Germain par la route des Loges, au nord, que la silhouette du château est la plus frappante. Démarrez votre visite par la place Charles-de-Gaulle où arrive la ligne du RER.

Le château de forme pentagonale irrégulière est entouré de fossés secs. On distingue encore le soubassement féodal de l'édifice, avec le chemin de ronde et les mâchicoulis que l'architecte Daumet tint à restituer au 19e s. Le toit en terrasses, bordé de vases et de balustres, dominé par les hauts corps de cheminée, fut au 16e s. une grande nouveauté. À l'extrémité nord de la façade *(côté place Charles-de-Gaulle)* se dresse le donjon quadrangulaire de Philippe IV le Bel, surmonté d'un campanile sous François Ier (le campanile actuel date de Napoléon III). Au rez-de-chaussée logeaient des grands officiers, à l'entresol des princes du sang, des dames d'honneur, des favorites et des ministres, notamment Mazarin, Colbert, Louvois. Les appartements royaux se trouvaient au 1er étage ; le roi et le dauphin dans l'aile qui regarde les parterres, la reine dans celle qui regarde Paris, les enfants de France dans celle que longe aujourd'hui la rue Thiers.

★ Chapelle royale

L'édification de ce chef-d'œuvre du gothique rayonnant, commandé par Saint Louis, dura de 1234 à 1238. Elle est antérieure d'une dizaine d'années à la Sainte-Chapelle de Paris et sans doute l'œuvre d'Hugues de Chelles, mais ses hautes

Le château de Saint-Germain-en-Laye abrite le musée d'Archéologie nationale.
L. Lourdel/hemis.fr

fenêtres sont privées des vitraux qui rendent éblouissant l'édifice parisien. La chapelle de St-Germain est conçue comme un espace unique, éclairée par de vastes baies qui occupent presque toute la hauteur du mur. L'équilibre du bâtiment, qui se réduit presque à une cage de verre, est assuré par des éléments métalliques. La belle rosace de la façade a été aveuglée par d'autres constructions. Les clés de voûte sont sculptées de figures que l'on pense être celles de Saint Louis, de sa mère Blanche de Castille, de sa femme et d'autres proches. Ces précieuses images, les plus anciennes que l'on posséderait des familles royales, témoignent de la fonction de commémoration dynastique de la chapelle.
Dans la galerie qui suit la billetterie, une salle présente l'histoire du château, devenu musée d'Archéologie nationale.

★★ Musée d'Archéologie nationale B1-2

Pl. Charles-de-Gaulle - ✆ 01 39 10 13 00 - http://musee-archeologienationale.fr - ♿ - tlj sf mar. 10h-17h - 7 € (-26 ans gratuit).

Suite à des travaux de grande envergure dans le musée, seul le 1er étage se visite : les collections du Paléolithique à l'âge du Fer. Les collections de la Gaule romaine, du premier Moyen Âge et d'Archéologie comparée sont fermées pour plusieurs années.

Féru d'archéologie et désireux de présenter au public le fruit des fouilles effectuées à Alésia, à son initiative, Napoléon III fonde au château de St-Germain le **musée des Antiquités celtiques et gallo-romaines** en 1862. Les premières salles furent ouvertes au public en 1867 à l'occasion de l'Exposition universelle qui se tient à Paris. Avec le développement de l'archéologie, les fouilles se multiplient ; les objets s'accumulent et sont exposés, sans tri ni sélection. Dans les années 1960, le musée est totalement rénové et repensé. Devenu « musée des Antiquités nationales », il prend en 2005 le nom de musée d'Archéologie nationale.
Le musée présente quelque 30 000 objets qui témoignent des activités humaines depuis la préhistoire jusqu'aux premiers royaumes francs. Des panneaux aident

Une résidence royale

Château royal, il devint l'une des résidences favorites des souverains français qui le modifièrent à tour de rôle. Jusqu'à la restauration complète qu'en fit Napoléon III, alors qu'il était devenu un pénitencier militaire.

Le château Vieux

Au 12e s., Louis VI le Gros veut utiliser la forte position du coteau de St-Germain et y construit un château fort à l'emplacement du château actuel. Saint Louis y ajoute, en 1238, une ravissante chapelle. Charles V vers 1368 remanie la résidence et met en place les fortifications qui ceinturent aujourd'hui encore le château. En 1514, dans la chapelle, Louis XII marie sa fille Claude de France au duc d'Angoulême qui, l'année suivante, devient François Ier. Et c'est à ce souverain que le château doit sa forme actuelle. En 1539, François Ier fait démolir tout ce qui s'élève au-dessus du soubassement féodal, à l'exception de la tour de Charles V et de la chapelle de Saint Louis, et confie la reconstruction du château à Pierre Chambiges.

Le château Neuf

Même transformé, l'édifice est encore une forteresse à mâchicoulis, défendue par 3 000 hommes de garnison. Henri II, qui veut une véritable maison de plaisance, fait commencer d'après les plans de **Philibert Delorme**, sur le bord même du plateau, la construction du château Neuf. Achevé par Henri IV, il bénéficie d'une magnifique situation et des terrasses qui s'étagent au flanc du coteau dominant la Seine.
La Cour habitait tantôt le château Vieux, tantôt le château Neuf. Henri II, Charles IX et Louis XIV naquirent à St-Germain. Louis XIII y mourut.

Les agrandissements de Mansart

Louis XIV, né, baptisé et élevé à St-Germain, s'est attaché au château. Devenu roi, il y séjourne très souvent. Les locaux s'avérant trop petits, le Roi-Soleil fait construire, par **Jules Hardouin-Mansart**, cinq gros pavillons qui remplacent les cinq tourelles d'angle des façades. Le Nôtre trace le parc et la terrasse, replante la forêt. En 1665, il met en place 5,5 millions de pieds d'arbres. En 1682, la Cour quitte St-Germain pour Versailles. En 1689, Jacques II Stuart, roi détrôné d'Angleterre, vient occuper le château Vieux où il meurt en 1701 (*p. 272*).

Derniers avatars

En 1776, le château Neuf, qui tombe en ruine, est cédé par Louis XVI à son frère le comte d'Artois. Le futur Charles X démolit l'édifice – à l'exception du pavillon Henri-IV sur la terrasse et du pavillon Sully, au Pecq – dans l'intention de le reconstruire sur de nouveaux plans. Mais, ayant acquis le château de Maisons, il abandonne les travaux de St-Germain. Ce qu'il en reste est vendu avec son parc à la Révolution. Sous Napoléon Ier, il abrite une école de cavalerie; sous Louis-Philippe, un pénitencier militaire.
Napoléon III le fait évacuer en 1855, à l'occasion de la visite de la reine Victoria. Le château est sauvé de la destruction grâce à la demande de la reine à Napoléon III de conserver ce château où ses ancêtres avaient été accueillis pendant leur exil (Jacques II Stuart). Il fait alors l'objet d'une restauration complète, conduite par l'architecte Millet. Les cinq pavillons ajoutés par Mansart sont supprimés et l'édifice est rétabli tel qu'il se présentait sous François Ier. En 1862, Napoléon III y crée le musée des Antiquités celtiques et gallo-romaines.

à comprendre ces cultures ancestrales, leur fonctionnement et leurs rites. Un point fort du musée : d'inestimables **collections d'art préhistorique**, gravures et sculptures.

Du paléolithique au deuxième âge du fer (entresol)

Le **paléolithique** (des origines à 8000 av. J.-C.) – Les chefs-d'œuvre de l'art paléolithique surprennent par leurs petites dimensions : la **Dame de Brassempouy** (hauteur 3,6 cm ; il s'agit d'un moulage, l'original étant présenté dans la salle Piette, *p. 270*), le plus ancien visage humain connu ; le Bison se léchant ; le Bâton de Bruniquel sculpté d'un cheval sautant ; la Tête de cheval hennissant du Mas-d'Azil, etc. Une vitrine expose plusieurs blocs sculptés provenant du plafond de la cave Taillebourg, site préhistorique situé dans la Vienne et découvert en 1927. Une vidéo retrace la fabrication de plusieurs outils et objets.
Grâce à divers objets-témoins, plusieurs salles nous présentent et nous expliquent les différents enjeux propres à l'âge de bronze (de 2000 à 750 av. J.-C.) et au premier âge de fer (de 850 à 450 av. J.-C.).
Le temps des Gaulois (de 450 av. J.-C. au début de notre ère) – La salle sur les cultes propose une belle mise en valeur de statuettes, dont la « Dame de Préau » reconnaissable à sa natte. Les Gaulois continuent à creuser des tombes à chars, qui révèlent une sophistication technique et symbolique de l'artisanat. Notez le bel ensemble de têtes de clavette et le « couvercle » de la tombe de Roissy aux motifs figurant des animaux monstrueux. Les fouilles sous Napoléon III du site identifié comme celui de la bataille d'Alésia à Alise-Sainte-Reine ont mis au jour des centaines de pièces de monnaie venant de toute la Gaule (dont celles marquées du portrait de Vercingétorix), ainsi que des armes gauloises et romaines. La prise d'Alésia (52 av. J.-C.) marque la fin de la culture gauloise proprement dite.

La Gaule romaine (1er étage)

Ces salles sont fermées pour travaux pour plusieurs années. Très abondante collection de stèles funéraires. Les céramiques tiennent une place de choix dans la vie domestique : une vitrine fournit une initiation très complète à la céramique « sigillée » (décorée par effets d'estampage) des ateliers de Lezoux, La Graufesenque et Banassac (1er au 4e s.). Remarquez une coupe en verre gravé, d'époque romaine (330-370), exemple d'une production de verrerie de luxe découverte à Boulogne-sur-Mer. Le décor, sur fond vert clair, représente le sacrifice d'Isaac par Abraham, flanqué à sa gauche du bélier. Isaac est nu, les mains liées derrière le dos.
Des vitrines thématiques présentent les différents objets de la vie et productions à cette époque : la médecine, la toilette, l'agriculture, la chasse et la pêche, l'élevage, la monnaie, l'écriture, la musique et les jeux, etc. Plus loin, la **mosaïque** de St-Romain-en-Gal (Rhône), du début du 3e s., déploie un vaste calendrier des travaux agricoles et des activités humaines organisé autour des représentations des quatre saisons ; parmi les 27 compartiments subsistant sur les 40 d'origine, remarquez l'été qui chevauche un lion ou encore l'activité du tressage des paniers.
La **période mérovingienne** (3e-8e s.) – On découvre notamment les objets découverts dans les sarcophages mérovingiens de la basilique St-Denis, ainsi que les bijoux provenant de la sépulture de la reine Arégonde (v. 580). Ces derniers illustrent la plus haute production d'orfèvrerie de l'époque, en or, grenat et verre (anneau portant le nom de la reine, plaque-boucle et contre-plaque, paire de fibules).
Archéologie comparée – Cette passionnante section est installée dans la grande salle des Fêtes du château ou salle de Mars, belle salle voûtée à nervures décoratives de pierre et cheminée marquée de la salamandre de François Ier. Des objets remarquables provenant des différents continents permettent de comparer

l'évolution des technologies et des modes de vie de peuples très éloignés dans le temps et l'espace. On remarque les très belles collections de l'Égypte prédynastique, une série de bronzes du Koban et du Talych (Caucase), le **char de Mérida** en bronze (6e s. av. J.-C.), pièce exceptionnelle de l'ensemble ibérique : long de 28 cm sur 12 cm de haut, il représente un cavalier et son chien à la poursuite d'un sanglier.

Salle Piette (2e étage)

Cette salle présente les objets réunis par Édouard Piette, l'un des plus grands collectionneurs d'art préhistorique. Parmi les 10 000 pièces de cette collection se trouvent notamment la célèbre **Dame à la capuche de Brassempouy** et un bâton percé réalisé dans un bois de renne (v. - 13000/- 11000), figurant sept chamois, un cerf, un cheval et une marmotte.

Une perspective infinie

La terrasse de Le Nôtre semble sans fin : cette **illusion** est obtenue grâce à un ingénieux élargissement progressif de la chaussée qui ralentit le rapprochement des parallèles à l'horizon.

Tour extérieur du château

Une buvette bien agréable, avec vue sur Paris et La Défense, propose gaufres, snacks et boissons fraîches *(avr.-oct. : ouv. tlj jusqu'à 23h - reste de l'année le w.-end seult, aux horaires du parc).*

Parterres (B1) – Entrez dans les jardins par la place Charles-de-Gaulle et longez le château. Vous apercevez, sur la façade, la loggia qui s'ouvre sur l'escalier d'honneur intérieur. Dans le fossé, des monuments mégalithiques reconstitués et une galvanoplastie de la colonne trajane de Rome qui raconte les campagnes militaires contre les Daces de l'empereur Trajan (53-117).

Pavillon Henri-IV B1 – Il marque le rebord du plateau. Le pavillon en brique surmonté d'un dôme est le dernier vestige du château Neuf avec le **pavillon Sully**, en contrebas, sur le coteau du Pecq. Il renferme l'oratoire Louis XIII où Louis XIV fut baptisé, le jour de sa naissance, le 5 septembre 1638. L'hôtel installé dans ce lieu historique en 1836 connut une période faste au 19e s. dans le monde des lettres, des arts et de la politique. Alexandre Dumas y a composé *Les Trois Mousquetaires* et *Le Comte de Monte-Cristo,* Offenbach, *La Fille du tambour-major,* Léo Delibes, le ballet de *Sylvia*. Thiers y est mort en 1877.

★★ **Terrasses** B1 – À l'hôtel commence la Petite Terrasse que l'on suivra jusqu'au rond-point du Rosarium : une table d'orientation rappelle les horizons de la banlieue ouest. Au-delà du rond-point s'étend la Grande Terrasse, l'un des chefs-d'œuvre de Le Nôtre, achevée en 1673 après quatre années de travaux gigantesques. Longue de 2 400 m, bordée de tilleuls tricentenaires, elle compte parmi les plus fameuses promenades des environs de Paris. **Vue**★ magnifique sur l'ouest parisien et sur les immeubles de La Défense.

Vous pouvez ensuite traverser le beau **jardin anglais**★ B1.

En ville PLAN CI-CONTRE

Le centre historique, très animé, comporte de nombreuses rues piétonnes et places bordées de maisons anciennes et de jolies boutiques, où il est agréable de flâner.

Balade dans la vieille ville

Au départ de l'office de tourisme B2, situé dans le petit **jardin des Arts**, à 3mn au sud du château, dirigez-vous vers la rue de la Salle. Au n° 16 se trouve la plus

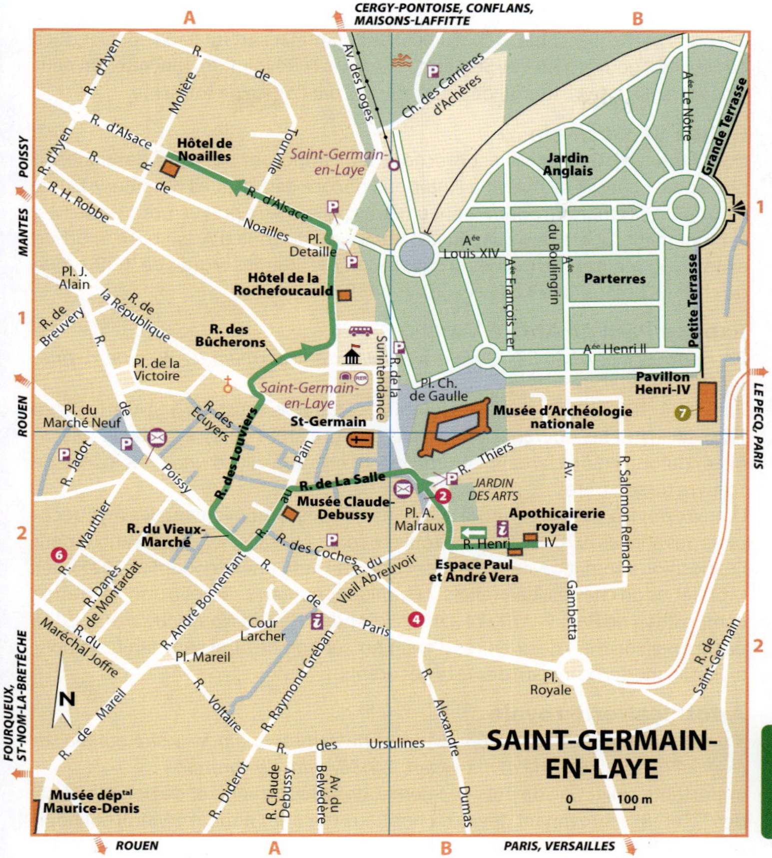

SE RESTAURER		SE LOGER
La Cantine de Marius 2	Le Wauthier by Cagna 6	Hôtel Pavillon Henri-IV..... 7
Le Manège 4		

ancienne maison de la ville, reconnaissable à ses pans de bois. Tournez à gauche dans la rue au Pain et arrêtez-vous au n° 38, devant la maison (17e s.) où est né en 1862 le compositeur **Claude Debussy** (*encadré p. 274*). Un petit **musée** A2 lui est consacré *(fermé pour travaux jusqu'en 2023 - 38 r. au Pain - 01 30 87 20 75 - www.saintgermainenlaye.fr)*.

Poursuivez jusqu'à l'intersection avec la **rue du Vieux-Marché** A2, que vous prendrez à droite. C'est ici qu'avaient lieu les marchés, jusqu'en 1526. Un peu plus loin, prenez la **rue des Louviers** A1-2 à droite. Cette ruelle animée est bordée de boutiques et de terrasses de café. Poursuivez jusqu'à la rue de la République, que vous traversez pour prendre en face la **rue des Bûcherons** A1, elle aussi jalonnée d'hôtels particuliers, habités entre autres par Romy Schneider, le collectionneur Alphonse Kann... Au bout, prenez la rue de Pontoise sur la droite. Au n° 16 se trouve l'**hôtel de la Rochefoucauld** A1, du 18e s.

Rebroussez chemin et continuez la rue de Pontoise jusqu'à la place Edouard-Détaille, puis prenez à gauche la rue d'Alsace. Au n° 11 se situe l'**hôtel de Noailles** A1.

Cet hôtel particulier construit par Jules Hardouin-Mansart fut habité par les ducs de Noailles, gouverneurs de St-Germain jusqu'à la Révolution française. On peut y pénétrer lors de visites guidées organisées par l'office de tourisme.

Église St-Germain A2

Consacrée en 1827, l'église est précédée d'un imposant portique classique. Sa principale richesse se trouve à l'intérieur, décoré de fresques d'Amaury-Duval (1857). On y remarque notamment une très belle chaire prévue pour Versailles, le monument funéraire de Jacques II Stuart, roi détrôné d'Angleterre, mort en exil à St-Germain en 1701, et des orgues réputées (grandes orgues de 1698, orgue de chœur construit par Cavaillé-Coll en 1889).

Espace Paul et André Vera B2

2 r. Henri-IV - ✆ 01 30 87 20 75- www.seine-saintgermain.fr - ♿ - merc.-dim. 14h-18h - gratuit.

Paul Vera (1882-1957), peintre, sculpteur, céramiste, s'installa à St-Germain en 1920. Il illustra les ouvrages de son frère André (1881-1971), architecte paysagiste, théoricien des jardins. André Vera fit don à la ville d'une riche partie de l'œuvre de son frère.

L'œuvre des frères Paul et André Vera s'inscrit dans le mouvement des Arts décoratifs des années 1920-1930. Vous trouverez dans ces salles leurs réalisations pour l'Exposition internationale des arts décoratifs et industriels modernes (1925), des tapisseries de chaises, bas-reliefs, céramiques et huiles sur toile dont la grande composition de Paul Vera, l'*Été*. Le livre d'André Vera *Le Nouveau Jardin* (1912), décoré par son frère de gravures d'animaux sur bois de fil, est un manifeste pour un jardin moderne inspiré des arts décoratifs.

Apothicairerie royale B2

3 r. Henri-IV - ✆ 01 30 87 20 63 - www.seine-saintgermain.fr - visite guidée sur réserv. (15mn, 5 pers. maxi) mar.-merc. 14h30, sam. 11h - gratuit.

Importante collection de pots de faïence, de vases en verre et de boîtes en bois des 17e et 18e s. provenant des deux hôpitaux royaux, l'hôpital général et l'hôpital de la Charité.

★ Musée départemental Maurice-Denis A2

2 bis r. Maurice-Denis - ✆ 01 39 07 87 87 - www.musee-mauricedenis.fr - ♿ - mar.-dim. 11h-18h - fermé lun. - 6 €, 8 € quand exposition temporaire (-18 ans gratuit).

Hôpital royal fondé en 1678 par Mme de Montespan, le prieuré devint en 1915 la propriété du peintre **Maurice Denis** (1870-1943). Il y recevait ses amis du mouvement nabi, dont il fut le porte-parole.

Salles – Ces anciens dortoirs et greniers sont reliés par un escalier à double révolution, aux voûtes d'arêtes surbaissées. La riche collection de toiles évoque les origines du groupe des **Nabis** : œuvres de Sérusier, Ranson, Bonnard, Vuillard, Denis, Cazalis, Lacombe, Roussel, Vallotton et Verkade. L'école de **Pont-Aven** est présente avec Gauguin, Bernard, Filiger, Moret,

Un musée virtuel

Fermé depuis 1979, le musée municipal de St-Germain-en-Laye présente ses collections lors d'expositions temporaires à l'Espace Vera et sur le site Internet *www.saintgermainenlaye.fr/736/musee-municipal.htm*. Cliquez pour visualiser *L'Escamoteur* attribué à Jérôme Bosch, les œuvres de François Bonvin ou encore de Paul Vera.

Les Nabis ou l'émotion pure

En 1888, Paul Sérusier rencontre Paul Gauguin à Pont-Aven et, sous sa direction, peint *Le Talisman*. « Comment voyez-vous cet arbre ? avait dit Gauguin. Il est bien vert ? Mettez du vert, le plus beau vert de votre palette, et cette ombre plutôt bleue ? Ne craignez pas de la peindre aussi bleue que possible. » Bientôt, autour de Sérusier, se forme un groupe de peintres qu'il baptise Nabis (« prophètes » du terme hébreu *Nebiim*). Bonnard, Vuillard ou Ranson rejettent le réalisme : cherchant à traduire la sensation primitive, l'émotion pure, ils inventent une nouvelle manière de peindre, théorisée par **Maurice Denis**. Les Nabis, auxquels se joignent le Hollandais Verkade ou le Suisse Vallotton, veulent abolir les cloisons entre la peinture et l'art décoratif. Ils créent des affiches, du papier peint, des vitraux et des meubles : le musée Maurice-Denis témoigne de cet important mouvement artistique qui nourrira le 20e s.

Slewinski et Seguin. Les collections comprennent aussi des œuvres de Toulouse-Lautrec, Anquetin, Mondrian, Daum et Lalique. Les Nabis avaient le souci d'intégrer la beauté à la vie quotidienne, comme en témoignent maints **objets d'art décoratif**. Des nymphes jouant avec des biches, des feuilles en léger relief, voici les thèmes qui ornent la cheminée créée par le céramiste André Metthey : un chef-d'œuvre annonçant les Arts déco.

Au 1er étage, *L'Éternel Printemps* est un décor en dix panneaux où des femmes au bain, à la fontaine ou au jardin sont réunies pour le plaisir de la musique ou de la conversation. Gabriel Thomas, fondateur du musée Grévin, le commanda en 1908 à Maurice Denis pour la salle à manger de sa maison, à Meudon : la pièce et le mobilier ont été reconstitués avec des lambris provenant de la villa.

Chapelle – Entièrement décorée par Maurice Denis entre les années 1915 et 1928, elle témoigne de son action pour la renaissance de l'art sacré : chemin de croix, vitraux, fresques et mobilier liturgique.

Atelier – Pour travailler plus à son aise au décor du théâtre des Champs-Élysées, Maurice Denis fit bâtir cet atelier en 1912 par son ami Auguste Perret, avant même de s'installer au Prieuré *(Ne se visite pas pour l'instant. Rénovation prévue).*

Parc – Aménagé en terrasses fleuries, il est agrémenté de statues de Bourdelle et de Maillol. Belle vue sur la sobre façade du prieuré aux lignes harmonieuses.

À proximité

CARTE P. 264

Forêt de Saint-Germain C1-2

La forêt comporte 120 km de sentiers et 70 km d'allées cavalières. Des aires de détente sont aménagées à l'étang du Corra (15 ha) et dans les parcs forestiers de la Charmeraie, de la Charmille près de Poissy, et du Champ-Millet près d'Achères.

Chambourcy C2

À 4 km au nord-ouest de Saint-Germain par la N 13.

Maison d'André Derain – *64 Grande-Rue - 01 30 87 20 63 - www.chambourcy.fr - visite guidée uniquement 1 jour par mois à 14h30 - réserv. : sur reservation.seine-saintgermain.fr - 10 € (8-17 ans 5 €) - parc 8h-20h30 (18h de mi-oct. à mi-avr.).* **André Derain** s'installa à Chambourcy en 1935, non loin des boucles de la Seine chères aux impressionnistes. Il y vécut et y travailla jusqu'à sa mort en 1954. Fondateur du fauvisme avec Vlaminck et Matisse, le peintre-sculpteur-graveur-céramiste

Debussy et l'émergence de la modernité

Issu d'une famille modeste, **Claude Debussy** est né à St-Germain-en-Laye, où son père tenait une boutique de porcelaine. Rien dans son environnement familial ne laissait présager qu'il allait devenir l'une des figures musicales les plus marquantes du 20e s. L'œuvre de Debussy a apporté à la musique un vent de liberté, en tournant le dos à tous les académismes hérités du 19e s. Son écriture rythmique autorise une souplesse et une respiration inconnues jusque-là. De même, sa recherche de sonorités nouvelles l'amène à une tout autre conception de l'orchestre, plus allégé et plus clair que l'orchestre germanique.
Parmi ses nombreux chefs-d'œuvre, citons son opéra *Pelléas et Mélisande,* mais aussi *La Mer,* ainsi que les commandes des Ballets russes *Prélude à l'après-midi d'un faune* et *Jeux*. Son apport à la musique pour piano est inestimable : les *Études, Préludes, Images* ou la *Suite bergamasque* (parmi lesquelles le fameux *Clair de lune*). Il composa enfin de nombreuses mélodies dont *Les Ariettes oubliées,* sur des textes de Verlaine.

installa son atelier (reconstitué) à l'étage de cette belle demeure située dans le vieux Chambourcy. On peut assister à une visite-conférence *(sur réserv., 1h30).*
Désert de Retz – *Allée Frédéric-Passy - ✆ 01 39 22 31 37 - www.ledesertderetz.fr - avr.-oct. : sam. 14h-18h - 10 € (8-17 ans 6 €).* Ce parc, magnifiquement remis en état après des années d'abandon, fut créé durant la seconde moitié du 18e s. par Monsieur de Monville, huissier à la chambre du roi, et visité par de nombreux personnages illustres dont Marie-Antoinette, le roi de Suède et Thomas Jefferson. Situé en bordure de la forêt de Marly, le désert de Monville est un jardin anglo-chinois à la végétation foisonnante et agrémenté çà et là de bâtisses incroyables et uniques, appelées « fabriques ». Le parc compta jusqu'à 20 fabriques (il n'en reste dorénavant plus qu'une dizaine) : tente tartare, temple grec dédié au dieu Pan, maison chinoise, glacière en forme de pyramide... La plus emblématique demeure la « colonne détruite » qui rend hommage à la tour de Babel. Cette construction de pierre monumentale, toujours visible au cœur du parc, servait autrefois d'habitation au propriétaire des lieux. C'est aujourd'hui l'un des rares « déserts » – endroit solitaire, où l'on aimait se retirer et recevoir, loin des contraintes de l'étiquette – qui soit conservé dans un état très proche de celui qu'il avait au 18e s.

Le Vésinet C2

À 5 km à l'est de St-Germain-en-Laye par la D 190 et D 311.
Parc des Ibis – *Île des Ibis - ✆ 01 30 15 47 00.* Lieu de promenade très prisé des habitants, ce parc a été créé par l'industriel Alphonse Pallu et le paysagiste Paul de Choulot au milieu du 19e s. en même temps que la ville-jardin du Vésinet. Les deux hommes ont conçu des rivières et des lacs artificiels pour donner naissance notamment au Grand Lac des Ibis. Entouré par de magnifiques propriétés, ce parc aux arbres plus que centenaires dégage une atmosphère romantique. Des panneaux vous informent sur la faune et la flore locales.

Nos adresses

PLAN P. 271

Restauration

Budget moyen

2 **La Cantine de Marius** – B2 - *1 pl. André-Malraux - ✆ 01 30 61 02 00 - www.lacantinedemarius.fr - fermé dim.-lun. - formule déj. en sem. 22/27,50 €, plat 18/24 €.* Sous les parasols ou sur les banquettes, la clientèle d'habitués se régale de cette table saint-germanoise. Les plats, de saison, ont une touche d'originalité : le classique tartare de saumon est rehaussé d'agrumes et de coriandre et le dos de cabillaud est accompagné d'une fondue de poireaux au figatellu (saucisse sèche corse). Une belle table !

4 **Le Manège** – B2 - *5 r. St-Louis - ✆ 01 39 73 22 12 - www.restaurant-le-manege.com - fermé dim. soir - menu déj. 20/25 €, plats 19/22 €.* À 200 m du château, dans un immeuble de caractère, vous apprécierez une cuisine traditionnelle servie dans un décor bistrot, dans la cave voûtée ou en terrasse aux beaux jours. Belle carte des vins.

Pour se faire plaisir

Au Fulcosa – HORS PLAN - *2 r. du Maréchal-Foch - ✆ 01 39 21 17 13 - www.aufulcosa.fr - fermé dim.-lun. - menu 41 €.* Fulcosa signifie « fougère » en latin : la plante, en effet, tapissait les forêts alentour... Les jeunes propriétaires ont le sens de l'histoire ! Dans un décor chaleureux, ils nous régalent d'une bonne cuisine de saison, entre tradition et innovation.

Une folie

6 **Le Wauthier by Cagna** – A2 - *31 r. Wauthier - ✆ 01 39 73 10 84 - www.restaurant-wauthier-by-cagna.fr - fermé merc. midi, dim. et lun. - formule déj. en sem. 29/36 €, menu soir 72 € bc, plat 29 €.* Risotto du Piémont au homard et beurre blanc, escalopes de ris de veau braisées, mousseline de céleri et sauce Albufera... Une cuisine bien dans l'air du temps, réalisée avec de bons produits du marché : voilà la promesse de cette sympathique maison saint-germanoise au joli intérieur de bistrot chic. Service attentionné.

Au Vésinet

Budget moyen

Auberge des 3 Marches – *15 r. J.-Laurent - ✆ 01 39 76 10 30 - www.auberge-des-3-marches.com - restaurant fermé dim. soir et lun. - formule déj. en sem. 19 €, menu 39 €, plat 22,50 € - 15 ch. 119/124 € - ☕ 10,50 €.* Cuisine traditionnelle servie dans une salle décorée d'une fresque évoquant les années 1930. Accueil sympathique dans cette discrète auberge d'un quartier à l'ambiance villageoise (église, marché). Chambres fonctionnelles bien tenues.

Shopping

Chocolaterie Pascal Le Gac – *61 r. de Pologne - ✆ 01 39 18 52 68 - www.legac-chocolatier.fr - 10h-19h, dim. 10h-13h - fermé lun.* Pascal Le Gac accumule les récompenses. Dans sa petite boutique, vous pourrez déguster ses sublimes ganaches et délicieuses gourmandises chocolatées.

Patrick Roger – *2 r. de Paris - ✆ 01 34 51 72 85 - www.patrickroger.com - fermé dim. et lun.* Dans sa vitrine, Patrick Roger vous dévoile son univers chocolaté féerique et plein d'humour, changeant au fil des saisons et toujours étonnant. À l'intérieur de cette boutique chic, parmi les chocolats du monde entier, des créations allient saveurs exotiques, produits régionaux et chocolats exceptionnels.

À proximité

Boutique gourmande de la Ferme de Grignon – *Thiverval-Grignon - 09 61 34 03 31 - www.fermedegrignon.fr - fermé lun. - visite libre de la ferme, visite guidée se rens. au 01 30 54 37 34.* La boutique de la ferme expérimentale de l'École nationale d'agriculture (créée en 1919) propose les excellents produits laitiers du domaine (lait pasteurisé, yaourts, fromage blanc et frais de chèvre, crème), des poulets et des œufs bio, des fruits et légumes de la région, mais aussi des spécialités issues de plusieurs lycées agricoles français.

En soirée

La Clef – *46 r. de Mareil - 01 39 21 54 90 - www.laclef.asso.fr.* Cette salle s'est bâti une réputation régionale : elle accueille des artistes reconnus de musique pop rock, hip-hop, rap, reggae, électro, jazz, musique du monde, etc. et donne aussi leur chance aux jeunes talents. Un lieu incontournable de la scène musicale actuelle.

Activités

Cyc'Lou 78 – *Parking de la piscine - 07 82 55 40 88 - www.cyclou.fr - w.-ends et j. fériés : 10h-18h ; les jours de la semaine à la demande - location 30mn-6h, 1h/9 € (enf. 7 €).* À l'orée de la forêt, sur le parking de la piscine, site de location de VTT, VTC et tandems.

Hébergement

Une folie

7 **Hôtel Pavillon Henri-IV** – B1 - *19-21 r. Thiers - 01 39 10 15 15 - www.pavillonhenri4.fr - 42 ch. 213/297 € - 20 € - fermé sam. midi et dim. soir - menu déj. 45 €, plat 30/48 €.* Achevée en 1604 sous l'impulsion d'Henri IV, cette demeure vit naître le futur roi Louis XIV. Atmosphère bourgeoise dans les salons et les chambres, joliment rafraîchis. La confortable salle à manger offre un superbe panorama de la vallée de la Seine et de Paris.

Chatou

Chérie au 19e s. par les impressionnistes, Chatou vit naître le fauvisme avec Derain et Vlaminck au début du 20e s. La maison Fournaise, repaire des peintres sur la petite île des Impressionnistes, encore bucolique, est aujourd'hui restaurée. Renoir disait qu'elle était « l'endroit le plus joli des alentours de Paris » et c'est là qu'il a peint l'un de ses chefs-d'œuvre, « Le Déjeuner des canotiers », restituant avec bonheur son atmosphère champêtre et conviviale.

« Rameurs à Chatou » (détail) de Pierre-Auguste Renoir, 1879.
Universal History Arc/Universal Images Group/age fotostock

Se repérer

CARTE C2 (P. 264).
30153 habitants – Yvelines (78)
À 15 km de Paris par l'A 86 ou la D 186.
RER A Rueil-Malmaison.

Organiser son temps

En mars et en septembre, la Foire nationale à la brocante et aux jambons est la digne héritière des foires du Moyen Âge.

En famille

Le musée Fournaise et une balade en bateau sur la Seine.

Carnet pratique p. 279

Nos adresses p. 280

Les Chatouillards

En 1902, quelques passionnés de yachting sur la Seine, dont le peintre et architecte naval Gustave Caillebotte, fondèrent à Chatou le **Club nautique de Chatou**. Ils régataient sur un type de dériveur appelé la **Punaise** en raison de sa forme aplatie, et qui fut à l'origine de la première série de monotype française. Comme ils ne manquaient pas de faire la fête, on les surnomma les « Chatouillards ». Après la Grande Guerre, le club ne comptait plus que neuf membres... mais neuf yachtmen qui réussirent à redonner au club tout son panache : il fallut bientôt déménager pour un plus grand espace, vers Meulan (aux Mureaux) où, en 1929, le Club de Chatou devint **Yacht Club d'Île-de-France**.

Visiter

Hameau Fournaise

Le musée de la Maison Fournaise, la maison Levanneur, le bar restaurant Les Rives de la Courtille et Sequana constituent le Hameau Fournaise. Il est aussi le point de départ de deux circuits de randonnée.

Musée Fournaise

3 r. du Bac - Île des Impressionnistes - ✆ 01 34 80 63 22 - www.musee-fournaise.com - tlj sf lun.-mar. 10h-12h30, 14h-18h, w.-end 10h30-13h30, 14h-18h - 9 € (6-18 ans 6 €).

La famille Fournaise, qui tenait la maison, louait des bateaux, accueillait et hébergeait des artistes comme Renoir, Caillebotte, Maupassant ou Offenbach. Aujourd'hui restaurée, la maison a retrouvé sa vocation de restaurant. Le décor mural et ses nombreuses caricatures a lui aussi été conservé et restauré.

Aménagé à l'étage, un petit musée rappelle l'activité artistique liée à ce site à travers des expositions temporaires sous forme de parcours-spectacle évoquant la maison Fournaise de jadis et l'époque impressionniste. *Le Déjeuner des canotiers*, peint par Renoir du balcon du restaurant, se trouve aujourd'hui à la Phillips Collection de Washington.

On vous emmène au marché de Chatou

C'est un nom tout doux, que celui de Chatou. En plus, on découvre que son marché a lieu, tous les jeudis et dimanches matin, sur l'avenue Guy-de-Maupassant (*p. 280*). Comme les impressionnistes, l'écrivain était un habitué de la charmante petite ville des bords de Seine. Comment résister à un tel pedigree ? C'est décidé, d'un coup de RER A, cap sur le marché de Chatou. Et le cabas s'y remplit vite. Qu'ils sont beaux les fruits et légumes de Philippe Couapel, attirants aussi ceux des Verges d'Ableiges ; un peu plus loin, voilà les épices et les tisanes de Mme Guigardet ; et tiens, là, la Grange aux Fromages, qui propose, en saison, le beaufort d'alpage, l'époisses ou d'appétissants petits chèvres... On papote, on hésite, on choisit, on traîne, on goûte. L'heure file, il est midi. Le panier est bien garni pour un pique-nique le long du sentier des impressionnistes, qui passe justement par là, pour une balade romantique avec vue plongeante sur les bords de Seine. Quelle aubaine !

Maison Levanneur

Dans la **maison Levanneur**, Vlaminck et Derain avaient installé leur atelier dans l'ancienne salle du restaurant au rez-de-chaussée. Aujourd'hui, l'association des amis de la maison Fournaise y explique l'historique de ses activités. Dans les étages supérieurs, la galerie **Bessières** *(vend.-dim. 14h30-19h - 06 75 62 83 33 - www. bessieres-art-contemporain.com)* présente des expositions d'art contemporain.

Sequana

L'association **Sequana** (*p. 280*), créée en 1989, restaure des bateaux anciens – yoles, canoës, voiliers, etc. – qui sont exposés dans la Gare d'Eau et que l'on peut voir naviguer sur la Seine les week-ends à la belle saison. On découvre la *Yole Fournaise*, réalisée par le fameux constructeur Seyler (1880), la reconstitution de l'élégant voilier *Roatsbeef* de Caillebotte, le canot *Zambèze* finement décoré, la périssoire baladeuse *Prosper* (v. 1895, l'ancêtre du kayak) ou encore la chaloupe de prestige à vapeur, *Suzanne,* construite par les frères Schindler (1882).

Le chemin des impressionnistes

Deux itinéraires de randonnées au départ de Chatou partent à la découverte des paysages peints par les impressionnistes. Les circuits Renoir (*7,2 km AR*) et Monet (*8,6 km AR*) partent du hameau Fournaise *(voir musee-fournaise.com ou outdoor active.com).*

Le circuit Monet passe par le petit **musée de la Grenouillère** *(12 Grande-Rue - Croissy-sur-Seine - 01 30 53 61 02 - www.grenouillere-museum.com - merc. et dim. 14h30-18h - fermé 20 déc.-2 janv. - 5 € (enf. 3 €).*Une association tente d'évoquer l'esprit de cette guinguette, où des bals étaient organisés tous les jeudis et dimanches, à travers gravures, reproductions et quelques objets du 19e s.

La Grenouillère

S'inscrivant dans la mode du canotage lancée par les Anglais, la Grenouillère était un **café flottant** amarré à l'île du même nom, où l'on se rendait en canot à partir de Croissy, après avoir pris le train jusqu'à Chatou. Les Parisiens, mais aussi les écrivains dont Maupassant, Eugène Labiche, Victorien Sardou et les peintres du 19e s. apprécièrent particulièrement ce lieu et l'immortalisèrent tels Monet et Renoir. Napoléon III et Eugénie, eux aussi attirés par l'endroit, s'y rendirent. Hélas, un incendie en 1889 et la concurrence grandissante de la bicyclette signèrent la fin de la Grenouillère.

Carnet pratique

S'informer

Office de tourisme – *Hameau Fournaise - Chatou - ✆ 01 30 87 20 23 - de mai à fin sept. du merc. au dim. - www.seine-saintgermain.fr.*

Agenda

Foire de Chatou – *En sept. et en mars pdt 8 jours - Île des Impressionnistes - www.foiredechatou.com - 10h-19h - 6 €.*

Nos adresses

Restauration

Budget moyen

Rives de la Courtille – *R. du Bac - île des Impressionnistes - ✆ 01 34 80 92 62 - www.lesrivesdelacourtille.fr - fermé dim. soir et lun. - formule déj. 24 €, menu 30 €, plat 18/23 €.* Reconstitution d'une gare d'eau sur l'île des Impressionnistes. Intérieur de bistrot contemporain. De belles terrasses dominent la Seine. L'accueil est charmant et la cuisine actuelle.

Pour se faire plaisir

Maison Fournaise – *3 r. du Bac - île des Impressionnistes - ✆ 01 30 09 05 30 - www.maisonfournaise.com - fermé dim. soir et lun. - formule déj. semaine 28/35 €, plat 19/41 €.* La maison Fournaise a réouvert en avril 2022. Vous pouvez à nouveau vous installer sur le balcon du *Déjeuner des canotiers* et y admirer la vue sur la Seine. Cuisine française et traditionnelle avec, par exemple, cuisses de grenouille, ris de veau en croûte de comté et baba au rhum géant

Shopping

Marché – *Pl. Maurice-Berteaux : merc. mat. et sam. mat. ; Av. Maupassant : jeu. mat. et dim. mat.* *encadré p. 278.*

Activités

Sequana – *Île des Impressionnistes - ✆ 07 62 44 54 12 - sequana.org - 12 €/1h (enf. 3-11 ans 6 €), famille 32 €.* L'association, qui restaure de vieilles embarcations, propose des promenades sur la Seine. Ateliers construction de maquettes pour les enfants.

Bougival

Au 19e s., Corot et Turner, puis Sisley, Berthe Morisot, Monet et Renoir font connaître le nom de Bougival au monde entier en immortalisant sur leurs toiles les berges de la Seine et ses « canotiers ». Le village reçoit d'illustres visiteurs. À la Belle Époque, les auberges remplacent les guinguettes pour un dernier tourbillon de fêtes. C'est en 1965 que le pont de Bougival immortalisé par Monet est remplacé par un ouvrage moderne.

Se repérer

CARTE C2 (P. 264).
8 790 habitants – Yvelines (78)
À 20 km de Paris par l'A 14, l'A 86 direction St-Germain-en-Laye, puis la D 913.

Liaison SNCF de Paris- St-Lazare. RER A, descendre à Chatou puis bus Veolia ligne 7 ou à La Défense prendre le bus 258.

Carnet pratique p. 282

Nos adresses p. 282

Se promener

Outre les peintres impressionnistes, le village, dominé par le clocher de son église romane, fut aussi fréquenté par Tourgueniev et la cantatrice Pauline Viardot, qui recevaient Mérimée, les frères Goncourt, Fauré, Saint-Saëns, Gounod, Daudet… Georges **Bizet**, qui habita jusqu'à sa mort au 5 rue Tourgueniev, à deux pas de la maison de l'écrivain russe, y composa *Carmen*. **Mistinguett**, la reine du music-hall, s'éteignit en 1956 dans sa maison au 30 quai Rennequin-Sualem.

Musée européen Ivan Tourgueniev

16 r. Ivan-Tourgueniev - 01 45 77 87 12 - www.tourgueniev.fr - avr.-oct. : sam. 14h-18h, dim. 10h-18h - 8 €, étudiant 6 € (-12 ans gratuit) - des travaux sont prévus, se rens..
Le musée se situe à mi-coteau, derrière l'Hôtel Holiday Inn.

3

Tourgueniev et Pauline Viardot

Tourgueniev connut au milieu du 19e s. un immense succès, en Europe et en Russie, avec ses nombreux romans et nouvelles dans lesquels il faisait le portrait de ses contemporains *(Nid de gentilhomme, Père et Fils)*. Opposé au servage, il sut dépeindre la dure réalité du peuple russe dans des récits poignants : *Les Récits d'un chasseur, Moumou, L'Auberge de grand chemin*. C'est à travers Tourgueniev que l'Europe découvre la Russie, avant Dostoïevski, Tolstoï ou Tchekhov. Ambassadeur de la culture russe en Occident, il fait traduire Tolstoï et s'inquiète de la diffusion de *Guerre et Paix*, passé inaperçu en France.
Il s'éteint à Bougival, le 3 septembre 1883, auprès du grand amour de sa vie, Pauline Viardot, célèbre cantatrice. Épris depuis leur première rencontre en 1843, alors qu'elle effectue une tournée en Russie accompagnée de son mari Louis Viardot – Tourgueniev a 25 ans et elle 22 –, il la suivra pendant quarante ans, en France ou en Allemagne.

L'écrivain **Ivan Tourgueniev** (1818-1883) fit construire ce chalet, « dans le style d'une datcha », en 1875, sur le terrain dépendant de la villa qu'il venait d'acheter avec ses amis Pauline et Louis Viardot. Il y rédige ses dernières œuvres (*Terres Vierges, Clara Militch*...) et y reçoit ses amis et admirateurs, Flaubert, Maupassant, Henry James...

Au rez-de-chaussée, on découvre des gravures, des photographies, le piano-forte de Tourgueniev et des extraits de son œuvre, ordonnés en deux salles, l'une consacrée à sa vie russe, l'autre à ses séjours en Occident. Au 1er étage ont été reconstitués son cabinet de travail et sa chambre.

La Machine de Marly

Quai Rennequin-Sualem - *encadré p. 284.*

Du pont routier de l'île de la Loge, la vue s'étend sur les anciens bâtiments (19e s.) du complexe qui alimentait en eau les parcs de Marly et Versailles, occupés depuis 1968 par des usines de traitement des eaux. Il ne subsiste aujourd'hui que des vestiges de l'imposante machine du 17e s. Pour en savoir plus sur son histoire et son fonctionnement, rendez-vous au musée du Domaine royal de Marly (*Marly p. 284*).

Au sommet de la pente, on peut apercevoir au loin le pavillon de musique de Mme du Barry (*Louveciennes p. 287*).

Carnet pratique

S'informer

Office de tourisme – *1 quai du Gén.-Leclerc (entrée quai Clemenceau) - Bougival - 01 39 69 21 23 - www.tourisme-bougival.com.*

Agenda

Bal – *www.ville-bougival.fr/agenda.* Plusieurs bals guinguettes ont lieu en été au parc et activités nautiques sur l'île de la Chaussée.

Nos adresses

Restauration

Budget moyen

Les Papilles – *61 r. du Gén.-Leclerc - 01 30 82 03 04 - lespapillesrestaurant.fr - fermé dim.-lun. - formule déj. 24 €, menu 26 €, plat 17 €.* Une salle de vingt couverts, un accueil chaleureux et une cuisine d'inspiration traditionnelle que le chef n'hésite pas à mixer avec des spécialités d'ailleurs.

Hébergement

À Bougival et à Marly, l'offre hôtelière est très onéreuse.

Parc de Marly-le-Roi ★★

Banlieue cossue dans un cadre vert, Marly s'est étendu en direction du Pecq, depuis les années 1950. Au 19e s., le vieux Marly attirait les artistes : les Dumas, père et fils, l'auteur dramatique Victorien Sardou, le sculpteur Maillol et les impressionnistes... Mais le nom de la ville évoque surtout le souvenir de Louis XIV, qui fit de Marly son domaine favori. Si le château et les 12 pavillons du roi ont disparu, le parc et le musée laissent imaginer l'ancien domaine royal, exceptionnelle création de Mansart.

Se repérer

CARTE C2 (P. 264).
16 385 habitants – Yvelines (78)
À 20 km de Paris par l'A 13, sortie 2.
Liaison SNCF de Paris-St-Lazare.
RER A St-Germain-en-Laye, puis bus Veolia ligne 1 pour Louveciennes et ligne 10 pour Marly-le-Roi.

À ne pas manquer

Les Chevaux de Marly (même si ce ne sont que les copies !) ; le musée du Domaine royal ; le château de Monte-Cristo.

En famille

La visite théâtralisée du château du Comte de Monte-Cristo.

Nos adresses p. 288

3

Se promener

2 av. des Combattants - Marly-le-Roi - 01 30 61 61 35 - www.seine-saint germain.fr.

★★ Le parc

Avr.-oct. : 7h-19h30 (21h30 le w.-end en été) ; nov.-mars : 7h-17h30.

Vous pouvez pénétrer dans le parc en voiture par la porte du Parc, dans l'av. des Combattants et laisser la voiture au parking.

Si vous venez le 3e dim. du mois entre avr. et sept., vous pourrez admirer le Grand Jet (16h30-17h).

Une esplanade encadrée de tilleuls, au milieu du parc, marque l'emplacement du **pavillon du Soleil**. Son plan est matérialisé sur le sol par des dalles. Au centre se trouvait le grand salon octogonal. Quatre appartements d'angle l'entouraient, séparés par des vestibules. Celui du roi avait une décoration rouge. Celui du dauphin était vert : il devait revenir à la reine, qui ne l'occupa jamais. Celui de « Monsieur », frère de Louis XIV, était bleu, et celui de « Madame », aurore. C'est ici que se croisent les deux perspectives du parc : l'une, transversale, aboutit à la grille royale. L'autre, longitudinale, s'ouvre en descente sur le vallon, la vallée de la Seine et St-Germain, en montée sur le bassin du Grand Jet ou Grand Miroir, et sur le Tapis Vert. Pour mieux imaginer l'ancien Marly, avec ses bassins, ses terrasses et ses charmilles, il est recommandé de monter au musée du Domaine royal, installé dans une dépendance neuve de la grille royale.

La fameuse « machine »

Pour alimenter Marly, et plus loin Versailles, Louis XIV décide de pomper les eaux de la Seine. Colbert fait appel à un ingénieur belge, **Arnold De Ville**. Celui-ci réalise le projet audacieux avec le concours d'un maître charpentier de Liège, **Rennequin Sualem**. La « Machine » est construite entre 1681 et 1684 au niveau des écluses de Bougival. Elle se compose de 14 roues de 12 m de diamètre, mues par la force de l'eau, mettant en marche, par un système de bielles, chaînes et manivelles de bois ferré, quelque 225 pompes. Ces dernières sont réparties sur trois paliers élevant l'eau à 163 m au-dessus du niveau de la Seine pour les conduire à l'aqueduc de Louveciennes. L'eau ainsi collectée alimentait Marly puis, suivant une pente naturelle, Versailles. Vers 1690, Louis XIV avait transformé Marly en un jardin tellement riche de fontaines que l'eau vint à manquer et qu'il fallut se résigner à réduire les jeux d'eau. Arrêtée en 1817, cette première machine de Marly laissa la place à une machine à vapeur, puis à une machine entièrement hydraulique démolie en 1968 pour la construction d'un barrage à écluses permettant de régulariser le cours de la Seine en période de crue. Les bâtiments sont encore visibles (*p. 282*).

Grille royale

Louis XIV empruntait cette entrée lorsqu'il venait de Versailles. L'allée qui remontait du vallon ainsi que la trouée, dans les bois du versant opposé, offrent une belle perspective.

Musée du Domaine royal de Marly

La Grille-Royale - Parc de Marly - ✆ 01 39 69 06 26 - www.musee-domaine-marly.fr - ♿ - avr.-oct. : merc.-dim. 14h-18h ; nov.-mars : merc.-dim. 14h-17h - 7 € (12-25 ans 5 €).

Le musée évoque le domaine de Louis XIV avant la disparition des pavillons : un grand plan de 1753 et une maquette représentent la demeure champêtre du roi, complétés par une approche sur l'art des jardins au 18e s. et l'importance de l'eau pour alimenter les fontaines et les bassins. Une salle est consacrée à la « Machine », où dessins et maquette sont exposés.

On découvre au fil de la visite des moulages de statues, une toile attribuée à Martin le Jeune (vers 1720) illustrant la perspective des bassins et du château, et de nombreux dessins de bosquets disparus, rehaussés de couleur. Le décor intérieur est évoqué par des tableaux de chasse, ainsi que par du mobilier, des tableaux, de la vaisselle et les carreaux de faïence des bassins, lesquels nous renseignent sur le cadre de vie prestigieux de la cour au 18e s. Au moyen d'un casque de réalité virtuelle *(sur réserv.)*, on peut assister à l'éclipse de soleil du 3 mai 1715 en compagnie du Roi-Soleil et de l'astronome Cassini ! Pour la période Louis XV, on voit l'*Apothéose d'Énée* commandée à Boucher pour la chambre du Roi, des commodes (Mondon, De Loose) qui décoraient l'appartement de Mme Élisabeth et du comte de Provence, une tapisserie des Gobelins illustrant la vie de Don Quichotte. La *Fidélité* de Pajou évoque le souvenir de Mme du Barry, favorite de Louis XV.

En sortant, descendez l'avenue des Combattants jusqu'à l'Abreuvoir.

Un havre de paix pour le Soleil et ses astres

Loin de la Cour

Pour avoir une image complète de la Cour de Louis XIV, il faut visiter Marly. En 1678, au lendemain de la paix de Nimègue, Louis XIV, « lassé du beau et de la foule », selon l'expression de Saint-Simon, recherche « du petit et de la solitude ». L'architecte **Jules Hardouin-Mansart** lui soumet un projet ingénieux : plutôt qu'un seul grand édifice, il propose 13 pavillons. Celui du roi se trouve sur la terrasse supérieure ; les 12 autres, plus petits et tous semblables, sont alignés de chaque côté de bassins. Le pavillon royal symbolisera le Soleil, emblème de Louis XIV, les pavillons satellites évoqueront les 12 signes du zodiaque que l'astre traverse dans sa course. Les motifs décoratifs, habituellement sculptés dans la pierre, seront remplacés par des fresques en trompe-l'œil. Le roi, conquis, engage les travaux en 1679. Il peut résider à Marly à partir de 1686. Jusqu'à la fin de son règne, le roi fait embellir Marly, surveillant l'exécution jusque dans ses moindres détails.

La Grande Cascade

À Marly, derrière le pavillon royal, le coteau dresse son flanc boisé et abrupt : Louis XIV y fait aménager en 1699 la Rivière ou Grande Cascade. Du haut de la colline, une puissante chute d'eau se déverse sur 52 degrés de marbre rose. Ils s'ornent de statues, de portiques et de rocailles. La même année, pour dégager la vue qui se déploie depuis la perspective centrale, le roi fait raser la hauteur qui la bouche : la tâche emploiera 1 600 soldats pendant quatre ans...

Plaisirs et inconfort

Le roi ne reçoit à Marly que très peu d'invités : il n'y a que 12 pavillons pour les loger. Les courtisans qui briguent la faveur d'accompagner le roi lui adressent ces deux mots : « Marly, Sire. » Louis XIV établit lui-même la liste des privilégiés et choisit les pavillons qu'ils occuperont. Plus le logis est proche du pavillon du Soleil, plus l'honneur est grand. Pour être invité, il convient moins d'être un grand seigneur qu'un hôte aimable, capable de contribuer à l'agrément du séjour par sa conversation. L'étiquette est moins sévère qu'à Versailles. Louis XIV ne prend pas ses repas seul, il se mêle à ses hôtes. La chasse, la promenade, les jeux en plein air, les jeux de cartes et de hasard, les concerts et les bals sont les distractions habituelles. Mais le confort laisse à désirer : en été, on attrape les fièvres ; en hiver, on grelotte à moins d'être enfumé, car l'humidité empêche les cheminées de tirer. Louis XIV teste à chaque saison de nouveaux dispositifs de chauffage. En vain...

Le temps de l'abandon

Louis XV et Louis XVI se font plus rares à Marly. La Grande Cascade, trop coûteuse, est remplacée par l'actuel Tapis Vert. À la Révolution, le mobilier est vendu. En 1800, un industriel, **Sagniel**, achète le domaine et y installe une filature. Six ans plus tard, criblé de dettes, il le propose à **Napoléon** qui le refuse. Sagniel démolit alors le château, vend ses matériaux et se débarrasse du terrain, qui revient en 1811 à l'Empereur. Le domaine appartient aujourd'hui à l'État ; il a été utilisé comme domaine pour les chasses présidentielles jusqu'en 1995.

Abreuvoir

Au bas de la côte du Cœur-Volant, nom que porte à cet endroit la D 386.
L'Abreuvoir servait de déversoir aux bassins étagés dans le vallon. De là, les eaux retournaient à la Seine par des canalisations. Au-dessus de la nappe d'eau et de sa rocaille se dressèrent les *Chevaux ailés* de Coysevox, puis les *Chevaux cabrés* de Guillaume Coustou, remplacés par des copies (les originaux se trouvent au Louvre).

À proximité

CARTE P. 264

★ Château de Monte-Cristo au Port-Marly C2

Gare SNCF Marly-le-Roi (ligne L de la gare St-Lazare, direction St-Nom-la-Bretèche), puis bus 10 arrêt « Les lampes » ou à pied, 20mn env. - Chemin du Haut-des-Ormes - ✆ 01 39 16 49 49 - www.chateau-monte-cristo.com - tlj sf lun. juil.-août : 10h-12h30, 14h-18h, w.-end 10h-18h ; mars-juin et sept.-nov. : mar. et jeu. 10h-12h30, 14h-18h, merc. et vend. 14h-18h, w.-end 10h-18h ; reste de l'année : w.-end 13h-17h - fermé vac. de Noël - 8 € (-25 ans 6 €).
Visites théâtralisées – Des comédiens costumés font revivre la vie au château, nous plongeant dans l'atmosphère de l'époque (*avr.-oct. : dernier dim. du mois 14h-17h30, dép. ttes les 30mn - durée 45mn - pas de réserv. - 10 € (-8 ans 2 €)*.
Au sommet de sa gloire, en 1844, **Alexandre Dumas** (dit Alexandre Dumas père, 1802-1870) choisit cette colline dominant la Seine pour établir son domaine. Il acquiert 9 ha, fait construire un château, sa demeure principale, et un édifice annexe, le « château d'If », pour abriter son cabinet de travail. En 1847, il inaugure les lieux qui connaîtront l'époque fastueuse du *Comte de Monte-Cristo* et des *Trois Mousquetaires*. Une vingtaine de convives du Tout-Paris y seront reçus chaque dimanche, pendant la période de deux ans seulement que dura le rêve de l'écrivain. Endetté, il doit y mettre fin et céder le domaine en 1849.
L'ensemble a bénéficié d'une vaste campagne de restauration.
Les façades du château, de style néo-Renaissance, entièrement sculptées (motifs floraux, instruments...) s'ornent de médaillons représentant Dumas, entouré des écrivains qu'il admirait : Homère, Shakespeare, Dante... À l'intérieur, deux pièces présentent la généalogie de Dumas et conduisent à la salle à manger. Plusieurs salles du rez-de-chaussée et de l'étage sont consacrées à son œuvre et à ses multiples activités. Au 1er étage, se trouve aussi un exubérant **salon mauresque★**, éclairé de vitraux colorés, que Dumas fit réaliser à la suite d'un séjour en Andalousie et en Tunisie. Le sol de marbre et de zelliges, ainsi que les murs et le plafond, ornés de motifs géométriques taillés dans du stuc, évoquent la richesse des palais andalous. La visite permet de découvrir le romancier à la production considérable, mais aussi le reporter, le fondateur de journaux et d'un théâtre, le fin gourmet, le cuisinier et le grand voyageur... une personnalité originale et prestigieuse, et un écrivain dont le succès ne se dément pas. Le 2e étage accueille des expositions temporaires.
Aménagé à l'anglaise, le **parc** est agrémenté de grottes et de rocailles. Les nombreuses sources, habilement maîtrisées, coulent en petites cascades vers les **bassins**. Sur une hauteur, le **château d'If**, pavillon néogothique entouré d'eau, a retrouvé son aspect d'antan, avec ses vitraux et son blason. Sur les façades sont gravés les titres des œuvres de Dumas et des bas-reliefs figurent ses personnages.

★ Louveciennes C2

À 2 km à l'est de Marly par la D 7.
Cette ville résidentielle, à la lisière de la forêt de Marly, conserve de grandes propriétés, anciennes villégiatures d'hôtes célèbres.

Château – *6 ch. de la Machine - ✆ 01 30 87 20 63 - www.seine-saintgermain.fr - visite uniquement lors des concerts - parc du château ouv. occasionnellement - voir le site internet de l'office de tourisme : www.seine-saintgermain.fr.* La favorite de Louis XV, la comtesse du Barry (1743-1793), s'y fit offrir par le roi un château, dans le parc duquel elle fit construire en 1771 par l'architecte visionnaire **Claude-Nicolas Ledoux** (concepteur des Salines royales d'Arc-et-Senans et des pavillons d'octroi aux portes de Paris) un pavillon en forme de temple grec, chef-d'œuvre du goût néoclassique. On y vit également la portraitiste Élisabeth Vigée-Lebrun (1755-1842) et le poète Chénier (1762-1794), puis le sculpteur Frémiet (1824-1910) et des impressionnistes comme **Renoir**.

Le **chemin des Impressionnistes** *(circuit Pissarro de 6,6 km, au départ de l'abreuvoir du domaine de Marly - plan sur www.seine-saintgermain.fr)* perpétue le souvenir des peintres impressionnistes (plaques émaillées reproduisant des tableaux). Une balade agréable offrant de découvrir le patrimoine de Marly-le-Roi et les ruelles de Louveciennes.

Pour prolonger la découverte de Louveciennes, sur la place d'allure villageoise, l'**église** (12e-13e s.) conserve une empreinte romane, malgré son clocher polygonal du 19e s. Remarquez les intéressantes piscines de pierre adossées au chevet intérieur.

Par le jardin public des Trois-Grilles, puis à gauche la rue de l'Étang et la rue du Pont, on rejoint à pied le **château du Pont** (16e-18e s.) dans un site boisé, rafraîchi par des fossés en eau *(ne se visite pas).*

Prenez à gauche la rue du Gén.-Leclerc pour remonter vers la mairie.

En face se détachent les arcades de l'ancien aqueduc, aujourd'hui désaffecté : il amenait l'eau puisée par la « Machine » de Marly dans la Seine jusqu'aux bassins de Versailles (*encadré p. 284*).

De retour à l'église, par la rue du Professeur-Tuffier, on gagne le **mausolée du maréchal Joffre**, puis on suit le fléchage. Le domaine où vécut le vainqueur de la bataille de la Marne en septembre 1914 apparaît à l'angle du chemin des Gressets. Du chemin, une ouverture dans la palissade permet d'apercevoir le petit temple en rotonde, sépulture du maréchal mort en 1931, et de la maréchale. Joffre avait préféré ce coin de terre aux honneurs des Invalides.

3

Forêt domaniale de Marly C2

Sur la carte Michelin n° 101 sont indiquées les barrières interdisant la circulation sur certaines sections de routes. Celles-ci sont conseillées aux cyclistes.

Ancienne chasse royale enclose de murs, cette forêt domaniale (environ 2 000 ha) occupe un plateau mouvementé et pittoresque. Chênes, hêtres et châtaigniers y dominent. Les futaies les plus riches, qui comportent de très beaux arbres, sont à l'ouest de la route de St-Germain à St-Nom-la-Bretèche, notamment entre l'étoile des Dames et l'étoile de Joyenval.

Agréable parcours-santé après le stade François-Henri-de-Virieu.

Nos adresses

Restauration

Budget moyen

Cottage – *7 bis Grande-Rue - ✆ 01 39 16 34 89 - fermé lun. - brunch 35 €.* Adorable salon de thé à l'atmosphère cosy. On peut s'offrir un lunch de 12h à 14h et, l'après-midi, un chocolat chaud, un thé, un cocktail de fruits frais ou une pâtisserie. Brunch le dim. *(2 formules : Terre ou Mer).*

Une folie

Le Village – *3 Grande-Rue - ✆ 01 39 16 28 14 - restaurant-levillage.fr - fermé lun.-dim. - menus 65/143 €.* Agréable restaurant étoilé Michelin du vieux Marly. Le chef, d'origine japonaise, propose une goûteuse cuisine française personnalisée.

Activités

Croisière au pays des impressionnistes – *✆ 01 30 61 61 35 - ✆ 01 30 87 20 51 - www.seine-saintgermain.fr/fr/nos-pepites - juil.-sept. sam. et 1 jour en sem. - embarquement au départ de Chatou, Croissy ou Carrières-sur-Seine - croisière de 1h30 : 18 €, de 3h : 22 €.* Le temps d'un week-end, retrouvez les sites chers à Renoir, Sisley ou Pissarro à bord du bateau de croisière Mistral.

Balades au pays des impressionnistes – Quatre itinéraires balisés pour découvrir à pied les 8 communes du « pays des impressionnistes » : Carrières-sur-Seine, Louveciennes, Marly-le-Roi, Le Port-Marly, Le Pecq-sur-Seine, Rueil-Malmaison, Chatou et Croissy-sur-Seine. Les circuits aux noms de peintres suivent les berges, l'un permet de rejoindre le parc de Marly depuis la Seine. Rens. *sur www.seine-saintgermain.fr/fr/nos-pepites/nos-incontournables/seine-sur-les-flots/chemins-des-impressionnistes.*

Le château de Monte-Cristo.
L. Lourdel/hemis.fr

Poissy

Cette cité du bord de Seine fut résidence royale dès le 5e s. et vit naître Saint Louis. Démoli par Charles V, le château, qui s'étendait à l'emplacement de la place Meissonier, n'est plus. Disparu également le marché aux bestiaux, créé dès le Moyen Âge, qui alimenta Paris en viande jusqu'en 1867. En revanche, la collégiale témoigne encore du passé médiéval de la cité. Plus proche de nous, la célèbre villa Savoye construite à la fin des années 1920 par Le Corbusier compte parmi les chefs-d'œuvre de l'architecture moderne. Et de nos jours, l'industrie automobile joue un rôle majeur dans l'économie locale.

Se repérer

CARTE C2 (P. 264).
39187 habitants – Yvelines (78)
À 32 km de Paris par l'A 14.
RER A Poissy ou liaison SNCF de Paris-St-Lazare.

À ne pas manquer

La villa Savoye du Corbusier.

En famille

Le musée du jouet.

Nos adresses p. 291

Visiter

★ Collégiale Notre-Dame

Cette église, en grande partie romane, date des 11e et 12e s. Des chapelles lui furent ajoutées au 15e s. Elle porte le nom de collégiale, car elle fut confiée du 13e s. à la Révolution à un collège de chanoines qui chantait les offices religieux et assurait les services paroissiaux. L'édifice fut restauré par **Viollet-le-Duc** entre 1861 et 1869. La disposition des deux clochers romans est assez rare. La tour de façade formait jadis un clocher-porche : de souche carrée, elle est octogonale au dernier étage et se termine par une flèche de pierre. Le clocher central forme un octogone de deux étages, coiffé par une flèche de charpente. Sur le flanc sud, un porche latéral (16e s.) abrite deux portails : l'un des tympans est décoré d'un vase entouré de rayons, qui symbolisent l'Annonciation.

La nef constitue l'un des rares témoignages en Île-de-France de la transition du roman vers le gothique : l'architecte a utilisé la croisée d'ogives, mais sur une forme en plein cintre. Les chapiteaux sud des deux premières travées ont été retaillés au 17e s. Les autres sont décorés de feuillages, de monstres et d'entrelacs. Certains chapiteaux, antérieurs à la construction de l'église, proviennent sans doute d'un autre édifice. L'aménagement, par Viollet-le-Duc, d'un triforium dans les trois travées les plus proches du chœur confère un surcroît de luminosité au vaisseau. Le chœur est entouré d'un déambulatoire voûté d'arêtes. Les chapelles latérales (chapelles des corporations : bouchers, pêcheurs...) ont été rajoutées au 15e s. La première chapelle à droite de l'entrée contient, protégés par une grille, les débris des fonts qui auraient servi au baptême de Saint Louis. Pendant des siècles, les fidèles raclèrent les pierres. Ils avalaient dans un verre d'eau la poussière recueillie, qui était considérée comme un puissant remède contre la fièvre, d'où la ruine du monument.

3

Poissy, ville d'histoire

Louis IX, futur Saint Louis, naquit le 25 avril 1214 et fut baptisé à Poissy. Le souverain s'y plaisait et signait souvent sa correspondance intime par « Louis de Poissy ». Son petit-fils, Philippe le Bel, fit construire une magnifique abbatiale et un prieuré royal, aujourd'hui détruits, tandis qu'une abbaye de dames augustines, fondée au 11e s., fut donnée aux dominicaines. C'est dans leur réfectoire que s'ouvrit le 9 septembre 1561, le **colloque de Poissy** où, sur l'initiative du chancelier Michel de L'Hospital, catholiques et protestants se rencontrèrent pour tenter de rapprocher leurs points de vue. Les envoyés du pape, le général des jésuites d'un côté, et de nombreux théologiens protestants conduits par Théodore de Bèze de l'autre, discutèrent pendant dix-sept jours. Après l'échec de ce colloque, chaque camp ne vit d'autre solution que l'élimination de l'adversaire...

La chapelle axiale, création de Viollet-le-Duc, est consacrée, suivant la tradition, à la Vierge. Elle contient une statue de la Vierge à l'Enfant attribuée à la duchesse d'Uzès (vers 1890).
Ne manquez pas de voir le mobilier regroupé dans la chapelle des fonts baptismaux. Au revers de la façade, saint-sépulcre du 16e s., et majestueuses statues du 15e s. de saint Jean Baptiste et sainte Barbe.

Prieuré royal

De ce vaste ensemble, fondé en 1304, église et bâtiments conventuels, ne restent que quelques vestiges, morcelés dans plusieurs propriétés. L'élément majeur est la porterie, actuel musée du Jouet *(voir ci-dessous)*.

Musée du Jouet

1 enclos de l'Abbaye - ✆ 01 39 22 56 01 - ♿ - www.ville-poissy.fr - tlj sf lun.-mar. 10h-12h30 et 13h30-18h, w.-end 13h-18h - 7 €, 6-25 ans 5 €, 18 € tarif famille (2 adultes + 7 enf.).

Des espaces de jeux et des ateliers ludiques sont réservés aux enfants.
Logé dans l'ancienne porterie à deux tours qui constituait jadis l'entrée fortifiée de l'abbaye, ce musée entièrement rénové est consacré aux jouets de l'Antiquité à nos jours, en suivant un fil chronologique : hochets, poupées, jouets mécaniques, ours en peluche et soldats de plomb du 19e s., lanterne magique et trains mécaniques et à vapeur...
La ruelle sinueuse de l'ancien enclos conduit au parc Meissonier.

Parc Meissonier

Av. du Bon-Roi-St-Louis. Ce parc à l'anglaise de 10 ha, qui descend vers la Seine, est agrémenté d'une longue pièce d'eau, d'essences variées et d'une roseraie. Ancienne possession du monastère royal St-Louis, il était déjà fort apprécié au Moyen Âge, comme en témoigne la poétesse Christine de Pisan dans le *Dict de Poissy* (1400). Dans la partie haute du parc, la belle **Maison de Fer** (1896) – entièrement métallique – qui était à l'abandon a été reconstituée ; cette ancienne demeure de villégiature abrite un centre d'interprétation de l'architecture et du patrimoine.

★ Villa Savoye

82 r. Villiers - ✆ 01 39 65 01 06 - www.villa-savoye.fr - tlj sf lun. mai-août : 10h-18h ; sept.-avr. : 10h-17h - 8 € (-26 ans gratuit).

ABC d'architecture p. 593.

Véritable manifeste d'architecture moderne, cette villa fut construite par **Le Corbusier** et Pierre **Jeanneret** de 1928 à 1931, pour un couple de riches banquiers, les Savoye. Utilisée par l'armée allemande puis par les Alliés pendant la Seconde Guerre mondiale, la villa fut menacée de démolition en 1958. Elle fut sauvée *in extremis*, à la suite d'une mobilisation internationale, par le ministre de la Culture André Malraux, et classée Monument historique en 1964, du vivant même de son architecte. Elle est considérée comme le bâtiment peut-être le plus important et le plus fascinant de toute l'histoire de l'architecture moderne. Prénommée « Les Heures Claires », la villa est dessinée comme « une boîte en l'air ». Reposant sur de fins pilotis, pour éviter les murs porteurs, elle est « percée sur tout le tour, sans interruption, d'une fenêtre en longueur ». Une rampe douce conduit à l'étage, à 3,5 m au-dessus du sol, où les pièces principales ouvrent sur le paysage. Le toit-terrasse est conçu comme un solarium (120 m²).

Nos adresses

Petite pause

Distillerie du Noyau de Poissy – *105 r. du Gén.-de-Gaulle - 01 39 65 20 59 - vedrenne.fr/noyau-de-poissy - fermé dim.-lun. - visite guidée 5 € (enf. 3,90 €).* Visite guidée de la distillerie centenaire et des secrets des deux liqueurs Noyau de Poissy (blanche et ambrée). La boutique adjacente vous permet de faire le plein de gourmandises.

Activités

Maison des Insectes du Parc du peuple de l'herbe – *718 r. du Dr Marcel-Touboul - Carrières-sous-Poissy - 01 82 87 00 50 - www.parc-peuple-herbe.fr - merc. et sam. 14h-18h, 3ᵉ dim. du mois 11h-18h (mar.-sam. 14h-18h pdt vac. scol. zone C) - 7 € (-18 ans 4 €).* Petits et grands, partez à la découverte des insectes et de la biodiversité, à travers plusieurs vivariums, une volière à papillons, mais aussi des ateliers, des sorties sur le terrain…

Médan et environs

Cette petite ville de bord de Seine possède un riche passé artistique. Ronsard fréquenta le relais de la chasse (qui deviendra ensuite le château) au 16e s., Zola y élut domicile, le prix Nobel de littérature Maurice Maeterlinck s'y installa en 1924... Une balade s'impose pour partir à la découverte des trois monuments historiques médanais !

Se repérer

CARTE C1-2 (P. 264).

1346 habitants – Yvelines (78)
Médan se situe à 38 km au nord-ouest de Paris par l'A 14. Dans Médan, suivez la direction « Plage de Villennes » et garez votre voiture au bord de l'eau, près de l'embarcadère de bateaux de l'île.

En famille

Le Parc aux Étoiles.

Nos adresses p. 293

Se promener

La ville est connue pour la plage « de Villennes », aménagée sur une île de la Seine. *Remontez à pied la route d'arrivée et traversez le chemin de fer.*

★ Maison Zola - musée Dreyfus

26 r. Pasteur - ✆ 01 39 75 35 65 - www.maisonzola-museedreyfus.com - merc.-dim. 9h30-12h30, 13h30-17h30 sur réserv. (visite guidée) sur www.cultival.fr ou au 0825 05 44 05 (0,15 €/min) - 9,50 € ; visite (libre) du seul musée Dreyfus 5 € (-12 ans gratuit). Entourée d'un parc de 1,2 ha, la maison qu'**Émile Zola** (1840-1902) acheta en 1878, grâce aux droits d'auteur de *L'Assommoir*, fut cédée par sa veuve en 1905 à l'Assistance publique, qui en est toujours propriétaire. Le site a rouvert en 2021 après des travaux d'envergure réalisés en partie grâce au mécénat de Pierre Bergé. Au rez-de-chaussée, la salle à manger a gardé sa décoration d'origine : carreaux de Delft, imitation de cuir de Cordoue et plafond fleurdelisé. Dans la **salle de billard** aux vitraux d'inspiration Art nouveau, se tenaient les « soirées de Médan » : on y croisait Maupassant, les frères Goncourt, Huysmans, etc. Au premier étage, chambre de Zola et salle de bains très moderne pour son temps, avec un calorifère pour chauffer l'eau. Au second, dans son **cabinet de travail** restauré, le romancier avait vue sur la Seine. Une cheminée Renaissance arbore sa devise : *Nulla dies sine linea* (« Pas un jour sans une ligne »). Des objets personnels sont également exposés.
Installé dans l'ancien lazaret de l'Assistance publique, le **musée Dreyfus** retrace l'affaire Dreyfus, capitaine juif que Zola défendit dans le célèbre article « J'accuse », publié dans *L'Aurore* en janvier 1898. Cette prise de position lui valut des attaques féroces et un procès. Nombreux outils numériques et didactiques : articles de journaux, tracts, caricatures, photos, projections lumineuses, chansons font revivre la mobilisation dreyfusarde tout en relatant l'antisémitisme virulent de l'époque.

Dans le centre-ville

Longez la jolie petite **église St-Germain**, aux tours coiffées de dômes Renaissance. Provenant de l'église St-Paul à Paris, ses fonts baptismaux (fin 15e s.) auraient servi au baptême de Charles V. Remontez jusqu'à la rue haute du village.
Château – *43 r. Pierre-Curie - ✆ 01 39 75 86 59 - www.chateau-de-medan.fr - visite guidée (1h30) une fois/mois à 15h - 9 € (12-18 ans 5 €).* Au pied du coteau,

remarquez cet ancien pavillon de chasse début Renaissance fréquenté par Ronsard et où habita dans l'entre-deux-guerres l'écrivain **Maurice Maeterlinck** (1862-1949).

À proximité

CARTE P. 264

Vernouillet C1

S'élevant sur la rive gauche de la Seine, le bourg est dominé par l'**église St-Étienne**, au **clocher** à base carrée romane. L'harmonie de l'édifice est due aux proportions calculées selon le nombre d'or, suivant une ordonnance circulaire rare en France. À l'intérieur, l'église a conservé de superbes **peintures murales**★ (13e s.).

Triel-sur-Seine C1

Les ruelles de Triel s'étagent sur les pentes de l'Hautil. Jolie **vue** du pont sur la Seine et du quai de la rive gauche.

★ **Église St-Martin** – À l'église primitive gothique (13e s.) furent ajoutés au 15e s. une chapelle de confrérie. Au 16e s., un vaste chœur Renaissance à déambulatoire vint s'accoler au chevet plat. À l'intérieur, remarquez le somptueux lutrin en fer forgé du 18e s. Parmi les **vitraux**★ du 16e s., on distingue les verrières Renaissance du déambulatoire, dont l'Arbre de Jessé (1re à gauche) et le vitrail de la chapelle St-Jacques (fond du déambulatoire, à gauche), qui raconte l'histoire du « pendu dépendu ».

Parc aux Étoiles – *2 r. de la Chapelle - ✆ 01 39 74 75 10 - parcauxetoiles.gpseo.fr - ♿ - visite guidée vac. scol. (zone C) : mar.-vend. 16h ; reste de l'année : le 2e dim. du mois à 14h30, 15h30 et 16h30 - 8 € (-18 ans 6 €).* Ce centre d'observation, doté d'une puissante lunette astronomique, propose une initiation au monde sidéral et permet de suivre les progrès de l'aventure spatiale. La visite guidée (1h30) peut être complétée par une observation du Soleil à la lunette, quand les conditions météo le permettent, grâce à la lunette des frères Henry (19e s.).

Andrésy C1

Les Romains installèrent à Andrésy, située au confluent de la Seine et de l'Oise, leur flotte censée protéger Lutèce. L'**église Saint-Germain-de-Paris** (13e s.) abrite de beaux vitraux Renaissance. L'**île Nancy**, longue de 3 km, est accessible uniquement par bateau *(navette gratuite d'avr. au 1er dim. de nov., merc.-dim. 10h-19h, embarcadères Julien-Green et St-Exupéry).* Ce havre de paix est parcouru de 4 km de sentiers. Chaque année, le festival Sculptures en l'Île y expose des œuvres d'art contemporain en plein air *(✆ 01 39 27 11 00 - www.andresy.com).*

3

Nos adresses

Restauration

À proximité

Budget moyen

St-Martin – *2 r. Galande - Triel-sur-Seine - ✆ 01 39 70 32 00 - www.restaurantsaintmartin.com - fermé dim.-lun. - formule déj. 29,90 €, menu 32,90/39,90 €, plat 24 €.* Ce restaurant propose une cuisine traditionnelle actualisée, dans un décor contemporain.

Auberge La Goëlette – *Andrésy - Île du devant - ✆ 01 39 74 70 35 - la-goelette.oxatis.com - fermé lun., mar. soir et dim. soir - plats 20/36 €.* On vient vous chercher sur la berge pour dîner sur l'île, en pleine nature. Cuisine élaborée qui fait la part belle aux poissons et fruits de mer.

Château de Maisons ★★

Prenez le temps d'aller à Maisons-Laffitte pour visiter son château, chef-d'œuvre de François Mansart ! À 5mn du RER, vous le verrez surgir à votre droite, au bout d'une allée, vestige d'une immense perspective. Le château a conservé intacte l'élégance de sa façade et de ses proportions. L'équilibre de sa composition l'a fait considérer comme un modèle, dès son achèvement en 1646. Manifeste de l'art classique français, Maisons est la dernière étape avant Vaux-le-Vicomte et Versailles.

Se repérer

CARTE C2 (P. 264).
23 361 habitants à Maisons-Laffitte - Yvelines (78)
À 20 km de Paris par la N 13, la D 992 et la D 308. Liaison SNCF depuis Paris-St-Lazare ou RER A Maisons-Laffitte.

Nos adresses p. 297

Visiter le château

41 av. de Longueil - Maisons-Laffitte - 01 39 62 63 64 - www.tourisme-maisons laffitte.fr.
2 av. Carnot - 01 39 62 01 49 - www.chateau-maisons.fr - tlj sf mar. de mi-mai à mi-sept. : 10h-12h30, 14h-18h (reste de l'année 17h) - 8 € (-18 ans gratuit).
L'académie royale d'architecture au 18e s. recommandait d'admirer « la solidité sans pesanteur, la parfaite réunion de l'architecture et de la sculpture ». En effet, le château, construit vers 1640 pour René de Longueil, dresse les hautes coiffes de ses combles dans la perspective de l'avenue Albine, l'ancienne « entrée du Roi » ; les équipages de Louis XIV arrivaient à Maisons par la forêt de St-Germain à l'ouest. Mis en valeur, du côté de la Seine, par ses fossés secs, sa terrasse et son escalier d'honneur, il offre un modèle d'ordonnance « classique » par la superposition des ordres dorique du rez-de-chaussée, ionique au 1er étage et corinthien à l'étage des lucarnes. Dans le sens longitudinal, l'alternance des colonnes cannelées et des pilastres engagés rompt la monotonie.
L'intérieur, partiellement transformé par le comte d'Artois au 18e s., ne présente pas de grande discordance entre la froideur du néoclassicisme et le dépouillement de l'œuvre de Mansart.
Salon des Captifs – Située en angle, cette pièce doit son nom au décor de sa cheminée, sculptée par Gilles Guérin en hommage aux victoires de Louis XIII.
Vestibule d'honneur – Au centre du château, il forme une entrée rythmée de huit colonnes doriques. De splendides grilles de fer poli, placées en 1650 (transférées au Louvre, dans la galerie d'Apollon), en défendaient l'accès. Des groupes mythologiques, par Jacques Sarrazin, symbolisent les quatre éléments : Jupiter (le feu), Junon (l'air), Neptune (l'eau), Cybèle (la terre). Les aigles ne rappellent pas le Premier Empire, mais les armes « parlantes » des Longueil (les aigles ont un regard perçant : un « long-œil »).
Grand Escalier – Élément important de l'œuvre de Mansart, il a fait date par ses dispositions (volées droites, plan carré). Des groupes d'enfants, par Philippe de

Des écuries au lotissement

Le président de Longueil

Le château de Maisons est construit dans la première moitié du 17e s. par **François Mansart** pour René de Longueil, président à mortier au Parlement de Paris, capitaine des châteaux de Versailles et de St-Germain. L'édifice est étudié en vue des visites royales, car le souverain « a droit de gîte » à Maisons. La demeure est inaugurée par une fête somptueuse offerte à Anne d'Autriche et à Louis XIV, alors âgé de 11 ans. Par la suite, le roi, venant de St-Germain, y fait de fréquents séjours. Sous les descendants de Longueil, les souverains continuent de fréquenter Maisons.

D'Artois à Lannes

Le comte d'Artois, frère de Louis XVI, achète le domaine en 1777. Il entraîne ses chevaux anglais sur les prairies, qui deviendront le champ de courses. Toute la Cour se presse aux fêtes qu'il donne au château. Dès juillet 1789, le comte d'Artois s'exile, emmenant 200 domestiques, et ne peut revenir en France que vingt-cinq ans plus tard. Roi de France en 1824 sous le nom de Charles X, il reprend en 1830 la route de l'exil et meurt en 1836, à 79 ans. Mis sous séquestre pendant la Révolution, le domaine est vendu en 1804 au maréchal Lannes. Napoléon, très lié au maréchal, lui rend volontiers visite.

Un banquier très influent

En 1818, le banquier **Jacques Laffitte** achète Maisons à la veuve du maréchal Lannes, mort à la bataille d'Essling en 1809. Il y reçoit les adversaires de la Restauration : le général Foy, La Fayette, Casimir Perier, Benjamin Constant, etc. Laffitte joue un grand rôle dans l'installation au pouvoir de Louis-Philippe d'Orléans, au moment de la révolution de juillet 1830 qui renverse Charles X. Le banquier devient Premier ministre du nouveau roi, mais incapable d'assurer le rétablissement de l'ordre, suspect aux orléanistes comme aux libéraux, Laffitte doit démissionner en mars 1831. Ruiné, affligé de 50 millions de dettes, il lotit le Grand Parc et y construit des maisons avec les matériaux provenant des Écuries monumentales qu'il a fait démolir. C'était un beau corps de bâtiment, élevé par Mansart le long de l'avant-cour *(actuelle av. du Gén.-Leclerc)*, qui rendaient très imposante l'entrée de la demeure des Longueil. Le château passe de main en main. L'État le rachète en 1905.

La salle à manger du comte d'Artois.
A. Chicurel/hemis.fr

Buyster, symbolisent la Musique et le Chant, les Sciences et les Arts, la Paix et la Guerre, l'Amour et l'Hymen.

Appartement du comte d'Artois – La salle à manger d'angle offre un exemple de décor sculpté néoclassique, commandé par le comte d'Artois. Deux artistes férus d'Antiquité, Bélanger et le sculpteur Lhuillier, y ont laissé leur empreinte : plafond à caissons, groupe des Renommées au-dessus de la porte, cheminée encadrée de bacchantes, etc.

Appartement du Roi – *1er étage.* Il aligne des pièces « à l'italienne » (voûtées en coupole ou en berceau et sans plafond peint). Au bout de la perspective de la **Grande Galerie**, passez dans le **salon d'Hercule** (antichambre lors des séjours du roi) et dans la **chambre du Roi**. Remarquez son plafond à coupoles imbriquées, son parquet d'origine, son lit de parade.

★ **Cabinet aux Miroirs** – Bel exemple de raffinement, cette petite pièce ovale réunit quelques belles innovations décoratives de cette période : de vastes panneaux couverts de miroirs, des lambris peints rehaussés de dorures, et surtout ce rare parquet en marqueterie de bois, d'os et d'étain. Une merveille de finesse remarquablement bien conservée. Une coupole peinte par Michel Corneille couvre ce cabinet précieux.

Chambre Lannes – L'ancienne chambre de la Reine avait été réaménagée pour le maréchal Lannes. Le mobilier, le lustre, la décoration offrent l'harmonie d'un ensemble Empire. Au centre, magnifique table Restauration en marqueterie de bois d'orme. Parmi les tableaux, remarquez le passage des cendres de Napoléon devant le pont de Sartrouville (1840).

Chambre des bains et cuisine – Au sous-sol, ces lieux essentiels à la vie du château sont ouverts à la visite.

Champ de courses et parc

Le champ de courses de Maisons-Laffitte est situé en bordure de la Seine, tandis que les écuries et les pistes du centre d'entraînement hippique, le seul en Île-de-France, animent les lisières de la forêt, au nord du parc. Le matin vers 7h, une promenade dans le parc permet de découvrir le long des allées cavalières les « lots », c'est-à-dire les groupes de chevaux à l'entraînement qui font une promenade au pas ou au trot, montés par les lads. Le « Cercle de la Gloire », piste circulaire, constitue le véritable boulevard des pur-sang en promenade. Les abords des grandes pistes de galop sont également accessibles au public (◎ *ci-contre*).

Nos adresses

Restauration

Pour se faire plaisir

La Plancha de Kiko – *5 av. de St-Germain - ✆ 01 39 12 03 75 - http://laplanchadekiko.eatbu.com - fermé mar., merc. et dim. soir - menu 39 €, plat 27/30 €.* Ambiance « voyage » dans ce restaurant à deux pas de la gare du RER A. La carte, assez originale, propose des recettes combinant avec succès les produits français, espagnols et japonais.

Une folie

Tastevin – *9 av. Églé - ✆ 01 39 62 11 67 - www.letastevin-restaurant.fr - fermé dim. soir et lun. - formule déj. (sem.) 35 €, menu 85 €, plat 39/47 €.* La carte alléchante décline une cuisine classique appliquée, où l'on utilise des produits de premier choix.

Activités

L'Hippodrome – *1 av. de la Pelouse - ✆ 01 39 12 81 70 - www.france-galop.com - avr.-déc. - accès aux tribunes pdt les courses 5/8 € (-18 ans gratuit).* Le plus grand champ de courses de la région s'étend sur 92 ha dans un vaste parc boisé bordant la Seine. Un centre d'entraînement et un parcours de golf (9 trous) ont pris place en son centre. Il dispose aussi d'un restaurant panoramique. Visites des pistes du centre d'entraînement organisées par l'office de tourisme *(3h) - rens. et calendrier des visites ✆ 01 39 62 63 64 - www.tourisme-maisonslaffitte.fr - réserv. obligatoire - 12 € (6-15 ans 10 €).*

Hébergement

Premier prix

Hôtel Ibis – *2 r. de Paris - ✆ 01 39 12 20 20 - www.hotel-maisonslaffitte.com - P ♿ - 89 ch. 64/110 € - ☕ 10,90 € - ✕ plat 25 €.* Cet hôtel jouit d'un bel emplacement, à proximité du château et du champ de courses. Ses chambres sont éclairées par des lucarnes au dernier étage. Le salon, équipé d'un billard, offre un bon moment de détente.

Conflans-Sainte-Honorine ★

Située au confluent de la Seine et de l'Oise, la ville est juchée sur un coteau surplombant le deuxième méandre de la Seine, en aval de Paris. Si l'activité marinière a diminué, Conflans n'en reste pas moins la capitale de la batellerie en France, et de nombreuses péniches stationnent le long de ses quais.

La Seine à Conflans-Sainte-Honorine.
N. Thibaut/Photononstop

Se repérer

CARTE C1 (P. 264).
35 536 habitants – Yvelines (78)
À 38 km de Paris par l'A 15, sortie 7. Liaison SNCF de Paris-St-Lazare ou RER A Conflans-Fin-d'Oise.

À ne pas manquer

Le musée de la Batellerie et des voies navigables, le *Jacques* et le *Triton 25*.

En famille

Le musée de la Batellerie et des voies navigables ; une promenade en bateau sur la Seine ou sur l'Oise ; une balade au bord de l'eau, le long de l'ancien chemin de halage au départ d'Herblay.

Carnet pratique p. 301

Nos adresses p. 301

Se promener

Confluent (Fin d'Oise)

À 1,5 km à l'ouest, en suivant le quai de la République et le quai E.-Le-Corre.
Au-delà du viaduc du chemin de fer, gagnez à gauche la pointe du confluent, le « Pointil », où se dresse le monument aux morts de la batellerie. On distingue alors le pont routier sur l'Oise et le pont ferroviaire métallique, dit **pont Eiffel** (1890, reconstruit après avoir été bombardé en 1944). En aval, s'élèvent les superstructures du **barrage-écluse d'Andrésy** (1957).

Tour Montjoie

Sur une avancée du plateau, cette tour romane (11e s.) devait appartenir au « Vieux Château » des comtes de Beaumont. Exemple rare en Île-de-France de donjon résidentiel, ses murs sont moins épais que ceux des donjons construits pour la défense ; préservée, non remaniée, elle est un témoin précieux de l'architecture seigneuriale romane.

Église St-Maclou

En amont de la tour, cette église bâtie au 11e s. et remaniée jusqu'au 19e s. comporte les pierres tombales de Mathieu IV de Montmorency et de Jean Ier (14e s.) ainsi qu'un vitrail (1860) relatant l'arrivée à Conflans des reliques de **sainte Honorine**, martyre du 3e s. qui donna son nom à la ville.

Château du Prieuré

Le château occupe l'emplacement du prieuré qui avait la garde des reliques de la sainte. Remanié en 1869 dans le style néo-Renaissance par Jules Gévelot, il abrite le musée de la Batellerie.
De la place Jules-Gévelot (terrasse s'ouvrant par une grille) ou en pénétrant dans le parc du Prieuré, on jouit d'une jolie **vue★** sur le fleuve, le port fluvial et l'église.

3

Musée de la Batellerie et des voies navigables

3 pl. Jules-Gévelot - ✆ 01 34 90 39 50 - www.musee-batellerie-conflans.fr - ♿ - tlj sf lun. 10h-12h, 14h-17h30, merc. et vend. 14h-17h30 - 5 € (-18 ans 2 €).
Une collection de maquettes anciennes de bateaux, des dioramas et de nombreux objets et tableaux présentent l'histoire de la navigation fluviale en France. Une sculpture impressionnante de halage humain trône à l'accueil.
Au rez-de-chaussée, deux maquettes montrent le fonctionnement d'une écluse et d'un ascenseur à bateaux. Une autre montre le chargement de charbon depuis les wagonnets des houillères. La salle débouche sur une cour où sont exposés divers outils, du matériel lourd (ancres, boulards, hélices) et des parties (avant et

Une ville au rythme de la batellerie

Au 18e s., les bateaux fréquentant la Seine de Rouen à Paris étaient peu nombreux. Conflans restait une petite ville d'ouvriers travaillant dans les carrières de pierre proches et d'agriculteurs, au pied de l'église et de la « tour Montjoie ». À partir de 1850, l'essor de la navigation à vapeur, le développement du trafic sur l'Oise et le **canal de St-Quentin** firent de Conflans l'un des points de ralliement de la batellerie européenne.
De nombreux services, commerces et cafés vivent toujours de la batellerie. Et le port St-Nicolas accueille plus d'une centaine de bateaux-logements où vivent des mariniers à la retraite.

arrière) de bateaux. À l'étage, la « salle d'honneur » (à droite) est consacrée aux différents modes de propulsion : halage humain et animal, traction sur berge, sur rails et pneumatiques, premiers remorqueurs et toueurs, automoteurs et pousseurs récents. La salle de gauche évoque d'abord les ouvrages d'art à travers de belles maquettes de ponts notamment, puis le voyage fluvial, depuis le coche d'eau parisien du 18e s. jusqu'aux bateaux à vapeur apparus en 1780 – qui ont fait naître le tourisme fluvial –, et les aménagements des voies d'eau (barrages, ponts, etc.). Dans le couloir sont exposées des faïences illustrant des scènes de halage de bateaux de Seine, un bâton de confrérie ainsi que différents objets liés à l'aviron. Une dernière salle, « l'armada du fleuve », est dédiée aux anciens bateaux de différentes régions de France (chaland, galiote, coche d'eau...).
Pour rejoindre la halte patrimoine sur les quais, descendez par la terrasse du château ou par la pittoresque rue de la Savaterie.

Le « Jacques » et le « Triton 25 »

Port St-Nicolas - ✆ 01 34 90 89 89 - http://museebatellerie.blogspot.fr/p/nos-bateaux.html - mai-sept. : dim. 15h-18h - 3 €.
L'association des Amis du musée de la Batellerie a restauré ces deux remorqueurs pousseurs : le premier, sans doute le plus ancien remorqueur à vapeur encore à flot, fut bâti en 1904. Le second, dernier remorqueur fluvial pour la traction, fut construit en 1955.

Bateau-chapelle « Je Sers »

Prom. François-Mitterrand - quai de la République - ✆ 01 39 72 62 83 - www.bateaujesers.org.
Amarré au quai de la République, ce chaland en ciment armé, long de 70 m et capable de supporter une charge de 1100 t, fut aménagé en chapelle en 1936. C'est l'un des six bateaux-chapelles existant en France, et l'un des plus anciens. Il comporte une église, avec parquet et vitraux *(office quotidien à 18h).*

À proximité

CARTE P. 264

Herblay C1

À 7 km à l'est de Conflans.
La ville se dresse sur une terrasse qui s'achève de façon abrupte au-dessus d'une boucle de la Seine et jouxte la commune de **La Frette-sur-Seine**. Les bords de Seine de ces deux bourgs étaient très appréciés de peintres tels que Cézanne, Pissarro, Vlaminck ou encore Albert Marquet (1875-1947) qui vécut là.
L'**église St-Martin** s'élève au-dessus de la courbe du fleuve *(si le portail est fermé, passez par le presbytère ; porte à gauche de l'église)*. Du petit cimetière, **vue★** sur le méandre cernant au loin la forêt de St-Germain. Le chœur et le collatéral gauche (16e s.) abritent des **vitraux★** Renaissance. Au fond du bas-côté droit de la nef, groupe de St-Martin en terre cuite vernissée (17e s.).
Par la rue Jean-XXIII, gagnez le quai et suivez l'ancien chemin de halage pour une balade de 1h30, le long d'un plan d'eau toujours fréquenté par les plaisanciers de la base nautique. Sur l'avenue, quelques étonnantes villas.
Si vous voulez rejoindre le **parc de Fromainville**, situé sur la rive opposée du fleuve, vous pouvez emprunter gratuitement un bac le week-end et en saison *(même avec des vélos)* à l'un ou l'autre des deux ponts d'embarquement : à Herblay *(au niveau des jardins de Paris)* ou à La Frette-sur-Seine *(derrière l'église).*

Carnet pratique

S'informer

Office de tourisme – *23 r. René-Albert - Conflans-Ste-Honorine - ✆ 01 34 90 99 09 - www.conflans-tourisme.com.*

Agenda

Pardon de la batellerie – *3 jours à la mi-juin.* Les bateaux et leurs mariniers sont à l'honneur : cortèges de péniches décorées et festivités au programme.

Nos adresses

Restauration

Premier prix

Le Paris – *36 r. Maurice-Berteaux - ✆ 01 39 72 60 24 - fermé dim. - plats 13/24 €.* Ce restaurant propose pour le déjeuner des spécialités franco-orientales. Large choix de tajines, méchouis, couscous (dont un végétarien) et grillades et sélection de recettes hexagonales traditionnelles. Vente à emporter.

Shopping

Osmont – *41 r. Maurice-Berteaux - ✆ 01 39 72 61 39 - www.patisserie-osmont.fr - fermé dim. apr.-midi et lun.* Les Rochers de la Tour (amandes caramélisées enrobées de chocolat noir ou au lait) côtoient des entremets au chocolat ou aux fruits, ainsi que 12 parfums de macarons. Tarte surprise du chef chaque w.-end.

Marché des Quais de Seine – *Pl. Fouillère - mar., vend. et dim. mat.*

Activités

Croisières

Croisières estivales – *Dates sur le site www.conflans-tourisme.fr ou au ✆ 01 34 90 99 09.* Croisière commentée *(1h30, les dim. à 15h30)* ou croisière « Journée à bord » au rythme de la péniche *(avec conférencier, petit-déj. et déj.).*

Vélo – De Conflans, on peut rallier Mantes-la-Jolie (p. 311) *via* Poissy (p. 289) en suivant la Seine sur 47 km. Plus d'infos sur www.laseineavelo.fr.

3

Pontoise et la boucle de l'Oise ★

Encerclée par des remparts qui dominent la rivière, Pontoise a conservé un petit centre ancien autour de son église. Quel contraste avec la « ville nouvelle » de Cergy-Pontoise, construite sur le plateau, en contrebas! Entre les deux, l'Oise serpente en une large boucle, et ménage étangs et bois, salutaires dans ce site très fortement urbanisé.

Se repérer

CARTE C1 (P. 264).
32 405 habitants – Val d'Oise (95)
Liaison SNCF de Paris-St-Lazare ou Paris-Nord; RER C Pontoise. Pour Cergy, RER A Cergy-Préfecture ou Cergy-St-Christophe.

En famille

L'île de loisirs de Cergy-Pontoise; le musée des Sapeurs-Pompiers à Osny; la ferme d'Écancourt à Jouy-le-Moutier.

Carnet pratique p. 305

Nos adresses p. 305

Se promener

Pontoise

Le petit centre-ville de Pontoise s'enroule sur les pentes autour de la cathédrale. Les deux places qui font parvis rappellent la structure médiévale de la ville.

★ Cathédrale St-Maclou

Dans ce monument de style composite dû à des remaniements successifs, les éléments architecturaux dominants datent des 15e et 16e s. La tour, de style flamboyant comme le portail central et la rose, est coiffée d'un dôme Renaissance à lanternon et clochetons. Le corps central est flanqué à droite et à gauche de collatéraux Renaissance.
En longeant l'édifice par la droite, on admire l'alignement des fenêtres Renaissance, et une jolie frise courant au ras du chéneau orné de gargouilles.
Contournez le chevet (12e s.) par la rue de la Pierre-aux-Poissons et découvrez un portail Renaissance percé au nord du chevet, et qui ouvre sur le déambulatoire. L'architecture de la nef est marquée par les apports des 15e et 16e s. : notez, dans le double bas-côté nord, les chapiteaux fin Renaissance.
L'entrée du chœur est encore encadrée de deux chaires de bois du 17e s. rehaussées en galerie autour des piliers, à la manière d'un jubé. Ce chœur montre, avec le déambulatoire, le seul ensemble bien discernable du 12e s. Au revers de la façade, une grande chapelle présente un bel ensemble sculpté sur le thème de la Passion : saint-sépulcre du 16e s. abrité sous un portique Renaissance, que surmonte un groupe de la Résurrection (bois) du 18e s.

Musée Tavet-Delacour

4 r. Lemercier - ✆ 01 30 38 02 40 - www.ville-pontoise.fr - fermé pour travaux, se rens.
Aménagé dans un manoir construit au 15e s., ce musée est consacré aux œuvres d'**Otto Freundlich** (1878-1943), artiste non figuratif allemand installé à Paris dès

1908, ainsi qu'à l'art moderne (Arp, Gleizes, Matisse...). Le 2e étage accueille des expositions temporaires d'artistes du 20e s. et des collections anciennes du musée, lequel conserve aussi les collections historiques de la ville.

Musée Pissarro

17 r. du Château - ✆ 01 30 73 90 77 - www.ville-pontoise.fr - tlj sf lun.-mar. 10h-12h20, 13h30-18h - 5 € (-12 ans gratuit) - le parc de l'ancien château de Pontoise est ouvert aux mêmes horaires que le musée - accès par l'entrée du musée.

Le musée occupe une maison bourgeoise rénovée, à l'emplacement du château, détruit en 1742, qui dominait la ville. Du fond du jardin, la vue porte sur l'Oise et son activité. Dédié à **Camille Pissarro** (1830-1903), le musée accueille des expositions temporaires d'artistes du 19e s. liés à l'impressionnisme et au post-impressionnisme. Pissarro, qui travailla à Pontoise de 1866 à 1883, déménagea d'une maison à l'autre, de la rue de l'Hermitage au quai de Pothuis, aussi est-il difficile de suivre sa trace aujourd'hui.

Par la rue Roche et la rue du Château, gagnez la promenade aménagée sur l'éperon situé à l'emplacement du château : vous bénéficiez de vues sur l'Oise.

La boucle de l'Oise CARTE P. 264

Circuit de 13 km, tracé en vert sur la carte p. 264.

Cergy-Pontoise regroupe plusieurs communes, dont Pontoise et St-Ouen-l'Aumône. Cergy réunit ville nouvelle et village ancien, le long de l'Oise.

Cergy-Village C1

Quittez le quartier de Cergy-Préfecture par le boulevard du Port, dir. Port-Cergy. Stationnez sur le parking du port. En transports en commun, bus 38 dir. Menucourt, arrêt « Église », ou bus 45 arrêt « Ponceau », puis descendre la rue St-Martin.

Ce quartier a conservé son caractère rural représentatif du Vexin.

Église St-Christophe – L'église actuelle comprend l'ancien chœur et ses collatéraux, construits sur les bases d'un sanctuaire roman dont il ne reste que les deux étages inférieurs du clocher ; l'étage supérieur et la flèche, d'un style gothique enjolivé, datent de la Renaissance. Le superbe porche fortifié du 12e s. a été restauré.

Redescendez à pied vers le port.

Port-Cergy et les étangs de Cergy-Neuville C1

Depuis la station Cergy-Préfecture, RER A, le bus 48 dir. Vauréal ou Jouy-le-Moutier dessert la base de loisirs des étangs.

Première marina de l'Île-de-France, le port de Cergy accueille une centaine de bateaux. Vous pouvez y flâner par beau temps, puis prendre la passerelle qui permet d'accéder directement aux étangs de Cergy, en traversant l'Oise.

Île de loisirs de Cergy-Pontoise – *1 r. des Étangs - ✆ 01 30 30 21 55 - http://cergy-pontoise.iledeloisirs.fr - parking payant de 7h à 20h, 7 € - accès plage 4 €.* Dans cet ensemble de 250 ha d'étangs artificiels, vous trouverez une baignade surveillée le long de 5 000 m² de plage de sable fin, un téléski nautique, une surface de vague à surf et un parcours d'eaux vives, sans oublier les courts de tennis, une structure d'escalade, un parcours aventure (accrobranche), des aires de jeux diverses. Possibilité de s'initier à la voile, au paddle et au kayak.

★ Axe majeur de Cergy-Pontoise C1

Accès depuis le quartier de Cergy-Préfecture par le boulevard de l'Oise. Bus 36 dir. Courdimanche depuis la gare de Pontoise, RER C. Ou bien la gare de Cergy-St-Christophe, RER A, est à 5mn à pied de l'Axe (jours de marché merc. et sam.).

3

Ce parcours de 3 km, conçu en 1980 par le sculpteur Dani Karavan, constitue une promenade urbaine parsemée de sculptures monumentales contemporaines. Le point de départ est la **tour-belvédère** située au centre de bâtiments semi-circulaires. Cette colonne de 36 m de haut *(184 marches)* est surmontée d'un laser qui marque le tracé de l'Axe à la nuit tombée. L'Axe majeur est composé de 12 stations, dont l'aboutissement est l'île de loisirs de Cergy. De l'immense **Esplanade de Paris**, la vue s'étend jusqu'aux tours de La Défense. Au bout, le parcours continue en contrebas, vers l'Oise. Une **Passerelle** rouge vif enjambe la rivière et conduit à l'île astronomique. L'Axe majeur est aujourd'hui devenu le symbole de Cergy-Pontoise.
La gare de Cergy-St-Christophe, au cœur du quartier Axe majeur-Horloge, est devenue célèbre grâce à son horloge monumentale de 10 m de diamètre.

Jouy-le-Moutier C1

Par Vauréal, gagnez Jouy-le-Moutier. Depuis Vauréal, bus 47 arrêt « Église ». De Cergy, bus 48 arrêt « Croix-St-Jacques ».
Belle église dont le clocher roman à flèche de pierre (12e s.) domine la contrée.
Ferme d'Écancourt – *De Cergy, bus 48c arrêt « Écancourt » - ✆ 01 34 21 17 91 - www.ferme.ecancourt.fr - 9h-18h, sam. 10h-12h, 16h-18h, dim. 10h-12h, 16h-17h - fermé sem. de Noël - gratuit* Une ferme pédagogique, où les enfants pourront rencontrer librement les animaux.

À proximité

CARTE P. 264

St-Ouen-l'Aumône C1

À 3 km au sud-est de Pontoise par l'avenue du Gén.-Leclerc.
Aux portes de Pontoise, cette ville doit son nom à l'évêque de Rouen, mort en 683.
Abbaye de Maubuisson – *Av. Richard-de-la-Tour - ✆ 01 34 33 85 00 - www.valdoise.fr - ♿ (accès partiel) - salle du Chapitre (librairie, boutique et café) vend.-dim. 13h-18h - parc de 1 avr. à mi-oct. : tlj 8h-20h (reste de l'année : 8h-18h30) - les autres salles sont fermées entre les expositions - gratuit.* Malgré de belles restaurations, les bâtiments et décors conservés permettent difficilement d'imaginer la beauté de cette abbaye cistercienne. Cette prestigieuse institution pour femmes fut fondée en 1236 par Blanche de Castille sous le nom de N.-D.-la-Royale. Fermée par Louis XVI en 1787, l'abbaye est démantelée et devient une carrière de pierre à partir de 1797. De trop rares bâtiments ont été préservés : les latrines construites au-dessus d'un canal comme celles de Royaumont, la très belle **salle capitulaire★** et la salle des Religieuses qui ont gardé leurs superbes pavements, et l'impressionnante **grange★** (13e s.), longue de 51 m. L'abbaye est devenue un **site d'art contemporain**, les salles et le parc de 8 ha accueillent aujourd'hui des installations artistiques éphémères.

Château de Grouchy, à Osny C1

À 4 km à l'ouest de Pontoise par la D 92. Sinon depuis l'A 15 sortie 10, direction « L'oseraie ». Depuis Cergy (RER A) puis bus 44, arrêt Osny-Gare.
14 r. William-Thornley - ✆ 01 34 25 42 04 - http://osny.fr - ♿ - merc. et jeu. 14h-17h - parc 8h-20h - gratuit.
Le château de Grouchy, qui abrite aujourd'hui la mairie, est un bâtiment d'origine médiévale réaménagé au 17e s. Au 2e étage, une galerie accueille des expositions temporaires. Sous les combles, vous pourrez visiter le **musée William-Thornley**, en hommage à ce peintre post-impressionniste qui vécut plus de quarante ans à

Osny (huiles, aquarelles et dessins). Le château est entouré d'un parc de 42 ha. Aire de jeux pour les enfants.

Musée départemental des Sapeurs-Pompiers du Val d'Oise – *Dans les écuries du château - ✆ 01 34 22 19 45 - www.pompiers95.fr - ♿ - vac. scol. (zone C) : merc.-dim. 14h-17h30 ; juil. et reste de l'année : merc. et w.-end 14h-17h30 - fermé août, vac. scol. de Noël - 5 € (-16 ans 2,50 €).* Dans les anciennes écuries du château, ce musée présente de nombreuses curiosités dont des pompes à bras (de 1824 à 1900), une pompe à vapeur Thirion de 1876, des casques français et étrangers, une ambulance Renault 1937 et un très beau « premiers secours » Delahaye 1925. Les uniformes (19e s. et début 20e s.) et une tenue de scaphandrier retiennent également l'attention.

Carnet pratique

S'informer

Office de tourisme – *Pl. de la Piscine - Pontoise - ✆ 01 34 41 70 60 - www.ot-cergypontoise.fr.* L'office de tourisme organise des visites guidées des souterrains de Pontoise : *vac. scol., dim. et merc. - 7 € (-12 ans 5 €).*

Agenda

Abbaye de Maubuisson – *www.valdoise.fr.* Toute l'année, expositions, conférences, ateliers, spectacles.

Nos adresses

Restauration

Une folie

L'or Q'idée – *14 r. Marcel-Rousier - ✆ 01 34 35 47 10 - www.lorqidee.fr - fermé lun., mar. soir, merc. soir, sam. midi et dim. - menu 45 € (déj.)/95 €, plat 32 €.* La cheffe Naoëlle d'Hainaut a choisi cette petite rue du centre-ville de Pontoise, en contrebas de la jolie église, pour ouvrir son premier restaurant. Résultat : une vraie réussite, de l'élégant décor (style scandinave, couleurs claires, cave sous écrin de verre, cuisine visible) aux assiettes savoureuses et bien dans l'air du temps. Partout, une même maîtrise technique, de belles harmonies gustatives, une cuisine franche. Service bien rythmé, décontracté et professionnel par une équipe jeune et efficace. Une adresse très recommandable.

Les Vignes Rouges – *5 pl. de l'Église - Hérouville - ✆ 01 34 66 54 73 - lesvignesrouges.fr - fermé dim. soir, lun.-mar. - menu 69 €, plats 22/48 €.* L'enseigne évoque une œuvre de Van Gogh. Véranda vers l'église, tableaux du peintre et plats traditionnels.

Auvers-sur-Oise ★★

Ce village tout en longueur est à jamais lié au souvenir de Vincent Van Gogh, qui y passa les deux derniers mois de sa vie et y est enterré. D'autres peintres paysagistes et impressionnistes y avaient avant lui cherché l'inspiration, attirés par des paysages authentiques baignés d'une lumière changeante. Aujourd'hui, le site, très touristique, présente plusieurs musées valorisant ce passé. Il faut s'éloigner de la route principale et arpenter les rues campagnardes à flanc de colline pour retrouver le charme qui attira tous ces artistes.

Se repérer

CARTE C1 (P. 264).
6 813 habitants – Val-d'Oise (95)
À 30 km de Paris par l'A 15 sortie Cergy-Pontoise, puis la N 184.
Liaison SNCF de Paris-St-Lazare ou de Paris-Nord. RER C direction Pontoise, changement à St-Ouen-l'Aumône.

En famille

Géocaching « À la recherche du tableau perdu de Van Gogh » proposé par l'office de tourisme ; le parcours immersif au château d'Auvers.

Carnet pratique p. 310

Nos adresses p. 310

Découvrir

Van Gogh à Auvers

Vincent Van Gogh (1853-1890) arrive à Auvers le 20 mai 1890. Au bord de l'Oise, il peint les maisons bourgeoises sur les pentes du village et surtout, sur le plateau, les immenses étendues de champs de blé ou de luzerne. Invité par le docteur Gachet, amateur passionné de peinture moderne, il peint sa maison et son jardin, ainsi que celui du peintre et graveur Charles François Daubigny. Il s'installe dans la modeste pension du café Ravoux, et ce séjour à Auvers, après son internement en Provence, est pour lui une période d'activité intense : deux mois durant lesquels, avant de se suicider, il exécute plus de 70 toiles, des dessins, des croquis... Mais s'il travaille avec autant d'énergie, c'est pour fuir son angoisse et sa solitude. « J'ai peint, écrit-il à Théo, d'immenses étendues de blé sous des ciels troubles et je ne me suis pas gêné pour chercher à exprimer de la tristesse, de la solitude extrême. »

Auberge Ravoux, dite « Maison de Van Gogh »

52-56 r. du Gén.-de-Gaulle - ✆ 01 30 36 60 60 - www.maisondevangogh.fr - visite guidée - 10h-12h, 14h-18h - il est conseillé de réserver un créneau horaire sur le site - fermé lun.-mar., nov.-fév. - 6 € (12-17 ans 4 €).

Cette auberge classée est dite « maison de Van Gogh » car le peintre y demeura pendant deux mois. La visite, suivie d'une projection (évocation du vieil Auvers et de ses paysages), se réduit à la petite **mansarde** où Van Gogh revint, blessé du coup de revolver qu'il venait de se tirer dans la poitrine, le 27 juillet 1890. Il mourut là, deux jours plus tard, à 37 ans. Le commerce étant encore en activité, on peut voir la salle de l'auberge en entrant par le restaurant : elle a été restaurée dans le respect de son décor originel, avec son vieux fourneau (*p. 310*).

« L'église d'Auvers-sur-Oise, vue du chevet » (détail), V. Van Gogh, 1890 (musée d'Orsay).
D.R.

Auvers-sur-Oise et les peintres

Dès 1857, le paysagiste **Charles François Daubigny**, l'un des précurseurs de l'impressionnisme, peint à Auvers, sur son bateau, transformé en atelier, *Le Botin*. Trois ans plus tard, il fait bâtir un atelier où il aime recevoir ses amis peintres. En 1872, **Paul Gachet** y achète une maison : médecin, il est aussi peintre et graveur sous le pseudonyme de Paul Van Ryssel. Grand collectionneur de tableaux, il ouvre sa maison à des artistes comme Paul Cézanne, qui vécut ici pendant dix-huit mois, et Camille Pissarro, voisin à Pontoise. Le 20 mai 1890, sur les conseils de ce dernier, **Vincent Van Gogh** s'installe à Auvers : son frère Théo l'a recommandé au docteur Gachet. Le Douanier Rousseau et Maurice de Vlaminck séjourneront aussi à Auvers, parmi bien d'autres peintres.

Prenez à gauche la rue Daubigny, et passez devant le musée et la maison-atelier de Daubigny.

Musée Daubigny

R. de la Sansonne - ✆ 01 30 36 80 20 - https://museedaubigny.com - ♿ - tlj sf lun. juil.-août : 10h30-12h30, 14h-17h30 ; reste de l'année : 14h-17h30, w.-end 10h30-12h30, 14h-17h30 - 5 € (-18 ans gratuit).

Dans le manoir des Colombières, une collection de peintures, aquarelles, dessins et gravures du 19e s. évoque la naissance de l'impressionnisme. On y trouve surtout des œuvres de **Charles-François Daubigny** (1817-1878) et de son fils Karl. Le musée organise d'intéressantes expositions temporaires autour des peintres d'Auvers et de l'impressionnisme.

Prenez à droite la rue Daubigny.

Au cœur du village, cette ruelle qui semble être restée telle qu'elle était au 19e s., grimpe vers l'église.

Église Notre-Dame

R. Daubigny. Avec son élévation à trois niveaux et son clocher quadrangulaire, typique du Vexin français, cette église de terroir, de style romano-gothique (12e et 13e s.), a inspiré à Van Gogh l'une de ses plus célèbres toiles, exposée au musée d'Orsay. Au pied de l'église, remarquez un **buste de Daubigny**, par Fagel.

Par la rue du Général-de-Gaulle, on rejoint le **parc Van Gogh**, où une statue de Zadkine rend hommage au peintre.

Le chemin grimpe au cimetière, parmi les champs de blé que Van Gogh aimait tant peindre.

Tombes de Vincent et Théo Van Gogh

R. Émile-Bernard. Dans le cimetière d'Auvers-sur-Oise, adossées au mur gauche, ces tombes jumelles, d'une émouvante simplicité, sont couvertes de lierre. Théo mourut cinq mois après son frère Vincent, en janvier 1891. En 1914, sa veuve fit en sorte que les deux frères reposent côte à côte. D'autres artistes sont enterrés ici, tels Norbert Goeneutte, Eugène Mürer ou Léonide Bourges.

Redescendre vers le village par la sente du Montier.

★ Maison-atelier de Daubigny

61 r. Daubigny - ✆ 01 34 48 03 03 - www.atelier-daubigny.com - w.-end 10h30-12h30, 14h-18h30 - 6 € (-12 ans gratuit).

Construite en 1861, la maison Daubigny fut le premier foyer artistique d'Auvers-sur-Oise. Précurseur de l'impressionnisme, Charles François Daubigny privilégiait l'observation de la nature, quittant l'atelier. La décoration intérieure de la maison fut effectuée par Daubigny, son fils Karl et ses amis, Corot, Daumier, Oudinot. On peut donc admirer 200 m² de murs ainsi décorés, et en particulier l'immense atelier de Daubigny. Dans le jardin, on trouve le bateau-atelier, que Daubigny utilisait pour peindre au cœur des paysages qui l'inspiraient, sur l'Oise et la Seine. *Prendre la rue de Léry sur la droite.*

Musée de l'Absinthe

44 r. Alphonse-Callé - ✆ 01 30 36 83 26 - www.musee-absinthe.com - de mi-juil. à mi-août : merc.-dim. 13h30-18h ; reste de l'année : w.-end 13h30-18h - fermé nov.-fév. - 6 € (-15 ans gratuit).
Affiches, documents et objets évoquent l'histoire et le mythe de cette liqueur, très prisée dans le milieu artistique au 19e s., avant son interdiction en 1915. D'étonnantes œuvres en lien avec la fée verte sont également exposées (E. Manet, J. d'Esparbes, H. Bouvet, K. Zahrtmann, César, etc.).

Château d'Auvers

Chemin des Berthelées - ✆ 01 34 48 48 48 - www.chateau-auvers.fr - ♿ - tlj sf lun. avr.-sept. : 10h-18h (reste de l'année 17h) - fermé de mi-déc. à mi-janv. - 12 € (7-17 ans 7,50 €).
Au cœur du village, le château d'Auvers propose la visite « **vision impressionniste** ». Il s'agit d'un parcours audiovisuel immersif qui se déroule dans plusieurs salles du château. Projections et commentaires retracent l'histoire du mouvement pictural et des peintres venus à Auvers, parmi lesquels Daubigny, Cézanne, Pissarro, ainsi que leurs influences sur les mouvements artistiques d'hier et d'aujourd'hui. Sont aussi exposées les œuvres de la collection départementale du Val d'Oise. Prolongez votre visite dans les jardins à la française et les 9 ha du parc.
Suivre la route en direction de l'extérieur du village.

3

Maison du docteur Gachet

78 r. du Dr-Gachet - ✆ 01 30 36 81 27 - de fin mars à déb. nov. : tlj sf lun.-mar. 10h30-18h30 - gratuit.
Le docteur Gachet qui soigna Van Gogh reçut nombre de grands peintres impressionnistes dans sa haute maison blanche, immortalisée par Van Gogh et Cézanne. Rénovée, elle présente chaque année plusieurs expositions temporaires, autour du docteur Gachet artiste, du contexte artistique dans lequel il vécut, ou bien encore autour d'artistes contemporains.

À proximité

CARTE P. 264

Château de Méry-sur-Oise C1

À 1 km au sud-est d'Auvers par la D 928 (av. Marcel-Perrin). Ne se visite pas.
À la limite de la commune d'Auvers, le château de Méry, construit sur un ancien prieuré au 14e s., fut remanié par ses différents propriétaires aux 17e et 18e s., puis rénové en 1999.
Parc du château – *3 av. Marcel-Perrin - ✆ 01 30 36 23 00 - www.merysuroise.fr - ♿ - avr.-sept. : 10h-19h ; reste de l'année : 10h-17h - gratuit.* Sa partie publique offre d'agréables perspectives, notamment près du château et de la rivière qui serpente au gré des paysages.

Carnet pratique

S'informer

Office de tourisme – *38 r. du Gén.-de-Gaulle - Auvers-sur-Oise - 01 30 36 71 81 - tourisme-auverssuroise.fr.* L'office de tourisme organise des visites guidées et propose différents itinéraires de randonnées pédestres et un circuit à vélo (33 km).

Balade sur le chemin des peintres – Quatre parcours *(de 45mn à 2h30)* vous invitent à découvrir les lieux qui ont inspiré Van Gogh. Dépliant disponible à l'office de tourisme.

Géocaching – « À la recherche du tableau perdu de Van Gogh »

Arriver/partir

Train des impressionnistes – *www.transilien.com - avr.-oct. : w.-end et j. fériés. Train direct pour Auvers, dép. gare Paris-Nord à 9h38, retour d'Auvers à 18h32) - voyage animé et commenté de 30mn.*

Agenda

Festival d'Auvers-sur-Oise – *Mai à sept. - www.festival-auvers.com.* Festival de musique classique.

Nos adresses

Restauration

Budget moyen

Le Chemin des peintres – *3 bis r. de Paris - Au pied de l'église - 01 30 36 14 15 - www.le-chemin-des-peintres.fr - fermé le soir et lun.-mar. - formule 22 €, menu 28 €, plat 15 €.* Cuisine bistrot élaborée avec produits locaux ou bio. Salon de thé l'apr.-midi.

Auberge Ravoux (Maison de Van Gogh) – *Pl. de la Mairie - 01 30 36 60 60 - www.maisondevangogh.fr - fermé fin nov.-déb. mars, le soir et lun.-mar. - formule 32 €, menu 39 €.* Ambiance attachante et généreuse cuisine dans l'auberge où Van Gogh logea au crépuscule de sa vie. La petite chambre du peintre se visite (p. 306).

À Méry-sur-Oise

Une folie

Le Chiquito – *3 r. de l'Oise, La Bonneville - 01 30 36 40 23 - www.lechiquito.fr - fermé dim. et lun. - menus 70/82 €, plat 34 €.* Tout est plaisir dans cette maison francilienne du 17e s. : le cadre, élégant et plein de cachet ; l'accueil, des plus prévenants… et que dire de la cuisine d'Alain Mihura, sinon qu'elle honore le plus beau classicisme, par sa précision et la finesse de ses saveurs ? Une demeure tout en délicatesse…

Activités

Route des impressionnistes en Val-d'Oise – *01 30 36 71 81 - tourisme-auverssuroise.fr.* Auvers-sur-Oise, Pontoise, L'Isle-Adam, Vétheuil, La Roche-Guyon et Argenteuil vous invitent à suivre les traces des peintres y ayant séjourné ou travaillé, tels que Monet, Daubigny, Pissarro, Renoir et Van Gogh, mais aussi à découvrir des espaces naturels préservés au cœur du Parc naturel du Vexin.

Bicyclettes du Vexin – Location de vélo électrique - *07 88 56 63 59 - www.lesbicyclettesduvexin.fr.*

Croisière – *Au dép. d'Auvers - 06 27 34 96 51 - www.lebotindauvers.fr ou tourisme-auverssuroise.fr - avr.-oct. - 12 € (3-14 ans 5 €).* Croisière commentée *(1h30)* le long de l'Oise sur le Botin, réplique du bateau-atelier de Daubigny.

Mantes-la-Jolie

Fine et majestueuse, surprenante avec ses tuiles vernissées, la belle collégiale de Mantes-la-Jolie rivalise avec certaines cathédrales. Sa nef élégante et claire, qui achève la transition du roman au gothique, est presque aussi haute que celle de Notre-Dame de Paris. Cette parcelle d'Île-de-France intéressera ceux qui aiment l'histoire et qui flâneront derrière le chevet de la collégiale, dans l'enceinte du château aujourd'hui disparu. D'importants personnages ont marqué cette ville royale parmi lesquels Guillaume le Conquérant, Philippe le Bel ou Henri IV.

Se repérer

CARTE AB1 (P. 264).
43 921 habitants – Yvelines (78)
À 53 km de Paris par l'A 13.

Liaison SNCF de Paris-St-Lazare, train direct 30mn.

Nos adresses p. 314

Se promener

1 r. Thiers - 01 34 78 86 60 - www.manteslajolie.fr.

★★ Collégiale Notre-Dame

Pl. Jean-XXIII - ♿ - 8h30-19h (en dehors des offices).
ABC d'architecture p. 588.

Cette église a inspiré l'une des plus belles toiles de Corot (exposée au musée des Beaux-Arts de Reims). Elle fut bâtie par le chapitre d'une collégiale qui possédait des domaines dans la région. La construction, qui débuta en 1170, s'étendit jusqu'au 13e s. pour les nefs et le chœur. Les chapelles furent ajoutées au 14e s.

Extérieur – La **façade** est la partie la plus ancienne. La tour de gauche et la galerie gracile qui la relie à la tour de droite ont été refaites au 19e s. (entre 1851 et 1855). Trois portails très mutilés s'ouvrent à la base. Le portail central, dédié à la Vierge, fut exécuté entre 1170 et 1195. On y remarque, comme dans le portail nord, à gauche, la perfection décorative des motifs en rinceaux, à l'antique, sculptés sur les piédroits et sur les soubassements des colonnettes. Sur le flanc droit, formant saillie, la chapelle de Navarre fut élevée au 14e s.

Admirez le magnifique **chevet** et son architecture complexe, très élaborée, dans laquelle s'imbriquent absides, puissants contreforts et robustes arcs-boutants, soutenant la partie haute du chœur.

Intérieur – La nef est presque aussi haute (33 m) que celle de Notre-Dame de Paris (35 m). On y découvre une succession de grandes arcades, de tribunes largement éclairées et de fenêtres hautes. La belle rose de la façade représente le Jugement dernier (début du 13e s.). En s'avançant dans la nef, observez le dispositif des voûtes sexpartites. Les supports les plus chargés, ceux des extrémités, retombent sur de gros piliers, les moins chargés sur des colonnes rondes. Au-dessus des bas-côtés, les profondes tribunes bien éclairées, héritage du style roman, s'ouvrent sur la nef par des triples baies. Remarquez la structure archaïque des tribunes de l'abside et du côté nord du chœur, couvertes de voûtes en berceau.

Annexée au côté droit du chœur, la **chapelle de Navarre** (chapelle du St-Sacrement) forme un ensemble à part, une sorte de châsse illuminée par des fenêtres à réseau rayonnant (début du 14e s.). Son nom proviendrait des rois de Navarre de la maison

La collégiale Notre-Dame à Mantes-la-Jolie.
A. Chicurel/hemis.fr

d'Évreux (les comtes d'Évreux furent seigneurs de Mantes de 1328 à 1364). À l'entrée se font face quatre délicates statuettes du 14e s. Les femmes couronnées, portant un modèle d'église, seraient les fondatrices : Jeanne de France, comtesse d'Évreux (1312-1349), et Jeanne d'Évreux, reine de France par son mariage avec Charles IV le Bel en 1324. Les deux autres jeunes femmes pourraient être les filles de Jeanne de France : Blanche, reine de France par son mariage avec Philippe VI de Valois, et Agnès, épouse de Gaston Phébus, comte de Foix. Les grandes verrières de face sont du 19e s.
Avant d'entrer dans le square du château, prenez la rue du Cloître-Notre-Dame, derrière la collégiale, à droite. Remontez cette rue ou celle de l'Abbé-Hua. Vous êtes dans le lieu le plus ancien de la ville.

Square du Château

Situé derrière la collégiale. La collégiale Notre-Dame était incluse dans l'enceinte fortifiée du château royal, qui s'élevait à l'emplacement de ce jardin public, situé derrière le chevet. Il fut détruit au 18e s. Au fond du square, une belle vue se dégage sur le chevet de la collégiale et sur la tour St-Maclou. Notez le contraste entre l'austère chevet et les gracieuses tours de la collégiale.

Musée de l'Hôtel-Dieu

1 r. Thiers - ✆ 01 34 78 86 60 - www.manteslajolie.fr - lun. et jeu. 9h-12h, 14h-18h ; merc., vend. et w.-end, 14h-18h - fermé mar. - 5,10 € (-18 ans gratuit).
L'ancien hôtel-Dieu (façade du 17e s.), récemment restauré, accueille au rez-de-chaussée des œuvres d'art médiéval, dont une superbe Vierge à l'Enfant provenant de l'église de Gassicourt et des sculptures de la collégiale de Mantes. Le premier étage est consacré à **Maximilien Luce** (1858-1941). Représentant du courant néo-impressionniste, lié à Seurat et Pissarro, il fut l'un ami des écrivains anarchistes, témoin de la Commune. Plus de 150 œuvres (peintures, dessins, lithographies...) sont exposées dans ce musée. Son travail est surtout marqué par une inspiration sociale : *Fonderie à Charleroi, La Coulée* (1896), *L'Exécution de Varlin*, la série *Gare de l'Est* pendant la Grande Guerre. À voir aussi, des expositions temporaires : patrimoine régional, cultures du monde, art contemporain.

La conversion d'Henri IV

Henri IV, qui a enlevé la ville aux ligueurs en 1590, y revient, attiré par la présence de **Gabrielle d'Estrées** (1573-1599). Le nom de Mantes-la-Jolie serait, selon la légende, un souvenir d'une lettre d'Henri IV envoyée à sa maîtresse, qui habitait alors à Mantes : « Je suis à Mantes, ma Jolie... »
C'est peut-être durant l'un de ses séjours, en mai 1593, qu'il se décide définitivement à abjurer le protestantisme, conscient de l'épuisement des troupes après des années de guerre civile entre catholiques et protestants. Pour préparer cet événement, d'innombrables conférences ont lieu entre le futur roi, qu'entourent les protestants Duplessis-Mornay et Sully, et le cardinal Duperron, l'abbé de St-Denis, et d'autres ecclésiastiques. C'est ainsi qu'à Mantes, à l'issue de l'un de ces entretiens, Henri IV répond à Duperron : « Je mets mon âme entre vos mains. Je vous en prie, prenez-y garde, car là où vous me faites entrer, je n'en sortirai que par la mort. » Et « les larmes lui saillaient des yeux ». Prenant congé de son ministre huguenot, il lui dit : « Que veux-tu, si je refusais d'abjurer, il n'y aurait plus de France. »
Le fameux « Paris vaut bien une messe » serait une interprétation libre de cette phrase. La cérémonie de l'abjuration se déroula le 25 juillet 1593 à la basilique St-Denis.

Fontaine Renaissance

R. de la Heuse, perpendiculaire à la r. Thiers.
La fontaine actuelle est une reproduction de celle édifiée en 1520. L'originale, toujours conservée à Mantes, est la seule connue de cette époque qui soit à deux vasques. Remontez la rue Thiers pour admirer le toit de la collégiale et ses inattendues tuiles vernissées.

Tour St-Maclou

Dernier vestige d'une église du 11e s., elle date du 16e s. et doit à sa qualité architecturale d'avoir été conservée. Ses grandes ouvertures rappellent celle de la collégiale que l'on aperçoit au loin.

3

Vieux pont de Limay

En léger dos d'âne et doté de piles à avant-becs, le pont, maintenant coupé, porta des moulins et des pêcheries jusqu'en 1870. Il conserve une maison, la « loge des Portiers » (1750). Le site inspira Corot (*Le Pont de Mantes*, au Louvre).

Église Sainte-Anne

Dans le quartier Gassincourt, près du cimetière. Prendre le bus C qui vous ramènera ensuite à la gare ou le bus G.
Ce « petit bijou » d'art roman du 12e s., proche du quartier du **Val Fourré** que vous traverserez si vous y allez en bus, contraste avec les tours et les barres de cette ville nouvelle construite à partir de 1959. C'est l'occasion de découvrir un autre aspect de Mantes, à travers ce quartier dans lequel 13 tours trop rapidement élevées ont été détruites entre 1992 et 2006 pour redonner de l'espace aux habitants.
L'église Ste-Anne faisait partie d'un prieuré bénédictin, dépendant de l'abbaye de Cluny. Bossuet, évêque de Meaux et précepteur du fils aîné de Louis XIV, fut l'un de ses abbés de 1664 à 1703. Cette église a été remarquablement restaurée, notamment la charpente, détruite par les bombardements de 1944. À l'intérieur, les vitraux du 13e s. sont parmi les plus beaux d'Île-de-France. Les stalles qui se trouvent dans le chœur, sculptées en chêne, sont du 15e s.

À proximité

CARTE P. 264

Château de Rosny-sur-Seine A1

À 6 km à l'ouest de Mantes-la-Jolie par la D 113. Propriété privée. Ne se visite pas.
Le marquis de Rosny, Maximilien de Béthune (1559-1641), plus connu sous le titre de **duc de Sully**, naquit sans doute dans l'ancien château féodal de Rosny, aujourd'hui disparu. Il éleva, dans les premières années du 17e s., l'actuel château de style Louis XIII. En 1820, Marie-Caroline de Bourbon-Sicile, veuve du duc de Berry, se retira à Rosny, acheté sur sa dot. La duchesse y fit preuve d'une grande activité : travaux au château, construction d'un hospice, réaménagement du parc à l'anglaise.

Nos adresses

Restauration

Budget moyen

Rive Gauche – *1 r. du Fort - ☎ 01 30 92 30 16 - www.rivegauche-mantes.fr - fermé sam. midi, dim. et lun. - formule déj. 44 € - plat 25 €.* Un restaurant sympathique au décor métissé. La cuisine brasse également des influences, de l'Asie à l'Italie.

À proximité

Pour se faire plaisir

Le Moulin de la Reillère – *171 rte de Houdan - Mantes-la-Ville - ☎ 01 30 92 22 00 - www.lemoulindelareillere.fr - fermé sam. midi, dim. soir et lun. - formule déj. en sem. 31/32 €, menu 42 €, plat 24/36 €.* Auberge aménagée dans un moulin du 18e s. On aime la salle bourgeoise, la terrasse, le jardin fleuri et la cuisine de tradition. Accueil convivial.

Hébergement

À proximité

Premier prix

Chambre d'hôte Ferme des Vallées – *20 bis r. Henri-Duverdin - Soindres - à 6 km au sud-ouest de Mantes-la-Jolie par l'A 13 et la D 928 - ☎ 06 78 79 51 48 - www.fermedesvallees.com - ⊭ ♿ P - 3 ch. 70-75 € ☕.* Blotties au cœur d'une exploitation agricole, ces anciennes dépendances abritent trois chambres d'hôtes. Yaourt et confiture maison au petit-déjeuner. Joli gîte pour 4 personnes *(w.-end 2 nuits 285/380 €).*

La Roche-Guyon ★

Enchâssé entre la Seine et le plateau du Vexin, ce bourg est bâti au pied du château, ou plutôt des châteaux : le médiéval, avec son donjon du 12e s., érigé sur un éperon rocheux, et celui du Siècle des lumières. Les époques de construction se succédant, vous découvrirez une chapelle troglodytique et des abris de la Seconde Guerre mondiale, creusés dans la falaise. Sur la rive de la Seine s'épanouit un potager du 18e s. dont les carrés dessinent des étoiles...

Le château et le donjon de La Roche-Guyon, vu depuis le potager.
M. Gaspar/Michelin

Se repérer

CARTE A1 (P. 264).

479 habitants – Val-d'Oise (95)

À 72 km de Paris et à 75 km de Rouen, La Roche-Guyon occupe un site remarquable au bord d'un méandre de la Seine.

Liaison SNCF de St-Lazare, arrêt Mantes-la-Jolie puis taxi (ou bus 95-11 mais il est peu fréquent).

À ne pas manquer

La visite du château ; la vue depuis la route des Crêtes ; le village troglodytique de Haute-Isle ; le village de Vétheuil, caractéristique du Vexin français, les bords de Seine.

En famille

Le circuit médiéval ; l'arboretum de La Roche-Guyon.

Nos adresses p. 319

Se promener

Il est conseillé de ne pas stationner dans le village, mais plutôt sur le grand parking aménagé au niveau de l'hôpital.

★ Château

01 34 79 74 42 - www.chateaudelarocheguyon.fr - de fin mars à fin oct. : 10h-18h, w.-end 10h-19h ; reste de l'année : 10h-17h - fermé déc.-janv. - 9 € (6-12 ans 5,50 €).

Vous pourrez acheter des produits du jardin (bio) à la boutique du château.

Le château organise chaque année une riche saison culturelle (expositions, concerts, spectacles).

Une très belle grille, aux armes des La Rochefoucauld, ouvre sur la cour et les écuries du 18e s., mais il faut monter vers la cour d'honneur pour prendre son billet. Le visiteur peut suivre l'histoire du château en s'aidant des panneaux matérialisant chaque époque par une pastille de couleur, ce qui l'oblige à des tours et détours ou des cheminements à saute-frontière à travers les siècles !

★ **Circuit médiéval** – Il mène à la **herse** de l'entrée médiévale et à la terrasse sud (vue sur le potager et la Seine), et reprend dans la cour des Cerfs d'où l'on peut accéder au **donjon** par un escalier de 250 marches creusées dans la falaise. Soufflez un peu au niveau du **pigeonnier** (il compte un millier de boulins !) avant de grimper jusqu'à la cour intérieure du donjon dont il ne reste que les deux premiers étages. Gravement endommagé durant la Révolution, puis lors des bombardements de la Seconde Guerre mondiale, il a perdu les 22 m de sa hauteur initiale (38 m) qui permettaient de surveiller à la fois la vallée de la Seine et celle de l'Epte, aux portes de la Normandie, mais il offre toujours une **vue** imprenable sur les boucles de la Seine. En forme d'amande, son « bec » offrait jadis un axe de tir horizontal vers le plateau, principale source du danger.

Circuit des salons – Il mène au corps principal, du 16e s., élevé sur une terrasse supportée par des soubassements à arcades, et permet de visiter en enfilade plusieurs pièces, privées de leur mobilier, depuis la salle des Gardes jusqu'au Grand Salon décoré des **tapisseries** du couronnement d'Esther, commandées par la duchesse d'Enville, tissées par Jean-François de Troy ou d'après ses cartons par la manufacture des Gobelins, ainsi que plusieurs cabinets du 18e s. Vous débouchez alors dans la cour des Cerfs, l'escalier à droite conduisant vers la galerie et les **chapelles**, aménagées au 19e s. par le cardinal de Rohan.

Circuit des casemates et des boves – Il démarre à gauche de l'escalier d'honneur et rappelle la présence allemande durant la Seconde Guerre mondiale (photos et panneaux explicatifs jusqu'à la libération du village). À droite de l'entrée des casemates, traversez l'**orangerie** troglodytique pour découvrir les **boves** (cavernes), vestiges du château primitif du 12e s. creusé dans la falaise.

Potager-fruitier du château – *Fermeture en cas de mauvais temps.* Autrefois réputé pour sa taille (3 ha) et son organisation très géométrique (disposition en étoile), le potager, créé en 1741 a été reconstitué entre le château et la Seine. Depuis 2011, il porte le label « Jardin remarquable ». Au milieu des légumes et des fleurs poussent de curieux spécimens, comme un poivron géant. C'est qu'ici, vous êtes dans un potager expérimental, entièrement bio, tel que l'avaient pensé les La Rochefoucauld, et où des légumes qui ne se consomment pas fleurissent aux quatre coins du jardin !

★ Bords de Seine

Du quai aménagé en promenade, **vue★** sur le calme paysage de la boucle de la Seine et, à l'opposé, sur l'ensemble des deux châteaux. Placez-vous sur la culée

Du château médiéval à la résidence princière

Un bastion imprenable

Vers la fin du 12e s., un donjon est construit sur des hauteurs calcaires dominant la Seine. Position stratégique particulièrement enviable, offrant un large panorama sur toute la vallée… Au 13e s., ce nid d'aigle est renforcé par deux enceintes, puis se double d'un manoir résidentiel, édifié au bas de la falaise et relié au donjon par un escalier creusé dans le roc.

Le domaine des La Rochefoucauld

Devenue peu à peu forteresse, La Roche-Guyon est assiégée en 1419, pendant la guerre de Cent Ans. La guerre achevée, elle perd sa vocation militaire et se transforme en résidence, accueillant même François Ier et sa Cour en 1546. La Roche-Guyon est érigée en duché-pairie en 1621. Les pairs de France étaient des grands officiers désignés par le roi. Leur domaine était un duché-pairie s'ils étaient ducs. **François de La Rochefoucauld**, auteur des célèbres *Maximes*, en devient titulaire en 1659. Au 18e s., sous le duc **Alexandre de La Rochefoucauld**, tombé en disgrâce et venu s'exiler sur ses terres, La Roche-Guyon connaît son apogée : le duc fait réaliser d'importants travaux qui modifient l'ancienne forteresse ; il crée aussi un vaste potager. Enfin le duc et sa fille, la duchesse d'Enville, s'entourent de gens de lettres et de scientifiques (Turgot, Condorcet, Mme du Deffand, d'Alembert…). Le petit-fils d'Alexandre, **Louis Alexandre**, se passionne pour les idées de la Révolution et rejoint le tiers état mais, refusant de s'exiler, il est massacré à Gisors.

De la Révolution à nos jours

En 1797, et ce pour un intermède d'une trentaine d'années, le château change de mains. Louis François Auguste, **duc de Rohan-Chabot**, hérite du domaine de La Roche-Guyon. Ayant perdu tragiquement sa jeune femme, il entre dans les ordres en 1819. Nommé archevêque de Besançon, puis cardinal, le duc de Rohan revend en 1829 ses parts d'héritage à son cousin, François XIII de La Rochefoucauld, et le château retourne alors dans cette famille qu'il n'a plus quittée depuis.
L'édifice retrouve brièvement son ancien rôle militaire durant la Seconde Guerre mondiale, lorsqu'il est réquisitionné en 1944 par le **maréchal Rommel** qui y établit son quartier général.
Vingt ans de travaux seront nécessaires pour effacer les dégâts dus aux bombardements qui sont infligés au château à la Libération. Aujourd'hui, La Roche-Guyon offre au visiteur l'occasion privilégiée de découvrir un lieu façonné par l'histoire.

de l'ancien pont suspendu (disparu au 19e s.) formant belvédère.

À proximité

CARTE P. 264

★ La route des Crêtes

Circuit de 11 km, tracé en rouge sur la carte p. 264.
Suivez la route de Gasny qui s'élève, entaillée dans le versant, le long d'entrées de caves ou écuries troglodytiques, les **boves**, creusées dans la craie. **Vue★★** sur la boucle de la Seine que l'on domine, sur les éperons des « falaises » de Haute-Isle.
Poursuivez par la D 100.
Au premier carrefour, tournez à droite dans la « charrière des Bois », chemin de retour en descente très raide, enjambé par l'aqueduc conduisant depuis le 18e s. les eaux du coteau au bourg et au château.

Apprécier la vue

Depuis La Roche-Guyon, vous pourrez longer la Seine sur la D 100 jusqu'au pont de Bonnières, gagner la rive opposée et suivre la D 37 en direction de Lavacourt : belle **vue** sur le château depuis le pavillon Fernand que vous aurez aperçu depuis sa terrasse et, plus loin, calme et sérénité au bord des plans d'eau en bord de Seine et de la forêt de Moisson.

Arboretum de La Roche-Guyon A1

À 1 km, sur la D 37 en direction d'Amenucourt (voir aussi carte p. 322-323).
On peut rejoindre le site à pied.
Ce musée de l'arbre régional (13 ha) reproduit au sol la géographie de l'Île-de-France. Chaque département se distingue par un peuplement différent : chêne rouvre pour la Seine-et-Marne, érable pour l'Essonne, charme pour le Val-de-Marne, frêne pour le Val-d'Oise, merisier pour la Seine-St-Denis, tilleul pour les Hauts-de-Seine, hêtre pour les Yvelines. Des platanes, au centre, représentent Paris. Parmi les plantations, des bandes de gazon serpentent, évoquant les vallées.

Haute-Isle A1

À 2 km à l'est de La Roche-Guyon par la D 913.
Dans ce village troglodytique se répartissaient cinq étages de cavernes, ou boves, pratiquées dans la falaise. Les maisons de l'unique rue ne sont apparues qu'au 18e s. Derrière un petit cimetière en terrasse, l'**église**, creusée en 1670 aux frais du neveu de Boileau, représente le premier étage d'excavations pratiquées dans la falaise. Son minuscule clocher émerge seul du roc. La clôture du chœur et le retable sont des boiseries du 17e s.

Vétheuil A1

À 6 km à l'est de La Roche-Guyon par la D 913.
Cet ancien village de vignerons, joliment situé au bord de la Seine, au début de la section escarpée du méandre de La Roche-Guyon, offre un ensemble caractéristique de maisons rurales du Vexin français, construites en pierre jaunâtre. Les impressionnistes ont apporté à Vétheuil la notoriété, surtout **Monet**, qui y séjourna trois ans (sa femme Camille y mourut en 1879) ; plus récemment, la peintre américaine **Joan Mitchell** (1925-1992) y vécut et y travailla de la fin des années 1960 à sa mort.
L'église occupe une position élevée qui rend l'édifice très original. L'escalier d'accès apparaît au bout de la perspective que trace la rue de l'Église au départ du carrefour central de la localité. Commencée à la fin du 12e s. par le chœur, l'église ne fut terminée que quatre siècles plus tard, sous Henri II, en 1580.

En haut des escaliers, sur le flanc sud, s'ouvre un portail précédé d'un porche Renaissance, comme ses vantaux du 16e s. Longez la nef du 16e s. pour atteindre le chœur (fin du 12e s.), représentatif de la transition entre le roman et le gothique. Le clocher, aimé des peintres, fut surélevé au 13e s. De l'autre côté de l'église, la façade ouest date du milieu du 16e s. Deux tourelles carrées encadrent trois étages de galeries Renaissance.
L'intérieur abrite de nombreuses **statues★** (14e-16e s.), quelques tableaux (16e et 17e s.) et des travaux de boiserie. Ne manquez pas, dans la troisième chapelle, un saint Jacques plein de vie (école bourguignonne, 15e s.).

Nos adresses

Restauration

Budget moyen

Les Bords de Seine – *21 r. du Dr-Duval - ✆ 01 30 98 32 52 - www.bords-de-seine.fr - plat 16/20 € - 15 ch. 80/90 € - ☕ 8,50 €.* Cette grande maison aux volets bleus jouit d'une situation très agréable en bordure de Seine. Ses chambres neuves, son restaurant décoré façon intérieur de bateau et ses agréables terrasses en font une étape de choix. Réserv. conseillée.

À proximité

Pour se faire plaisir

L'Auberge du Prieuré normand – *1 pl. de la République - Gasny - ✆ 02 32 52 10 01 - www.aubergeduprieurenormand.fr - fermé mar. et merc. - menu déj. en sem. 29 €, menu 35/56 €, plat 23/34 €.* Depuis La Roche-Guyon, votre route vous mènera le long des boves crayeuses à cette auberge villageoise où vous attend une cuisine traditionnelle.

Activités

Vélo – De La Roche-Guyon, on peut rallier Giverny (*p. 330*) en suivant la Seine. Plus d'infos sur www.laseineavelo.fr.

Canoë – **Canoseine** - *Dép. de Vétheuil, à proximité de l'embarcadère du bac en bord de Seine - ✆ 06 81 09 49 82 - canoseine.com - déb. avr.-mi-oct. : w.-end, j. fériés et vac.scol.* Location de canoë *(à partir de 30 €/2 pers., 2 parcours proposés)* ; également location de VTT *(15 €/½ j).*

Hébergement

Budget moyen

Chambre d'hôte Les Damiers – *3 rte de Gasny - ✆ 01 75 74 41 85 - 💳 - 5 ch. 80/90 € ☕.* On retrouve dans cette grande demeure des années 1930 l'atmosphère authentique et douillette d'une maison familiale. Décor simple et chaleureux.

À proximité

Budget moyen

Chambre d'hôte Le Prieuré Maïalen – *4 allée du Jamborée - Moisson - ✆ 01 34 79 37 20 - www.leprieuremaialen.com - 💳 🏊 - 4 ch. 109/139 € ☕ - ✕ 30 € bc.* Au cœur d'un village cher à Monet, prieuré du 16e s. entièrement réhabilité, où chaque chambre est décorée selon un thème : Provence, Campagne, Rétro et Marine. Ces deux dernières ont un équipement balnéo. Le salon recèle un billard et une collection de vinyles. Grand jardin et terrasse fleuris, piscine chauffée (de mai à octobre). Table d'hôte sur réserv.

3

Vexin français ★

Parsemé de villages conservant d'anciens corps de fermes, de vieilles églises et de beaux châteaux, ce vaste plateau aux riches terres à blé, enserré par la Seine, l'Oise et l'Epte, offre des paysages variés : coteaux et vallées, marais et bois recélant des trésors de faune et de flore que le Parc naturel régional du Vexin français s'efforce de préserver, tout en faisant revivre les traditions locales. D'agréables balades champêtres se font par les petites départementales ou les sentiers de découverte.

Se repérer

CARTE AB1 (P. 264) - CARTE DU VEXIN (P. 322-323).
Oise (60) et Val-d'Oise (95)
À 30 km au nord-ouest de Paris.

À ne pas manquer

Le domaine de Villarceaux; les jardins du château d'Ambleville.

En famille

La Maison de la meunerie, à Valmondois; ou celle du pain, à Commeny; le musée de la Moisson, à Sagy; le musée archéologique, à Guiry-en-Vexin; parc Aventure Land à Magny-en-Vexin.

Nos adresses p. 329

Circuits conseillés

CARTE DU VEXIN FRANÇAIS P. 322-323

Maison du Parc naturel régional du Vexin français – Théméricourt - 01 34 48 66 00 - www.pnr-vexin-francais.fr.

La route du blé

Circuit de 59 km, tracé en orange sur la carte p. 322-323, au départ d'Auvers-sur-Oise jusqu'à Sagy. Quittez Auvers-sur-Oise au nord-est par la D 4 en direction de Valmondois. Traversez ce village et tournez à droite.

Maison de la meunerie, à Valmondois

À la sortie nord de Valmondois, par une rue à droite. Chemin du Moulin-Morel - 01 34 73 06 26 - www.valmondois.fr - ♿ - sam. 14h-18h, dim. 10h-12h, 14h-18h - fermé août - 3 € (-15 ans 2 €).

Cette antenne du Parc naturel régional du Vexin français est installée dans le moulin de la Naze, dont les mécanismes sont alimentés par la force hydraulique du Sausseron. Le moulin, avec sa roue à aubes qui fonctionne encore, ne moud plus de farine, mais reste un intéressant témoignage de l'histoire de la meunerie. Le site, niché au fond d'un vallon, ne manque pas de charme. Autrefois, le Vexin français, riche terre à blé, possédait 140 moulins, dont une trentaine le long du Sausseron.

Poursuivez la route qui longe la rivière puis prenez à gauche sur la D 64.

Nesles-la-Vallée

Sur les rives du Sausseron, ce bourg campagnard cossu, aux places bien dégagées, garde encore quelques fermes d'allure seigneuriale. L'**église** est surtout remarquable par son très beau clocher roman à flèche de pierre auquel a été rattaché, au 13e s., un vaisseau gothique. Ne manquez pas, dans la chapelle sous clocher, à droite, la statue de sainte Geneviève (14e s.).

Continuez votre route par la D 64.

Vue sur la Seine dans le parc naturel du Vexin français.
F. Cormon/hemis.fr

Épiais-Rhus

Type d'église Renaissance de la région. Cette église, caractérisée par sa tour-clocher à lanternon, est l'œuvre des frères Lemercier.

Grisy-les-Plâtres

L'église de ce village date du 13ᵉ s. Elle dessine une silhouette très effilée.
Entre Grisy et Bréançon, la **vue** porte, au nord, au-delà d'une dépression cultivée, sur une ligne de hauteurs boisées, les buttes de Rosne.
Suivez la D 64 puis tournez à droite sur la D 915.

3

Au pays du travail de la pierre

Les villages, encore harmonieusement groupés pour la plupart, conservent des maisons rurales aux murs de pierre non jointoyés. Les églises ont tiré parti de l'abondance des carrières et, sous la Renaissance, de l'activité de deux familles d'architectes, les **Lemercier** et les **Grappin**. Elles ont aussi bénéficié du calme relatif de la région à l'époque des guerres de Religion. Les villages manquant de moyens pour construire des églises neuves ont dû se contenter de remplacements ou d'adjonctions, dont l'élégance et la beauté sont la marque du maître architecte.
De villages en chemins, des **croix pattées** dont les branches s'évasent aux extrémités surgissent par dizaines, taillées d'un seul bloc dans le grès du Vexin. Leur taille atteint en moyenne 1,20 à 1,50 m, mais certaines sont géantes, comme la **croix Fromage** à Omerville, ainsi dénommée car ses branches s'inscrivent dans un cercle. D'autres sont très modestes, telle la croix de Guiry-en-Vexin ou celle de Théméricourt, gravée d'une autre croix. Elles ont été dressées du 12ᵉ s. au 13ᵉ s. comme des suppliques ou des remerciements adressés au Ciel, témoignant de la piété des hommes du Moyen Âge. Certaines marquaient un événement important, ou plus prosaïquement l'entrée d'une propriété. *Pour localiser ces croix, renseignez-vous à l'accueil du musée du Vexin français, à Théméricourt (voir p. 324).*

Marines

L'**église St-Rémi** (16ᵉ s.) s'adjoint une chapelle Renaissance octogonale, couverte par Nicolas Lemercier d'une **coupole★** à caissons ornés de têtes d'anges. Cette coupole abrite la chapelle funéraire du chancelier Nicolas Brûlart de Sillery, seigneur de Marines au 16ᵉ s. Au 19ᵉ s., le village a bénéficié de sa position sur la route impériale n° 15.

Sortez de Marines à l'ouest par la D 159.

Maison du pain, à Commeny

31 Grande-Rue - ☎ 01 34 67 41 82 - www.valdoise.fr - mai-sept. : tlj sf merc. et sam. 9h-12h, 14h-16h, dim. 14h-17h - fermé août - 3 € (-15 ans 2 €).

Ateliers de pétrissage pour les enfants.

Nouvelle étape sur la route du blé, cette maison vous apprend comment le pain est fabriqué et comment il est apparu sur nos tables.

Guiry-en-Vexin

Village attrayant par les deux silhouettes monumentales de son château et de son église. L'ancien **château** *(ne se visite pas)* des marquis de Guiry, construit par François Mansart au 17ᵉ s., reste bien mis en valeur dans son cadre de pelouses.

De l'**église** (16e s.), on remarque surtout la majestueuse tour-clocher coiffée d'un dôme de pierre.

★ **Musée archéologique du Val-d'Oise** – *4 pl. du Château - ✆ 01 34 33 86 00 - www.valdoise.fr - ♿ - tlj sf lun. 9h-17h30, w.-end 13h-18h - gratuit.* Installé dans un bâtiment moderne qui s'intègre parfaitement au paysage rural, ce musée a pour objectif de faire connaître le passé très ancien de la région, ainsi que le travail des archéologues et leurs méthodes de reconstitution. Le parcours, organisé chronologiquement autour d'un patio paysager, présente plus de 3 000 objets issus des fouilles archéologiques menées dans le département : vestiges des périodes préhistoriques, gauloises, gallo-romaines (site antique exceptionnel de **Genainville,** dans des salles très joliment mises en lumière), mais aussi du Haut Moyen Âge jusqu'à l'époque moderne. Dernière découverte en date (2004) : des fragments de la frise du pavillon soviétique de l'Exposition universelle de 1937, qui avaient été oubliés dans les glacières du château de Baillet-en-France pendant plus de 30 ans... La confrontation des statuaires antiques et soviétiques est saisissante.

Le musée organise par ailleurs des expositions innovantes associant archéologie et art contemporain.

Dans le bois de Morval, à proximité du musée, à pied ou en voiture, vous découvrirez une très belle **allée couverte néolithique**.

Wy-Dit-Joli-Village

Selon la légende, Henri IV passa par les rues ravinées de Wy (prononcer : vi) où son carrosse s'était complètement embourbé. Il se serait écrié ironiquement : « Ah ! le joli village ! » L'administration, galante, a conservé officiellement cette appellation.
Musée de l'Outil – *R. de la Mairie - ✆ 01 34 67 45 07 - www.valdoise.fr/610-le-musee-de-l-outil.htm - ♿ - tlj sf lun.-mar. mai-sept. : 13h-17h30, w.-end 13h-18h - gratuit.* Créé en 1977 par Claude Pigeard, forgeron, ce musée est installé sur le site d'un balnéaire gallo-romain du 2e s. Acquis par le conseil général en 2005, il a été rénové, ainsi que son jardin des « simples », et présente 1 500 outils d'artisans datant du Moyen Âge à nos jours.
Prenez à l'est la route de Théméricourt.
On passe à **Gadancourt**, où l'église est surmontée d'un clocher à flèche de pierre.

Théméricourt

C'est dans le château de Théméricourt que siège la Maison du **Parc naturel régional du Vexin français**. Celui-ci couvre une superficie de 71 000 ha répartis entre le Val-d'Oise (79 communes) et les Yvelines (20 communes). Créé en 1995, il s'est doté d'une nouvelle Charte qui renforce sa vocation : la protection et la promotion des espaces ruraux, du patrimoine et des milieux naturels.
Le parc se sillonne à pied ou à vélo, 67 itinéraires de randonnées (pédestre ou à vélo) ou de promenades en boucles de 4 à 24 km, soit 1 100 km, téléchargeables sur le site www.cdrp95.com, à vélo sur les boucles du Vexin (Auvers-sur-Oise), ainsi qu'à cheval (rens. sur www.equitation95.com).
Musée du Vexin français – *Maison du Parc - ✆ 01 34 48 66 00 - www.pnr-vexin-francais.fr - ♿ - tlj sf lun. 9h-12h30, 14h-18h, sam. 14h-18h, dim. 10h-19h (d'oct. à avr. 14h-18h) - fermé w.-end en déc. - 4 € (-15 ans 2 €).* Logé dans les communs du château, il vous présente un parcours ludique et interactif à la découverte des milieux naturels, de la faune, de la flore et des paysages, de l'histoire, de l'art et de l'artisanat (collection d'objets de tradition populaire de Roland Vasseur à l'étage), ainsi que de l'économie du Vexin français. On y apprend notamment que le Vexin fut partagé en 911 entre les Français (actuel Vexin français) et les Vikings (actuel Vexin normand), de part et d'autre de l'Epte, d'où la construction de forteresses telles Boury-en-Vexin ou La Roche-Guyon pour défendre la frontière. À l'accueil, vous aurez des renseignements sur les loisirs et hébergements et une boutique proposant une gamme de produits issus des savoir-faire locaux.
☺ Pour entretenir les pelouses sèches sur la réserve naturelle nationale des coteaux de la Seine entre Vétheuil et Bennecourt, rien de mieux que des moutons ! Le troupeau s'agrandit d'année en année. À la mi-avril, la Maison du Parc naturel régional du Vexin français, à Théméricourt, accueille les brebis au moment des naissances et de la tonte. Le troupeau rejoint ensuite les pâtures sur les coteaux de Haute-Isle et Gommecourt pour se gaver d'herbe durant tout l'été. En octobre, il rejoint le coteau du moulin de Noisement à Chars et, en novembre, les brebis sont de retour à Théméricourt...
Continuez sur la D 81.

Vigny

Construit à l'origine par le cardinal d'Amboise (1460-1510), ministre de Louis XII et grand propagateur de la Renaissance italienne en France, le **château** est devenu au 19e s. un étonnant pastiche de château de la Loire.

Richesses naturelles du Vexin

La restauration des écosystèmes pour maintenir la présence d'espèces menacées comme la chouette chevêche, le crapaud commun ou 11 espèces de chauves-souris fait partie des nombreuses missions du Parc naturel régional du Vexin français, de même que la régulation de populations envahissantes comme les ragondins.
Déclarés « sensibles » dans la charte du Parc, les milieux naturels suivants sont à découvrir en compagnie d'un naturaliste. Il s'agit des **pelouses des coteaux calcaires** des boucles de la Seine *(sentier pédagogique à Haute-Isle)*; des **anciennes terrasses alluviales**, fréquentées par les oiseaux nicheurs ou migrateurs *(domaine régional de Flicourt)*; des **zones humides** : prairies de fond de vallée, roselières ou marais *(marais du Rabuais, entre Arronville-Berville-Amblainville, marais de Flicourt, marais de Stor à Mériel)*; des **bois** *(buttes de Rosne)*. Dans certaines **carrières**, les amateurs pourront aussi visualiser l'histoire géologique du Bassin parisien et découvrir les matériaux de construction des vieilles maisons du coin *(notamment à Vigny)*.
Les carrières de Villarceaux sont l'un des plus importants gîtes d'hibernation des chauves-souris en Île-de-France.

Quittez Vigny au sud vers Longuesse. Dans ce village, tournez à gauche vers Sagy, puis suivez les panneaux « musée de la Moisson », situé au hameau du Petit-Mesnil.

Musée de la Moisson, à Sagy

Hameau du Petit-Mesnil - 01 34 66 39 62 - www.museedelamoisson.fr - - lun.-vend. 9h-17h et un dim. par mois 14h-18h (de fin mars à fin oct.) - 4 € (5-15 ans 2 €).
Ce site de l'écomusée du Vexin français est consacré à un autre cycle de l'exploitation du blé dans la région, la moisson. Machines et outils agricoles, mais également animations diverses, dont la Fête de la moisson *(tous les 2 ans, années impaires, 2e dim. de sept.)* et de l'épouvantail, illustrent l'activité.

De l'Epte au plateau

Circuit de 95 km, au départ de La Roche-Guyon, tracé en gris sur la carte p. 322-323. Quittez La Roche-Guyon au nord en direction de la route des Crêtes, puis continuez en direction de Bray-et-Lû par la D 37.
On débute ce circuit en longeant l'Epte, frontière naturelle entre le Vexin français et le Vexin normand. Les paysages ressemblent d'ailleurs au bocage normand...

★ Château d'Ambleville

1 r. de la Mairie - 01 34 67 98 45 - www.chateauxetjardins.com - visite guidée sur réserv. juil.-août : tlj sf lun. 10h30-12h, 15h-16h30 ; de mi-avr. à fin juin et sept. : w.-end 14h-17h30 - visite du château et jardins 9 €, jardins seuls 6 € (-6 ans gratuit).
Sur la place du village apparaît subitement, accolée à l'église, la façade Renaissance du **château**, attribuée à l'architecte Jean Grappin. Elle fut commandée par Nicolas de Mornay, propriétaire de Villarceaux.
À l'intérieur, on visite le salon avec sa cheminée Renaissance et son plafond peint, la salle de garde prolongée par une nymphée donnant sur le jardin. Au premier étage, on remarque les quatre cabinets français en ébène du salon dit « de Villeroy », avant de traverser la galerie à l'italienne (18e s.) qui ouvre sur une partie des jardins qui font la splendeur de ce château.

3

La façade Renaissance du château donne sur un premier jardin de type médiéval, avec ses 12 carrés où poussent fleurs et simples. Passé le pédiluve s'ouvre une succession de **jardins★** d'inspiration italienne. Ils s'étagent sur trois terrasses et s'ordonnent autour d'arbres, d'arbustes taillés de diverses formes, d'une cascade, d'une allée d'eau, d'une fontaine et de bassins. Ils ont été aménagés au début du 20e s. par les Salviati-Borghèse, sur le modèle des jardins de la villa Gamberaia près de Florence. Au-dessus, au niveau de la terrasse, se trouve un échiquier (les pièces de l'échiquier sont des buis taillés) de narcisses, dont la splendeur ne dure malheureusement que le temps de la floraison de printemps.
Prenez la D 37 en direction de Boury-en-Vexin.
À la sortie de Montreuil-sur-Epte, on distingue au loin le château en ruine de Château-sur-Epte, de l'autre côté de l'Epte, donc en terre normande. La route passe à St-Clair-sur-Epte ; c'est près de là que fut signé, entre le chef des Vikings Rollon et le roi Charles III le Simple, le traité de 911 créant la Normandie et séparant le Vexin entre Français et Normands.

Château de Boury-en-Vexin

2 pl. du Tilleul - ✆ 02 32 55 15 10 - www.chateaudeboury.com - visite guidée (45mn) août : tlj sf mar. 14h30-18h30 ; de mi-avr. à mi-oct. : dim. 14h30-18h - 9 € (-5 ans gratuit).
Ce château, situé à la limite de l'Oise, fut bâti en 1685 d'après des plans et des dessins de Jules Hardouin-Mansart ; c'est un bel exemple d'architecture classique de la fin du 17e s. Le corps de logis principal comporte, surmontés d'un fronton armorié, deux niveaux éclairés par de hautes fenêtres cintrées ornées de mascarons, figures symboliques dues au sculpteur Poissant qui participa à la décoration de Versailles. Des pilastres jumelés à des chapiteaux ioniques rythment le 1er étage de la façade principale. La galerie d'entrée renferme des potiches (faïences) de Nevers (18e s.). La chapelle privée, en hémicycle, ajoutée en 1718, est ornée de vitraux aux armes des Aubourg, marquis de Boury. Un grand tableau de l'atelier de Le Brun, montrant saint Charles Borromée, décore le maître-autel. La visite se poursuit par les salons (mobilier des 17e et 18e s., portraits de famille). Remarquez les bas-reliefs, au-dessus de chaque porte du salon bleu, illustrant les plaisirs de la campagne : la chasse, la pêche, la moisson, les vendanges, la musique et les jeux. On passe ensuite par la salle à manger (garniture de vases de Delft du 18e s. et deux grands pastels représentant le troisième marquis de Boury et sa jeune femme). On termine par l'ancienne cuisine qui garde son décor du 18e s. (grande hotte à trois cheminées, cuivres et verrerie bleue de Caen).
Poursuivez vers Montjavoult d'où la D 6 vous mène à Reilly. Dans le joli village médiéval de **Reilly**, un espace de détente avec des jeux pour les enfants a été aménagé près de la petite église (11e-13e s.).

Chaumont-en-Vexin

Le bourg ceinture la butte de l'ancien château fort. Ce fut une sentinelle du roi de France face au duc de Normandie, puis jusqu'à la fin de la guerre de Cent Ans, face à la dynastie anglo-normande.
Aujourd'hui, Chaumont-en-Vexin est un gros chef-lieu de canton, surtout résidentiel, dominé par l'**église St-Jean-Baptiste★**. Un escalier de pierre du 14e s., partant du centre de la ville, en est le seul moyen d'accès. Le monument (16e s.) appartient au style flamboyant. En revanche, son unique tour présente les caractères de la Renaissance. Le portail d'entrée, au nord, unit le décor flamboyant de ses voussures à l'ordonnance Renaissance de son tympan. À l'intérieur, le vaisseau frappe par la finesse de ses supports et par sa luminosité.

Prenez au sud-est vers Liancourt-St-Pierre (D 566), mais sans pénétrer dans l'agglomération que vous laissez à gauche.
Prenez à gauche la D 121 qui descend du plateau du Vexin. Passé Tourly, la route longe le pied de l'« abrupt » du Vexin : là commence le plateau, moins élevé et moins ondulé, du pays de Thelle.

Marquemont

De ce village devenu une simple extension de la commune de Monneville subsistent le cimetière et une église restaurée sur le rebord du plateau du Vexin, au-dessus du pays de Thelle. On verra le portail roman à décor de bâtons brisés. Le chœur et le transept nord datent du 13e s. De nouveau, le clocher (16e s.) encore couvert d'un toit en bâtière à la mode de l'Île-de-France, dresse comme par le passé sa silhouette. À l'intérieur, quelques panneaux racontent les vastes travaux de restauration menés *(se rens. à la mairie).*
Quittez Marquemont au sud, puis, à Monneville, bifurquez à droite. Poursuivez sur la route de Bouconvilliers (D 536) sur 2 km.

Lavilletertre

Jolie sortie par une avenue ombragée et le vallon de la Viosne naissante, noyé par un étang. Le plateau cultivé réapparaît avec ses villages : tous se signalent au loin par un clocher gothique.
Faites demi-tour et, à la sortie de Lavilletertre, tournez à droite vers Chars.
Remarquez le **château de St-Cyr** (17e s.), image préservée d'un domaine seigneurial intact, dans un cadre boisé.

Chars

L'**église**, bâtie au 12e s., a été remaniée aux 13e et 16e s. La tour Renaissance est datée de 1562. À l'intérieur, remarquez le transept, refait au 16e s. à la suite de l'écroulement du clocher et assombri par des vitraux aux tons mordorés, et surtout le **chœur★** des 12e et début 13e s. Les arcades du chœur sont décorées de bâtons rompus; des tribunes s'ouvrent par des baies en plein cintre. Au-dessus, on discerne un étage de rosaces, ornementation assez rare : elle se rencontre essentiellement en Île-de-France.
Par la D 188 à l'ouest, gagnez Nucourt.

Nucourt

Le bourg comporte des maisons caractéristiques de la reconstruction d'après-guerre. Les carrières voisines de Nucourt ayant abrité un centre de montage de bombes volantes V1, la ville fut un objectif des raids de la RAF en 1944. Les carrières sont aujourd'hui des champignonnières.
Traversez Nucourt en restant à droite ; gagnez l'église isolée en plein champ.
L'église dresse une silhouette originale : le vaisseau, abrité sous un grand toit qui masque la base du clocher du 12e s., bute contre une forte tour de façade du 16e s. arrêtée au 2e étage.
Prenez la D 174 vers Magny-en-Vexin.

Magny-en-Vexin

La ville dut sa prospérité à sa position de carrefour qui lui valut dès le 14e s., sous les seigneurs de Villeroy, un marché puis des foires. Le mausolée de cette famille se trouve dans l'**église** Notre-Dame qui, brûlée par les Anglais en 1436, fut reconstruite fin 15e s.-début 16e s. Le chœur fut réalisé par Guillaume Le Maistre (1497). Remarquez une Vierge à l'Enfant en bois polychrome du 16e s., la *Madeleine repentante* de Santerre (17e s.) et le *Saint François d'Assises* de Boselli, ainsi que l'original baptistère de Jean Grappin (1534).

Ninon de Lenclos

Figure quasi légendaire de femme galante et savante du Grand Siècle, attirant dans son salon les grands esprits de son temps, Ninon de Lenclos (1616-1706) abrita un temps à Villarceaux ses amours avec **Louis de Mornay** (1619-1691), marquis de Villarceaux, dont elle eut un fils. Elle accueillit aussi en son château la veuve du poète Scarron, future marquise de Maintenon qui allait devenir, 32 ans plus tard, l'épouse de Louis XIV. Vers la fin de sa vie, Ninon de Lenclos légua 2 000 livres au fils de son notaire, un certain François-Marie Arouet, alors âgé de 12 ans, connu plus tard sous le nom de **Voltaire**, pour qu'il puisse s'acheter des livres !

La chaussée Jules César reprend le tracé de l'ancienne voie romaine reliant Magny à Puiseux-Pontoise en 21 km. Rens. à la Maison du parc à Théméricourt - 01 34 48 66 00 - livret découverte et audio-visio-guide à télécharger sur www.pnr-vexin-francais.fr.
Sortez de Magny par la rue de Rouen. Laissez à droite la route de Gisors et prenez la 1re route à droite, vers St-Gervais.

St-Gervais

Dominant la rue en forte montée, l'**église** présente une façade Renaissance, œuvre de Jean Grappin. Le portail s'inscrit dans un arc triomphal. Nombreuses statues, dont une sainte Catherine du 16e s. ; au trumeau, Vierge à l'Enfant, avec saint Georges agenouillé.
Traversez la route de Rouen ; 1500 m plus loin, tournez à gauche.
Vue à gauche sur le beau domaine de Magnitot (château fin 18e s.). La route descend rapidement le flanc nord de la vallée de l'Aubette de Magny. Le village d'Omerville couronne le versant opposé.
D'Omerville, continuez tout droit vers le domaine de Villarceaux.

★ Domaine de Villarceaux

01 34 67 74 33 - villarceaux.iledefrance.fr - tlj sf lun. avr.-oct. : 14h-18h - fermé nov.-mars - gratuit.
Le domaine est composé du pavillon de Ninon, vaste longère (15e-16e s.) qui abrita les amours de Ninon de Lenclos (*encadré ci-dessus*), et d'un château (18e s.) qui surplombe un **parc★** magnifique de 70 ha. Le parc illustre à merveille les évolutions de l'art des jardins au cours des siècles. La promenade commence au **pavillon de Ninon**, qui a remplacé, au 16e s., une ancienne maison forte dont le seul vestige est la tour St-Nicolas. À ce manoir Renaissance sont accolés de vastes communs flanqués de tours d'angle et formant une cour. Puis le tour du grand étang mène successivement à de spectaculaires terrasses gazonnées à l'italienne, portant le nom savant de vertugadins, qui montent vers le château, puis au parterre sur l'eau, symbolique île de Cythère, sertie de bassins. De la terrasse qui surplombe le parterre sur l'eau et son labyrinthe de buis, la **vue★** sur l'ensemble du domaine et la façade sud du **château du Haut** est remarquable. L'autre façade du château s'ouvre sur les paysages du Vexin par les perspectives des « ha-ha » (fossés sauts-de-loup, qui empêchent le bétail de pénétrer dans le parc, mais qui ne coupent pas la vue). Dans les salons de réception et les chambres : meubles 18e s. estampillés par les plus grands ébénistes parisiens. Un troisième édifice s'élève au milieu d'un terrain de golf, visible de la route lorsque l'on vient de Villers-en-Arthies : ce château, dit du Couvent, est le seul élément subsistant d'un ancien prieuré.
Regagnez La Roche-Guyon par la D 142 en passant par Vétheuil.

Nos adresses

Restauration

Budget moyen

Relais Saint-Nicolas – *17 r. de la République - Chaumont-en-Vexin - ✆ 07 69 22 51 87 - relaissaintnicolas.wixsite.com/monsite - ♿ - fermé dim. - menu déj. 14 €, formule soir et w.-end 24 €, plat 14 € - 17 ch. 70/74 € - ☕ 8 €.* Voici un restaurant tout simple au cœur du Vexin français. Cuisine classique pour un bon rapport qualité-prix. Les 17 chambres de l'hôtel sont aménagées dans les bâtiments de l'ancien relais de poste.

Pour se faire plaisir

Les Jardins d'Épicure – *16 Grande-Rue - Bray-et-Lû - ✆ 01 34 67 75 87 - www.lesjardinsdepicure.com - fermé lun.-mar. - menus 45/82 €, plat 36 € - 20 ch. 120/320 € - ☕ 18 €.* Dans un parc traversé par une rivière, deux maisons de maître du 19e s. et d'anciennes écuries : un trio de charme abritant des chambres de caractère. Au restaurant, le chef démontre une grande maîtrise dans le travail de beaux produits, et une inventivité qui sonne juste ; salle cossue face à la piscine. Espace spa.

Shopping

Ferme Brasserie du Vexin – *3 r. de la Croix-des-Ruelles - Théméricourt - ✆ 01 30 39 24 43 - www.biere-du-vexin.com - w.-end 10h30-12h30, 14h30-18h.* Depuis 2000, Denis Sargeret fabrique une savoureuse bière à partir de l'orge produite dans son exploitation. Il vous fait découvrir son laboratoire en dégustant sa blonde, sa blanche ou la « Véliocasse », ambrée au miel ; sans oublier la blonde de printemps (mars-août) ou la bière de Noël (ambrée, mi-nov. à fin déc.).

Les Vergers d'Ableiges – *Ch. départemental 28 - Ableiges - ✆ 01 34 66 10 56 - www.lesvergersdableiges.fr - vend. 10h-12h30, 14h-19h, sam. 10h-12h30, 15h-17h.* Produits du verger que vous viendrez acheter au fil des saisons : cerises, fraises, framboises, groseilles, prunes, poires et pommes. Mme Barrois vous propose aussi jus, cidre, miel, confitures et, pour décorer la maison, des bouquets de lilas ou de pivoines.

Activités

Parc Aventure Land – *Rte D 14 - Magny-en-Vexin - ✆ 01 34 67 61 94 - www.aventureland.fr - horaires variant selon la sais - 25 € (enf. 1 m à 1,30 m 20 €, -1 m gratuit).* Parcours en forêt, labyrinthe végétal, karting, aires de jeux, minigolf, etc.

Hébergement

Pour se faire plaisir

Château de Maudétour – *1 allée des Tilleuls - Maudétour-en-Vexin - ✆ 06 16 06 12 20 - www.chateaudemaudetour.com - 5 ch. 140 € ☕.* Dans ce somptueux château authentique, tout est mis en œuvre pour passer un moment d'exception. Les chambres sont situées dans l'aile 17e s. du château et ont été restaurées dans un style élégant propre à cette époque. Chacune offre une vue imprenable sur la cour d'honneur du château.

3

Giverny ★★

Un homme peut bouleverser le destin d'un lieu. C'est ce qui est arrivé à l'ancien village agricole de Giverny, au bord de l'Epte, découvert par Claude Monet depuis la fenêtre du train alors qu'il allait à Rouen. Aux artistes venus rendre visite au maître ont succédé les hordes de visiteurs qui ressortent impressionnés par l'explosion de couleurs d'un jardin élevé au rang d'« objet à peindre ».

Le jardin de Monet à Giverny.
P. Grougon/Michelin

Se repérer

CARTE A1 (P. 264).
494 habitants – Eure (27)
À 72 km de Paris par l'A 13.
Liaison SNCF de Paris- St-Lazare, gare de Vernon, puis 7 km jusqu'à Giverny, bus 240, navette ou taxi ; vélos en location à la gare.

Organiser son temps

Prévoyez 1h30 pour visiter chacun des musées ; attention ils sont fermés de nov. à mars. Achetez votre billet à l'avance *(www.mdig.fr)*. Le moment idéal pour visiter les jardins se situe de fin avr. à déb. juin.

En famille

La maison et jardin de Claude Monet.

Carnet pratique p. 332

Nos adresses p. 332

Se promener

Le petit village de Giverny s'organise autour d'une rue principale, piétonne et bordée de galeries, de belles demeures et de jardins fleuris. Éloignez-vous des musées pour en apprécier le cadre enchanteur. Dans l'enclos de l'église Sainte-Radegonde se trouve la tombe de Claude Monet et de sa famille.

★★ Maison et jardins de Claude Monet

84 r. Claude-Monet - ✆ 02 32 51 28 21 - www.fondation-monet.com - ♿ - 9h30-18h (dernière entrée à 17h30) - fermé de déb. nov. au dernier w.-end de mars - 11,50 € (7-17 ans 7 €). Un livret-jeux gratuit pour les enfants de 5-8 ans et 9-12 ans leur permet de découvrir le peintre et sa maison de façon ludique.

La maison rose aux volets verts, où Claude Monet résida de 1883 à sa mort en 1926, et surtout son délicieux jardin vous transportent dans les plus belles œuvres du peintre. C'est autour de cette propriété qu'il exécuta ses séries de peupliers, de meules de foin et ses grands formats des *Nymphéas*. La maison abrite quelques reproductions et la collection d'estampes japonaises (18e-19e s.) réunie par Monet. C'est aussi l'occasion de découvrir le salon de lecture « bleu », la chambre avec le lit et le bureau à cylindre, le salon atelier, la salle à manger « jaune » avec son mobilier de bois peint et, surtout, la ravissante cuisine aux murs carrelés de faïence bleue. Au sein de l'ancien « grand atelier » se trouvent aujourd'hui accueil et boutique. Le jardin, en évolution constante au fil des saisons, comprend le jardin d'eau et le « Clos normand ». Ce dernier restitue celui, très fleuri, que Monet avait dessiné. Les allées rectilignes, éclatantes de couleurs, mènent au jardin d'eau artificiel. Situé de l'autre côté de la route, ce jardin d'inspiration japonaise utilise les eaux de l'Epte. Des ponts japonais franchissent l'étang des Nymphéas tapissé de nénuphars, avec son grand saule pleureur, ses rives bordées de bambous et de rhododendrons.

★ Musée des Impressionnismes Giverny

99 r. Claude-Monet - ✆ 02 32 51 94 65 - ♿ - www.mdig.fr - horaires variables en fonction des expositions, voir le site Internet - 10 € (-18 ans gratuit).

Ce musée à l'architecture futuriste s'intègre parfaitement dans le cadre de verdure du village. En partie enterré, il présente une toiture végétalisée et des verrières s'ouvrant sur un beau jardin contemporain, créé par le peintre paysagiste Mark Rudkin. Il est structuré par des haies de thuyas et de hêtres. Rosiers, plantes aromatiques et sauvages, coquelicots... ornent les parterres. Un clin d'œil réussi à la nature dans toute sa splendeur, chère aux impressionnistes.

Le site associe trois galeries, des réserves et un grand auditorium ; il se consacre à l'histoire de l'impressionnisme et de ses suites, notamment à travers des œuvres (prêts ou acquisitions du musée) de Sisley, des artistes américains de Giverny, de Maurice Denis ou encore du peintre japonais Hiramatsu Reiji. L'origine, la diversité et la modernité du mouvement impressionniste sont mises en valeur lors des expositions, grâce aux réalisations de ses plus grands peintres.

Sentiers de découverte

Brochure disponible à l'office de tourisme et sur *www.giverny.fr.*

Le départ s'atteint en montant la r. Blanche-Hoschedé, à gauche en venant de l'auberge Baudy. Panneau derrière la mairie. Deux sentiers balisés permettent de découvrir la faune et la flore des coteaux de Giverny : le **sentier du Lézard vert** *(5 km – à faire en mai-juil., période de plus grande diversité de la flore)* et le **sentier de l'Astragale** *(5,5 km).*

Un autre sentier part de la mairie et mène à un beau panorama sur la vallée d'Epte : **Sur les pas de Monet** *(5,5 km)*

3

Carnet pratique

S'informer

Office de tourisme – *Parking du Verger - 37 Chem. du Roy - Giverny - ✆ 02 32 51 39 60 - www. normandie-tourisme.fr.*

Arriver/partir

Se garer – Afin de préserver le caractère bucolique du village, optez pour le vaste parking du Verger gratuit le long de la D 5.

Agenda

Festival de musique de chambre en Normandie – *✆ 06 03 21 48 98 - festival-mdcen.fr - 2e quinz. d'août.* Concerts à Giverny et dans les proches environs (Vernon, Vernonnet, Saint-Pierre d'Autils, Saint-Marcel...).

Nos adresses

Restauration

Premier prix

Au Coin du Pain'tre – *73 bis r. Claude-Monet - ✆ 02 32 71 01 70 - de mi-mars à mi-nov. : tlj sf. merc. 8h-19h.* Cette boulangerie-bistrot sert, dans une cour bucolique, des sandwichs, des quiches, des planches de charcuterie...

Budget moyen

Restaurant-Musée Baudy – *81 r. Claude-Monet - ✆ 02 32 21 10 03 - www.restaurantbaudy. com - fermé dim. soir et lun. - réserv. conseillée le soir - menu 35 €.* Cet ancien hôtel accueillait les peintres impressionnistes. Vous vous attablerez pour déguster de la cuisine française au milieu de leurs tableaux, avant de pousser la porte du jardin de roses anciennes.

Pour se faire plaisir

La Musardière – *123 r. Claude-Monet - ✆ 02 32 21 03 18 - www. lamusardiere.fr - 11 ch. 140/186 € - ☕ 16 € - ✕ menu 38 €, plat 23 €.* Une maison des années 1880 au milieu d'un petit parc. Accueil souriant et parfum d'antan. Restaurant avec terrasse.

Petite pause

La Brasserie des Artistes – *99 r. Claude-Monet - ✆ 02 32 21 52 21 - www.brasseriedesartistes. fr - tlj.* À l'entrée du musée des Impressionnismes, ce salon de thé est idéal pour une pause déjeuner (salades, spécialités régionales) ou goûter face au jardin et fleuri.

La Capucine – *80 r. Claude-Monet - ✆ 02 32 51 76 67 - http:// lacapucinegiverny.fr - fermé lun.-mar.* Le jardin, les fleurs, le salon de thé, l'espace épicerie fine, ici tout invite à une pause gourmande ou à un déjeuner (sandwichs, quiches, salades, soupes, planches, etc.).

Hébergement

Budget moyen

Chambre d'hôte Au Bon Maréchal – *1 r. du Colombier - ✆ 02 32 51 39 70 - www.aubon marechal.fr - P - 2 ch. 90 €, 1 suite 100 € ☕.* Cette buvette où se retrouvaient Monet et ses amis peintres est très bien située et abrite des chambres douillettes et confortables.

La maison de Claude Monet, à Giverny.
C. Boisvieux/hemis.fr

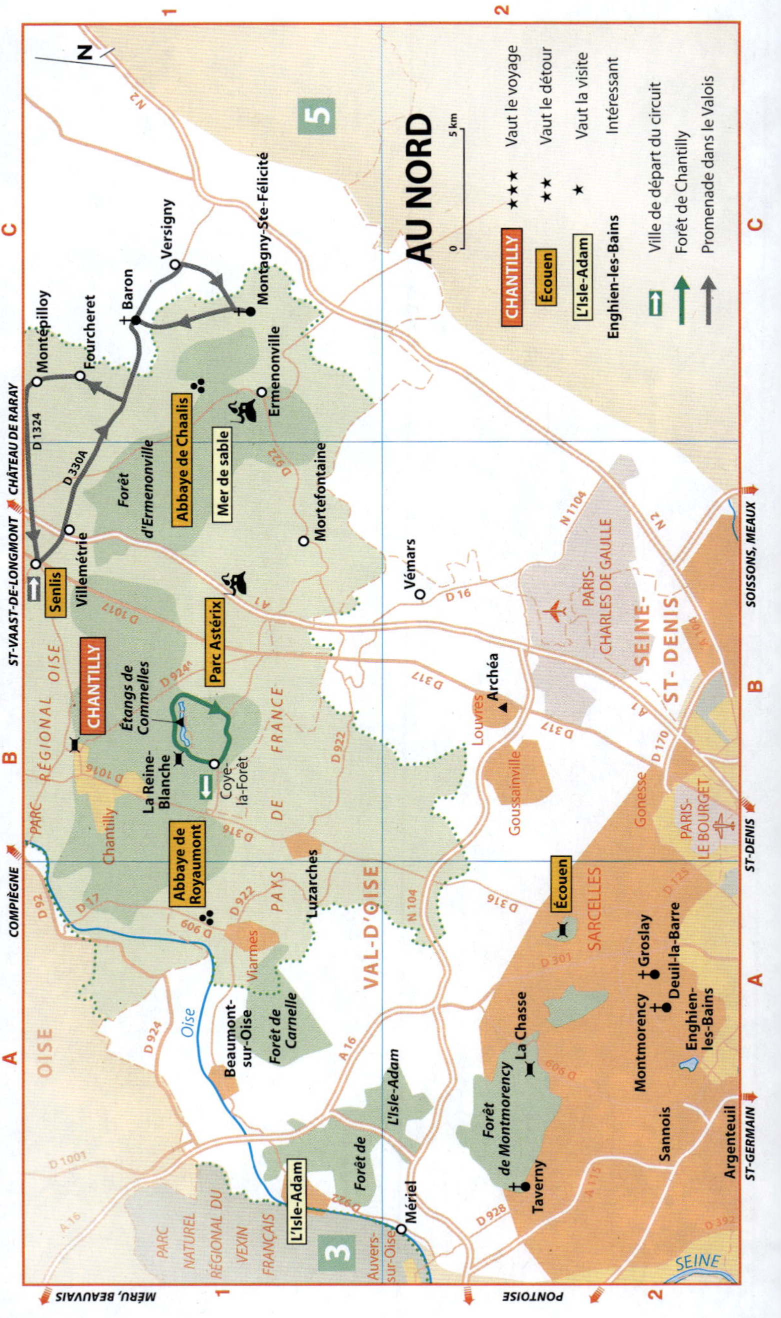
AU NORD
0
5 km
CHANTILLY ★★★ Vaut le voyage
Écouen ★★ Vaut le détour
L'Isle-Adam ★ Vaut la visite
Enghien-les-Bains Intéressant
Ville de départ du circuit
Forêt de Chantilly
Promenade dans le Valois
N
A
B
C
1
2
5
3
MÉRU, BEAUVAIS
PONTOISE
COMPIÈGNE
ST-VAAST-DE-LONGMONT
CHÂTEAU DE RARAY
ST-GERMAIN
ST-DENIS
SOISSONS, MEAUX
OISE
PARC RÉGIONAL OISE PAYS DE FRANCE
VAL-D'OISE
SEINE-ST-DENIS
PARC NATUREL RÉGIONAL DU VEXIN FRANÇAIS
Senlis
Villemétrie
Montépilloy
Fourcheret
Baron
Versigny
Montagny-Ste-Félicité
Ermenonville
Abbaye de Chaalis
Mer de sable
Forêt d'Ermenonville
Mortefontaine
Parc Astérix
Vémars
CHANTILLY
Chantilly
Étangs de Commelles
La Reine-Blanche
Coye-la-Forêt
Abbaye de Royaumont
Luzarches
Viarmes
Beaumont-sur-Oise
Forêt de Carnelle
Oise
L'Isle-Adam
Forêt de L'Isle-Adam
Mériel
Auvers-sur-Oise
Forêt de Montmorency
La Chasse
Taverny
Sannois
Montmorency
Groslay
Deuil-la-Barre
Enghien-les-Bains
Argenteuil
Écouen
SARCELLES
Goussainville
Louvres
Archéa
Gonesse
PARIS-LE BOURGET
PARIS-CHARLES DE GAULLE
SEINE
N 2
D 1324
D 330A
D 1017
D 924A
D 922
D 1016
D 316
D 17
D 92
D 909
D 924
D 1001
A 16
A 1
N 104
D 317
D 16
N 1104
D 170
D 301
D 125
D 928
A 115
D 392

Nos idées d'escapades d'une à deux journées autour de Paris.

4

Au nord De Royaumont à Enghien-les-Bains

CARTE MICHELIN DÉPARTEMENTS 305 – VAL-D'OISE (95)

Château de Chantilly ★★★

Le château, serti dans un superbe parc de Le Nôtre, vit dans le souvenir des fastes des princes de Condé. Avec un musée renfermant la deuxième collection de peintures anciennes en France, après celle du musée du Louvre, des écuries jamais égalées en splendeur, et quelques autres sites méritant une visite, comme le Potager des Princes et le pavillon de Manse, Chantilly est une destination de choix, en bordure d'une forêt préservée. Son nom évoque aussi la crème fouettée, la porcelaine tendre, la dentelle noire et les courses de chevaux puisque la petite cité possède un illustre hippodrome, de nombreux élevages, et porte le surnom de « capitale du cheval ».

Se repérer

CARTE B1 (P. 334).
10 950 Cantiliens – Oise (60)
À 40 km de Paris par l'A 1, sortie 7, puis D 1017 et D 924A.
Liaison SNCF depuis Paris-Nord (pack TER + domaine 25 €).

À ne pas manquer

Les manuscrits du cabinet des Livres et les œuvres du *santuario* du château ; le jardin anglais ; les Grandes Écuries.

En famille

Le château et ses énigmes ; le musée du Cheval et ses spectacles équestres ; l'enclos aux kangourous, l'aire de jeux au Hameau, le petit train touristique ou une balade en barque, à vélo ou à cheval dans le parc du château ; le Potager des Princes.

Carnet pratique p. 350

Nos adresses p. 350

★★★ Visiter le château

PLAN DU CHÂTEAU P. 341

1 r. du Connétable - 03 44 27 31 80 - chateaudechantilly.fr - de fin mars à déb. nov. : 10h-18h ; reste de l'année : 10h30-17h - fermé mar., 3 sem. en janv. - château, parc et Grandes Écuries 17 € (7-17 ans 13,50 €) ; billet famille 2 adultes + 3 enf. 48 € ; parc et jardins seuls 8 € (7-17 ans 6 €).

Si vous souhaitez suivre une visite guidée, obligatoire pour les appartements privés du duc et de la duchesse d'Aumale (p. 343), facultative pour les appartements des Princes, nous vous conseillons de réserver en arrivant.

L'audioguide « L'énigme du château » propose un parcours, sous forme d'énigmes, destiné aux plus de 6 ans.

La salle d'accueil forme le carrefour d'où partent les visites guidées des Grands Appartements et les visites non accompagnées des collections. Même si vous avez commencé par les collections, nous vous conseillons d'en interrompre la visite lorsque le prochain départ d'une visite des appartements est annoncé ; cependant, mieux vaut réserver votre visite au rez-de-chaussée à votre arrivée.

Il faut se représenter le château de Chantilly au temps des Condés, avec ses deux corps de bâtiment encore séparés par un bras d'eau : le Petit Château (16e s.) d'une part, et, d'autre part, le socle de l'ancienne forteresse sur lequel l'architecte

Le château dans son magnifique écrin d'eau et de verdure.
I. Boitet/Photononstop

Daumet a érigé le Grand Château (19e s.). Traversez la terrasse du Connétable où se dresse la statue équestre d'Anne de Montmorency et pénétrez dans la cour d'honneur par la grille flanquée de copies des *Esclaves* de Michel-Ange. Moins soucieux de composer un **musée★★** éducatif que de réunir une belle collection, le duc d'Aumale groupait les œuvres au hasard de ses acquisitions ou rassemblait dans une salle celles qu'il préférait. Les conservateurs ont respecté cette présentation. Suivant les termes du legs fait par le duc, l'Institut a l'obligation « de n'apporter aucun changement dans l'architecture extérieure et intérieure du château », et n'a pas le droit de prêter les objets conservés.

Antichambre (1)

À la suite du vestibule en marbre, l'antichambre dessert le cabinet des Livres et les Appartements des Princes, également appelés Grands Appartements. L'œuvre la plus importante de cette pièce est sans conteste le cabinet minéralogique offert par le roi de Suède Gustave III au prince Louis-Joseph de Condé en 1774 pour le remercier de son accueil. Le meuble se trouvait dans le cabinet d'Histoire naturelle des princes de Condé (aujourd'hui Salon de musique, dans les Appartements des Princes).

★ Cabinet des Livres (2)

Visite libre. Splendide collection de manuscrits dont celui des **Très Riches Heures du duc de Berry**, enluminé par les frères de Limbourg au 15e s. Ce manuscrit, très fragile, n'est pas exposé ; on peut cependant en voir un fac-similé. On s'arrêtera également sur le fac-similé du psautier de la reine Ingeburge de Danemark. On y observe, parmi les motifs décoratifs, le chiffre du duc d'Aumale : H O (Henri d'Orléans) et les armes des Condés (armes de France « brisées » – la barre oblique symbolise une branche cadette).

★★ Appartements des Princes (Petit Château)

Visite libre. Il s'agit de l'appartement du Grand Condé et de ses descendants, embelli, surtout au 18e s., par le duc de Bourbon, de **boiseries★★** Régence et

Le château de Chantilly ou l'éclat des Montmorency

D'un château fort...

Cinq châteaux se sont succédé, depuis deux mille ans, en ce point de la vallée de la Nonette. Au Moyen Âge, la première maison fortifiée devient un château fort appartenant aux **Bouteiller**, patronyme venu des fonctions héréditaires qu'ils exercent à la cour des Capétiens. Le « bouteiller de France », primitivement chargé des caves du roi, était l'un des grands conseillers de la Couronne.
La terre passe ensuite en 1386 au **chancelier d'Orgemont** qui reconstruit le château. Le soubassement féodal a supporté les trois édifices postérieurs. De la forteresse des Orgemont, il ne reste aujourd'hui que la base des sept tours.
En 1450, un **baron de Montmorency** épouse la dernière des Orgemont : Chantilly entre dans l'illustre famille qui le conserve, en ligne directe, pendant deux siècles.
Anne de Montmorency (1492-1567) qui a été le fidèle serviteur de cinq rois, de Louis XII à Charles IX, ainsi qu'un homme de guerre, diplomate, ministre et amateur d'art, modifie la physionomie du château qui perd ses allures de forteresse pour ressembler davantage à un palais Renaissance.

... à un palais Renaissance

En 1528, l'architecte **Pierre Chambiges** rénove la forteresse. Sur l'île voisine du château, **Jean Bullant** (architecte du château d'Écouen) bâtit le charmant castel qui est encore debout : le Petit Château. Il aménage la terrasse et édifie sept chapelles dont trois subsistent. Il était séparé du Grand Château par un large fossé, aujourd'hui comblé, que franchissaient deux ponts superposés. De nouveaux jardins sont dessinés. Les meilleurs artistes du temps décorent les deux palais. Chantilly compte parmi les plus célèbres domaines de France. Charles Quint ne peut cacher son admiration lorsqu'il le visite.
En 1567, à 75 ans, Anne de Montmorency entre en campagne contre les protestants et trouve la mort à la bataille de St-Denis.
Poussé par l'intrigant Gaston d'Orléans, frère de Louis XIII, **Henri II de Montmorency** se révolte contre Richelieu. Il est vaincu à Castelnaudary et fait prisonnier.
Le dernier des Montmorency est décapité à Toulouse en 1632. En signe de pardon, il lègue au cardinal les deux statues d'esclaves réalisées par Michel-Ange, aujourd'hui au Louvre (celles de Chantilly et d'Écouen sont des copies). Le château est alors confisqué par Louis XIII.

L'âge d'or de Chantilly

Avec sa femme, Charlotte de Montmorency, **Henri II de Bourbon-Condé** hérite de Chantilly en 1643 et profite des victoires de son fils, le futur Grand Condé, pour accroître une fortune déjà considérable, qui sera un trait dominant de la famille jusqu'à la Révolution.
Le Grand Condé (1621-1686) se consacre à l'embellissement du château avec la fougue et la maîtrise qu'il apporte aux opérations militaires. En 1662, **Le Nôtre** est chargé de la transformation du parc et de la forêt. Les jeux d'eau de Chantilly sont les plus admirés de France et **Louis XIV** à Versailles se fera un point d'honneur d'en posséder de plus beaux, quelles que soient les difficultés techniques. Les travaux durent une vingtaine d'années. Il en sort une œuvre splendide dont le cadre enchanteur donne lieu à des fêtes et des bals. Durant cette période,

Chantilly attire les grands écrivains : Molière, qui obtint du Grand Condé l'autorisation de représenter le *Tartuffe*, suivi par La Fontaine, Boileau, Racine, Mme de La Fayette et Mme de Sévigné, Bossuet, Fénelon et La Bruyère, qui fut précepteur du petit-fils du prince.

Condé meurt à Fontainebleau en 1686. Artiste, ayant le goût du faste, « Monsieur le Duc », **Louis Henri de Bourbon**, arrière-petit-fils du Grand Condé et Premier ministre de Louis XV de 1723 à 1726, donne à Chantilly un très vif éclat. Il fait construire par Jean Aubert les Grandes Écuries, chef-d'œuvre du 18e s., et crée une manufacture de porcelaine, disparue en 1870.

Son fils, Louis Joseph (1736-1818), fait construire le château d'Enghien (à droite de la grille d'honneur) ainsi que le Hameau et le Jeu de Paume. Il s'exile en 1789 pour fuir la Révolution.

Les révolutions de 1789 et 1830

Pendant la Révolution, les étages du Grand Château sont rasés jusqu'à hauteur du rez-de-chaussée ; le Petit Château échappe à la destruction.

À son retour d'exil, Louis Joseph a 78 ans. Il revient à Chantilly avec son fils. Leur douleur est vive ; le château qu'ils avaient tant aimé est ruiné, le parc dépecé. Ils décident de remettre leur domaine en état. Ils rachètent les parcelles de leur ancienne propriété, restaurent le Petit Château, replantent et réaménagent les jardins. Le prince meurt en 1818. Le duc de Bourbon poursuit les travaux. La révolution de 1830 qui donne le trône à son cousin Louis-Philippe l'inquiète. Il envisage de repartir pour l'Angleterre. Quelques jours plus tard, on le trouve pendu dans son château de St-Leu. Avec lui s'éteint la lignée des Condés.

Le duc de Bourbon a légué Chantilly à son petit-neveu et filleul, le **duc d'Aumale**, quatrième fils de Louis-Philippe. Ce prince s'est illustré en Afrique par la prise de la smala d'Abd el-Kader. La révolution de 1848 le fait partir en exil. Il ne rentre qu'en 1870 et préside le conseil de guerre.

De 1875 à 1881, le duc fait édifier par **Daumet**, dans le style Renaissance, le Grand Château actuel. Un nouvel exil l'éloigne de 1886 à 1889. Il meurt en 1897, léguant à l'Institut son domaine de Chantilly avec les magnifiques collections qui forment le musée Condé.

Le château aujourd'hui

Créée en 2005 à l'initiative de l'Aga Khan, la **Fondation pour la sauvegarde et le développement du Domaine de Chantilly** a obtenu la responsabilité de préserver et de promouvoir ce grand site historique, pour le compte et en coordination avec l'Institut de France, jusqu'en 2025. Depuis, de nombreux chantiers de restauration ont pu être mis en œuvre, financés par un partenariat public/privé entre l'État, l'Institut, la Région, le département de l'Oise, l'**Aga Khan** et d'autres mécènes privés. Cette collaboration fait de Chantilly un modèle original de développement économique d'un grand site patrimonial. Avec la décision de l'Aga Khan de dissoudre la fondation début 2020 « pour raisons personnelles », une nouvelle page s'ouvre pour le prestigieux domaine.

« Je ne survivrai pas à cet affront-ci »

Lors d'une somptueuse réception donnée par le Grand Condé en l'honneur de Louis XIV, **Vatel**, maître d'hôtel du prince, se trouve à court de vivres en raison du nombre inattendu de convives. Le lendemain, ne voyant pas arriver la « marée », la livraison de poissons en provenance des côtes, il craint à nouveau de ne pouvoir satisfaire les hôtes. S'estimant déshonoré, il se donne la mort en se transperçant de son épée, le 24 avril 1671. Très peu de temps après, les poissons frais sont livrés...

rocaille. Le duc d'Aumale, se réservant les pièces du rez-de-chaussée, ne l'a pas occupé. L'antichambre et partiellement le cabinet des Livres, création du duc d'Aumale, occupent l'emplacement de l'ancien fossé.

Salle des Gardes (3) – Cette pièce de transition, construite par le duc d'Aumale pour relier le Grand et le Petit Châteaux, contient des souvenirs des exploits militaires des propriétaires de Chantilly, notamment du haut fait du duc d'Aumale, la prise de la smala d'Abd el-Kader. Sur le manteau de la cheminée, remarquez la mosaïque, pièce intacte et jamais restaurée du 1er s. apr. J.-C. découverte au milieu du 19e s. en Campanie, qui représente l'*Enlèvement d'Europe par Zeus*.

Chambre de Monsieur le Prince (4) – Le seul titre de Monsieur le Prince suffisait pour désigner à la Cour le prince de Condé régnant. Il s'agit du duc de Bourbon (1692-1740) qui fit placer les boiseries encastrant, au fond de la pièce, les peintures animalières peintes par C. Huet (en 1735). On admire la grande commode en marqueterie de Riesener, avec des bronzes d'Hervieu, qui avait été réalisée pour la chambre du roi Louis XVI à Versailles. Les chaises en bois doré ont été commandées au 19e s. pour être décorées de pièces de tapisseries de Beauvais (18e s.) représentant des jeux d'enfants.

Grand Cabinet du Prince (5) – Dans ce cabinet formant pièce d'angle, le mobilier (chaises, fauteuils), réalisé par J.-B. Sené dans les années 1780, porte les marques du style néoclassique (pieds décorés à la manière de colonnes cannelées). Le lustre en cristal de Baccarat fumé de la fin du 18e s. provient du Palais Bourbon à Paris, de même que les dessus-de-porte figurant des scènes de bataille (1769).

Grande Singerie (6) – Ensemble de « singeries » du début du 18e s. (1737), chef-d'œuvre de C. Huet. Au milieu des lambris blancs et or, des saynètes montrent des singes imitant les activités humaines : singe géographe, singe sculpteur, singe tambour, etc., complétées par l'écran de cheminée : *La Leçon de lecture des singes*. Réalisé pour le duc de Condé, fondateur de la manufacture de porcelaine de Chantilly, le décor de cette pièce veut sans doute rappeler sa propre collection de porcelaine de Chine et du Japon.

Galerie des Actions du Grand Condé (7) – Le Grand Condé avait commandé à S. Le Conte sa propre galerie des batailles dont il ne devait pas voir l'achèvement (1692). De 1652 à 1659, période de sa rébellion, la série s'interrompt. Le *Repentir du Grand Condé*, peinture imaginée par le fils du héros, le représente empêchant une Renommée de publier ses actions, entachées d'infidélité, et invitant une autre Renommée à publier son repentir.

Salon de Musique (8) – Ce salon a remplacé le cabinet d'Histoire naturelle, démantelé à la Révolution.

L'escalier conduit ensuite au rez-de-chaussée à la galerie construite par F. Duban en 1846 pour desservir les appartements du duc d'Aumale. Dans la galerie Daumet, ne manquez pas le bureau à coulisse réalisé en 1873 pour le duc.

Chapelle

Visite libre. Le duc d'Aumale y a fait transporter un **autel★** attribué à Jean Goujon, des panneaux de marqueterie (représentant les 12 apôtres) et des vitraux du 16e s. provenant de la chapelle d'Écouen. Dans l'abside se trouvent le **mausolée** d'Henri II de Condé réalisé en 1648 (bronzes de J. Sarrazin, ramenés de l'église des Jésuites – St-Paul-St-Louis – de Paris) et le monument funéraire contenant les cœurs des Condés.

★★★ Les collections du musée Condé (Grand Château)

Visite libre. Traversez la **galerie des Cerfs (A)**, consacrée au thème de la chasse : tapisseries des Gobelins du 17e s. Dans cette pièce utilisée comme salle à manger par le duc d'Aumale, remarquez la tribune au-dessus de la porte d'entrée, taillée d'un seul bloc de pierre, qui pouvait accueillir des musiciens.

Galerie de Peinture (B) – Le mur de gauche est consacré à la peinture italienne, celui de droite à la peinture française. La variété des œuvres exposées révèle les goûts éclectiques du duc d'Aumale : le sujet militaire est illustré par de grandes peintures (*Combat sur la voie ferrée* de Neuville, *Les Cuirassiers de 1805* de Meissonier). L'orientalisme figure en bonne place avec *Les Pestiférés de Jaffa* de Gros, *Les Chefs arabes en conseil* d'H. Vernet et la *Chasse au faucon* de Fromentin… Remarquez aussi le *Gabrielle d'Estrées au bain* (école française du 16e s.), les portraits de Mazarin et de Richelieu par Philippe de Champaigne, *Le Massacre des Innocents* de Poussin. L'accrochage des tableaux témoigne des usages en cours au 19e s. avec une présentation des peintures sur plusieurs niveaux, sous un éclairage zénithal. Cet exceptionnel ensemble de 85 tableaux a fait l'objet d'une campagne de restauration intégrale.

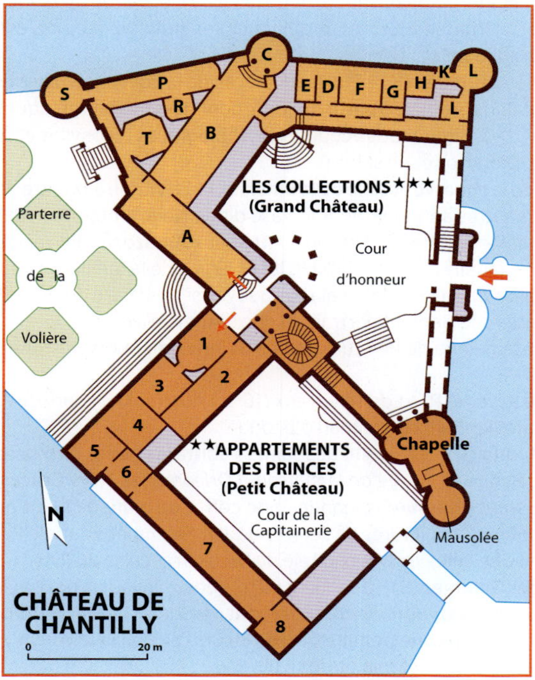

Rotonde (C) – De **Raphaël**, *La Vierge de Lorette* ; de **Piero di Cosimo**, portrait de la belle Simonetta Vespucci, qui aurait aussi servi de modèle à Botticelli pour *La Naissance de Vénus* ; de Chapu, statue agenouillée de Jeanne d'Arc aux voix. Au sol, une mosaïque romaine du 1er s. provenant des fouilles de Pompéi.
Salle Caroline (D) – La peinture du 18e s. est à l'honneur, avec des portraits de Largillière et de Greuze, celui de la marquise de Pompadour par Drouais, *Jeune femme jouant avec des enfants* de J. Van Loo, *L'Amante inquiète* et *Le Donneur de sérénades* de Watteau, ou *Tempête par temps de neige* d'Everdingen.
Cabinet des Clouet (E) – Précieuse collection de **tableaux★★** des Clouet, de Corneille de Lyon, etc., œuvres de petit format, très rares et, pour certaines, célèbres : *François Ier*, *Marguerite de Navarre* (caressant un petit chien), *Henri II enfant*. Petits portraits de l'école française des 16e et 17e s. (donation Biencourt) : entre autres, *Le Connétable Anne de Montmorency*.
Salon d'Orléans (F) – Dans les vitrines, collection de **porcelaines tendres de Chantilly**, sorties de la manufacture fondée par le duc de Bourbon en 1725 (pièces de service aux armes des Condés, pièces au chiffre du duc d'Orléans). À voir également quelques dentelles noires de Chantilly.
Salle Isabelle (G) – Nombreuses peintures du 19e s. dont *Corps de garde marocain* par Delacroix, *Cheval sortant de l'écurie* de Géricault et *Françoise de Rimini* d'Ingres.
Cabinet du Giotto (H) – Cette salle est consacrée aux peintres italiens et français des 15e et 16e s. *Anges dansant devant le soleil* (école italienne du 15e s.), *Sainte Marie-Madeleine* de L'Albane (16e s.), *Saint Benoît en extase au désert* de Fra Angelico (15e s.). Elle présente aussi l'une des rares œuvres subsistant du grand peintre avignonnais E. Quarton, réalisée en collaboration avec P. Villatte, la *Vierge de miséricorde* (1453). *La Dormition de la Vierge*, œuvre longtemps attribuée à Giotto et qui valut son nom au cabinet, est due à son élève Maso di Banco.
Cabinet des Antiques (K) – Plusieurs pièces de la collection d'antiques constituée par le duc d'Aumale à partir de 1843, dont trois hydries grecques en bronze du 4e s. av. J.-C., figurant des couples mythologiques (Dionysos et Ariane, Éros et Psyché, Dionysos et un satyre).
Rotonde de la Minerve et salle de la Smala (L) – La vitrine au centre de la rotonde présente d'autres antiques, dont le Vase dit de Nola, amphore à figures rouges représentant le combat de Thésée contre deux Amazones. Elle est entourée de portraits de famille des Orléans (17e, 18e et 19e s.), de la famille de Louis-Philippe en particulier. La salle de la Smala évoque aussi la victoire du duc d'Aumale sur Abd el-Kader ; de Bonnat, portrait du duc d'Aumale à 68 ans.
Revenez à la galerie de Peinture par les **Galeries du Logis** (histoire du château de Chantilly).
Galerie de Psyché (P) – Les 44 **vitraux** (16e s.) illustrant l'histoire de Psyché et de Cupidon proviennent du château d'Écouen.
★★★ **Santuario (R)** – Ce « saint des saints » abrite les perles du musée : la Vierge de Raphaël, dite la *Vierge de la maison d'Orléans* ; les **Trois Grâces**, du même peintre ; *Esther et Assuérus,* panneau de coffre de mariage peint par Filippino Lippi, et enfin 40 miniatures de Jean Fouquet, découpées dans le livre d'heures d'Estienne Chevalier, œuvre capitale de l'école française du 15e s.
Cabinet des Gemmes (S) – Il contient de très beaux joyaux. L'un d'eux, le diamant rose, dit le *Grand Condé (copie exposée),* fut dérobé en 1926 et retrouvé quelques mois plus tard dans une pomme où les voleurs l'avaient caché. On voit aussi de remarquables émaux et miniatures.

Château de Chantilly.
C. Sappa/De Agostini Editore/age fotostock

Tribune (T) – La coupole de cette salle à pans coupés, inspirée de la Tribune des Offices à Florence, a pour thème des épisodes de la vie du duc d'Aumale et des souvenirs de la maison d'Orléans. Les tableaux sont regroupés ici par époque : deux murs consacrés à l'art italien et flamand de la Renaissance, un mur aux 17e et 18e s. français et flamand, les deux derniers à la peinture romantique et néoclassique. Parmi les œuvres rassemblées, on remarque notamment : *L'Automne* de **Botticelli**, *L'Amour désarmé* et *Le Plaisir pastoral* de **Watteau**, et un portrait de Molière par **Mignard**. **Ingres** est représenté par trois superbes tableaux : *Autoportrait, Mme Devaucay* et *Vénus Anadyomène* (qui sort de l'eau). En sortant de la tribune, passez par la galerie d'office, transition entre les cuisines et la salle à manger, où vous verrez de la vaisselle de table (services de porcelaine, services de verrerie, orfèvrerie) du duc d'Aumale dans leur disposition d'origine.

★ Appartements privés du duc et de la duchesse d'Aumale

Visite guidée (1h) uniquement, sur réserv. - tlj sf. mar. 11h, 15h et 16h - suppl. 5 €.

À l'occasion de son mariage avec Marie-Caroline de Bourbon-Sicile en 1844, le duc d'Aumale fit aménager et décorer ces appartements par le peintre Eugène Lami, dans un goût éclectique mêlant rocaille, classicisme et néo-Renaissance. Ils se composent de neuf pièces, au rez-de-chaussée du Petit Château Renaissance, qui ont conservé leur mobilier d'origine et préservé leur atmosphère intime, notamment grâce à une restauration intégrale menée en 2018-2019. Le salon de Guise (ou salon des Dames) avec ses meubles de Grohé, la chambre de la duchesse (plafond peint de Diaz) avec son cabinet de toilette, et le Salon violet (boudoir de la duchesse) forment l'appartement de Marie-Caroline. La Petite Singerie, située juste en dessous de la Grande, fait le lien avec l'appartement du duc. Elle est ornée de boiseries peintes réalisées en 1735 par C. Huet pour le duc de Bourbon (remarquez les singesses mangeant de la crème chantilly). Viennent ensuite la salle de bains et la chambre du duc d'Aumale (lit de camp militaire et bureau offert par Louis-Philippe), le salon de Condé avec ses 42 médaillons de J. M. Ribou (18e s.) représentant les rois, reines, princes et princesses des maisons de Bourbon et Bourbon-Condé, et enfin la salle de Marbre. La galerie Duban, en bois, fut construite pour desservir ces appartements (vitraux héraldiques provenant du château d'Écouen, 16e s.).

★★ Le parc PLAN DU PARC CI-DESSOUS

Voir le circuit sur le plan p. 344-345 - de déb. avr. à déb. nov. : 10h-20h ; reste de l'année : 10h30-18h - fermé mar., 3 sem. en janv. - tarifs p. 337.

Pour visiter le parc, très étendu, vous pouvez louer des vélos, trottinettes électriques, rosalies, etc. (*p. 352*).

La structure originale du jardin a été élaborée par Le Nôtre en 1662 à la demande du Grand Condé. Le Nôtre tira le meilleur parti possible des accidents du terrain et de la présence abondante de l'eau. Il dériva et canalisa la Nonette pour former le Grand Canal et la « Manche ». De cette entreprise subsiste aujourd'hui le parterre Nord et le Grand Canal. Depuis la terrasse, on gagne le parterre Nord par le Grand Degré. De manière tout à fait originale, le château est décalé par rapport à cet axe.

Grand Degré

Les soubassements du degré sont creusés de « grottes », qui accueillent des groupes sculptés représentant des fleuves et des statues de personnages mythologiques liés à l'eau (Acis et Galatée à gauche, Alphée et Aréthuse à droite). Contournez le bassin de la Gerbe pour atteindre le parterre Nord.

Parterre Nord ou parterre de Le Nôtre et Grand Canal

Dans l'axe de la « Manche » apparaît la pelouse en amphithéâtre du Vertugadin. Des miroirs d'eau sont disposés à droite et à gauche. Un système d'acheminement de l'eau permettait aux jets de fonctionner jour et nuit. Le parterre est encadré par deux allées de jeunes tilleuls, dites « allées des Philosophes » parce que les

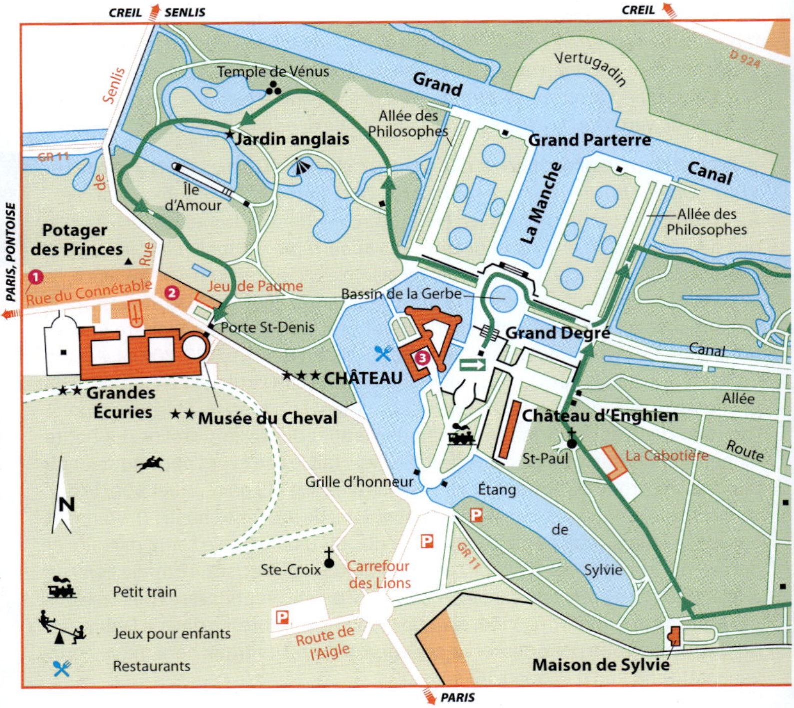

grands écrivains qui rendaient visite à Condé aimaient se promener en devisant sous leurs ombrages.
Entre la « Manche » et le bassin circulaire de la Gerbe ont été placées, de part et d'autre de la statue du Grand Condé, par Coysevox, les effigies de La Bruyère et de Bossuet (en retrait, statues de Molière et de Le Nôtre, assis).
Longez la « rivière » du Hameau.

Le Hameau

Il date de 1774 et a précédé celui du Trianon de Versailles, plus célèbre. Il était alors de bon ton pour les princes de rechercher le dépaysement dans des villages en miniature. On y voit cinq maisons à colombages dont le style rustique contrastait avec le luxe des décors intérieurs : elles contenaient la cuisine, la salle à manger avec un décor en trompe-l'œil et la salle de billard. La grange offrait un salon qui fut restauré par le duc d'Aumale. À chaque fête, on servait le souper dans ce joli coin du parc. C'est là aussi, dans une laiterie aujourd'hui disparue, qu'était dégustée la fameuse **crème chantilly**, évoquée dès 1784. Le moulin abrite aujourd'hui un restaurant (*p. 351*).
En continuant vers la Grande Cascade qui clôt le Grand Canal à l'est, sur la prairie de Candie, les enfants pourront partir à la quête du diamant rose dans le labyrinthe des Princes *(mai-nov.)* et mieux connaître l'histoire des fondateurs de Chantilly. Un labyrinthe de fleurs moins difficile ravira les plus petits.
Enfin, on arrive devant une belle **cascade** en éventail marquant l'origine du Grand Canal.
Revenez sur vos pas vers le canal des Morfondus.

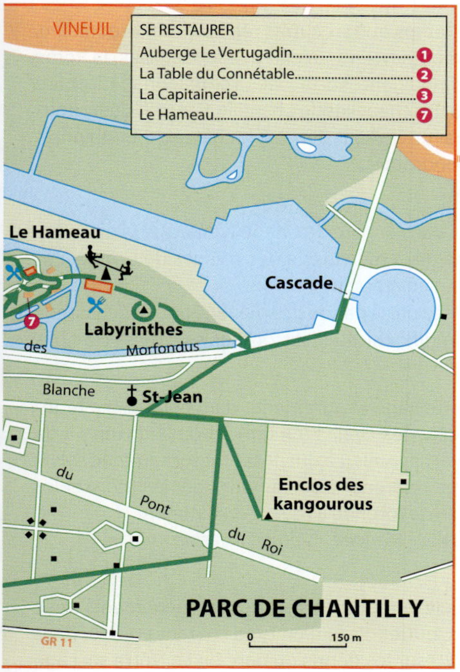

La capitale du cheval

Les premières courses – La première réunion de courses officielles a lieu à Chantilly le 15 mai 1834, à l'initiative des membres de la « Société d'encouragement », fondée l'année précédente. Le patronage des ducs de Nemours et d'Orléans, la mode, lancée par les dandies du Jockey-Club qui apprécient la souplesse de la pelouse (avant l'ouverture de Longchamp en 1857, les courses avaient lieu à Paris sur le dur terrain du Champ-de-Mars) donnent bientôt aux réunions (prix du Jockey-Club en 1836, prix de Diane en 1843) un éclat mondain. Des chasses à courre, concerts, fêtes sur l'eau et feux d'artifice enchantent les turfistes et les élégantes. À la fin du 19e s., les courses déplacent les foules. La Compagnie des chemins de fer du Nord met au point, pour les deux grandes réunions, une organisation de transport dont la puissance est restée inégalée : en 1908, le trafic nécessite la formation de 40 à 50 trains spéciaux de 16 voitures. Entorse rarissime au règlement, un contingent de trains de retour (départs toutes les 3mn) circule à contre-voie de Chantilly à St-Denis.
La capitale du pur-sang – Quelque 3 000 chevaux de course sur les pistes de Chantilly et des communes environnantes font de la cité des Condés le plus grand centre d'entraînement de galopeurs en Europe. Les activités liées à l'entraînement de ces chevaux procurent plus de 2 000 emplois au niveau local.
Les terrains – *Accès interdit.* Une centaine d'entraîneurs de chevaux de course répartissent leurs « lots » entre le lever du jour et midi sur les pistes de sable ou de gazon des quatre terrains, ou encore sur les allées mises en sable de la forêt (notamment la route du Connétable dite « piste des Lions »).

Chapelle St-Jean

Elle fut élevée en 1538, en même temps que six autres réparties sur le domaine, par le connétable Anne de Montmorency, en souvenir des sept églises de Rome qu'il avait visitées pour gagner les indulgences attachées à ce pèlerinage. Il obtint du pape les mêmes privilèges pour les chapelles de Chantilly. Outre St-Jean, deux chapelles subsistent dans le domaine : St-Paul, derrière le **château d'Enghien**, et Ste-Croix, sur la pelouse de l'hippodrome.

Enclos des kangourous

L'introduction de kangourous dans le parc de Chantilly marque la première étape du projet de réhabilitation de la ménagerie des princes de Condé. Les enfants s'amuseront à voir les marsupiaux sauter !
En longeant le Petit Parc, vous passez par le **pas de tir**, aménagé pour les chasses à tir du duc d'Aumale, comprenant l'édifice où étaient stockées les armes et la cible.

Maison de Sylvie

Ce charmant pavillon habillé de treillage et agrémenté d'un petit jardin régulier tient son nom de Marie-Félicie des Ursins (Orsini), épouse d'Henri II de Montmorency, qui aimait y recevoir ses amis. La duchesse fut surnommée Sylvie par le poète Théophile de Viau, en référence à son amour pour la nature et les bois. Le duc d'Aumale fit construire la rotonde à l'avant du bâtiment.
Rejoignez le château. À gauche de la « Manche » s'étend le jardin anglais.

★ Jardin anglais

De l'autre côté du château, une seule fabrique subsiste des aménagements de Le Nôtre : les Cascades de Beauvais, buffet d'eau d'un type courant au 17e s. Dans le jardin anglais, aménagé en 1820 sur les débris du parc de Le Nôtre saccagé

pendant la Révolution, perdez-vous dans les allées en contemplant les arbres. Vous découvrirez plusieurs fabriques récemment restaurées : temple de Vénus, qui abrite une copie de la célèbre statue antique de la *Vénus callipyge* ; l'île d'Amour, où une copie de la *Vénus Médicis* fait face à l'*Éros* de Jonchery.
En remontant vers les **Grandes Écuries**, vous passerez à côté du Jeu de Paume, l'un des derniers construits en France, qui vient de rouvrir après travaux. Transformé en salle de musée par le duc d'Aumale, il conserve une collection de peinture et est ouvert à l'occasion d'expositions temporaires. Vous y trouverez aussi une maquette du domaine.

★★ Les Grandes Écuries

Chef-d'œuvre de **Jean Aubert**, les Grandes Écuries sont le plus noble monument de Chantilly hérité du 18e s. On y accède en passant par la porte St-Denis qui enjambe la route menant à la ville. Les Écuries se composent de deux nefs (abritant les chevaux) de part et d'autre du dôme central et de deux cours – la cour des chenils pour les meutes et la cour des remises pour les carrosses – ainsi que d'un manège. La meilleure place est réservée au cheval et à la chasse, qui constituent les thèmes principaux du décor. Remarquez les trois chevaux sculptés qui semblent jaillir du cadre surmontant la porte d'entrée au musée. La plus belle façade des écuries est celle de la pelouse, d'où vous pourrez apprécier pleinement l'aspect grandiose, l'équilibre dans l'ordonnance du bâtiment rythmée par les arcades, et aussi son ampleur (186 m de long). À la gloire des maîtres du lieu, la *Renommée* de Coysevox (original au Louvre) trône au-dessus du dôme des Grandes Écuries. Du temps des princes de Condé, cet ensemble de bâtiments réunissait 240 chevaux, 500 chiens et un personnel de près de 100 palefreniers, cochers, piqueurs, etc.
★★ **Musée du Cheval** – *✆ 03 44 57 40 40 - www.chateaudechantilly.fr - voir horaires et tarifs p. 336 - démonstrations de dressage incluses dans le billet.*
Toute l'année, et tous les jours en saison, des **démonstrations** et **présentations équestres**★ de dressage ont lieu au cours de la visite. Les enfants apprécient aussi les cabrioles des **poneys**. C'est sous le dôme que se déroulent les spectacles *(horaires, prix et calendrier des spectacles sur www.chateaudechantilly.fr.*
L'entrée du musée se fait par la **nef orientale**, qui abrite dans des stalles datant du duc d'Aumale des chevaux ibériques, allemands et de trait, utilisés pour les spectacles. Les 15 salles d'exposition du musée sont réparties autour de la cour des remises, autrefois destinée au rangement des voitures hippomobiles. Elles montrent, par un large panorama d'objets et de documents anciens (tableaux, gravures, livres), ainsi que par des bornes interactives et de courts films, l'évolution de la place du cheval dans les civilisations : le rôle du cheval dans la guerre et la chasse (remarquez notamment les deux grands tableaux d'**Adolphe Ladurner** représentant des scènes de chasse à Chantilly en présence du prince de Condé, 1828), les sports équestres, l'attelage et l'agriculture, le cheval dans l'Art, le cirque. Tous les métiers liés à l'animal sont évoqués, notamment la maréchalerie, l'hippologie ou la gainerie, par des outils, des harnachements, d'insolites balances pour jockeys, des fers à cheval de cérémonie niellés d'argent... Après la cour des chenils, rejoignez la **nef ouest**. Quasi vide, elle conserve cependant deux belles pièces hippomobiles : la calèche de chasse des impératrices Marie-Louise et Joséphine, et la berline de gala du duc de Bourbon. La visite s'achève en apothéose dans la **salle du dôme**, haute de 28 m, où se déroulent les démonstrations et spectacles. Admirez la richesse du décor – par opposition à la sobriété des nefs – composé de trophées de chasse sculptés, de rocailles, de guirlandes de fleurs et, en face de la porte d'honneur, la vasque de la jolie **fontaine** qui servait

d'abreuvoir. Au 18e s., cette salle, conçue comme un temple à la gloire du cheval, servait pour des soupers donnés par les princes de Condé en l'honneur de leurs hôtes prestigieux, Louis XV notamment.

La ville

Le Potager des Princes – Parc animalier et animé

17 r. de la Faisanderie - ✆ 03 44 57 39 66 - www.potagerdesprinces.com - ♿ - avr.-oct. : 10h-12h30, 14h-17h30 ; 17 déc.- 31 déc. 14h-17h30, fermé nov.-mi-déc., et mars-avr. - 9,50 € (-15 ans 8,50 €), 10 € pdt vac. scol.

C'est en 1682, sur ordre du Grand Condé, que fut construite la faisanderie de Chantilly dont les jardins dessinés par André Le Nôtre et Jean-Baptiste de La Quintinie forment aujourd'hui le cadre du Potager des Princes. Réhabilité selon des plans des 17e, 18e et 19e s., cet espace de 3 ha, composé de 25 jardins, réserve bien des surprises. On débouche tout d'abord sur l'étonnant théâtre d'extérieur, construit en treillage décoratif dans le goût du 18e s. On poursuit par le **musée vivant de la basse-cour naine**, véritable conservatoire d'espèces rares et anciennes, qui s'enroule autour d'un jardin à l'italienne rythmé par une cascade à degrés : lapins nains hollandais, tragopans, poules soie, poule Appenzelloise, Sabelpoot. D'autres animaux viennent compléter cette ménagerie extraordinaire : ânesse naine, chèvres, poneys, faisans dorés. Le parcours continue dans le jardin tropical, le jardin japonais, puis au long du « lapinodrome » où les rongeurs agiles font la course à 15h30. Remarquez la superbe collection de perruches en volières. Vient ensuite la partie plus traditionnelle du parc, qui s'étend en terrasses au pied du Pavillon de la faisanderie : potager associant à la perfection les plantes médicinales et condimentaires aux légumes traditionnels et aux fleurs, verger et bassin, treilles de vignes et cloître de treillage, où un salon de thé permet de se délasser en cours de visite.

Pavillon de Manse ou « le Moulin des princes »

34 r. des Cascades - ✆ 03 44 62 01 33 - www.pavillondemanse.com - mar.-vend. et le 1er et le 3e w.-end du mois mai-sept. : 10h-12h30, 13h30-18h ; reste de l'année : 14h-17h30 - fermé janv. - 7 € (3-15 ans 3 €).

Au bord de la Nonette, le pavillon de Manse abritait, au 17e s., une roue à aubes reliée à un ensemble de pompes. On pouvait ainsi élever l'eau à 20 m de hauteur pour remplir le grand réservoir du parc du château, à 400 m de distance et, de là, alimenter les fontaines et jets d'eau qui ornaient le jardin du Grand Condé. En 1875, le duc d'Aumale remplaça la roue par une turbine à eau qui alimentait le château et la ville en eau potable et qui resta en service jusqu'en 1978. Il installa aussi une blanchisserie ultramoderne pour l'époque.

L'Association Jacques de Manse dégrippa les machines du duc d'Aumale en 2000 et reconstruisit l'ancienne roue en chêne de près de 8 m de diamètre à l'identique : tout fonctionne à nouveau, mais en circuit fermé... De l'étage supérieur, garni de lignes d'étendage pour le linge, jusqu'au niveau inférieur abritant la roue en chêne, en passant par la salle de pompage du 19e s. et la blanchisserie, la visite illustre l'histoire de l'hydraulique.

Musée de la Dentelle

34 r. d'Aumale - ✆ 03 44 60 92 36 - www.chantilly-dentelle.com - ♿ - vend.-dim. 14h-18h - fermé 24 déc.-2 janv. - 5 € (-18 ans gratuit).

Dans ce petit musée installé dans des bâtiments historiques, vous découvrirez la blonde d'origine : il s'agit de la dentelle réalisée en soie naturelle, directement issue du cocon et « façon Malines », portée par la noblesse. Ce n'est que vers le milieu du 19e s. que la mode imposa la dentelle noire, appelée **dentelle de Chantilly**, utilisée pour les ombrelles, les éventails, les châles et les tenues des élégantes. ici, l'histoire de la dentelle remonte à 1694, quand Anne de Bavière, princesse de Condé, créa une école de dentellières pour les filles sans ressources de la région. Un centimètre carré de dentelle, réalisé selon des patrons compliqués de fleurs champêtres imaginés par les mêmes dessinateurs que ceux de la manufacture de porcelaine, représentait le travail… d'une journée ! Durant votre visite, vous verrez notamment des tenues à la mode sous Napoléon III, et les fuseaux et tambours des dernières dentellières. Une section du musée est consacrée à la **porcelaine de Chantilly**. La première manufacture est créée en 1730 par le duc de Bourbon pour imiter la porcelaine du Japon, puis s'impose la porcelaine dure à motifs floraux dans les années 1770. La manufacture ferme définitivement en 1870.

Circuit conseillé

CARTE P. 334

Forêt de Chantilly B1

Ce vaste massif forestier couvre plus de 6 300 ha, patiemment remembrés pendant cinq siècles par des seigneurs passionnés de chasse. Le peuplement actuel est fait de chênes, charmes, tilleuls et pins sylvestres traités en futaies et taillis sous futaie. Propriété de l'Institut de France, mais gérée par l'Office national des forêts, la forêt de Chantilly présente un réseau très dense de routes forestières propices aux promenades. La randonnée reprend tous ses droits en forêt de Coye, d'Orry et de Pontarmé. Les sols, légers et filtrants, ont favorisé le développement des activités hippiques ; au carrefour du Petit-Couvert, on peut assister tous les matins à l'entraînement des chevaux.

Le domaine de Chantilly et sa forêt sont traversés par une superbe perspective dessinée par Le Nôtre en 1662 : elle s'inscrit dans l'axe du bassin de la Manche, poursuivie au nord-est, sur la commune de Vineuil-St-Firmin, par l'allée des Huit rangs (belle vue sur le parc et le château), et au sud-ouest par la piste des Lions (actuelle route du Connétable), restée jusqu'à ce jour route cavalière.

▶ *Circuit de 7,5 km en vert sur la carte p. 334. Déconseillé en fin de semaine. Partez de Coye-la-Forêt (à 8 km de Chantilly par la D 1016, puis la D 118) par la route des Étangs, au nord, le long de la Thève.*

La route atteint le premier plan d'eau des étangs de Commelles, l'étang de la Loge, au château de la Reine Blanche.

4

Château de la Reine-Blanche B1

On appelle ainsi un ancien moulin rhabillé à la mode « troubadour » par le duc de Bourbon (le dernier Condé) en 1825 pour servir de rendez-vous de chasse. Il occupe l'emplacement d'un castel légendaire qui aurait été bâti par la reine Blanche de Navarre, épouse de Philippe VI de Valois, vers 1350. Dans les anciens communs, qui font face à l'étang, petit restaurant-snack et crêperie, pour une pause en forêt. Le **site★** est embelli par les hêtres centenaires formant avenue sur la levée.

Étangs de Commelles B1

Ils furent aménagés en viviers par les moines de Chaalis, au début du 13e s. La route de la rive nord ne longe pas les étangs, mais des antennes s'en détachent vers les parkings de la rive et les chaussées qui divisent le plan d'eau. Il est ainsi possible de faire divers petits circuits à pied d'une rive à l'autre. *Regagnez Coye.*

Carnet pratique

S'informer

Office de tourisme – *73 r. du Connétable - Chantilly - ✆ 03 44 67 37 37 - ww.chantilly-senlis-tourisme.com.*

Circuits –L'office du tourisme de Chantilly propose trois circuits de promenades dans la ville et aux abords immédiats, de moins d'1h30 : En ville; Le long des canaux; Autour de l'hippodrome. Dépliants-parcours accompagnés de nombreuses explications sur le patrimoine local.

Agenda

Chantilly est la capitale du cheval, une quarantaine de courses sont organisées par an, ainsi que des compétitions de jumping ou des matchs de polo à Apremont. *Voir la brochure* Terre de cheval *disponible sur le site de l'office de tourisme.*

L'hippodrome de Chantilly – *www.france-galop.com.* Situé face aux Grandes écuries, dans un superbe cadre de verdure, il accueille de prestigieuses manifestations hippiques dont le fameux **prix du Jockey-Club** *(www.prixdujockeyclub.com - 1er dim. de juin),* qui sacre le meilleur poulain de 3 ans, et l'élégant **prix de Diane** *(3e dim. de juin),* qui consacre la meilleure pouliche de 3 ans. Ce prix est réputé pour être aussi un concours d'élégance. Le spectacle a lieu autant dans les tribunes que sur la piste.

Festival de théâtre La Scène au jardin – *W.-ends de déb. juil. à fin sept. - ✆ 03 44 57 39 66 - www.lasceneaujardin.com - 20 € (-26 ans 17 €).* Ce théâtre d'extérieur en treillage, situé dans le Potager des Princes, accueille un festival de théâtre. Programmation éclectique.

Journées des Plantes – *Un w.-end en mai, un w.-end en oct. - 18 €.* Rendez-vous incontournables consacrés à l'art des jardins. Plus de 200 exposants et pépiniéristes, conférences, animations, ateliers.

Nos adresses

PLAN P. 344-345

Restauration

Budget moyen

Le Boudoir – HORS PLAN - *100 r. du Connétable - ✆ 03 44 55 44 49 - www.leboudoir-chantilly.fr - fermé le soir - menu 25 €, plats 13 €.* Dans une ambiance calme et cosy aux teintes beige et framboise, ou en terrasse, vous pourrez choisir entre tartes salées, salades et plats chauds. À l'heure du goûter, ce salon de thé propose une large sélection de thés, cafés et chocolats que vous dégusterez avec des pâtisseries. Épicerie fine pour prolonger le plaisir.

1 **Auberge Le Vertugadin** – *44 r. du Connétable - ✆ 03 44 57 03 19 - www.vertugadin.com - fermé dim. soir, lun., et mar. midi - menu 34 €.* Il suffit de suivre la route menant au château de Chantilly pour trouver cette demeure du 19e s. aux volets verts. Pour les repas, deux salles au choix, rustique ou bourgeoise, et une terrasse gravillonnée. Jardin arboré. La carte et le menu évoluent au gré des saisons; spécialités de truffes, foie gras et poissons.

Une folie

2 **La Table du Connétable** – *4 r. du Connétable - ✆ 03 44 65 50 00 - aubergedujeudepaumechantilly.*

fr - jeu.-sam. 19h-21h30 - plats 52/59 €, menus 115/160 €. Dans les murs du luxueux Relais & Châteaux de l'Auberge du Jeu de paume, qui ouvre sur le domaine de Chantilly, restaurant étoilé au cadre somptueux, entre tableaux, lustres et tentures. Attendez-vous à un repas raffiné en forme d'expérience, rehaussé par un service irréprochable.

Dans le parc

Budget moyen

7 **Le Hameau** – *Le Château - Au Hameau - ✆ 03 44 57 46 21 - tlj sf. mar. 12h-18h - fermé de mi-nov. à déb. mars - menus 24,50/47 €.* Toits de chaume, colombages et verdure composent le décor champêtre du moulin, pour un déjeuner ou un goûter estampillés terroir : confit de canard, foie gras, terrine de cerf, cidre, confitures ou miel de la région, pain d'épice à l'orange, délicieuses tartes garnies de pommes ou de fraises, et crème chantilly bien sûr... Petite boutique de produits régionaux.

Au château

Budget moyen

3 **La Capitainerie** – *Château de Chantilly - ✆ 03 44 57 15 89 - www.chateaudechantilly.fr - tous les midis, sf. lun. - fermé mar. nov.-mars, 3 sem. en janv. - menus 34/38 €* Difficile de trouver lieu plus prestigieux que ce restaurant installé sous les voûtes des cuisines de Vatel. C'est dans un cadre plaisant (cuivres, porcelaines, vieux fourneaux, cheminée d'origine) que l'on vous dévoilera les secrets de la crème chantilly (démonstration de mai à août : 16h sf w.-end)... Plats du jour à l'ardoise, salon de thé l'après-midi. Réserv. conseillée.

À proximité

Pour se faire plaisir

La Renardière – *2 r. des Frères-Segard - Gouvieux - ✆ 03 44 57 08 23 - www.restaurantlarenardiere.fr - fermé dim. soir et lun. - formules déj. 20/25 € - menus 46/58 €.* Cette sympathique auberge vous accueille dans un plaisant cadre rustique. Cuisine traditionnelle et carte des vins composée par la patronne, sommelière de la maison.

Petite pause

The English Shop – *96 r. du Connétable - ✆ 03 44 99 05 65 - www.logisfamily.com/theenglishshopchantilly - 11h-19h - fermé dim., lun. et mar., août.* Ce salon de thé, où l'on peut acheter quelques cadeaux typiquement « British », rappelle l'importance de la communauté britannique de Chantilly. Au menu, plats et salades du jour, ou thé à l'anglaise avec scones et *shortbreads*, et brunch le w.-end.

Shopping

Porcelaine

Parmi les grandes manufactures qui, en France, firent les beaux jours de la porcelaine tendre (sans emploi de kaolin), Chantilly figure au premier plan. Ses porcelaines étaient surtout connues pour leur camaïeu bleu, peint à la main, dont les motifs fétiches étaient l'œillet et la tulipe. Voici deux adresses pour les admirer et faire des achats. Ces boutiques presque voisines sont dirigées par M. Bouquet, spécialiste en matière de porcelaine.

Maison de la porcelaine – *2 pl. Omer-Vallon - ✆ 03 44 57 54 19 - www.maisonporcelaine.com - mar.-sam. 9h45-12h15, 14h30-19h.* Porcelaines à décor sérigraphié.

Activités

Petit train touristique dans le parc du château – *Château de Chantilly - ✆ 03 44 27 31 80 - avr.-oct. - parcours de 40mn - départ ttes les h. de 11h à 18h - 8 €.*

4

Mobilité douce dans le parc du château

Pour découvrir les 115 ha du domaine de Chantilly en toute liberté, plusieurs options vous sont proposées :

Balades nautiques – Location de pédalos et barques *(à partir de 10 €)*, bateaux électriques *(à partir de 25 €)*.

En pédalant – Location de rosalies *(à partir de 10 €)* et de vélos.

En mode électrique – Location de voiturettes *(à partir de 30 €/h)*.
www.chateaudechantilly.fr.

Randonnée

Parc naturel régional Oise - Pays de France – *Voir p. 361.* Il s'étend sur le massif des Trois-Forêts, qui englobe la forêt de Chantilly, et est sillonné par de nombreux parcours de randonnée.

Parmi ceux-ci, la boucle *La Forêt des étangs de Commelle* (*12 km*), au sud de Chantilly, est une belle promenade facile en forêt et autour des étangs creusés par les moines au 13e s., dans un cadre pittoresque.
https://rando.pnr-idf.fr.

Équitation

Espace équestre Henson – *R. des Cascades - Chantilly - 03 22 25 68 64 - www.henson.fr.* Balades et randonnées sur des chevaux Henson, réputés pour leur calme et leur maniabilité. Promenade accessible aux enfants et aux débutants, avec accès exclusif dans le parc du château. Pour les plus aguerris, galop sur les pistes et découverte des terrains de polo de la Ferme d'Apremont. Ou programme sur-mesure, dans la forêt par exemple.

Location de vélos

Bobebike – *06 03 44 89 73 - bobebike.com - point vélo au parking P1 du château de Chantilly - à partir de 15 €/demi-journée, 45 €/w.-end.* Location de vélos, *fatbikes* et VAE, visites guidées à vélo (Chantilly, Senlis, forêt), service de transport de vos bagages.

Hébergement

À Gouvieux

Budget moyen

Hostellerie du Pavillon St-Hubert – *33 av. de Toutevoie - Gouvieux - 03 44 57 07 04 - www.pavillon-saint-hubert.com - P - fermé janv. (rest.) ; fermé 2-20 janv. (hôtel) - 18 ch. 88 € - 10 €, demi-pension possible - 29/37 €.* Maison de caractère et joli jardin situé au bord de l'Oise. Confortables petites chambres. Restaurant meublé dans le style Louis XIII ; l'été, la terrasse dressée à l'ombre des tilleuls profite d'une vue sur le trafic des péniches. Plats traditionnels.

Une folie

Hôtel Château de la Tour – *Chemin du Château-de-la-Tour - Gouvieux - 03 44 62 38 38 - www.lechateaudelatour.fr - 47 ch. 169/179 € - 15 €- plats 28/34 € - menu 54 €.* Belle demeure du début du 20e s. et son extension contemporaine dans un joli parc de 5 ha. À l'intérieur, raffinement et atmosphère bourgeoise. Hauts plafonds ouvragés et cheminées ; superbe terrasse. Carte classique.

Senlis ★★

Ville royale au Moyen Âge, Senlis conserve de nombreuses traces de son passé médiéval, de l'activité des évêques bâtisseurs et de l'intérêt des rois de France. Autrefois assoupies, ses rues sont animées, notamment le week-end, de touristes amoureux de cette vieille ville. Il fait alors bon flâner dans les ruelles bordées de belles demeures, de boutiques tendance « bobo chic », et de s'attabler à une terrasse ou dans un des nombreux salons de thé de cette cité de caractère. On oublie vite que l'on est qu'à 50 km de la capitale…

Se repérer

CARTE B1 (P. 334) - PLAN DE SENLIS (P. 357).
14 760 Senlisiens – Oise (60)
À 50 km de Paris par l'A 1.
Liaison SNCF de Paris-Nord.

À ne pas manquer

La cathédrale Notre-Dame ; la vue depuis le Jardin du Roy ; le musée d'Art et d'Archéologie ; un concert dans la chapelle royale St-Frambourg.

Nos adresses p. 360

Se promener

PLAN P. 357

À Chantilly - www.chantilly-senlis-tourisme.com. L'office de tourisme organise des visites guidées thématiques.

★★ Cathédrale Notre-Dame B1

Pl. Notre-Dame - 03 44 53 06 40 - www.chantilly-senlis-tourisme.com - 9h-19h.
Sa construction commence en 1153 et se poursuit lentement, faute de fonds. La dédicace a lieu en 1191. Vers 1240, on ajoute un transept et on élève la flèche. La foudre incendie l'édifice en 1504. La reconstruction des parties hautes et des façades du transept, l'addition des seconds bas-côtés ont donné à la cathédrale son aspect actuel. Les deux tours étaient semblables à l'origine. C'est au milieu du 13e s. que celle de droite fut surmontée de la magnifique **flèche★★** qui a inspiré tant de clochers du Valois. Son sommet est à 78 m du sol.

Portail ouest★★ – Dédié à la Vierge Marie, il a retrouvé une partie de sa polychromie d'origine. Les deux bas-reliefs de son linteau, figurant la Dormition de la Vierge et son Assomption, sont célèbres ; leur sculpture présente une vérité et une liberté d'attitude dont on trouve peu d'exemples au 12e s. : remarquez l'empressement des anges pour soulever et emporter leur souveraine. Les têtes des huit personnages de l'Ancien Testament qui garnissent les ébrasements, brisées pendant la Révolution, ont été refaites au 19e s. Contre la porte, à gauche, Abraham se prépare à sacrifier son fils Isaac : un ange retient le glaive. Sur les socles des statues des ébrasements, les petits panneaux qui constituent le Calendrier (les travaux des mois) sont sculptés avec beaucoup de verve. Janvier est le premier à droite près de la porte.

Flanc sud – La façade du **croisillon★★**, œuvre de Pierre Chambiges (16e s.), contraste avec la façade principale. On peut mesurer le chemin parcouru par l'art gothique depuis le 12e s., où la sobriété est encore de mise, jusqu'au 16e s., où la décoration flamboyante jette ses derniers feux, déjà influencée par l'art de la Renaissance que les guerres d'Italie viennent de révéler. Les parties hautes du

4

vaisseau, percées de grandes fenêtres flamboyantes, sont également du 16e s. Le chevet a conservé sa partie basse du 12e s., avec ses chapelles rayonnantes. Seule la chapelle axiale a été remplacée au 19e s. par une chapelle plus grande.

Intérieur – *Entrez par la porte sud.* Le vaisseau est long de 70 m, large de 19,2 m et haut de 24 m. Au-dessus des orgues, la voûte du 12e s. a échappé à l'incendie de 1504 et reste comme un témoin de la hauteur primitive : 17 m. La nef et le chœur, étroits pour leur hauteur, donnent une impression d'envolée. Les tribunes qui surmontent les bas-côtés comptent parmi les plus belles de France. La première chapelle à droite de la porte sud possède une belle voûte à clefs pendantes et des vitraux du 16e s., les seuls vitraux anciens de la cathédrale, ainsi qu'une Vierge en pierre du 14e s. Dans le déambulatoire, du côté droit, statue de Saint Louis, du 14e s. Dans la chapelle du croisillon nord, Christ du 15e s., en bois de mélèze. Dans le bas-côté, à gauche, élégante sainte Barbe datée de la fin du 16e ou du début du 17e s. *Sortez par le portail latéral nord.*

Portail nord – La façade latérale nord est semblable à celle du sud, mais avec une décoration moins chargée. Sur le gâble qui couronne le portail apparaît la salamandre et le F de François Ier, rappel des grands travaux de reconstruction du 16e s.

Flanc nord – Le cadre qui entoure la cathédrale est ici tout différent de celui de l'autre face : moins monumental, égayé de verdure, il est très pittoresque. Longez le jardin qui borde la façade est de l'ancien évêché. L'édifice s'appuie sur l'enceinte gallo-romaine dont subsiste, ici, la base d'une tour. Belle **vue** sur le chevet de Notre-Dame.

★ Musée d'Art et d'Archéologie B1-2

Pl. Notre-Dame - ✆ 03 44 24 86 72 - musees.ville-senlis.fr - ♿ - tlj sf lun.-mar. 10h-13h, 14h-18h - 6 € (-18 ans gratuit) - billet donnant accès au musée de la Vénerie.

Ce musée bénéficie d'une remarquable scénographie qui en rend la visite passionnante. Aménagé dans l'ancien palais épiscopal, il conserve au sous-sol les vestiges d'un habitat gallo-romain adossé au rempart édifié au 3e s. Plus de 200 ex-voto de la même période en provenance du temple gallo-romain de Halatte y sont exposés. Au rez-de-chaussée sont présentées les collections archéologiques (**socle de bronze★** dédicacé à l'empereur Claude, statues). La salle voûtée d'ogives du 14e s. abrite une belle statuaire médiévale dont une **tête d'homme barbu★** (début 13e s.), admirable de finesse, et des éléments lapidaires provenant de la cathédrale (gargouilles, chapiteaux). Les peintures du 17e au 20e s. sont de Philippe de Champaigne, Luca Giordano, Francesco Solimena, Boilly, Corot, Boudin, Sérusier et **Thomas Couture** (1815-1879), natif de Senlis, dont les œuvres sont exposées dans la chapelle restaurée qui lui servait autrefois d'atelier. Autour de Séraphine Louis, surnommée **Séraphine de Senlis**, sont réunis un ensemble d'artistes dits

Le berceau de la dynastie capétienne

Sur la première enceinte gallo-romaine est érigé un château fort où les rois des deux premières dynasties franques résident volontiers, attirés par le gibier des forêts voisines. En 987, Louis V succombe à un accident de chasse. Cette mort met fin à la dynastie carolingienne. C'est à Senlis, en 987, dans le château, que l'archevêque de Reims propose aux barons assemblés de choisir pour roi le « duc de France », Hugues Capet. Le dernier souverain qui séjourne au château de Senlis est Henri IV. Plus tard, le château, délabré, n'est plus apte à recevoir les rois qui abandonnent peu à peu la ville au profit de Compiègne et de Fontainebleau.

La cathédrale de Senlis.
JSSIII/Getty Images Plus®

« Primitifs modernes ». La galerie Renaissance et la chapelle des Anges exposent notamment des éléments d'un grand retable d'Anvers (autour de 1520), ainsi qu'une jolie Vierge à l'Enfant en marbre du 14e s.

Église St-Pierre B1-2

Élevée au début du 12e s., elle fut très remaniée au 17e s. La petite tour de gauche est romane avec une flèche de pierre ; l'autre tour, massive, date de la Renaissance (1596) et a retrouvé sa blancheur d'origine en 2015. La façade, en médiocre état, offre un répertoire du style gothique flamboyant. Désaffectée à la Révolution, l'église est maintenant utilisée pour diverses activités culturelles.

Longez ensuite le rempart par la rue aux Flageards.

Bordée de maisons anciennes, elle offre une belle **vue** sur le chevet de la cathédrale et le flanc nord dont le cadre est tout différent de celui de l'autre face : moins monumental, égayé par la verdure du jardin de l'ancien évêché, il est très pittoresque. L'édifice s'appuie sur l'enceinte gallo-romaine dont subsiste, ici, la base d'une tour.

Allez jusqu'au bout de la rue et poursuivez dans la rue du Chat-Haret.

Jardin du Roy A1

Il est aménagé dans l'ancien fossé de l'enceinte gallo-romaine, qui mesurait 312 m au grand diamètre et 242 m au petit. Des 28 tours qui garnissaient les murs, hauts de 7 m et épais de 4 m, 16 subsistent. Très belle **vue★** sur la muraille et les tours, la cathédrale et les bâtiments épars du château.

Vous pénétrez ensuite dans le cœur de la ville en traversant l'enceinte gallo-romaine.

★ Place du Parvis B1

Petite place charmante, au pied de la cathédrale, d'où vous pourrez admirer l'élégance du clocher. Donnant sur la place, l'**hôtel de Vermandois** (12e s.) témoigne de l'architecture civile romane. Il fut construit par Raoul de Vermandois, cousin et chancelier de Louis VI le Gros puis de Louis VII.

Musée des Spahis B1

Dans l'ancien château royal - Pl. du Parvis-Notre-Dame - ✆ 03 44 24 86 72 - musees.ville-senlis.fr - w.-end 10h-13h, 14h-18h - gratuit.

Créé en 1977, il retrace 150 ans d'histoire de la cavalerie d'Afrique du Nord qui a occupé une place toute particulière dans l'armée française. Il est plus spécialement consacré aux anciens spahis (soldats d'un corps de cavalerie ottoman), goumiers (cavaliers ou fantassins indigènes), méharistes (cavaliers montant des dromadaires) et sahariens qui ont tenu garnison à Senlis pendant trente ans.

Ancien château royal A1

Le site fortifié du château fut occupé au moins depuis le règne de l'empereur Claude (41-54). Son histoire reste encore marquée d'incertitudes, mais il semble dater du haut Moyen Âge. Une pittoresque confusion de ruines en jalonne l'histoire, jusqu'au règne d'Henri II. Plus à l'ouest, compris dans l'enceinte du château, le prieuré St-Maurice abrite le musée de la Vénerie.

Musée de la Vénerie A1

Dans l'ancien château royal - ✆ 03 44 29 49 93 - musees.ville-senlis.fr - 10h-13h, 14h-18h - fermé lun.-mar. - 6 € (-18 ans gratuit) - billet donnant accès au musée d'Art et d'Archéologie.

Au 13e s., Saint Louis fonde le prieuré St-Maurice à côté du palais royal. Les reliques de saint Maurice d'Agaune y sont précieusement conservées par les moines jusqu'à la Révolution, et ce n'est qu'au début du 18e s. que le prieur se fait édifier un nouveau logis qui héberge aujourd'hui le musée de la Vénerie.

La sélection d'œuvres présentées a été opérée dans l'immense iconographie de la **chasse à courre**, illustrée sous l'Ancien Régime par les tableaux de Desportes (1661-1743) et d'Oudry (1688-1755), puis par d'innombrables maîtres animaliers, tels Carle Vernet, Rosa Bonheur et Charles Hallo, fondateur du musée... Des trophées et des massacres décorent les murs, tandis que des salles thématiques évoquent Diane, saint Hubert, les chiens, les loups, les forêts et les équipages de la région. Voir aussi une collection des fameux « boutons » de vénerie, insigne le plus envié d'un équipage, des couteaux de chasse ciselés, des trompes, etc.

Vestiges gallo-romains

Fondée au 1er s. av. J.-C. par les Romains, **Augustomagus** (le marché d'Auguste) était doté d'**arènes** pouvant accueillir 6 000 spectateurs. Abandonnées au cours du 3e s., elles tombèrent dans l'oubli jusqu'à leur redécouverte en 1865 par un Senlisien érudit, **Félix Vernois**. Les fouilles permirent notamment de reconstituer le **socle de bronze** d'une statue de l'empereur Claude, qui avait demandé aux sénateurs d'admettre parmi eux les notables gaulois. Au 3e s., la Cité se protège des grandes invasions en s'entourant d'une **muraille** de 840 m de circonférence et de 4 m d'épaisseur, flanquée de 30 tours dont 15 sont encore visibles, autour de la cathédrale, des ruines de l'ancien palais royal ou dans des propriétés privées. Pendant tout le haut Moyen Âge, elle restera une forteresse inviolée.

Une collection d'**ex-voto** provenant d'un sanctuaire de guérison en forêt d'Halatte constitue un autre souvenir de cette période antérieure à la christianisation de Senlis (fin 4e s.). Ces statuettes, exposées au musée d'Art et d'Archéologie, ont des formes d'animaux ou de parties du corps.

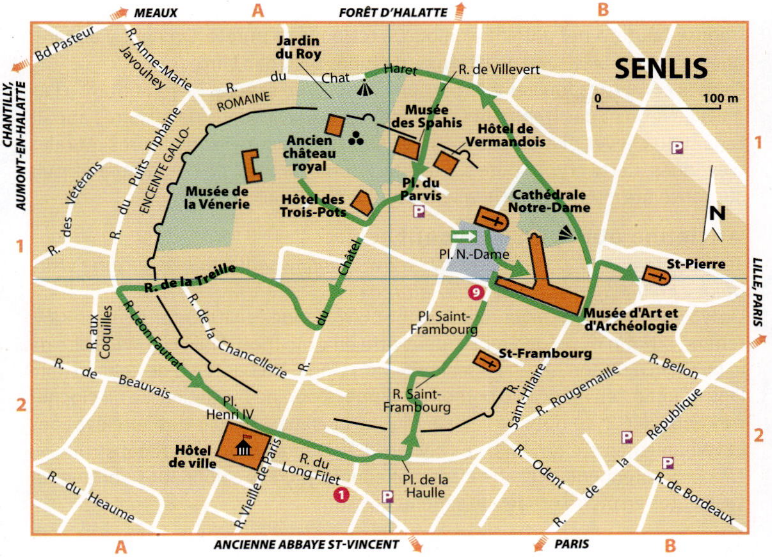

SE RESTAURER
Chez nous 1
Le Scaramouche 9

★ Balade dans le vieux Senlis

Faites quelques pas dans la rue du Petit-Chaalis pour voir l'**hôtel des Trois-Pots** A1 (16e s.), qui comporte une vieille enseigne sculptée.

Empruntez ensuite la rue du Châtel qui fut l'artère de traversée de Senlis jusqu'à l'ouverture de la rue Neuve-de-Paris (rue de la République) en 1753. Vous y verrez l'**ancienne entrée du château royal** A1, fortifiée et condamnée. La rue qui prolonge la rue du Châtel, au sud, se nomme rue « Vieille-de-Paris » en référence à l'ancienne route de Paris jusqu'aux Flandres. Par la charmante **rue de la Treille** A1-2 (belle maison à pans de bois sur la gauche), gagnez la « Fausse Porte » (poterne de l'ancienne enceinte gallo-romaine). À gauche se dresse l'hôtel de la Chancellerie, flanqué de deux tours. En sortant de l'enceinte, faites un détour à droite dans la rue du Puits-Tiphaine où une plaque signale la maison où vécut Séraphine de Senlis (*encadré p. 359*). Revenez et empruntez la rue Léon-Fautrat qui vous conduit à la place Henri-IV sur laquelle s'élève l'**hôtel de ville** A2, reconstruit en 1495. Au centre de la façade, le buste d'Henri IV et l'inscription rappelant les sentiments très bienveillants du Béarnais pour Senlis datent du passage de Charles X, au retour du sacre de Reims (1825).

Poursuivez votre chemin et, sur la gauche, le passage Vernet et son escalier vous ramènent à l'intérieur de l'enceinte.

★ Chapelle royale St-Frambourg B2

1 pl. St-Frambourg - 06 61 45 89 14 - www.fondation-cziffra.com - ouverte uniquement lors des concerts.

La femme d'Hugues Capet, Adélaïde, fonda cette chapelle avant 990 pour conserver les reliques d'un ermite, saint Fraimbault ou Frambourg. Elle est reconstruite à partir de 1177 par Louis VII. Désaffectée à la Révolution, la chapelle fut restaurée en 1977 comme « auditorium Franz-Liszt », grâce au pianiste Georges Cziffra. La fondation Cziffra y organise dès lors des concerts.

L'**église haute**, à nef gothique unique, a retrouvé sa pureté. On peut y admirer une exceptionnelle série de **vitraux★** dessinés par **Joan Miró**.
Dans la crypte, les fouilles y ont exhumé le sol d'un sanctuaire remontant à l'an mille environ et des fragments de colonnes. Deux vestiges de pilastres appartenant au chevet plat de cette église montrent encore les peintures murales d'évêques. Cette crypte bute sur une tour ronde arasée, en petit appareil, puis sur l'enceinte intérieure de la ville, suivant le tracé gallo-romain.

Ancienne abbaye St-Vincent HORS PLAN

30 r. de Meaux - ✆ 03 44 53 06 40 - www.chantilly-senlis-tourisme.com - visite guidée uniquement lors des J. du Patrimoine.
Un lycée privé occupe aujourd'hui cette abbaye fondée en 1060 par Anne de Kiev, femme d'Henri Ier, roi de France, peut-être en exécution d'un vœu, à la suite de la naissance de son fils Philippe, héritier du trône. Du baptême de celui-ci date l'introduction en France du prénom Philippe, d'origine byzantine. Le fin **clocher** de l'abbaye (12e s.) domine l'église rendue plus massive par des surélévations et remaniements ultérieurs. Les anciens bâtiments abbatiaux, reconstruits au 17e s., comprennent un cloître classique ennobli par ses colonnades doriques et ses voûtes en pierre ornées de simples caissons.

À proximité

CARTE P. 334

Château de Raray HORS PLAN

▶ À 13 km au nord-est de Senlis par la D 932A, puis par la D 26E à droite vers Brasseuse et enfin par la D 26. 4 r. Nicolas-de-Lancy - ✆ 06 72 36 60 74 - aquilon-decouverte.com - visite guidée (1h30) juil.-août : vend. 15h - 9 € (-18 ans 6 €).
Bâti au début du 17e s. pour Nicolas de Lancy, chambellan du duc d'Orléans, ce château fut agrandi au 18e s. pour la marquise des Barres. Il abrite aujourd'hui un golf et un hôtel-restaurant. La magie du domaine saisit le visiteur dans la cour d'honneur, entourée de célèbres **portiques★**, ou haies cynégétiques uniques en France. Les niches abritent des bustes à l'antique : empereurs romains, dieux de l'Olympe, personnages du 17e s. Au faîte des murs, les alignements de sculptures figurent deux scènes de chasse à courre, l'une au cerf, l'autre au sanglier. Jean Cocteau tourna en 1945 *La Belle et la Bête* à Raray, adaptation du conte de Perrault, avec Jean Marais et Josette Day.

St-Vaast-de-Longmont HORS PLAN

▶ À 16 km au nord-est de Senlis par la D 932A.
Vu du cimetière, le clocher roman à flèche de pierre montre un décor particulièrement abondant : corniches à billettes, arcatures reposant sur des colonnettes torsadées, à décor de lignes brisées, en « piles d'assiettes », etc.

Circuit conseillé

CARTE P. 334

Promenade dans le Valois BC1

▶ Circuit de 48 km au départ de Senlis, tracé en gris sur la carte p. 334. Quittez Senlis au sud-est par l'abbaye St-Vincent et la porte de Meaux. Tournez à gauche aussitôt et reprenez à droite la D 330, route de Nanteuil-le-Haudouin vers Mont-l'Évêque. Après le passage sur l'autoroute, tournez à droite.

Séraphine de Senlis

Née en 1864 dans l'Oise, **Séraphine Louis** est d'abord bergère puis femme de ménage. En 1906, elle s'installe à Senlis, dans la maison de la rue du Puits-Tiphaine. Elle commence à peindre vers 1908, à la gouache puis au ripolin. En 1912, elle est remarquée par Wilhem Uhde, chez qui elle fait le ménage. Le collectionneur et galeriste l'encourage et l'aide financièrement. En 1927, Séraphine expose trois grandes toiles et connaît un vif succès, elle se consacre dès lors entièrement à son œuvre. Mais dès le début des années 1930, les acheteurs se font rares, en raison de la grande dépression économique, et Séraphine sombre dans la folie. En 1932, elle est internée à l'hôpital psychiatrique de Clermont (Oise). Elle meurt en 1942. Souvent exposée avec les Primitifs modernes, son œuvre est rattachée à l'Art naïf.

Ce circuit à travers des plaines de grande culture, toujours proches de la forêt, relie des villages dont les fermes ont souvent gardé le caractère du 19e s. Il est jalonné de clochers « en pointes d'ossements » – suivant l'expression locale notée par Gérard de Nerval. Leur flèche aiguë se hérisse de moellons sculptés.

Villemétrie B1

Du pont sur un bras vif de la Nonette, jolie **vue** sur le moulin, une vieille croix de pierre et les ombrages d'un parc.

Faites demi-tour et poursuivez le parcours de la D 330A.

Baron C1

Le clocher senlisien (45 m) de l'**église** (*clé disponible à la mairie, sur demande)* montre de nombreux raffinements : rampants de pierre cloisonnant la toiture, contreforts du chevet arrondis et galbés. À l'intérieur, une Vierge de pierre du 14e s. et l'ensemble de **boiseries★** du 18e s. proviennent de l'abbaye de Chaalis.

Pl. Jeanne-d'Arc - ✆ 03 44 54 20 55 - www.mairiedebaron.fr - clé disponible à la mairie, sur demande - fermé j. fériés.

Château de Versigny C1

1 rte de Senlis - fermé lors de la rédaction de ce guide, se rens.

Le curieux édifice, entre château anglais et palais à l'italienne, a pour souche un édifice du 17e s. remanié sous Louis-Philippe. Remarquez les deux escaliers extérieurs, l'un à double montées parallèles, côté jardin, l'autre à deux volées courbes, sur la cour. Le **parc romantique** traversé par la Nonette a subi de nombreuses transformations aux 19e-20e s.

Dans le village, dominant la silhouette du château, l'église Saint-Martin dresse sa haute flèche (fin 15e s.), typiquement senlisienne.

Poursuivez vers Nanteuil-le-Haudouin, mais, à l'extrémité du parc du château, tournez à droite dans la petite route de Montagny-Ste-Félicité. Gagnez l'église isolée.

Montagny-Ste-Félicité C1

Magnifique **clocher★** ajouré, pointant à 65 m de hauteur.

Faites demi-tour ; à la fourche nord de Montagny, prenez à gauche vers Baron où vous reprendrez la route de Senlis. Ne revenez pas directement mais, au carrefour d'accès de Fontaine-Chaalis, tournez à droite vers Montépilloy.

Fourcheret C1

D'une annexe de l'abbaye de Chaalis, subsiste depuis le 13e s. une **grange monastique** de 65 m sur 18 m, dotée de 18 piliers. Impressionnante charpente.

Château de Montépilloy C1

3 pl. du Château - ✆ 03 60 02 65 58 - https://chateaumontepilloy.wixsite.com/chateaudemontepilloy - visite guidée juin-sept. : w.-end 10h30, 15h, 17h - 8 € (-18 ans 6 €). Les ruines du château fort, occupées par une ferme, couronnent le plateau formant un promontoire entre les dépressions à peine esquissées de la Nonette et de l'Aunette. En 1429, **Jeanne d'Arc** passa ici la nuit du 15 au 16 août, après avoir affronté l'armée anglaise de Bedford qui couvrait Senlis. Du châtelet d'entrée (13e s.), on découvre une partie de la **ferme** avec, au fond, la ruine du donjon (14e s.), pan de tour dressé à 40 m de hauteur.

Nos adresses

PLAN P. 357

Restauration

Budget moyen

9 Le Scaramouche – B2 - *4 pl. Notre-Dame - ✆ 03 44 53 01 26 - www.le-scaramouche.fr - fermé dim., lun. - formules déj. 19/22 € en sem. - menus 20/25 €.* Chaleureuse maison à la devanture en bois peint. Intérieur agrémenté de tableaux et tapisseries ; terrasse tournée vers la cathédrale Notre-Dame.

1 Chez nous – A2 - *8 r. du Long-Filet - ✆ 03 44 60 95 50 - facebook.com/cheznoussenlis - fermé lun.-mar. - formule déj. 18 € - plats 16/24 €.* Accueil sympathique, en salle ou dans la cour. En cuisine, une équipe féminine concocte des plats inventifs aux saveurs équilibrées. Parmi les spécialités, le gravelax, à base de saumon cru, est plébiscité.

Pour se faire plaisir

Le Julianon – HORS PLAN - *5 pl. Gérard-de-Nerval - ✆ 03 44 32 12 05 - www.le-julianon.fr - fermé sam. midi, dim. et lun. - formule déj. 27/32 € - menus 42/62 €.* Dans cette charmante petite maison du 17e s., le décor de bistrot contemporain invite à s'asseoir et à profiter du repas. Le chef propose une cuisine inventive, jouant avec tact sur les textures et les harmonies de saveurs ; il fait évoluer la carte au gré des saisons et de son inspiration du moment.

À proximité

Budget moyen

L'Auberge de Fontaine – *22 Grande-Rue - Fontaine-Chaalis - ✆ 03 44 54 99 03 - www.aubergedefontaine.fr - P - fermé dim. soir, lun., mar. - formule midi 21 €, 36/46 € - ch. 6 ch. 95/115 € - ☕ 10 €.* Une cuisine traditionnelle à base de produits locaux, revisitée par le chef Jacques Campion. Goûtez notamment aux délicieux sorbets artisanaux. Ambiance conviviale et accueil sympathique.

Pour se faire plaisir

Auberge des Trois Canards – *3 pl. de l'Église - Ognon - 6 km au nord-est de Senlis par D 932 - ✆ 03 44 54 41 21 - http ://3canards.com - fermé dim. soir-mar. - menu 45 € - réserv. conseillée le w.-end.* Cette vieille auberge du début du 20e s. a fait peau neuve, mais a conservé son caractère rustique. Belle terrasse et jardin clos. La carte privilégie les plats maison.

Petite pause

Le Comptoir Senlisien – *2 imp. de la Chaufferette - ✆ 03 44 60 62 02 - lecomptoirsenlisien.wordpress.com - mar.-jeu. 10h-18h30 ; vend.-dim. 9h-18h30 - fermé lun. - formule 20,50 €, brunch le dim. 21 €.* Un havre de sérénité un peu en retrait de la rue commerçante. En fonction de la saison, installez-vous en terrasse (adossée au rempart) ou dans la cave voûtée. Pâtisseries maison alléchantes. Vous pouvez vous arrêter pour prendre un verre.

Shopping

Marché – *Mar. et vend. 8h-12h30.* Installé dans le centre-ville (place de la Halle et rues environnantes), ce marché propose des produits du terroir (fraises, miel, lait cru).

À proximité

Les jardins de Rully – *7 r. de la Tannerie - Rully - 8 km au nord-est de Senlis - ✆ 06 11 11 92 88 - boutique : merc.-sam. 10h-12h30, 15h30-19h, visite de la ferme : sur RV.* Cette ferme valoisienne s'est spécialisée dans la culture des fruits (notamment des fraises) qu'elle transforme en sorbets. Les secrets de fabrication sont fournis lors d'une courte visite et chacun repart avec la glace de son choix. Vente de confitures maison, chutneys et soupes de légumes.

Activités

Randonnée – Nombreux circuits pédestres dans le Parc naturel régional Oise - Pays de France (*voir p. 352*), véritable poumon vert au nord de Paris *(48 r. d'Hérivaux - Orry-La-Ville - Maison du Parc - château de la Borne Blanche - ✆ 03 44 63 65 65 - fermé w.-end).* Au départ de Senlis, vous pouvez rejoindre la boucle du mont Alta, ou par exemple suivre le Sentier des faubourgs de Senlis, qui fait tout le tour de la ville *(boucle de 12,3 km).* *www.parc-oise-paysdefrance.fr* et *https://rando.pnr-idf.fr.*

Hébergement

Budget moyen

Hostellerie de la Porte Bellon – HORS PLAN - *51 r. Bellon - ✆ 03 44 53 03 05 - www.portebellon.fr - 16 ch. 89/102 €, 1 appart. 245 € - ✕ plats 21/55 €.* À quelques pas du centre-ville, belle demeure, ex-relais de poste, accueillant ses hôtes dans des chambres agréables et bien équipées. Sa ravissante cour pavée et ombragée donne sur le jardin. On y déjeune dès que le temps le permet. Joli cellier voûté.

À proximité

Budget moyen

Chambres d'hôte Le Domaine de Cyclone – *2 r. de la Gonesse - Baron (13 km au sud-est d'Ermenonville) - ✆ 06 08 98 05 50 - http://domaine.cyclone.pagesperso-orange.fr - - 5 ch. 95 €* . Belle bâtisse dont la tour, dans laquelle Jeanne d'Arc aurait dormi, date du 15e s. Chambres très soignées donnant pour la plupart sur le parc. Promenades à cheval.

Pour se faire plaisir

L'Aunette Cottage – *9-11 r. Alain-de-Rothschild - Chamant (3 km au nord-est de Senlis) - ✆ 03 44 72 73 47 - www.launettecottage.fr - 14 ch. 145 € - 15 € - ✕ plats 15 €.* Accueil chaleureux et familial dans ce petit hôtel où les 14 chambres occupent des maisonnettes en pierre disséminées dans un grand jardin avec piscine. Confort, décoration de style rustique chic, et restaurant réservé aux hôtes.

4

Abbaye de Royaumont ★★

Cette abbaye cistercienne fondée par Saint Louis en 1228 donne une idée de la prospérité des grands ensembles monastiques du Moyen Âge. Après avoir connu plusieurs destins dont celui de filature après la Révolution, les bâtiments conventuels accueillent aujourd'hui des artistes en résidence. Le visiteur peut admirer le parc, le cloître et le réfectoire gothique, dans lequel des concerts sont organisés. Un complément grandiose à la visite.

Se repérer

CARTE A1 (P. 334).
Val d'Oise (95)
L'abbaye appartient à la commune d'Asnières-sur-Oise. À 32 km de Paris par l'A 1.
Liaison SNCF de Paris-Nord, arrêt Luzarches. *Service de navette le w.-end entre la gare et l'abbaye (gratuit - réserv. conseillée sur www.royaumont.fr).*

Organiser son temps

Durant l'été, profitez des « week-ends musicaux » : plusieurs concerts, hébergement, repas et visite guidée.

En famille

Le parcours multimédia de l'abbaye.

Nos adresses p. 364

Visiter

PLAN DE L'ABBAYE CI-CONTRE

01 30 35 59 00 - www.royaumont.com - avr.-oct. : 10h-18h ; nov.-mars : 10h-17h30 - fermeture billetterie en sem. 12h45-13h45 - 9 € (-18 ans 6,50 €) - 26 € billet famille.

À l'heure du déjeuner ou du goûter, accordez-vous une pause dans l'agréable salon de thé *(été : merc.-dim. 12h-18h ; hors sais. : w.-end seult 12h-17h30).*

Parcours de visite digitale et livrets-jeux pour les 4-12 ans.

Du parc, où jars et oies évoluent en liberté, on peut rejoindre l'abbaye en face, ou bien longer sur la gauche le canal qui date de 1792, époque où des industriels succédèrent aux moines chassés par la Révolution. À l'opposé, au nord, subsistent les ruines de l'église. Vous pouvez également longer le mur d'enceinte de l'abbaye (6 km), ce qui donne un aperçu de sa taille au Moyen Âge…

Ruines de l'église

L'église de Royaumont, consacrée en 1235, avait des dimensions particulièrement spectaculaires (106 m de long) qui reflétaient davantage son origine royale que l'austérité de l'ordre cistercien. Depuis sa destruction en 1792, il ne reste que le mur sud, les bases des colonnes et une **tourelle d'escalier de 37,5 m (1)**, vestige du transept nord, qui donne un aperçu de son élévation (la clé de voûte du chœur s'élevait à 28 m du sol).

Cloître

Le vaste cloître gothique enserre un beau jardin dessiné en 1912 par le paysagiste Achille Duchêne. Remarquez, de loin, que sa galerie ouest *(face à l'arrivant)* se

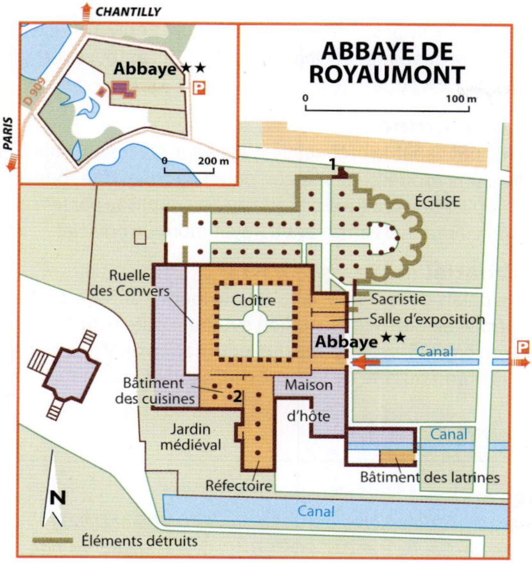

double en arrière d'un étroit passage à l'air libre, la « ruelle des Convers » : les frères convers circulaient ainsi dans l'aile qui leur était affectée.

Sacristie

Accolée à l'église, sous une voûte en berceau brisé, la sacristie présente une intéressante statuaire médiévale, ainsi que des éléments lapidaires, comme la clé de voûte du chœur de l'église ou les carreaux de pavement à engobe et des tuiles vernissées.

Réfectoire

Cent vingt moines de chœur pouvaient prendre place, à l'aise, dans ce vaisseau à deux nefs, chef-d'œuvre de construction gothique (fûts de colonnes monolithes). Saint Louis y servit lui-même les religieux qui écoutaient en silence la voix du lecteur, debout dans la chaire ménagée dans l'épaisseur du mur. Aujourd'hui, on y vient aussi écouter des concerts. L'orgue de Cavaillé-Coll date de 1864 et est composé de 2573 tuyaux. Il fut installé à Royaumont en 1936 et sa restauration a nécessité 10000 heures de travail.

Bâtiment des cuisines

Plus rien ne rappelle que des cuisines occupaient cet espace, encore pendant la Première Guerre mondiale. Admirez la **Vierge (2)** de Royaumont, de la fin du 14e s., rare exemple sculpté de Vierge allaitant.

Revenez dans le réfectoire et sortez par la porte se trouvant tout au bout.

Jardin médiéval

Ce merveilleux jardin a été créé dans l'esprit du Moyen Âge : **neuf carrés** surélevés et délimités par des bordures de branches de châtaignier tressées contiennent diverses plantes qui sont sélectionnées autour d'une thématique qui se

Royaumont et l'art

De nombreux concerts et spectacles, gratuits ou payants, sont organisés toute l'année à l'abbaye, et surtout de fin août à mi-oct.
www.royaumont.fr.

4

renouvelle tous les trois ans. Thématique inaugurée en 2016 : « entre Orient et Occident, le voyage des plantes au Moyen Âge ». Tout autour court une palissade d'osier vivant tressé. À l'ouest se trouve le verger.

Bâtiment des latrines

À cheval sur le petit canal, le bâtiment est assis sur 31 arcs en plein cintre ; il abritait 60 latrines, une prouesse technique pour l'époque. Une roue à aubes a été conservée. Il s'agit d'une réplique de celle du 19e s., utilisée par les religieuses qui succédèrent aux industriels en créant à Royaumont un noviciat.

★ Palais abbatial *(ne se visite pas)*

On aperçoit le palais de la D 909, la route qui longe l'abbaye à l'ouest, derrière le bâtiment principal. Cette construction cubique toute blanche, commandée à Louis Le Masson en 1785, est inspirée du Petit Trianon de Versailles. Sa façade se reflète dans un étang du côté de la route de Chantilly.

À proximité

CARTE P. 334

Luzarches B1

À 6 km au sud-est d'Asnières-sur-Oise par les D 909 et D 922.

18 r. Charles-de-Gaulle - 01 34 09 98 48 - www.luzarches.net.

C'est ici que naquit **Robert de Luzarches**, à qui l'on doit la cathédrale d'Amiens. Du pont sur la déviation de la D 316, **vue** sur l'**église**, ensemble formé par le chevet et le clocher du 12e s., avec les trois absides d'une élévation et d'un dessin différents. L'église est dédiée aux patrons des chirurgiens : saint Côme et saint Damien. Les reliques de ces deux frères, médecins arabes martyrisés en 303, furent rapportées de Rome par un croisé, seigneur de Luzarches. Ce geste pieux valut aux gens du pays d'être visités et soignés gratuitement jusqu'à la Révolution, deux fois l'an, par quatre délégués de la Confrérie des chirurgiens de Paris. Remarquez l'abside centrale voûtée en cul-de-four.

À proximité de l'église, il ne reste que quelques vestiges du **château de la Motte**, site féodal reconstruit pendant la Renaissance.

Jardin botanique – *Allée Lamartine - 01 30 29 54 54 - www.luzarches.net - ♿ - 8h-18h, w.-end 9h-18h - gratuit.* Fondé à partir de la collection d'un Luzarchois, le jardin fleuri compte plus de 400 variétés de plantes, dont un hêtre pourpre remarquable.

Nos adresses

Hébergement

À Viarmes

Budget moyen

Auberge La Renaissance – *14-16 av. J.-F.-Kennedy - 01 30 35 40 54 - www.auberge-renaissance.fr - 10 ch. 84 € - ☕ 9,50 €.* Dans un cadre moderne et chaleureux, cuisine traditionnelle semi-gastronomique. Agréable jardin aux beaux jours.

Abbaye de Chaalis ★★

Le domaine de Chaalis a gardé longtemps l'empreinte d'un recueillement monastique nuancé de romantisme. Il a suscité, jusqu'en 1912, la ferveur de ses derniers propriétaires, qui y ont rassemblé des collections d'art de qualité remarquable.

Se repérer

CARTE C1 (P. 334).
Oise (60)
Sur la N 330 au sud-est de Senlis, en bordure de la forêt d'Ermenonville.

En famille

L'abbaye est en face de la Mer de sable.

Carnet pratique p. 370

Nos adresses p. 370

Visiter

03 44 54 04 02 - www.domainedechaalis.fr - avr.-fin sept. : 10h-18h, oct.-mars et pdt. vac. scol. : 10h-17h - 10 € (-7 ans gratuit) parc, abbaye, roseraie et musée, ateliers des parfums (voir Nos adresses/activités).

★ Vestiges de l'église

Consacrée en 1219, l'église est le premier édifice cistercien où ont été appliqués les procédés gothiques. Du bâtiment d'origine, il reste une tourelle d'escalier, le croisillon nord du transept entouré – disposition exceptionnelle – de chapelles rayonnantes, une partie du chœur et la table de l'autel. En hauteur, des pans de bois cachent une citerne qui alimentait le château en eau.

Une abbaye royale et des collectionneurs de renom

Abbaye de l'ordre de Cîteaux, **Chaalis** est fondée en 1136 par le roi Louis VI le Gros à l'emplacement d'un ancien prieuré. Au 16e s., l'abbaye tombe en commende : c'est désormais le roi qui nomme l'abbé. Le premier est le cardinal Hippolyte d'Este, fils d'Alphonse d'Este et de Lucrèce Borgia. Plus connu sous le nom de cardinal de Ferrare, ce grand amateur d'art fait orner sa chapelle privée de peintures murales et tracer des jardins. Au 18e s., le neuvième abbé commendataire, petit-fils du Grand Condé, entreprend une reconstruction ambitieuse, sur les plans de Jean Aubert, l'architecte des Grandes Écuries de Chantilly. L'abbaye s'y ruine et, alors qu'un côté seulement du quadrilatère prévu (l'actuel château-musée) est bâti en 1739, les chantiers s'arrêtent. Devant la débâcle financière, Louis XVI ferme l'abbaye en 1785. Lors de la Révolution, Chaalis est pillée et détruite en grande partie. En 1850, Mme de Vatry, épouse d'un député sous la monarchie de Juillet, acquiert les ruines. Elle transforme en château la construction du 18e s., fait remettre le parc en état et donne des fêtes brillantes, où viennent, par exemple, Théophile Gautier et Gérard de Nerval. Son œuvre, continuée par ses héritiers, est parachevée par la dernière propriétaire, Nélie Jacquemart-André (*encadré p. 367*). À sa mort en 1912, les collections et le palais abbatial sont légués à l'Institut de France.

4

On vous emmène à la roseraie du domaine de Chaalis

Ne cherchez pas, c'est en face de la Mer de Sable d'Ermenonville. D'un côté, la foule. De l'autre, pas grand monde, et, derrière ses murs crénelés, une roseraie magnifique, idyllique, poétique, créée en 1998 par le jardinier-paysagiste André Gamard. Saviez-vous que les rosiers finissent toujours par mourir ? C'est pour cela qu'il a fallu remplacer le jardin fleuriste du 19e s. Une réussite, à voir dès le mois de mai : des colonnes, des arceaux et des pergolas « sculptent » les roses, mêlées aux plantes vivaces pour mieux les élever. C'est fragile et gracieux, un peu féroce aussi, car les épines veillent. Pas touche ! Alors on contemple, assis sur les bancs de pierre, face aux hellébores. La pierre est dure, les pétales tellement tendres. La prochaine fois, on apportera un livre pour prolonger l'instant. Aujourd'hui, on explorera le reste du domaine – les vestiges de l'abbaye royale, la chapelle Sainte-Marie (la « Sixtine de l'Oise »), le château-musée Jacquemart-André... Finalement, c'est le vaste parc qui nous retient. Parterres, miroir d'eau, ombrages... C'est ce qu'on appelle une sieste à la française (*ci-dessous*).

★ Chapelle Ste-Marie

Édifiée vers 1255-1260, elle s'élève derrière l'abside de l'abbatiale. Édifiée vers 1255-1260, à la fin de l'abbatiat de Jean II d'Arbone, donc sous le règne de Saint Louis, elle s'apparente stylistiquement à la Sainte-Chapelle de Paris. Elle fut un temps nommée chapelle royale, puis chapelle de l'abbé. Les hautes baies de son vaisseau sont garnies de vitraux en grisaille. Son décor intérieur, réalisé vers 1543-1545 d'après les dessins du peintre bolonais **Primatice**, appelé par François Ier pour transformer la chapelle de Fontainebleau, a fait l'objet d'une minutieuse restauration. Les fresques, peintes par l'équipe de Primatice, représentent au revers de la façade la scène de l'Annonciation : au-dessus de l'archange Gabriel et de la Vierge Marie, remarquez le Père éternel dans sa gloire, entouré d'anges, dans un esprit très michelangelesque. Sur la voûte figurent les apôtres, les évangélistes et les pères de l'église, ainsi que des angelots portant les instruments de la Passion. Les fausses draperies au bas des murs datent du 19e s. Devant elles se détachent le tombeau de Nélie Jacquemart-André et sa statue de bronze par Denis Puech (1927). À l'extérieur, les gargouilles donnent à l'édifice toute son originalité.

Roseraie et parc

À côté de la chapelle, derrière un curieux mur crénelé dont le fronton porte les armes du cardinal Louis d'Este, neveu du cardinal de Ferrare, se trouve l'ancien cimetière des moines transformé en jardin italien, puis au début du 20e s., en roseraie par Nélie Jacquemart-André (*encadré p. 367*). Les variétés ont été sélectionnées par thème de couleur.

En partenariat avec le Parc naturel régional Oise - Pays de France, un verger conservatoire qui devrait compter près de 300 arbres fruitiers (80 variétés locales, la plupart en voie de disparition) est en cours d'aménagement sur une partie du domaine (*ouverture prévue en 2024*).

Avant la visite du musée, découvrez la perspective du parc, reconstituée au 19e s. côté nord, avec son parterre à la française et son miroir d'eau.

★★ Château-musée

Les goûts de Nélie Jacquemart-André apparaissent dès l'entrée dans la **salle des Moines** où s'accumulent des meubles italiens au décor gothique, des peintures

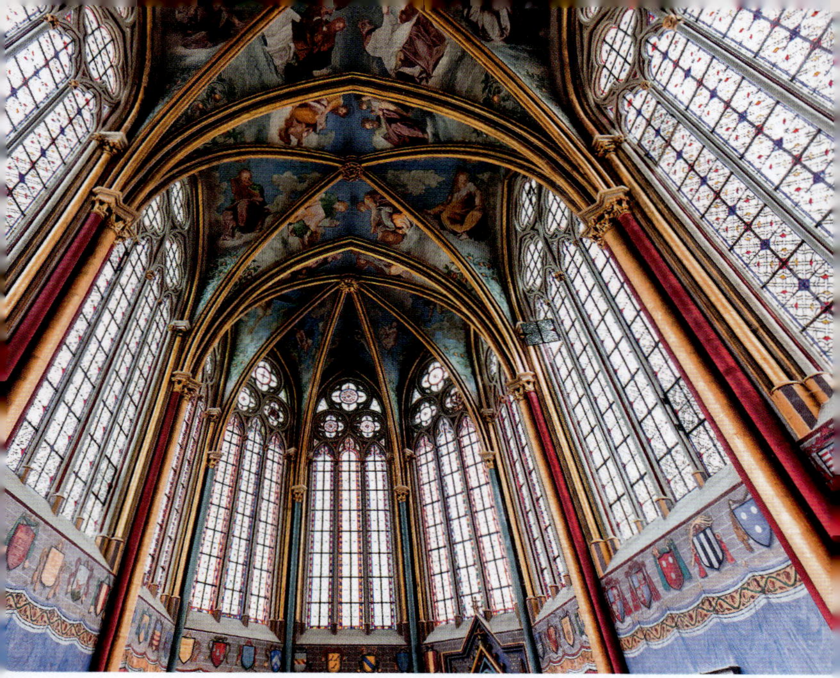

La chapelle Ste-Marie de Primatice, à l'abbaye de Chaalis.
Christine944/Getty Images Plus

de petit format, les volets d'un retable de Jean de Bellegambe, une *Vierge aux Cerises* de Joos Van Cleve (16e s.), des statues religieuses (France, 14e au 16e s.) et les **panneaux peints de Giotto★★** représentant saint Jean l'Évangéliste et saint Laurent. On retrouve cette juxtaposition de styles dans la galerie du rez-de-chaussée, rythmée de bustes, de coffres et de vitrines. Elle ouvre sur la **salle à manger** (scènes de chasse d'Oudry et de Desportes, scène mythologique de Boucher), la **bibliothèque** (gaines et bureau-console Boulle), le **vestibule Médicis** (tapisseries et mobilier Renaissance aux armes des Médicis), la **salle de billard** (cinq toiles dont les *Prise de Namur* et *Prise de Valenciennes*, par Martin des Batailles), le **Grand Salon** (portraits par Nicolas de Largillière et Van Loo) et l'étonnant **salon Indien** (coffres, autels, armes...).

L'escalier d'honneur conduit aux **appartements privés de Mme André** *(visites de groupe uniquement; mais si l'affluence est faible, vous pouvez demander à les voir, occasionnellement les gardiens y emmènent des visiteurs).* La « chambre des Aigles », à décoration Empire, précède la chambre à coucher, formée de deux pièces entre lesquelles se dressent deux colonnes (lit à baldaquin Louis XV

Le mécénat des époux André

D'origine modeste, **Nélie Jacquemart** (1841-1912) fait de longs séjours durant son enfance dans le domaine de Mme de Vatry qui la considère un peu comme sa fille. Elle y noue des relations parmi l'aristocratie et la haute bourgeoisie qui lui sont utiles dans sa carrière de portraitiste à la mode. En 1872, **Édouard André**, héritier d'une des plus grandes fortunes de la banque protestante, lui commande un portrait. Ils se marient en 1881. Le couple, très uni et sans enfant, rassemble des merveilles, principalement d'Italie, dans son somptueux hôtel du boulevard Haussmann. Nélie complète cette collection à la mort de son mari et consacrera au domaine de Chaalis – qu'elle achète en 1902 – les dernières années de sa vie.

en bois doré, pastel de Boucher représentant une jeune fille endormie) ; suit le « salon de bain » vert d'eau et or. L'escalier mène, à gauche, au boudoir qui termine les appartements privés.
Au premier étage, une galerie est consacrée à la peinture et au mobilier du 15e s. au 18e s. : coffres et bahuts sont surmontés de peintures italiennes. Les cellules transformées en chambres sont meublées dans différents styles et équipées de cabinets de bain. La première cellule, accompagnée d'un cabinet d'art islamique, est dédiée au souvenir d'Émile Mâle, historien et conservateur de l'abbaye de 1945 à 1954. Une seconde galerie abrite l'**Espace Jean-Jacques Rousseau**. Cédée à l'Institut par le dernier marquis de Girardin en 1923, la collection se compose de pièces rares permettant de mieux comprendre le culte qui se développa autour de la personnalité du philosophe. Les **salles Henri Amic** contiennent une belle collection de boîtes et coffrets (dont une paire signée Boulle). Buste en plâtre de Jules Bastien-Lepage par Rodin.

À proximité

CARTE P. 334

★ La Mer de sable CARTE C1 P. 334

À 3 km au nord d'Ermenonville par la N 330. En face de l'abbaye de Chaalis - navette bus au départ de Paris (Porte Maillot) en juil.-août, sur réserv. au moins 2 j. avant : w.-end dép. 9h30, retour 18h30 - 8 € (enf. 4 €).
03 44 54 00 96 - www.merdesable.fr - -juil.-août : 10h30-19h ; juin : merc. et w.-end 10h30-18h ; sept. : w.-end 10h30-18h ; reste de l'année : consulter le site - fermé de nov. à mi-avr. - en ligne : 29,50 € (3-11 ans 24 €).
Vous trouverez plusieurs points de restauration dans le parc.
Dans la forêt d'Ermenonville, le sable, déposé à l'ère tertiaire, affleure en couche épaisse. Le site était probablement recouvert de lande à la fin de l'époque glaciaire, mais le réchauffement du climat au néolithique ouvrit dans ce tapis végétal des vides qui, sous l'effet de l'érosion par les vents, s'agrandirent. En 1963, l'homme de cirque et de cinéma **Jean Richard** (1921-2001) aménagea ce site de 20 ha en parc d'attractions, séparé en trois univers différents.
Attractions – Une vingtaine d'attractions et d'activités ludiques pour petits et grands réparties en trois thèmes : **La vallée du Mississippi**, **Le canyon du Colorado**, et **Le désert du Nouveau-Mexique** (ambiance Far West).
Spectacles – *Durée 15-20mn.* Trois spectacles hauts en couleur animés par des comédiens-cascadeurs et leurs chevaux : *Coup de foudre et coup de poudre (12h), L'Attaque du train (14h30), Le Tournoi des trois nations (16h30).*

Ermenonville C1

À la lisière de la forêt qui porte son nom, Ermenonville doit sa célébrité à son parc (divisé en deux parties en 1927) et au souvenir de Jean-Jacques Rousseau, qui y retrouva avec un enthousiasme exalté la nature et « des arbres frais ».
Parc Jean-Jacques-Rousseau – *1 r. René-Louis-de-Girardin - 11h-18h (juil.-août 10h20h) - gratuit.*
Séparé de son château (aujourd'hui reconverti en hôtel) et partiellement morcelé en 1874, ce parc de 50 ha est devenu, en 1985, propriété du département de l'Oise qui en assure l'entretien. Il a été classé Espace naturel sensible en 2019. Le **marquis René-Louis de Girardin** appliqua ici les théories qu'il avait exposées dans un livre fameux : *De la composition des paysages sur le terrain ou des moyens d'embellir la nature près des habitations en y joignant l'agréable à l'utile*. La terre d'Ermenonville n'était jadis qu'un désert et un marécage. Entre 1765 et 1775, le

marquis, aidé par le peintre **Hubert Robert** (1733-1808) et l'architecte paysagiste **Jean-Marie Morel** (1728-1810), en fit un superbe jardin paysager, aux gracieux points de vue et aux élégants effets de ruisseaux offerts par la Launette qui se divise en bras formant des étangs. De nombreuses **fabriques** furent élevées : temple de la philosophie, banc des vieillards, jeu d'arc, grotte des naïades... Après la mort de Jean-Jacques Rousseau qui y fut enterré en 1778, le parc devint un lieu de mémoire et de culte du romantisme, visité par l'empereur Joseph II d'Autriche, le roi Gustave III de Suède, Marie-Antoinette, Benjamin Franklin, Thomas Jefferson, Bonaparte, Chateaubriand...
Au-delà des abords immédiats de l'étang, vous pourrez découvrir les fabriques, sous couvert de végétation, qui ont résisté au temps.
Château – *R. René-Louis-de-Girardin - ✆ 03 44 54 00 26 - ouv. selon expositions et animations dans le parc - visite guidée extérieure : juin-sept., selon calendrier (réserv. : ✆ 06 72 36 60 74 ou www.aquilon-decouverte.com - 13 €, tarif réduit 9 €).*
Entouré de douves, le château en grande partie reconstruit à partir de 1725 suit un plan en U. Il est aujourd'hui aménagé en hôtel-restaurant, accueillant mariages et séminaires. Le bâtiment est encore entouré de la partie septentrionale du parc dessiné par le marquis de Girardin au 18e s. Des expositions et évènements (animations pour tous publics, concerts) y sont organisés.

Forêt d'Ermenonville BC1

Un circuit jalonné par le Parc naturel régional Oise-Pays de France part du parking d'Ermenonville.
La forêt domaniale d'Ermenonville (3 319 ha) constitue, avec les forêts contiguës de Chantilly et d'Halatte, l'un des plus beaux fleurons de la seconde ceinture verte de Paris. Elle couvre principalement des sols sableux et pauvres. Les nombreux vides, où régnait il y a 150 ans encore la lande à bruyères, ont été plantés à partir de 1840 en pins sylvestres et maritimes (1 700 ha) dont les troncs, rougissant au couchant, donnent l'illusion d'une forêt landaise.
L'ONF a jalonné plusieurs circuits à pied, en particulier dans le secteur du carrefour de la Baraque de Chaalis, centre de promenades le mieux situé de la forêt. En dehors de la « Longue Route » donnant accès à ce carrefour, les routes forestières du massif sont interdites aux voitures. La circulation est toutefois autorisée sur le chemin reliant la Baraque de Chaalis au monument commémoratif de la catastrophe aérienne du 3 mars 1974.

Mortefontaine B1

À 7,5 km à l'ouest d'Ermenonville par la D 922 et la D 126.
Au sud-ouest, la forêt est en continuité avec les bois et les étangs du domaine de Mortefontaine. Ces sites, qui enchantèrent Corot et Gérard de Nerval, sont inaccessibles, mais il est possible de suivre la **route de Mortefontaine à Thiers-sur-Thève** (D 607) : à la vue sur l'étang de Vallière succède la découverte d'un paysage sauvage fait de collines rocailleuses, de landes et de petits bois.

4

Carnet pratique

S'informer

Office de tourisme – *2 bis r. René-de-Girardin - Ermenonville - ✆ 03 44 54 01 58 - www.valois-tourisme.fr.*

Agenda

Abbaye de Chaalis

Les Journées de la rose – *www.journees-de-la-rose.com - 9 €.* 2e week-end de juin : une centaine d'exposants (horticulteurs, pépiniéristes, rosiéristes), ateliers, conférences.

Nos adresses

Restauration

Budget moyen

L'Auberge de Fontaine – *22 Grande-Rue - Fontaine-Chaalis - 4,5 km au nord de l'abbaye - ✆ 03 44 54 99 03 - www.aubergedefontaine.fr - P - fermé dim. soir, lun., mar. - formule midi 21 €, menus 36/46 € - 6 ch. à partir de 95 € - ☕ 10 €.* Une cuisine traditionnelle à base de produits locaux, revisitée par le chef Jacques Campion. Goûtez notamment aux délicieux sorbets artisanaux. Ambiance conviviale et accueil sympathique.

Pour se faire plaisir

Le Relais de la Croix d'Or – *2 r. du Prince-Radziwill - ✆ 03 44 54 00 04 - lerelaisdelacroixdor.com - fermé lun.-mar. - formule midi 22 €, menu soir 44 €.* Cuisine traditionnelle servie dans une salle aux poutres apparentes, une cave voûtée ou, l'été, sur une terrasse au bord de l'eau.

Activités

Abbaye de Chaalis

Ateliers des parfums – *Dans les anciennes écuries - avr.-sept. : dim., sur RV - 3 € (en plus de l'entrée).* Destinés à tous les publics, ils permettent une immersion dans le monde du parfum. Après une découverte des plantes aromatiques, les participants apprennent les différentes méthodes d'extraction et composent leur propre parfum.

Randonnées

Fiches téléchargeables sur : *https://rando.pnr-idf.fr.*

Ermenonville, une atmosphère de lande – Au départ du parking du village d'Ermenonville, cette randonnée facile *(6,6 km)* propose une découverte de la forêt (bois de Perthe).

Forêt d'Ermenonville, en forêt des abbayes – Départ du parking de la Baraque Chaalis. Promenade *(6,9 km)* en milieu forestier.

Parc naturel régional Oise-Pays de France – *Voir activités p. 361.*

Hébergement

Budget moyen

Domaine Château d'Ermenonville – *R. René-Louis-de-Giradin - ✆ 03 44 54 00 26 - www.domainechateauermenonville.com - 55 ch. 107/197 € - ☕ 15 €.* Le beau château 18e s. qui accueillit Rousseau abrite désormais ce bel hôtel, dans un parc de 17 ha. Chambres et suites très confortables, dans un cadre ancien. Certaines sont plus petites, mais toutes bénéficient d'une vue, et du service. Tarifs très variables selon le calendrier, renseignez-vous sur le site internet. Au restaurant, carte « fusion » au déjeuner, plus classique le soir.

Château d'Écouen ★★

Campé sur une colline surplombant la Plaine de France, caché au milieu des bois, ce château à l'allure semi-défensive a conservé intact le décor de ses appartements et abrite les fabuleuses collections d'arts décoratifs du musée national de la Renaissance, le seul en France consacré à la période.

Façade nord du château d'Écouen.
Mathieu Ferrier/Château d'Écouen

Se repérer

CARTE A2 (P. 334).
Val d'Oise (95)
À 20 km de Paris par la N 301 puis D 316.
Liaison SNCF de Paris-Nord (ligne H), arrêt Écouen-Ézanville, puis bus 269, arrêt Mairie-d'Écouen (ou 20mn à pied par la forêt).

En famille

Les ateliers créatifs du musée national de la Renaissance ; les visites animées à Archéa.

Carnet pratique p. 375

Nos adresses p. 376

Visiter

Le château d'Écouen fut bâti de 1538 à 1555 pour le richissime connétable **Anne de Montmorency** (1493-1567), qui eut les faveurs des rois François Ier et Henri II et devint l'une des figures du parti catholique lors des guerres de Religion, et son épouse Madeleine de Savoie. Après la disparition du petit-fils du connétable, Henri II de Montmorency, décapité en 1632 sur ordre de Richelieu, le château revint aux Condés auxquels il fut confisqué à la Révolution. Napoléon Ier le sauva en 1806 en y installant la première maison d'éducation pour les filles des membres de la Légion d'honneur. Le château et son domaine furent affectés en 1962 au ministère des Affaires culturelles qui présida à sa transformation en un musée national de la Renaissance, ouvert en 1977.
Avec ses pavillons rectangulaires marquant les angles du château, la petite plate-forme (fausse-braie) qui l'entoure et le sépare de son fossé sec, Écouen traduit une architecture Renaissance en pleine évolution : sobre façade marquée d'une corniche pour signifier l'étage, seulement décorée par les frontons sculptés des lucarnes des pavillons et de portiques aux colonnes de style antique. La façade a disparu au 18e s. ; un corps d'entrée bas la remplace ; celui de l'aile sud, à gauche (résidence du connétable), avait été élevé par Jean Bullant pour abriter, dans les niches du rez-de-chaussée, les célèbres *Esclaves* de Michel-Ange (originaux au Louvre), offerts au connétable par Henri II.

★★ Musée national de la Renaissance

R. Jean-Bullant - ✆ 01 34 38 38 50 - www.musee-renaissance.fr - ♿ - tlj sf mar. : 9h30-12h45 et 14h-17h15 - 5 € (-26 ans gratuit).

Pendant les vacances scolaires, le musée organise des ateliers créatifs, des visites-ateliers en famille et diverses manifestations culturelles *(réserv. conseillée)*.
Ce musée a été constitué en partie avec des collections Renaissance de l'ancien musée de Cluny à Paris. Il présente un remarquable choix d'œuvres du 16e et du début du 17e s. mettant à l'honneur les **Arts décoratifs** : mobilier, boiseries, tapisseries et broderies, céramique, émaux. Les objets exposés proviennent principalement de France, d'Italie et des anciens Pays-Bas. Sélectionnés en petit nombre, ils donnent aux salles un cachet en accord avec le cadre raffiné d'origine. Le décor, lorsqu'il est conservé, doit beaucoup au pavement coloré, aux peintures à « grotesques » des frises et des embrasures de fenêtres et, surtout, à 12 superbes **cheminées peintes★**. Exécutées dans les années 1550, celles-ci s'apparentent aux travaux de la première école de Fontainebleau : la scène centrale (tirée de la Bible), délimitée par un cadre ovale ou rectangulaire, s'inscrit dans un décor où se mêlent les grotesques, les chutes de fruits et les motifs de cuir découpés. Les paysages des cheminées peintes composés de ruines antiques, forteresses et humbles chaumières sont empruntés à Niccolo dell'Abbate.
Rez-de-chaussée – La chapelle (1544) est couverte de voûtes peintes supportées par des ogives. Son décor accorde une large part à l'emblématique d'Anne de Montmorency et de

Le goût du détail

Au cours de votre visite, vous remarquerez de nombreux motifs décoratifs qui devaient ravir les hôtes de l'époque : les **putti** (petits amours, fréquents dans la décoration de la Renaissance), les **animaux fabuleux**, les **satyres**, les **atlantes**, les **harpies** ou encore les **canéphores** (figures d'inspiration antique portant une corbeille de fruits sur la tête).

Madeleine de Savoie. On retrouve les motifs héraldiques, notamment les monogrammes A et M, en différents endroits (tribune des musiciens, boiseries de l'oratoire, voûtes de la sacristie). On remarque également le retable de la Passion, orné de plaques d'émail, et une copie de la Cène de Léonard de Vinci, une des toutes premières réalisées par son élève Marco d'Oggiono en 1506.
Les salles suivantes sont consacrées à des métiers ou à des techniques présentent différents aspects de la vie à l'époque de la Renaissance : armes et armures, boiseries, mobilier, art du métal; notez une horloge automate en forme de nef d'origine germanique, dite de Charles Quint, ainsi que le célèbre banc d'orfèvre à décor de marqueterie, provenant de la Kunstkammer d'Auguste Ier à Dresde. Le pavillon nord-ouest correspond à l'ancien appartement de Catherine de Médicis *(en cours d'aménagement).*
1er étage – On parcourt d'abord, dans l'aile sud, la chambre du Connétable et l'appartement de Madeleine de Savoie, intéressants pour l'étude du mobilier.
L'aile ouest est presque entièrement consacrée à l'exposition de la **tenture de l'Histoire de David et Bethsabée★★★** (1510-1520) qui se déroule du pavillon d'Abigaïl à la chambre du Roi, en suivant la galerie de Psyché. Longue de 75 m, cette tenture raconte en dix pièces l'histoire des amours du roi David et de Bethsabée. Tissée avec des fils de laine, de soie et d'argent, cette suite d'une qualité étonnante est, avec les *Chasses de Maximilien* (au Louvre), le plus bel ensemble bruxellois du 16e s. que la France possède. On sait qu'elle a appartenu au roi Henry VIII d'Angleterre. La présentation de la tenture se termine dans la chambre du roi occupant le pavillon nord-ouest (nombreux emblèmes et monogrammes au plafond et sur la cheminée). Notez dans le cabinet du roi les émaux de Pierre Courteys.
Les appartements du Roi s'étendaient au nord. Dans une salle a été remonté un pavement exécuté pour le château par le fameux « esmailleur de terre » rouennais, Masséot Abaquesne (1542). La Victoire qui orne le panneau central de la cheminée monumentale s'inspire d'un projet réalisé par le Rosso pour la galerie François Ier à Fontainebleau. Les deux tapisseries appartiennent à la fameuse tenture Les *Fructus Belli* exécutée à Bruxelles d'après des cartons de Jules Romain. Les cuirs peints dits « de Scipion » illustrent une technique utilisée au milieu du 16e s. : les peaux de cuir collées pour former des panneaux étaient recouvertes de feuilles d'argent vernies, peintes et estampées au fer, ici rehaussées d'or. Dans la dernière salle, les deux premières tapisseries de la série de huit qui constituent la *Tenture de l'histoire de Diane*, ont été acquises et restaurées récemment. Elles furent commandées par Henri II pour Diane de Poitiers et son château d'Anet et réalisées dans les années 1550.
2e étage – Dans le pavillon nord-est, de nombreuses pièces de céramique d'Iznik (milieu 16e s.-début 17e s.) sont présentées dans d'immenses vitrines murales, témoignant du goût des amateurs du 16e s. pour la céramique ottomane. La première salle nord est consacrée à une importante série de vitraux religieux, la plupart exécutés en grisaille comme la Vierge à l'Enfant de 1544. La seconde salle nord est entièrement dévolue à la céramique française : œuvres de Bernard Palissy, Saint-Porchaire et Masséot Abaquesne (Le Déluge); reconstitution du deuxième pavement réalisé pour le château d'Écouen aux armes du Connétable, de son épouse, d'Henri II et de Catherine de Médicis.
Reflet de la peinture italienne du Quattrocento, les 15 *cassoni* qui ont trouvé place dans le pavillon nord-ouest forment un ensemble exceptionnel : ces panneaux de bois peint proviennent de coffres qui étaient offerts par paire aux jeunes mariés. Classé trésor national, l'impressionnant pavement du château de Polisy, de la prestigieuse famille des Dinteville, occupe le centre de la pièce.

4

Dans la galerie ouest, des vitrines contiennent une exceptionnelle collection d'émaux peints (remarquables pièces de Léonard Limosin, dont les portraits de Claude de Lorraine et d'Antoinette de Bourbon), des majoliques (plats au lustre métallique exécutés à Deruta en Italie) et une superbe collection de verres soufflés de Venise (remarquez la coupe d'Anne de Bretagne et la bouteille de Catherine de Médicis en verre bleu).
Le pavillon sud-ouest est réservé à l'orfèvrerie, la plus importante collection d'orfèvrerie Renaissance conservée en Europe, dont l'origine est en grande partie germanique : extraordinaire Daphné, œuvre du grand orfèvre Wenzel Jammitzer (1508-1585) de Nuremberg.
Également au 2e étage, dans une tourelle de l'aile nord, la **salle des Tissus** présente ses collections fragiles à l'occasion d'expositions temporaires : dentelles, chasubles, ornements liturgiques et pièces exceptionnelles, comme une robe vénitienne portée par les princesses de la cour ottomane de Venise ou le bonnet de Charles Quint.
À voir aussi – Au-dessus de la chapelle, la **bibliothèque** du connétable (*ouverte du lun. au vend.)* aux lambris en noyer doré à l'or fin d'arabesques, contient toutes sortes de manuscrits enluminés et livres reliés (*Les Métamorphoses* d'Ovide, traités d'architecture, etc.). Au niveau des douves, les **appartements des bains**, (*ouverts uniquement sur demande, téléphonez au préalable)* avec leurs étuves froides et chaudes, servaient de lieu de détente où les hôtes, vêtus de toges, rejouaient des pièces romaines. Ils abritent aujourd'hui des sculptures sur le thème de l'eau.

À voir aussi

Manoir des Tourelles

Tlj sf mar. 9h-12h, 14h-18h - gratuit. Ce bâtiment a été récemment entièrement rénové et accueille l'office de tourisme. Au rez-de-chaussée, une salle est consacrée au **télégraphe de Chappe**, Écouen ayant accueilli le premier poste-relais officiel en 1793. Au 1er étage, exposition d'artistes locaux et œuvres de Louis-Théophile Hingre (1832-1911), sculpteur, illustrateur et peintre écouennais.

Église St-Acceul

Ouverture sur demande, visite commentée - voir Association des amis de St-Acceul sur www.ecouen.fr - ✆ 01 39 90 92 49. Second joyau architectural d'Écouen, cette église est la seule en France à porter le nom de ce saint. Rebâtie au 16e s. sur des fondations très anciennes, elle est dominée au nord par une imposante tour. Le chœur (16e s.) est l'œuvre de Jean Bullant ; doté de voûtes à nervures complexes, il constitue la partie la plus intéressante de l'édifice. Admirez les superbes **vitraux★** Renaissance, en particulier ceux du collatéral, à gauche, datés de 1544 : Dormition et Assomption de la Vierge, Annonciation et Visitation, Nativité et Adoration des Mages.

Colonie des peintres

Salle des mariages - mairie d'Écouen. Participant d'un mouvement plus vaste au 19e s., une quarantaine d'artistes se sont installés à Écouen, attirés par la forêt, le caractère rural et le château ; ils y ont formé l'école d'Écouen. Rejetant la peinture académique, ces peintres se sont attachés à dépeindre la réalité de leur époque, privilégiant des thèmes de la vie rurale – scènes enfantines, motifs animaliers et floraux ou encore paysages. Une trentaine d'œuvres présente les peintres qui ont travaillé à Écouen, notamment A. Schenck, G. Seignac, G. Haag, Ch.-E. Frère ou encore L. Chialiva. Parcours des peintres : boucle de 3 km, départ de la terrasse du manoir.

À proximité

CARTE P. 334

Maison de François Mauriac, à Vémars B2

À 25 km au nord-est d'Écouen par les D 316, N 104, D 10 et D 9.
5 r. Léon-Bouchard - mairie - 01 34 68 33 40 - http://mairiedevemars.fr - - tlj sf dim. 9h30-11h30, 15h-18h, sam. 9h-12h - gratuit.
En face du cimetière où **François Mauriac** (1885-1970) est enterré, la mairie de Vémars occupe la maison où l'écrivain séjourna entre 1913 et 1970. C'est dans cette propriété qu'il apprit sa nomination au prix Nobel de littérature en 1952, et qu'il écrivit en 1968 son dernier roman, *Un adolescent d'autrefois*. On visite une pièce au rez-de-chaussée qui réunit photographies, lettres, livres et quelques objets personnels.

Archéa - Archéologie en Pays de France, à Louvres

56 r. de Paris - Louvres - 01 34 09 01 02 - archea-roissypaysdefrance.fr - - merc.-vend. : 13h30-17h ; w.-end et j. fériés : 11h-18h - fermé du 25 déc. au 1er janv. et le 1er mai - 3,50 € (-26 ans gratuit), 5 € pour les ateliers individuels.
Pour les enfants, animations, jeux et ateliers jeunes archéos !
Ouvert depuis 2010, ce petit musée à l'architecture contemporaine présente les objets trouvés sur le territoire de l'agglomération Roissy Pays de France, lors des fouilles effectuées depuis 30 ans. Pédagogique, il s'étend de la préhistoire au 18e s. et quelques objets illustrent chaque période : pointes de flèches, lame de hache polie, ustensiles de cuisson, fibules, lampes, sifflets, enseigne de pèlerinage et surtout les beaux bijoux de la nécropole mérovingienne de St-Rieul. Des expositions temporaires se déroulent régulièrement.

4

Carnet pratique

S'informer

Office de tourisme – *1 pl. de l'Église - Écouen - 01 39 90 85 32 - www.grand-roissy-tourisme.com.*

Agenda

Festival du connétable – *Oct. - 01 39 33 09 00 - www.grand-roissy-tourisme.com - gratuit.*
Trois jours de festivités autour de la Renaissance, tous les deux ans, en mai. Spectacles de rue, visites guidées, marché horticole, feu d'artifice...

Nos adresses

Restauration

Premier prix

Provocateur de goût – *56 r. de la Libération - ✆ 06 69 48 38 32 - merc.-dim. soir - 10/16 € - itinéraire du food-truck sur www.facebook.com/provocateurdegout.* Le chef confectionne de succulentes pizzas vendues dans ce *food-truck* itinérant. Dégustez le pain à l'ail les yeux fermés.

Petite pause

Salon de thé du Manoir des Tourelles – *Office de tourisme - manoir des Tourelles - ✆ 01 39 90 85 32 - w.-end 14h-18h.* Boissons chaudes et fraîches, confiseries et confitures maison.

Hébergement

À proximité

Budget moyen

Les Herbes Folles – *1 r. de l'Église - Mauregard - ✆ 01 60 36 17 18 - www.hotelherbesfolles.fr - 5 ch. 133/146 € ☕ - ✕ soir seult, menu 32 €.* Cet établissement, à la fois maison d'hôtes (5 ch.) et hôtel (31 ch.), est installé dans une ancienne ferme parfaitement rénovée. Son restaurant attenant propose à ses hôtes un menu différent chaque soir. Les chambres d'hôtes allient pierres anciennes et charpente à des éléments en acier et verre, plus moderne. Elles donnent toutes sur le parc de la propriété.

Parc Astérix ★★

Héros de la fameuse bande dessinée de Goscinny et Uderzo, Astérix le Gaulois et sa tribu servent de thème à ce parc de 50 ha. Un petit monde imaginaire, truffé de références pleines d'humour à l'univers de la BD, accueille les visiteurs. Plus de quarante attractions, des spectacles, le tout dans une ambiance très bon enfant feront vivre à toute la famille des aventures pleines de sensations fortes et de bonne humeur...

Se repérer

CARTE B1 (P. 334).

Oise (60)

À 30 km de Paris par l'A 1 direction Lille.

En famille

Tout !

Carnet pratique p. 378

Se promener

✆ 09 86 86 86 87- www.parcasterix.fr - ♿ - mi-juil.-fin août : 10h-22h ; reste de l'année : consulter le site - 55 € (3-11 ans 47 €) sur place, offres à découvrir chaque merc. sur Internet.

Via Antiqua

Située à l'entrée du parc, elle est bordée de maisons qui symbolisent, par leur architecture, les différents voyages d'Astérix en Europe (Germanie, Helvétie, Hispanie...). Elle conduit à un immense rocher d'où le héros salue les visiteurs. Six univers thématiques et cinq grands spectacles s'offrent à vous.

L'empire romain

Sorti de la Via Antiqua, vous découvrez une zone décorée sur le thème de l'Empire romain. Relevez quatre défis imposés par César dans **Le défi de César**. Si vous voulez savoir ce qui se trame dans le mystérieux village gaulois voisin, joignez-vous aux **Espions de César** qui ont mis au point un système de surveillance *(à 5 m du sol)* des plus efficaces.

Vous pourrez ensuite braver, si le cœur vous en dit, les flots tumultueux de **Romus et Rapidus** *(de début avr. à début nov.)*.

La Gaule

★ **Le village gaulois** – Au cœur même du parc, entouré des traditionnelles huttes gauloises, on rencontre les **personnages familiers** d'Astérix qui, plusieurs fois dans la journée, jouent des sketchs *(45mn)* faisant revivre l'univers de la fameuse BD. Ne manquez pas de visiter la **forêt des Druides**, où des toboggans dans des troncs d'arbres, des champignons géants à escalader, une grotte à échos et un parcours acrobatique pour arroser les espions de César amuseront tous les « petitbonums » !

La zone d'activités gauloises (ZAG) – Non loin de là, dans le village sur pilotis, qui doit sa prospérité à sa fabrique de menhirs, un système de livraison ingénieux, **Menhir Express** (*début avr. à début nov.*), emmène les audacieux sur un réseau de canaux qui réserve bien des surprises !

Les plus téméraires préféreront la **Trace du Hourra**, petit train lancé à 60 km/h sur une piste de bobsleigh.

Quant au **Grand Splatch** *(de début avr. à début nov.)*, il assure à ceux qui ne craignent pas les éclaboussures une promenade truffée d'effets aquatiques.

À deux pas du village gaulois, la **forêt d'Idéfix,** particulièrement dédiée aux enfants de 3 à 11 ans se compose d'une aire de jeux et de cinq attractions construites sur le thème des druides, amis de Panoramix.

4

La Grèce antique

L'entrée dans ce secteur est signalée par la colonnade du temple de Zeus. Le **Vol d'Icare** permet d'échapper au labyrinthe de Dédale, mais il faut encore braver la terrible **Hydre de Lerne** et ses tentacules pour assurer son salut.

Les plus grands affronteront les montagnes russes du **tonnerre 2 Zeus,** grand favori du parc Astérix, en nouvelle version *(bosse inclinée à 90°, pointes de vitesse à 80 km/h)*. **Pégase Express** propose un parcours à rebondissements sur 1 km de rails pour échapper à la terrible Méduse *(enf. à partir d'1 m)* ! **Discobélix** rappelle l'univers des Jeux olympiques. Ce disque géant tournant sur lui-même et se déplaçant sur un rail bombé au-dessus du grand lac ravira les amateurs de sensations fortes. Les sages préféreront naviguer sur la **Rivière d'Élis** ou se détendre devant le **spectacle des plongeons de l'Olympe** au théâtre de Poséidon, où 4 athlètes Romains et Grecs s'opposent dans un duel de plongeons acrobatiques.

Les Vikings

Les téméraires se lanceront à bord de **Goudurix** : ce grand 8 vous emporte à une vitesse effrénée dans une succession de descentes vertigineuses, virages, vrilles et loopings. Cœurs sensibles s'abstenir car l'émotion est garantie.

Vous pouvez aussi embarquer à bord de la **Galère**, un gigantesque bateau-balançoire, qui fait chavirer les têtes ! Ou savourer une boisson, perché à 35 m de haut, à la table du bar rotatif, **l'Aerølaf**.
Les plus jeunes joueront à l'abordage sur **Les Petits Drakkars** ou tournoieront à en perdre le nord dans les **Petites Chaises Volantes**.

L'Égypte

Cet univers s'inspire d'*Astérix et Cléopâtre*. Il propose deux attractions : **Sos Numérobis** pour les petits et **Oziris** pour les « plus de 1,30 m ». Pour arriver à cette dernière, vous traversez un temple égyptien à la Uderzo, avec hiéroglyphes, peintures murales, statues, et nombreux clins d'œil à la bande dessinée. Une fois arrivés, prenez place : assis mais les pieds dans le vide, vous allez vous élever à 40 m de hauteur et dévaler les descentes dans une impressionnante série de loopings, à 90 km/h. Vertige possible...

À travers le temps

Vous quittez l'univers de la BD pour un voyage dans le temps. **Les chevaux du Roy**, carrousel à deux étages évoque le Moyen Âge. Les Temps modernes vous accueillent avec la **Nationale 7** : partir en vacances n'a pas toujours été de tout repos, comme en témoignent les multiples aventures qui ponctuent ce trajet.
Mais il n'est peut-être pas besoin de partir en province, car l'**Oxygénarium** a été spécialement conçu pour « aérer » les citadins en combinant les effets salutaires de l'eau et de la montagne : sensations garanties ! Découvrez aussi des expériences inédites : en 3D avec **Mission perdue** ou en 4D (film) avec **Attention menhirs**.

Le Festival Toutatis

Ce nouvel espace (ouverture 2023) – dédié à l'univers de la Gaule – propose notamment **Toutatis**, un grand huit au parcours de 32 figures et effets exceptionnels (accélérations, lancements magnétiques, « air times ») et une attraction familiale, **Chez Gyrofolix**.

Carnet pratique

Arriver/Partir

En voiture – *Par l'A 1, dir. Lille, sortie directe Parc Astérix entre les sorties 7 et 8 (parking : 15 €/j.).*

Transports en commun – *RER B Roissy-CDG 1, puis navette Parc Astérix à la gare routière de Roissy Pôle (dép. ttes les 30mn 1h av. l'ouverture du parc et 1h après la fermeture - AR 10 €, 3-11 ans 9 € - sur réserv.).*

Nos adresses

Restauration

Vous aurez l'embarras du choix pour faire une pause ou déjeuner grâce au café, aux trois restaurants et aux petites tavernes réparties à travers le parc.

Hébergement

Si vous souhaitez dormir sur place, trois hôtels, à des prix relativement élevés, sont à votre disposition dans le parc.

L'Isle-Adam ★

Un château, construit sur une île de l'Oise, est à l'origine de la ville. Ce château fut confié par Robert le Pieux au seigneur Adam, qui fonda un prieuré, d'où le nom « île du Prieuré ». Aujourd'hui, L'Isle-Adam offre aux beaux jours comme un air de vacances : on y pratique la voile, l'aviron et le canotage, on y trouve des appontements pour la plaisance, et l'on bénéficie même de la plus grande plage fluviale d'Île-de-France. Profitez-en, même si vous n'êtes que de passage. Et si le plaisir de l'eau ne vous inspire pas, partez à la découverte de la forêt toute proche.

Le pavillon chinois dans le parc de Cassan.
B. Merle/Photononstop

Se repérer

CARTE A1 (P. 334) - CARTE DE LA FORÊT DE CARNELLE (P. 381).

12 063 habitants –Val d'Oise (95)
À 30 km de Paris par la D 301, dans la vallée de l'Oise.
Liaison SNCF de Paris-Nord (50mn).

À ne pas manquer

Une promenade sur les bords de l'Oise ou une croisière au rythme de l'eau ; le musée Jean-Gabin à Mériel.

En famille

La plage de L'Isle-Adam ; des promenades en forêts de L'Isle-Adam et de Carnelle.

Nos adresses p. 383

Se promener

18 av. des Écuries-de-Conti - 01 34 69 41 99 - www.tourisme-isle-adam.net.

Site

Jolie **vue** sur l'Oise depuis les ponts de L'Isle-Adam, notamment le vénérable **pont** de pierre à trois arches du Cabouillet (16e s.). Les barques de promenade voguent encore sur la rivière comme au temps des canotiers *(location à la plage).*

Les bords de l'Oise

Les cabines de bain, le sable et les transats feraient presque oublier que **la plage** se trouve sur les bords de l'Oise ; on peut y pratiquer des activités nautiques *(voir p. 383)*. Une agréable promenade longe les bords du fleuve jusqu'au **Port de l'Isle Adam** et la base nautique. Derrière le port, la promenade peut se prolonger autour de l'étang Sainteny et l'étang des pêcheurs.

Église St-Martin

Comme St-Martin de Montmorency, c'est une église du 16e s., aux voûtes complexes, consacrée le 1er octobre 1567 en présence du Grand Connétable. La tour, élevée en 1869, est une copie de celle de la Trinité à Paris. La **chaire★** avec des panneaux de marqueterie, travail allemand (1560), rassemble de nombreuses statues groupées par quatre : Grands Prophètes, Évangélistes, Docteurs de l'Église latine, Vertus cardinales ; en outre, les trois Vertus théologales. Sur le côté nord se greffe la chapelle funéraire de Louis François de Bourbon (1717-1776), dit « le Père prince », grand prieur de France de l'ordre de Malte. Les restes du monument d'origine (1777), comprenant le médaillon du prince, ont été rassemblés.

Musée d'art et d'histoire Louis-Senlecq

31 Gde-Rue - 01 34 08 02 72 - musee.ville-isle-adam.fr - ouvert uniquement lors des expositions temporaires - tlj sf lun.-mar. 14h-18h - 4,50 € (-18 ans gratuit).
Riche d'environ 400 œuvres, les collections du musée sont exposées à l'occasion de rétrospectives. Elles sont en lien avec l'histoire de la ville et son territoire : peintures de l'école des bords de l'Oise autour de **Jules Dupré** (1811-1899), dessins vénitiens de **Jules Romain Joyant** (1803-1854), peintures du photographe **Jacques Henri Lartigue** (1894-1986), et près de 200 figurines illustrant les nombreux aspects de la production de terres cuites de L'Isle-Adam de la fin du 19e s. aux années 1950.

Jean Gabin, enfant du Val-d'Oise

C'est un gosse haut comme trois pommes qui passe son enfance et son adolescence à Mériel, puis qui devient un Montmartrois, avec l'accent de Barbès. Nous sommes alors à l'époque de Maurice Chevalier et de Mistinguett. **Jean Gabin**, ce monstre sacré du cinéma, tourne 95 films entre 1931 et 1976, pour la plupart à Paris, en banlieue et dans l'Oise de son enfance. En 1936, le voici dans les guinguettes de la Marne pour *La Belle Équipe* et en 1959, à L'Isle-Adam pour *Rue des prairies* ; en 1966, à Argenteuil pour *Le Jardinier d'Argenteuil* ; en 1971, dans une impasse à Courbevoie cernée par les chantiers de La Défense pour *Le Chat* ; en 1973, à Pontoise pour *Deux Hommes dans la ville*.

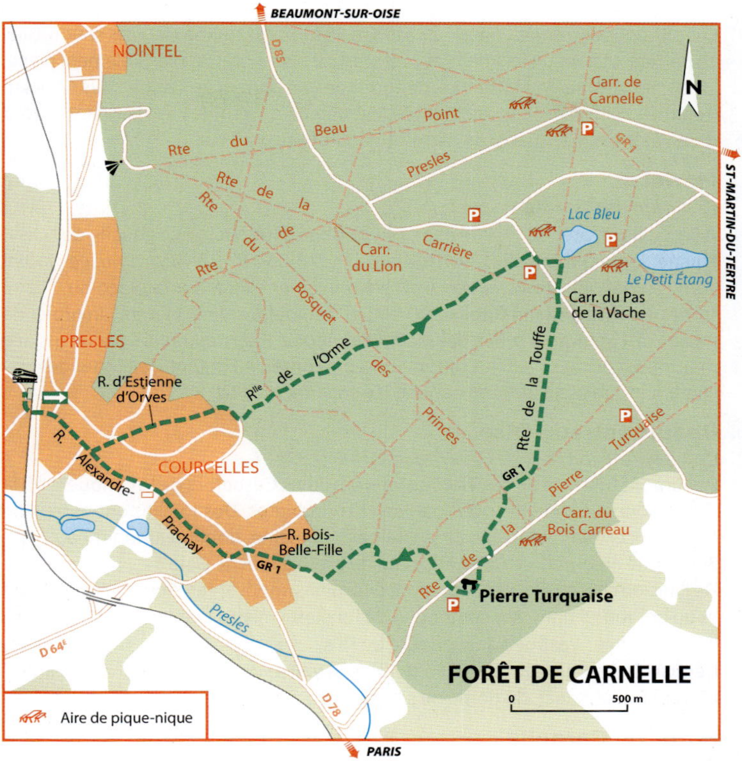

Pavillon chinois de Cassan

Av. Michel-Poniatowski. Au nord-est, par la rue de Beaumont. Entrée par la grille d'honneur de l'ancien parc.

Surgissant d'un étang, cette « fabrique » agrémentait le parc « anglo-chinois » de Cassan, domaine du financier Bergeret (1715-1785), amateur d'art et protecteur de Fragonard. Le reste du domaine a été loti. Gaiement bigarré de rouge, de vert et d'ocre clair, le pavillon s'élève sur un socle de pierre abritant sous ses voûtes le déversoir des étangs et des canaux du parc. Au sommet de l'édifice, un mât supporte une série d'anneaux lestés de clochettes de bronze.

À proximité

CARTE P. 334

Forêt de L'Isle-Adam A1-2

Cette forêt domaniale, qui couvre 1500 ha, est séparée de la forêt de Carnelle par la vallée du ru de Presles. Le chêne entre pour deux tiers dans le peuplement des taillis sous futaie ; le reste se partage entre le hêtre, le châtaignier, le charme, le bouleau et le tilleul.

Très soigneusement clôturée et entretenue pour les chasses par les princes de Conti jusqu'en 1783 – les noms de « portes », « grilles » reviennent souvent dans les lieux-dits –, la forêt est aujourd'hui coupée par des routes importantes : D 64 (route de Paris), N 184 (nouveau tracé évitant les bords de l'Oise).

Les altitudes extrêmes vont de 27 à 193 m ; la forêt est traitée en taillis sous futaie. La partie touchant L'Isle-Adam, appelée jadis Basse-Forêt, est sensiblement plane. La partie voisine de Maffliers – dénommée le « parc de la Tour » sous l'Ancien Régime –, plus élevée et accidentée, est percée de « routes » rayonnant autour d'une étoile remarquable, le carrefour du **Poteau-La Tour**.

Mériel A2

À 4 km de L'Isle-Adam par la D 922.

À l'orée de la forêt de L'Isle-Adam, ce village se situe sur la rive gauche de l'Oise.

Musée Jean-Gabin – *1 pl. Jean-Gabin - 01 34 64 87 92 - www.musee-gabin.com - fermé pour travaux, réouverture prévue en 2024.* Sur la place du village trône un buste de **Jean Gabin** (1904-1976) sculpté par Jean Marais. Un projet de musée du cinéma est prévu dans la médiathèque. Il sera complété par un espace mémoire, consacré à Jean Gabin et au parcours de l'enfant de Mériel devenu l'acteur inoubliable que l'on connaît (*encadré p. 380*).

Beaumont-sur-Oise A1

À 6 km au nord-est de L'Isle-Adam par la D 922.

Beaumont fut l'une de ces villes créées par Jules César lors de la conquête de la Gaule pour contenir les tribus gauloises turbulentes. Des fouilles ont permis de dégager certains éléments de la cité gallo-romaine, dont un amphithéâtre (1er-3e s.) situé aujourd'hui dans l'enceinte du lycée Évariste-Galois.

De l'ancien **château** féodal subsistent des ruines imposantes, dont plusieurs tours et un donjon roman ; une campagne de fouilles a mis au jour les murs de l'église primitive et les vestiges d'un prieuré du 11e s.

L'**église** St-Laurent (12e au 16e s.) domine la vallée de l'Oise ; remarquez l'architecture Renaissance du dôme de son clocher.

Forêt de Carnelle CARTE A1 ET PLAN DE FORÊT P. 381

À 10 km au nord-est de L'Isle-Adam par la D 922 jusqu'à Beaumont-sur-Oise, puis par la D 85.

La forêt de Carnelle (975 ha), entre l'Oise et la vallée du ru de Presles, recouvre l'une des buttes témoins les plus élevées des environs de Paris (209 m).

Jadis possession des Conti, seigneurs de L'Isle-Adam, elle est exploitée, pour les deux tiers, en futaies de chênes et de hêtres. Les châtaigniers abondent, en taillis, sur les versants nord et ouest. Des itinéraires balisés de promenade facilitent la découverte de la forêt.

La D 85, qui relie Beaumont à St-Martin-du-Tertre, traverse toute la forêt et passe au centre du massif, près de deux étangs dont le plus grand est dit « lac Bleu ». C'est le rendez-vous des pêcheurs.

La route conduisant à la **pierre Turquaise** est la plus pittoresque du massif. Pour la découvrir, suivez le balisage du GR en vous engageant à droite de la route goudronnée. Le sentier descend dans le vallon où abondent charmes et hêtres. Sur le plateau, le chemin part à gauche, puis à droite en recoupant les assises du calcaire grossier signalé au début. Dans le village, prenez à gauche la rue Bois-Belle-Fille, puis à droite la rue Alexandre-Prachay qui ramène au point de départ.

Nos adresses

Restauration

Premier prix

La Cambuse – *71 r. de Pontoise - 01 34 69 08 24 - fermé dim. et lun. - menus 14/16 €, plat 11/17 €.* Une cuisine simple et efficace. Un agréable moment en perspective.

Budget moyen

Le Cabouillet – *5 quai de l'Oise - 01 34 69 00 90 - le-cabouillet.amenitiz.io/fr - fermé dim. soir et lun. - réserv. conseillée le w.-end - plat 26/35 € - 6 ch. 100/135 € - 15 €.* Cet établissement bicentenaire est l'adresse incontournable de la ville. Cuisine raffinée. Les tables de l'étage ont vue sur l'Oise. Chambres de bon confort, décoration raffinée dans les chambres de niveau supérieur.

Shopping

Marché couvert – Mar., vend. et dim. mat., sous la grande halle sur l'av. de Paris.

Activités

Plage de L'Isle-Adam – *1 av. du Gén.-de-Gaulle - 06 63 61 96 83 - www.ville-isle-adam.fr.* La plus grande plage fluviale d'Île-de-France a des airs de Deauville avec ses cabines de bain et ses transats rayés. Trois bassins, nombreuses activités (paddles, pédalos, ping-pong, volley, minigolf, etc.). Shorts et bermudas interdits pour la baignade. Peu d'ombre. Attention aux coups de soleil !

Croisières au fil de l'Oise – *01 34 69 41 99 - www.ville-isle- adam.fr - 15/18 €.* L'office de tourisme propose des croisières pour découvrir la rivière et les paysages qui ont inspiré les peintres de l'école des bords de l'Oise.

4

Enghien-les-Bains

Toute proche de la capitale, l'unique ville d'eaux d'Île-de-France offre à ses visiteurs de superbes villas Belle Époque et des thermes réputés, mais aussi un casino, un théâtre, un centre des arts et même un hippodrome. En 2013, Enghien-les-Bains a été désignée par l'Unesco « ville créative » dans la catégorie « Arts numériques », une consécration pour cette commune où se tient chaque année un festival des arts numériques reconnu dans le monde entier.

Bateaux à voile sur le lac d'Enghien.
Delpixart/Getty Images Plus

Se repérer

CARTE A2 (P. 334).
11 470 habitants – Val d'Oise (95)
À 11 km de Paris, porte de Clignancourt par l'A 1.
Liaison SNCF (ligne H) de Paris-Nord.

À ne pas manquer

Un tour du lac d'Enghien en pédalo ; les chapiteaux de l'église Notre-Dame-et-St-Eugène de Deuil-la-Barre.

Carnet pratique p. 386

Nos adresses p. 387

Se promener

★ Lac

« Aux Sources ! » est une balade immersive autour du lac qui fait revivre l'histoire du Second Empire aux Années folles. Télécharger l'appli Les Balades augmentées.
Son étendue est de 43 ha et sa profondeur de 1 à 5 m. L'esplanade aménagée rue du Gén.-de-Gaulle offre une belle **vue** sur le lac et son cadre de verdure. À la belle saison, une table de jets d'eau propose un show aquatique, particulièrement plaisant à la tombée de la nuit *(ttes les 30mn)*. On peut faire le tour du lac *(3,5 km)* par l'avenue de Ceinture et le boulevard du Lac, mais les villas et les jardins masquent l'eau, sauf au pont du Nord et au pont de la Muse. Le lac d'Enghien est également un centre d'activités nautiques et sportives.
À l'est de la ville, le quartier d'Ormesson présente également de superbes demeures bourgeoises des 19e et 20e s.

À proximité

CARTE P. 334

Deuil-la-Barre A2

À 2 km au nord-est d'Enghien.
Situé entre la Seine et les collines de Montmorency, Deuil-la-Barre conserve malgré la proximité de la capitale un charme campagnard grâce à ses nombreux jardins.
Église Notre-Dame-et- Saint-Eugène– Bâtie au 12e s., elle fut gravement endommagée en octobre 1944 par la chute d'un V2 allemand. L'intérêt principal de l'église réside dans les remarquables **chapiteaux historiés★** (12e s.) situés à la croisée du transept. À droite de la dernière travée de la nef, l'un d'entre eux consacré à Caïn et Abel représente la mort d'Abel et le sacrifice qui précéda ce premier homicide. Au pilier nord-est de la croisée du transept, figure Daniel dans la fosse aux lions. Le prophète se trouve au centre, tenant par la queue deux lions à tête humaine. Les chapiteaux de la nef (11e s.), dérivés du type corinthien, sont presque tous ornés de feuillages. À la croisée du transept, l'une des clés de voûte représente

Une cité thermale à proximité de Paris

Au 18e s., un prêtre oratorien, le père **Louis Cotte**, remarqua, le long d'un étang, un « ruisseau puant » qui continuait de couler même lorsque l'étang était à sec, et en déduisit qu'il provenait d'une source indépendante laissant surgir une eau sulfurée. Un demi-siècle plus tard, Louis XVIII, souffrant d'un ulcère à la jambe, bénéficia de la découverte du père Cotte. Les eaux d'Enghien, reconnues par l'Académie de médecine, devinrent alors à la mode, et l'ouverture de la ligne de **chemin de fer Paris-Enghien** en 1846 renforça l'engouement de l'aristocratie et de la bourgeoisie parisiennes pour les premiers établissements de bains, construits entre 1803 et 1868, ainsi que pour le décor naturel autour du lac, les hôtels sur ses rives, son casino… Depuis, des études géologiques ont démontré que les eaux thermales provenaient bien d'une nappe sulfureuse, affleurant le long de la rive ouest du lac. Ses propriétés permettent de soigner un millier de curistes par an. La municipalité d'Enghien-les-Bains s'est donc offert une cure de jouvence en rénovant et en sécurisant le circuit de captage des trois anciennes sources et l'ensemble de ses installations. Rejoignant la mode pour les spas, la ville s'est dotée d'infrastructures davantage dédiées à la **remise en forme**.

le blason de la grande abbaye royale de St-Florent de Saumur dont dépendait le prieuré de Deuil, l'autre le blason de ce prieuré.
Musée municipal Michel Bourlet – *Conciergerie du château de la Chevrette - 2 r. du Château - ✆ 01 34 28 66 12 - www.mairie-deuillabarre.fr - ♿ - hors vac. scol. : sam. 14h30-17h30 - gratuit.* Le musée Michel-Bourlet, du nom de son créateur, présente les origines de Deuil-la-Barre et l'église Notre-Dame. On remarque une châsse contenant le reliquaire de saint Eugène dont la légende veut qu'il ait été martyrisé en ce lieu. Y est aussi évoqué le château de la Chevrette ; au 18e s., les encyclopédistes et les philosophes fréquentèrent ses salons.

Sannois A2

▶ *À 4 km à l'ouest d'Enghien.*
Moulin à vent – *26 r. des Moulins - ✆ 01 39 98 21 44 - www.ville-sannois.fr - avr.-oct. : visite guidée w.-end 14h-19h - fermé juil.-août - 3 € (-26 ans gratuit).* Construit au 18e s., ce moulin domine la colline du mont Trouillet à 162 m d'altitude. À proximité, 2 050 pieds de vigne occupent l'emplacement du vignoble historique de Sannois. L'église du village contient par ailleurs la dalle funéraire du fameux **Cyrano de Bergerac**, qui mourut ici en 1655.

Argenteuil A2

▶ *À 5,5 km au sud-ouest d'Enghien.*
Située sur la rive droite d'une boucle de la Seine, Argenteuil était au 19e s. réputée pour ses cultures maraîchères (asperges) et son vin, le Piccolo. Son charme tranquille (aujourd'hui disparu !) a inspiré de nombreux peintres : Boudin, Caillebotte, Manet ou Monet, qui lui consacra plus de 150 toiles. Ouverte en 2022, la **Maison impressionniste** *(21 bd Karl-Marx - ✆ 01 34 23 41 98 - www.maisonimpressionniste.fr - merc. et sam. 10h-18h, dim. 14h-18h - 5 €)* est celle où vécurent Monet, sa femme Camille et leur fils Jean de 1874 à 1878. Avec ses volets vert amande et ses balcons de bois, cette demeure est typique des maisons de villégiature du 19e s. Sur 3 niveaux, on découvre dans des pièces aux tons pastel les endroits d'Argenteuil représentés par le peintre grâce à des écrans tactiles, des projections animées et du mapping. L'histoire d'Argenteuil est aussi évoquée.
Précédée d'un triple porche monumental néo-roman, la **basilique St-Denys** (19e s.), abrite la tunique d'Argenteuil, réputée être une relique de la Sainte Tunique. On retrouve son clocher, haut de 57 m, dans des tableaux de Monet et de Sisley. Ne manquez pas la **butte d'Orgemont**, agréable lieu de promenade aménagé sur d'anciennes carrières de gypse, qui offre une **vue★** imprenable sur la tour Eiffel, Montmartre et le port autonome de Gennevilliers.
5 parcours thématiques vous feront découvrir le patrimoine d'Argenteuil.

Carnet pratique

S'informer

Office de tourisme – *81 r. du Gén.-de-Gaulle - Enghien-les-Bains - ✆ 01 34 12 41 15 - www.ot-enghienlesbains.fr.*

Agenda

Les Bains numériques – *Réserv. au ✆ 01 30 10 85 59 - www.cda95.fr - courant juin.* Pendant une semaine, le Centre des arts d'Enghien-les-Bains organise ce festival : installations interactives, carnaval numérique, expositions, concerts de musique électronique, etc.

Nos adresses

Restauration

À Argenteuil

Pour se faire plaisir

La Ferme d'Argenteuil – *2 bis r. Verte - 01 39 61 00 62 - lafermedargenteuil.fr - ouv. sam. midi sur RV seult - fermé lun. soir, mar. soir, merc. soir et dim. - menus 49/52 €.* Auberge légèrement excentrée tenue par Amélia et ses filles. Accueil dans la salle redécorée pour déguster des plats actuels.

Petite pause

Paysant-Leduc – *65 r. du Gén.-de-Gaulle - 01 34 12 61 25 - www.paysant-leduc.fr - fermé lun.-mar.* Cette institution, tenue depuis 1868 par la même famille, jouit d'une belle notoriété. Outre un choix de 40 thés et de petites gourmandises sucrées ou salées, le salon de thé sert aussi de nombreuses sortes de chocolats chauds, différents thés glacés et d'excellents sorbets et glaces maison.

Activités

Les Thermes – *38 r. de Malleville - 01 39 34 10 57 - www.valvital.fr - fermé en août.* Cet établissement de 1300 m² accueille les cures médicalisées traditionnelles.

Soins, Sports et Spa Diane Barrière – *87 r. du Gén.-de-Gaulle - 01 39 34 10 50 - www.hotelsbarriere.com.* Aux 2e et 3e étages de l'établissement appartenant au groupe Lucien Barrière (occupé au rez-de-chaussée par Les Thermes, *voir ci-dessus*), cet espace propose sauna, hammam, bain japonais, solarium, etc.

Enghien Team Nautic – *Navilac - 07 84 40 38 72 - www.ot-enghienlesbains.fr - w.-ends et j. fériés 12h-13h, 14h-17h45 ; pdt vac scol. merc.-dim. 12h-13h, 14h-17h45 - 15 €/30mn, 25 €/1h* La location de pédalos se fait sur la jetée Patenôtre-Desnoyers.

Casino – *3 av. de la Ceinture - 01 39 34 13 17 - www.casinosbarriere.com.* 500 machines à sous et près de 40 tables de jeu.

Théâtre du Casino – *01 39 34 13 17 - www.casinosbarriere.com.* Rénové, avec ses fauteuils rouges, son balcon rehaussé d'or et sa scène qui se prête à tous les spectacles, ce théâtre est réservé chaque samedi à la revue musicale et à des chorégraphies variées.

Hippodrome d'Enghien-Soisy – *Pl. André-Foulon - 01 34 17 87 00 - www.hippodrome-enghien.com.* On y découvre les coulisses de ce lieu réputé pour ses courses d'obstacles. Location de transats, restaurants et aire de jeux pour les enfants... Parmi les grands rendez-vous de l'année, le prix de l'Atlantique *(avr.)* et le Grand Steeple-Chase *(oct.)*.

Hébergement

Pour se faire plaisir

Hôtel Barrière - L'Hôtel Du Lac – *89 r. du Gén.-de-Gaulle - 01 39 34 11 00 - www.hotelsbarriere.com - ♿ - 141 ch. 147/187 € - ☕ 20 €.* Un hôtel moderne aux airs de villégiature. Chambres avec vue sur le lac (plus calmes côté jardin). Possibilité d'accès au spa et à l'espace fitness. Belle terrasse face au plan d'eau.

Montmorency

Très accidentée, cette charmante ville à la lisière de la forêt est formée d'un noyau villageois entouré de propriétés cossues. Le séjour de Jean-Jacques Rousseau, d'abord à l'Ermitage, une maison forestière aujourd'hui disparue, puis dans la maison de Mont-Louis, actuel musée Jean-Jacques Rousseau, en fait un pèlerinage littéraire.

Se repérer

CARTE A2 (P. 334).
21723 habitants – Val d'Oise (95)
À 18 km de Paris, porte de la Chapelle par l'A 1.
Liaison SNCF (ligne H) depuis Paris-Nord arrêt Enghien- les-Bains, puis bus 15M ou 13, arrêt Mairie-de-Montmorency.

À ne pas manquer

Les vitraux Renaissance de la collégiale St-Martin ; le musée Jean-Jacques Rousseau ; l'église de Taverny et son retable.

Nos adresses p. 391

Visiter

Pl. du Château-Gaillard - 01 39 64 42 94 - www.plainevallee-tourisme.fr.

★ Collégiale St-Martin

Elle fut élevée au 16e s. dans le style gothique flamboyant par Guillaume de Montmorency et achevée par son fils, le Grand Connétable. C'était la chapelle mortuaire des Montmorency. De la terrasse devant l'église, **vue** sur la « vallée » urbanisée de Montmorency jusqu'aux hauteurs de Sannois et à la butte d'Orgemont (tour). Le vaisseau présente les voûtes complexes avec quelques particularités : remarquez deux nervures du chœur enjolivées de sortes d'agrafes au moment de se confondre avec des piliers. Les tombeaux des Montmorency, auxquels s'ajoutèrent au 18e s. quelques sépultures des princes de Condé, se trouvaient dans cette chapelle bâtie pour eux. Ils furent démolis à la Révolution. Une partie, notamment les gisants d'Anne de Montmorency le Grand Connétable et de sa femme, se trouve au musée du Louvre ; le reste a disparu, sauf la dalle de Guillaume et de son épouse Anne, de la célèbre famille bourguignonne des Pot, qui est placée dans le haut du bas-côté droit.

★ **Vitraux** – *Des tableaux schématiques explicatifs sont accrochés aux piliers correspondants.* Les 14 verrières, parant l'abside, et les cinq travées droites du

Physionomie du massif

Émiettée et ne présentant plus guère d'intérêt dans sa partie est (triangle Montmorency-Montlignon-Domont), la **forêt** profondément vallonnée, aux bas-fonds humides, fait actuellement l'objet d'un important travail d'aménagement. Chênes et surtout châtaigniers dominent, formant quelques futaies, des taillis et taillis sous futaie d'un peuplement assez pauvre, entrecoupés de vides à bouleaux. Depuis quelques années, un reboisement en chênes est poursuivi afin d'obtenir une futaie plus régulière et propice à la promenade.

Un peu d'histoire

Les « premiers barons chrétiens »

Les Bouchard, seigneurs du château de Montmorency, deviennent à partir du 12e s. de grands serviteurs de la Couronne. En cinq siècles, les Montmorency comptent six connétables, douze maréchaux, quatre amiraux, et leurs terres ont été érigées en duché par Henri II. Alliés à tous les souverains d'Europe, ils s'intitulent les « premiers barons chrétiens ». L'un des plus illustres de ces ducs est **Anne de Montmorency**, le **Grand Connétable**, le constructeur de Chantilly et d'Écouen, compagnon d'armes de François Ier, Henri II et Charles IX.
La branche aînée s'éteint en 1632 avec **Henri II de Montmorency**, petit-fils d'Anne, gouverneur du Languedoc, décapité à 37 ans pour avoir conspiré contre Richelieu. Aux supplications qu'on lui adresse pour obtenir la grâce du duc, Louis XIII répond : « Je ne serais pas roi si j'avais les sentiments des particuliers. » Le duché passe alors à Henri de Bourbon-Condé. Louis XIV décide cependant que le titre de duc de Montmorency, détaché de son territoire, sera donné à un Montmorency-Boutteville.

Le séjour de Jean-Jacques Rousseau

Le célèbre écrivain et penseur vécut à Montmorency de 1756 à 1762. Désirant rompre avec Paris, « ville de bruit, de boue et de fumée », et accomplir sa « réforme personnelle », il accepte alors l'invitation de Mme d'Épinay, son amie parisienne qui tient salon dans la vallée de Montmorency. Il s'installe à l'**Ermitage**, une maison forestière aujourd'hui disparue, aménagée à son intention par son hôtesse. Rousseau a 44 ans, et arrive avec un programme de travail qui doit lui permettre de disparaître ensuite « dans quelque lointaine province » avec sa compagne, Thérèse Levasseur. Mais sa destinée est différente : charmé par la beauté de la forêt au printemps, il se lance dans l'écriture de *Julie ou la Nouvelle Héloïse*, puis se prend de passion pour Sophie d'Houdetot, belle-sœur de Mme d'Épinay. Ces complications sentimentales l'isolent de ses amis de toujours : Rousseau quitte l'Ermitage en 1757 pour habiter la **maison du Mont-Louis**, au cœur du bourg. Il y achève *Julie ou la Nouvelle Héloïse* (1761), publie *Émile ou de l'Éducation* (1762) et *Du contrat social* (1762).
La maréchale et le maréchal de Montmorency-Luxembourg, pair de France et ami de Louis XV, possèdent ici une maison de campagne. Ils prennent Rousseau sous leur protection. Celui-ci vient lire dans leur salon les pages qu'il a écrites. La maréchale va jusqu'à se mêler de la publication d'*Émile*... En 1762, le Parlement décrète néanmoins que cet ouvrage subversif sera brûlé et décide l'arrestation de l'auteur. Prévenu à temps, Rousseau s'enfuit dans la chaise de poste des Luxembourg et gagne la Suisse...
La maison des Montmorency-Luxembourg a disparu, remplacée par un château du 19e s., mais son vaste parc subsiste toujours.

chœur les plus voisines, sont de magnifiques exemples de l'art de la Renaissance restaurés au 19e s. Les effigies des membres de la famille, les blasons hauts en couleur, les saints et les saintes particulièrement invoqués rappellent aussi les alliances des Montmorency. Au-dessus de la cage vitrée du portail latéral, belle fenêtre semée d'un vol d'alérions (petits aigles sans bec ni pattes), bleus sur fond jaune, le fameux motif héraldique des Montmorency.
Les autres vitraux de la nef, œuvres du 19e s. s'harmonisant avec les verrières Renaissance, dépeignent les heurs et malheurs de la lignée, jusqu'à l'assassinat d'Henri II de Montmorency en 1632.
Souvenirs polonais – Au revers de la façade, on voit des gisants, bustes et plaques relatifs à la colonie aristocratique polonaise venue s'établir dans la ville après l'échec de l'insurrection nationale de 1831. Dans le chœur, copie de l'effigie de N.-D. de Czestochowa, patronne de la Pologne.

Musée Jean-Jacques Rousseau

5 r. Jean-Jacques-Rousseau - ✆ 01 39 64 80 13 - www.ville-montmorency.fr - ♿ - 14h-18h - fermé dim. sf août et lun. - 5,10 € (-19 ans gratuit).
Dans cette maison du Mont-Louis, Rousseau vécut de 1757 à 1762. L'intérieur restitue, à partir d'un mobilier d'époque, le cadre de vie du philosophe avec Thérèse Levasseur. De la maison et du jardin, belle **vue** sur la vallée et sur Paris. Par le « cabinet de verdure » planté de tilleuls, on accède au petit pavillon où travaillait Rousseau et qu'il appelait son « donjon ». Dans la partie nouvelle de la maison, des salles d'exposition évoquent des aspects de la vie et de l'œuvre de Rousseau. Plâtre de Houdon réalisé à partir du masque mortuaire du philosophe, portraits de Quentin de la Tour, lettres et gravures y sont exposés. Bordant le jardin du musée, la « maison des Commères » (18e s.) abrite la bibliothèque d'études rousseauistes et le Centre d'études historiques de Montmorency.

À proximité

CARTE P. 334

Église St-Martin, à Groslay A2

À 2 km à l'est de Montmorency.
✆ 01 39 83 61 26 - eglise-montmorency-groslay.fr. Cette église des 12e et 13e s., remaniée et agrandie à la Renaissance, possède une belle série de vitraux parmi lesquels on remarque un **Arbre de Jessé** inspiré de celui de l'église St-Étienne de Beauvais.

Forêt de Montmorency A2

À 7 km au nord-ouest de Montmorency par la D 144 vers Margency-Montlignon, puis la D 909 à droite.
La forêt forme un massif domanial de 2 000 ha environ, recouvrant la plus vaste « butte » de la région parisienne (point culminant : 195 m) au nord de la Seine, face aux hauteurs de Cormeilles.
La **vallée de Montmorency**, zone urbanisée comptant 300 000 habitants entre Enghien-les-Bains et l'Oise et dépourvue de cours d'eau en dépit de son nom, sépare ces deux reliefs. Sur le versant sud de la forêt, les anciens villages tels que St-Prix et Andilly ont délaissé peu à peu le coteau pour développer leurs quartiers pavillonnaires dans la plaine.
La partie nord-ouest, traversée par la route de St-Leu à Chauvry *(D 192F)*, a reçu divers équipements : zone récréative du plateau du « camp de César », sentiers de randonnée *(GR 1, circuits pédestres)*. Aménagée pour les cyclistes et les

piétons, la **route du Faîte** relie, sous bois, les deux routes de traversée Eaubonne-Moisselles et St-Leu-Chauvry, en gardant un profil facile.
Château de la Chasse – *30mn à pied AR au départ de la D 909 (barrière verte à gauche, 2 km au-delà de l'église de Montlignon).* Le château biscornu, flanqué de tours tronquées, et son étang composent un tableau pittoresque.

Taverny A2

À 12 km au nord-ouest de Montmorency par les D 109, D 144 et D 928.
★ **Église** – À la lisière de la forêt de Montmorency, l'église de Taverny se détache à flanc de coteau. Au début du 13e s., la famille des Montmorency fit bâtir l'église actuelle, près du château aujourd'hui disparu. Blanche de Castille accorda son patronage. De style gothique, remaniée au 15e s., elle fut restaurée par Viollet-le-Duc au 19e s., comme en fait foi la façade ouest. Dans le chœur, beau **retable**★ Renaissance, offert par Anne de Montmorency. La frise inférieure porte des objets évoquant la Passion (lanterne, voile de Véronique, croix), le monogramme d'Henri II et les croissants de Diane de Poitiers, l'aigle et les épées du connétable. Au registre supérieur figurent les Évangélistes, les armes d'Anne de Montmorency (*p. 388*) et de Madeleine de Savoie (croix de Savoie). Deux statues de la Vierge sont particulièrement honorées : Notre-Dame-des-Fers (statue de pierre de la fin du 15e s. – niche gauche du retable) et Notre-Dame de Taverny (statue de bois du 14e s. – chapelle à gauche).

Nos adresses

Restauration

Pour se faire plaisir
Au Cœur de la Forêt – *Av. du Repos-de-Diane et accès par chemin forestier - 01 39 64 99 19 - www.aucoeurdelaforet.com - fermé jeu. soir, dim. soir et lun. - formule 48 €, menu 59 €.*
À l'issue d'un chemin cahotant, vous voilà bien au cœur de la forêt… Si le dépaysement est garanti, la cuisine suit sans détour la voie de la tradition : au menu, rien que des valeurs sûres, au gré du marché ! Cadre élégant et champêtre, comme il se doit, avec une jolie terrasse face aux frondaisons.

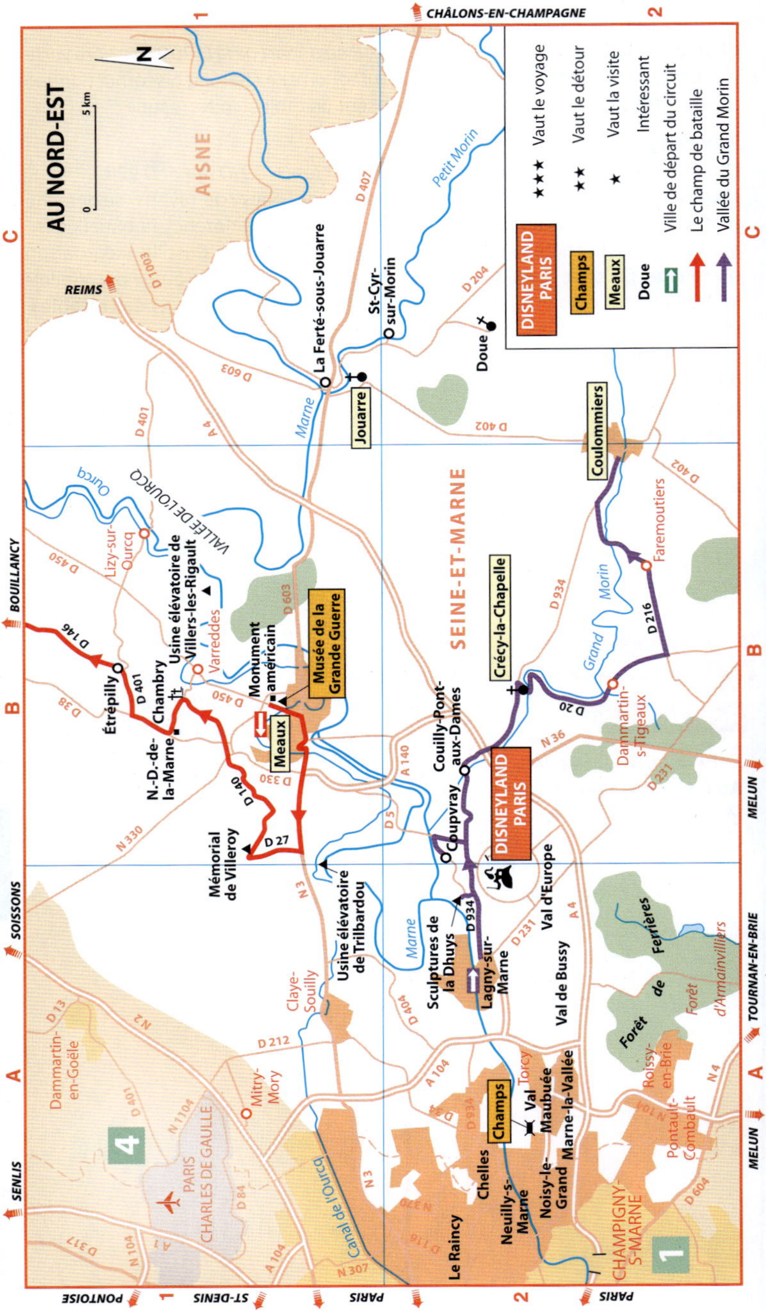
AU NORD-EST
0
5 km
N
AISNE
SEINE-ET-MARNE
Disneyland Paris
Champs
Meaux
Doue
★★★ Vaut le voyage
★★ Vaut le détour
★ Vaut la visite
Intéressant
Ville de départ du circuit
Le champ de bataille
Vallée du Grand Morin
CHÂLONS-EN-CHAMPAGNE
REIMS
BOUILLANCY
SOISSONS
SENLIS
PONTOISE
ST-DENIS
PARIS
MELUN
TOURNAN-EN-BRIE
La Ferté-sous-Jouarre
St-Cyr-sur-Morin
Jouarre
Petit Morin
Marne
Coulommiers
Faremoutiers
Grand Morin
Crécy-la-Chapelle
Dammartin-s-Tigeaux
Couilly-Pont-aux-Dames
Coupvray
DISNEYLAND PARIS
Val d'Europe
Val de Bussy
Sculptures de la Dhuys
Lagny-sur-Marne
Forêt de Ferrières
Forêt d'Armainvilliers
Roissy-en-Brie
Pontault-Combault
Torcy
Val Maubuée
Marne-la-Vallée
Noisy-le-Grand
Neuilly-s-Marne
Chelles
Le Raincy
CHAMPIGNY-S-MARNE
Usine élévatoire de Trilbardou
Claye-Souilly
Mitry-Mory
Dammartin-en-Goële
PARIS CHARLES DE GAULLE
Canal de l'Ourcq
Mémorial de Villeroy
N.-D.-de-la-Marne
Chambry
Étrépilly
Meaux
Musée de la Grande Guerre
Monument américain
Varreddes
Usine élévatoire de Villers-les-Rigault
Lizy-sur-Ourcq
Ourcq
VALLÉE DE L'OURCQ
D 146
D 401
D 38
D 450
D 140
D 330
D 27
D 603
D 407
D 1003
D 204
D 402
D 934
D 216
D 20
N 36
D 231
A 140
D 5
N 330
N 3
D 404
D 212
D 13
N 2
A 104
N 1104
D 84
A 1
N 104
D 317
N 307
D 116
N 370
N 4
D 604
A 4
A
B
C
1
2
4

Nos idées d'escapades d'une à deux journées autour de Paris.

5

Au nord-est
Le long de la Marne

CARTE MICHELIN DÉPARTEMENTS 312
SEINE-ET-MARNE (77), SEINE-ST-DENIS (93), VAL-DE-MARNE (94)

Disneyland Paris ★★★

Eurodisney s'est installé en 1992 sur le territoire de Marne-la-Vallée. Le parc, qui a fêté ses trente ans en 2022, a eu le temps d'apprivoiser les alentours. La route, les maisons, le paysage se transforment à son approche, indiquant que le monde de Disney n'est pas loin. Laissez la magie vous emporter. Elle produit un effet immédiat auprès des petits, dès qu'ils croisent les personnages des dessins animés ou aperçoivent le château de la Belle au bois dormant. Le complexe de 82 ha vous transporte dans un univers à la fois hors de l'espace et du temps, dans un cocon rempli de contes de fées, d'aventures et d'inventions futuristes.

Château de la Belle au bois dormant.
C. Beduschi/AGF RM/age fotostock

Se repérer

CARTE AB2 (P. 392).
Seine-et-Marne (77)
À 43 km de Paris par l'A 4, sortie 14.
RER A Marne-la-Vallée-Chessy (env. 1h, 7,60 €). Gare de TGV au départ de Lille, Lyon, Avignon, Marseille, Bordeaux, Nantes et Toulouse.
Navettes depuis les aéroports d'Orly et de Roissy-Charles-de-Gaulle.

Organiser son temps

Comptez minimum une journée.

En famille

Tout !

Carnet pratique p. 398

Nos adresses p. 398

Parc Disneyland

✆ 0825 300 500 (0,15 €/mn) - www.disneylandparis.com - ♿ - 9h30-18h à 23h selon la sais. - nocturnes, consulter le site - tarifs : voir carnet pratique p. 398.
Le point d'information City Hall, situé à l'entrée du parc, fournit le programme des spectacles, le plan des parcs, propose les réservations restaurant, des informations pour les personnes handicapées et d'autres services.
Le parc Disneyland comprend cinq zones thématiques ou « lands ». Tous les jours, la **parade des Rêves Disney★★** rappelle, avec ses chars, les grands dessins animés. Certains soirs et en été, un superbe feu d'artifice termine avec brio une journée bien remplie.
Le petit train à vapeur **Disneyland Railroad★** *(départ de Main Street Station)* traverse le **Grand Canyon Diorama** et fait le tour du parc en marquant une halte à quatre gares.

Main Street USA

La grande rue d'une ville américaine au début du siècle, bordée de cafés, de restaurants et de boutiques aux façades à l'architecture victorienne, s'anime. De vieux véhicules, tramways, voiture de pompiers emmènent sans relâche les visiteurs de Town Square à Central Plaza, le point central du parc. De chaque côté de la rue, deux galeries : **Discovery Arcade** et **Liberty Arcade** *(exposition et diorama sur la statue de la Liberté)* permettent de flâner librement à l'abri des humeurs du temps.

Discoveryland

Dans ce pays aux constructions futuristes, hommage est rendu au monde de la découverte et de l'invention, auquel sont attachés des noms comme Léonard de Vinci (1452-1512), Jules Verne (1828-1905) ou H. G. Wells (1866-1946). Vous pourrez vous promener à l'intérieur de la reconstitution du *Nautilus* et essayer les petits vaisseaux de l'*Orbitron*.
Space Mountain : Mission 2★★★, immense montagne de cuivre et de bronze, attend les plus audacieux. L'accélération initiale est de 14 m/s (taille minimum requise). À bord du vaisseau spatial **Star tours★**, vous effectuerez votre baptême de l'espace.

Fantasyland

Le pays des légendes et des contes de fées est signalé par le château de la Belle au bois dormant. On y rencontre « en chair et en os » Mickey, Donald, le capitaine Crochet, Tic et Tac et bien d'autres qui posent volontiers pour une photo souvenir. Dans le **château de la Belle aux bois dormant★★★**, des vitraux et des tapisseries relatent les aventures de l'héroïne du conte de Perrault. **It's a Small World★★** *(en rénovation en 2022)* est un tour du monde avec des poupées qui chantent et dans des décors représentant leur pays d'origine. Dans **Peter Pan's Flight★★**, on survole à bord de petits bateaux les toits de Londres en direction du Pays imaginaire de Peter Pan. Une attraction pour petits et grands, sans oublier **Alice's Curious Labyrinth★**, **Blanche-Neige★** et **Pinocchio★**.

Adventureland

De Central Plaza, l'entrée se fait par Adventureland Bazar, créé d'après le dessin animé *Aladin,* sorte de forteresse du désert. En route pour l'aventure, les voyages lointains, l'île au trésor et les pirates. **Pirates des Caraïbes★★★** (Pirates of the

Caribbean) est un fort sur lequel flotte le pavillon noir inspiré du film mettant en scène Jack Sparrow (Johnny Depp). Depuis de petites embarcations, les spectateurs assistent à l'attaque d'un port espagnol par des pirates. **Indiana Jones et le temple du Péril** ★★★ est encore plus spectaculaire : à bord de wagonnets, un parcours intense dans la jungle réserve une attraction choc à ceux qui ont le cœur bien accroché. Et c'est dans un banian géant (figuier originaire de l'Inde) qu'a été construite la **Cabane des Robinson**★★, rescapés d'un naufrage.

Frontierland

L'Amérique, c'est aussi le Far West avec son folklore, la conquête de l'Ouest, la ruée vers l'or. Frontierland fait revivre cette époque à travers son décor : Thunder Mesa, une ville de l'ouest, que l'on atteint depuis la **Maison hantée**★★ (Phantom Manor) à bord de petites voitures noires ; le **Train de la Mine**★★★ (Big Thunder Mountain), une montagne comme il en existe dans Monument Valley (Arizona, Utah), aride, aux formes étranges, entourée par un fleuve sur lequel glissent deux **bateaux à aubes**★ (le *Mark Twain* et le *Molly Brown*). Pour les amateurs de sensations fortes.

Parc Walt Disney Studios

Il est consacré à la magie du cinéma. Conçu sur le modèle d'un véritable studio de cinéma, le parc compte quatre « zones de production », de nombreux spectacles et quelques attractions à vous couper le souffle. Nouveautés en 2022 sur l'**Avenger Campus** : les **Avengers**, qui vous permettent d'embarquer pour des missions épiques en compagnie d'Iron Man et de Captain Marvel. Et **Spider-Man web Adventure**, où vous rejoignez Peter Parker et lancez votre propre toile pour attraper les Spider-Bots.

Pour les plus petits, ne manquez pas **Slinky Dog Zigzag Spin** et les Tapis volants (Flying Carpets) - *voir ci-dessous.*

Front Lot

Visible de loin, le réservoir d'eau de 33 m de haut marque l'entrée du parc. Inspiré de celui des studios Disney de Burbank en Californie, c'est le point de repère traditionnel dans l'univers des studios de cinéma. Front Lot abrite **Disney Studio 1**, premier « plateau » au décor intérieur mythique du célèbre Hollywood Boulevard bordé de restaurants et de boutiques évocatrices de la magie hollywoodienne.

Toon Studio

Il est consacré à la technique du dessin animé.

Depuis 2021, une nouvelle attraction, **Cars Route 66 Road Trip**, sur le thème de Cars, a vu le jour.

★ Ratatouille : L'Aventure Totalement Toquée de Rémy !

Cette attraction vous plonge dans le monde du petit rat qui voulait devenir cuisinier dans le film *Ratatouille*. Embarqué dans une « rat-mobile » et équipé de lunettes 3D, vous êtes propulsé, comme Rémy, dans un univers infiniment grand.

★★ Toy Story Playland

Trois attractions évoquent l'univers de *Toy Story*, de Buzz et Woody, dans le cadre d'un jardin géant, conçu pour que le visiteur se sente tout petit.

Rc Racer - Vitesse maximale – Réservé aux amateurs de sensations fortes.

Zigzag Tour – Ce petit parcours à bord du chien zigzag vous fera tourner et zigzaguer (mais pas trop vite !). À tester en famille.
Toy Story Mission Parachute – À bord d'un parachute de l'armée. Belle vue.

★★ Animagique
Hommage rendu ici aux longs-métrages d'animation produits par Disney. Le spectateur côtoie Mickey, Donald, les éléphants roses de *Dumbo*, les personnages de *Pinocchio*, ceux du *Livre de la jungle* et du *Roi Lion*.

★★ Art of Disney Animation
Cette attraction, facilement reconnaissable par l'immense chapeau issu du film *Fantasia* qui la coiffe, dévoile tout ou partie des secrets de cet art si particulier et vous propose même de vous essayer au dessin.

★★★ Crush's Coaster
Inspiré du film d'animation *Le Monde de Nemo*. Les visiteurs montent à bord d'une carapace de tortue géante où des surprises les attendent ! Et aussi **Cars** et **Flying Carpets**★★.

Production Courtyard

Cette zone du parc est dédiée aux coulisses du cinéma et de la télévision : fonctionnement d'un plateau télé, création des décors de cinéma, costumes, effets spéciaux. **Walt Disney Television Studios** est le plus grand studio dédié à la télévision en Europe.

★★★ Cinémagique
Qui n'a jamais rêvé de traverser l'écran et de vivre les aventures romanesques de ses héros ? Ici, le spectateur est « transporté » à l'intérieur de l'écran.

★★★ Tour de la Terreur
Un soir d'orage, il faut relever un terrible défi : celui de monter dans l'ascenseur d'un hôtel décrépi d'Hollywood qui vous propulse dans la quatrième dimension après un plongeon équivalent à 13 étages, à une vitesse qui défie les lois de la gravité !

Disney Village

Disney Village★ se remarque de loin par ses hautes colonnes en acier poli. La qualité des spectacles et le nombre des salles de cinéma du **multiplexe Gaumont** consacrent le succès de ce « village ».

5

PanoraMagique
✆ 01 60 45 70 52 - www.panoramagique.com - avr.-oct. : 9h-23h ; reste de l'année : 10h-20h - 18 € (3-11 ans 12 €) - peut être fermé sans préavis en cas de conditions météorologiques défavorables, il est donc préférable d'appeler le jour de votre visite.
En hommage à **Jules Verne**, le plus grand ballon captif du monde vous permet de vous envoler 100 m au-dessus de Disneyland Resort.
À proximité, vous pouvez louer de quoi naviguer sur le plan d'eau ou vous balader en rosalie - 10 €/20mn bateau à pédales ; 30 €/20mn Love Boat ; 20 €/20mn barque électrique ; 10 €/20mn rosalie 3 pl., 15 €/20mn rosalie 5 pl.

Carnet pratique

Billets

56/99 € (3-11 ans 52/91 €) pour 1 jour/1 parc.
81/124 € (3-11 ans 77/116 €) pour 1 jour/2 parcs.
Prix variant selon la période. Nombreuses promotions sur le site Internet.

Se garer

Parking : 30 €/voiture.

Organiser sa visite

Disneyland Paris est composé de deux parcs à thème, le parc Disneyland et le parc Walt Disney Studios, et du village Disney. Procurez-vous un plan à votre arrivée !
Le **parc Disneyland** comporte 5 « lands » (pays thématiques) : Main Street USA, Discoveryland, Fantasyland, Adventureland, Frontierland.
Le **parc Walt Disney Studios** comprend 4 parties thématiques autour du cinéma : Front Lot, Toon Studio, Production Courtyard et Backlot.
Le **village Disney**, en accès libre, réunit restaurants, bars et cinémas.
Il est important de préparer sa visite, car le parc est immense (53 ha) et extrêmement fréquenté *(40 000 visiteurs par jour en moyenne).*
Si vous ne disposez que d'une seule journée, achetez votre billet à l'avance et choisissez quelles animations vous voulez faire (en moyenne 5 par jour). Sur place, n'hésitez pas à utiliser le **Fast-Pass** : ce passeport gratuit vous donne un créneau horaire pendant lequel vous accéderez en priorité à quelques attractions.

Pour les plus petits

Flâner dans l'univers du parc Disneyland est en soi une aventure pour les plus jeunes. Fantasyland a été spécialement conçu pour eux avec notamment trois attractions : Peter Pan, Mad Hatter's Tea Cup et It's a Small World. Des aires de jeux sont réparties un peu partout dans le parc, comme la cabane de Robinson Crusoé. Les jeunes enfants seront ravis de rencontrer leurs héros préférés en chair et en os. Et bien sûr, ils adoreront la parade et les spectacles. Possibilité de louer des poussettes.

Agenda

L'année est ponctuée de grands événements : Noël, Nouvel An, Pâques, Halloween, sont les fêtes les plus importantes, mais consultez la rubrique Événements sur le site Internet pour savoir ce qui se passe à la période où vous visiterez le parc.

Nos adresses

Restauration

Entre 12h et 14h30, les restaurants sont pleins. Pensez à réserver avant votre arrivée au ☎ 01 60 30 40 50 ou au City Hall, juste à gauche à l'entrée du parc.

Dans le parc Disneyland

Envie de grignoter rapidement sans vous ruiner : attablez-vous à la terrasse du **Colonel Hathi's** au pied d'une charmante cascade ou profitez de la formule buffet du **Plaza Gardens** dans un décor victorien. Au **Lucky Nugget Saloon**, dans un décor de Far West, deux menus buffet très variés vous sont proposés. Si vous avez plus de temps, voici notre sélection.

Pour se faire plaisir

Silver Spur Steakhouse – *Frontierland - menu 40 € (enf. 22 €).* Arrêtez votre monture devant ce saloon du Far West où, faute de croiser cow-boys et riches éleveurs de bétail, vous goûterez des viandes grillées préparées comme au ranch ou au bivouac ! Impressionnants lustres décorés d'éperons argentés.

Walt's-an American Restaurant – *Main Street - menu 42 € (enf. 22 €).* Après avoir gravi le grand escalier de cette belle maison victorienne de Main Street et admiré les photos de Monsieur Disney qui tapissent les murs, installez-vous dans l'un des salons de ce confortable restaurant. Nos préférés sont le Discoveryland et la bibliothèque.

Captain Jack's - Restaurant des Pirates – *Adventureland - menus 42 € (enf. 22 €).* Clair de lune tropical pour ambiance créole. Dans une végétation luxuriante, vous dégusterez fruits de mer et accras de morue, boudin antillais, rougail de poissons et autres spécialités des îles. Attablez-vous le long de la rivière de Pirates des Caraïbes.

Une folie

Auberge de Cendrillon – *Fantasyland - menu 79 € (enf. 46 €).* Les deux petites sœurs de Cendrillon accueillent leurs invités qui croisent ici leurs princes et princesses préférés, et savourent des plats mitonnés, servis devant la grande cheminée ou sur la terrasse fleurie, l'été venu…

Dans le parc Walt Disney Studios

Une douzaine de points de restauration ambulants proposent des snacks à consommer sur place ou à emporter.

À l'extérieur des parcs

Disney Village est le rendez-vous des cuisines du Nouveau Monde. Dépaysement garanti.

Budget moyen

Annette's Diner – *Disney Village - www.disneylandparis.com - menus 21/38 € (enf. 19 €).* Envie d'un petit tour dans les « fifties », version American Graffiti ? Attablez-vous ici autour de hamburgers, hot-dogs, milk-shakes… l'illusion est parfaite ! Les serveurs abandonnent même leur service de temps en temps pour danser et vous invitent à en faire autant…

Rainforest Café – *Disney Village - ✆ 01 60 43 65 65 - www.disneylandparis.com - plat 19/32 €.* C'est une boutique, et non un océan, que vous traverserez pour atteindre la forêt amazonienne. Dans une ambiance équatoriale, gorilles, éléphants et autres animaux exotiques accompagneront votre repas aux saveurs doucement épicées.

The Steakhouse – *Disney Village - ✆ 01 60 30 40 50 - 12h-23h - formule 34 €, menu 42 € (enf. 22 €).* Amateurs de viandes et de bons vins, cet endroit va vous plaire ! Outre sa table, vous apprécierez son décor inspiré du Chicago de la Prohibition.

Hébergement

Pour que la magie soit totale, vous pouvez choisir de dormir dans l'un des hôtels du parc, tous gérés par Disney ; leurs décors évoquent différentes régions américaines. Nous en avons sélectionné quelques-uns. Les prix indiqués sont ceux proposés par les hôtels sans réservation ; pour obtenir des tarifs plus avantageux, passez par la centrale de réservation : ✆ 0 825 300 500 (0,15 €/min)

Si vous préférez prendre le large pour la nuit, deux chambres d'hôtes et un camping vous accueilleront à moindre coût dans un environnement plus nature.

Budget moyen

Disney Hotel Davy Crockett Ranch –*Sur réserv. seult - bungalow pour 6 pers. 240/694 € - 12 € - soir seult (buffet à volonté) 34 € (enf. 22 €).* Comme au pays des trappeurs, un pittoresque ensemble de bungalows groupés au cœur du bois de Citry. Les multiples animations (parfois payantes) et la piscine « tropicale » font la joie des petits et des grands.

Une folie

Hôtel Santa Fe – P *- 995 ch. 340/740 € - 21 € (enf. 14 €) - soir seult (buffet à volonté) 34 € (enf. 22 €).* Vous voici transportés au Nouveau-Mexique : accueil par l'acteur Clint Eastwood échappé du film Le Bon, la Brute et le Truand, chambres rafraîchies par des ventilateurs de plafond et, bien sûr, restaurant tex-mex animé par des orchestres de mariachis.

Hôtel Cheyenne – P *- 1000 ch. 350/790 €- 21 € (enf. 14 €) - (buffet à volonté) 38 € (enf. 22 €).* Venez jouer aux cow-boys et aux Indiens avec vos enfants dans cette ville du Far West reconstituée ! Chambres simples conçues pour le séjour en famille, restaurant avec formule self et personnel costumé assurant une animation « western ».

Hôtel Sequoia Lodge – P - *997 ch. 420/850 €, 14 suites 857/988 € - 38 € (enf. 22 €).* Les paysages sauvages des montagnes Rocheuses ont inspiré le décor de cet hôtel où vous serez accueilli par des gardes forestiers. Chambres confortables. Deux restaurants, véritables repaires de trappeurs, l'Hunter's Grill et le Beaver Creek Tavern, proposent des formules buffets. Piscine et espace de remise en forme.

Newport Bay Club – P - *1093 ch. 420/960 €, 13 suites 1139/1255 € - 28 € (enf. 23 €) - 42 € (enf. 30 €) (buffet à volonté).* Sur la rive du lac Disney, vous tomberez sous le charme d'une station balnéaire de la Nouvelle-Angleterre du début du 20e s. ! Piscine couverte, beau club de remise en forme et deux restaurants : le Cap Cod (buffets) et le Yacht Club (produits de la mer, à la carte).

À proximité

Premier prix

Camping L'International – *Jablines - À la base de loisirs - à 9 km du parc Disneyland-Paris - 01 60 26 09 37 - www.camping-jablines.com - - avr.-oct. - 154 empl. 29/34 €.* Tous les sports, ou presque, sont possibles, la plus grande plage d'Île-de-France s'étale devant vous et Disneyland Paris est à deux pas. Les emplacements, bordés de larges allées pavées, offrent de beaux points de vue sur les paysages alentour.

Neuilly-sur-Marne

La France compte une trentaine de localités du nom de Neuilly, sans compter les Nohant, Nouen, Neuillé et autres Nuly. Ici, c'est presque Neuilly-Plage qu'il conviendrait de dire, car les bords de Marne, aménagés en port de plaisance, avec leurs sports nautiques, leur camping et leurs plages, ont un air de vacances.

Les bords de la Marne.
D. Thierry/Photononstop

Se repérer

CARTE A2 (P. 392).
35 907 habitants – Seine-St-Denis (93)
À 10 km de Paris par la N 34.
RER A Neuilly-Plaisance.

À ne pas manquer

L'architecture contemporaine de l'église Notre-Dame, au Raincy.

En famille

Le parc de la Haute-Île et l'archéosite.

Nos adresses p. 403

5

Se promener

Église St-Baudile

Pl. du Chanoine-Héroux. L'harmonie règne entre les parties romanes et gothiques de cette petite église commencée à la fin du 12e s. Trois colonnes du chœur montant jusqu'à la voûte forment la partie romane. Les trois arcs brisés reliant les piles qui supportent le clocher marquent la transition du roman au gothique ; celui-ci est représenté par les piliers monocylindriques de la nef, très fortement inspirés de ceux de Notre-Dame de Paris.

Parc de la Haute-Île

☎ 01 43 93 42 53 - parcsinfo.seinesaintdenis.fr - ♿ - de mai à mi-sept. : 7h30-22h, fév.-avr. : 19h30 ; reste de l'année : se rens.

Attention, l'entrée du parc est indiquée au dernier moment. Quittez Neuilly par la N 34 ; au bout d'une longue ligne droite arborée, juste avant le feu de la zone commerciale de Chelles, une petite route à droite mène au parking du parc, inaccessible depuis l'autre côté de la route.

Comptez au moins 1h pour faire le tour du parc.

C'est une promenade reposante qui vous attend dans ce parc, logé entre la Marne et le canal de Vaires. Le creusement des anciens chenaux de la Marne a permis la reconstitution d'une zone humide ; des observatoires invitent à guetter les nombreux oiseaux – hérons, canards, poules d'eau... – qui séjournent là, parmi les plantes sauvages.

Archéosite – *patrimoine.seinesaintdenis.fr - ♿ - mars-oct. : dim. 13h30-18h - ateliers, visite guidée : calendrier en ligne - gratuit.* Le site est connu pour son occupation humaine vieille de plus de 8 000 ans. Le pôle mésolithique, au centre du parc, propose un parcours pour comprendre les relations entre l'homme et son environnement à cette époque ; des expériences de reconstitutions (habitat, pirogue) y sont menées.

À proximité

CARTE P. 392

Le Raincy A2

À 6,5 km au nord de Neuilly-sur-Marne.

Le Vau avait édifié au 17e s. un château, aujourd'hui disparu, dont certains éléments inspirèrent Vaux-le-Vicomte. Le parc a donné naissance à cette commune dont certaines rues reproduisent le dessin des anciennes allées.

★ **Église Notre-Dame** – *83 av. de la Résistance.* Œuvre d'**Auguste Perret**, ce sanctuaire (1923) occupe une place marquante dans l'histoire de l'architecture religieuse contemporaine par la nouveauté de son plan et de son clocher, et l'emploi exclusif du béton. Il forme une halle rectangulaire, supportée par de fines colonnes. Les murs sont constitués de parpaings et d'une paroi de claustra recouverte de petits vitraux réalisés par le peintre-verrier Marguerite Huré d'après les cartons de Maurice Denis. Leur tonalité, bleu intense dans l'abside, s'éclaircit jusqu'au bas de la nef.

Chelles A2

Les Églises Centre d'art – *Esplanade de la Légion d'Honneur - ☎ 01 64 72 85 64/01 64 21 04 33 - www.chelles.fr/chelles-a-vivre/culture - sam.-dim. 15h-18h, en sem. sur RV - gratuit.* Les églises Sainte-Croix et Saint-Georges, mitoyennes, accueillent des expositions d'art contemporain autour du thème du territoire et ses usages.

Le canal de Chelles

Le canal latéral à la Marne, long de 9 km, fut creusé à partir de 1848, mais mis en service seulement en 1865. Il contourne une partie de la Marne qui n'est pas navigable. Sa berge côté Marne, devenue voie verte, constitue un agréable lieu de promenade ombragé sur l'ancien chemin de halage. Une autre option pour découvrir le canal est d'embarquer à Lagny-sur-Marne *(http://aufildeleau.eu).*

Nos adresses

Restauration

Budget moyen

Le Martin Pêcheur – *Chemin de l'Écluse - port de plaisance de Neuilly-sur-Marne - ✆ 01 43 08 13 69 - www.guinguettedelecluse.simplesite.com - en sais. : tlj sf dim. soir; hors sais. : tlj sf. mar. et le sam. soir; guinguette : lun., jeu. 14h-19h - menus 16 (déj.)/19 €.* Restaurant géré par une association d'insertion à l'emploi. À la belle saison, profitez de la terrasse dressée au bord de la Marne. Table honnête et menus bon marché, avec buffet de hors-d'œuvre et plats du jour.

Au Perreux-sur-Marne

Pour se faire plaisir

Les Magnolias – *48 av. de Bry - ✆ 01 48 72 47 43 - www.lesmagnolias.com - fermé sam. midi, dim. et lun. - plat 36 €, menus 41/94 €.* Ces Magnolias se sont imposés en douceur auprès des gourmets du Perreux-sur-Marne. Le chef met un soin particulier dans la présentation de ses plats, goûteux et volontiers créatifs. Autour de lui, en cuisine et dans l'élégante salle, s'affaire une jeune équipe soucieuse de bien faire.

Activités

À Chelles

Chelles Canoë-kayak – *5 quai Auguste-Prevost - ✆ 07 81 01 07 04 - chelles-canoekayak.org - sur réserv. - canoë biplace 15 €/h, 45 €/1/2 j, 60 €/j; kayak monoplace 10 €/h, 30 €/1/2 j, 40 €/j; paddle 10 €/h, 30 €/1/2 j, 40 €/j.*

Château de Champs ★★

Construit sur les fonds de deux financiers malchanceux à la fin du règne de Louis XIV, le château de Champs constitue un modèle d'architecture et de décoration du 18e s. Son magnifique parc figure au palmarès des chefs-d'œuvre de l'art des jardins français, avec ses parterres, ses bassins et ses bosquets.

Se repérer

CARTE A2 (P. 392).
25 654 habitants – Champs-sur-Marne, Seine-et-Marne (77)
À 24 km de Paris par l'A 4.
RER A Noisiel-le-Luzard, bus 220 arrêt « Mairie de Champs ».

Organiser son temps

Compter 1h pour la visite du château.

Visiter

31 r. de Paris - ✆ 01 60 05 24 43 - www.chateau-champs-sur-marne.fr - ♿ - tlj sf mar. 10h-12h15, 13h30-18h (oct.-mai : 17h), fermeture du parc 30mn après le château - 8 € (-26 ans gratuit) - parc en accès libre.
Les premiers et derniers sam. du mois, des visites guidées du 2e étage et des sous-sols sont organisées *(sur réserv.)*. On y découvre les espaces des domestiques, les cuisines, et les chambres des enfants.

★★ Château

Lorsqu'il est terminé par **J.-B. Bullet** en 1708, le château de Champs attire l'attention des contemporains par le souci du confort qui se manifeste dans son aménagement. Les pièces cessent de se commander, les dégagements sont bien étudiés, chaque chambre a un cabinet et une garde-robe ; une « salle à manger » spécialement affectée aux repas apparaît (jusqu'alors on dressait la table dans une antichambre). À l'extrémité des ailes, du côté de la cour, des entresols, reliés au rez-de-chaussée par des escaliers dérobés, permettent aux hôtes de loger leurs domestiques particuliers.
Au rez-de-chaussée, on voit le Grand Salon, la salle à manger, le fumoir où a trouvé place un portrait de Louis XV de l'école de Van Loo. Le **salon Chinois★★** est meublé de fauteuils recouverts de tapisseries de Beauvais « aux fables de La Fontaine », l'un des ensembles exécutés d'après les cartons d'Oudry, directeur

Un château de marquise

La plus illustre des hôtesses du château de Champs fut sans conteste **Mme de Pompadour** qui loua la demeure en 1757 pour la coquette somme de 12 000 livres. La marquise n'y resta guère que deux ou trois ans, y faisant des dépenses considérables. Le château servit de décor au film *Les Liaisons dangereuses,* adapté du roman de Choderlos de Laclos par Stephen Frears en 1987, au film *Marie-Antoinette* de Sofia Coppola en 2005 ou encore à la série *Versailles* en 2015.

On vous emmène dans le parc du château de Champs

Figurez-vous que monsieur Le Nôtre avait un petit-neveu. Et qu'il était très doué ! Il s'appelait **Claude Desgots**, et c'est à lui que l'on doit ce magnifique parc, l'un des plus beaux, et des moins connus, d'Île-de-France. RER A puis bus, il est aisé d'accès. Et là… Comme Mme de Pompadour (qui loua le domaine), comme les équipes des films *Liaisons dangereuses* et *Marie-Antoinette*, comme les nombreux chefs d'État africains (logés ici par le général de Gaulle), on succombe au charme fou de ce « jardin remarquable », dessiné en 1710, restauré en 1895. Bassins harmonieux, sculptures délicates, gazons manucurés, bosquets taillés, treillages soignés… Une promenade de deux heures en déflore les plus beaux recoins, jusqu'à la grande prairie où une quinzaine de ruches font leur miel des fleurs locales. Et pourquoi ne pas se reposer, tout simplement ? Disposées ici et là sous l'ombrage, des chaises invitent à la contemplation de ce splendide jardin à la française, un œil sur les parterres de broderies végétales, l'autre sur le splendide château, cette « petite maison de campagne » bâtie en 1707 pour échapper aux pesanteurs de la Cour. Et vous, à quoi aimeriez-vous échapper ?

de la manufacture. Le boudoir est décoré de peintures en camaïeu bleu représentant des pastorales chinoises. Au premier étage, le salon de musique offre une belle perspective sur les jardins. On parcourt ensuite la chambre d'apparat de Mme de Pompadour : lambris clairs, motifs végétaux et floraux, volutes, cartouches, coquilles sont les éléments essentiels des moulures. Puis le salon d'angle, aux magnifiques **boiseries★** rocaille ; dans le salon, portrait de la marquise en jardinière, par Drouais.

★★ Parc

Un parcours balisé relie les points d'intérêt principaux du parc pour une randonnée de 2h (5,5 km) au cours de laquelle s'affirme le dessin des perspectives - *dépliant disponible à l'entrée principale du parc (ci-contre).*

Château de Champs et son parc.
Godong/robertharding/age fotostock

Marne-la-Vallée

Cette « ville nouvelle » n'en finit pas de grandir et de se développer. Alliant sa position de pôle économique tertiaire à un environnement naturel valorisé, elle se veut « métropole du développement durable » et abrite deux pôles d'excellence du projet Grand Paris, l'un consacré à la ville durable, l'autre dédié au tourisme. Entre créations architecturales contemporaines et villages ruraux, parcours de promenade et centres commerciaux, vous aurez l'embarras du choix.

Les espaces Abraxas de Ricardo Bofill à Noisy-le-Grand.
Schütze/Rodemann/Bildarchiv Monheim/age fotostock

Se repérer

CARTE A2 (P. 392).
316 171 habitants (agglomération)
Seine-et-Marne (77), Seine-St-Denis (93)
À 27 km de Paris par l'A 4.
RER A Marne-la-Vallée.

À ne pas manquer

L'ancienne chocolaterie Menier, à Noisiel ; le parc culturel de Rentilly.

Organiser son temps

Quatre thèmes de visite selon les différents secteurs de la ville nouvelle : Noisy-le-Grand et son architecture contemporaine ; Val Maubuée et son patrimoine industriel ; Val d'Europe, centre de loisirs et de commerces ; enfin, Val de Bussy, plus traditionnel, avec ses petits villages anciens.

En famille

L'aquarium Sea Life ; le parc culturel de Rentilly à Bussy-St-Martin ; les îles de loisirs de Torcy et de Vaires-sur-Marne.

Nos adresses p. 409

Une grande famille

Jean Antoine Menier (1795-1853) est à l'origine de ce que l'on a appelé « l'empire Menier ». Ce pharmacien installé à Paris trouva un procédé révolutionnaire pour pulvériser les drogues végétales et animales. Il eut l'idée de l'appliquer au traitement du cacao. C'est ainsi qu'un moulin, acquis en 1825, devint une chocolaterie, puis de génération en génération un empire industriel qui dynamisa toute une région.

Se promener

CARTE P. 392

6 pl. Émile-Menier - Noisiel - 01 60 37 73 99 - www.ville-noisiel.fr.

Noisy-le-Grand A2

L'architecture moderne du nouveau centre de Noisy-le-Grand confirme sa vocation commerciale et administrative. Parmi les réalisations les plus remarquables, citons le **Palacio d'Abraxas** de Ricardo Bofill (pl. des Fédérés, ouest de la gare RER de Noisy-Mont-d'Est), les **Arènes de Picasso** de Manuel Núñez Yanowsky (quartier du Pavé-Neuf, sud-est de la gare RER de Noisy-Mont-d'Est) et l'École supérieure d'ingénieurs en électronique et électrotechnique de Dominique Perrault (au sud de la gare de RER de Noisy-Champs).

Malheureusement, le manque d'entretien et les incivilités de certaines personnes peuvent rendre la promenade pénible. Il est conseillé de venir tôt le matin.

Pour découvrir la ville de façon insolite, le club noiséen de randonnée pédestre propose un parcours dans les rues de la cité *(boucle de 16 km - comptez 5h, départ devant les gares RER A Noisy-Mont-d'Est et Noisy-Champs ou devant la gare RER E des Yvris - suivez le balisage jaune).*

Val Maubuée A2

Les six communes de ce secteur central, avantagées par la proximité de la Marne, regroupent dans un urbanisme moins dense logements et équipements sportifs. Une base de loisirs y a été aménagée à **Torcy** autour d'un plan d'eau *(p. 411).*

★ **Ancienne chocolaterie Menier, Noisiel** – *Bus n° 211 direction Torcy, depuis la gare RER de Noisiel, arrêt « Chocolaterie » - www.ville-noisiel.fr - visites guidées de la chocolaterie et de la cité ouvrière, rens. au 01 60 37 73 99.* Superbe monument de l'architecture industrielle du 19e s., l'usine forma jadis, dans cette zone, un monde à part avec sa **cité ouvrière** (plus de 300 petites maisons en brique), son **parc à l'anglaise** et son domaine agricole.

La **promenade historique des berges de la Marne** passe par l'ensemble des bâtiments de l'ancienne chocolaterie : le moulin Saulnier, avec ses céramiques et ses briques vernissées, la « cathédrale », sur l'île Menier, qui accueillait les visiteurs voulant assister au mélange sucre-cacao, le pont Hardi, en béton armé, une prouesse technique à l'époque, l'ancienne mairie et enfin les anciennes écuries.

Ferme du Buisson – *Allée de la Ferme - suivez les indications depuis la gare de RER de Noisiel - 01 64 62 77 77 - www.lafermedubuisson.com - tlj sf dim. 14h-19h - expositions : entrée libre.* Elle faisait partie du domaine agricole. Cet ensemble de beaux bâtiments en brique et charpentes de bois (19e s.) accueille un centre d'art contemporain, un cinéma, un théâtre, des studios, un restaurant et une médiathèque.

Val de Bussy A2

Il a conservé ses anciens villages tels Bussy-St-Georges, Montenain et St-Thibault, au charme desquels vient s'ajouter la proximité de la vallée de la Gondoire.

5

Église N.-D. du Val, à Bussy-St-Georges – *33 bd Thibaud-de-Champagne.* Achevée en 2001, cette église se dresse au bord de l'étang du Val, dans un cadre verdoyant, au centre de la ville nouvelle. Les architectes H. Gonot et P. Marcenac ont imaginé un édifice ultramoderne, mais évocateur d'une ancienne symbolique religieuse : des colonnes émergent de l'eau, encerclent la nef arrondie et grimpent jusqu'au clocher, à l'image de la quête du croyant, du baptême vers l'élévation spirituelle.

Moulin Russon, dans le vieux Bussy-St-Georges – *1 r. du Lavoir - ✆ 01 64 77 27 14 - www.marneetgondoire-tourisme.fr - ♿ - avr.-sept. : merc. 14h-17h, dim. 15h-18h ; reste de l'année : merc. et dim. 14h-17h - fermé vac. de Noël - gratuit.* Dans un cadre bucolique, ce moulin à eau (15e s.) a été rénové. Vous pourrez voir les éléments de la mécanique tournante, de la roue à augets extérieure, dont la vitesse est réglée par un système de vannes, aux meules. N'hésitez pas à profiter de la campagne environnante en vous promenant le long du ru de la Brosse.

Parc culturel de Rentilly, à Bussy-St-Martin – *1 r. de l'Étang - ✆ 01 60 35 46 72 - www.marneetgondoire.fr - ♿ - 9h-20h (nov.-mi-mars 17h30) - gratuit.* Ce domaine de 54 ha vous invite à découvrir la création artistique contemporaine dans un cadre naturel privilégié. Son écrin de verdure, qui offre de belles perspectives sur la vallée de la Brosse, se compose d'un parc à la française, d'un autre à l'anglaise et d'un bois doté d'allées forestières. Entièrement réhabilité, son patrimoine bâti comprend un château de style Directoire (construit dans les années 1950 après qu'un incendie eut détruit l'édifice d'origine) et des dépendances : orangerie, bains turcs, écurie, salle des trophées, remise à calèches, etc. Ces dernières ont été aménagées pour accueillir un centre d'art, un centre de ressources documentaires et un espace des arts vivants, ainsi que des ateliers d'artistes. Ici, tout semble avoir été fait pour créer un rapport original à l'art, et vous ne vous étonnerez pas de découvrir, dans ce domaine, des œuvres d'art nichées dans des endroits parfois inattendus.

Par ailleurs, le château abrite un centre d'art contemporain conçu par l'artiste Xavier Veilhan. L'artiste a recouvert la façade du château de panneaux d'acier inoxydable qui reflètent la végétation du parc et qui intègrent parfaitement le bâtiment dans le paysage.

Lagny-sur-Marne A2

p. 422.

Val d'Europe A2

Quatrième pôle de développement de Marne-la-Vallée, il accueille les parcs de Disneyland (*p. 394*), ainsi qu'un gigantesque centre commercial à Serris.

Sea Life – *14 cours du Danube - ✆ 01 60 42 33 66 - www.visitsealife.com/paris - ♿ - 11h-18h30, dernière entrée 1h av. fermeture - 19,80 € (3-11 ans 16,20 €).* Dans cet immense complexe, un grand **aquarium★** où 30 bassins, un tunnel à 360° et de nombreuses animations présentent les secrets et merveilles de la vie sous-marine.

Nos adresses

Shopping

La Vallée Village, Outlet Shopping – *Centre commercial Val d'Europe, 3 cours de la Garonne - ✆ 01 60 42 35 00 - www.thebicestercollection.com - tlj 10h-20h.* Ce « village de la mode » rassemble des grandes marques qui proposent leurs collections des années précédentes à prix réduits (jusqu'à - 33 %). À proximité de Disneyland, le site est classé zone touristique d'affluence exceptionnelle.

En soirée

Espace Michel-Simon – *Esplanade Neslon Mandela - Noisy-le-Grand - ✆ 01 49 31 02 02 - www.espacemichelsimon.fr.* Les plus grands humoristes et chanteurs, pour ne citer qu'eux, se produisent dans ce grand espace culturel en verre qui domine le vieux centre de Noisy. Une programmation aussi variée qu'impressionnante pour cette scène essentielle de l'Est francilien.

Activités

Piste cyclable – Le bord du canal de Vaires, entre Chelles et Vaires, a été aménagé en piste cyclable et piétonne.

Île de loisirs de Torcy – *Rte de Lagny - Torcy - ✆ 01 60 20 02 04 - http://vaires-torcy.iledeloisirs.fr.* Avis aux sportifs et aux amoureux de la nature : cette base de loisirs et de plein air est l'endroit idéal pour se ressourcer. Le lieu s'étend sur 120 ha et sa plage sur 800 m de sable fin. Activités animées par les équipes de l'UCPA : baignade.

Île de loisirs de Vaires-sur-Marne – *Rte de Torcy - Vaires-sur-Marne - ✆ 01 60 20 02 04 - http://vaires-torcy.iledeloisirs.fr.* Les férus de sports nautiques connaissent bien la base olympique de Vaires-sur-Marne aménagée au bord d'un plan d'eau de 90 ha. Parmi les activités proposées : canoë-kayak, catamaran, aviron, planche à voile, et espace « Raquette et forme »

Centre aquatique Les Nymphéas – *3 av. Émile-Cossonneau - Noisy-le-Grand - ✆ 09 71 00 93 00 - http://lesnympheas-noisylegrand.fr.* Vaste centre aquatique très moderne doté notamment d'un bassin ludique avec boule à vagues, de toboggans. Également des espaces fitness et bien-être avec sauna et jacuzzi.

Hébergement

À proximité

Pour se faire plaisir

Hôtel Mercure Marne-la-Vallée – *44 bd A.-Giroust - Bussy-St-Georges - ✆ 01 64 66 11 11 - all.accor.com - P ♿ - 87 ch. 120/147 € - ☕ 16,50 € - ✕ carte 30 €.* Intégré à un grand ensemble immobilier, face à la station de RER, hôtel doté de chambres fonctionnelles, bien insonorisées. On apprécie une carte traditionnelle dans la salle à manger aux tons contemporains.

Meaux ★

et le circuit du champ de bataille

Voici trois bonnes raisons de rendre visite à la capitale de la Brie : la cité épiscopale, fortement marquée par l'empreinte de Bossuet, l'Aigle de Meaux, et dont subsistent de beaux vestiges patrimoniaux ; le musée de la Grande Guerre, extraordinaire plongée au cœur du conflit, prolongée par le circuit des champs de bataille à travers la campagne environnante ; les produits du terroir, brie, moutarde et carotte, à acheter au marché et à déguster lors d'un pique-nique en bord de Marne ou du canal de l'Ourcq.

La ville de Meaux.
vora/Getty Images Plus

Se repérer

CARTE B1 (P. 392).
55 750 habitants – Seine-et-Marne (77)
À 45 km de Paris par l'A 4 ou à 38 km par la N 3.
Liaison SNCF de Paris-Gare-de-l'Est (40mn).

À ne pas manquer

Le musée de la Grande Guerre.

En famille

Le musée de la Grande Guerre.

Carnet pratique p. 416

Nos adresses p. 416

★ Se promener dans la cité épiscopale

★ Cathédrale St-Étienne

Pl. Charles-de-Gaulle. Commencée vers 1180, sa construction ne s'acheva qu'en 1540. À chaque époque, les différentes phases du gothique se sont épanouies dans une remarquable unité, avant les importantes restaurations de l'extérieur de la cathédrale au 19e s.

Façade – Elle est de style gothique flamboyant (14e-16e s.). Les mutilations dues aux guerres de Religion sont venues s'ajouter aux effets des intempéries, la pierre calcaire de Varreddes s'étant beaucoup effritée. Du côté sud, la façade du croisillon, de style rayonnant, est très élégante. Le portail, très endommagé, est consacré à saint Étienne. La tour de gauche (68 m) est la seule terminée. Celle de droite, simple clocher de charpente, est appelée la tour Noire à cause de son revêtement de bardeaux sombres.

Pénétrez dans la cathédrale par ce portail.

Intérieur – Il n'a pas été restauré depuis le 18e s. Le vaisseau, très lumineux, impressionne. Les doubles collatéraux sont d'une hauteur exceptionnelle, atteignant la moitié de celle de la nef principale (31,5 m à la croisée du transept). En effet, les tribunes qui les surmontaient à l'origine ont été supprimées vers le milieu du 13e s. et les bas-côtés ont été surélevés d'autant. Les deux travées de la nef voisines du transept sont d'un gothique naissant assez sobre (début du 13e s.). Le reste, côté façade, résulte d'un allongement au 14e s. Les piliers furent repris au 15e s. Le fond des transepts offre une magnifique composition du 14e s. Le style gothique rayonnant y triomphe : sous une immense verrière court un triforium, si finement ajouré qu'il ne coupe pas la perspective des lancettes. Le chœur rayonnant est fort beau avec ses doubles bas-côtés et les cinq chapelles de son abside. À gauche du chœur, jolie porte Maugarni du 15e s. En faisant le tour du déambulatoire, on découvre, dans le chœur côté sud, la dalle de marbre noir qui marque la sépulture de Bossuet.

Le Vieux Chapitre – *Pl. Charles-de-Gaulle - ne se visite pas.* Destiné aux réunions du chapitre, ce bâtiment (13e s.), reconnaissable à ses tourelles et son escalier central, servit vraisemblablement de grange aux chanoines qui y stockaient les dîmes : grains, vin, bois de chauffage. À l'extérieur, l'escalier couvert date de la Renaissance. Le rez-de-chaussée est relié à la cathédrale par une galerie de bois.

Palais épiscopal - Musée Bossuet

5 pl. du Gén.-de-Gaulle - ✆ 01 64 34 84 45 - www.musee-bossuet.fr - ♿ - tlj sf mar., avr.-sept. : 9h30-12h30, 14h-18h ; oct.-mars : tlj sf lun. 9h30-12h30, 14h-17h, dim. 14h-17h - 4 € (-26 ans gratuit)

L'aigle de Meaux

Le 2 mai 1681, l'éducation du Dauphin, fils de Louis XIV, étant terminée, **Bossuet** est nommé évêque de Meaux. Âgé de 55 ans, il entame avec une assiduité scrupuleuse ses devoirs d'évêque. Dans la vaste bibliothèque qu'il a installée au palais épiscopal, ou dans son cabinet de travail au fond du jardin, il prépare cinq de ses plus grandes oraisons funèbres : celle de Marie-Thérèse, épouse de Louis XIV, et celle du Grand Condé en 1687, la dernière qu'il ait prononcée. Bossuet rédige également divers ouvrages consacrés à la défense de l'orthodoxie. Il meurt à Paris le 12 avril 1704, « les armes à la main », dira Saint-Simon. Selon ses vœux, son corps est ramené à Meaux où il repose toujours, dans le chœur de la cathédrale.

Bonne pâte

Sa réputation était déjà établie au 13e s. Prisé par le petit peuple parisien comme par les tablées royales, il fut élu meilleur fromage européen lors d'un concours organisé pendant le congrès de Vienne (1815). Indépendamment de caractéristiques communes (préparation à partir de lait cru partiellement écrémé, croûte blanche veinée de taches rougeâtres, pâte tendre jaune clair, proportion de matières grasses voisine de 45 %, affinage rapide n'excédant pas 7 semaines, etc.), il existe plusieurs variétés de bries en fonction des aires de production. Le **brie de Meaux** est le plus volumineux (env. 40 cm de diamètre et 3 kg) et bénéficie de l'AOP depuis 40 ans. Le **brie de Melun**, également AOC, est moins grand mais plus épais, d'arôme plus prononcé et de goût un peu plus salé, et est fabriqué en bien moindre quantité. Le **coulommiers**, fabriqué à l'origine dans la région éponyme, est le plus petit (env. 14 cm de diamètre) et est aujourd'hui largement commercialisé.

La maison du Brie de Meaux – *5 pl. Charles-de-Gaulle - ✆ 01 64 33 02 26 - tourisme-paysdemeaux.com - 9h30-12h30, 14h-18h - fermé lun. - 4 €.* Des reconstitutions expliquent les différentes étapes de la fabrication du brie jusqu'à l'affinage en cave. Le week-end et sur réservation, la visite se termine par une dégustation (*+ 2 €*).

Bâti au 12e s., puis modifié au 17e s., le palais présente une juxtaposition de structures d'époques différentes. Côté nord, on découvre la façade d'apparat, embellie au 17e s., face au jardin. La façade sud, début 16e s., se distingue par un mélange de pierre et de brique et par la présence d'une tour centrale.

Salles basses – Au rez-de-chaussée, côté jardin, la salle capitulaire et celle de l'officialité, magnifiquement voûtées, sont de style gothique primitif et abritent des expositions temporaires. Elles sont accolées à une chapelle palatine à deux niveaux où se trouvent des pierres tombales du 14e s.

Pour accéder au 1er étage, on emprunte une étonnante rampe en brique : construite au début du 16e s. par l'évêque Briçonnet, elle permettait aux mulets chargés des grains de la dîme de monter jusqu'aux greniers.

Collections permanentes – La salle du Synode et les Grands Appartements accueillent une riche collection de peintures et sculptures (16e s. au 18e s.). Le maniérisme (16e-17e s.) est bien représenté par *Suzanne et les Vieillards* de Cesari. Dans le niveau haut de la **chapelle** sont présentés 3 toiles de Jean Senelle, la **Déploration du Christ** de Frans Floris et des objets du culte : châsse reliquaire du 12e s., croix du 14e s. et lutrin de style baroque (17e s.).

À travers les fenêtres de la salle du Synode s'ouvre une vue sur le **jardin Bossuet**, avec ses rosiers et sa double rangée de tilleuls. Ce jardin à la française fut sans doute dessiné par Le Nôtre.

Dans la **salle du Synode**, les œuvres présentées illustrent les formes du classicisme de la fin du 17e s. au 18e s. : Boulogne le Jeune voisine avec les frères Le Nain, de Troy, Bouchardon, Vignon, Coypel, La Fosse, Mauperché, Regnault et Van Loo. L'aile est correspond à l'**appartement de Bossuet** ; celui-ci n'a conservé que ses dispositions d'ensemble, la décoration ayant été remaniée dans le style Louis XV. On s'arrêtera devant le portrait de l'évêque par Mignard et une splendide commode Cressent (début 18e s.). Dans l'aile ouest, les **Petits Appartements** abritent des œuvres du 19e s. : les orientalistes Gérôme, Decamps, Barrias et Gechter, les paysagistes Daubigny et Millet... La visite se termine par le romantisme avec

Site archéologique de la Bauve

À environ 1 km au nord-est de Meaux, des fouilles ont révélé la présence d'un ensemble antique correspondant vraisemblablement à un sanctuaire religieux. Une double enceinte de 130 m de côté renferme une énorme esplanade d'environ 2 ha qui aurait accueilli 2 édifices reliés l'un à l'autre par une galerie longue de 22 m de long. Depuis 1985, des campagnes de fouilles permettent de mieux comprendre le plan d'ensemble du site et d'en préciser la chronologie d'occupation.

Sebron et Tardieu, et quelques peintures d'artistes régionaux (20e s.), ainsi que par l'apothicairerie de l'ancien hôtel-Dieu et des gravures de Claude Mellan.

Remparts

Bd Jean-Rose - ✆ 01 64 33 02 26 - www.tourisme-paysdemeaux.com - mai-sept. : w.-end 14h-18h - entrée libre.

Un escalier monte à la terrasse, formant chemin de ronde sur les anciens remparts gallo-romains et médiévaux. En débouchant de l'escalier, on découvre le modeste pavillon (17e s.) qui servait de cabinet de travail à Bossuet. Du milieu de la terrasse, belle **vue★** sur le jardin, l'évêché et la cathédrale.

★★ Musée de la Grande Guerre

Le musée se trouve à côté du monument Américain, au nord de Meaux sur la D 405. Ligne de bus M6.

R. Lazare-Ponticelli - ✆ 01 60 32 14 18 - www.museedelagrandeguerre.eu - ♿ - tlj sf mar. 9h30-18h - fermé janv. - 10 € (-26 ans 5 €) - 25 € billet famille.

Voir aussi le guide Michelin « Les Champs de bataille, la Marne et la Champagne ».

En arrivant au musée, vous passerez devant le Monument américain, statue colossale élevée en 1932 à la mémoire des combattants de la Marne, grâce aux dons recueillis aux États-Unis. *La Liberté éplorée* est due au sculpteur F. MacMonnies. Elle a été restaurée en 2011, pour l'ouverture du musée.

Musée passionnant pour les enfants à partir de 8 ans : les reconstitutions sont saisissantes, et la muséographie parfaitement adaptée.

En pleine campagne, le musée surgit tel un blockhaus au milieu d'un champ de bataille, au pied du monument Américain. C'est en effet à quelques kilomètres des lieux de la bataille de la Marne qu'est installé le musée de la Grande Guerre, dans un bâtiment remarquable spécialement conçu pour abriter les 70 000 objets et documents sur le conflit, la plupart collectés par l'historien Jean-Pierre Verney. Des dispositifs innovants (écrans tactiles, objets à toucher, jeux, bornes interactives) rendent la visite passionnante pour les enfants.

Dès l'entrée, un film remonte le temps, mettant en évidence le fil conducteur entre la guerre de 1870 et le monde d'aujourd'hui. Les collections sont ensuite réparties entre la grande nef et les salles thématiques attenantes.

La **grande nef** plonge le visiteur au cœur du conflit : des mannequins en uniforme s'avancent résolument vers le front. Des véhicules (dont un taxi de la Marne, un pigeonnier mobile) et des armes lourdes permettent de prendre la mesure des moyens techniques de l'époque. Des tranchées (française et allemande) sont reconstituées, avec bruitages et photos, plongeant le visiteur au milieu de la ligne de front. Les **salles latérales** illustrent l'univers de la guerre et l'état d'esprit des combattants. À l'arrière, la vie s'organise : militarisation de l'économie, rationnements,

La bataille de la Marne

Contrairement à une idée reçue, la bataille de la Marne, du 5 au 12 septembre 1914, ne s'est pas seulement déroulée dans la Marne mais tout le long d'un arc de cercle de 225 km à travers la Brie, la Champagne et l'Argonne. Elle eut pour origine l'échec de la bataille des frontières et le déferlement, au rythme de 40 km par jour, des armées allemandes vers Paris. C'est lorsqu'un aviateur remarque que l'armée du général von Kluck oblique vers le sud-est afin d'encercler les forces françaises que la situation se retourne. **Joffre** décide en effet de se ruer sur la Marne. Avec le soutien des Britanniques, de Verdun à Senlis, un million d'hommes font une prodigieuse volte-face pour contrer les divisions allemandes aux portes de Paris. Le 5 septembre, en début d'après-midi, retentissent les premiers coups de canon allemands dans la plaine de Penchard. La région de Meaux s'enflamme. Les renforts sont assurés par les **taxis** parisiens, donnant lieu à l'un des épisodes les plus célèbres du conflit. Du 9 au 13 septembre, les Allemandes reculent. L'offensive française a stoppé l'invasion. Dès octobre commence la guerre de tranchées.

propagande vigilante ; les femmes remplacent les hommes. Lettres, effets personnels, outils, objets d'artisanat témoignent de la vie dans les tranchées, de sa dureté et de l'ennui qui broyait les soldats. Le rapport à la mort et les pratiques religieuses sont évoqués, ainsi que les soins prodigués aux « gueules cassées ». La fin du parcours évoque la période d'après-guerre, et comment ce conflit a construit notre monde jusqu'à aujourd'hui.

À proximité

CARTE P. 392

Usine élévatoire de Trilbardou AB1

À 8 km au sud-ouest de Meaux. Suivez la N 3 vers l'ouest jusqu'au monument Gallieni où vous tournez à gauche sur la D 27. À Trilbardou, suivez les panneaux. Ligne de bus Trans Val Meaux-Pantin.

L'association Au fil de l'Ourcq organise des visites des usines de Trilbardou et de Villers-les-Rigault *: 06 88 60 66 19 - aufildelourcq.org - ♿ - 10 € (enf. 3,50 €).*

Meaux est traversée par la Marne et le **canal de l'Ourcq**. Pour conserver un niveau d'eau constant dans le canal, les **usines élévatoires de Trilbardou et de Villers-les-Rigault** furent construites sur la Marne par l'ingénieur Louis-Dominique Girard (1815-1871), afin de transférer de l'eau dans le canal situé au-dessus en été. Dans l'usine de Trilbardou, rénovée récemment, la visite guidée commence par une présentation des embarcations qui naviguaient sur le canal ou qui en faisaient l'entretien. Elle se poursuit par la découverte des roues qui actionnaient les pompes et du fonctionnement des barrages et vannes placés sur la Marne. Désormais, l'eau est remontée vers le canal par des pompes électriques situées dans le bâtiment de droite en sortant. Un escalier extérieur vous permet de rejoindre le bord du canal là où l'eau ressort.

Circuit conseillé

CARTE P. 392

Le champ de bataille B1

Circuit de 47 km, tracé en rouge sur la carte, au départ du Monument américain. Quittez Meaux par la route de Paris (N 3). À 6,5 km, vous atteignez le monument Gallieni, à gauche de la route, prenez à droite la D 27 vers Iverny, puis à droite vers Chauconin-Neufmontiers.

Le musée de la Grande Guerre.
Didier Pazery/Musée de la Grande Guerre

Voir aussi le guide Michelin « Les Champs de bataille, la Marne et la Champagne ».
À quelques minutes du centre de Meaux, la visite du musée de la Grande Guerre se couple avec une exploration du pays meldois. Le champ de bataille, moins connu, recèle des vestiges cachés, où l'histoire surgit au pied de chaque vallon, par petites touches.

Mémorial de Villeroy

Il se trouve sur le lieu des premiers combats du 5 septembre 1914. Appelée pour dégager la brigade marocaine engagée aux abords de Penchard au risque d'être anéantie, la 19e compagnie du 276e régiment d'infanterie (de réserve) monte à l'assaut, en direction de Monthyon, sous le feu des tireurs ennemis embusqués le long du vallonnement du ru de la Sorcière.
La **grande tombe** contient les corps de 133 officiers et soldats tombés dans les champs environnants. Péguy fut enterré avec ses compagnons d'armes, à l'extrémité droite de la tombe.
Au carrefour suivant, tournez à gauche vers Chauconin-Neufmontiers. Par Penchard, prenez la direction de Chambry, que vous traversez.
Le clocher de Barcy pointe à gauche.

5

Cimetière national de Chambry

La plupart des morts rassemblés dans la nécropole tombèrent lors des combats des 6, 7 et 8 septembre pour le village de Chambry pris et repris plusieurs fois.
En continuant la route, le plateau Chambry-Barcy découvre un espace couvert de tombes. En les suivant du regard, il est possible de reconstituer la progression des lignes sous le feu des Allemands occupant la ligne de défense.
À 500 m du carrefour, à l'est, le **cimetière militaire allemand** marque l'endroit où la ligne principale allemande *(suivant approximativement le chemin de terre)* traversait la route de Varreddes.
Faites demi-tour.

Monument N.-D.-de-la-Marne

Il fut élevé selon le vœu de Mgr Marbeau, évêque de Meaux en 1914 qui pria pour que sa ville fût épargnée.

Prenez vers Puisieux. Au carrefour suivant une ancienne usine, tournez à droite vers Étrépilly.

Étrépilly

Le petit cimetière national et le monument, en sortie de village, rappellent les combats de la nuit du 7 au 8 septembre, qui atteignirent leur point culminant aux abords du cimetière communal.

Église de Bouillancy

Au Bas-Bouillancy. Cette église (12ᵉ-13ᵉ s.) présente, avec son clocher flanqué de contreforts à multiples ressauts, une silhouette d'un rare équilibre.

Faites demi-tour. Contournez l'église d'Acy par la droite et, prenant à gauche aussitôt, montez sur le plateau.

Jolies vues sur le site d'**Acy** et le fin clocher du village. Au-delà d'Étavigny, l'itinéraire quitte le champ de bataille.

Vous pouvez rentrer à Meaux par la D 405.

Carnet pratique

S'informer

Office de tourisme – *1 pl. Paul-Doumer - Meaux - ✆ 01 64 33 02 26 - www.tourisme-paysdemeaux.fr.*
L'office de tourisme organise des visites guidées.

Agenda

« Folles époques ! » – *De mi-juin à mi-sept., 21h30 ou 22h30 - réserv. ✆ 01 64 33 02 26 - https://spectacle-meaux.fr - 17 € (-12 ans 5 €), pass famille 38 € (2 adultes, 2 enf.).* Les 500 figurants de ce spectacle historique, au pied de la cathédrale, interprètent 2000 ans d'histoire.

Nos adresses

Restauration

Budget moyen

La Péniche – *Face au 6 quai Sadi-Carnot, près du pont du Marché - ✆ 01 60 01 16 16 - la.peniche.free.fr - fermé dim. et lun. - menu 32 €, plat 19 €.* Ce restaurant aménagé dans une péniche est très populaire grâce à l'originalité de son cadre. Au choix : cuisine traditionnelle dans la salle du Capitaine ou brasserie au Sundeck.

Pour se faire plaisir

La Grignotière – *36 r. de la Sablonnière - ✆ 01 64 34 21 48 - fermé mar., merc. et sam. midi - menu déj. 29 €, menu 49/66 €.* Ce restaurant rustique agréable, avec sa cheminée, sert une cuisine de tradition et de beaux plateaux de fruits de mer toute l'année.

Le Gonfalon – *2 r. de l'Église - Germigny-l'Évêque - ✆ 01 64 33 16 05 - www.hotelgonfalon.com - fermé dim. soir, lun., mar. midi - formule déj. en sem. 32/37 €, menu 58/68 €, plat*

28/38 € - ch. 103/155 € ☕ 12 €. Fraîcheur et charme inondent la terrasse romantique de cette auberge en bord de Marne. On y apprécie une cuisine d'aujourd'hui, ambitieuse et joliment présentée, servie l'hiver au coin du feu, dans une salle cosy et intime… Au calme côté rivière, les chambres se révèlent bien confortables.

Petite pause

Un air de famille – *53 r. du Gén.-de-Gaulle - ✆ 01 64 36 21 97 - fermé dim. et lun.* Ce salon de thé cosy vous accueille dans une atmosphère de brocante élégante. Il propose glaces et sorbets artisanaux, thés Mariage Frères, gâteaux maison, délicieuses brioches et confitures artisanales. 2e salle au fond, encore plus cosy…

Shopping

Marché – *Merc. mat. et sam. (petite halle).* Marché installé dans deux halles, dont la plus grande, de 1879, est un bel exemple d'architecture métallique.

La Fromagère – *4 r. du Gén.-Leclerc - ✆ 01 64 34 22 82 - fermé dim. apr.-midi et lun.* Le brie de Meaux tient bien sûr la vedette dans cette jolie boutique, mais vous serez également séduit par le brie de Melun, le coulommiers et les camemberts au lait cru ou au calvados. Très belle sélection de fromages de chèvre fermiers et quelques trésors comme l'Affidélice ou le roquefort Carles.

Activités

Sentiers pédestres – Meaux est traversée par le sentier de l'Île-de-France **(GR1)**, long de 540 km, de Dammartin-en-Goële à Malesherbes, en passant par la Goële, la Brie et la forêt de Fontainebleau. Le **GR11**, qui relie Crouy-sur-Ourcq à Arbonne, par les vallées de l'Ourcq et des Morins, passe aussi à proximité de la ville. Les bords de Marne et les **chemins de halage** du canal de l'Ourcq offrent par ailleurs de paisibles lieux de promenade.

Parc naturel du Pâtis – *Chemin des Pâtis - ✆ 01 64 33 02 26.* Bel espace vert pour promenades, pique-nique, activités sportives et nautiques.

Activités nautiques

Marin d'eau douce – *Plage de Meaux, 2 chemin de la marine - ✆ 09 70 71 40 60 - marindeaudouce.fr - 1h/40 €.* Départ au début du parc du Pâtis, sur la plage de Meaux, pour une balade en bateau électrique sans permis sur la Marne.

Croisières et balades fluviales sur la Marne – Réservation à l'office de tourisme - *✆ 01 64 33 02 26 - pour une croisière de 2h (35 €) ou d'une journée (85 €, repas compris).*

Hébergement

Budget moyen

Hôtel Ibis Style – *27 pl. Jean-Bureaux - ✆ 01 60 25 12 10 - ibis.accor.com - ♿ - 42 ch. 75/88 € ☕.* En plein centre-ville, sur les quais de la Marne. Chambres spacieuses et bien équipées, d'esprit contemporain, dont certaines ont une belle vue sur la cathédrale. Petit-déjeuner buffet.

5

Jouarre ★

Agilbert, Ébrégésile et Telchide ont leurs tombeaux dans la crypte de Jouarre, l'un des plus anciens monuments religieux de France. Visite archéologique du plus grand intérêt car certains vestiges datent de l'époque mérovingienne (7e s.). Autre curiosité de Jouarre, la Dhuis, une réserve d'eau pour Paris qui forme une plate-forme herbeuse que l'on longe jusqu'aux vallées du Petit Morin et de la Marne.

La crypte mérovingienne de l'abbaye Notre-Dame de Jouarre.
A. Dagli Orti/De Agostini Editore/age fotostock

Se repérer

CARTE C1 (P. 392).

4349 habitants – Seine-et-Marne (77)

À 66 km de Paris par l'A 4.

Liaison SNCF de Paris-Est, arrêt La-Ferté-sous-Jouarre, puis prenez le bus 41, direction Coulommiers, arrêt Jouarre.

À ne pas manquer

La crypte; le musée des Pays de Seine-et-Marne de St-Cyr-sur-Morin.

En famille

Les animations pédagogiques du musée de la Seine-et-Marne.

Nos adresses p. 421

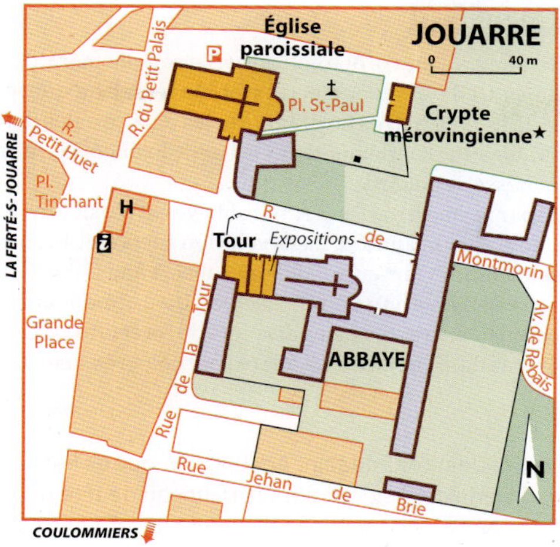

Se promener

PLAN CI-DESSUS

5 Pl. A.-Tinchant - 01 64 03 88 09 - www.coulommierspaysdebrie-tourisme.fr.

Tour romane

6 r. Montmorin - 01 60 22 84 19 - www.abbayejouarre.org - lun.-sam. 10h-12h30, 14h-17h45, dim. 11h-12h30, 14h-17h45 - 5 € (-12 ans gratuit).

Dernier vestige de l'abbaye médiévale, elle formait le clocher-porche de l'église romane (12e s.). La tour, tronquée et mutilée, a été intérieurement remise en valeur grâce à un parcours de la vie de l'abbaye des origines à nos jours : trois belles salles voûtées superposées, aménagées au 16e s. par Madeleine d'Orléans (voir au rez-de-chaussée et au 2e étage la clé de voûte aux armes de l'abbesse), y abritent des souvenirs de l'abbaye et accueillent des expositions temporaires.

Église paroissiale

Entrez par le transept, au fond de l'impasse. Reconstruite après la guerre de Cent Ans, elle fut terminée au début du 16e s. Dans le bras gauche du transept sont présentées une Mise au tombeau du 16e s. (atelier de Michel Colombe), une Pietà (15e s.) et deux châsses (12e et 13e s.) en vermeil décorées d'émaux, cabochons et filigranes ; dans le collatéral droit, statue de Notre-Dame-de-Jouarre (16e s.). Les vitraux du chœur et des collatéraux comprennent d'importants fragments du 16e s.

★ Crypte mérovingienne

Pl. St-Paul - 01 60 03 88 09 - www.coulommierspaysdebrie-tourisme.fr - janv.-avr. : merc.-sam. 10h30-12h, 14h30-16h30 ; mai-sept. : merc.-sam. 9h30-11h30, 14h-17h, dim. 14h-17h - 4 € (-6 ans, gratuit).

ABC d'architecture p. 589.

La crypte se dresse derrière l'église. Elle comprend deux chapelles autrefois souterraines : la crypte St-Paul et la crypte St-Ébrégésile, reliées l'une à l'autre au 17e s. Nécropole de la famille des fondateurs, la **crypte St-Paul** (7e s.) est l'un des monuments religieux les plus anciens de France. Elle est divisée en trois nefs par deux rangées de trois colonnes gallo-romaines. Les chapiteaux proviendraient d'ateliers pyrénéens contemporains. Près de l'entrée, le mur mérovingien présente un réseau décoratif de rectangles, carrés, losanges, etc.

5

Dieu aime Jouarre

Dès le 7e s. existaient à Jouarre deux abbayes, l'une, éphémère, d'hommes, l'autre de femmes. Celle-ci se soumet très tôt à la règle bénédictine et subsiste seule. Elle devient très florissante et les plus grandes dames de France, dont Madeleine d'Orléans, demi-sœur de François Ier, ne dédaignent pas le titre d'abbesse de Jouarre.
Très éprouvée par la guerre de Cent Ans, l'abbaye est plusieurs fois reconstruite, notamment au 18e s. La Révolution surprend à Jouarre une communauté unie et fervente, fidèle aux observances monastiques et toujours digne de l'éloge qu'en fait Bossuet : « Dieu aime Jouarre et les relations qu'on y contracte ont le caractère de l'éternité... » La vie monastique est rétablie en 1837. Les offices sont célébrés selon la liturgie bénédictine.

Le plus beau tombeau est celui de saint Agilbert, évêque de Paris, frère de sainte Telchilde. D'une galerie, on peut admirer le panneau de tête du monument : le Christ entouré des symboles des Évangélistes. La décoration la plus fouillée se présente sur le tombeau de sainte Telchilde, première abbesse de Jouarre : entre les lignes d'une très belle inscription honorant les Vierges sages se succèdent des coquilles marines.
La **crypte St-Ébrégésile** est une petite église romane, établie à la suite de la crypte St-Paul. Les chapiteaux du sanctuaire sont mérovingiens ainsi que le sarcophage de l'évêque Ébrégésile, retrouvé en 1985 à gauche de l'autel.

Musée de la Civilisation paysanne

Pl. Saint-Paul - ✆ 01 64 03 88 09 - fermé - rens. à l'office de tourisme.
Ce musée présente divers objets concernant l'histoire et le folklore locaux : costumes, outillage, ustensiles. Plusieurs activités sont évoquées, telles celles des carriers-meuliers et des archers de Jouarre.

À proximité

CARTE P. 392

La Ferté-sous-Jouarre C1

À 4 km au nord de Jouarre par la D 402, puis la N 3.
Flânez dans la « capitale mondiale de la meulière » avec ses jolis bords de Marne, son port et son beau patrimoine de la fin du 19e s. : le théâtre municipal, l'hôtel de ville, néogothique, qui renferme des œuvres de Corot, Massé, Bouché, Bourgeois *(pour les visites, se rens. à l'office de tourisme de Jouarre)* ; la synagogue, à l'architecture romano-byzantine, abrite un centre d'art contemporain et un musée dédié à André Planson, peintre paysagiste fertois *(ouv. pdt les expos. temporaires, sam. 14h-18h, dim. 10h-13h, 14h-18h)*. Vous pouvez également découvrir l'histoire de la meulerie en suivant une visite guidée ou à l'aide d'un dépliant *(rens. à l'office de tourisme de Jouarre)*.
Circuit découverte dans le bois de la Barre, ancien lieu d'extraction des pierres.

St-Cyr-sur-Morin C2

À 7 km au sud-est de Jouarre par la D 114, puis la D 31.
C'est ici que l'écrivain **Pierre Mac Orlan** (1882-1970) est venu vivre ses derniers jours ; vous apercevrez sa **maison**, à l'écart du village *(à la sortie de St-Cyr en direction de La Ferté-sous-Jouarre, prenez une rue fléchée à droite, gratuit)*.

★ **Musée de la Seine-et-Marne** – *17 av. de la Ferté-sous-Jouarre - ✆ 01 60 24 46 00 - www.musee-seine-et-marne.fr - ♿ - tlj sf sam. 10h-12h30, 14h-17h30 (18h en juil.-août), merc. 10h-12h30 - fermé 24 déc.-1er janv.- 5 € (-18 ans gratuit).* L'histoire de cette joyeuse bande, ainsi que le témoignage de la vie et de l'œuvre de Mac Orlan, sont habilement mis en scène au 1er étage du musée. Au rez-de-chaussée, outils, costumes et objets usuels racontent de manière originale la vie seine-et-marnaise d'autrefois, son habitat, son folklore, son artisanat (vannerie, saboterie, tonnellerie, ferronnerie, passementerie) et ses activités traditionnelles. D'excellentes expositions et des animations pédagogiques sont également proposées.

Doue C2

À 12 km au sud-est de Jouarre par la D 402, puis la D 19 à gauche.
La butte de Doue (alt. 181 m) offre une vue lointaine sur le plateau de la Brie des Morins. L'**église St-Martin** juxtapose un chœur et un transept gothiques, à une nef trapue. De l'intérieur, on admire la luminosité de ce chœur, caractéristique de l'architecture de la première époque gothique (« gothique lancéolé » – 13e s.).

Nos adresses

Shopping

Fromagerie Ganot – *4 r. Cécile-Dumez - ✆ 01 60 22 06 09 - www.fromagerie-ganot.fr - merc. 15h-18h30, jeu. et vend. 15h-19h, sam. 10h-12h30, 14h30-18h30 - visite et dégustation : sam. à 16h30 - 6,50 €.* Vous trouverez ici les meilleurs fromages de la région.

Hébergement

À La Ferté-sous-Jouarre

Budget moyen

Hôtel Château des Bondons – *47 r. des Bondons - La Ferté-sous-Jouarre - 2 km à l'est par D 70 - rte de Montménard - ✆ 01 60 22 00 98 - www.chateaudesbondons.com - 14 ch. 88 € - 15 € - fermé lun. et mar. - menu 50 €, plat 25/30 €.* Ce château du 18e s. abrite des chambres personnalisées. Cuisine actuelle dans la salle habillée de boiseries et ornée d'une fresque.

Vallée du Grand Morin

Pour qui vient du sud, la monotonie du plateau briard est rompue par la vallée du Grand Morin. Bordé par une double rangée de peupliers, celui-ci prend sa source en Champagne crayeuse et décrit de nombreux méandres dans la verdure avant de se jeter dans la Marne, 120 km plus loin. Des pentes ondulées au couronnement boisé encadrent de vastes prairies parfois plantées de pommiers.

Se repérer

CARTE AB2 (P. 392).
Seine-et-Marne (77)
Le Grand Morin se trouve à 40 km à l'est de Paris.

En famille

Une croisière sur la Marne ; l'île de loisirs de Jablines-Annet ; le Parcours Aventure.

Carnet pratique p. 428

Nos adresses p. 428

Circuit conseillé

CARTE P. 392

Circuit de 59 km, tracé en violet sur la carte, au départ de Lagny jusqu'à Coulommiers.

Lagny-sur-Marne A2

Lagny fut à la fois place forte, siège d'une abbaye et centre de commerce international. Les comtes de Champagne, qui tenaient ici la position la plus occidentale de leur domaine face aux Capétiens, en avaient fait l'une des places des foires itinérantes de Champagne. Thibaud IV « le Chansonnier » y mourut. La pittoresque et animée place de la Fontaine conserve les arcades des halles des Foires, au rez-de-chaussée de l'ancien hôtel dit des Cinq Pignons, construit au 13e s. **Jeanne d'Arc** y séjourna à plusieurs reprises, notamment en avril 1430 (elle aurait alors rendu la vie à un enfant déclaré mort depuis trois jours, afin qu'il puisse recevoir les sacrements du baptême avant de mourir à nouveau) et début mai 1430 où elle remporta une victoire sur le chef des Bourguignons, Franquet d'Arras. En souvenir : sculpture dans l'église, statue de Jeanne d'Arc au chevet de l'église et plaque commémorative sur la façade de l'hôtel de ville.

★ **Église N.-D.-des-Ardents-et-St-Pierre** – Elle date du 13e s. Sa construction, inachevée, se limite au chœur. La fin de la grande période de libéralités des comtes de Champagne, à la suite de l'extinction de la dynastie et de la réunion du comté à la Couronne, explique sans doute l'arrêt du chantier.

L'**intérieur**★ ne comprend donc que le vaste chœur, composé d'une abside à trois chapelles rayonnantes, d'un déambulatoire et de quatre travées droites à doubles collatéraux, par lesquels on commença les travaux. Il surprend par son ampleur et la pureté de son architecture gothique. Remarquez la petitesse des fenêtres hautes. La construction fut en effet arrêtée avant qu'elles aient atteint la hauteur prévue. Un berceau de charpente servit de couverture. La voûte en plâtre actuelle l'a remplacé au 17e s. sans que les fenêtres aient pu être surélevées.

Collégiale Notre-Dame de l'Assomption, Crécy-la-Chapelle.
L. Lourdel/hemis.fr

Derrière l'autel se trouve la chapelle N.-D.-des-Ardents *(à gauche, petite Vierge assise en bois, du 14e s.)*. L'origine de cette appellation remonte à 1127. À cette date sévissait à Lagny le mal des ardents, affection épidémique due vraisemblablement à la mauvaise farine, mélangée d'ergot de seigle, utilisée en temps de disette, et qui semblait brûler les membres et les détachait du corps. La Vierge, invoquée, aurait fait cesser cette terrible épreuve. *Pour voir le chevet gothique, sortez par la petite porte, à gauche du déambulatoire.*

Musée Gatien-Bonnet – *8 cour Pierre-Herbin - ✆ 01 64 30 30 78 - www.lagny-sur-marne.fr - w.-end 14h-18h - fermé sem. de Noël - gratuit.* Ce petit musée comprend une section d'histoire locale et une section peinture. Au rez-de-chaussée, fragments de poterie, lames de silex (intéressante maquette des carrières de silex) et vases du néolithique voisinent avec serrures et objets religieux du Moyen Âge. Au 1er étage, une salle est consacrée au pointillisme. Des œuvres du « groupe de Lagny » sont exposées, surtout des peintures de Léo Gausson et Émile Cavallo-Péduzzi.

Quittez Lagny à l'est par la D 934 et gagnez Chessy. Tournez à gauche pour entrer dans le village et rapprochez-vous des bords de Marne.

Sculptures de la Dhuys A2

Le jardin de sculptures se rallie vers l'ouest par le GR 14A - jardindesculpture.net.
Depuis 1987, l'artiste Jacques Servières transforme les pierres de l'ancien aqueduc de la Dhuys *(voir encadré ci-dessous)*, détruit pendant la Seconde Guerre mondiale, en sculptures monumentales et étonnantes. Corps imbriqués, bestiaire délirant et formes surréalistes vous accompagneront dans votre promenade le long de la Marne.

Faites demi-tour et rejoignez à gauche la D 5.

La petite route offre bientôt un panorama sur les coteaux que contourne la grande boucle de la Marne, entre Dampmart et Condé-Ste-Libiaire. Au-delà, vers le nord, s'estompent les plaines à blé du **Multien**, le champ de bataille de septembre 1914. Descendez à Coupvray-Bas, au fond de la vallée.

Coupvray B2

Village briard bien préservé au milieu des frondaisons, Coupvray s'étage sur deux niveaux. Dans le quartier de Coupvray-Bas, proche du canal, se trouve la maison où naquit l'inventeur de l'alphabet des aveugles.

Musée Louis-Braille – *13 r. Louis-Braille - ✆ 01 60 04 82 80 - www.museelouisbraille.com - visite guidée (1h) avr.-sept. : tlj sf lun. à 10h, 11h, 14h, 15h, et 16h ; reste de l'année : tlj sf lun., mar. et vend. à 14h, 15h et 16h - 7 € (-8 ans gratuit).* Transformée en musée, la maison natale de **Louis Braille** (1809-1852) donne

De l'eau pour les Parisiens

L'aqueduc souterrain de la **Dhuis** (ou Dhuys) fut construit entre 1863 et 1865 pour alimenter Paris en eau potable à partir de la rivière du même nom. Le préfet de la Seine, Haussmann, avait en effet défendu un important programme d'alimentation en eau de la capitale et d'évacuation des eaux usées, confiant sa réalisation à l'ingénieur Eugène Belgrand. L'aqueduc parcourait 130 km et traversait la Marne sur un pont détruit pendant la Seconde Guerre mondiale *(Jardin de sculptures ci-dessus)*, pour aboutir au réservoir de Ménilmontant, à Paris. Actuellement, il sert essentiellement à fournir en eau le complexe Disneyland Paris et l'est de l'Île-de-France. Le terrain de l'aqueduc a été réaménagé à la fin des années 1990 en promenade piétonne et cycliste entre la couronne parisienne et les bords de Marne, sur 27 km de long, d'une largeur variable de 10 à 20 m.

Le Grand Morin, vallée des peintres

Dans la seconde partie du 19e s., de jeunes artistes vont peindre sur le motif, à la campagne. à côté des foyers d'artistes comme Barbizon et Auvers-sur-Oise, Moret-sur-Loing et Villiers-sur-Morin furent, dès 1860, des lieux privilégiés pour Amédée Servin et ses amis qui créèrent le **Cercle artistique de Villiers**. Paul Huet, Corot (qui résida à Crécy-la-Chapelle) et plus tard, Albert Grenier, Toulouse-Lautrec, Emile Bernard... tous furent attirés par la vallée. D'autres suivront après la Première Guerre mondiale : Derain ainsi que Dunoyer de Segonzac, qui réalisa des eaux-fortes sur les moulins de la vallée, mais aussi des peintres venus du Japon, comme Foujita ou Yuzō Saeki. Précurseurs du paysagisme, impressionnistes, fauves... les styles de ces artistes (célèbres ou moins connus) varient selon leur sensibilité et les courants artistiques. Aussi le Grand Morin n'est-il pas une « école » (comme Pont-Aven, par exemple), mais bien une vallée qui séduisit de nombreux peintres en quête d'inspiration. *L'office du tourisme de Crécy-la-Chapelle propose un parcours de découverte de cette « Vallée des peintres » (www.coulommierspaysdebrie-tourisme.fr).*

une image fidèle du cadre de vie d'une famille rurale de la région au 19e s. Dans l'atelier du père, bourrelier et vigneron, sont disposés des outils du métier ; c'est d'ailleurs en jouant avec l'un de ces outils tranchants que le jeune Louis se blessa à l'œil, accident qui entraîna sa cécité. Dans la chambre, on voit les procédés et le matériel (tablette, réglette, poinçon), très simples, de l'écriture Braille. Parmi les machines à écrire spéciales, remarquez un modèle ancien de machine à frapper le « braille », et, beaucoup plus curieux, un appareil de « raphigraphie » (1839) : le procédé permettait aux aveugles de composer, par des perforations minuscules et l'empreinte d'un papier « fumé », des lettres lisibles par les voyants.

Louis Braille reçut en 1952 les honneurs du Panthéon. Il ne reste au cimetière *(sur la route descendant de Chalifert)* que la pierre tombale et une urne contenant les reliques des mains du bienfaiteur.

Faites demi-tour et remontez directement sur le plateau pour rejoindre la D 934. Par cette route, traversez le Grand Morin.

Couilly-Pont-aux-Dames B2

Sortez de Pont-aux-Dames par la D 934, le site de l'abbaye se trouve sur la droite.

Le nom de Pont-aux-Dames atteste une origine monastique : il y eut là, proche du confluent du Grand Morin et de la Marne, une abbaye cistercienne de femmes, détruite à la Révolution. Lieu d'internement pour de grandes dames tombées en disgrâce, Pont-aux-Dames dut recevoir en 1774, pendant près d'un an, Mme du Barry, congédiée après la mort de Louis XV. 5

Le parc qui s'étend sur l'emplacement de l'abbaye est maintenant celui de la maison de retraite des artistes dramatiques, construite en 1905 par René Binet, l'architecte du Printemps Haussmann. Dans un coin mélancolique ombragé de grands arbres, au-delà d'un théâtre de verdure repose Coquelin, créateur du rôle de Cyrano de Bergerac, mort en 1909 à Pont-aux-Dames.

Reprenez la D 934 vers Crécy-la-Chapelle.

★ Crécy-la-Chapelle B2

1 pl. du Marché - 01 64 03 88 09 - www.coulommierspaysdebrie-tourisme.fr.

Les **brassets du Grand Morin** constituent l'une des caractéristiques majeures de la « Venise de la Brie ». Il s'agit d'anciens fossés défensifs, creusés au Moyen

Âge à la base des remparts. Souvent dotés de lavoirs et de passerelles, les brassets sillonnent la ville et lui donnent son charme bien particulier. À partir de la porte de Meaux, on peut faire une jolie promenade bordant le brasset extérieur.
Reprenez la D 934 vers l'est sur 1 km.
★ **Collégiale Notre-Dame** – *01 64 63 70 19 - www.coulommierspaysdebrie-tourisme.fr - ♿ - visite guidée (1h30) - horaires, consulter le site - 5 € (enf. 3 €).* Le hameau de La Chapelle a conservé sa collégiale élevée vers 1250 dans les terres basses de la vallée. Celle-ci est renforcée d'arcs-boutants particulièrement développés. Son clocher en double bâtière est typique de la Brie. Des fragments de bas-reliefs ont été retrouvés dans la nef lors des travaux de déblaiement et placés au tympan du portail principal. En haut, le couronnement de la Vierge ; à gauche, l'Assomption ; à droite, saint Martin ; en bas, l'offrande des Rois mages et un ange pesant les âmes.
Revenez à Crécy. Ressortez du village par la D 20 à gauche. Quittez-la 1,5 km après Tigeaux, après avoir dépassé le cimetière de Dammartin. Gagnez à gauche l'église de Dammartin et passez à droite de celle-ci.
Ondulant sur le versant rive gauche, la petite route atteint le « hameau » contemporain de Guérard.
Tournez alors à droite au sommet d'une courte montée. À la 2e bifurcation, prenez à gauche vers « La Celle-d'En-Bas-Faremoutiers ». Ne traversez pas le Morin. Montez à Faremoutiers. La D 216 poursuit la remontée de la vallée, vers Coulommiers.

★ Coulommiers BC2

7 r. du Gén.-de-Gaulle - 01 64 03 88 09 - www.coulommierspaysdebrie-tourisme.fr.
Réputée pour sa foire aux fromages et aux vins présidée par le brie de Coulommiers, la ville dévoile une histoire riche d'anecdotes pour qui se promène le long des canaux du Grand Morin où naquirent de florissantes tanneries. Les eaux de la rivière traversent aussi le parc de l'ancien château d'une duchesse qui inspira Mme de La Fayette pour *La Princesse de Clèves*. Sur les hauteurs de Coulommiers domine la majestueuse commanderie des Templiers, témoignage du riche et insoupçonné passé de cette ville pleine de cachet.
Parc et chapelle des Capucins – *01 64 75 80 00 - www.coulommiers.fr - ♿ - mai-oct. : tlj sf lun. et jeu. 14h-18h ; reste de l'année : merc., jeu. et w.-end (et mar. pdt les vac. scol.) 14h-17h30 - chapelle : 3 € (-18 ans gratuit).* Créé dans les années 1950-1960, **le parc** doit ses parterres à la française et les allées boisées de sa partie aménagée à l'anglaise à un certain Abel Leblanc qui fit don du domaine à la ville. Mais son histoire remonte à plus loin, comme en témoignent ici et là les vestiges du **château** de la duchesse de Longueville de Clèves. L'édifice, construit par Salomon de Brosse en 1613, comportait jadis suffisamment de niches sur sa façade pour contenir 141 statues colossales. Il n'en reste pratiquement plus rien, le château ayant été démantelé au 18e s.
Du couvent, bâti par la même duchesse pour les moines de l'ordre de St-François, ne subsiste que **la chapelle** des Capucins. Son chœur abrite une grotte de rocaille très rococo, initialement destinée à abriter la dernière demeure de la duchesse. Les parois latérales comportent sept niches décorées de statuettes de saints et de scènes en plâtre. Petite particularité : dans cette chapelle, la messe était parfaitement audible grâce à un effet d'acoustique amplifié par la présence de poteries vides insérées dans les murs. L'édifice, aujourd'hui transformé en **musée municipal**, présente des collections archéologiques de la préhistoire au Moyen Âge, des globes terrestres de Coronelli (17e s.) et des tableaux régionalistes du 19e s.

Coulommiers, une histoire de guerres

Au temps des tanneurs – La petite bourgade gauloise, déjà établie dans un marécage à l'abri d'une boucle du Grand Morin avant la conquête romaine, se fortifie sous Clovis et devient possession des comtes de Champagne en 920. Au début du 11e s., elle s'épanouit avec la fondation du prieuré Ste-Foy. En 1172, le comte de Champagne fait creuser trois canaux sur le Grand Morin et y fait venir des tanneurs de Troyes. Les tanneries permettent à la ville de se développer pendant près de 800 ans, jusqu'à la mise en concurrence avec le Nouveau Monde.
Après des années noires (guerre de Cent Ans, peste noire, gels et disette), le pays est ruiné et l'industrie du cuir périclite... La ville ne retrouve un peu d'ordre que sous Henri IV et s'étend peu à peu au-delà des fossés des anciennes fortifications, situées aujourd'hui sur l'avenue Victor-Hugo.
Le domaine des Longueville – La seigneurie de Coulommiers passe alors dans la maison de Longueville, par suite du mariage de Catherine de Gonzague de Clèves avec Henri d'Orléans, duc de Longueville. Jeune veuve, en 1612, elle se fait construire un somptueux mais éphémère château dans l'actuel parc des Capucins.
Invasions successives – Coulommiers est occupée en 1814 par les Cosaques, puis par les Prussiens suivis des Autrichiens (le typhus amené par les troupes d'occupation décime alors un sixième de la population). À chaque période de répit, la ville se reconstruit... Voici les Allemands en 1870. À peine la ville a-t-elle installé une sucrerie, des abattoirs et un théâtre que la guerre surgit à nouveau : occupation allemande, pillages et bombardements de 1918 après la bataille de la Marne. Coulommiers, qui s'était hissée au rang de sous-préfecture de la Seine-et-Marne, se voit détrônée en 1926. L'année 1940 sonnera une fois encore l'invasion allemande.

Commanderie des Templiers – *Pl. Jean-Schelstraete - ✆ 06 23 58 56 11 - avr.-oct. : merc., vend. et w.-end 11h-17h - 4 € (-14 ans 3 €).* Fondée en 1173, elle prospère grâce à la culture des céréales sur des terres offertes par les nobles de la région. Sa richesse, ainsi que la montée en puissance de l'Ordre, inquiètent le comte Thibaud IV qui adresse au roi Louis IX une requête pour interdire aux Templiers d'acheter des biens sans l'autorisation du comte. Après l'arrestation des Templiers et la dissolution de l'Ordre en 1314, la Commanderie est cédée aux Hospitaliers sur ordre du pape et rénovée au 16e s., puis vendue comme bien national à la Révolution et transformée en ferme. En 1964, la ville rachète le domaine et ses bâtiments. Heureuse initiative, car ceux-ci, restaurés par une association, constituent aujourd'hui le seul exemple complet d'une commanderie pour le Nord de la France.

Les bâtiments s'ordonnent autour d'une grande cour rectangulaire. Ils se composent d'une chapelle gothique du 13e s. dédiée à sainte Anne, du logis du commandeur des 13e et 15e s., de la salle du chapitre, avec voûte romane et murs aveugles, où se réunissaient à huis clos les frères, d'un colombier du 17e s. comptant 993 boulins, d'une grange aux dîmes du 16e s. *(fermée),* de communs (grange, écuries...), d'un cellier qui débouchait jadis sur un ancien souterrain de sécurité pour les frères et d'un jardin médiéval. La Commanderie accueille régulièrement des expositions, des concerts, des stages de formation aux techniques anciennes et des chantiers de restauration.

Carnet pratique

S'informer

Office de tourisme – *2 r. du Chemin-de-Fer - Lagny-sur-Marne - ℘ 01 64 02 15 15 - www.marneetgondoire-tourisme.fr.*

Agenda

Foire internationale aux fromages et aux vins – *Parvis de la Sucrerie - Coulommiers.* Depuis plus de 50 ans, cette foire met à l'honneur les spécialités fromagères pendant le w.-end des Rameaux. Concours de brie.

Nos adresses

Restauration

Premier prix

Auberge Marocaine – *2 av. du 27-Août-1944 - Montry - ℘ 01 60 04 31 41 - lauberge-marocaine.com - fermé dim. soir et lun. - formule déj. 16 €, plat 10/22 €.* Cette auberge au bord de la nationale propose des spécialités orientales. La salle est décorée de broderies, de stuc et de mosaïques. Vous trouverez là un large choix de tajines, méchouis, couscous et grillades, ainsi que pâtisseries et thé à la menthe.

Budget moyen

Hôtel de l'Ours – *35 r. Bertrand-Flornoy - Coulommiers - ℘ 01 64 03 32 11 - www.hotel-ours.com - fermé dim.-lun. - menu 22 € - plat 14/18 € - 21 ch. 72 € - ☕ 10 €.* Dans cet ancien relais de diligence, le patron régale ses clients de plats traditionnels. Il propose aussi un bon choix de salades composées, à déguster en salle ou en terrasse.

Une folie

Le Quincangrogne – *7 r. de l'Abreuvoir - Dampmart - ℘ 01 64 44 44 80 - www.hotel-restaurant-lequincangrogne.fr - fermé dim. soir, lun.-mar. - menu déj. 45 €, menus 69/79/99 €.* En amoureux des goûts, le chef étoilé Franck Charpentier régale sa clientèle avec une carte simple, axée sur des produits régionaux de grande qualité. Finesse et précision des agencements de saveurs : on se régale ! En saison, on profite même de la belle terrasse avec sa vue sur la Marne toute proche...

Shopping

Marché – *Pl. du Marché - Coulommiers - merc. et dim. mat.* Plus grand marché du canton, principalement alimentaire. On y trouve des produits régionaux et un large choix de bries dont le triple et double crème, le st-siméon, et le brie noir...

Fromagère de la Brie – *Barlonges - St-Rémy-la-Vanne - ℘ 01 64 20 40 09 - www.lesfromagesdelabrie.fr - vente au public : vend. 9h-12h, 13h30-18h, sam. 9h-12h - visite sur demande préalable tlj sf w.-end le mat. - 4,50 € (-16 ans 3,30 €).* Depuis trois générations, la laiterie La Fromagère fabrique tous ses produits. Parmi ses spécialités les plus appréciées : les bries de Meaux, Melun, Nangis, Provins, Montereau... les onctueux triples et doubles crèmes et les cendrés des Riceys.

Activités

Croisières sur la Marne – *℘ 01 64 02 15 15 - www.marneetgondoire-tourisme.fr - avr.-oct. - départ de Lagny-sur-Marne.* L'office de tourisme vous convie à des croisières d'une heure sur la Marne, entre Lagny et Chalifert.

Île de loisirs de Jablines-Annet – *Jablines - 7 km au nord de*

Lagny par D 418, D 404 et D 45 - ✆ 01 60 26 04 31 - jablines-annet.iledeloisirs.fr - entrée payante juin-août, w.-ends de mai et w.-ends de sept. - 12 € (3-11 ans 5 €). Nichée dans une boucle de la Marne, cette base de loisirs possède un beau plan d'eau de 75 ha. Plage (surveillée en été), pédalo, voile, kayak, tennis, équitation, VTT, minigolf, téléski nautique, etc. Espaces de restauration et plusieurs aires de pique-nique.

Parcours Aventure – *1 r. du Pré-des-Merlans - Bailly-Romainvilliers - ✆ 06 08 71 87 65 - www.aventure-aventure.com - dates et horaires, consulter le site.* Sept circuits de difficultés différentes : le « Pomme » s'adresse aux débutants et le « Chêne » ravira les plus intrépides. Tous alternent ponts suspendus, tyroliennes, passerelles et sauts de Tarzan.

Hébergement

Premier prix

Chambre d'hôte La Marvalière – *10 r. Bulot - Choisy-en-Brie - au hameau Champbonnois - à 12 km au sud-est de Coulommiers - ✆ 06 26 58 61 18 - https://la-marvaliere-sejours-et-soins.business.site - P - 4 ch. 80 €.* Dans cette maison briarde couverte de vigne vierge, quelques chambres, décorées avec goût, ouvrent sur le jardin. La table d'hôte *(25 € bc)* vaut le détour, avec ses petits-déjeuners et les plats de saison cuisinés avec les légumes des potagers locaux. Espace « Bien-être » (piscine, jacuzzi et massages).

Budget moyen

Chambre d'hôte Le Moulin de Pommeuse – *32 av. du Gén.-Huerne - Pommeuse - ✆ 01 64 75 29 45 - www.le-moulin-de-pommeuse.com - P - 5 ch. 78/89 €, lodge 150 €, gîtes 400 € le w.-end.* Cette vaste bâtisse en pierre, ancien moulin à eau du 14e s., propose divers types d'hébergement : de jolies chambres, un dortoir, un « lodge des mariés » dans un kota finlandais, et des gîtes. Espace bien-être avec piscine intérieure chauffée et spa.

Hôtel du Sauvage – *27 r. de Paris - La Ferté-Gaucher - ✆ 01 64 04 00 19 - www.hotel-du-sauvage.com - - rest. fermé le midi en sem. sf vend., dim. soir et lun. midi - 20 ch. 95/110 € - 10 € - menus 26/42 €.* L'origine du nom de ce relais de poste est purement ornithologique. Les nouveaux propriétaires perpétuent la tradition d'accueil familial. Ils vous proposeront une cuisine gastronomique, une belle sélection de vins, cocktails et whiskies, et l'accès à la piscine couverte avec sauna. Demandez à voir la très ancienne cave voûtée...

Pour se faire plaisir

Domaine de Bellevue – *19 r. de l'Église - Neufmoutiers-en-Brie - à 10 km au sud de Disneyland - ✆ 01 64 07 11 05 - www.domaine-de-bellevue.net - P - 14 ch. 116/145 € - 16 € - (sf lun.) formule déj. en sem. 24,50 €, menu déj. 39 €, plat 26/32 €.* Cette maison de maître du 19e s. nichée dans un grand jardin, à la lisière d'un village, abrite de jolies chambres personnalisées et deux charmants petits lodges indépendants. Élégante, proche de Paris et de Disneyland, c'est une halte de charme au cœur de la Brie. Espace spa. Le restaurant propose des soirées « Jazz au domaine » *(dîner-concert 65 €).*

5

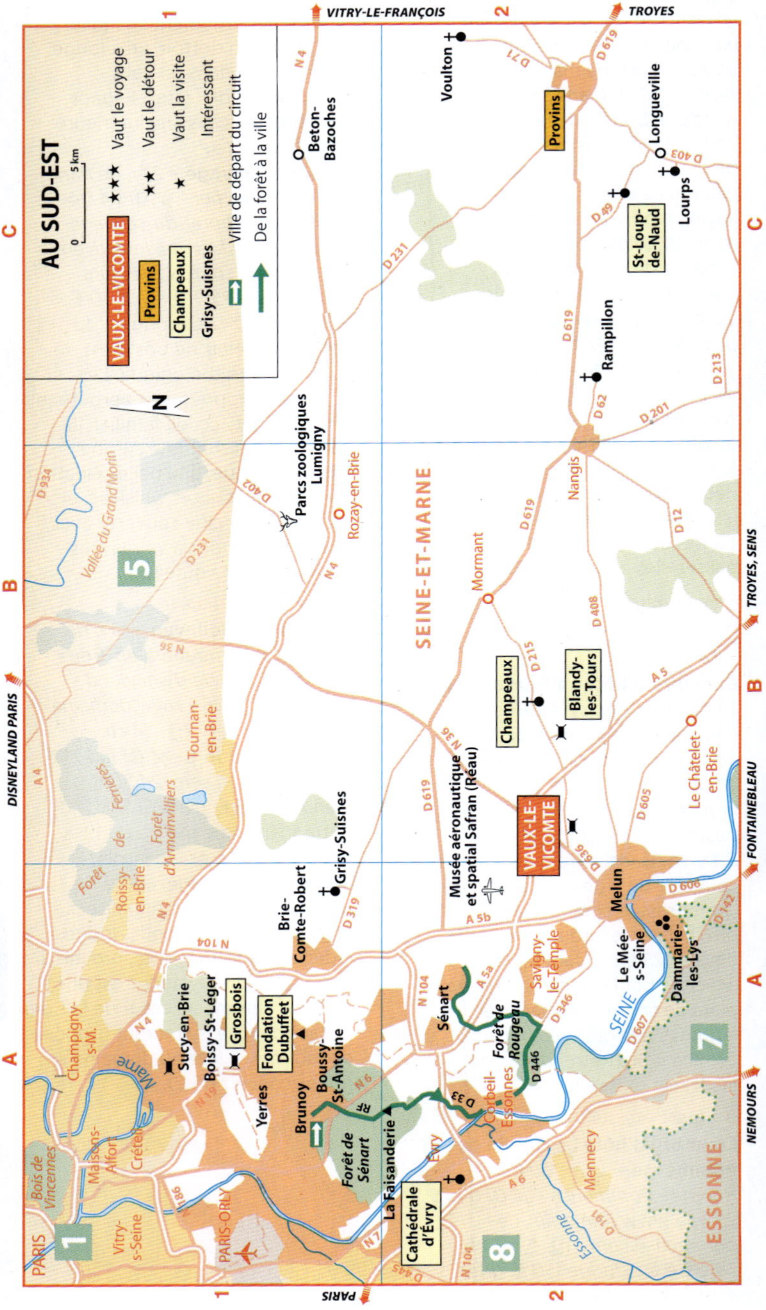
AU SUD-EST
0
5 km
VAUX-LE-VICOMTE ★★★ Vaut le voyage
Provins ★★ Vaut le détour
Champeaux ★ Vaut la visite
Grisy-Suisnes Intéressant
Ville de départ du circuit
De la forêt à la ville
VITRY-LE-FRANÇOIS
TROYES
DISNEYLAND PARIS
TROYES, SENS
FONTAINEBLEAU
NEMOURS
PARIS
SEINE-ET-MARNE
ESSONNE
Voulton
Provins
Longueville
Lourps
St-Loup-de-Naud
Rampillon
Beton-Bazoches
Parcs zoologiques Lumigny
Rozay-en-Brie
Nangis
Mormant
Champeaux
Blandy-les-Tours
Le Châtelet-en-Brie
VAUX-LE-VICOMTE
Musée aéronautique et spatial Safran (Réau)
Melun
Le Mée-s-Seine
Dammarie-les-Lys
Grisy-Suisnes
Brie-Comte-Robert
Vallée du Grand Morin
Tournan-en-Brie
Forêt de Ferrières
Forêt d'Armainvilliers
Roissy-en-Brie
Champigny-s-M.
Marne
Sucy-en-Brie
Boissy-St-Léger
Grosbois
Fondation Dubuffet
Yerres
Brunoy
Boussy-St-Antoine
Forêt de Sénart
La Faisanderie
Sénart
Forêt de Rougeau
Savigny-le-Temple
Corbeil-Essonnes
Évry
Cathédrale d'Évry
Mennecy
Essonne
Seine
PARIS
Bois de Vincennes
Maisons-Alfort
Créteil
Vitry-s-Seine
PARIS-ORLY
N 4
D 71
D 619
D 403
D 49
D 231
D 213
D 201
D 62
D 12
D 402
D 934
N 36
D 408
D 215
A 5
D 605
D 636
D 606
D 142
D 607
D 346
A 5a
A 5b
D 319
N 104
N 19
N 6
RF
D 33
D 446
N 186
N 7
A 6
D 191
D 445
A 4
A
B
C
1
2
5
7
8

Nos idées d'escapades d'une à deux journées autour de Paris.

6

Au sud-est De Vaux-le-Vicomte à Provins

CARTE MICHELIN DÉPARTEMENTS 312
SEINE-ET-MARNE (77), ESSONNE (91), VAL-DE-MARNE (94)

Château et parc de Vaux-le-Vicomte

★★★

Isolé en pleine campagne et spectaculaire, comme l'avait voulu le surintendant des Finances, Nicolas Fouquet. Édifié et décoré par les trois plus grands artistes du 17e s., Louis Le Vau, Charles Le Brun et André Le Nôtre, le château de Vaux-le-Vicomte est un chef-d'œuvre, tant pour son architecture que pour son mobilier et ses jardins. Théâtre de la fête somptueuse qui causa la chute de son commanditaire, Vaux fut épargné à la Révolution et protégé par ses propriétaires successifs, qui aujourd'hui encore le font vivre, notamment lors d'événements festifs.

Se repérer

CARTE B2 (P. 430) - PLAN DU CHÂTEAU (P. 434) - PLAN DES JARDINS (P. 436).

Seine-et-Marne (77)

À 60 km de Paris par l'A 4, puis la N 104.

Liaison SNCF de Paris-Gare-de-Lyon jusqu'à Melun puis prendre la navette Châteaubus - *horaires sur vaux-le-vicomte.com - 10 € AR (6-14 ans 5 €, -12 ans gratuit)* qui relie la gare à Vaux-le-Vicomte de mi-mai à fin sept. le dim. et les jours fériés.

Organiser son temps

Lors de Vaux-le-Vicomte en lumières, les salles somptueusement décorées, les projections monumentales sur la façade et le feu qui crépite dans les cheminées *(sur réserv.)*. Aux beaux jours, les visites aux chandelles *(voir encadré p. 437)*.

En famille

La visite en costumes d'époque ; la descente dans le Styx, la rivière des Enfers.

Nos adresses p. 437

★★★ Château

PLAN DU CHÂTEAU P. 434

01 64 14 41 90 - www.vaux-le-vicomte.com - ♿ - de mi-mars à déb. nov. : 11h-19h (0h sam. de mai à déb. oct.), dernier accès à 17h30 (22h sam.) ; reste de l'année : consulter le site - Vaux-le-Vicomte en lumières (vac. de la Toussaint à la fin des vac. de Noël) : réserv. obligatoire - 16,90 € (6-17 ans 11 €).

De nombreuses activités sont proposées pour les enfants et les familles : visite guidée costumée *(6 €)*, chasse au trésor, petits bateaux en bois, etc. Un parcours scénarisé et interactif, la descente dans le Styx, est organisé dans la rivière souterraine détournée par Le Nôtre *(65 € pour groupe de 2 à 6 pers.)*.

Le château est érigé sur une terrasse entourée de douves, formant un socle au-dessus des jardins. La façade nord (côté de l'arrivée) est imposante, sans monotonie : remarquez la surélévation du rez-de-chaussée et la hauteur de ses fenêtres désignant l'« étage noble ». L'ensemble est caractéristique de la première période de l'architecture Louis XIV.

Du vestibule d'entrée, ouvrant jadis par des portes vitrées sur le Grand Salon et la perspective des jardins, montez au 1er étage pour visiter les **appartements privés de M. et Mme Fouquet**. Vous découvrez successivement l'antichambre du

Château de Vaux-le-Vicomte.
Lionel Lourdel et Arnaud Chicurel

surintendant (grand bureau en ébène incrusté de filets de cuivre doré), son cabinet et sa chambre, qui a conservé son décor d'origine (beau plafond attribué à Jean Cotelle), puis le cabinet de Mme Fouquet, le cabinet et la chambre Louis XV au mobilier d'époque (grand lit à baldaquin signé F. Leroy) et la chambre Louis XVI, dite aussi Praslin. Vous pouvez accéder au **dôme** *(80 marches supplémentaires)*, qui offre une magnifique **vue★★** panoramique sur les jardins à la française.
De retour au rez-de-chaussée, passez dans la **Grande Chambre carrée**, seul aménagement Louis XIII du château avec son plafond à la française. Vous parcourez ensuite, du côté des jardins, six pièces de grand apparat, de part et d'autre du Grand Salon. Elles doivent leur unité décorative aux peintures de plafond de Le Brun ; Les Neuf Muses **(chambre des Muses★★)**, Le Sommeil **(cabinet des Jeux)**, puis L'Entrée d'Hercule à l'Olympe **(antichambre d'Hercule)** ; dans le salon d'Hercule, admirez la statue équestre de Louis XIV par Girardon, maquette en bronze du monument de la place Vendôme, disparu à la Révolution. Les pièces du rez-de-chaussée et le sous-sol accueillent une maquette interactive sur le projet d'André Le Nôtre.
★ **Grand Salon** – Ce salon, correspondant à la rotonde centrale du château, a été restauré en 2021. Resté inachevé à l'arrestation de Fouquet, il n'a jamais reçu son décor peint, mais il existait un dessin préparatoire et une estampe réalisée par le graveur Gérard Audran. Cette estampe est depuis 2022 projetée sur la voûte, permettant de restituer numériquement l'immense peinture de 380 m² que Le Brun avait imaginée. Les 16 cariatides supportant la coupole symbolisent les douze mois de l'année et les quatre saisons.
★★ **Chambre du Roi** – Elle fait suite à l'ancienne antichambre, transformée en bibliothèque (beau mobilier Régence). Au centre du plafond, Le Brun a figuré *Le Temps enlevant au Ciel la Vérité* ; les stucs sont de Girardon et Legendre. Sous la corniche court une frise de palmettes alternant avec de minuscules écureuils.
Appartements de la duchesse et du maréchal de Villars – La chambre du maréchal renferme ses archives de campagne *(ne se visite pas)*.

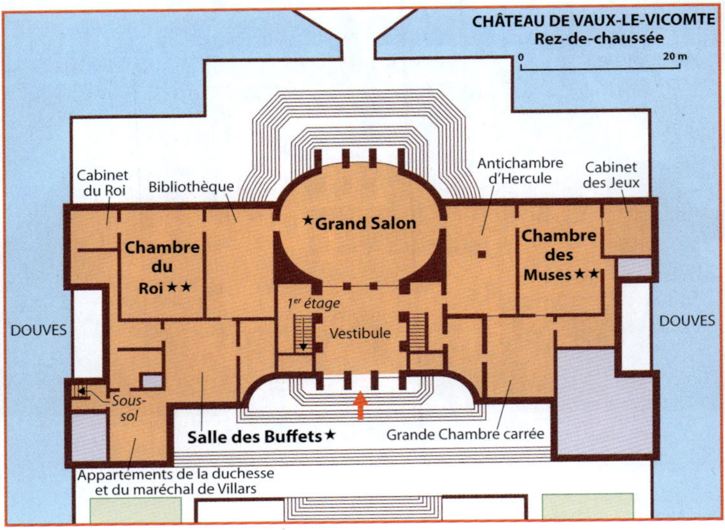

★ **Salle des Buffets** – Il s'agirait de l'ancienne salle à manger de Fouquet, communiquant avec un passage lambrissé et décoré de peintures, où des dressoirs recevaient les corbeilles de fruits et les plats apportés des lointaines cuisines. Vous verrez enfin, au sous-sol, les vastes **cuisines** (utilisées jusqu'en 1956), dont la salle à manger du personnel, avec sa table dressée. Belle collection de moules anciens à gâteaux et entremets. Le château propose une immersion interactive dans les cuisines de Vatel, la veille de la célèbre fête donnée en l'honneur du roi (*dernière sem. d'avr. à début nov. : sam. 14h30-18h30, dim. 11h-17h - inclus dans le prix du billet*).

Dépendances – Un **musée des Équipages★** (voitures, harnachements, sellerie, forge, représentation d'équipages) se visite dans les communs ouest, du côté de l'accès des visiteurs.

L'écureuil bâtisseur

D'une famille de robe, **Nicolas Fouquet** (1615-1680), entré au Parlement de Paris à l'âge de 20 ans, devient procureur général, puis surintendant des Finances de **Mazarin**. Son ascension illustre bien la devise des Fouquet : *Quo non ascendet* (« Jusqu'où ne monterait-il pas ? »), et leurs armes, un écureuil. En 1641, Fouquet commence à acquérir des terres pour faire bâtir, dans sa seigneurie de Vaux, un château qui atteste sa réussite. Faisant preuve d'un goût excellent, il appelle auprès de lui **Louis Le Vau**, architecte, **Charles Le Brun**, décorateur et **André Le Nôtre**, jardinier. Les constructeurs ont reçu carte blanche. 18 000 ouvriers travaillent aux chantiers. Trois villages sont rasés. Le Brun crée un atelier de tapisserie à Maincy – transporté à Paris après la chute de Fouquet, il deviendra la Manufacture royale des Gobelins. En 1653, une partie des jardins est déjà conçue et en vingt ans, l'ensemble est terminé : un chef-d'œuvre est né, que Louis XIV surpassera à Versailles.

Revivre l'Histoire autrement

Depuis 2020, le château propose un parcours sonore immersif. Équipé d'un casque et d'un « narrateur », vous embarquez dans un voyage sonore en trois dimensions, qui raconte notamment la somptueuse fête de 1661 : chuchotements des convives, froissements des costumes, bruits de vaisselle, sonneries des pendules... vous plongent au cœur des grandes heures de Vaux *(1 parcours adultes et 1 parcours enfants - inclus dans le billet du château).*

La dernière fête

L'ascension de Fouquet *(encadré ci-contre)* n'allait pas durer. Jugé trop ambitieux et trop puissant par le roi et par Colbert, il fut arrêté et condamné pour malversations. La véracité de l'accusation fait toujours débat : s'est-il ou non enrichi aux dépens de l'État ? Avait-il demandé la fortification de ses places fortes en vue de fomenter une rébellion ? Le procès en tout cas aura été à l'époque jugé injuste, comportant des irrégularités de procédures.

Le 17 août 1661, Fouquet, à la demande du jeune Louis XIV qui dit vouloir admirer les derniers embellissements du château, lui offre une fête. La réception est d'une splendeur inouïe. La table du roi est garnie d'un service d'or massif, détail irritant pour ce dernier qui a dû envoyer sa propre vaisselle à la fonte pour faire face aux dépenses de la guerre de Trente Ans. Après un repas où Vatel s'est surpassé, les divertissements commencent dans les jardins animés par 1200 jets d'eau et des cascades. Ballets champêtres, concerts, joutes sur l'eau et loteries dont tous les numéros sont gagnants. Dans un théâtre de verdure, Molière et sa troupe jouent, pour la première fois, une comédie-ballet, *Les Fâcheux*. Le roi, blessé dans son orgueil par ce faste et ce raffinement dépassant ceux de la Cour, est sur le point de faire arrêter Fouquet sur-le-champ. Mais sa mère, Anne d'Autriche, l'en dissuade. Cependant et contrairement à une idée reçue, la fête n'est pas directement la cause de l'arrestation de Fouquet : la décision de Louis XIV a été prise en juin 1661. Dix-neuf jours plus tard, le surintendant est arrêté à Nantes par d'Artagnan, sous-lieutenant des mousquetaires du roi, et ses biens séquestrés. Louis XIV prend à son service les artistes qui ont édifié Vaux et bâtiront Versailles. Après trois ans de procès, Fouquet est condamné au bannissement, peine changée en prison perpétuelle. Quelques rares amis lui sont restés fidèles : Mme de Sévigné et La Fontaine qui écrit l'*Élégie aux nymphes de Vaux*. Mme Fouquet, créancière de son mari pour sa dot, recouvre le château.

À la mort de son fils, le domaine est acheté par le maréchal de Villars en 1705 et érigé en duché-pairie. Vendu en 1764 au duc de Choiseul-Praslin, ministre de Louis XV, le domaine franchira la Révolution sans trop de dommages. En **1875**, un grand industriel, M. Sommier, acquiert Vaux, le restaure, le remeuble et remet le parc en état. Ses héritiers, les Vogüé, continuent aujourd'hui son œuvre.

6

★★★ Jardins

PLAN DES JARDINS P. 436

De mi-mars à déb. nov. : 10h-18h ; de fin nov. à déb. janv. : 11h-19h - 16,90 € billet combiné avec le château (6-17 ans 11 €).

Des espaces de pique-nique sont aménagés le long du Grand Canal ou à l'ombre des arbres sur la terrasse surplombant le jardin.

Les jardins de Le Nôtre, reconstitués par M. Sommier, offrent plusieurs « effets », en particulier la surprise des miroirs d'eau du Grand Canal, invisibles depuis le château. Prenez du recul sur la terrasse supérieure pour embrasser la façade sud

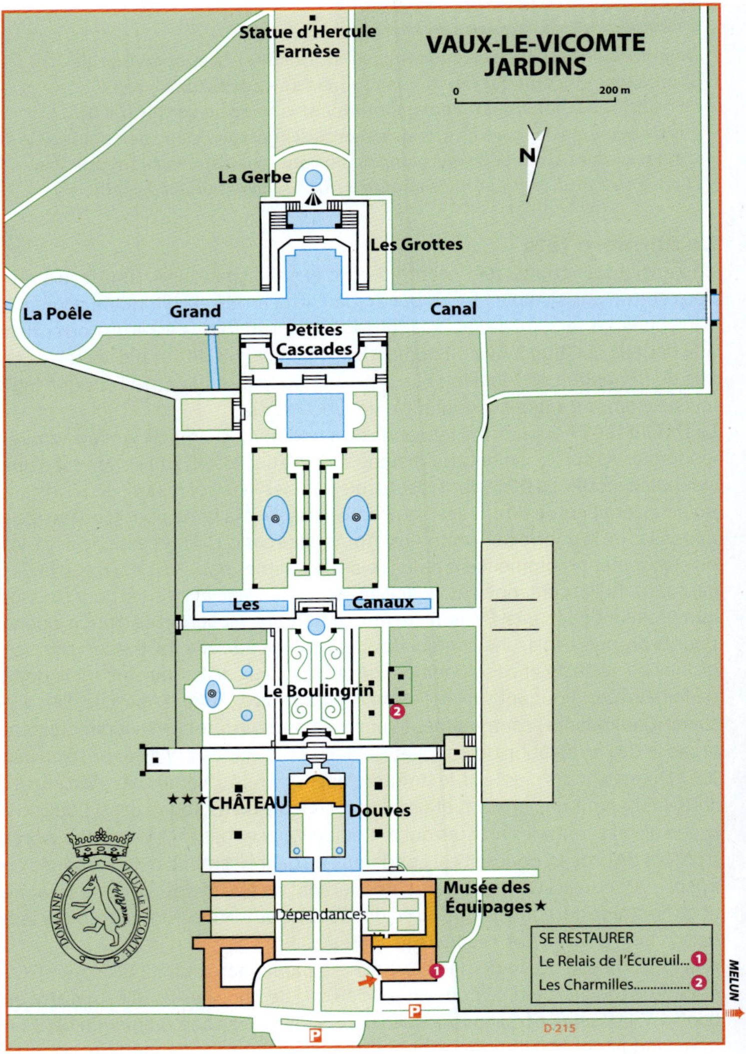

du château : les pavillons d'angle, plus développés que sur la façade nord, la décoration de l'avant-corps surmonté de statues composent un ensemble majestueux. Au cours de la promenade, vous longez d'abord les deux parterres de broderie dits **le Boulingrin**, dont les buis, âgés et dévorés par les pyrales, ont été remplacés en 2019 par les *Rubans éphémères*, de Patrick Hourcade. Restaurées en 2020, les fontaines des Tritons ont aussi retrouvé leur éclat doré. Les trois principales lignes d'eau – **douves** du château, bassins allongés des **canaux, Grand Canal** – apparaissent, au dernier moment, de façon théâtrale, pour surprendre le promeneur. Mystification accordée au goût de l'époque, l'architecture des **Grottes** semble reposer sur la bordure du dernier bassin carré, au centre de la perspective,

Une visite aux chandelles

Les récits ou les romans historiques évoquent le lustre des fêtes données au Siècle des lumières. Les palais brillaient alors de mille feux, offrant un décor de rêve aux courtisans qui s'y pressaient. Aujourd'hui, on peut effectuer une visite nocturne du château aux chandelles. Sa majestueuse silhouette règne alors sur les vastes jardins dont les perspectives sont soulignées par deux mille chandelles. La soirée se termine avec un feu d'artifice. Sans oublier les grandes eaux qui fonctionnent avant la tombée de la nuit. Inoubliable !
De déb. mai à déb. oct. : sam. 19h-0h - 21,90 € (6-17 ans 17 €) - en cas de mauvais temps, l'éclairage et la musique dans les jardins ne sont pas assurés. Rens. et réserv. : ✆ 01 64 14 41 90 - www.vaux-le-vicomte.com.

le vallon du Grand Canal échappant au regard. Vous atteignez la rive du Grand Canal, dit **la Poêle** en raison de son extrémité arrondie, par une rapide descente, à hauteur des **Petites Cascades** et face à l'architecture des Grottes. Les niches extrêmes des Grottes abritent deux dieux-fleuves, vestiges de la statuaire du 17e s. à Vaux. Dans les deux statues bordant les grottes, Mlle de Scudéry voulait reconnaître le Tibre et l'Anqueuil (nom local du ruisseau de l'Almont coulant à Vaux). Contournant « la Poêle », montez au pied de la **statue de l'Hercule Farnèse** qui termine la perspective. Du dernier bassin **(la Gerbe)**, **vue★** d'ensemble sur le château et sur le parc.

Nos adresses

PLAN CI-CONTRE

Restauration

Budget moyen

1 **Le Relais de l'Écureuil** – *Ailes des communs du château - ✆ 01 64 14 41 90 - carte 20-25 €.* Cafétéria-salon de thé dans l'esprit bistrot, à l'emblème de Fouquet. Salades, plats chauds, grillades et pâtisseries.

Une folie

2 **Les Charmilles** – *Face au château - ✆ 01 64 14 41 90 - vaux-le-vicomte.com - uniquement sam. soir de mai à déb. oct. sur réserv. - menu 66,50 € (enf. 28,50 €) + billet d'entrée visite aux chandelles.* Vivre la féerie d'un château et d'un parc illuminés de 2000 chandelles en dégustant un menu gastronomique. En cas de mauvais temps, le repas est servi dans les dépendances.

Petite pause

Le Songe de Vaux – *Dans les jardins du château - uniquement sam. soir lors des soirées aux chandelles 17h30-22h30 - verre de champagne 14 € ou cocktail de fruits 9 € + billet d'entrée visite aux chandelles.* Un transat face au château, de la musique classique, il ne vous reste plus qu'à fermer les yeux...

Hébergement

À proximité

Premier prix

Chambre d'hôte La Ferme du Couvent – *484 r. de la Chapelle-Gauthier - Bréau - à 14,5 km à l'est de Vaux-le-Vicomte - ✆ 01 64 38 75 15 - www.lafermeducouvent.com - ♿ - 15 ch. 65 €* Calme garanti en cette ferme du 18e s. dans un parc verdoyant de 16 ha. Chambres, mansardées, conçues sur le même modèle : tons crème et mobilier contemporain. Court de tennis.

6

Blandy-les-Tours ★

Ce château féodal en pleine campagne briarde a beaucoup souffert. Fort heureusement, il a bénéficié d'importants travaux de restauration et accueille à nouveau les visiteurs. Mais attention, on raconte que le château est hanté ! Tout au moins, les fantômes se manifestent à deux dates bien précises de l'année... Le 6 janvier, jour des Rois, à minuit, le vaillant Dunois, sur son cheval blanc, se poste à l'entrée du château, suivi de sa troupe de gens d'armes, et dans la nuit du 2 novembre, jour des Défunts, les seigneurs de Blandy reviennent faire plusieurs fois le tour des murailles. Mais que cela ne vous empêche pas de venir visiter Blandy !

Le château médiéval de Blandy-les-Tours.
D. Bugrat/hemis.fr

Se repérer

CARTE B2 (P. 430).
749 habitants – Seine-et-Marne (77)
À 70 km de Paris par l'A 4, la N 104 et l'A 105.

À ne pas manquer

Le panorama sur la plaine de Brie depuis le sommet du donjon ; la collégiale de Champeaux.

En famille

Les activités au château.

Visiter

★ Château

4 r. Royale - ✆ 01 60 59 17 80 - www.chateau-blandy.fr - tlj sf mar., mai-août 13h30-18h30 ; mars-avr., sept-oct. et déc. 13h30-17h30 ; vac. scol. 10h30-17h30 - 7 € (-18 ans gratuit).

Cirque, théâtre et concerts sont organisés *(avr.-oct. (sf août) le dim. apr.-midi).*

Au mois de mai sont organisés un marché médiéval, des reconstitutions et des animations lors du festival May médiéval.

Construit au début du 12e s., il fut agrandi et fortifié, notamment à la fin du 14e s. sur les ordres de Charles V, et devint un modèle de château fort, avec son enceinte dominée par cinq tours, son fossé et sa nouvelle tour-porte avec pont-levis. Aux 15e et 16e s., il perdit ses fonctions militaires et devint un lieu de résidence peu à peu négligé. En 1707, le **maréchal de Villars**, propriétaire de Vaux-le-Vicomte, le racheta et le démantela pour en faire une ferme. Par la suite, Blandy-les-Tours a fait l'objet d'importantes restaurations respectant les étapes historiques du monument. Ainsi, vous pouvez déambuler à l'intérieur et sur le chemin de ronde de la forteresse telle qu'elle était au 17e s. Une exposition permanente raconte l'histoire du château et des familles qui l'ont habité, à l'aide de reproductions de documents, d'objets trouvés dans les fouilles et d'une maquette. La tour des Archives a conservé sa porte médiévale et sa herse en bois du 14e s. Dans le donjon, une présentation audiovisuelle montre les étapes de l'histoire du château. Du sommet *(140 marches)* qui s'élève à 35 m, vous découvrirez un beau **panorama** sur la plaine de Brie.

Église

Dédiée à saint Maurice, elle permet de suivre l'évolution de l'art religieux du 12e au 18e s. ; la nef et le clocher sont de la fin du 14e s., tandis que le chœur, de style gothique flamboyant, est du 16e s.

À proximité

CARTE P. 430

★ Collégiale de Champeaux B2

À 4 km au nord-est de Blandy-les-Tours.

Pl. du Cloître - ✆ 01 60 66 91 88 - www.collegialedechampeaux.com - ♿ - été : 9h-19h ; reste de l'année : 9h-18h - pas de visite le dim. pdt les offices (10h-12h, 17h30-18h30) - entrée libre.

La collégiale accueille tous les ans au mois de juin un festival d'art sacré (concerts, conférences, repas, films... autour d'une thématique).

Dans le bourg fortifié de Champeaux se dresse une ancienne collégiale, fondée au 12e s. par Guillaume de Champeaux, théologien qui fut le maître puis l'adversaire d'Abélard. Outre Guillaume, Champeaux a donné à l'Église trois évêques, un cardinal et un pape. Elle fut construite de 1160 à 1315. Le **vaisseau** est aussi lumineux qu'élégant. La nef est couverte de voûtes sexpartites. Les arcs qui aboutissent aux extrémités de chaque double travée retombent sur une grosse colonne et les arcs intermédiaires sur une pile faible, formée de deux colonnettes accouplées. Cette forme d'alternance, légère et gracieuse, se rencontre rarement dans l'art gothique. Les **stalles★** (1522) de la collégiale montrent des miséricordes sculptées avec drôlerie. Leur verve, très libre, faillit entraîner leur suppression au 18e s. Le **chœur**, à chevet plat, garde quelques grandes dalles funéraires gravées des 13e et 14e s. d'une exceptionnelle qualité comme dans l'abside, celle de Rose des Marets entourée de son mari et de son fils en costume de chevalier, et de sa fille à ses pieds.

6

Melun

Melun s'est construit dès l'Antiquité à la convergence d'axes fluviaux et terrestres, sur l'île formée dans un méandre de la Seine. La ville est située aux portes de la Brie, pays d'approvisionnement de Paris en farine. Lieu de résidence des rois capétiens, elle est aujourd'hui une ville-relais entre Paris et la province, un important pôle universitaire et culturel et, pour les gastronomes, le berceau du fameux brie de Melun.

Se repérer

CARTE AB2 (P. 430).
40 844 habitants – Seine-et-Marne (77)
À 50 km de Paris par la N 6 et D 306. Liaison SNCF (ligne R) depuis Paris-Gare-de-Lyon (30mn) ou par le RER D Melun (50mn).

En famille

Le parc accrobranche ; une croisière sur la Seine.

Nos adresses p. 442

Visiter

Espace St-Jean - 26 pl. St-Jean - 01 64 52 64 52 - www.ville-melun.fr. L'office de tourisme organise des visites guidées thématiques.

Musée d'art et d'histoire de Melun

5 r. du Franc-Mûrier - 01 64 79 77 70 - www.ville-melun.fr - tlj sf lun.-mar. 14h-18h - 2 € (-18 ans gratuit).
Ce musée a établi ses quartiers dans l'hôtel de la Vicomté (16e s.), qui appartint à Nicolas Fouquet, alors vicomte de Melun. Vous y découvrirez notamment, au rez-de-chaussée, des vestiges lapidaires gallo-romains mis au jour lors de fouilles dans la région, de jolies vues du vieux Melun, dont un tableau d'Armand Cotelle-Herbert (1868). Expositions temporaires à l'Espace St-Jean et ateliers « jeune public ».

Collégiale Notre-Dame

Dans la partie est de l'île St-Étienne - 01 64 52 64 52. Bâtie par Robert le Pieux vers 1016-1031, louée par **Rodin** dans son texte sur les cathédrales de France, cette collégiale passe pour être, avec le prieuré St-Sauveur, le plus ancien édifice

Le domaine des reines blanches

Le deuil royal était jadis symbolisé par le blanc. Une fois veuves, les reines portaient un long voile blanc et recevaient le château de Melun en « douaire » jusqu'à leur mort, après quoi le domaine royal revenait à la Couronne. Plusieurs reines se distinguèrent par la fondation d'abbayes aux environs de Melun, dont la vie était associée à la cour de ces reines-mères et aux manifestations qui s'y déroulaient. Ainsi, on doit à **Adèle de Champagne**, veuve de Louis VII, l'abbaye du Jard à Voisenon (dont il ne reste qu'une tour), puis à **Blanche de Castille**, mère de Saint Louis, celle de Dammarie-les-Lys dont on ne découvre aujourd'hui que les ruines.

Sur les berges de la Seine

La Seine traverse Melun et se sépare en deux pour former l'île St-Étienne. Utilisée comme voie fluviale dès la préhistoire, elle devient au Moyen Âge « le » moyen de communication majeur avec la capitale. Melun fournissait alors Paris en farine, poissons et autres marchandises, et Saint Louis et sa cour empruntaient la Seine pour rejoindre la ville. Le château aujourd'hui disparu était situé tout près de l'actuel emplacement de la médiathèque Astrolabe. Cette résidence royale affirma la position stratégique de la ville jusqu'au 16e s., époque à laquelle les échevins de la ville reçurent l'autorisation royale de la démanteler pour construire un pont. Melun réaffirme aujourd'hui sa situation stratégique sur la Seine par la restauration de son **Port fluvial de la Reine Blanche :** *accueil des plaisanciers du 20 mars au 20 oct. Rens. auprès de la capitainerie (℘ 01 64 52 33 03) de 9h à 19h ou de l'office de tourisme (www.melunvaldeseine-tourisme.com).*

de Melun. Sa façade, refaite sous François Ier, est de style Renaissance. Le double clocher, au niveau du transept, est du 11e s., de même que la nef, portée par des voûtes gothiques avec arcades géminées au niveau du chœur. La collégiale possède aussi de très beaux chapiteaux du 12e s. ornés de bouquets de palmettes et de sirènes-oiseaux, typiques du premier art gothique. Intéressante dalle funéraire, du début du 15e s., dans le bas-côté droit.

Ne quittez pas la collégiale sans avoir vu, à droite à l'entrée du chœur, la copie du fameux **diptyque de Melun**, dont les deux parties, aujourd'hui séparées, se trouvent au musée royal des Beaux-Arts d'Anvers et à la Gemäldegalerie de Berlin. Réalisée vers 1450, cette œuvre de Jean Fouquet avait été commanditée par Étienne Chevalier, Grand Trésorier du royaume né vers 1420 à Melun. Ce haut serviteur de Charles VII fut l'exécuteur testamentaire d'Agnès Sorel, maîtresse du roi, dont les traits auraient servi de modèle pour la Vierge représentée dans ce diptyque.

Église St-Aspais

Édifiée au début du 16e s. par Jehan de Felin, architecte de la tour St-Jacques à Paris, l'église présente une belle unité de style gothique flamboyant. Son originalité est due à un plan très particulier lié à son implantation topographique en plein centre-ville. L'édifice, composé de cinq nefs, va en s'élargissant jusqu'au large chevet bordant la rue St-Aspais. Remarquez les **portails★**, du 16e s., délicatement ouvragés. Dans la première chapelle à droite après l'entrée était autrefois exposé, sous une vitrine, le **cilice** de Saint Louis, aujourd'hui conservé dans la collégiale Notre-Dame.

La maison natale de Jacques Amyot (1513-1593) se trouve face à l'église, au n° 46 de la rue Saint-Aspais. La cour de l'hôtel de ville, pastiche Renaissance, abrite sa statue.

Musée de la Gendarmerie nationale

1-3 r. Émile-Leclerc - ℘ 01 64 14 54 64 - www.gendarmerie.interieur.gouv.fr/musee - ♿ - tlj sf mar. 10h-18h (oct.-mars 17h30) - 7 € (-18 ans gratuit).

Peintures, estampes, uniformes, armes, documents, insignes et art populaire, sont autant d'objets du patrimoine de la Gendarmerie nationale qui sont présentés au public. Du Moyen Âge à nos jours, le parcours de l'exposition permanente est complété par des expositions temporaires thématiques.

À proximité

CARTE P. 430

Musée Henri-Chapu au Mée-sur-Seine A2

À 3 km à l'ouest de Melun par la D 39, puis avenue de la Courtilleraie. 937 r. Chapu - ✆ 01 64 39 52 73 - www.melunvaldeseine-tourisme.com - sur réserv. uniquement - gratuit.

Consacré à **Henri Chapu** (1833-1891), l'un des grands noms de la sculpture officielle du début de la IIIe République, ce musée abrite des maquettes, des plâtres originaux, des bronzes et des dessins que l'artiste avait donné, dès le 19e s., à son village natal.

Dammarie-les-Lys A2

À 3 km au sud de Melun par la D 372.

L'**ancienne abbaye du Lys** fut fondée en 1244 par Blanche de Castille, mère de Saint Louis, pour des religieuses de l'ordre de Cîteaux (*encadré p. 440*) La pieuse reine et son fils couvrirent de donations cette fondation qui devint rapidement très prospère. Le cœur de Blanche fut confié aux religieuses et le cilice du roi alla à sa mort au trésor de la communauté. Il ne reste aujourd'hui que les ruines de l'église abbatiale.

Musée aéronautique et spatial Safran (Réau) A2

À 11 km au nord de Melun par la D 605 puis l'A 105, sortie n° 13 « Réau-centre aéronautique », prenez la D 57 vers l'est - Rd-pt René-Ravaud - aérodrome de Melun-Villaroche - ✆ 01 60 59 41 66 - www.museesafran.com - ♿ - merc. 9h-12h, 14h-17h, 2e et dernier sam. du mois 14h-17h - gratuit.

Le musée du groupe Safran (association de la Snecma et de la Sagem) présente l'évolution des moteurs d'avions, de fusées et d'hélicoptères, depuis l'avion à hélice jusqu'aux réacteurs de fusées. Exposition de motos, drones Sagem, d'un étage d'Ariane, d'un sous-marin, etc.

Nos adresses

Restauration

Budget moyen

La Table de Dimitri – *9 r. Jacques-Amyot - ✆ 01 64 09 42 16 - www.latablededimitri.fr - fermé dim., lun. soir, mar. soir et merc. - formule déj. 18,50 €, menu 31,50 €.* Un chef passionné aux commandes de cet établissement à l'ambiance bistrot ! La cuisine française est revue de manière originale, élaborée et savoureuse.

La Bodega – *18 quai Hippolyte-Rossignol - ✆ 01 64 37 10 57 - www.bodega-melun.fr - fermé sam. midi, dim. et lun. - plat 22/30 €.* On vient ici pour retrouver l'esprit de l'Espagne et sa savoureuse cuisine, en particulier celle des Asturies, d'où est originaire la famille propriétaire. Au menu, des produits de belle qualité – dont une délicieuse charcuterie (*pata negra*) – et des recettes alléchantes : paella bodega, bacalao aïoli, chipirones fritos... On est comblé !

À proximité

Pour se faire plaisir

Auberge de Crisenoy – *23 Grande-Rue - Crisenoy - à 9 km au* *nord-est de Melun - ✆ 01 64 38 83 06 - aubergedecrisenoy.eatbu.com - fermé dim. soir, lun. et mar. - formule déj. en sem. 36 €, menu 41 €.* Cette auberge au cœur d'un petit village a gardé l'âme de son passé de guinguette : pierre brute, poutres, cheminée et mobilier campagnard. Jolie cuisine du marché, à déguster aux beaux jours dans le jardin.

R Mana – *11 r. de la Libération - Vaux-le-Pénil - près du château - à 3 km au sud-est de Melun - ✆ 01 64 52 09 09 - rmana.fr - fermé dim. soir, lun., mar. - plat 22/34 €.* Ce restaurant occupe l'ancienne ferme du château de Vaux-le-Pénil. L'ex-« Table St-Just » connaît une nouvelle vie depuis début 2022 grâce aux deux filles des anciens propriétaires qui ont pris le relais, sous un nouveau nom. Carte et décor – bien dans l'air du temps – complètement renouvelés et, en plus, un espace épicerie fine. Brunch le dim. *(à partir de 11h, 55 €).*

Shopping

Le mercredi ou samedi matin, faites un tour au **marché Gaillardon**, près de la place Saint-Jean. Il fait partie des marchés les plus renommés d'Île-de-France. Le 1er week-end d'octobre, la **Fête du Brie**, animée par la Confrérie des chevaliers du brie de Melun en costumes médiévaux, est l'occasion de découvrir et de déguster les différents bries de Seine-et-Marne.

Brie de Melun – D'un diamètre de 27 cm et pesant environ 1,5 kg, le brie de Melun (appellation AOP) est présenté sur un paillon. À l'œil, il doit présenter une croûte fleurie blanche parsemée de taches rouges ou brunes et de stries ; sa pâte doit être bien homogène, d'un jaune or. Au toucher, sa pâte doit rester souple mais sans mollesse. Au nez, une forte odeur de terroir. Au goût, une saveur fruitée.

Activités

À proximité

Sainte Assise Aventure – *Seine-Port - château de Ste-Assise - ✆ 09 52 64 40 73 - www.sainteassiseaventure.fr - lun.-vend. 10h-19h, sam. 20h (pdt vac. scol. 20h les w.-ends) - fermé mi-nov.-fév. - 11 à 27 € selon le parcours et l'âge - sur RV.* Sainte Assise Aventure vous propose 3 heures d'escapade d'arbre en arbre, dans une forêt de chênes centenaires parmi les plus hauts d'Île-de-France (jusqu'à 23 m de hauteur !). Dix parcours, dont certains aux grands sportifs, avec ponts suspendus, passerelles et tyroliennes.

Croisières sur la Seine – *Port de la Reine-Blanche - Melun - ✆ 01 64 52 64 52 - www.melunvaldeseine.fr.* L'office du tourisme de Melun organise différentes croisières en juin et en septembre : croisières commentées *(1h)*, avec passage d'écluses *(3h)*, croisières sportives, en soirée...

Hébergement

Budget moyen

Chambre d'hôte La Closerie des Trois Marottes – *13 bis r. Louviot - ✆ 07 87 52 73 96 - www.closerie-marottes.fr - 3 ch. 110/125 €.* Dans le centre-même de Melun, passez un agréable séjour dans ce corps de ferme typique. Attardez-vous dans le joli jardin fleuri.

Cathédrale d'Évry ★

et la ville d'Évry-Courcouronnes

La ville offre un panorama sur les évolutions architecturales récentes. Le programme urbanistique fut entamé au 19e s. lorsque le banquier espagnol Aguado (1784-1842), élu maire en 1831, fit de grands embellissements. C'étaient là les prémices du grand chamboulement opéré il y a quelques décennies lorsque Évry fut promue « ville nouvelle ». Outre la cathédrale moderne due à Mario Botta, l'agglomération, forte de sa multi-confessionnalité, abrite aussi deux édifices religieux d'exception : la mosquée de Courcouronnes et la pagode Khánh-Anh d'Évry.

Cathédrale d'Évry, conçue par Mario Botta.
S. Sonnet/hemis.fr

Se repérer

CARTE A2 (P. 430).

66851 habitants – Essonne (91)
Six communes composent l'agglomération Évry Centre Essonne : Bondoufle, Courcouronnes, Évry, Lisses, Ris-Orangis et Villabé. À 35 km de Paris par l'A 6.
RER D Évry-Courcouronnes.

Nos adresses p. 446

Découvrir

★ Cathédrale

Cours Mgr-Roméro.

Consacrée en 1996, cette cathédrale surprend par sa forme de cylindre, coupé au sommet par un plan oblique et couronné de 24 tilleuls argentés, et le matériau, également inhabituel en architecture religieuse (800 000 briques). Sa conception originale, due à l'architecte suisse **Mario Botta**, insiste sur le rassemblement avec le cercle et privilégie la lumière qui pénètre largement par les deux grandes verrières en arc. L'intérieur, d'une grande sobriété, reprend les techniques du théâtre pour l'acoustique ; l'autel et le baptistère sont en marbre de Carrare. Une petite crypte, éclairée par un puits de lumière, accueille la chapelle du St-Sacrement. La croix, le tabernacle et la statue de la Sainte-Vierge ont été réalisés par Gérard Garouste.

Musée Paul-Delouvrier – *12 clos de la Cathédrale - ✆ 01 60 75 02 71 - www.museepauldelouvrier.fr - ♿ - fermeture temporaire, se rens.* L'entrée se trouve à l'arrière de la cathédrale. Il conserve le trésor du diocèse d'Évry-Corbeil-Essonnes, une collection d'art sacré éthiopien, des « scénettes » réalisées par Marie d'Ailleurs, alias Madeleine Schlumberger (1900-1981), et une collection d'art des années 1980. Expositions temporaires d'artistes contemporains.

Se promener

ⓘ *11 pl. du Comté-Haymon - Corbeil-Essonnes - ✆ 01 64 96 23 97 - tourisme-grandparissud.com.*

L'aménagement d'Évry, l'une des cinq villes nouvelles de la région parisienne devenue préfecture du département de l'Essonne, se distingue par le poids de son centre urbain principal, dont l'édification a débuté dans les années 1970. Tous les édifices qui font l'âme de la cité y sont présents : cathédrale, évêché, hôtel de ville, palais de justice, École nationale de musique, mosquée...

Place des Droits-de-l'Homme

Sur cette place sont réunis, en une savante série de plates-formes de granit gris, des monuments aux façades de briques : la **chambre de commerce et d'industrie** (architecte Deslandes) évoquant un paquebot surmonté d'une tubulure transparente laissant pénétrer la lumière, et l'**hôtel de ville** (architecte J. Lévy) au plan en forme de « A » majuscule doté d'une haute verrière.

Agora

Ce vaste complexe de loisirs (œuvre de l'architecte Lecouteur) comprend piscine, patinoire, bibliothèque, théâtre, cinémas, bowling, bureaux, restaurants et cafés. C'est un lieu très vivant relié au centre commercial régional d'Évry 2, au quartier des Pyramides et à celui d'Évry-Centre. Bien visible de la place René-Cassin, le palais des sports métallique, surnommé **Les Arènes**, a la forme d'une selle de cheval (3 000 places).

Préfecture

Construits autour d'une pièce d'eau rectangulaire, que traverse une allée piétonne, la préfecture et l'hôtel du département, barres perpendiculaires à plus de 30 m de hauteur, sont l'œuvre de l'architecte Lagneau.

Mosquée d'Évry-Courcouronnes

20 r. Georges-Brassens.

Construite de 1984 à 1995 (architecte Henri Baudot), cette mosquée est l'une des plus grandes d'Europe. L'aspect extérieur ne laisse pas présager du raffinement de la décoration intérieure, réalisée par des artisans marocains. Zelliges (mosaïques vertes et jaunes), sol en marbre et portes en marqueterie forment le décor du patio. La grande salle de prière est ornée de décors en stuc. Mihrab en bois sculpté.

Pagode Khánh-Anh

8 r. François-Mauriac - ✆ 01 64 93 55 56 - www.khanhanh.fr - ♿ - entrée sur donation.

L'édification de la pagode d'Évry a débuté en 1996, celle-ci est vouée à être la plus grande d'Europe et à accueillir le siège de la congrégation bouddhiste européenne et un centre de formation de moines. En 2002, un bouddha méditatif doré à la feuille d'or, de 4 m de haut, a été mis en place puis, en 2008, le Dalaï-Lama est venu l'inaugurer en personne. Après 20 ans de travaux, la pagode est achevée et inaugurée en 2016. Bouddhistes et visiteurs de tous horizons peuvent venir s'y recueillir.

Nos adresses

Activités

À Lisses

Block'Out – *20-22 r. du Cantal - Lisses - ✆ 01 60 86 26 89 - www.blockout.fr - 11h-23h, w.-end 9h-21h - 17 €/séance.* Block'Out, c'est une expérience unique : 750 m² de surface grimpable, 250 blocs pour 7 niveaux de difficulté. Venez escalader de manière insolite !

Hébergement

À Lisses

Pour se faire plaisir

Espace Léonard de Vinci – *4 r. Léonard-de-Vinci - Lisses - à 4 km au sud-ouest d'Évry - ✆ 01 64 97 66 77 - ldv91.com - P ♿ - 73 ch. 125/130 € ☕ - ✕ formule du jour en sem. 20 €.* Aux portes d'Évry, ce complexe hôtelier propose un programme pour votre bien-être : piscine couverte, hammam, jacuzzi et salle de fitness. Chambres modernes, restauration de buffets, sauf le sam. soir où le service est à table pour la soirée musicale jazz.

Brunoy et la forêt de Sénart

La charmante vallée de l'Yerres sert de cadre à cette localité verdoyante et calme qui attira, à la fin du 19e s., des Parisiens célèbres comme l'orfèvre Christofle, l'acteur François-Joseph Talma, tragédien et ami de Napoléon Ier ou encore, à Yerres toute proche, le peintre Gustave Caillebotte. À 25 km de Paris et en lisière de la forêt de Sénart, Brunoy bénéficie d'un environnement privilégié et réserve d'agréables surprises.

Se repérer

CARTE A1 (P. 430).

25330 habitants – Essonne (91)
À 30 km de Paris par la N 6 (porte de Charenton) ou A 4 (porte de Bercy).
RER ligne D, gare de Brunoy.

À ne pas manquer

Le musée municipal; une promenade en forêt de Sénart; la fondation Dubuffet à Périgny; les expositions de la maison Caillebotte.

En famille

Un tour de barque sur l'Yerres à la maison Caillebotte; l'île de loisirs à Draveil.

Nos adresses p. 451

Visiter Brunoy

2 r. Philisbourg - 01 69 43 71 21 - www.vyvs.fr.

Musée Robert Dubois-Corneau

16 r. du Réveillon - 01 60 46 33 60 - www.brunoy.fr - tlj sf lun.-mar. 14h-. 17h - gratuit.
Installé dans la demeure du collectionneur Robert Dubois-Corneau (1876-1951), il est consacré à l'histoire de Brunoy et de la vallée de l'Yerres, en particulier à l'histoire de la villégiature, cette forme d'habitat qui se développa dans la région au 18e et surtout au 19e s. Le legs de Dubois-Corneau consiste en peintures, dessins, sculptures, gravures et objets, dont une belle collection de peintures paysagères de la vallée de l'Yerres au 19e s. Une salle est consacrée aux sculptures animalières de **Maurice Prost** (1894-1967).

Église St-Médard

Cet édifice paroissial, construit au 12e s. et remanié au cours des siècles, a retrouvé son décor du 18e s., avec ses lambris blanc et or de styles Louis XV et Louis XVI. Admirez sa chaire baroque et deux tableaux de Restout : la *Vierge à l'Enfant* et *Saint Joseph et Jésus*.

6

À proximité

CARTE P. 430

Boussy-St-Antoine A1

À 4 km à l'est de Brunoy. Bus B depuis la gare du RER D à Villeneuve-St-Georges.
Un ancien domaine, en partie sauvegardé, fait de cette commune une clairière dans le tissu urbain. La **mairie** est installée dans la propriété habitée au siècle dernier

On vous emmène à la Maison Caillebotte

Ah, ces impressionnistes, c'est peu dire qu'ils avaient l'œil ! Aller sur leurs traces, c'est la garantie de profiter des plus beaux paysages d'Île-de-France, leur jardin et leur source d'inspiration. Parmi eux, Gustave Caillebotte, ami de Monet (*ci-dessous*). Quelle propriété ! Un parc à l'anglaise de onze hectares, une somptueuse maison à colonnades, des intérieurs luxueux, exemplaires du style Empire, une orangerie, une ferme et même un chalet suisse (aujourd'hui des espaces d'exposition) ! La visite du lieu donna à Monet l'envie d'acquérir une maison à la campagne, avec un plan d'eau. Visiter ce domaine, c'est plonger au cœur d'une époque et d'une œuvre, d'autant que ces lieux figurent sur les quelque 80 toiles peintes ici. Visiter la propriété de monsieur Caillebotte, c'est aussi en finir avec le cliché de l'impressionniste miséreux. Né d'une famille fortunée dont il a hérité, Gustave Caillebotte fut plus mondain que maudit. Et s'il a ramé, ce fut uniquement sur l'Yerres, la rivière, puisque ce peintre fut également un architecte-naval réputé et un grand régatier. En venant, n'oubliez pas le canotier et la marinière. On vous proposera ici d'embarquer, comme Gustave Caillebotte, sur un canot au fil de l'eau. L'art à la rame, joli programme !

par la famille Dunoyer de Segonzac. Le peintre **André Dunoyer de Segonzac** (1884-1974) y passa les étés de sa jeunesse. Le **vieux pont** est l'un des nombreux ouvrages d'art anciens franchissant encore l'Yerres. Doublant un gué dont l'accès reste visible, celui-ci remonte au moins au 15e s.

Musée Dunoyer-de-Segonzac – *5 pl. des Droits-de-l'Homme - 01 69 00 13 17 - www.biblio-dunoyer.net - juil.-août : merc. et sam. 15h-18h ; reste de l'année : mar.-merc. et vend. et sam. 15h-17h - gratuit.* À deux pas de la demeure où naquit André Dunoyer de Segonzac, ce musée expose les œuvres de l'artiste suivant la formule originale d'un musée-bibliothèque servant à la fois la lecture et le regard. Des témoignages de l'œuvre dessinée et gravée du grand illustrateur y sont présentés. Vous découvrirez aussi des scènes de la guerre de 1914-1918 côtoyant des paysages d'Île-de-France et du « maquis » de St-Tropez que Dunoyer de Segonzac fut, avec Colette, l'un des premiers à découvrir.

Maison Caillebotte, à Yerres A1

Commune limitrophe de Brunoy, située au nord, sur la D 32. Depuis Paris, RER D direction Melun, arrêt Yerres puis 7mn à pied.

8 r. de Concy - 01 80 37 20 61 - www.maisoncaillebotte.fr - - maison : tlj sf lun. 14h-18h30 - parc : 9h-18h30 - potager : avr.-oct. : sam. 10h-12h, 14h30-18h, dim. 15h-18h30 - 8 €, maison et exposition à la ferme Ornée 12 € (-16 ans gratuit) - salon de thé-restaurant.

Les week-ends de mai à sept. (*15h-19h*), des activités de canotage sont proposées. *Rens. auprès de Nature Loisirs Évasion au 06 19 37 43 24 - barque : 9 €/h, canoë : 7 €/h.*

La famille Caillebotte acheta en 1860 l'actuelle propriété, avec son parc à l'anglaise de 11 ha, à proximité des berges de l'Yerres qui traverse la ville.

Gustave Caillebotte (1848-1894) peignit ici environ 80 tableaux (scènes de canotage sur l'Yerres, baigneurs, vues du parc et de la campagne environnante...) jusqu'à la vente de la maison en 1879. Déjà, l'artiste surprenait par le cadrage nouveau, très photographique, de ses sujets.

À l'entrée du parc, la maison à colonnades, de style néoclassique, surnommée **Le Casin italien**, a retrouvé son élégante blancheur et abrite quelques pièces

Chevreuil dans un champ le long de la forêt de Sénart.
F. Cateloy/Mond Image/age fotostock

conservant le décor bourgeois de l'époque et des reproductions des tableaux de Caillebotte. En face, remarquez la **ferme ornée** abritant désormais un centre d'art et d'expositions ayant accueilli des événements tels que la Biennale de la sculpture ou le Salon international du Pastel ; et dans son prolongement, le **chalet suisse** qui servait de laiterie. Dans le parc, se situent l'**orangerie** *(14h-18h30 - fermé lun.)* et quelques « fabriques », comme le kiosque-belvédère surplombant une glacière.

★ Fondation Dubuffet, à Périgny A1

À 5 km à l'est de Brunoy. Depuis Paris, RER A2 gare de Boissy-St-Léger, puis bus 4023.

Ruelle aux Chevaux - ☏ 01 47 34 12 63 - www.dubuffetfondation.com - visite guidée (1h30) sur RV - 8 € (-10 ans gratuit).

La Fondation Dubuffet, créée par l'artiste en 1973, riche de plus de 1000 œuvres, présente dans les anciens ateliers de l'équipe de Dubuffet à Périgny des maquettes d'architecture de l'artiste. Un musée accueille des peintures et les éléments créés pour le spectacle Coucou Bazar. Mais l'œuvre majeure du site est la monumentale **Closerie Falbala**, construite entre 1971 et 1973 pendant la période de l'Hourloupe ; elle entoure de ses murs sinueux la Villa Falbala et son Cabinet logologique (1967-1969).

Circuit conseillé

CARTE P. 430

De la forêt à la ville

Circuit de 38 km, tracé en vert sur la carte, au départ de Brunoy. La D 54 vous mène au lieu-dit La Pyramide où vous empruntez en face la route forestière.

La **forêt de Sénart** était autrefois un terrain de chasse pour les rois. C'est d'ailleurs lors de ces chasses que Louis XV rencontra Mme Lenormand d'Étiolles, future marquise de Pompadour. La forêt actuelle (3100 ha) couvre une vaste zone entre la Seine et la N 6 qu'elle déborde largement. Elle est limitée par Draveil et

Brunoy au nord, par Corbeil-Essonnes et la ville nouvelle de Sénart au sud. On y rencontre en grande majorité chênes, bouleaux, charmes, châtaigniers et pins sylvestres. La faune est typique des forêts franciliennes : sangliers, renards, chevreuils, lièvres, écureuils et lapins.
Les points d'intérêt s'échelonnent surtout au départ de la Pyramide de Brunoy *(seul point d'accès autorisé le long de la N 6)* : 150 km d'allées réservées à la promenade, 35 km de sentiers cavaliers balisés; piste cyclable passant par le carrefour du Cormier près du carrefour de la Mare-aux-Canes et de la Faisanderie.

La Faisanderie A2

01 60 75 54 17 - www.onf.fr - visite sur réserv. Le pavillon principal, édifié par Chalgrin en 1778, abrite un **centre d'information** sur la forêt, avec bornes interactives et salle de projection. Le parc, d'une superficie d'environ 8 ha, accueille des sculptures monumentales.
Tournez à droite sur la D 33 que vous suivez jusqu'à Corbeil-Essonnes. Ne traversez pas la Seine mais prenez à gauche puis suivez la D 446, direction Melun.

Forêt de Rougeau A2

Au départ de la D 446 (D 346 en Seine-et-Marne) et de la D 50, des embranchements routiers donnent accès à des aires de détente. Un **sentier sportif sylvestre** et un **sentier des mares** sont balisés.
Domaine du Pavillon Royal – *Au sud de la forêt - pour visiter : rens. au 06 19 45 24 71.* Michel Bouret, secrétaire du roi, fit construire un somptueux pavillon de chasse pour Louis XV. Pour y mener, il fit aménager l'Allée royale, reliant sur 5,8 km la forêt de Sénart et celle de Rougeau (aujourd'hui réaménagée et ouverte aux piétons, vélos, chevaux). Le roi ne vint au pavillon qu'une fois et n'emprunta jamais l'allée. Aujourd'hui, le Pavillon et les bâtiments du domaine sont des propriétés privées, mais le grand parc de 70 ha, aménagé entre 1742 et 1777, a été réaménagé et ouvert au public.
Avant Nandy, tournez à gauche dans la D 50 qui longe la forêt.

Sénart A2

Dernière-née des villes nouvelles d'Île-de-France, Sénart se caractérise par son site de plateau aux horizons boisés (forêt de Sénart, forêt de Rougeau et bois de Bréviande) et par la densité de ses bourgs ruraux. Les dix communes qui forment la ville nouvelle totalisent 98 000 habitants. À la différence des autres villes nouvelles, la création, de toutes pièces, d'un centre urbain principal avait été différée : il correspond aujourd'hui au **Carré Sénart**, nouveau centre-ville de 220 ha appuyé sur l'Allée royale et irrigué par des canaux. En revanche, une agglomération avait été créée : **Sénart-Ville nouvelle**. L'urbanisme s'y caractérise par la prédominance de maisons individuelles groupées près des villages existants. L'architecture du paysage a été très soignée : étangs, mares et canaux rappellent la France de l'Ouest.

Nos adresses

Restauration

Budget moyen

La Guinguette Auvergnate – *19 av. de Choisy - Villeneuve-St-Georges - 01 43 89 04 64 - guinguette-auvergnate.fr - P - mar.-dim. midi, vend. et sam. soir sur RV - menu déj. en sem. 14,50 €, menu 23 €.* Cette guinguette des bords de Seine possède un charme incontestable et sa terrasse fait des ravages en été. On s'y régale surtout de spécialités auvergnates et de produits du Sud-Ouest, au son de l'accordéon du patron. Musique et bal le soir et le dim. (java, musette, country et deux fois par mois folklore auvergnat).

Bird – *38 r. Charles-de-Gaulle - Yerres - 01 79 93 28 81 - www. bird-restaurant.com - mar. midi-sam. midi et vend.-sam.soir. - menu 26/32 €.* Au centre de cette charmante petite ville, sur une place piétonne, un ancien salon de thé où le fils de famille, passé par de belles maisons, propose une cuisine du marché bien ficelée – tataki de bœuf, merlan, asperges et pommes de terre grenaille… Salle épurée façon scandinave, terrasse face à la fontaine. Prix doux.

Pour se faire plaisir

Terrasse des Donjons – *74 bd de la République - Soisy-sur-Seine - 01 60 75 66 06 - laterrassedesdonjons. eatbu.com - fermé dim. soir et lun. - formules 35 €, menus 42/48 €.* Restaurant aménagé dans une maison qui, naguère, faisait commerce de vins. Le lieu abrite aujourd'hui une salle à manger de style contemporain complétée, à la belle saison, par une grande terrasse abritée. Cuisine préparée avec simplicité, intéressante carte des vins et prix attractifs.

Activités

Cueillette de Servigny – *Lieusaint - 01 64 41 81 09 - www. cueillettedeservigny.fr - fermé lun. mat. (boutique 9h30-12h30, 14h30-18h30 - fermée dim.-lun.).* Asperges, fraises, pommes de terre, tomates, pommes : les bonnes raisons de se rendre dans la ferme de Luc Signolle ne manquent pas. En tout, une trentaine de fruits et de légumes, cultivés sans pesticides, ainsi que des variétés de fleurs vous sont proposés à la cueillette.

Île de loisirs Le Port aux Cerises – *Draveil - 01 69 83 46 00 - portauxcerises.iledeloisirs. fr - accueil 7h-21h - calendrier des attractions sur le site.* Un site 200 ha comprenant un plan d'eau et offrant une multitude d'activités : équitation, minigolf, tennis, petit train touristique, manèges, pédalos, canoë, parcours acrobatique dans les arbres, etc. Port de plaisance.

Château de Grosbois ★

Au milieu d'un beau parc boisé s'élève un château du 16e s. rebâti au 17e s., ayant notamment appartenu au comte de Provence, futur Louis XVIII, à Barras et au maréchal Berthier, qui le dota d'un somptueux mobilier Empire. Propriétaire du domaine depuis 1962, la Société d'encouragement à l'élevage du cheval français y a créé avec succès un immense centre d'entraînement, très réputé pour les trotteurs.

Se repérer

CARTE A1 (P. 430).
16 977 habitants – Boissy-St-Léger, Val-de-Marne (94)
À 20 km de Paris par la N 19.
RER A Boissy-St-Léger, puis bus 4012, 4021, 4022 et 4023.

En famille

Le parc zoologique du bois d'Attilly à Ozoir-la-Ferrière; Little Parc/Lev Park à Boissy-St-Léger; Chichoune Accroforest à Lésigny.

Nos adresses p. 455

Visiter le château

Av. du Mar.-de-Lattre-de-Tassigny - ✆ 01 49 77 15 24 - www.domainedegrosbois.com - visite guidée sur réserv. uniquement, dates : voir site Internet - 15 €.
Bâti en 1597 pour un surintendant des Finances d'Henri IV, le baron de Sancy, le château de Grosbois fut acquis en 1625 par Charles de Valois qui le fit agrandir. Vendu comme bien national, le domaine fut acheté par Barras, membre du Directoire, puis en 1805 par le général Berthier.
Le château apparaît à l'extrémité d'une longue avenue bordée de marronniers *(le parc du château n'est pas ouvert au public)*. Le corps central, bâti par l'architecte Florent Fournier, fut achevé au début du 17e s. Il forme, avec ses deux ailes Louis XIII en avancée, exécutées par Jean Thiriot, un bel ensemble encadrant la cour d'honneur et cerné de douves asséchées.
Intérieur – La visite donne une idée fidèle de l'ameublement et de la décoration du château aux grands moments de son histoire, tant sous l'Ancien Régime qu'à l'époque napoléonienne. Elle révèle un **mobilier★★** splendide.
Le salon des Huissiers abrite divers meubles signés Jacob ainsi que des portraits de la famille du maréchal Berthier par Gros (Premier Empire) et Winterhalter (Second Empire). Dans le salon de l'Empereur sont exposés des portraits de Napoléon. La galerie des Batailles doit son nom à une suite de huit tableaux que Berthier fit exécuter sur mesure par Carle Vernet et ses élèves pour évoquer les batailles auxquelles il avait participé. À part son plafond, la bibliothèque du maréchal a conservé son aspect d'origine. Outre ses quelque 3 000 ouvrages, elle abrite une collection de cartes et de plans de bataille. Au centre du château, le salon de danse offre la meilleure perspective sur le parc. Il est flanqué par le salon des Chasseurs (belles peintures de Desportes et Oudry). Ces deux salles présentent un plafond décoré à solives apparentes. Le salon Régence est paré de boiseries blanc et or ; une vitrine présente des éventails des 18e et 19e s.

Seule la salle à manger a conservé son décor Louis XIII. De larges fresques attribuées à Abraham Bosse, exécutées en 1644, évoquent le second mariage de Charles de Valois au château. Remarquez une belle cheminée de pierre et un plafond à solives décorées.

Musée du Trot – Dans l'aile droite du château a été aménagé un musée consacré à l'histoire des attelages et du trot, des hippodromes, de l'élevage et des courses.

À proximité

CARTE P. 430

Boissy-St-Léger A1

À 3 km au nord du château par la N 19. Terminus de la ligne de RER A2.

Boissy-St-Léger est devenue la capitale de l'orchidée depuis que la famille Vacherot-Lecoufle s'est lancée, voici plus d'un siècle, dans la culture de cette plante originaire d'Amérique du Sud et d'Asie du Sud-Est.

Orchidées Vacherot-Lecoufle – *29 r. de Valenton - ☏ 01 45 69 10 42 - www.orchidee.fr - ♿ - merc.-vend. 14h-18h, sam. 10h-13h, 14h30-18h - gratuit.* Depuis 1886, ils assurent la multiplication et la création de nouvelles variétés d'orchidées. On peut y voir les serres d'exposition, un atelier de rempotage et bénéficier de précieux conseils pour la culture de ces fleurs délicates.

Sucy-en-Brie A1

À 6 km au nord du château par la N 19. RER A Sucy-Bonneuil.

Château de Sucy – *1 av. Georges-Pompidou - ☏ 01 45 90 29 39 - www.ville-sucy.fr - ♿ - visite guidée (1h) hors vac. scol. : un dim. par mois à 11h (voir dates sur le site Internet) - gratuit.*

Ce château du 17e s. fut construit par François Le Vau, frère de Louis Le Vau, pour Nicolas Lambert de Thorigny, conseiller de Louis XIV. Il se compose d'un corps de logis encadré de deux pavillons rectangulaires. Son vestibule est ouvert sur les deux façades et décoré de colonnes doriques, dans le style des villas palladiennes. Les peintures des plafonds sont attribuées à Charles Le Brun. Il est occupé aujourd'hui par le Conservatoire de musique. Expositions et concerts dans l'Orangerie – *1 av. Georges-Pompidou - ☏ 01 45 90 25 12 - www.ville-sucy.fr - merc. et sam. 9h-12h, 15h-18h, dim. 15h-18h - gratuit.*

Musée de Sucy – *R. du Temple - ☏ 01 45 90 14 42 - www.ville-sucy.fr - sam. 14h30-17h30 - fermé vac. scol. (zone C) - gratuit.* Dans la métairie, exposition sur la vie rurale et agricole, les métiers d'autrefois, les sapeurs-pompiers, etc.

Fort de Sucy – *Allée des Douves - ☏ 06 99 39 34 05 - www.fortdesucy.com- visite guidée (1h) 1er dim. du mois à 15h - gratuit.* Construit entre 1879 et 1881, ce fort militaire appartient à la 2e ceinture fortifiée de Paris. Bâti à la suite de la guerre de 1871, il a peu servi dans les conflits du 20e s. et les installations d'origine ont été préservées : bâtiments en pierre, casemate dans le fossé, plates-formes de tirs...

Brie-Comte-Robert A1

À 9 km au sud-est du château de Grosbois par la N 19. RER D2 Combs-La-Ville-Quincy puis bus ligne 07. Ligne 21 ou 23 depuis le château de Grosbois.

Pl. Jeanne-d'Évreux - ☏ 01 60 62 54 90 - www.briecomterobert.fr/Brie-Tourism.

Cette ancienne capitale de la Brie demeure un important marché agricole. Le bourg a conservé les murailles et les tours de son château et, autour de la place du Marché, ses rues pavées révèlent des maisons au cachet médiéval.

Église St-Étienne – Gothique, elle présente un aspect d'ensemble imposant, avec son clocher évidé laissant passer la lumière et la perspective de ses arcs-boutants.

L'édifice fut commencé par l'est au 13e s. ; son chevet plat est percé d'une grande rose et d'une galerie à claire-voie. La façade ouest, moins homogène, présente un portail principal (13e s.) nu, surmonté d'une galerie et d'une rose Renaissance. À l'intérieur, le vaisseau rectangulaire doit son raffinement gothique à son triforium. Les quatre premières travées ont été remaniées aux 15e et 16e s.
La **verrière★** de la rose de l'abside (13e s.) comprend 12 compartiments. Autour du Christ en majesté (médaillon central) se tiennent les 12 apôtres et, à la périphérie, les travaux de la vie paysanne sur les 12 mois de l'année : comme dans toutes les représentations du calendrier, l'hiver se trouve en bas et la lecture se poursuit dans le sens des aiguilles d'une montre, pour remonter vers la lumière, au solstice d'été. Le martyre de saint Étienne est rappelé par le devant d'autel en bois sculpté et doré (17e s.) et par le tableau (1723) du retable principal.
Château – *1 r. du Château - ✆ 01 64 05 63 31 - www.amisduvieuxchateau.org - merc. 14h-17h, sam. 14h30-18h, dim. 10h-12h30, 14h30-18h - fermé août.* Le début de la construction du château fut ordonné à la fin du 12e s. par Robert Ier, comte de Dreux et frère de Louis VII, qui donna par ailleurs son nom à la ville. C'est son fils Robert II qui l'acheva au début du 13e s., en même temps qu'il développa la ville. De plan carré, il est entouré d'une lice aménagée en jardin et de douves en eau. Il n'en reste que des vestiges : l'enceinte fortifiée conservant les bases de huit tours dont quatre aux angles, deux engagées dans les courtines, les deux dernières étant des tours-portes carrées. La tour-porte St-Jean, dont seules les fondations subsistent, abritait la chapelle.
À l'intérieur de l'enceinte, des fouilles archéologiques ont mis au jour de grandes salles, deux cheminées à colonnettes et un four à pain. La tour sud abrite une citerne alimentée par des canaux souterrains. La prison se situe au premier étage de la tour nord-ouest.
L'exposition du Centre d'interprétation du patrimoine retrace l'histoire du château en montrant des objets trouvés dans les fouilles et des documents d'archives. Parmi ces pièces, on découvre les carreaux décorés qui ornaient le sol du logis de Jeanne d'Évreux au 14e s.
Ancien hôtel-Dieu – *R. des Halles - ✆ 01 60 34 15 81 - www.briecomterobert.fr - ouv. pdt les expositions merc. et sam. 15h-18h, dim. 10h-13h, 15h-18h - gratuit.* Longeant la rue des Halles, ce bâtiment a conservé sa belle façade gothique du 13e s. à cinq arcatures. Sa restauration a permis l'installation d'une salle d'exposition dédiée à l'art contemporain.

Grisy-Suisnes A1

À 14 km au sud-est du château par la N 19 puis la D 319. Tournez ensuite à gauche vers Grisy. Bus ligne 21 depuis Brie-Comte-Robert.
Ce village de rosiéristes possède depuis 1966 une église caractéristique de l'époque moderne. La toiture, aux lignes tourmentées, amorce l'élan de la flèche (42 m). Le Christ en bois de Louis Leygue constitue une version moderne du Sacré-Cœur.

Nos adresses

Restauration

Budget moyen

À la Grâce de Dieu – *79 r. du Gén.-Leclerc - Brie-Comte-Robert - ✆ 01 64 05 00 76 - www.alagracededieu.fr - fermé vend. soir, sam. et dim. soir - formule déj. 18/23 € - 16 ch. 72 € - ☕ 9 €.* Ce relais postal du 17e s. était l'ultime halte avant de possibles rencontres avec les bandits de grands chemins. Restaurant aux allures d'auberge provinciale et cuisine traditionnelle.

Pour se faire plaisir

La Fabrique – *1bis r. du Coq-Gaulois - Brie-Comte-Robert - ✆ 01 60 02 10 10 - www.restaurantlafabrique.fr - fermé mar. soir, merc. soir, sam. midi, dim. et lun. - formule déj. 33 €, plats 24/38 €.* Ce loft d'esprit industriel est bien caché au bout d'une petite allée, et il fait bon s'y régaler dans une atmosphère jeune et décontractée... Cuisine moderne et volontiers créative, avec quelques fulgurances !

Activités

Little Parc/Lev Park – *5 r. de la Pompadour - Boissy-St-Léger - ✆ 01 43 89 73 08 - levpark.fr - vac. scol. : mar.-dim. 10h-19h ; hors vac. scol. : dim.-jeu. 10h-19h, vend. 10h-14h, fermé sam. - enf. 3/6,50 € (entrée gratuite pour 2 accompagnants).* Parc d'attractions dédié aux enfants de 6 mois à 12 ans.

Chichoune Accroforest – *Av. des Hyverneaux - Lésigny - ✆ 06 65 44 77 77 - www.chichoune.com - juil.-août : tlj 10h-18h (dernier accès 17h) ; reste de l'année : consulter le site - 24 € (3-5 ans 13 €, 6-10 ans 18 €, 11-13 ans 19 €).* Sur 4 ha, 6 parcours dans les arbres : 3 pour les familles, et 3 pour les ados et adultes dont un à plus de 15 m de haut !

Parc zoologique du bois d'Attilly – *Rte de Chevry - Férolles-Attilly - ✆ 01 60 02 34 34 - www.zoo-attilly.fr - mai-août : tlj 10h-18h (w.-end 19h) ; mars-avr. et sept.-oct. : 10h-17h (w.-end 18h) ; reste de l'année : consulter le site - dernière entrée 1h av. fermeture - 18 € (3-11 ans 11 €).* Parc de plus de 20 ha regroupant plus de 500 animaux et plus de 100 espèces : félins, primates, oiseaux, etc.

Golf Bluegreen Marolles en Brie – *Mail de la Justice - Marolles-en-Brie - ✆ 01 45 95 18 18 - www.bluegreen.fr/marolles - 8h-19h.* Un parcours de golf agréable qui allie tranquillité et nature avec la rivière du Réveillon qui le traverse.

Parc François-Mitterrand – *Brie-Comte-Robert - entrée r. du Gén.-Leclerc.* Cet agréable parc recèle un plan d'eau de 25 ha, pour le plus grand bonheur des pêcheurs et des pique-niqueurs.

Hébergement

Budget moyen

Chambre d'hôte Le Portail Bleu – *2 rte de Fontenay - Châtres - à 15 km à l'est de Brie-Comte-Robert - ✆ 06 61 17 59 76 - www.leportailbleu.com - 3 ch. 80/90 € ☕ et 1 gîte 4-6 pers. 160 €.* Ferme rénovée, accueil chaleureux. Les chambres douillettes sont réparties dans deux bâtiments entourés d'un jardin. Confitures et pains maison.

Provins ★★

Une ville haute à l'abri de remparts jalonnés de tours, une ville basse conquise sur un terrain marécageux... Une seule et même cité au passé médiéval prestigieux, présent à chaque coin de rue. Cinquante-huit monuments, édifices ou demeures remarquables ont valu à Provins d'être inscrite au Patrimoine mondial de l'Unesco. Fidèle à son histoire, la ville nous convie à une promenade vivante et animée depuis ses souterrains médiévaux jusqu'à ses spectacles en plein air.

Se repérer

CARTE C2 (P. 430) - PLAN DE PROVINS (P. 458).

12132 habitants –Seine-et-Marne (77)
À 85 km de Paris par l'A 4 puis la N 4. Liaison SNCF depuis Paris-Gare-de-l'Est (1h25), bus C, D ou navette touristique pour rejoindre l'office de tourisme. *☏ 01 64 60 26 26 - ♿ - de fin mars à fin août : w.-end - 2,50 € (-5 ans gratuit) 1 ticket ; 4 € (-5 ans gratuit) pass journée, 20 € carnet 10 tickets - horaires calés sur les trains.*

À ne pas manquer

La vue du haut de la tour César ; la grange aux Dîmes ; le portail de l'église de St-Loup-de-Naud ; la promenade nocturne à la lueur des bougies.

En famille

La grange aux Dîmes, la tour César, les souterrains, le petit train et les spectacles médiévaux ; les parcs zoologiques à Lumigny.

Carnet pratique p. 464

Nos adresses p. 465

★★ La ville haute

PLAN P. 458

Circuit tracé en vert sur le plan.
Encore protégée par les murailles, la ville haute vous charmera avec ses petites rues pavées bordées de jardins, de corps de ferme et de maisons médiévales.

Porte St-Jean A2

Édifiée au 13e s., cette porte trapue est flanquée de deux tours en éperon, partiellement masquées par les contreforts qui furent ajoutés au 14e s. pour étayer un pont-levis. La tour aux Pourceaux a retrouvé en 2009 sa toiture en poivrière.
Suivez l'allée des Remparts dominant les fossés secs.

★★ Remparts A1-2

Construits entre 1230 et 1236 par le comte de Champagne, puis entre 1285 et 1306 par Philippe le Bel sur une ligne de défense préexistante, ils constituent un très bel exemple d'architecture militaire médiévale. Il n'en reste aujourd'hui que 2 km. Les tours sont carrées, octogonales, en éperon, hémicylindriques... La partie la plus impressionnante s'étend entre la porte St-Jean et la porte de Jouy, dressée à plus de 25 m de hauteur. La « tour aux Engins », tour d'angle, relie les deux courtines et tire son nom d'une grange où étaient emmagasinées les machines de guerre ; derrière celle-ci se déroule en saison un spectacle de **fauconnerie** (*p. 464*). La **porte de Jouy** (12e s.) formait l'accès principal de Provins à l'époque des foires ; du sommet, belle vue sur les toits et les jardins de la ville haute.
Passez la porte de Jouy, puis prenez à droite rue de la Madeleine.

Tour César.
R. Jose Fuste/Prisma/age fotostock

Demeure des Templiers A1

R. de la Madeleine - ne se visite pas. Si l'ordre des Templiers est né en Orient en 1118, il a pour origine la Champagne. Lors de la première croisade (1095), 12 chevaliers se regroupent pour assurer la garde du mont Moriah, parmi lesquels le comte de Champagne. Henri Ier le Libéral lui succède et s'acquitte en 1164 d'une dette de son père envers les Templiers en leur donnant le « tonlieu » (droit de péage et de marché) de la ville sur les laines, fils et autres marchandises de même nature. L'ordre possédait à Provins deux maisons : le Val de Provins en ville basse et **La Madeleine** en ville haute, près de la porte de Jouy. La maison fortifiée, aux salles voûtées, abrita un hôpital au 15e s.

Revenez à la porte de Jouy et parcourez la rue de Jouy bordée de maisons basses à long toit de tuiles ou à étage en avancée. Le **caveau St-Esprit** *(ne se visite pas)* appartenait à un ancien hôpital ravagé par un incendie au 17e s.

★ Grange aux Dîmes A2

3 r. St-Jean - ✆ 01 64 60 26 26 - www.provins.net - mars-août : 10h-18h ; sept.-oct. : 14h-18h, w.-end 10h-18h - 4,30 € (4-12 ans 2,80 €).

Dans la grande halle voûtée en croisée d'ogives et dans la salle basse, des métiers ou activités marchandes sont mis en scène avec des mannequins, tandis que l'audioguide restitue l'ambiance des foires d'antan. Cette maison du 13e s. appartenait aux chanoines de St-Quiriace qui la louaient aux marchands lors des foires de Champagne pour qu'ils tiennent marché couvert et s'y logent. Lorsque les foires déclinèrent, la maison servit d'entrepôt pour les dîmes prélevées sur les récoltes des paysans, d'où son nom.

★ Place du Châtel AB2

Cette vaste place rectangulaire, centre touristique de la ville haute, est bordée de demeures anciennes : la maison des Quatre-Pignons du 15e s. *(angle sud-ouest)*, la maison des Petits-Plaids du 13e s. *(angle nord-ouest)* et l'hôtel de la Coquille, au nord. Les vestiges de l'église St-Thibault, du 12e s., occupent l'angle nord-est. Au

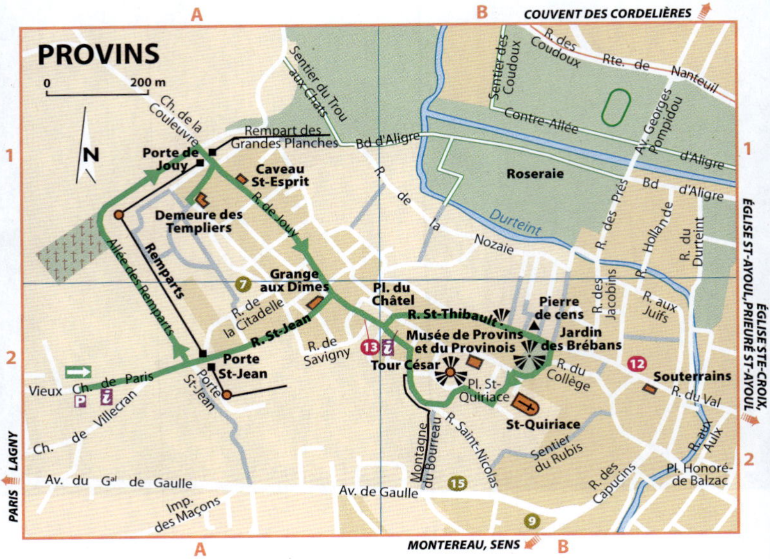

SE RESTAURER
Le Banquet des Troubadours 12
La Fleur de Sel 13

SE LOGER
Chambre d'hôte Ferme du Châtel.......... 7
Hôtel Ibis.................... 9
Maison Stella Cadente 15

centre, à côté d'un vieux puits à cage de fer forgé, se dresse la croix des Changes, sur laquelle étaient affichés les édits des comtes de Champagne.

Rue du Palais, on passe devant l'une des plus anciennes demeures de Provins. Sa façade épouse la forme de la rue. Cette maison romane aurait servi, au 12e s., de synagogue et d'école rabbinique, mais cette thèse est contestée.

Musée de Provins et du Provinois B2

7 chemin de Villecran - ✆ 01 64 01 40 19 - www.provins.net - de mi-juin à mi-sept. : 11h-18h30 ; de fév. à mi-juin et de mi-sept. à oct. : 12h-17h30 ; reste de l'année : consulter le site - fermé fin déc.-déb. janv. - 4 € (4-12 ans 2 €).

Au rez-de-chaussée de la **Maison romane** sont rassemblées les collections protohistoriques, préhistoriques, gallo-romaines et mérovingiennes, ainsi que des moulages de l'œuvre de la sculptrice provinoise **Louise Élisabeth-Munaut**, du mobilier (notamment une superbe paire de cabinets baroques hollandais du 17e s.) et des céramiques anciennes : épis de faîtage émaillés de vert et carreaux de pavement, précieux témoignages de l'art provinois. La salle basse ouvrant sur des souterrains abrite des sarcophages, chapiteaux et sculptures, dont une énigmatique statue d'époque gallo-romaine. Au 1er étage, remarquez les robinets en cou et tête de cygnes provenant de l'ancien hôpital du couvent des Cordeliers et le masque-loup porté par Napoléon Ier. Cet étage comprend des ornements francs-maçons, des médailles, des armes et objets du quotidien de différentes époques. Le second étage est consacré à des objets religieux provenant de la ville et de la région : on y voit le présumé reliquaire de Thibault V, lequel aurait assuré la protection des Provinois lors des guerres de 1814-1815, le bras reliquaire de saint Barthélemy rapporté des croisades par le même Thibault, la chasuble et le bonnet de saint Edme (13e s.), autant de reliques illustrant la puissance de Provins.

Jardin des Brébans B2

De ce petit jardin aménagé sur un éperon rocheux, vous aurez, entre les haies, une **vue** sur la ville basse et sur ses édifices, ainsi que sur les bâtiments avoisinants, notamment l'ancien palais des comtes de Champagne *(aujourd'hui transformé en lycée)*, et sur la façade nord de St-Quiriace.

Collégiale St-Quiriace B2

Sa construction fut entreprise au 12e s. à l'initiative d'Henri le Libéral. Le transept, dont la rosace du mur nord fut détruite par un incendie, et la nef sont du 13e s. Le dôme date quant à lui du 17e s. L'église était décorée à l'origine d'une polychromie murale, recouverte au 18e s. d'un badigeon ; les décors de stuc et les grilles ouvragées de l'entrée datent aussi du 18e s. et les peintures des chapelles du chevet sont du 19e s.

★★ Tour César B2

Pl. du Châtel - ✆ 01 64 60 26 26 - www.provins.net - avr.-oct. : 10h-18h ; reste de l'année : 11h-17h, w.-end 14h-17h - 4,30 € (4-12 ans 2,80 €).

Ce superbe donjon du 12e s. était autrefois rattaché au reste de l'enceinte de la ville haute. La « chemise » qui enserre sa base fut ajoutée par les Anglais pendant la guerre de Cent Ans pour y installer l'artillerie, d'où son surnom de « Pâté aux Anglais ». Au 1er étage, la salle des gardes, de plan octogonal et d'une hauteur de 11 m, est couverte par une voûte formée de quatre arcades ogivales se terminant en coupole et percée d'un orifice par lequel on ravitaillait les soldats occupant l'étage supérieur (animation audiovisuelle). De la galerie couverte qui ceinture le donjon à hauteur des tourelles, la **vue★** s'étend sur la cité et la campagne briarde. Par un escalier très étroit et raide, on atteint l'étage supérieur. Sous la belle charpente du 17e s. sont installées les cloches de St-Quiriace, rassemblées ici depuis que l'église a perdu son clocher. La salle basse servait à stocker les provisions ; une jolie **scénographie audiovisuelle** vous fera découvrir la vie

Le temps des foires

Au début du 11e s. et jusqu'en 1284, Provins est sous la domination des comtes de Champagne qui encouragent les manufactures de draps, de cuirs, de coutellerie et créent les foires de Champagne à Provins, Lagny, Troyes et Bar-sur-Aube. Ces foires sont les plus importantes d'Europe aux 12e et 13e s. Dans la ville drapière de Provins, elles attirent, deux fois par an, toute une multitude de marchands flamands, allemands, lombards, catalans et provençaux qui bénéficient de nombreux privilèges accordés par les comtes et d'une sécurité sur place et lors de leurs voyages (police des foires, protection militaire). On échange à Provins draps, vins, soieries, épices et objets précieux d'Orient, ivoire, bois précieux d'Afrique, fourrures de Russie... et toutes les transactions sont facilitées par les changeurs qui pratiquent le crédit. La ville bénéficie de cette prospérité et bat sa propre monnaie.

À partir du début du 14e s., le rapide déclin des **foires de Provins** suit celui des autres foires de Champagne. Il s'explique par l'insécurité qui règne sur les routes pendant la guerre de Cent Ans et par l'apparition de nombreuses épidémies. L'ouverture de nouvelles voies commerciales maritimes et le développement du commerce sédentaire ne font qu'accélérer ce déclin. Provins devient alors une ville agricole.

d'Henri Ier le Libéral aux heures de gloire de Provins, réalisée à partir de dessins médiévaux et d'enluminures.
Rejoignez la place du Châtel. Vous pouvez atteindre la porte St-Jean par la rue St-Jean ou vous diriger vers la ville basse.

La ville basse PLAN P. 458

Située à 50 m en contrebas de l'éperon rocheux, la ville basse, appelée « Le Val », occupe un ancien marécage bordant les rivières du Durteint et de la Voulzie.
De la place du Châtel, descendez la rue St-Thibault, très pentue. À gauche, on découvre une belle vue sur le couvent des Cordelières.

Couvent des Cordelières EN DIR. PAR B1

Ne se visite pas. Ce couvent des 13e-15e s. fut bâti par le comte Thibault IV de Champagne pour l'ordre mendiant des clarisses, et devint un hôpital sous Louis XI, fonction qu'il maintint jusqu'en 1977. Après avoir servi de centre de traitement de la presse de la Bibliothèque nationale, il accueille désormais les archives de la direction de l'Architecture et des Bâtiments de France et une école de tourisme.
Au no 30 de la rue St-Thibault, à l'angle de la petite rue de la Pierre-Ronde qui descend le versant, subsiste une **pierre de cens** B2 sur laquelle on payait, au Moyen Âge, les taxes seigneuriales et les redevances de la paroisse.
Prenez la rue des Jacobins à gauche, et poursuivez dans la rue des Prés.

★ Roseraie de Provins B1

11 r. des Prés - ✆ 01 60 58 05 78 - www.roseraie-provins.com - ♿ - de fin mars à déb. nov. : 10h-19h ; reste de l'année : voir le site - fermé janv. - printemps/été : 7 € ; reste de l'année : 4,50 € (-12 ans gratuit).
Cette roseraie de 3,5 ha, entretenue avec passion et sans pesticide par son propriétaire, Bruno Clergeot, vous permettra d'admirer la célèbre rose de Provins (floraison en juin) ; vous découvrirez également 450 autres variétés de roses, réparties en « chambres », des fleurs anciennes aux dernières innovations florales. En l'honneur des propriétés médicinales de la Rosa gallica, un petit jardin de « simples » a été aménagé. Boutique et salon de thé pour déguster les spécialités à la rose.
Reprenez la rue St-Thibault. Un peu plus loin sur la droite se trouvent les souterrains.

Souterrains B2

Entrée à gauche du portail de l'ancien hôtel-Dieu - 3 r. St-Thibault - ✆ 01 64 60 26 26 - www.provins.net - visite guidée (45mn) sur réserv. : juil.-août : 10h30-17h

La rose de Provins

Selon la légende, **Thibault IV** le Chansonnier, comte de Brie et de Champagne (1201-1253), rapporta et fit prospérer à Provins des plants de roses provenant de Syrie. **Edmond de Lancastre** (1245-1296), frère du roi d'Angleterre, ayant épousé Blanche d'Artois, fut durant quelques années suzerain de Provins et introduisit dans ses armes la rose rouge. La rose de Provins *(Rosa gallica officinalis)* est l'ancêtre de toutes les variétés cultivées en France. Connue grâce aux foires de Provins, elle était recherchée pour son parfum et pour ses vertus officinales : elle apaise les maux de digestion, adoucit la gorge, assainit et purifie la peau. Elle occupe aussi une place de choix parmi les ingrédients des sucreries et gourmandises provinoises.

Provins secrète

Des caves et caveaux à chapiteaux du 13e s. se trouvent sous de nombreux bâtiments religieux ou militaires, ou sous des fermes bâties sur l'emplacement d'édifices disparus. Ils servaient d'entrepôts pour les récoltes et les marchandises ou de refuges pour les habitants. Certains d'entre eux sont le point de départ de **souterrains**, galeries maçonnées plein-cintre, qui menaient à des sorties de fuite situées au-delà des remparts. D'autres sont des **galeries de cavières** dont le tracé suit d'anciens filons, ou bien des couloirs garnis d'alvéoles latérales qui servaient soit de **réserves** pour les marchandises, soit de **carrières à foulon**, le foulon ou tuf servant au dégraissage des étoffes. Ces dernières portent des **graffitis**, traces de réunions clandestines ultérieures.

(w.-end 17h30); mars-juin et sept.-nov. : lun.-vend. 16h et 16h30, w.-end 10h30-17h30; reste de l'année : se rens. - 4,50 € (4-12 ans 3 €).
Pensez à prendre un pull, la température est de 12 °C.
Provins possède un réseau de souterrains d'une densité exceptionnelle. La partie ouverte à la visite est creusée dans une couche de tuf affleurant à la base de l'éperon calcaire qui porte la ville haute. L'accès se fait par une salle basse voûtée d'arêtes de l'ancien hôtel-Dieu. Après un historique du développement de la ville entre le 11e et le 13e s., vous pénétrez sous terre pour une visite de deux niveaux de carrières. Des **graffitis historiques** (15e-19e s.) permettent de raconter l'histoire des usages de ces galeries : cave, refuge, lieu de réunion de francs-maçons, etc. Au bout de 45mn, vous remonterez dans une salle basse aux colonnes suintantes, complètement désorientés !
La rue St-Thibault se prolonge en rue du Val, qui enjambe un canal drainant les eaux des deux rivières. Tournez à gauche rue Ste-Croix.

Église Ste-Croix EN DIR. PAR B2

Ne se visite pas. Au 12e s., une chapelle construite sur un terrain inondable prit le nom de Ste-Croix après l'arrivée d'une relique d'Orient. L'église devint, au siècle suivant, prieuré de St-Ayoul. Dans la nef, les colonnes en hélices sont de style gothique flamboyant, et sur le portail latéral nord, on trouve de fines arcatures et des coquilles Saint-Jacques de pèlerins.
Rejoignez la rue du Val, que vous continuez; à gauche de la mairie débute la rue semi-piétonne de la Cordonnerie.
À gauche, rue Vieille-Notre-Dame, admirez la tour-porche et son clocher, le seul vestige du chapitre de **N.-D.-du-Val** installé dans ce quartier délaissé par les marchands après la guerre de Cent Ans.
Rejoignez la place St-Ayoul par le cours des Bénédictins.

★ Église St-Ayoul EN DIR. PAR B2

En 966, on exhumait de la chapelle St-Médard, située à cet endroit et entourée de marécages, un sarcophage contenant les ossements de saint Ayoul. En 1048, Thibault Ier, comte de Troyes et de Meaux, également comte de Blois sous le nom de Thibault III et grand protecteur des abbayes, installa les moines de Montier-la-Celle dans ce quartier de la ville basse. Les trois portails forment une haute avancée par rapport au pignon de la façade. Pour remplacer les parties disparues du **portail central★**, on a confié au sculpteur Georges Jeanclos le soin de réaliser différentes statues en bronze patiné, qui viennent s'inscrire avec naturel parmi les reliefs médiévaux.

L'intérieur de l'église, minutieusement restauré, abrite, dans le bas-côté gauche, des **statues★★** en marbre rehaussé d'or (16e s.), qui figurent une **Vierge** à la grâce un peu précieuse et deux **anges musiciens** aux vêtements magnifiquement drapés ; remarquez les boiseries sculptées du 17e s.

Prieuré St-Ayoul EN DIR. PAR B2

Entrez par le porche à droite de l'église St-Ayoul pour découvrir ce beau prieuré de styles roman et gothique primitif. Il s'agit de l'ancien chevet de l'église abbatiale, qui fut séparé de l'église par un mur à la suite d'un différend entre ecclésiastiques en 1527. Remarquez les décors peints, la charpente en bois de la chapelle des bénédictins et les vitraux d'Udo Zembok qui illuminent l'édifice. Le sol permet de voir les étapes de construction et de consolidation successives au cours des siècles. Prolongez la découverte en allant dans l'ancien cloître et la salle capitulaire.

À proximité CARTE P. 430

Église de Voulton C2

À 7 km au nord de Provins par la D 71. 01 64 00 61 86 - www.prieure-voulton.com - visite sur RV.

Après un parcours jalonné de noms d'origine monastique – les Filles-Dieu, St-Martin-des-Champs –, on atteint cette **église** gothique au fort clocher coiffé en bâtière. Dans la nef, les grosses piles à colonnes alternent avec les colonnes rondes qui reçoivent la retombée des arcades. La structure de la voûte « octopartite » couvrant la travée précédant le chœur mérite qu'on la remarque.

Beton-Bazoches C1

À 18 km au nord de Provins par la D 55.

Pressoir à pommes – *06 75 47 74 78 - www.si-bb.com - juil.-août : w.-end 14h30-18h ; reste de l'année : se rens. - 2,50 € (6-12 ans 2 €) - fête du cidre 2e dim. d'oct.*
Construit en 1850, il se compose d'une meule de grès de 2 m de diamètre, qui était actionnée par un cheval, et de deux pressoirs en chêne et orme dont le système de pressage était entraîné par une roue à écureuil.
Église – Elle abrite un beau retable en pierre du 16e s.

★ Église de St-Loup-de-Naud C2

À 9 km au sud-ouest de Provins par la D 106.

Commencée au début du 11e s., l'église faisait partie d'un prieuré bénédictin. Le porche et les deux travées de la nef qui s'y rattachent furent bâtis au 12e s. Le **portail★★**, sous le porche, présente par sa disposition une analogie avec le portail Royal de Chartres : Christ en majesté entouré des symboles des Évangélistes au tympan, apôtres abrités sous des arcatures au linteau, statues-colonnes dans les ébrasements et personnages dans les voussures. Les sculptures de St-Loup marquent la transition qui aboutit au réalisme gothique.
À l'intérieur, les progrès de l'architecture aux 11e et 12e s. sont très nets. On passe du roman primitif du chœur au début de la technique gothique à l'entrée de la nef. Celle-ci comprend deux travées du 12e s. sur lesquelles ouvre la tribune du porche. Ces travées, qui se divisent chacune en deux arcades jumelles, sont voûtées sur croisée d'ogives. Les deux travées suivantes, plus anciennes, sont voûtées l'une en berceau et l'autre d'arêtes. Le carré du transept est couvert par une coupole, les bras du transept, début du 12e s., par un berceau. Le chœur, fin du 11e s., offre un berceau et son abside est voûtée en cul-de-four.

Église de Rampillon C2

À 18 km à l'ouest de Provins par la D 619, puis la D 76 à gauche.

ABC d'architecture p. 589.

Le village de Rampillon appartint aux comtes de Champagne et à l'évêché de Sens avant de passer aux mains des chevaliers de St-Jean-de-Jérusalem au 13e s. L'église du 13e s. faisait partie d'une commanderie de Templiers brûlée par les Anglais en 1432. Une tour, dite des Templiers, est accolée à l'église. Le robuste clocher carré s'élève sur le bas-côté droit, coiffé d'un toit en double bâtière. Le portail est remarquable pour ses sculptures : au tympan, le Christ-Juge et, au linteau, la Résurrection des morts ; au trumeau, saint Éliphe (patron de l'église) et, dans les ébrasements, les 12 apôtres ; au-dessous de leurs statues, une Présentation au Temple et une Adoration des Mages.

Longueville C2

À 7 km au sud de Provins par la D 403, en direction de Juitigny et Bray-sur-Seine ; à gauche après la sortie de Longueville.

Chapelle de Lourps – *06 89 87 50 21 - www.lesamisdelourps.fr - visite sur demande.* Bâtie entre le 12e et le 13e s., séparée de son château à la Révolution, elle se dresse sur un coteau de la Voulzie. Sa restauration a mis en valeur des vestiges de peintures murales du Moyen Âge ; la chapelle abrite un décor du 17e s. Tympan orné d'un agneau entre deux rinceaux, du 12e s.

Ajecta - Musée vivant du Chemin de fer – *3 r. Louis-Platriez - 01 64 08 60 62 - www.ajecta.fr - ♿ - mai-oct. : w.-end 10h30-18h ; nov.-avr. : dim. 13h-17h - 4 € (6-11 ans 2 €).* Dans la rotonde, bâtiment de 1906 qui servait de dépôt à la Compagnie des chemins de fer de l'Est, vous découvrirez une dizaine de locomotives à vapeur datant de 1866 à 1943 et 70 véhicules ferroviaires historiques : voitures de luxe des Années folles, wagon postal de 1874 ou reconstitution de la célèbre rame Paris-St-Germain de 1837, dont certains roulent encore.

Parcs zoologiques Lumigny B1

La Fortelle, à 34 km de Provins.

Domaine de la Fortelle - 01 64 51 33 33 - www.parcs-zoologiques-lumigny.fr - ♿ - parc des Félins : juil.-août : 9h30-19h ; mai-juin : 9h30-18h ; reste de l'année : consulter le site - terre des singes : avr.-juin : 10h-18h ; juil.-août : 9h30-19h ; mars : 10h-17h ; reste de l'année : consulter le site - parc des félins : 21 € (3-9 ans 12,50 €) ; terre des singes : 15 € (3-9 ans 8 €) ; billet combiné 28 € (3-9 ans 15,50 €).

Le parc des Félins. Dans cet espace boisé de 71 ha, vous pourrez observer 160 félins nés en captivité, appartenant à plus de 25 espèces parmi les 36 survivantes dans le monde : tigres, panthères des neiges, lions, chats des marais… Quatre itinéraires de visite, établis en fonction des origines géographiques des pensionnaires (Europe, Asie, Afrique, Amérique), sont équipés de points d'observation et ponctués d'informations sur les mesures entreprises pour sauver les animaux. Équipez-vous de bonnes chaussures et visitez le parc dans la matinée, lorsque les félins sont actifs… car à l'heure de la sieste, vous risquerez d'être un peu déçu ! L'après-midi, vous pourrez visiter l'**île des lémuriens** – où plus de 60 lémuriens de 5 espèces différentes évoluent en semi-liberté. Le train « Trans'félins » vous emmène pour un circuit de 25mn au plus près des animaux, et un cinéma 4D vous propose un film de 8mn qui vous plongera en Inde dans la peau d'une tigresse (les deux attractions sont incluses dans le billet d'entrée).

Terre des singes. Sur 21 ha, quelque 230 animaux se découvrent dans 3 espaces safaris. Vous ne vous lasserez pas d'observer – et pourquoi pas d'assister aux repas – les macaques, les géladas, les tamarins et les ouistitis, ainsi que les perroquets et les loriots.

Carnet pratique

S'informer

Office de tourisme – *Chemin de Villecran - Provins - ✆ 01 64 60 26 26 - www.provins.net.*
2e bureau pl. du Châtel (dans la Maison du terroir et de l'artisanat).
L'office de tourisme organise des visites guidées. Téléchargez l'application gratuite Escapad pour vous guider dans Provins.

Se garer

Il est préférable de se garer aux abords de la porte St-Jean : **parking** *(avr.-oct. : 4 €/j., 2 € à partir de 13h), aire de jeux et de pique-nique (halle couverte), office de tourisme et point de départ des petits trains.*

Pass Provins

Il inclut l'entrée à la tour César, aux souterrains, à la grange aux Dîmes, au musée et au prieuré St-Ayoul et offre pour le jour même des réductions sur le prix des spectacles, du petit train et de la roseraie - *valable 1 an - 15 € (4-12 ans 10 € ; 45 € billet famille) - en vente à l'office de tourisme, au point info et dans les monuments inclus (sf au musée).*

Agenda

Pour connaître le programme complet, voir *www.provins.net.*
Nombreux spectacles adaptés aux enfants.

Les Aigles des Remparts – *Avr.-oct. - 12,50 € (enf. 8 €).* Spectacle de fauconnerie équestre avec aigles, buses, faucons, chouettes et vautours.

La Légende des Chevaliers – *Avr.-oct. - 12,50 € (enf. 8 €).* Jonglerie, cavalcades, combats équestres, voltige, ... vous en aurez plein la vue

Les Lueurs du Temps – *Visite guidée 9 € (enf. 6 €) - animations gratuites, spectacle payant - rens. auprès de l'office de tourisme.* Le soir, la cité et la tour César sont éclairées à la bougie. Visite guidée aux flambeaux, animations de rue, ambiance musicale et dîner-spectacle.

Banquet des troubadours – *Mars-déc. : sam. et dim. midi et soir - ✆ 06 70 50 08 58 - www.provins-banquet-medieval.com - 40 € (-12 ans 20 €).* Un banquet comme au Moyen Âge que ce soit au menu et dans les spectacles animés par les conteurs, jongleurs... qui l'animent durant 3h.

Les Médiévales de Provins – *W.-end de mi-juin - provins-medieval.com - 12 €/j. (6 € pour les personnes déguisées en costume médiéval -12 ans gratuit), 16 €/2 j. (8 € si vous portez un costume).* Troubadours, musiciens, saltimbanques, etc. Défilé, bal... lors de la plus grande fête médiévale de France.

Son & lumière de Provins – *De déb. à mi-juin - jardin du couvent des Cordelières - ✆ 01 64 00 57 00 - mjcprovins.fr - 12 € (enf. 9 €).* Spectacle nocturne sur la vie au Moyen Âge, par 300 Provinois en costume.

Fête de la moisson – *Dernier w.-end d'août - ✆ 01 64 00 59 00 - www.provins-fete-moisson.org - 10 € (-12 ans gratuit).* Défilés de chars décorés, tracteurs et véhicules anciens, danses folkloriques, musique, battage à l'ancienne.

Noël à Provins – *1 w.-end de déc.* Dans un cadre à la fois féerique et médiéval, animations insolites et traditionnelles : marché médiéval, patinoire, crèche vivante, marché de Noël traditionnel...

Nos adresses

PLAN P. 458

Restauration

Premier prix

13 **La Fleur de Sel** – A2 - *3 pl. du Châtel - ✆ 01 64 00 26 34 - fermé lun.-mar. et dim. soir - plats 14 €.* Cette crêperie vous accueille dans une atmosphère contemporaine. Galettes et crêpes se déclinent en version classique ou plus originale. Qualité et petits prix pour un endroit simple et sympathique.

Budget moyen

Saveurs et Plaisirs – HORS PLAN - *6 pl. St-Ayoul - ✆ 01 60 58 41 70 - saveurs-et-plaisirs.business.site - mar.-jeu. 7h30-18h, vend.-sam. 8h30-22h - fermé dim. et lun. soir - formule déj. 12,50 €, carte 18/25 €.* Le chef est un autodidacte passionné. Dans son restaurant contemporain, situé dans la Ville-Basse, vous est proposée une cuisine bistronomique. Parmi les spécialités de poissons, le carré de thon rouge a ses adeptes.

Pour se faire plaisir

12 **Le Banquet des Troubadours** – B2 - *14 r. St-Thibault - ✆ 06 70 50 08 58 - www.provins-banquet-medieval.com - avr.-déc. : sam. midi et soir, dim. midi - 40 € (4-12 ans 20 €).* Banquet médiéval dans une belle salle basse du 12e s. Assis sur de grands bancs, vous ferez ripaille de spécialités médiévales ; c'est le moment de sortir votre costume (possibilité de location 5 €) ! Troubadour, saltimbanques et jongleurs animent la soirée.

Shopping

Gaufillier – *5 pl. du Gén.-Leclerc - à l'angle de l'av. Victor-Garnier - ✆ 01 64 00 03 71 - fermé dim. apr.-midi et lun.* Depuis 1991, ce chocolatier-pâtissier-confiseur régale ses clients de friandises à la rose : confiture, glace, bonbon, pâte de fruits, nougats, thé, limonade, etc.

La Ronde des Abeilles – *3 r. des Beaux-Arts - ✆ 01 60 67 65 97 - www.larondedesabeilles.fr.* La spécialité de cette jolie confiserie, c'est le miel à la rose de Provins, car l'apicultrice cultive aussi les roses. Vous trouverez les produits de la ruche (gelée royale, pollen...) et maintes douceurs comme confit de pétales de rose, pains d'épice, liqueur de rose, etc.

Le Roy Lire – *9 r. de Jouy - ✆ 01 64 00 52 71 - 14h-19h, w.-end 11h-18h30 - fermé lun., jeu.-vend.* Un grand escalier de pierre abrupt mène au fond d'une salle basse, dans une petite librairie dédiée aux livres d'histoire, aux romans de chevalerie, à la littérature fantastique, etc. Les enfants y trouveront des équipements en mousse pour jouer les chevaliers !

Activités

Petit train – *✆ 01 60 40 26 26 - ♿ - visite guidée (30mn) juin-août : 11h-13h, 14h-18h30 ; reste de l'année : se rens. à l'office de tourisme - 7 € (5-12 ans 5 €).*

Hébergement

Premier prix

7 **Gîte Ferme du Châtel** – A1-2 - *5 r. de la Chapelle-St-Jean - ✆ 06 73 79 36 68 - www.fermeduchatelprovins.com - P - 5 ch. pour 15 pers. 860 €/w.-end, 1860 €/sem..* Cette ferme encore en activité dont la construction s'est échelonnée du 12e au 18e s. jouit d'un atout majeur : sa situation au cœur de la cité médiévale. Ses chambres sont calmes et impeccablement tenues ; mobilier en bois. Vaste jardin planté d'arbres fruitiers. Accueil sympathique.

Budget moyen

9 **Hôtel Ibis** – B2 - *77 av. du Gén.-de-Gaulle - ✆ 01 60 67*

66 67 - ibis.accor.com - 🅿 ♿ - *49 ch. 74/92 €* ☕. Dans ce quartier calme, l'architecture évoque le style médiéval de la Ville-Haute. Chambres rénovées. Au restaurant, décor néorustique et cuisine traditionnelle.

Une folie

15 **Maison Stella Cadente** – B2 - *28 r. Maximilien-Michelin - ✆ 06 10 22 88 30 - www.stellacadente-provins.com - 4 ch. 150/200 €* ☕, *2 suites 175/230 €* ☕ - ✕ *fermé lun. et mar. midi - formule 29 €, menu 36 €.* Dans une maison du 19e s. au milieu d'un parc, la créatrice de mode Stella Cadente a créé un monde luxueux et féerique. Rien n'est laissé au hasard dans les chambres dont le décor s'inspire de contes : la reine des Neiges, Peau d'Âne, Alice au pays des merveilles... Brunch le dim. sur réserv.

À proximité

Premier prix

Chambre d'hôte Christine et Jean-Claude Dormion – *2 r. des Glycines - Lizines - à 15 km au sud-ouest de Provins par D 619 et D 209 - ✆ 01 60 67 32 56 - www.dormion.cpur.fr* - 🚭 🅿 - *5 ch. 70/85 €* ☕. Cette ferme de trois siècles, toujours en activité, abrite des chambres rustiques impeccables, possédant toutes un coin cuisine. Agréable salle des petits-déjeuners, jardin et verger.

Fauconnier lors des fêtes médiévales de Provins.
Godong/robertharding/age fotostock

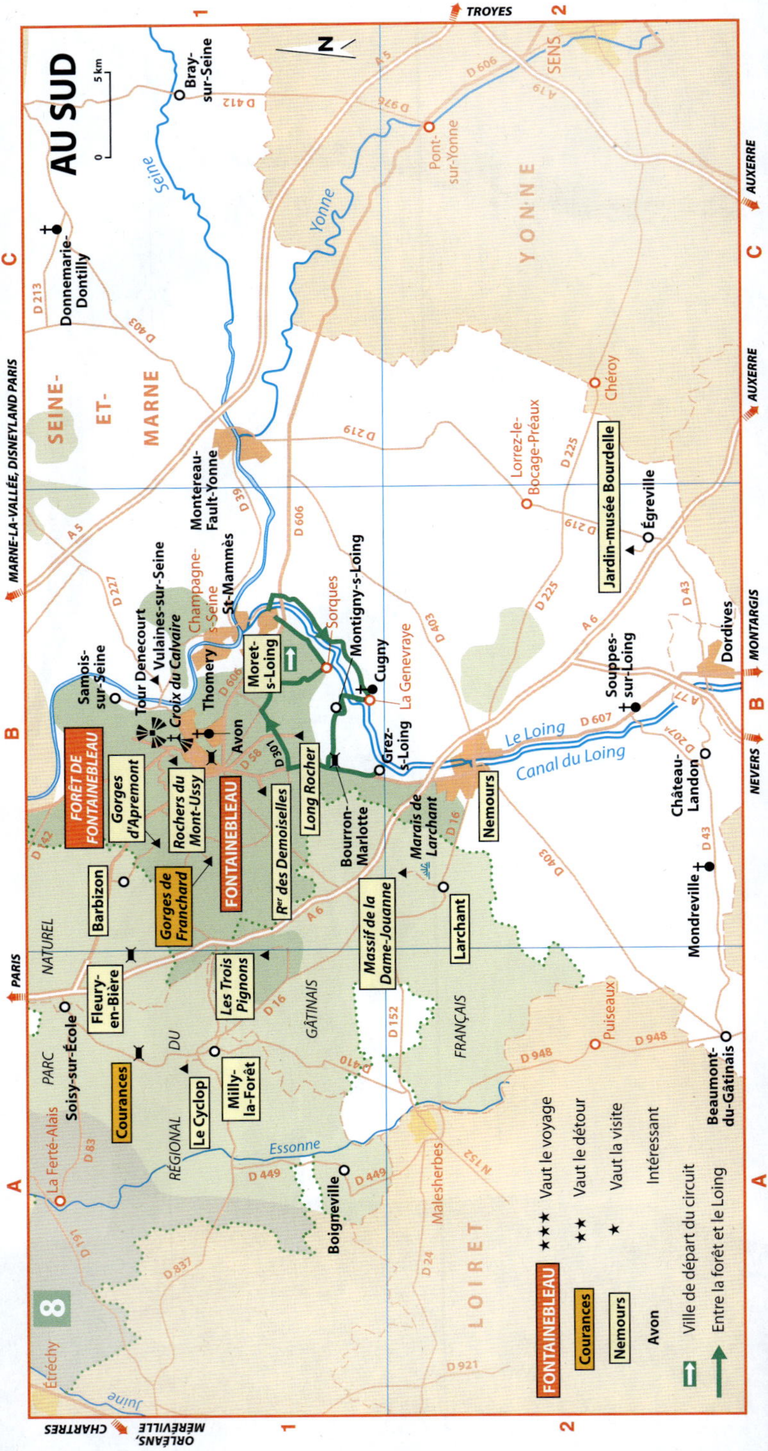

8
AU SUD
0
5 km
TROYES
AUXERRE
MONTARGIS
NEVERS
PARIS
MARNE-LA-VALLÉE, DISNEYLAND PARIS
ORLÉANS, MÉRÉVILLE
CHARTRES
SEINE-ET-MARNE
YONNE
LOIRET
PARC NATUREL RÉGIONAL DU GÂTINAIS FRANÇAIS
Seine
Yonne
Essonne
Juine
Le Loing
Canal du Loing
Bray-sur-Seine
Donnemarie-Dontilly
Pont-sur-Yonne
SENS
Montereau-Fault-Yonne
Chéroy
Lorrez-le-Bocage-Préaux
Jardin-musée Bourdelle
Égreville
Dordives
Souppes-sur-Loing
Château-Landon
Mondreville
Beaumont-du-Gâtinais
Puiseaux
Nemours
Larchant
Marais de Larchant
Massif de la Dame-Jouanne
Bourron-Marlotte
Grez-s-Loing
La Genevraye
Cugny
Montigny-s-Loing
Sorques
Moret-s-Loing
St-Mammès
Champagne-s-Seine
Thomery
Vulaines-sur-Seine
Tour Denecourt
Croix du Calvaire
Samois-sur-Seine
FORÊT DE FONTAINEBLEAU
FONTAINEBLEAU
Avon
Gorges d'Apremont
Rochers du Mont-Ussy
Gorges de Franchard
Rer des Demoiselles
Long Rocher
Barbizon
Fleury-en-Bière
Les Trois Pignons
Courances
Soisy-sur-École
Milly-la-Forêt
Le Cyclop
La Ferté-Alais
Étréchy
Boigneville
Malesherbes
A 5
A 6
A 19
A 77
D 213
D 403
D 412
D 976
D 606
D 219
D 225
D 39
D 227
D 43
D 607
D 207A
D 16
D 58
D 301
D 142
D 152
D 410
D 948
D 449
D 83
D 191
D 837
D 24
D 921
N 152
★★★ Vaut le voyage
★★ Vaut le détour
★ Vaut la visite
Intéressant
Ville de départ du circuit
Entre la forêt et le Loing

Nos idées d'escapades d'une à deux journées autour de Paris.

7

Au sud Autour de la forêt de Fontainebleau

CARTE MICHELIN DÉPARTEMENTS 312 – SEINE-ET-MARNE (77), ESSONNE (91)

Château de Fontainebleau ★★★

Fontainebleau ne s'est développée qu'au 19e s., avec le goût de la villégiature et du pittoresque de sa forêt. Son célèbre château – qui comporte quand même 1500 pièces ! – évoque le souvenir de la Renaissance, avec son bel escalier en fer à cheval, et l'imagerie d'Épinal, avec la poignante scène des Adieux de Napoléon à ses fidèles grognards... Agréable étape en Île-de-France, la ville vous permettra de rayonner jusqu'à Vaux-le-Vicomte, Nemours, Courances ou Barbizon, tout proche.

Se repérer

CARTE B1 (P. 468) - PLANS (P. 475, 478 ET 483).
15 696 habitants à Fontainebleau – Seine-et-Marne (77)
À 70 km de Paris par l'A 6.
Liaison SNCF depuis Paris-Gare-de-Lyon jusqu'à la gare Fontainebleau-Avon (40mn), puis bus 1 (ttes les 15mn, arrêt « château », 10mn, 2 €) ou env. 20mn à pied.

À ne pas manquer

La galerie François-Ier ; la salle de bal ; l'appartement du Pape ; les souvenirs de l'Empereur dans le palais et au musée Napoléon-Ier.

En famille

Visites thématiques spécialement conçues pour le jeune public ; les jardins du palais et son labyrinthe ; une promenade en canot sur l'étang aux Carpes ou en calèche dans le parc.

Carnet pratique p. 486

Nos adresses p. 486

★★★ Extérieur

PLAN DU CHÂTEAU P. 475

Pl. du Gén.-de-Gaulle - ✆ 01 60 71 50 70 - www.chateaudefontainebleau.fr - tlj sf mar. 9h30-18h (oct.-mars 17h) - ♿ : les Grands Appartements - billetterie 45mn av. fermeture - 13 € (9 € 1h av. fermeture du site ; -26 ans gratuit) - le billet d'entrée donne accès aux Grands Appartements et au musée Napoléon-Ier - les cours et jardins sont gratuits.
Le château de Fontainebleau s'est développé au fil des siècles et au gré des souverains bâtisseurs. À la surprise du visiteur, pas moins de cinq cours se succèdent.

★★ Cour d'honneur ou des Adieux

Ancienne basse-cour, ce n'était qu'une cour de service, mais son ampleur la désigna très tôt pour les parades et les tournois. Les aigles dorées, qui semblent battre des ailes sur les piliers de la grande grille, rappellent que l'Empereur fit de cette cour sa cour d'honneur. Il fit raser le bâtiment Renaissance qui la fermait à l'ouest, laissant subsister les pavillons d'extrémité. On avance entre les deux longues ailes. Seule celle de gauche, à chaînes de brique, a gardé l'élégance des bâtiments de Gilles Le Breton, l'architecte de François Ier.
L'aile droite, qui abritait la célèbre galerie d'Ulysse décorée sous la direction du Primatice, fut démolie sous Louis XV et reconstruite par Gabriel.
Au fond de la cour, le bâtiment central est le fruit d'adjonctions successives, du règne de François Ier à celui de Louis-Philippe. La façade présente cependant une certaine unité. Le bleu des ardoises tranche sur l'ocre clair des façades, tandis que

Cour de la Fontaine et étang aux Carpes.
SergeyAK/Getty Images Plus

la linéarité des toitures est rompue par les coiffes trapézoïdales et les hautes cheminées des cinq pavillons. Le célèbre **escalier en fer à cheval** (1), construit par Jean Du Cerceau sous Louis XIII, surprend par l'ampleur majestueuse de ses branches curvilignes. Après trois de travaux, il a retrouvé en 2022 sa blancheur d'origine.

★ Cour de la Fontaine

La fontaine située au bord de l'étang aux Carpes donnait une eau très pure qui était jadis réservée à l'usage du roi et gardée à ce titre par deux sentinelles. La fontaine actuelle date de 1812. Une statue d'Ulysse la surmonte. L'ensemble des bâtiments, revêtus de pierre de taille, forme une cour d'apparat. Au fond, la galerie François-Ier est précédée d'une terrasse supportée par des arcades ouvrant sur les anciens bains du Roi.

À droite en regardant le fond de la cour, l'**aile de la Belle Cheminée** (4), élevée vers 1565, est du Primatice. Elle doit son nom à la cheminée qui décora la grande salle du 1er étage jusqu'au 18e s., Louis XV ayant alors aménagé la salle en théâtre – d'où le nom d'aile de l'Ancienne Comédie attribué aussi au bâtiment. L'escalier extérieur, monumental, est formé de deux rampes à l'italienne, c'est-à-dire droites et opposées.

★ Étang aux Carpes

Au milieu de l'étang, peuplé de carpes, s'élève un pavillon édifié sous Henri IV, reconstruit par Louis XIV et restauré par Napoléon Ier où l'on servait la collation. Une balade en canot peut s'avérer très agréable aux beaux jours.

★ Porte Dorée

Cette porte, datée de 1528, est percée dans un imposant pavillon. Ce fut l'entrée d'honneur du palais jusqu'à ce qu'Henri IV ouvre la porte du Baptistère. Les fresques du Primatice qui la décorent ont été restaurées au 19e s. Au tympan flamboie la salamandre, emblème de François Ier. Aux deux étages s'ouvrait une loggia à l'italienne. Celle du 1er étage, fermée par un vitrage, correspond à l'appartement de Mme de Maintenon.

Une allée de tilleuls longe la salle de bal. Plus loin s'élève le chevet de la chapelle St-Saturnin, sanctuaire élevé sur deux niveaux.

★ Porte du Baptistère

Elle ouvre sur la cour Ovale. Le soubassement n'est autre que la porte en « gresserie » (architecture « rustique » tirant parti des effets décoratifs du grès taillé) du pont-levis de l'ancien fossé, travail du Primatice. Une grande arcade surmontée d'un dôme la coiffe. L'ensemble doit son nom au baptême de Louis XIII et de ses sœurs Élisabeth et Chrétienne célébré en grande pompe sur une estrade montée au niveau de la plate-forme le 14 septembre 1606.

★ Cour Ovale

C'est la cour la plus ancienne et la plus intéressante du palais, qui permettait un accès direct aux appartements royaux. Elle occupe l'emplacement de la cour du château fort primitif; de celui-ci il ne reste que le donjon dit de Saint Louis, bien qu'il ait probablement été construit avant le règne de ce roi. François Ier l'engloba dans les bâtiments qu'il édifia sur les fondations de l'ancien château et qui dessinaient alors un ovale, ou plutôt un polygone aux angles arrondis. Sous Henri IV, la cour perdit sa forme, sinon sa dénomination : on l'agrandit à l'est en calant les ailes, mises à l'alignement, sur deux nouveaux pavillons encadrant la nouvelle porte du Baptistère. L'ordonnance d'ensemble fut sauvegardée.

Cour des Offices

Vis-à-vis de la porte du Baptistère, son entrée est gardée par deux saisissantes têtes d'Hermès en grès, travail du sculpteur Gilles Guérin (1640). La cour des Offices ou des Cuisines, construite par Henri IV en 1609, est un vaste rectangle fermé sur trois côtés par de sobres bâtiments ponctués de pavillons trapus. Elle évoque plutôt une place avec son portail monumental traité comme une porte de ville. Franchissez ce **portail** pour en admirer l'architecture depuis la place d'Armes : la construction, en grès appareillé à bossages, s'évide d'une immense niche.

Poursuivez le tour du château en longeant l'aile est et l'aile nord de la **cour des Princes**, constructions bâties ou réaménagées sous Louis XV pour loger la cour plus au large.

★ Jardin de Diane

Créé par Catherine de Médicis, le jardin de la Reine, tracé à la française, fut aménagé par Henri IV et fermé au nord par une orangerie. Le 19e s. abattit l'orangerie et transforma le jardin dans le goût anglais. Au centre, l'élégante fontaine de Diane (1603) a survécu à cette métamorphose.

★★★ Intérieur

PLANS P. 475 ET 478

Le billet d'entrée donne accès aux Grands Appartements et au musée Napoléon-Ier.

Visites guidées – Le château organise des visites thématiques *(sur réserv.)* : arts, personnages historiques, art de vivre, ainsi que des visites contées, des ateliers ou des visites théâtralisées - *horaires, tarifs et réserv. sur le site Internet ou au ☎ 01 60 71 50 60.*

★★★ Grands Appartements

PLAN DES GRANDS APPARTEMENTS P. 478

Au fond de la cour d'honneur, on parvient à l'escalier en fer à cheval et on rejoint la galerie des Fastes **(b)**, créée sur l'ordre de Napoléon III, et la galerie des Assiettes **(c)**, ainsi nommée pour ses 128 assiettes peintes en porcelaine de Sèvres.

Fontainebleau, palais des princes

Le souffle de la Renaissance

Résidence de chasse sous les Capétiens, le château prend la physionomie que l'on connaît aujourd'hui sous le règne de François Ier. Deux groupes de bâtiments remplacent alors les constructions médiévales, sous le contrôle de Gilles Le Breton (env. 1500-1553). L'un, sur les fondations anciennes, dessine la cour Ovale à l'est, l'autre la basse-cour à l'ouest. Une galerie les relie. Une pléiade d'artistes travaillent à la décoration de ce palais. François Ier veut l'embellir avec des œuvres à l'antique et en faire « une nouvelle Rome ».

L'école de Fontainebleau

Les équipes de peintres et de stucateurs travaillent sous la direction d'un Florentin, **le Rosso** (1494-1540), élève de Michel-Ange, et d'un Bolonais, le **Primatice** (1504-1570), disciple de Jules Romain, lui-même élève favori de Raphaël. Ils développent un art décoratif inspiré d'allégories devenues énigmatiques. Ces artistes forment la **première école de Fontainebleau**, contemporaine du règne de François Ier. Avec la galerie François-Ier, cette école crée le décor intégrant stucs et peintures dit « coutume française » par les Italiens. Le Rosso meurt en 1540. Le Primatice, envoyé à Rome, va prendre des « creux » (moules) de statues antiques – le *Laocoon*, l'*Apollon du Belvédère*, etc. – pour les faire couler en bronze à Fontainebleau.

Le château d'Henri II

Henri II (1519-1559) poursuit l'œuvre de son père. Il fait terminer et décorer la salle de bal qui reste l'une des merveilles du château. Les monogrammes formés du H royal et des deux C de Catherine de Médicis, l'un étant retourné, sont nombreux. Ambiguïté admise par les contemporains, les C accolés au H forment un double D, chiffre de Diane de Poitiers, la maîtresse du roi. Henri II tué au cours d'un tournoi, sa veuve, Catherine de Médicis, envoie sa rivale à Chaumont-sur-Loire et retire la direction des travaux à Philibert Delorme, protégé de Diane, pour la redonner au Primatice, son compatriote. Des peintres aux coloris plus clairs, comme Nicolo dell'Abate, apparaissent sur les chantiers.

Le palais d'Henri IV

Henri IV (1553-1610) agrandit considérablement le palais : le tracé irrégulier de la cour Ovale est redressé, la cour des Offices, le **jeu de paume** sont construits. Une nouvelle école, d'inspiration flamande, travaille à la décoration des appartements neufs : la peinture à l'huile remplace la fresque ; les boiseries peintes, les lambris en bois naturel rehaussés de filets d'or. C'est la **seconde école de Fontainebleau**, dont les artistes sont surtout parisiens.

La maison des Siècles

Louis XIV, Louis XV puis Louis XVI font effectuer de nombreuses transformations, surtout dans la décoration des appartements. La Révolution épargne le château mais le vide de ses meubles. Devenu consul, puis empereur, Napoléon aime s'y rendre. C'est « la maison des Siècles », dit-il, et il y laisse son empreinte en faisant effectuer de nouveaux aménagements. Les derniers souverains de France y viennent aussi et la République le transforme en musée.

Les Adieux

Le 20 avril 1814, Napoléon paraît en haut du Fer à cheval. Il est 13h. Les voitures des commissaires des armées étrangères chargés de l'escorter vers son exil à l'île d'Elbe l'attendent. L'Empereur descend lentement la volée droite de l'escalier, la main sur la balustrade de pierre. Blême d'émotion contenue, il s'arrête un instant, contemplant sa garde alignée, puis s'avance vers le carré des officiers qui entourent l'Aigle et leur chef, le général Petit. Sa harangue étreint les cœurs. Elle est un plaidoyer : « Continuez à servir la France, son bonheur était mon unique pensée ! » et un ultime remerciement : « Depuis vingt ans... vous vous êtes toujours conduits avec bravoure et fidélité ! » Il serre le général dans ses bras, embrasse le drapeau et monte rapidement dans la voiture qui l'attend tandis que les grognards mêlent les larmes à leurs acclamations.

De là, la visite se poursuit soit vers l'appartement du Pape, composé de 11 pièces, soit vers le vestibule du fer à cheval **(d)** d'où l'on peut voir la tribune d'honneur de la chapelle de la Trinité.

Appartements du Pape et des Reines-Mères

PLAN P. 475 (2), PLAN P. 478 (E-N)

Fermeture occasionnelle selon les saisons, se rens. à l'accueil du château.

Cette partie, qui donne sur la **cour de la Fontaine★** et le **jardin anglais★** *(p. 471 et 482)*, doit son nom à la présence du pape **Pie VII** qui occupa deux fois les lieux sous le Premier Empire : en novembre 1804, juste avant le sacre de Napoléon Ier, et de juin 1812 à janvier 1814, où il fut en résidence surveillée. Il comprend une enfilade de onze pièces dans une aile construite sous la Renaissance, et un appartement à l'extrémité de l'aile, dans le pavillon construit par l'architecte Gabriel. Les pièces furent occupées de la Renaissance à la chute du Second Empire. La première pièce **(e)** abrite des représentations de la décoration intérieure du château sous le Second Empire.

Salon des Huissiers (f) – Avec ses canapés et fauteuils Directoire de Jacob Frères, ce salon permet d'évoquer le mode de chauffage au château.

Salon d'Angle (h) – Outre les somptueuses tapisseries, vous pouvez admirer *Le Parnasse*, œuvre tissée à la manufacture des Gobelins (1687). Cinq tableaux de Huilliot, Sauvage et Blain de Fontenay voisinent avec du mobilier livré par Jeanselme dont une belle console en bois doré.

Chambre à coucher de Pie VII (i) – Le lit, utilisé par Louis XVI à St-Cloud, puis par Napoléon Ier aux Tuileries, est dû à Hauré, Sené et Régnier (1787). La commode dite « aux faisceaux » en amarante, bois de rose, bronze doré et marbre blanc constitue un chef-d'œuvre des ébénistes Stöckel et Benneman (1787).

Cabinet de toilette (j) – Boiseries Louis XVI, commode Riesener et bel ensemble de toilette du 19e s.

★ **Chambre d'Anne d'Autriche (k)** – Elle a conservé son plafond peint par Errard et Cotelle et ses dessus-de-porte par Gilbert de Sève. Parmi le mobilier en noyer de style Renaissance (1860), notez le guéridon de Pietro Martinori (1867) : une mosaïque de marbres trouvés dans les fouilles du Palatin en forme de plateau, aux armes de Pie IX.

Salon de Réception (l) – Il a récupéré le somptueux plafond de la chambre d'Henri II, en bois sculpté et doré par Ambroise Perret (1558).

Salon des Officiers (m) – Le plafond est dû à Charles Errard (1664) ; le mobilier provient de la fabrique du pavillon de l'Étang (Second Empire), tandis que les vases en majolique datent du 16e s.

Antichambre (n) – Cette pièce contraste par sa modernité, grâce à sa décoration Second Empire et à ses sièges couverts de cuir capitonné.

★ Chapelle de la Trinité

Visible depuis le vestibule, la chapelle doit son nom à l'église des religieux trinitaires installés par Saint Louis à cet emplacement. Le peintre Martin Fréminet (1567-1619), émule peu connu de Michel-Ange, de la seconde École de Fontainebleau, a brossé sur cette voûte, en scènes vigoureuses, marquées de perspectives et de raccourcis hardis, des scènes du mystère de la Rédemption voisinant avec des personnages de l'Ancienne Loi. Ce fut dans la chapelle de la Trinité que Louis XV épousa Marie Leszczyńska en 1725 et que Louis Napoléon, futur Napoléon III, fut baptisé en 1810.

★★★ Galerie François-Ier (3)

Bâtie entre 1528 et 1530, elle prenait jour, à l'origine, des deux côtés et formait une sorte de pont couvert, permettant à François Ier d'aller de sa chambre dans le donjon à la chapelle. La décoration, mêlant de façon indissociable les fresques et les stucs, revient en premier lieu aux équipes du Rosso, les travaux de boiserie ayant été exécutés par un menuisier italien, Scibec de Carpi. Partout apparaissent le F de François Ier et l'emblème de la salamandre. Les scènes représentées sont d'une interprétation difficile : il ne reste, pour ce faire, aucun programme écrit. On peut séparer ces scènes en deux groupes, de part et d'autre de la travée centrale occupée par deux scènes inscrites dans un ovale : *Danaé* (par le Primatice) et *La Nymphe de Fontainebleau* (1860 – d'après le Rosso).
À l'ouest, du côté de l'entrée, est évoqué le caractère sacré de la fonction royale – *Le Sacrifice*, *L'Unité de l'État* –, la vertu royale de la « Piété » au sens antique (*Cléobis et Biton*, *Les Jumeaux de Catane*). *L'Ignorance cachée* figure François Ier guidant les ignorants dans la lumière de la connaissance, tandis que l'impressionnant *Éléphant royal* symbolise force et sagesse.

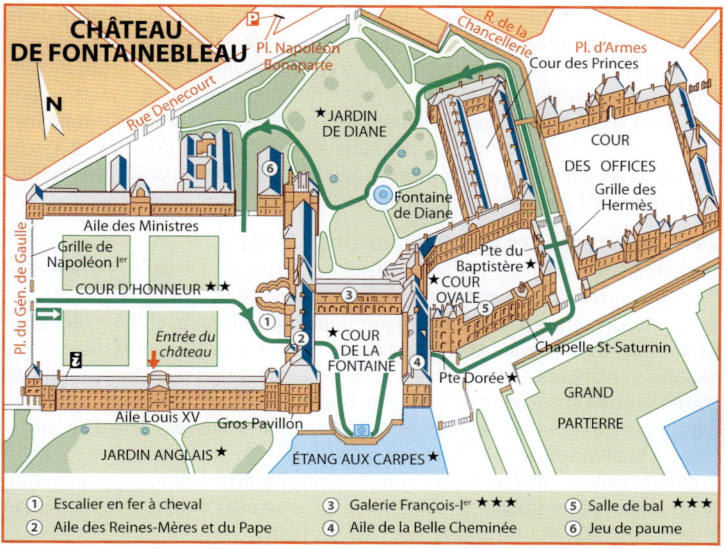

1 Escalier en fer à cheval
2 Aile des Reines-Mères et du Pape
3 Galerie François-Ier ★★★
4 Aile de la Belle Cheminée
5 Salle de bal ★★★
6 Jeu de paume

À l'est, du côté du buste de François Ier, prédominent des scènes violentes, en référence sans doute aux malheurs récents de la Couronne (défaite de Pavie, captivité du roi à Madrid), à la fatalité de la guerre et de la mort. Sous la scène représentant *Vénus et l'Amour au bord d'un bassin*, remarquez dans un cartouche le tableautin figurant le château (galerie François-Ier et porte Dorée) vers 1540.

On traverse ensuite la **salle des Gardes (1)** dont le plafond à poutres peintes et la frise datent de la fin du 16e s. Le reste du décor a été réalisé sous Louis-Philippe; la cheminée monumentale se compose d'éléments de la Belle Cheminée qui se trouvait dans l'aile du même nom; le buste d'Henri IV décorait la volière du jardin de Diane. Le **grand vase en porcelaine de Sèvres★** style Renaissance (1832) a comme motif Léonard de Vinci peignant *La Joconde*.

Selon le moment de la visite, l'accès à l'escalier du Roi, à la salle de bal et à la chapelle St-Saturnin peut être fermé; on pénètre alors directement dans les appartements royaux par les salons Saint-Louis.

★★★ Salle de bal (5)

Longue de 30 m et large de 10, c'était la salle des festins et des fêtes. Construite sous François Ier, elle fut achevée sous Henri II, par Philibert Delorme. Une minutieuse restauration a rendu leur éclat aux splendides fresques et peintures pleines de mouvement du Primatice et de son élève Nicolo dell'Abate. La marqueterie du parquet exécutée sous Louis-Philippe *(récemment recouverte d'une moquette de protection)* reproduit les caissons du plafond richement décorés d'or et d'argent. La somptueuse cheminée repose sur deux satyres, moulages de deux antiques conservés au musée du Capitole à Rome.

Chapelle St-Saturnin

Ouv. occasionnelle, se rens. Achevée en 1546 sous François Ier, elle se situe derrière la salle de bal, sur deux niveaux, et présente une tribune d'orgue exécutée par Philibert Delorme (chapelle haute), ainsi que des vitraux réalisés au 19e s. d'après les cartons de Marie d'Orléans (chapelle basse).

★★ Escalier du Roi

L'escalier fut construit en 1749, sous Louis XV, dans l'ancienne **chambre de la duchesse d'Étampes**, favorite de François Ier. Le thème décoratif est l'histoire d'Alexandre traitée par le Primatice – voyez en face de vous, Alexandre domptant Bucéphale – et Nicolo dell'Abate (mur du fond : Alexandre faisant mettre dans un coffret les livres d'Homère). Remarquez l'originalité des stucs du Primatice : la haute bordure est rythmée par des cariatides au corps anormalement étiré.

Dans la rotonde qui suit l'escalier, remarquez le marbre de Niccolo Tribolo (1500-1550) représentant une originale *Nature*.

★★ Appartements des Souverains (2-13)

Le château de François Ier ne disposait, autour de la cour Ovale, que d'une enfilade d'appartements, dont les pièces se commandaient.

Vers 1565, Catherine de Médicis, régente, fait doubler le corps de bâtiment tournant, entre la cour Ovale et le jardin de Diane. Les souverains installent peu à peu leurs chambres, leurs cabinets et leurs salons privés du côté du jardin de Diane; l'ancien appartement comporte désormais des antichambres, salles des gardes ou salons animés par la circulation des courtisans, le « grand couvert » et la vie publique du roi.

Première salle Saint-Louis (2) – Tableaux d'Ambroise Dubois (17e s.), grande pendule de l'atelier Boulle (vers 1725), une large arcade conduit à la chambre de la « Grosse Vieille Tour », la plus vénérable du palais.

Deuxième salle Saint-Louis (3) – Jusqu'à Henri IV, cette pièce sombre, dite aussi chambre St-Louis, servit de chambre à coucher aux rois. Le bas-relief équestre de la cheminée représentant Henri IV, par Mathieu Jacquet (vers 1600), faisait l'ornement central de la « Belle Cheminée ». Les peintures de F. A. Vincent (fin 18e s.) reprennent des épisodes de la vie d'Henri IV.

Salon Louis-XIII (4) – Il doit son nom à la naissance de Louis XIII, le 27 septembre 1601. Au-dessus d'un décor de lambris peints et au plafond sont disposés 11 tableaux d'Ambroise Dubois, les *Amours de Théagène et de Chariclée*, exécutés vers 1610.

Salon François-Ier (5) – Ancienne chambre à coucher de l'épouse de François 1er, Éléonore d'Autriche, il ne reste aujourd'hui du décor exécuté par le Primatice, que la cheminée. Tapisserie tissée aux Gobelins au 17e s., *les chasses de l'empereur Maximilien.*

Salon des Tapisseries (6) – Successivement salle de la Reine, salle des gardes de la Reine et première antichambre de la Reine, cette pièce devint le premier salon de l'Impératrice en 1804, à nouveau salle des gardes en 1814 et enfin salon des Tapisseries en 1837. La cheminée date de 1731, le plafond en sapin du Nord de style Renaissance est signé Poncet (1835). Mobilier Second Empire. Les tapisseries de l'histoire de Psyché proviennent des ateliers de Paris (première moitié du 17e s.).

Antichambre de l'Impératrice (7) – Précédemment salle des gardes de la Reine, aménagée sur l'emplacement de l'ancien escalier de la Reine, elle possède un plafond et des boiseries de 1835. Les tapisseries des Gobelins, d'après Le Brun, évoquent les saisons. Le mobilier Second Empire comprend des sièges sur le modèle anglais, une console et un bureau en chêne sculpté (Fourdinois, 1865).

Galerie de Diane – Galerie longue de 80 m, décorée sous le Premier Empire et la Restauration, puis transformée en bibliothèque sous le Second Empire.

Salon Blanc (8) – Décoré en 1835 à partir d'éléments anciens (boiseries Louis XV, cheminée Louis XVI ornée de bronze), il possède un mobilier Empire : sièges en bois doré de Jacob Frères, canapé, fauteuils et chaises provenant de St-Cloud, console acajou et chimères en bois bronzé et doré (Jacob-Desmalter).

La salle de bal du château royal de Fontainebleau.
L. Maisant/hemis.fr

Grand salon de l'Impératrice (ancien salon des Jeux de la Reine) (9) – Le plafond, réalisé par Berthélemy, montre Minerve couronnant les Muses. Un mobilier Premier Empire (sièges et consoles par Jacob-Desmalter), la table dite « des Saisons » en porcelaine de Sèvres peinte par Georget en 1806-1807, un tapis retissé sur le modèle ancien y sont exposés.

★★ **Chambre de l'Impératrice (10)** – Habitée par les reines de France depuis Marie de Médicis, la partie principale du plafond de l'ancienne chambre de la Reine a été créée en 1644 pour Anne d'Autriche, les boiseries, le plafond de l'alcôve et la cheminée pour Marie Leszczyńska en 1747 et les portes en style arabesque pour Marie-Antoinette en 1787. La soierie brochée a été retissée *(de 1968 à 1986)* sur le modèle ancien exécuté à Lyon à la fin du règne de Louis XVI et choisi par l'impératrice Joséphine pour décorer sa chambre. Le mobilier comprend un lit réalisé par Hauré, Sené et Laurent en 1787 pour Marie-Antoinette qui n'y dormit jamais, des fauteuils attribués à Jacob Frères et des commodes de Stöckel et Benneman (1786). Les vases sont en porcelaine de Sèvres.

★ **Boudoir de la Reine (11)** – Création ravissante pour Marie-Antoinette. Les boiseries ont été peintes par Bourgois et Touzé sur les dessins de l'architecte Rousseau ; le plafond, représentant l'Aurore, est l'œuvre de Berthélemy.

Salle du Trône (12) – Ultime salle du Trône ayant conservé son mobilier en France, elle servait de chambre à coucher des rois d'Henri IV à Louis XVI. L'ensemble du

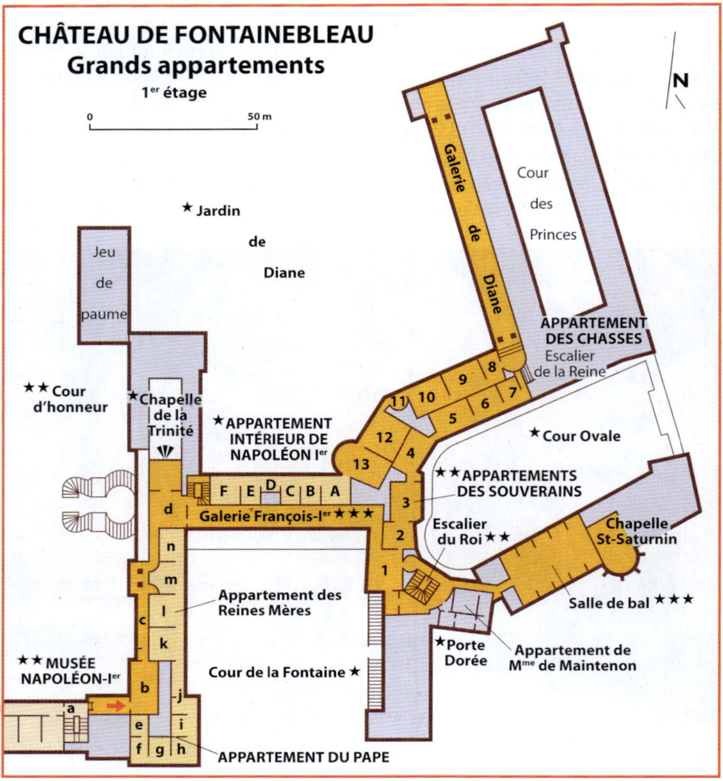

riche décor mural, de diverses époques, fut harmonisé au 18e s. Au-dessus de la cheminée, portrait en pied de Louis XIII, de l'atelier de Philippe de Champaigne.

Salle du Conseil (13) – Elle fut agrandie par un hémicycle en 1773. Les lambris et le plafond forment un magnifique ensemble Louis XV. Au plafond, les cinq tableaux par Boucher illustrent les quatre saisons et *Phébus vainqueur de la nuit*. Sur les lambris alternent des figures allégoriques peintes par Carle Van Loo et Jean-Baptiste Pierre en camaïeu rose et bleu.

★ Appartement intérieur de Napoléon Ier (A-F)

Napoléon le fit aménager dans l'aile doublant la galerie François-Ier.

Chambre de Napoléon (A) – Elle a gardé en grande partie son décor Louis XVI, modifié par S. F. Moench en 1811. Mobilier Empire et tapis d'Aubusson.

Cabinet de travail de l'Empereur (B) – Cabinet où l'Empereur fit placer un lit en fer doré. Le plafond, commandé par Louis XVIII, est une allégorie du retour des Bourbons dans un esprit de réconciliation.

Salon de l'Abdication (C) – La tradition y place la signature de l'acte d'abdication du 6 avril 1814. Le mobilier Empire de ce salon rouge est resté en place.

On poursuit la visite par le passage des Bains **(D)**, le salon des aides de camp **(E)** et enfin l'antichambre de l'Empereur **(F)**, par où les invités entraient dans les appartements. Étonnante pendule à dix cadrans (fin 18e s.). Par l'escalier, on atteint la partie basse de la chapelle de la Trinité (*p. 475*).

★★ Musée Napoléon-Ier PLAN DES GRANDS APPARTEMENTS P. CI-CONTRE

Consacré à l'Empereur et à sa famille, le musée, ouvert en 1986, occupe dix salles de l'aile Louis XV du château. Il retrace les dix ans de règne de Napoléon 1er (1804-1814). Accessible par un corridor qui rassemble les portraits de la famille (*ci-dessous*), la première salle est signalée par un tableau d'Anne-Louis Girodet, *Portrait de Napoléon en souverain législateur* (1814) : remarquez la main de l'empereur flotter au-dessus du Code Napoléon.

Le Sacre – Outre la collection de manteaux et de tuniques, vous apprécierez le tableau de François Gérard consacré au sacre de Napoléon.

La Table impériale – Les deux services successifs de Fontainebleau, en porcelaine de Sèvres, attirent ici l'attention : celui dit à « fond Nankin à figures » réalisé en 1804 pour la venue du pape Pie VII et celui à « fond rouge, papillon et fleurs » (1809).

Cadeaux faits à l'empereur – Symboles de la main mise de Napoléon en Italie, admirez les deux tables échiquiers exécutées par les ateliers de pierre dure de Florence et les ateliers royaux de Naples (incrustation de coraux).

L'Empereur en campagne – Belle reconstitution de la tente de Napoléon, décorée de tapis « peau de tigre » et divisée en deux espaces, l'un servant de bureau et le second de chambre; regardez également le chaudron de campagne des équipages impériaux, en cuivre et fer forgé.

Les rouages du pouvoir – Pièces maîtresses de cette salle, le sabre dit « des empereurs » gravé de noms, avec son fourreau de cristal de roche, et l'écritoire de l'empereur surmonté d'une tête de Minerve casquée, déesse de la sagesse et de la stratégie.

Marie-Louise – La seconde impératrice des Français est figurée par un portrait de François Gérard en grand manteau d'apparat. Son mariage avec l'Empereur est symbolisé par une peinture porcelainée sur verre, l'*Allégorie de l'union de la France et de l'Autriche sous le regard de l'Europe* (vers 1810).

Le Roi de Rome – Longtemps attendu par l'Empereur, son fils est très rapidement immortalisé par une sculpture en marbre blanc réalisée par Ruxthiel. Le

berceau d'apparat était situé à l'origine dans la chambre de l'enfant aux Tuileries.
L'enfance française du roi de Rome – Parmi les nombreux jouets, vous remarquerez l'attelage d'artillerie qui évoque le premier corps militaire de Napoléon.
Galerie des Portraits – Le couloir est consacré à la famille de Napoléon : bustes et tableaux représentent Madame Mère et les frères et sœurs de l'Empereur : Joseph, Louis, Jérôme, Élisa, Pauline et Caroline.

★ Musée chinois de l'impératrice

3 € en complément du billet d'entrée au château soit 16 € en tout (-26 ans gratuit) - en 2022, en raison du contexte sanitaire, ce musée n'était accessible qu'en visite guidée, se rens..
Visite interactive avec tablette numérique (HistoPad), qui permet notamment de voir les pièces dans leur décor d'origine.
Installé par l'impératrice Eugénie au rez-de-chaussée du Gros Pavillon, ce petit musée étonne par le contraste entre le confortable et imposant mobilier et la finesse des objets précieux. Cette collection a pour origine le butin de l'expédition franco-anglaise contre la Chine en 1860. L'année suivante, une délégation d'ambassadeurs siamois la complète par de riches présents ; l'événement est fidèlement illustré par une peinture de Gérôme (conservée à Versailles).
La visite commence par l'**antichambre** décorée de deux somptueux palanquins siamois ; les **« nouveaux salons »** qui suivent sont ornés de tentures cramoisies, de fauteuils capitonnés, de mobilier d'ébène et d'objets de Chine et du Siam ; mais l'essentiel de la collection se trouve dans le **cabinet de laque** *(non accessible pour l'instant, même en visite guidée)*, paré de 15 panneaux provenant de paravents chinois du 18e s. ; remarquez les vases en émaux cloisonnés chinois (18e s.), les trois grandes tapisseries du plafond et la grande armoire-vitrine.

Visites guidées

Les salles suivantes sont visibles uniquement sur visite guidée, chaque jour, avec ou sans réserv. (se rens. à l'accueil ou sur le site Internet) - 7 à 17 € selon la visite guidée.

★★ Théâtre impérial

Visite guidée 16 €, incluant l'entrée au château (4-25 ans 3 €). Symbole des festivités du Second Empire, le Théâtre impérial, inauguré en 1857 afin de remplacer l'ancienne comédie de l'aile de la Belle Cheminée, n'a servi qu'à une dizaine de représentations. Abandonné pendant un siècle et demi – et ainsi préservé de toute transformation –, il a été restauré de 2007 à 2019 grâce au mécénat de l'émirat d'Abou Dhabi. Afin de respecter la hiérarchie en cours à l'époque, l'architecte Hector Lefuel a divisé les 400 places de la salle en quatre niveaux, dont la première corbeille qui abrite la somptueuse loge impériale et les loges du 3e étage avec leurs ouvertures à grilles.
Vous apprécierez tout particulièrement le luxe des **soieries capitonnées**, des tentures en damas jaune et des moquettes à motifs floraux, et le décor de la scène. La plupart des matériaux sont d'origine, tissus, décors et mobiliers. Au plafond, une *Allégorie de la musique et de la poésie* exécutée par Charles Voillemot.

Petits Appartements

Visite guidée 18 €, incluant l'entrée au château (4-25 ans 5 €).
Petits Appartements de Napoléon Ier – Ils associent les anciens bains de François Ier, transformés sous Louis XV en appartements privés à l'usage du roi, de Mme de Pompadour et de Mme du Barry, et le rez-de-chaussée de la nouvelle

aile de Louis XVI, sous l'appartement intérieur de l'Empereur. Les pièces donnant sur le jardin de Diane ont reçu des boiseries Louis XV, rapportées, et un mobilier Empire ; dans le salon de Réception, meubles de Brion, Jacob et Marcion. Près de la chambre de l'Empereur se trouvent le logement du baron de Méneval, secrétaire de Napoléon Ier, et des gardes du Portefeuille, ainsi que le cabinet des Dépêches avec ses boiseries Louis XV. Dans la bibliothèque privée (4 000 ouvrages classés thématiquement), le temps s'est arrêté quand Napoléon Ier est parti en exil ; l'escalier à vis mène directement dans le cabinet de travail du 1er étage. Dans les bureaux, le papier peint Second Empire, les peintures provenant de la ménagerie de Versailles (17e s.), dont le *Concert d'oiseaux* de Snyders, côtoient les meubles de travail de Napoléon : secrétaire à cylindre, bureaux plats, bureau mécanique inventé par les frères Jacob pour le Premier Consul. On entre ensuite dans le cabinet topographique où l'Empereur dépliait ses cartes ; le temps y a fortement décoloré les soieries, vertes à l'origine ! Une pendule indique l'heure réelle dans tous les départements français.

★ **Appartements de l'Impératrice** – Sous les Grands Appartements de la Reine, cette suite de pièces aux lambris Louis XV a été aménagée pour Joséphine en 1808. Sous la salle du Conseil *(1er étage)* se trouve le salon d'étude à rotonde. Le mobilier Empire s'y effémine : métier à broder de Marie-Louise, son chevalet, table à dessiner de Jacob-Desmalter, piano-forte d'Hortense par les frères Érard, etc. Après un boudoir intimiste, on pénètre dans la chambre de l'Impératrice, décorée par Joséphine d'un lit « à l'orientale ». Dans le cabinet de toilette, les tentures ont été restaurées, donnant une belle idée de l'éclat de la décoration originelle. Le canapé cache une baignoire encastrée ; notez la psyché en vogue au début du 19e s. et les bronzes de Thomire. Le salon Jaune forme un des ensembles Empire les plus remarquables du château. Tendu de jaune d'or, il conserve une exceptionnelle garniture de mobilier de Jacob-Desmalter, mis en valeur par un grand tapis d'Aubusson à fond blanc. Le salon de billard accueille chaises et voyeuses (fauteuil ou chaise avec dossier supportant une tablette sur laquelle on s'accoude pour regarder les joueurs) recouverts de violet et de vert.

★ **Galerie des Cerfs** – Construite par Henri IV en 1600, elle tire son nom des 43 têtes de cerfs (seuls les bois sont naturels) qui la décorent. Les parois sont ornées de peintures très restaurées sous Napoléon III, représentant, en vue cavalière, les grandes demeures royales à l'époque d'Henri IV. C'est là qu'en 1657 la reine Christine de Suède fit assassiner son favori, le marquis de Monaldeschi. La galerie abrite les copies en bronze de statues antiques exécutées par le Primatice en 1540 pour François Ier.

Appartement des chasses PLAN DES GRANDS APPARTEMENTS P. 478

Ne se visite pas. Ces appartements donnant sur la cour Ovale ont gardé leur appellation en souvenir du temps où, sous Charles X, le duc d'Angoulême, dauphin, venait séjourner à Fontainebleau pour des parties de chasse. Les jeunes fils de Louis-Philippe, puis le fils de Napoléon III les occupèrent. En 1835, Louis-Philippe fit si bien encastrer dans des boiseries les grandes scènes cynégétiques, peintes par Jean-Baptiste Oudry (1686-1755), que ces cartons de tapisserie semblent avoir été conçus pour décorer ces pièces.

Cabinet de travail de Napoléon III

Temporairement inaccessible, se rens. Orienté plein sud, le cabinet, aménagé en 1864 au rez-de-chaussée de l'aile Louis XV, s'ouvre sur l'étang et le jardin anglais. La salle, qui occupe d'anciennes cuisines du 18e s., servit de salle à manger pour les présidents de la République après la chute du Second Empire. Au milieu de la pièce trône le grand

bureau en acajou et, autour, des chaises au bleu éclatant, ainsi qu'une méridienne sur laquelle l'Empereur, qui souffrait de la maladie de la pierre, aimait s'allonger.

★ Boudoir turc

Temporairement inaccessible, se rens. Rêverie d'Orient voulue par Marie-Antoinette, le boudoir turc de Fontainebleau, loin de l'étiquette de Versailles, fut enrichi par les apports de l'impératrice Joséphine. Le raffinement des lambris sculptés et peints, réalisations des frères Rousseau, forme un brillant hommage au Levant. Remarquez la cheminée en marbre et en bronze et les glaces mouvantes qui permettent de tamiser la lumière à l'aide d'un système de poulies. Pièce maîtresse de la salle, le lit d'alcôve en acajou, exécuté par Jacob-Desmalter, est orné de chiens en bronze doré qui veillent au repos de la souveraine ; il est surmonté de somptueuses étoffes qui évoquent les contes des *Mille et Une Nuits* : mousselines brodées d'or, rideaux de taffetas à motifs de croissants de lune et d'étoiles...

Autres Appartements PLAN DES GRANDS APPARTEMENTS P. 478

Appartement de Mme de Maintenon – *Uniquement en visite guidée lors d'événements ponctuels.* Cet appartement se trouve au-dessus de la porte Dorée. Boiseries du Grand Salon du 17e s.

Appartement des Invités – *Accessible en visite guidée « Fontainebleau secret ».* Sous le Second Empire, le château accueille les « séries » d'été de la cour impériale. L'appartement 49 est un logement de trois pièces décoré de papier peint à motifs floraux, typique des appartements bourgeois de l'époque.

★ Jardins et parc PLAN DES JARDINS CI-CONTRE

Mai-sept. : 9h-19h ; mars-avr. et oct. : 9h-18h ; nov.-fév. : 9h-17h - le jardin de Diane et le jardin anglais ferment respectivement 30mn et 1h av. l'horaire indiqué.
Le domaine s'étend sur 130 ha et comprend les jardins à la française de Le Nôtre, le Jardin anglais, le jardin de Diane et le parc.

★ Grotte du jardin des Pins

Rare ouvrage de gresserie caractéristique du goût pour les nymphées et les architectures « rustiques » en grès encore en vogue à la fin du règne de François Ier. Les arcades à bossages soutenues par des atlantes monstrueux ouvrent sur une grotte autrefois décorée de fresques.

★ Jardin anglais

Hors été, le jardin anglais peut être fermé. Après une longue période d'abandon pendant la Révolution, le jardin a été aménagé dans sa forme actuelle en 1812 sous le Premier Empire. Son origine est ancienne car là se trouvait le jardin des Pins de François Ier. Le nom lui est resté très longtemps après la disparition de ces arbres. Henri IV lui apporta une originalité en plantant un platane qui était une essence très rare. Ils sont beaucoup plus nombreux aujourd'hui, accompagnés des étranges silhouettes des cyprès chauves. La fontaine Bliaud ou Bleau (appelée Belle-Eau dès le 16e s.), qui donna son nom au palais, s'écoule dans un bassin carré à pans coupés au milieu du jardin.

Grand Parterre

À l'entrée, le **labyrinthe**, dessiné par l'architecte Albert Bray en 1939, a été rénové et inauguré en 2016.
Créé sous François Ier et retracé sous Henri IV, le Grand Parterre (14 ha) a été redessiné par Le Nôtre. Les bassins du Tibre et de Romulus doivent leur nom à

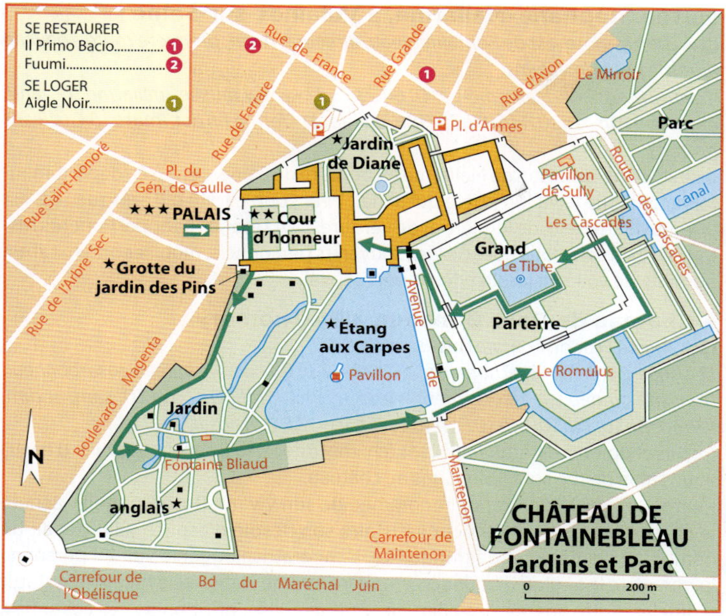

un même groupe, d'après l'antique, qui les orna successivement au 16e et au 17e s. Fondu à la Révolution, le Tibre, moulé à nouveau d'après l'original (au Louvre), a retrouvé la place que Louis XIV lui avait assignée. Contournez un instant le canal du Bréau pour avoir un large point de vue sur le château.
Des cascades qui marquaient la fin de ce premier palier d'eau, il ne reste plus, depuis le 18e s., que le nom d'un bassin aux niches ornées de sculptures.

Parc

Accès libre. Création d'Henri IV qui y fit mettre en eau le canal en 1609 et planter sapins, ormes et arbres fruitiers. On peut imaginer l'éclat de cette nouveauté, précédant de soixante ans le Grand Canal de Versailles sous l'Ancien Régime.

À proximité

CARTE P. 468

Avon B1

Sortez de Fontainebleau par le boulevard du Mar.-Juin ; au carrefour de Maintenon, obliquez à gauche dans la D 137.
Construite au 11e s., l'**église St-Pierre** présente une nef romane surmontée de voûtes ogivales ; le clocher a été élevé au 13e s., tandis que le portail Renaissance date du 15e s. Le chœur gothique a été achevé en 1555 et ce n'est qu'au 18e s. que fut édifié le porche, récemment restauré. Avon connut une certaine renommée artistique grâce à Auguste Durand et à son fils Jacques, éditeurs de musique, puis à René et Lola Dommange, qui recevaient dans le manoir de Bel-Ébat les grands musiciens français tels que Claude Debussy, Maurice Ravel, Paul Dukas, Camille St-Saëns, etc. Parc ouvert au public : *10h-19h (21h en été).*

Musée Stéphane-Mallarmé, à Vulaines-sur-Seine B1

À 6 km au nord-est de Fontainebleau, direction Avon ; première route à gauche après le pont de Valvins.

4 prom. Stéphane-Mallarmé - 01 64 23 73 27 - www.musee-mallarme.fr - vend. et w.-end 10h-12h30, 14h-17h30 (18h juil.-août) - fermé fin oct.-mars - 5 € (-18 ans gratuit).

Installé dans la maison de Mallarmé en bordure de Seine, ce musée départemental reconstitue la vie du poète qui aimait beaucoup ce site pittoresque : « C'est une musique d'eau, de lumière et de verdure... » À l'étage, les appartements restaurés restituent son cadre de vie : souvenirs personnels, mobilier original. Il est possible de voir son jardin fidèlement rénové.

★ Château de Rosa Bonheur, à By-Thomery B1

À 8 km à l'est de Fontainebleau par la D 137.

12 r. Rosa-Bonheur - By-Thomery - 09 87 12 35 04 - www.chateau-rosa-bonheur.fr - visite guidée sur réserv. merc.-vend. à 10h30, 14h30 et 16h 30, sam. et dim. 10h30, 11h30, 12h30, 14h30, 15h30 et 16h30 - 17 € (-18 ans 10 €).

Des chambres d'hôtes luxueuses (chambre de Rosa Bonheur et atelier d'hiver) et un salon de thé sont aménagés au château.

Peintre animalier de grande renommée de son vivant, **Rosa Bonheur** acheta le château de By en 1859 pour satisfaire son besoin d'espace (elle élevait de nombreux animaux) et de tranquillité. L'impératrice Eugénie vint en personne lui remettre la Légion d'honneur, première femme française à recevoir le statut d'officier. Autre adepte des animaux, Buffalo Bill lui offrit un de ses costumes, toujours exposé. On visite les lieux restaurés en 2018 : le bureau de l'artiste, son atelier (animaux empaillés, bois de cerfs, son dernier tableau inachevé) et la salle d'étude meublée. Remarquez le document officiel autorisant l'artiste à se « travestir » en homme.

Rosa Bonheur, une femme libre

Peintre, Rosa Bonheur (1822-1899) connut le succès très jeune et vécut de son talent, avant même la reconnaissance internationale, à 31 ans.

Issue d'une famille d'artistes, pauvre, Rosa Bonheur fut formée par son père, peintre et professeur de dessin. Il l'encouragea, tout comme ses frères et sœurs, dans la voie artistique. À 14 ans, contrainte par la pauvreté, elle copie et vend des œuvres du Louvre. Elle présente à ses 19 ans une toile au Salon de 1841 et aux Salons suivants. Primée, Rosa Bonheur recevra des commandes de particuliers et de l'État et pourra acquérir une vaste demeure à By, dans laquelle elle vivra et travaillera. Indépendante financièrement, elle ne se mariera jamais et partagera sa vie avec son amie de toujours Nathalie Micas.

Ses sujets ? La nature et les animaux, qu'elle adore et dont elle sera toute sa vie entourée. Au château de By, lions, moutons, chevaux, chiens, cerfs vivront auprès d'elle. Peintre animalier, à la recherche de la précision et du réalisme, elle étudiera l'anatomie des animaux dans les foires aux bestiaux et les abattoirs, habillée en homme pour d'évidentes raisons pratiques. Le succès international viendra dès 1853, avec *Le marché aux chevaux*, une toile de très grande taille, achetée par un collectionneur américain.

En 2022, année du bicentenaire de sa naissance, plusieurs expositions ont cherché à faire redécouvrir son œuvre au grand public.

L'atelier de Rosa Bonheur, à By-Thomery.
P. Escudero/hemis.fr

Samois-sur-Seine B1

À 10 km au nord-est de Fontainebleau par la D 210 jusqu'à Valvins, puis la D 137.
Samois comptait 5 000 habitants au 15e s., quand Fontainebleau n'était qu'un hameau. Son pont fortifié sur la Seine et les moulins installés dans les arches de l'ouvrage disparurent au 19e s. C'est aujourd'hui un bourg résidentiel, qui regroupe un ensemble de maisons fleuries le long de la rue du Bas-Samois, vieille rampe pavée descendant directement au fleuve. On peut voir aussi, dans cette même rue, un beau lavoir, ainsi que la maison *(n° 3)* où vécut le compositeur de jazz **Django Reinhardt** (1910-1953).

Descendez au quai de la Seine en voiture en suivant au nord le bd Aristide-Briand.
L'**île du Berceau**★ est aménagée en promenade. Reliée à la terre par deux passerelles, elle délimite un bras mort dit « à-vau-terre ». L'île est aussi le lieu d'un célèbre festival de jazz (*p. 486*). En été, navette en bateau avec Thomery (en face).

Carnet pratique

S'informer

Office de tourisme – *4 bis pl. de la République - 01 60 74 99 99 - www.fontainebleau-tourisme.com.*

Agenda

Château de Fontainebleau – Nombreuses activités toute l'année : concerts, reconstitutions historiques, visites. Voir rubrique « Agenda et actualités » sur www.chateaudefontainebleau.fr.

Le Carnaval au château – *Fév.* Les enfants sont invités à venir costumés au château, au cours d'un après-midi festif. Ateliers d'escrime, de création de blason et de danse Renaissance.

Festival de l'histoire de l'art – *Juin - festivaldelhistoire delart.com - gratuit.* Trois jours pendant lesquels sont organisés au sein du château de Fontainebleau près de 300 événements gratuits : conférences, visites, concerts, expositions, projections, lectures...

Festival Django Reinhardt – *Fin juin - www.festivaldjangoreinhardt.com.* Rassemblement de jazz manouche pour 4 jours de concerts : av. des Cascades, prairie du Bois d'Hyver et parc du château.

Nos adresses

PLAN P. 483

Restauration

Dans le château, **Les petites bouches de l'Empereur** *(monument-cafe.com - tlj midi - formules 17/26 €, brunch le dimanche 29 €)* propose verrines et plats chauds ; le **Café des mariniers**, dans la cour de la Fontaine, est idéal pour une pause rapide (boissons, glaces, crêpes et en-cas).

Budget moyen

1 **Il Primo Bacio** – *3 r. Montebello - 01 60 72 74 36 - tlj midi et soir - plat 11/22 €.* Agréable restaurant parfaitement tenu par un couple franco-italien, aux murs décorés d'angelots et rythmé par de la pop italienne. Salle plus intimiste au 1er étage et terrasse ombragée pour les beaux jours.

2 **Fuumi** – *39 r. de France - 01 60 72 10 32 - www.restaurant-fuumi.com - fermé dim. et lun. - formule déj. en sem. 23 €, menu bento 17 €, menu 38 €, plat 19/25 €.* Ce jeune restaurant japonais est l'annexe de l'Axel, le restaurant étoilé du chef patron Kunihisa Goto, et de son épouse Vanessa. En ce lieu convivial se dégustent plats traditionnels japonais, parfumés et généreux, mais aussi gyozas et ramen. Réservation fortement conseillée.

Petite pause

Frédéric Cassel – *21 r. des Sablons - 01 60 71 00 64 - www.frederic-cassel.com - fermé dim. apr.-midi et lun.* Dans cette boutique design, Frédéric Cassel et son équipe concoctent amoureusement des spécialités chocolatières et pâtissières servies à toute heure au salon de thé.

Boire un verre

Le Franklin-Roosevelt – *20 r. Grande - 01 60 71 08 37 - rest. plat 12 €.* Ce bar à vin a tout ce qu'il faut pour séduire : décor chaleureux avec meubles en acajou, banquettes en moleskine rouge, bibliothèque consacrée aux années 1890-1920, ambiance intime sur fond musical jazzy et... quelques bonnes bouteilles !

Shopping

Marché – *Pl. de la République - mar., vend. et dim. mat.* L'un des plus beaux et des plus sympathiques de la région.

La Ferme des Sablons – *19 r. des Sablons - ✆ 01 64 22 67 25 - fermé dim. apr.-midi, lun.* Ce fromager affine sur place plus de 30 % des 130 fromages proposés dans sa boutique, dont la spécialité maison : le fontainebleau (fromage frais additionné de crème). En vente également, quelques produits du terroir.

Activités

À la Petite Reine – *14 r. de la Paroisse - ✆ 01 60 74 57 57 - www.alapetitereine.com - tlj sf lun. - 15 €/j - chèque de caution de 200 € ou dépôt d'une pièce d'identité.* Ici, on loue, vend, répare, depuis plus de trente ans, des vélos, VTC et VTT... Idéal pour une promenade dans la forêt de Fontainebleau !

L'étang aux Carpes – *Château de Fontainebleau - embarcadère dans la cour de la Fontaine - www.fontainebleau-tourisme.com - mars-nov. : 10h-18h - 5 €/pers./30mn, 8 €/pers./h (-3 ans gratuit).* Pour une promenade en canot au rythme de l'eau, en admirant au passage les carpes qui peuplent l'étang.

Les Attelages de Fontainebleau – *Dép. du Grand Parterre, près de la porte Dorée - ✆ 01 64 22 92 61 - attelagesfontainebleau.fr - sur RV.* Promenades dans le parc du château, et aussi en forêt de Fontainebleau.

Hébergement

Budget moyen

Hôtel Victoria – HORS PLAN - *112-122 r. de France - ✆ 01 60 74 90 00 - www.hotelvictoria.com - P 10 €/j - ♿ - au n° 112 : 20 ch., au n° 122 : 15 ch. 102/120 € - ☕ 12 €.* Composé de deux bâtiments du 19e s. reliés par un agréable petit parc, cet hôtel propose deux ambiances : les chambres du 122 ont un design contemporain. Au 112, la décoration est plus colorée, les meubles ont été chinés dans des brocantes. Les petits-déjeuners y sont servis dans la véranda ou sur la terrasse tournée vers le jardin.

Une folie

(1) **Aigle Noir** – *27 pl. Napoléon-Bonaparte - ✆ 01 60 74 60 00 - www.aiglenoirhotel.com - P ♿ - 171/215 € - ☕ 22 €.* Tout près du château, cet hôtel particulier construit au 18e s. cultive une ambiance feutrée et élégante. Les chambres et les suites ont été décorées avec soin, en particulier avec quelques beaux meubles de style Empire.

À proximité

Premier prix

Chambre d'hôte de la vallée Javot – *27 r. du Montceau - Féricy - ✆ 01 64 23 65 91 - www.chambresdhotes-valleejavot.com - P - 4 ch. 69/88 € ☕ et 1 cabane 2 pers. 118 € (25 €/pers. suppl.) - ✕ lun.-vend. (réserv. 48h à l'avance) 25 €.* Cette ancienne ferme restaurée abrite 4 chambres décorées avec goût. La cabane dans les arbres n'est pas non plus dénuée de charme avec son balcon, son salon et ses 2 chambres (dont une avec lits superposés). Beau jardin et cuisine du marché au menu.

Budget moyen

La péniche Éden – *Quai de la République - Samois-sur-Seine - ✆ 06 98 89 17 23 - http://penicheeden.com - 5 cabines 100/130 €/nuit, croisière pique-nique 50 €, passage d'écluse 75 €.* Florence a totalement réaménagé cette péniche tout en gardant l'esprit bateau. Tout a été revisité : les quatre cabines, le salon et la salle à manger sans oublier le jacuzzi désormais installé sur une des deux terrasses extérieures. Vélos à la disposition des visiteurs.

Forêt de Fontainebleau ★★★

Cette splendide forêt, au sud-est de Paris, étend sur 25000 ha ses chênes et ses pins, son sable gris, ses platières couvertes de bruyère et ses fameux rochers de grès aux formes extraordinaires. L'antique massif de Bière, ancienne forêt royale et aire de chasse, affiche une grande diversité de paysages qui ont inspiré de nombreux artistes et qui attirent randonneurs, cyclistes, amateurs d'escalade et cavaliers. Suivez les sentiers balisés, respirez la bonne odeur des pins maritimes et sautez de rochers en rochers, à la découverte de ces trésors naturels.

Se repérer

CARTE B1 (P. 468) - CARTE DE LA FORÊT (P. 490-491).

Seine-et-Marne (77).
À 70 km de Paris par l'A 6, sorties Milly-la-Forêt, Barbizon ou Fontainebleau.
Liaison SNCF de Paris-Gare-de-Lyon, arrêt Fontainebleau-Avon (40mn); les w.-ends et j. fériés, 4 trains le matin au départ de Paris s'arrêtent en forêt, pas d'arrêt l'après-midi ou pour le retour.

À ne pas manquer

Les gorges de Franchard; la Vallée Close et son point de vue sur le massif des Trois-Pignons; la futaie du Gros-Fouteau.

Organiser son temps

L'idéal est de partir pour la journée avec un pique-nique. Attention, la forêt est par endroits très (trop!) fréquentée.

En famille

La promenade des gorges de Franchard; la caverne des Brigands dans les chaos d'Apremont; le massif des Trois-Pignons; les îles de loisirs de Bois-le-Roi et de Buthiers.

Carnet pratique p. 497

Nos adresses p. 497

Randonnées

CARTE P. 490-491

Voici une sélection de quelques promenades.

★★ Promenade des gorges de Franchard B1

Quittez Fontainebleau par la D 409 puis tournez à gauche et laissez votre véhicule au parking de Franchard.

1h30 AR, circuit de 2,5 km balisé en jaune, tracé en orange sur la carte p. 490-491.

Cette boucle assez facile permet de découvrir des paysages typiques de la forêt : sol sableux, splendides blocs rocheux, allée de pins, cèdres de l'Atlas, sapins de Vancouver et marronniers d'Inde. Le site est très fréquenté en fin de semaine. Ne cherchez pas de rivière au fond des gorges ! Celles de Franchard sont dépourvues d'eau.

L'aire d'accueil de Franchard abrite l'**Œil des nations** (1998), monument incrusté dans le sol, symbolisant la vigilance des nations ayant signé la charte de

Vue sur la forêt de Fontainebleau.
P. Escudero/hemis.fr

l'Union internationale pour la Conservation de la Nature. Sur la droite se tient le **centre d'écotourisme de Franchard** *(p. 498)* et, un peu plus loin sur la gauche, l'**ermitage de Franchard** dont il ne subsiste que les murs de la chapelle, incorporés à la maison forestière. Cet ermitage prit de l'importance au 12e s. ; une communauté s'y installa au siècle suivant pour desservir le pèlerinage, devenu au 19e s. simple fête champêtre le mardi de la Pentecôte.
Poursuivez tout droit par l'allée ombragée qui mène à un panneau d'information sur lequel est dessiné le plan de la promenade. Au cours de la première partie, vous vous amuserez à suivre le chemin entre pins et bruyère à travers le chaos rocheux et à découvrir de beaux blocs aux formes insolites.
En marchant sur de grands rochers plats, on atteint ensuite un panneau indiquant le **grand point de vue★** *(20mn AR)*. Le panorama s'étend sur l'ensemble des gorges et les horizons du pays de Bière, assombris par les bois de Coquibus. Revenez sur vos pas et suivez les indications pour rentrer par la **route de l'Hermitage**. On commence par descendre (escaliers en bois) le long d'un chemin bordé de fougères, il rejoint en bas une belle allée de pins qui file tout droit vers l'aire d'accueil de Franchard.
Variante pour le retour par le belvédère des Druides – En quittant le chemin de retour du grand point de vue, tournez à droite et suivez les traces bleues du sentier Denecourt-Colinet n° 7, qui s'insinue dans un dédale de roches feuilletées, parfois surplombantes. Au fond de la « gorge », traversez une route sablonneuse (chêne isolé) et reprenez la montée dans les rochers. Montez *(signe « c »)* au « 2e belvédère » repéré par une étoile. Restez sur le rebord de la platière, face à une belle vue sur la gorge, jusqu'au **belvédère des Druides** *(repère P)*. Rejoignez en contrebas le sentier d'itinéraire qui se replie vers l'est. Vous atteignez au fond de la gorge la route Amédée ; prenez-la à droite. À la première bifurcation, prenez à gauche la route de la Roche-qui-Pleure en montée (évitez les zigzags du sentier bleu, à travers les rochers sur la gauche) qui, par une encoche dans la platière, regagne l'ermitage.

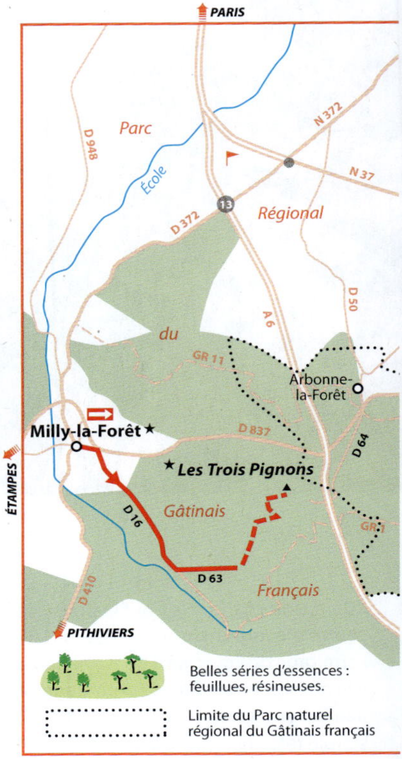

★ Gorges d'Apremont B1

Les gorges d'Apremont sont proches de Barbizon. Quittez Barbizon dans le prolongement de la Grande-Rue, par la célèbre « allée aux Vaches » des artistes, formant une magnifique avenue forestière.

On atteint le **carrefour du Bas-Bréau**, proche des futaies de ce nom, classées jadis en réserve à la demande des peintres. *Parking obligatoire car fin de la route ouverte aux voitures.*

★ Chaos d'Apremont

45mn AR au départ du carrefour du Bas-Préau. Prenez le sentier balisé en bleu, à gauche du **chalet-buvette** (*p. 497*). Montez par l'escalier de bois à travers un amoncellement de roches de toutes formes, puis gagnez le bord de la platière, à droite. Du **plateau**, la vue porte sur la partie boisée des gorges d'Apremont, et, en sens inverse, sur la plaine de Bière.

Le sentier s'incline à gauche. Un bouquet d'acacias et de pins signale la **caverne des Brigands** *(munissez-vous d'une lampe électrique)*. Près de la grotte trônent deux rochers suggérant les formes d'une tortue et d'un éléphant.

★ Grand Belvédère d'Apremont

30mn AR au départ du carrefour du Bas-Préau. En vous avançant sur la platière, vous rencontrez le sentier bleu que vous suivez à gauche. À une bifurcation *(panneau*

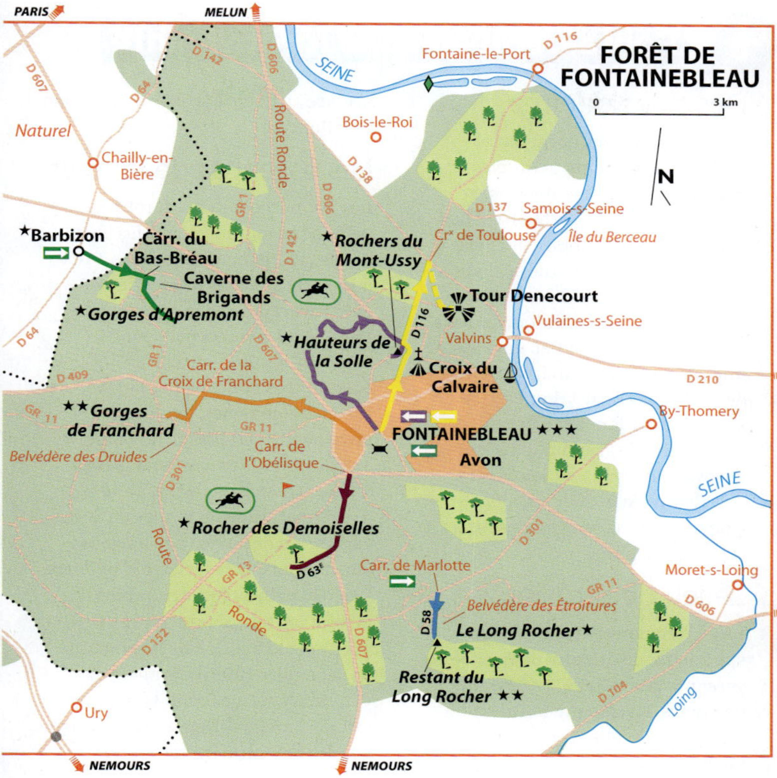

des itinéraires Denecourt-Colinet), tournez à droite. Le sentier commence à descendre à travers un chaos. Avancez à gauche en restant au sommet du chaos. Vous découvrez la « gorge » aux versants semés de blocs et, vers l'ouest, la plaine de Bière. *Redescendez au carrefour du Bas-Bréau.*

★ Circuit du Désert

Cette promenade permet de découvrir un coin de la forêt réputé pour ses sites arides, bien connus des peintres, puis des cinéastes.

3h30 à pied. Prenez la vieille route de Barbizon à Fontainebleau sur 1,5 km, puis vers le sud la route du Clair-Bois, et le premier chemin à droite, la « route de la Chouette » : elle passe un col, puis redescend dans le Désert d'Apremont – un vallon parsemé de blocs, dont certains ont des formes curieuses. Obliquez à gauche pour trouver le sentier bleu n° 6 que vous suivez.

Laissez à gauche un rocher en forme d'animal à deux groins (repère N).

Au carrefour du Désert, poursuivez par le sentier bleu dont le départ est peu visible, entre la route du Clair-Bois et la route du Milan. Vous vous élevez alors dans un ravin encadré de blocs, puis le long d'une « corniche ». Aussitôt après la grotte des Dryades, repérée par une étoile, descendez à gauche le long du sentier « 6-6 », pour gravir le versant opposé du vallon. Vous prenez pied sur une platière où vous remarquez, à gauche, la mare aux Sangliers. De l'éperon du plateau, **vue** sur le Désert d'Apremont et la plaine de Bière.

Fontainebleau : une forêt vivante

Des rides de grès

Le relief actuel est caractérisé par des alignements parallèles de rides gréseuses, orientées ouest-est. Selon une théorie qui n'est pas définitivement établie, ces rides seraient l'héritage d'une période de climat tropical, à l'ère tertiaire : des vents violents auraient amassé, dans cette partie du Bassin parisien, une succession régulière de dunes de sable. Plus tard, la concrétion superficielle de ces sables en une gangue de grès dur, puis leur ensevelissement sous les dépôts de calcaire de Beauce auraient consolidé, dans ses grandes lignes, ce relief mamelonné.

Le jeu de l'érosion

Là où l'érosion épargne la table supérieure de calcaire de Beauce, les versants des vallons se couronnent de **monts**. Ils atteignent l'altitude maximale de 144 m et portent quelques-unes des plus belles futaies de la forêt. En revanche, là où le calcaire a disparu, la carapace de grès apparaît : ce sont les **platières** ou **landes**, des plateaux rocheux couverts de bruyères et d'arbrisseaux, souvent fissurés et parsemés de mares. Quand les fentes et les trous sont nombreux dans cette table de grès, les eaux s'y glissent et déblaient la couche de sable sous-jacente. La table fissurée, privée de soutien, s'écroule, formant de pittoresques amoncellements rocheux : c'est l'origine des « **rochers** » de Fontainebleau. Quand l'érosion a balayé la table de grès et mis à nu le sable ou les marnes et calcaires de Brie sous-jacents, on trouve des **vallées** ou des **plaines** dont l'altitude varie de 40 à 80 m. Des plantations de pins colonisent les sols pauvres et arides, permettant la venue du hêtre. Créateur d'humus, il cédera à son tour la place au chêne, l'arbre forestier par excellence.

Les essences de la forêt

Les 747 parcelles de la forêt sont traitées en vue de fournir les plus beaux peuplements possibles. 90 % de la forêt sont des futaies, le reste est couvert de landes et de rochers. Les chênes rouvres occupent 8 000 ha, les pins sylvestres 7 500 ha et les hêtres 1 500 ha. Les autres essences (charmes, bouleaux, pins maritimes, laricio de Corse, épicéas, châtaigniers, acacias et alisiers) résultent de tentatives d'acclimatation anciennes ou de la végétation de landes peu boisées. 580 ha sont des réserves biologiques. Les **700 arbres remarquables** de la forêt portent, sur le tronc, un **gros cercle bleu**. Mais la tempête de décembre 1999 a eu raison d'un vétéran, le chêne Sampité. Il portait le nom d'un forestier qui fut assassiné par des braconniers vers 1880.

Sentiers Denecourt-Colinet

Ces chemins, qui mènent au cœur des sites les plus célèbres, sont l'œuvre de deux hommes. Le premier, ancien soldat de la Grande Armée, déblaya des grottes, dégagea les plus beaux sites et traça 150 km de sentiers jalonnés. Sur des arbres ou des rochers bien choisis, des **traits** discrets surmontés de numéros *(1 à 16)* indiquent en bleu les principaux sentiers à suivre. Des **lettres repères** (rappelées dans le *guide des Amis de la forêt*) et des étoiles sont peintes en bleu sur les curiosités consacrées. Colinet, ancien fonctionnaire des Ponts et Chaussées, poursuivit l'œuvre de son prédécesseur. La signalisation a été complétée, depuis 1975, par la pose, aux principales bifurcations, de **panneaux** explicatifs.

Une forêt pour les artistes

La forêt de Fontainebleau fut un site très fréquenté par le monde de l'Art. Dès la fin du 17e s., des artistes y firent leurs premières études d'après nature avant de s'y installer pour poursuivre leur œuvre. L'engouement pour Fontainebleau fut particulièrement important de 1820 jusque vers 1880, et même au-delà.
Il se traduisit par la réalisation de très nombreux dessins, gravures, peintures, photographies et films, illustrant aussi les transformations de l'art du paysage. Corot, Rousseau, Millet, Monet, Renoir, Redon, Derain et Picasso rendirent hommage à la forêt dans leurs œuvres peintes. Sénancourt, Musset, Sand, Flaubert, Verhaeren, Mallarmé, Claudel… traduisirent quant à eux, en vers ou en prose, l'esprit des lieux. De la forêt des hommes de lettres à la forêt romantique, le site s'est « muséifié » en 1874 en réserve artistique en même temps qu'il fut, pour une partie, classé site naturel et que s'ouvrait la première exposition impressionniste.

« Bleau » et « Bleausards »

Vers 1910, quelques « rochassiers » du Club alpin français fréquentent déjà, pour s'entraîner, le Cuvier-Châtillon, la Dame-Jouanne ou l'Éléphant, bivouaquant au besoin près de leur rocher favori. Entre les deux guerres, la notion d'école d'escalade devient familière dans le milieu alpin français. Fontainebleau est un lieu tout désigné pour les grimpeurs parisiens, en particulier pour les membres du Groupe de haute montagne.
« Cailloux à récurer les casseroles », au dire d'un grand guide de Chamonix, les rochers de grès présentent néanmoins de grandes possibilités et un précieux échantillonnage de difficultés : surplombs, dalles dont l'association, en multiples enchaînements, peut préparer aux courses alpines, voire himalayennes ou andines.
Nombre de grands alpinistes ne s'y sont pas trompés… Les « Bleausards » n'ont cessé, depuis, d'animer la forêt. Plus d'une centaine de circuits d'escalade sont jalonnés de **flèches** peintes sur les rochers. Chacun fait alterner montées, descentes, sauts parfois, mais exclut toujours la marche sur le sol.

Les débats autour de la protection de la forêt

La forêt de Fontainebleau est domaniale, on y pratique de multiples activités, de la chasse à courre à la randonnée. Elle jouxte le **Parc naturel régional du Gâtinais** et l'ensemble a été reconnu par l'Unesco comme site classé et **Réserve de biosphère** *(www.biosphere-fontainebleau-gatinais.fr)*, « **Natura 2000** » par la Commission européenne, zone naturelle d'intérêt écologique, faunistique et floristique, etc.

Petite invention pour grandes premières

L'alpiniste **Pierre Allain** (1904-2000) réalisa notamment la première ascension de la face nord du Petit Dru en 1935 et participa à la première expédition française en Himalaya en 1936. Il faisait partie de cette première génération de Parisiens qui, dès 1928, forma la **bande des Bleausards**. Génial inventeur, il conçut les premiers chaussons d'escalade : des espadrilles ressemelées avec du caoutchouc, tout de même beaucoup plus pratiques que les chaussures cloutées alors utilisées. Il les commercialisera plus tard en les baptisant P.A.

Revenez au carrefour du Bas-Bréau par le carrefour du Désert et la route de Clair-Bois.

Tour Denecourt B1

Quittez Fontainebleau au nord par la D 606. Au premier carrefour, prenez à droite en direction de Fontaine-le-Port (D 116) jusqu'au carrefour de la Croix-de-Toulouse. Garez-vous.

Comptez 30mn par la route Jean-Bart, tracé en jaune sur la carte p. 490-491. La tour se trouve à l'extrémité du rocher Cassepot. Vous y accédez par une petite route en colimaçon, réservée aux vélos. La tour fut bâtie par Claude-François Denecourt, surnommé « Sylvain » en raison de ses liens avec le monde sylvestre, sur un amas de rochers. Elle fut inaugurée par Napoléon III sous le nom de Fort-l'Empereur. Du sommet, la **vue panoramique★** s'étend sur la forêt qui domine le paysage. Deux tables d'orientation permettent de situer au nord : la station de Ste-Assise, Melun, les torchères de la raffinerie de Grandpuits, le village d'Héricy et son église ; à l'est : Fontaineroux, Montereau-Surville, Samoreau, les immeubles modernes d'Avon et le relais de télévision du Bois-Gauthier.

★ Long rocher B1

Sortez de Fontainebleau par le carrefour de l'Obélisque et la D 58. Sur la route Ronde, au carrefour de Marlotte, prenez la D 58 vers Bourron-Marlotte. Stationnez sur le parking à l'intersection de la route du Long-Rocher.

2h30 AR, tracé en bleu sur la carte p. 490-491. Prenez la route forestière du Long-Rocher, à l'est jusqu'au premier carrefour, puis à droite la route des Étroitures. Au bout de 100 m, vous croiserez le sentier bleu n° 11. Prenez-le à droite.

Belvédère des Étroitures

Repère U. **Vue** au sud vers la vallée du Loing et Marlotte. Faites demi-tour et suivez le sentier bleu avançant sous les pins. Suivant un tracé des plus fantaisistes, vous atteignez le sommet d'une platière, le « Restant du Long Rocher ».

★★ Restant du Long Rocher

En suivant le rebord de la platière accidentée de chaos, vous aurez de très jolies échappées sur la forêt, à travers les pins, au sud et au nord. Reprenez le tracé du sentier bleu vers l'est. En descendant de la platière par l'abrupt où se creuse la grotte Béatrix, vous dépassez un chaos servant d'école d'escalade *(fléchettes rouges)*.

Peu après, le sentier bleu remonte légèrement. Abandonnez-le pour une trace en forte descente, bien visible, à gauche. Vous aboutissez aussitôt à la route du Long-Rocher qui ramène, à gauche, au point de départ.

Escalade dans la forêt de Fontainebleau.
jonpic/Getty Images Plus

★ Rocher des Demoiselles B1

3,5 km, puis 1h à pied AR, tracé en bordeaux sur la carte p. 490-491. Sortez de Fontainebleau par le carrefour de l'Obélisque et la D 607.
Après le passage sous l'aqueduc de la Vanne, obliquez à droite dans la route de Recloses. Aussitôt avant une montée bordée d'un accotement pavé, tournez à droite et quittez la voiture sur une aire sableuse au pied de rochers envahis de fougères.
Prenez la route forestière fermée par une barrière. Au carrefour suivant, montez à droite vers la crête : vous rejoignez le sentier bleu n° 9 que vous prenez à gauche.
Après des sinuosités dans le cirque des Demoiselles, le sentier descend à un croisement *(panneau Denecourt-Colinet)*. Prenez la branche de droite du sentier n° 9, commune au départ avec la montée du sentier de grande randonnée n° 13 *(balisage rouge et blanc)*. Les rochers sont remarquables par leur poli et par leurs arêtes souvent tranchantes. D'un belvédère, vue sur la plaine du Mont-Morillon. Poursuivez sur le sentier n° 9 qui atteint le grand carrefour des Soupirs (*banc*). Revenez à la voiture par la route formant limite entre les parcelles 148 et 156, puis, au carrefour suivant, par la route délimitant les parcelles 148 et 155.

★ Hauteurs de la Solle, rochers du Mont-Ussy B1

10 km au départ de Fontainebleau et 30mn à pied AR, tracé en violet sur la carte p. 490-491. Sortez de Fontainebleau par la rue de la Paroisse, l'avenue de Verdun et le cimetière, au nord-ouest. Suivez la route Louis-Philippe.

★ Routes Louis-Philippe et du Gros-Fouteau

Ces deux belles routes conduisent aux hauteurs de la Solle. La superbe futaie du Gros-Fouteau fait partie des peuplements antiques de la forêt. Ce nom lui fut donné au 17e s. en l'honneur d'un hêtre ou « fouteau » de 8 m de circonférence. La route des hauteurs de la Solle aboutit à la D 606.
Prenez la direction de Fontainebleau et la première à droite jusqu'au parking.

★ Rochers du Mont-Ussy

Empruntez la route de la Butte-aux-Aires jusqu'au croisement avec le sentier Bleu que vous prenez à droite. Le sentier, tracé en balcon au-dessus de la route de la Butte-aux-Aires, sinue dans des chaos ombragés de pins. Vous atteignez l'esplanade dite « point de vue du Mont-Ussy » *(pas de vue). Continuez sur le sentier bleu et engagez-vous à gauche dans la route du Mont-Ussy jusqu'au carrefour avec la route de la Butte-aux-Aires qui ramène au parking.*

En raison de l'intensité du trafic, il est déconseillé d'inclure dans un circuit touristique la D 606, la D 607 ainsi que la route Ronde entre le carrefour de la Table-du-Roi et le carrefour du Grand-Veneur.

★ Les Trois-Pignons A1

Partez de Milly-la-Forêt par la D 16 en direction d'Achères-la-Forêt. Garez votre voiture dans le parking à gauche.

3h à pied AR, tracé en rouge sur la carte p. 490-491. Le massif des Trois-Pignons forme une annexe de la forêt de Fontainebleau. Les amateurs de « rocher » ont fait connaître ses aspects désertiques, uniques en Île-de-France : vallées sèches, pitons émoussés et, en général, curiosités typiques des régions gréseuses. Du point de stationnement des voitures, prenez en avant la route, un moment revêtue, longeant la clôture de barbelés de deux maisons à droite. À l'angle de cette clôture, gagnez sur la droite le rebord d'une cuvette sablonneuse à peine marquée : vous y trouvez le panneau du sentier Denecourt-Colinet n° 16.

En suivant attentivement l'alignement de cette plaque, vous découvrez la première marque bleue sur le bord opposé de la cuvette. Traversant un terrain plat semé de blocs, le sentier bleu aborde le promontoire du télégraphe de Noisy *(disparu)* et s'élève sur la platière. Une heure après le départ, vous pénétrez dans un bois de châtaigniers. Le sentier suit le fond de la belle « gorge » aux Chats dominée par un chaos. L'itinéraire se replie vers le sud-est, puis le sud, traversant bientôt une aire sableuse et rocheuse déboisée.

★★ Point de vue de la Vallée Close

Du bord de la platière, **vue★★** sur le massif. Au premier plan, un monument surmonté d'une croix de Lorraine commémore l'activité et les sacrifices du réseau de Résistance « Publican ». Le sentier bleu effectue un demi-tour complet vers le nord. Descendant vers l'est en évitant la large piste sablonneuse déjà traversée, il adopte un tracé dans les taillis de chênes et les bruyères, avant de retrouver le panneau de départ.

Carnet pratique

S'informer

Office du tourisme de Fontainebleau – *p. 486.*
Office du tourisme de Barbizon – *p. 503.*
Office du tourisme de Milly-la-Forêt – *p. 517.*
Centre d'écotourisme de Franchard – *p. 498.*
Office national des forêts – *La Faisanderie p. 450 - www.onf.fr.* Actualités, conseils, guides... pour des balades en toute sécurité.
Vous pouvez télécharger gratuitement l'application « Balade Branchée » : contenus audio, photo et vidéo conçus par des spécialistes afin de faire découvrir aux promeneurs la richesse du patrimoine naturel et culturel du domaine de Fontainebleau et une cartographie très utile pour éviter de se perdre en chemin.
Cartes – La carte de randonnée TOP 25 IGN au 1/25000 (Forêt de Fontainebleau 2417 OT) est très utile.

Nos adresses

Restauration

Budget moyen

La Bacotte – *92 av. Foch - Bois-le-Roi - 01 60 69 59 81 - fermé lun.-mar. - pizza 13/14 €.* Un restaurant italien dont les pizzas savoureuses méritent d'y faire une halte. Pensez à réserver si vous voulez profiter de la terrasse.
La Croix d'Augas – *RD 116 - Fontainebleau - à 2 km au nord de Fontainebleau, rte de Melun et D 116, rte de Bois-le-Roi à droite - 01 64 23 49 25 - www.lesaubergesdelaforet.com - ouv. tlj - plat 12/34 €.* La Croix d'Augas, point culminant de la forêt de Fontainebleau, est aussi une auberge réhabilitée. Dans un décor de chalet montagnard, vous dégusterez des plats traditionnels et spécialités savoyardes (fondues, tartiflette, chaussons). Dès les beaux jours, la grande terrasse champêtre est prise d'assaut.

Activités

Attention ! La forêt est un écosystème fragile qu'il faut protéger. Il est interdit d'y faire du feu, d'y abandonner des détritus, d'arracher les plantes ou de s'écarter des sentiers.
Parcours de santé - Sentier sylvestre – Situé dans la forêt à la Faisanderie *(voir p. 450)*, à proximité du carrefour du Coq, ce parcours jalonné d'obstacles s'étend sur 2 km.

Randonnée pédestre

Vous trouverez à l'office de tourisme et sur leur site internet *(www.fontainebleau-tourisme.com)* des itinéraires de promenades à faire à pied ou à vélo, dont certains sont accessibles depuis les gares.
Un petit livret mis à jour régulièrement en partenariat avec l'ONF et les Amis de la forêt de Fontainebleau regroupe 20 promenades pédestres balisées de différents niveaux, allant de 20mn à 3h.
Les sentiers – Les circuits se sont étoffés au fil du temps, et les balisages se superposent parfois, nécessitant une lecture attentive : « Grande randonnée » **(GR)** : balisage blanc et rouge ; « Petite randonnée » **(PR)** : balisage jaune ; « Tour du massif de Fontainebleau » **(TMF)** : balisage vert et blanc (traits superposés). Le balisage de **Denecourt** et **Colinet** (bleu), antérieur à ces

7

repères, a été maintenu sur les sentiers entretenus.
Les Amis de la forêt de Fontainebleau – *26 r. de la Cloche - 01 64 23 46 45 - www.aaff.fr - permanence mar. 10h-12h.*
Centre d'Éco-tourisme de Franchard – *Site des Gorges de Franchard - Rte de l'Ermitage - Fontainebleau - 01 60 70 65 57 - https://biosphere-fontainebleau-gatinais.fr - avr.-nov. : 10h-18h - fermé dim.-mar. - programme sur le site Internet, réserv. conseillée.* Au cœur de la forêt, ce centre d'éco-tourisme propose plusieurs types d'activités (balades à thème, sorties naturalistes, expositions, etc.) pour sensibiliser enfants et adultes à la protection de la forêt et au tourisme durable.
Maison de l'environnement de Seine-et-Marne – *18 r. Gustave-Prugnat - Moret-sur-Loing - Site de Prugnat - 01 64 31 11 18 - www.seine-et-marne-environnement.fr - réserv. obligatoire - gratuit.* Sorties nature organisées à partir des différentes communes de la région. Programme à l'office de tourisme.
Cani-Rando – *Forêt de Fontainebleau - 06 32 68 82 26 - evasion-canine.fr - - 48 € (sem.)/55 € (w.-end) pour 1h30 (-10 ans 36/40 €) - réserv. obligatoire.* Un principe simple et original : tracté par un chien de traîneau attelé à la ceinture, baladez-vous à pied (rando ou cross) en plein cœur de la forêt de Fontainebleau. Baptême et initiation à la conduite en kart tracté par les chiens (accessibles aux personnes à mobilité réduite).

Randonnée à vélo

Vous pouvez louer un vélo à La Petite Reine *(p. 487)* et suivre la liaison cycliste à travers la forêt de Fontainebleau vers Barbizon *(1h15)*.
Cyclisme – Les routes forestières goudronnées sont très appréciées des cyclistes. Certaines sont réservées aux vélos : demandez le dépliant à l'Office national des forêts *(p. 497) - Centre pédagogique forestier - La Faisanderie - 01 60 75 54 17.*
Circuit VTC **« Tour du massif à vélo »** (TMV) : 3 boucles différentes *(38, 48 et 50 km) - dép. de la gare. Possibilités de randonnées en VTT (zones réservées : sentiers de plus de 2,5 m de large). Un dépliant est également disponible à l'office de tourisme de Fontainebleau.*

Équitation

Horse Dreams – *30 bis r. du Château - Achères-la-Forêt - 06 70 46 03 69 - www.horse-dreams.com - - balade 58 € (adhérent 56 €)/2h, journée pique-nique et sortie nocturne 150 € (adhérent 130 €).* Randonnées, balades, journées pique-nique et sorties nocturnes à cheval. Cours et stages également proposés.
Le Grand Parquet - Stade équestre – *Rte d'Orléans - 01 64 23 42 87 - www.grandparquet.com - programme disponible à l'office de tourisme.*
Hippodrome de la Solle – *RD 606 rte de Melun - Fontainebleau - 01 64 22 29 37 - www.hippodrome-solle.com - 4,50 €, gratuit -18 ans.* Courses et compétitions dans cet hippodrome qui a fêté ses 150 ans.

Escalade

Cosiroc (Comité de défense des sites et rochers d'escalade) – *www.cosiroc.fr.* Le Cosiroc est très actif sur le site de Bléau.
Club alpin français, section Île-de-France – *12 r. Boissonade - 75014 Paris - 01 42 18 20 00 - www.clubalpin-idf.com.*

Autres activités

Top Loisirs – *1 r. de Montchavant - Écuelles - 06 14 75 53 69 - toploisirs.fr - accueil lun.-vend. 9h-12h30, 13h30-18h.* Top Loisirs organise des activités de plein air : VTT, escalade, rallyes, randonnées, course d'orientation, canoë-kayak, paintball, etc. Différentes formules proposées selon le niveau de pratique et la durée souhaitée.

Île de loisirs de Bois-le-Roi – *Rte de Tournezy - Bois-le-Roi - ✆ 01 64 81 33 00 - www.bois-le-roi.iledeloisirs.fr - 9h-21h - gratuit.* Les bords de Seine et la forêt de Fontainebleau composent le cadre de cette base aux multiples activités : baignade surveillée, escalade, randonnées pédestres et VTT, beach-volley, tennis de table. Activités payantes : équitation, voile, golf, tennis, canoë, etc.

Île de loisirs de Buthiers – *73 r. des Roches - Buthiers - ✆ 01 64 24 12 87 - www.buthiers.iledeloisirs.fr - 13h30-21h.* Dans la forêt de Fontainebleau, cette base compte 140 ha de bois, sillonnés de sentiers, de circuits d'escalade et de VTT. Également : piscine de 1400 m², jeux gonflables, toboggan aquatique, minigolf, tennis, volley-ball, parcours dans les arbres, disc-golf, centre d'astronomie, planétarium, etc. Restaurant, cafétéria et aires de pique-nique.

Hébergement

Pour se faire plaisir

Chambre d'hôte Château de Rouillon – *41 av. Gén.-de-Gaulle - Chartrettes - ✆ 06 77 12 83 37 - P - 4 ch. 117 €, 1 suite 154 €.* Château du 17e s. et majestueux parc à la française bordé par la Seine. Meubles de style et objets anciens composent le décor raffiné des chambres comme des salons.

Randonnée en âne dans la forêt de Fontainebleau.
P. Escudero/hemis.fr

Barbizon ★

Le bourg de Barbizon n'était au 19e s. qu'un hameau de bûcherons, de carriers et de cultivateurs lorsque des peintres vinrent s'y installer, attirés par la forêt de Fontainebleau. Pour ces paysagistes, au dire des Goncourt, « chaque arbre semblait un modèle entouré d'un cercle de boîtes à couleurs ». Aujourd'hui, Barbizon est une longue rue bordée par d'anciens ateliers transformés en musées, des galeries d'art, des hôtels et restaurants.

Monument de Millet et Rousseau d'Henri Chapu à Barbizon.
S. Ouzounoff/Photononstop

Se repérer

CARTE B1 (P. 468).
1207 habitants – Seine-et-Marne (77)
À 50 km de Paris par l'A 6.
Liaison SNCF de Paris-Gare-de-Lyon jusqu'à Melun ou Fontainebleau puis taxi (8 à 10 km) ou RER D gare de Pringy-Ponthierry puis bus (lignes 21 ou 22).

À ne pas manquer

L'auberge Ganne ; une promenade en forêt de Fontainebleau.

Organiser son temps

Attention, la plupart des galeries sont fermées en semaine.

En famille

Le travail des artisans à la verrerie d'art de Soisy-sur-École.

Carnet pratique p. 503

Nos adresses p. 503

Se promener

Malgré les plaques commémoratives et les reproductions d'œuvres en mosaïque qui ponctuent la Grande-Rue, il est désormais difficile d'imaginer le dynamisme artistique qu'a connu ce village, autrefois simple alignement de maisons modestes et aujourd'hui village-musée accueillant voitures de luxe et visiteurs élégants. Si quelques superbes maisons sont visibles depuis la rue, un certain nombre sont fermées par de hauts portails.

★ Musée départemental des peintres de Barbizon

92 et 55 Grande-Rue - ✆ 01 60 66 22 27 - www.musee-peintres-barbizon.fr - tlj sf mar. 10h-12h30, 14h-17h30 (18h juil.-août) - fermé 23 déc.-1er janv. - 6 € (-18 ans gratuit).

Auberge Ganne – *92 Grande-Rue.* Lieu de rendez-vous pour les artistes qui y prenaient pension, cette auberge fut fondée en 1822 par un ancien garde champêtre. Les « peint'à Ganne » ont animé l'auberge de leurs facéties et abordé une nouvelle manière de peindre. Récemment rénovée, l'auberge propose une nouvelle scénographie. On y voit cependant toujours les meubles et objets décorés par les artistes, en échange du gîte et du couvert. Toutes les surfaces furent bonnes pour laisser une trace de leur talent : armoires, portes, cheminée ou buffet dont les portes représentent en trompe-l'œil son contenu... À voir : les murs peints de la « salle des officiers ». Le musée regroupe aussi de nombreux tableaux de Camille

Précurseurs de l'impressionnisme

Bien longue serait la liste des peintres, français et étrangers (suisses, belges, italiens, allemands, hongrois, hollandais, américains...), qui, au 19e s., vinrent à Barbizon pour y peindre d'après nature, à tel point que l'appellation **école de Barbizon** finit par s'imposer en 1890 pour désigner une certaine conception du paysage. Dès la fin du 18e s., des peintres tels que Georges Michel avaient trouvé là matière à peindre des paysages sur le motif, de manière moins académique. À partir de 1822, l'**auberge Ganne**, hospitalière aux artistes, eut pour clients Huet, Corot, Rousseau, Courbet, puis Millet qui décida d'y rester, et y mourut en 1875. Les peintres prirent l'habitude, vers 1850, de se retrouver chaque samedi dans la grange de Rousseau. À ces réunions venaient des amateurs, des critiques, des peintres amis tels que Daumier ou des écrivains comme Théophile Gautier.

L'évolution de l'art de Barbizon marqua profondément celle du paysage français, ouvrant la voie à la génération suivante, celle des impressionnistes : Sisley venu à Barbizon en 1860 y entraîna Renoir, Bazille, Monet (qui y a peint son *Déjeuner sur l'herbe*).

Fuyant le gigantisme naissant des villes, les peintres de Barbizon trouvaient dans ce monde végétal et rustique une signification nouvelle à leur art. Rousseau analysait les arbres, la substance des rochers, tandis que Millet glorifiait les gestes sobres des travailleurs aux champs et des mères de famille. Travaillant sur esquisses, ces portraitistes de la nature maçonnaient leur peinture, la reprenaient, découvrant peu à peu qu'en juxtaposant des hachures de couleurs pures, le résultat devenait plus lumineux. Une profonde amitié allait naître entre les deux peintres qui reposent côte à côte, presque sous le même rocher, dans le cimetière de Chailly-en-Bière *(à 2 km au nord par la D 64).*

Corot, Jules Dupré, Ferdinand Chaigneau, Georges Gassies, Eugène Lavieille...
Maison-atelier de Théodore Rousseau – *55 Grande-Rue.* La petite maison où vécut Rousseau se trouve derrière le monument aux morts. Elle accueille des expositions temporaires.

Maison-atelier de Jean-François Millet

27 Grande-Rue - ✆ 01 60 66 21 55 - www.musee-millet.com - ♿ - tlj sf mar. (et merc. de nov. à mars) 10h-12h30, 14h-18h - 5 € (-12 ans 4 €).
La modeste maison du peintre, qui lui servait aussi d'atelier, a pratiquement conservé son aspect extérieur du siècle dernier. Dans l'ancien atelier sont exposées des eaux-fortes de *L'Angélus*, des *Glaneuses* et de *L'Homme à la houe*. La salle à manger présente des dessins, œuvres gravées et un fusain sur toile de Millet. La salle commune accueille des expositions de peintres contemporains. À l'étage, la petite pièce dans laquelle est mort Millet contient une collection d'objets dérivés de *L'Angélus*.

Sentier balisé des peintres de Barbizon

2h AR - 6 km - facile - balisage jaune - point de départ en face de l'office de tourisme de Barbizon. Ce circuit vous mène du village à la forêt de Fontainebleau (médaillon Millet-Rousseau, rocher de l'Éléphant et secteur des Gorges d'Apremont).

Monument de Rousseau et Millet

Ce médaillon de bronze, scellé au rocher, est l'œuvre de Chapu. Derrière le monument, une plaque scellée sur un autre rocher célèbre le centenaire de la création de la première réserve artistique, sur les instances de Rousseau (1853).

À proximité

CARTE P. 468

★ Château de Fleury-en-Bière A1

À 5 km à l'ouest de Barbizon. Prenez au sud la D 64 jusqu'à Macherin, puis tournez sur la droite à Macherin (D 11). Parc ouv. J. du patrimoine.
Comme Courances (*Milly-la-Forêt, p. 512*), l'édifice avait été bâti au 16e s. pour Cosme Clausse, secrétaire des Finances sous Henri II. Richelieu y était l'hôte de Nicolas Clausse quand la Cour résidait à Fontainebleau. Depuis la grille d'entrée *(on ne visite pas)*, on peut apercevoir les majestueuses dispositions de la cour. Au fond et à droite se profile la gracieuse chapelle romane.

Verrerie d'art, à Soisy-sur-École A1

À 13 km au nord-ouest de Barbizon par la D 64 au sud puis la D 11 et D 83.
12 r. du Moulin-des-Noues - Soisy-sur-École - ✆ 01 64 98 00 03 - www.verrerie-soisy.fr - ♿ - merc.-vend. 10h-12h30, 13h30-18h, sam. 10h-12h30, 14h-18h30, dim. 14h30-18h30.
Cette verrerie d'art ouvre les portes de son atelier de fabrication afin de montrer à tous le travail du verre à la main et à la bouche *(visite gratuite)*. En sortant, ne manquez pas le jardin de verre décoré des créations fleuries des maîtres-verriers. Il est situé dans un joli parc que traverse une rivière.

Carnet pratique

S'informer

Office de tourisme – *Pl. Marc-Jacquet - Barbizon - 01 60 66 41 87 - www.fontainebleau-tourisme.com.*

Arriver/partir

Liaison Fontainebleau-Barbizon (FB) – Un itinéraire balisé (FB) de 8 km relie les deux sites en 2h à pied ou 45mn à vélo. *Rens. auprès de l'ONF - La Faisanderie - 01 64 22 72 59 ou auprès des offices de tourisme.*

Nos adresses

Restauration

Budget moyen

La Bohème – *35 Grande-Rue - 01 60 66 48 65 - fermé dim. soir et lun. - menu 27 €.* Ce restaurant occupe une maison typique de Barbizon, avec ses boiseries et ses toiles de peintres. Vous pourrez déguster une cuisine traditionnelle copieuse dans la salle ou sur l'agréable terrasse ombragée qui occupe la cour.

L'Ermitage Saint-Antoine – *51 Grande-Rue - 01 64 81 96 96 - www.lermitagesaintantoine.com - fermé merc.-jeu. - plat 21/26 €.* On se régale d'une bonne cuisine de bistrot : brochette de thon et gambas, Pastilla de confit de canard... Jolie terrasse dans le patio.

Pour se faire plaisir

Le Relais de Barbizon – *2 av. Gén.-de-Gaulle - 01 60 66 40 28 - www.lerelaisbarbizon.fr - P - 12h-14h, 19h-21h - fermé mar.-merc. - menu déj. en sem. 29 €, plat 28/38 €.* Un restaurant à la décoration sobre et traditionnelle proposant une cuisine toute aussi élégante et recherchée. L'été, la terrasse ombragée par les tilleuls rend l'expérience encore plus délicieuse. La carte change 2 à 3 fois par an.

En soirée

Bobo Club – *1 Grande-Rue - 01 60 66 40 01 - vend. et sam. 23h-lever du jour - 14 €.* Discothèque à la fois branchée, sélecte et conviviale... Deux salles, deux ambiances !

Activités

Voir Nos adresses à Fontainebleau p. 486.

Hébergement

Pour se faire plaisir

Chambre d'hôte La Bastide de Barbizon – *52 r. du 23-Août - sortie nord par D 64 - 06 89 15 02 26 - www.labastidebarbizon.com - P - 120/130 € et 1 suite 150 €.* Cette belle maison des années 1930 a rénové ses chambres et propose pour chacune un univers personnalisé (ethnique, baroque, zen, chalet). L'accueil est agréable et assure une halte appréciable dans votre découverte de Barbizon.

Une folie

Les Pléiades – *21 Grande-Rue - 01 60 66 40 25 - www.hotel-les-pleiades.com - P - 18 ch. 175/290 € et 4 suites 370/390 € - 17 €.* Laissez-vous tenter par cet hôtel paisible et accueillant, dans une veine très contemporaine : design minimaliste, lignes épurées, espace bien-être et piscine, expositions diverses... Arty !

Moret-sur-Loing ★

Au confluent du Loing et de la Seine, près de la forêt de Fontainebleau, Moret tire tout son charme de sa situation en bord de rivière. Le pont et l'église, qui datent du Moyen Âge, n'ont guère changé depuis le séjour du peintre impressionniste Alfred Sisley, à la fin du 19e s. Et les pêcheurs s'installent toujours sur les rives du Loing pour taquiner la truite.

Se repérer

CARTE B1 (P. 468) - PLAN CI-CONTRE.
12 223 habitants – Seine-et-Marne (77)
À 78 km de Paris par l'A 6, puis D 637. Liaison SNCF depuis Paris-Gare-de-Lyon, arrêt Moret-Veneux-les-Sablons.

À ne pas manquer

Les rives du Loing ; la route le long du canal du Loing.

En famille

Le musée du Sucre d'orge ; le musée du vélo ; une promenade en barque sur le Loing ; les autruches de Montmachoux ; une balade en train à vapeur à Grez-sur-Loing.

Carnet pratique p. 510

Nos adresses p. 510

Se promener

PLAN P. CI-CONTRE

Suivez le circuit sur le plan, en partant de l'office de tourisme.

Porte de Samois (ou de Paris) A1

Sur la façade intérieure est posée une statuette de la Vierge. Une vieille borne royale du grand chemin de Paris à Lyon *(actuelle D 606)* subsiste encore.
Passez à droite sous le porche de l'hôtel de ville et gagnez la cour.

Maison François-Ier A2

Galerie à l'exubérant décor Renaissance. Remarquez la porte surmontée de la salamandre, emblème de François Ier. Au 19e s., cette façade fut déplacée à Paris pour orner un immeuble, elle ne revint à Moret qu'en 1955.
En sortant de la cour, prenez la rue des Petits-Chaumes, puis celle du Puits-du-Four.

Église Notre-Dame B2

Le **chœur** aurait été consacré en 1166. Son élévation primitive n'apparaît que dans l'abside et le côté droit : on remarque ici l'étagement des grandes arcades supportées par des colonnes rondes, la tribune s'ouvrant par une triple arcature, et les fenêtres hautes. Les arcades et les baies du côté gauche furent murées pour

Alfred Sisley, un impressionniste à Moret

De nationalité britannique, le seul des grands peintres du groupe des impressionnistes à n'avoir pas véritablement connu le succès de son vivant, **Alfred Sisley** (1839-1899), prit un atelier à Moret où il passa la fin de son existence, dans une retraite solitaire. En vingt ans, il peignit à Moret et ses alentours quelque 400 toiles, parmi lesquelles *Le Canal du Loing à Moret*, *La Rue des Fosses à Moret* ou encore *Le Pont de Moret*. Il repose dans le cimetière, près de l'église qu'il a si souvent représentée.

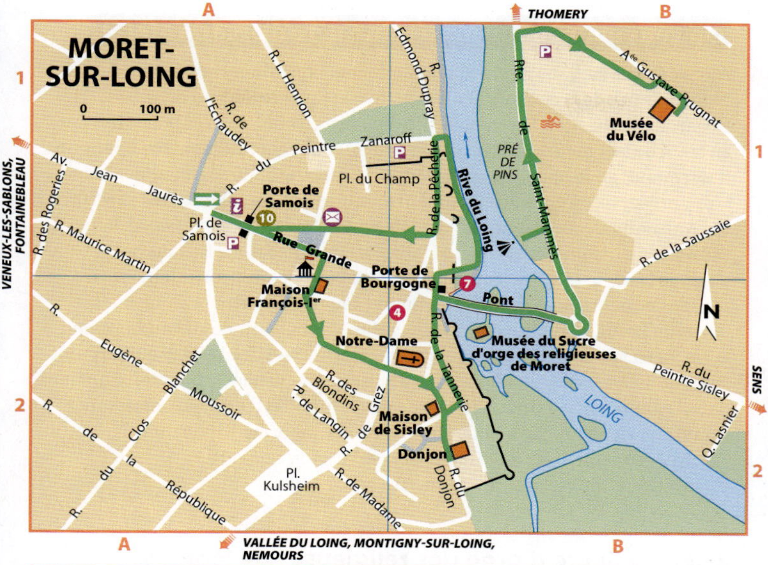

SE RESTAURER		SE LOGER
L'Exki 4	La Poterne 7	Le 3 rue Grande 10

consolider les assises du clocher, inconsidérément élevé au 15e s. L'élévation du transept, aux parois très ajourées, et celle de la nef aux arcades en tiers-point témoignent de campagnes de construction ultérieures (13e et 14e s.). Le **buffet d'orgues Renaissance★** présente de délicats caissons sculptés et peints.

Le poteau cornier, à l'angle de la rue de Grez, comporte une effigie de saint Jacques. Dans la rue de Grez, un cartouche moderne porte la date de fondation de l'hospice (1638) par Jacqueline de Bueil (elle fut aussi l'un des derniers amours d'Henri IV). C'est là que l'on fabriquait les fameux sucres d'orge.

À l'angle de la rue du Donjon, au 19 rue Montmartre, se trouve la **maison de Sisley** *(ne se visite pas).* L'atelier du peintre se situait sous les toits, derrière les grandes baies vitrées.

Continuez par la rue du Donjon.

Le **donjon** B2, imposante tour carrée, vestige du château royal, servit de prison au 14e s. lorsque les souverains avaient délaissé Moret pour Fontainebleau. Louis de Nevers y fut enfermé en 1311, accusé de trahison. Le donjon, servant par la suite d'entrepôt, a été fortement modifié à la fin du 19e s. pour être transformé en habitation *(propriété privée ; ne se visite pas).*

Faites demi-tour, et prenez à droite le petit passage voûté qui débouche sur la rue de la Tannerie, que vous prenez à gauche. Un peu plus loin, un autre passage mène au bord du Loing.

De cet endroit, on voit les anciens moulins et les petites cascades sur la rivière.

Remontez et continuez jusqu'à la porte de Bourgogne, pendant de la porte de Paris, de l'autre côté de la vieille ville.

Le **pont sur le Loing** est l'un des plus vénérables d'Île-de-France. Sans doute contemporain des défenses de la ville, il fut souvent détruit et élargi. Du côté de la **porte de Bourgogne** apparaissent les remparts et des maisons aux étages en surplomb – l'une se trouve au milieu des eaux.

On vous emmène au musée du Sucre d'orge de Moret

Alors comme ça, vous ne savez plus comment convaincre vos petits chéris de lever le nez de la console ? Faites un test et dites : « Sucre d'orge ». Regardez-les hésiter. Dites encore : « Ancêtre du bonbon, très bon ». Ils sont en train de lacer leurs baskets, non ? Bravo, vous venez de les attirer dans un (gourmand) guet-apens. Cap sur Moret-sur-Loing, jolie cité médiévale au cœur préservé, où vous attend la charmante maison à colombages abritant le « Musée du Sucre d'orge des religieuses de Moret » (*ci-dessous*). Vous saurez tout du fameux bonbon, sa fabrication, ses secrets. Et son goût, puisque la dégustation est au programme ! La bouche encore pleine, vos troupes ne pourront pas protester quand vous les emmènerez longer les bords du Loing, à l'ombre des platanes, dans le souvenir des lavandières qui autrefois lavaient leur linge, mais aussi du peintre Alfred Sisley qui y a peint ses plus belles toiles. Profitez de la bonne humeur générale pour faire un tour dans l'église Notre-Dame et jeter un œil sur le buffet d'orgues Renaissance. Au retour, riez sous cape. Vous êtes parvenus à aborder l'artisanat, l'architecture médiévale et Renaissance, l'histoire de l'art...
Vous reprendrez bien un peu de sucre d'orge ?

Musée du Sucre d'orge des religieuses de Moret B2

Moulin-Provencher - www.msl-tourisme.fr - vend.-dim. 14h-19h (14h30 vend.) - 2 € avec dégustation.

Installé dans le moulin Provencher sur le pont médiéval, ce musée possède un charme inhabituel (*ci-dessus*). Vous y apprendrez tout ce que vous avez toujours voulu savoir sur le sucre d'orge – son histoire, sa fabrication, ses secrets, d'anciennes photographies et sa commercialisation. Le sucre d'orge des religieuses, sans colorant, a certainement toujours la même saveur, depuis trois siècles.

Avancez sur le pont et visitez les moulins. Traversez le pont et prenez la 1re route à gauche, la route de St-Mammès, jusqu'au parc Pré de pins. Depuis l'autre rive, vous avez un très beau point de vue sur la collégiale et la ville.

C'est de cet endroit qu'Alfred Sisley a peint la plupart de ses vues de Moret avec l'eau, ses îles ombragées de peupliers, l'église et le donjon.

Revenez sur vos pas, retraversez la rivière et prenez à droite la rue de la Pêcherie. Tout de suite à droite, la rue du Lavoir mène à la promenade au bord du Loing.

★ Rives du Loing

Qu'il est agréable de se promener sous les platanes en imaginant les lavandières qui autrefois venaient laver leur linge dans les eaux du Loing.

Continuez sur cette promenade qui longe les remparts.

Arrivé à une des anciennes tours de défense, tournez à gauche pour remonter la rue de la Pêcherie. Ensuite, selon votre humeur, vous rejoindrez votre point de départ soit en suivant la rue Grande, soit en vous faufilant dans la petite rue des Granges.

Musée du vélo

Accès par le pont du Loing, puis la route de Champagne-sur-Seine - Allée Gustave-Prugnat - www.msl-tourisme.fr - mar.-vend. 13h-19h, sam. 10h-18h - gratuit.

C'est sur le site qui abritait jadis les Établissements Prugnat, entre autres inventeurs des pinces parisiennes, que sont rassemblés sur trois étages une cinquantaine d'« engins à deux roues » retraçant l'histoire du vélo, de la draisienne de 1817 aux vélos ultralégers d'aujourd'hui.

Place forte et résidence royale

Moret fut un « **verrou** » du domaine royal, près de la frontière de la Champagne, depuis le règne de Louis VI jusqu'au mariage de Philippe le Bel avec Jeanne de Navarre, fille du comte de Champagne (1284), qui éteignit la lutte entre les deux dynasties. Son donjon et son enceinte percée de deux portes perdirent ensuite leur importance stratégique. Dès lors, la résidence royale fut supplantée par Fontainebleau. Les défenses de Moret restèrent toutefois entretenues jusqu'au milieu du 19e s. et la ville close conserva son caractère.

À proximité

CARTE P. 468

St-Mammès B1

À 2,5 km au nord-est de Moret-sur-Loing. De Moret-sur-Loing, bus Comète lignes 3, 6 et 9.

Au confluent de deux rivières, la Seine et le Loing, St-Mammès *(ne prononcez pas le s final)* est un centre de batellerie, avec ses péniches amarrées bord à bord. Le dimanche matin, le marché des quais attire les mariniers et les ruraux des environs.

Montereau-Fault-Yonne C1

À 12 km à l'est de Moret-sur-Loing par la D 606. Liaison SNCF (ligne R) depuis Paris-Gare-de-Lyon. De Moret-sur-Loing, bus Comète ligne 8.

Sa situation, au carrefour de la Brie, du Gâtinais, de la Champagne et de la Bourgogne, destinait Montereau à jouer un rôle d'importance en Île-de-France. Au confluent de l'Yonne et de la Seine, la ville posséda un château dès le 11e s. Halte agréable sur les rives de l'Yonne, elle garde aujourd'hui le souvenir de sanglants épisodes historiques : l'assassinat de Jean sans Peur en 1419 puis, en 1814, les derniers combats de Napoléon contre les Prussiens et les Autrichiens, avant que Paris ne capitule.

Collégiale N.-D.-et-St-Loup – À proximité du confluent, la collégiale est un vaste édifice où se mêlent les styles gothique, flamboyant et Renaissance dûs à une construction étalée du 13e au 16e s. Le portail à vantaux sculptés, de style Renaissance, abrite une Vierge à l'Enfant du 14e s. La nef, flanquée de deux collatéraux, ne manque pas de majesté ; remarquez dans le collatéral droit de belles clés de voûte pendantes Renaissance et une Mise au tombeau, peinture de 1650 attribuée au frère Luc, de la congrégation des Récollets. Notez aussi, sur le cinquième pilier de la nef centrale, l'épée suspendue qui aurait appartenu à Jean sans Peur.

Musée de la Faïence – *2 pl. René-Cassin - ✆ 01 60 57 22 26 - www.ville-montereau77.fr - sur réserv. uniquement vend.-sam. 10h-12h, 14h-18h - gratuit).* Aménagé dans l'ancien hôtel des Postes, ce musée rappelle la place qu'a tenue Montereau dans la production de la faïence en France durant tout le 19e s. Vingt-cinq vitrines, contenant plus de 400 pièces produites entre 1750 et 1955, permettent de suivre l'évolution au sein de cet art des formes et des décors. Une salle du musée est consacrée à la bataille du 18 février 1814 : une maquette de plus de 3000 figurines rappelle la scène du combat, rendue vivante par une reconstitution sonore. Costumes d'époque et documentaire sur la ville au 19e s.

Prieuré St-Martin – *Prenez la D 403 en direction de Provins, puis la rue du Président-Allende à gauche et la rue du Prieuré-St-Martin.* Une église fut fondée en 908 à l'emplacement d'un cimetière mérovingien, et des sarcophages furent utilisés pour sa construction. Le chœur surélevé, du 11e s., possède une voûte romane soutenue par trois arcs en plein cintre. La nef a été remaniée aux 13e et 15e s. La porterie conserve une colonne du 13e s. et des départs d'arcs matérialisant les anciennes voûtes.

★ **Panorama** – *Gagnez la ville nouvelle de Montereau-Surville. Suivez l'avenue rectiligne jusqu'à la cité scolaire. À pied, contournez les clôtures du lycée.* Vous atteignez le rebord de la colline boisée et les deux ronds-points panoramiques, vestiges des terrasses du château disparu de Surville. Vue sur la ville, les ponts et la collégiale. Sur la pointe du confluent, un couvert d'arbres masque la statue équestre de Napoléon. Sur le second rond-point, une **dalle commémorative** rappelle les paroles restées fameuses de l'Empereur, le jour de la bataille : « Le boulet qui doit me tuer n'est pas encore fondu. »

Donnemarie-Dontilly C1

À 17 km au nord-est de Moret-sur-Loing par la D 403. Depuis la gare SNCF de Montereau-Fault-Yonne ou depuis Provins, bus ligne 7 (peu fréquent).

Ce bourg très étendu se dissimule dans un repli du Montois, région de collines assez boisée marquant la retombée du plateau de la Brie, au sud-est, sur la vallée champenoise de la Seine. Construite au 13e s., l'**église N.-D.-de-la-Nativité** apparaît, majestueuse, à flanc de pente, dressant son clocher à près de 60 m de hauteur. Intérieurement, cette église gothique est ceinturée par un triforium. La lumière y pénètre surtout par les baies du chevet plat et par la grande rose ; quelques vitraux en médaillon de la couronne intermédiaire remontent aux 12e-13e s.

Au nord de l'église, deux élégantes galeries du 16e s. délimitaient un cimetière. Une chapelle termine la galerie nord. Il s'agirait d'un ancien « charnier ».

Bray-sur-Seine C1

À 26 km à l'est de Montereau par la D 411.

Ce port, au bord de la Seine, est entouré par des promenades de tilleuls. Les anciennes halles, rue Taveau, conservent leur charpente de châtaignier (1842). Dans la Rue-Grande et la rue du Minage, on remarque de belles maisons à colombages.

La **collégiale N.-D.-et-Ste-Croix★**, construite en 1165 sur les ruines d'une ancienne église brûlée en 978, fut consacrée en 1171 par Guillaume de Champagne, archevêque de Sens, et remaniée par la suite (portail Renaissance, clocher du 17e s.). La nef est bordée par 12 colonnes de style roman. Le chœur (12e s.) comporte des clés sculptées. De gauche à droite, et de l'entrée vers le fond, on distingue : une colombe, le visage du doyen du chapitre, un lion, un dragon, un chanoine tirant la langue et le visage de la Vierge.

Circuit conseillé

CARTE P. 468

Entre la forêt et le Loing B1

Boucle de 40 km, tracée en vert sur la carte, au départ de Moret-sur-Loing. Traversez le pont du Loing et tournez à droite dans la D 40.

La route longe le **canal du Loing** *(on vient de dépasser l'écluse d'Écuelles)*, qui descend jusqu'à Montargis, dans le Loiret, où il rejoint le canal de Briare.

Après Épisy, petit bourg aux maisons de pierre blonde, la route traverse les bois avant d'arriver à La Genevraye. Arrêtez-vous au carrefour avant de tourner à droite vers Montigny pour admirer l'**église de Cugny** ; c'est l'église romane de campagne typique *(vous pouvez y monter à pied ou en voiture)*.

Montigny-sur-Loing

Dans ce bourg pittoresque, on s'attarde sur le pont : vue sur l'église perchée, les berges et les îles du Loing aménagées en jardins privés.
Prenez la direction de Bourron-Marlotte, à l'ouest.

Château de Bourron, à Bourron-Marlotte

14 bis r. du Mar.-Foch - ✆ 01 64 78 39 39 - bourron.fr - ♿ - parc lun.-vend. juil. et sept. : 9h-12h, 14h-17h - parc 4 € (5-10 ans 2,50 €).
Construit à la fin du 16e s. sur les vestiges d'une forteresse médiévale, ce château se compose d'un corps de logis entouré de deux ailes en léger retour d'équerre, précédé de deux pavillons bas (écuries). Le style « brique et pierre » et l'escalier en fer à cheval de la façade sud rappellent la cour du Cheval-Blanc de Fontainebleau. Devant la façade nord, un pont tournant donne accès à un autre escalier en fer à cheval. Le parterre sud permet d'apprécier la sobriété et l'harmonie du château ; au nord, la source Ste-Sévère alimentant le Grand Canal ne manque pas de charme. Louis XV vint au château rencontrer son beau-père Stanislas Leszczyński, roi détrôné de Pologne, qui y séjourna.
Faites un crochet au sud à Grez-sur-Loing.

Grez-sur-Loing

Cette petite place fit partie du domaine de plusieurs reines de France. Elle réintégra le domaine de la Couronne en 1478 avant d'être cédée aux ducs de Nemours en 1672.
Église N.-D.-et-St-Laurent – Cet édifice du 12e s. dépendait de l'abbaye St-Jean de Sens. Remarquez le robuste clocher-porche épaulé de contreforts, les culs-de-lampe à figurines, souvent cocasses, aux retombées des voûtes d'ogives.
Tour de Ganne – *La tour ne se visite pas, on peut la voir au plus près en se promenant dans les jardins qui l'entourent.* Vestige de l'ancien château fortifié, cette tour reçut Blanche de Castille et Louise de Savoie, mère de François Ier, qui y mourut en 1531. Ses **jardins**, au bord du Loing, recréent sur 3 000 m² le site tel qu'il se présentait au 19e s. (vergers, murets de pierre, lavoirs...) lorsqu'il fut peint par Corot ou Karl Larsson. À cette époque, de nombreux artistes séjournèrent dans le village : Gauguin, Rodin, l'impressionniste japonais Chou Asai, Balzac, R.-L. Stevenson... Du pont et de la prairie voisine, très belle **vue** sur la rivière, le village et la tour de Ganne.
De retour à Bourron-Marlotte, prenez la direction de Fontainebleau. Au 1er carrefour, tournez à droite vers Champagne-sur-Seine.
Vous êtes sur la **route Ronde**, l'un des plus jolis parcours routiers de la forêt.
Tournez à droite vers Épisy. À Sorques, tournez à gauche.
Avant de rejoindre Moret, vous passez à côté de la **plaine de Sorques**, espace protégé constitué d'étangs où sont aménagés un sentier balisé (interdiction de circuler en dehors de ces sentiers) et deux observatoires.

Carnet pratique

S'informer

Office de tourisme – *4 bis pl. de Samois - Moret-sur-Loing - ✆ 01 60 70 41 66 - www.msl-tourisme.fr.*
L'office de tourisme organise des visites guidées.

Nos adresses

PLAN P. 505

Restauration

Premier prix

7 **La Poterne** – B2 - *1 r. du Pont-du-Loing - ✆ 01 60 96 91 50 - fermé lun.-mar. - crêpes 6/10 €.* Une crêperie avec une vue imprenable sur le Loing de sa jolie terrasse où l'on peut déjeuner dès que le soleil est là.

Budget moyen

4 **L'Eski** – B2 - *8 r. de l'Église - ✆ 01 60 70 86 65 - restaurantleski.fr - fermé dim. lun., mar. et merc. soir. - menu déj. 19,50 €, 23/39 €.* Le fromage est à l'honneur dans ce restaurant de spécialités savoyardes : fondue, raclette, Mont d'or à la truffe. Et si vous n'aimez pas le fromage, cuisse de canard, côte de cochon ou pêche du jour pourront vous satisfaire.

À proximité

Budget moyen

Le Div'20 – *20 r. du Loing - Montigny-sur-Loing - ✆ 01 64 45 76 79 - www.restaurantlediv20.fr - fermé dim.-lun. - menu déj. 34 €, plat 13/24 €.* Ce discret bistrot contemporain propose une bonne cuisine inventive, comme le prouve thon avec meunière de câpres, espuma de patate douce et melon snacké. On fait le plein de goûts et de saveurs, avec d'autant plus de plaisir que le service est efficace et chaleureux.

Pour se faire plaisir

La Croix Blanche – *2 pl. du Marché - Donnemarie-Dontilly - ✆ 01 64 60 67 86 - www.restaurant-croixblanche.fr - fermé lun. soir, mar. soir, merc. et dim. soir - formules déj. en sem. 26,50/29,50 €, menus 43/65 €.* Aucun doute, vous allez marquer votre passage dans ce restaurant d'une croix blanche ! Le chef met un point d'honneur à n'utiliser que de beaux produits de saison. Dans l'assiette, le goût est au rendez-vous : une bonne adresse.

Shopping

À proximité

Hamette Apiculture – *72 r. Charles-de-Gaulle - Bourron-Marlotte - ✆ 01 64 45 96 29 - www.miel-hamette.com - jeu.-vend. 16h-18h30, sam. 9h-12h30.* Vous découvrirez chez cet apiculteur une gamme variée de miels et de produits à base de miel (galettes, pain d'épices, bonbons… et encaustique) tirés de 1000 ruches disséminées dans le Gâtinais.

L'Autruche rieuse – *1 Grande-Rue - Montmachoux - ✆ 01 60 96 29 49 - www.autrucherieuse.com - tlj sf dim. (et lun. hors déc.) 14h30-19h - visite de l'élevage : les w.-ends d'oct. à 15h - 4 € (avec déj. 20/25 €).* Pour tout connaître sur les autruches, rendez-vous dans l'incroyable exploitation familiale des Robert. La boutique vend des spécialités (terrines, rillettes, civets...), des cosmétiques et des objets artisanaux.

Activités

À proximité

Péniche Eden – *Quai de la République - Samois-sur-Seine - port au Sable, pont de Montcourt - 06 98 89 17 23 - www.penicheeden.com - croisières de 2h ou 3h avec passage d'écluse.* À bord de l'Éden, vous pourrez effectuer une croisière sur le canal du Loing et découvrir autrement cette région.

Nature Loisir Évasion – *92 r. Wilson - Grez-sur-Loing - 06 19 37 43 24 - www.nature-loisir.fr - fermé oct.-avr. - canoë : 42/47 €/1/2 j, 62 €/j - sur RV.* Le Loing peut se découvrir en canoë *(2 pers.)*. Plusieurs parcours sont proposés pour 2, 3, 4 ou 6h.

Tacot des Lacs – *Rte des Chapelottes - Grez-sur-Loing - à 5 km au nord de Nemours par D 40 - 01 64 28 67 67 - tacotdeslacs.free.fr - juil.-août : 14h30 et 16h10; avr.-juin et sept.-oct. : consulter le site - 9 € (3-11 ans 6 €).* Des passionnés de trains à vapeur font revivre la ligne de Grez-sur-Loing. De 1910 à 1965, elle assurait le transport du sable des carrières de Bourron au canal du Loing. Aujourd'hui, c'est une heure de balade dans un site campagnard à la vitesse vertigineuse... de 10 km/h! Visite de la collection de locomotives et de wagons.

Hébergement

Budget moyen

(10) **Le 3 rue Grande** – A1 - *3 r. Grande - 06 86 55 94 65 - www.chambres-hotes-fontainebleau-moret-sur-loing.fr - 2 ch. 85/100 €.* Ces chambres d'hôtes sont idéalement situées sur l'artère principale du village médiéval de Moret-sur-Loing. L'accueil est chaleureux et les chambres bien entretenues, l'une des chambres a d'ailleurs un accès indépendant.

À proximité

Premier prix

Chambre d'hôte M. Gicquel – *46 r. Renée-Montgermont - Montigny-sur-Loing - à 7 km au sud-ouest de Moret-sur-Loing - 06 83 59 02 45 et 01 64 45 87 92 - - 2 ch. 75 €.* Ancienne écurie et cour pavée, nichées au beau milieu d'un village de poche. Les chambres, mansardées, avec poutres apparentes, sont garnies de vieux meubles. Le petit-déjeuner est servi dans une belle salle ouverte sur la cuisine.

Chambre d'hôte Au Grez du Vent – *26 r. Victor-Hugo - Grez-sur-Loing - à 7 km au sud-ouest de Moret-sur-Loing - 01 64 31 05 17 et 06 40 11 78 89 - au-grez-du-vent.business.site - 2 ch. 80 €.* Située à Grez-sur-Loing, village qui a inspiré de nombreux peintres, cette maison de charme au pied de l'église propose deux chambres confortables et lumineuses. Martine Chantoiseau, fine cuisinière, vous accueillera autour d'un excellent repas dans sa jolie demeure.

Gîte La fontaine du Dy – *Écuelles - à 4 km au sud de Moret-sur-Loing - 06 07 68 78 32 - réserv. sur le site des Gîtes de France : www.gites-de-france.com - 3 ch. 100 m² - à partir de 390 €/ semaine.* Premier gîte « Panda » d'Île-de-France, cette maison traditionnelle est située au cœur de la vallée de l'Orvane, zone classée. Le label Panda, décerné par le WWF, a pour critère l'implication pour la protection de l'environnement et l'éco-habitat.

Milly-la-Forêt ★

À la lisière du massif de Fontainebleau, parmi des collines où surgissent des blocs de grès, Milly-la-Forêt fut la résidence de Jean Cocteau qui décora sa chapelle sur le thème des « simples » : en effet, le bourg est un berceau de la culture des plantes médicinales, ayant pour spécialité renommée la menthe poivrée. C'est aussi, pour les randonneurs, le point de départ de balades dans les massifs des Trois-Pignons et du Coquibus.

Lavoir public médiéval à Milly-la-Forêt.
clodio/Fotosearch LBRF/age fotostock

Se repérer

CARTE A1 (P. 468).
4 635 habitants – Essonne (91)
À 60 km de Paris par l'A 6.
RER D, arrêt Maisse puis taxi (6 km, réserv. nécessaire). Une piste cyclable relie la gare à Milly si vous venez avec votre vélo.

À ne pas manquer

La maison de Jean Cocteau ; la chapelle St-Blaise-des-Simples ; Le Cyclop.

En famille

Une promenade sensorielle au Conservatoire national des plantes ; l'écomusée de Boigneville ; Le Cyclop ; le parcours d'aventures Atout Branches.

Carnet pratique p. 517

Nos adresses p. 517

Visiter

Conservatoire national des plantes à parfum, médicinales, aromatiques et industrielles

Rte de Nemours - ✆ 01 64 98 83 77 - www.cnpmai.net - ♿ - tlj sf lun. juil.-août : 10h30-12h30, 14h-18h30 ; avr.-juin et sept. : mar.-dim. 14h-18h ; oct. : w.-end 14h-18h - fermé nov.-mars - 8 € (13-17 ans 6,50 €) - 9 € billet combiné avec le Chapelle St-Blaise-des-Simples.

En lisière de forêt, ce conservatoire (4 ha) cultive près de 1300 espèces et variétés de plantes utilitaires, participe à leur conservation génétique et fournit les professionnels. Le séchoir (19e s.) présente « L'Odyssée du végétal ». Ce parcours audioguidé, avec bornes, vidéo et jeux interactifs, permet de découvrir les relations et interactions entre les plantes et les hommes. Une collection de vieux outils spécialisés complète l'exposition.
Dehors, la promenade se fait à travers une mosaïque de parcelles regroupant les plantes selon divers parcours thématiques et origines géographiques. Vous découvrez ainsi les plantes médicinales, aromatiques, tinctoriales (pastel, garance), textiles (lin), insecticides, à parfum (belle collection de lavandes), pour la liquoristerie (génépi), les condiments, les plantes aquatiques ou de terre de bruyère, les toxiques, et enfin, le jardin médiéval des « simples » (sauge officinale, carvi) et celui des plantes rares et protégées. Sentez les parfums de la lavande-citron, de la verveine odorante ou du thym-citron... puis humez les odeurs plus exotiques dans la serre des plantes tropicales (vétiver, cannelle, camphrier, aloès, myrte...) avant de passer par la pépinière, si vous voulez choisir quelques plants ou graines pour votre jardin. Visites thématiques, ateliers, boutique de produits artisanaux, librairie spécialisée.

★ Chapelle St-Blaise-des-Simples

À la sortie de la localité, sur la rte de La Chapelle-la-Reine - R. de l'Am.-de-Graville - ✆ 01 64 98 84 94 - www.chapelle-saint-blaise.org - ♿ - tlj sf mar. juil.-août : 10h-12h30, 14h-18h, lun. 14h-18h ; mai-juin : fermé aussi lun.-mar. ; reste de l'année : consulter le site - fermé nov.-fév. - 3 € (-10 ans gratuit) - 9 € billet combiné avec le Conservatoire National des Plantes CNPMAI.

Cette chapelle faisait partie, au 12e s., de la maladrerie de St-Blaise, destinée à soigner les lépreux. En 1959, les murs ont été offerts au talent de **Jean Cocteau** (1889-1963), hôte de Milly à partir de 1947. Il la décora d'images de « simples » (menthe, valériane, renoncule, aconit...) et dessina, au-dessus de l'autel, un très beau Christ aux épines et une vaste fresque illustrant la Résurrection du Christ. Dans la lumière diffusée à travers les vitraux dessinés par le poète-académicien, vous pourrez voir aussi son buste, réalisé par le sculpteur allemand Arno Breker, et sa tombe qu'il partage avec son compagnon Édouard Dermit (1925-1995) ; sur

Les simples de Milly

Dans les années 1950, Milly était la première région de production de plantes médicinales en France. Plus de 150 producteurs herboristes y cultivaient la belladone, la camomille ou la digitale. Aujourd'hui, on y produit surtout des herbes pour la cuisine : cerfeuil, ciboulette, thym, origan, sans oublier la « menthe poivrée de Milly », cultivée ici depuis le 10e s. Un **marché de l'Herboriste** se tient début juin, sous la halle de Milly.

la dalle sont gravés ces mots : « Je reste avec vous. » à l'extérieur, un petit jardin rassemble des plantes médicinales courantes ; s'y trouve aussi la cloche qui sonna de 1479 à 1926 l'ouverture et la fermeture des marchés.

La Halle

Marché le jeudi après-midi. Place du Marché s'élève une **halle** de 1479, entièrement en bois de chêne et de châtaignier, avec ses 48 piliers et une toiture à double rampant qui descend presque à terre. Par la rue Jean-Cocteau, on rejoint la rue du Lau qui se termine en cul-de-sac devant une double porte romane, flanquée de deux tourelles à demi engagées dans une bâtisse de style Louis XIII : l'ancienne maison du Gouverneur fut la maison de Jean Cocteau de 1947 jusqu'à sa mort, en 1963.

Maison de Jean Cocteau

15 r. du Lau - ✆ 01 64 98 11 53 - www.maisoncocteau.com - ♿ - ouv. en sais. : visite guidée sur réserv. jeu.-dim. 11h-17h - 9,50 €.

Jean Cocteau acheta cette maison en 1947 avec Jean Marais. Après le succès de *La Belle et la Bête*, constamment sollicité, il avait besoin d'un nouveau cadre pour vivre et créer en paix. Sa maison est située au pied du château de La Bonde, dont elle est une ancienne dépendance. On peut admirer les anciennes fortifications depuis le ravissant jardin. On entre par l'ancienne cuisine et on visite grand salon, chambre et bureau. La décoration, avec ses photos punaisées, est restée inchangée : tentures léopard, lit à baldaquin, objets insolites - dent de narval, cheval de manège... Extraits de films, photos et dessins entraînent le visiteur dans l'univers fantastique de cet artiste multiple, écrivain, cinéaste, dessinateur. Les autres salles de la maison sont utilisées pour des expositions temporaires. Cocteau vécut ici jusqu'à sa mort, avec son nouveau compagnon, Édouard Dermit, surnommé Doudou, et rencontré après sa séparation d'avec Jean Marais.

Espace culturel Paul-Bédu

8 bis r. Farnault - ✆ 01 64 98 75 52 - www.milly-la-foret.fr - ♿ - tlj sf lun.-mar. 14h-18h (oct.-mars 17h) - fermé de mi-déc. à déb. janv. - gratuit.

Situé en face de la mairie, il accueille, outre des expositions temporaires, les objets d'art et petits tableaux (fin 19e s. - déb. 20e s.) rassemblés par Paul Bédu (1882-1956) dont la famille était originaire de Milly : portraits et paysages de multiples artistes, dont Marie Laurencin. Ne manquez pas la toile du dénommé Boronali, présentée au Salon des indépendants en 1910 – un canular dont l'auteur n'était que l'âne Lolo, pensionnaire du Lapin Agile, le cabaret de Montmartre ! À l'époque, la critique n'y vit que du feu... À cette belle collection s'ajoute le legs de M. Butt, un antiquaire allemand : lithographies, dessins et céramiques de Cocteau.

★ Le Cyclop

Sortez de Milly par la D 837 en direction d'Étampes. Empruntez le chemin fléché à droite jusqu'au parking.

✆ 01 64 98 95 18 - www.lecyclop.com - visite guidée (45mn) juil.-août : tlj sf lun.-mar. 10h30-18h30 ; avr.-juin et sept.-oct. : w.-end 10h30-18h30 - 9 € (-18 ans 6 €)

Attention : les enfants de moins de 8 ans, même accompagnés, ne peuvent pas accéder au Cyclop.

Au cœur de la forêt de Milly, cette sculpture démesurée fut entreprise dès 1969, de façon presque clandestine, par **Jean Tinguely** et **Niki de Saint-Phalle**, réunissant dans une œuvre collective des artistes de quatre mouvements artistiques (Dada, Nouveau réalisme, Art cinétique et Art brut). La sculpture fut offerte à l'État en 1987 ; elle fut achevée par Niki deSaint-Phalle en 1997. Cette tête gigantesque de 22,5 m de haut, façonnée avec plus de 300 tonnes d'acier, est recouverte par des milliers de miroirs et des rouages qui tournent et s'entrechoquent. Elle est coiffée d'un grand bassin reflétant le bleu du ciel, en hommage à Yves Klein. On peut pénétrer dans le labyrinthe qu'elle abrite, étrange univers avec ses compartiments multiples, ses cabinets et recoins mystérieux, desservis par un dédale d'escaliers et de passerelles. On y découvre les œuvres insolites d'une quinzaine d'artistes à qui Tinguely avait réservé un espace dans sa sculpture : Arman, Bernard Luginbühl, Eva Aeppli, César, Larry Rivers, Giovanni Podesta...

À proximité

CARTE P. 468

Boigneville A1

À 11 km au sud de Milly par la D 1, puis la D 449.

Église N.-D.-de-l'Assomption – *Accès par l'écomusée.* Ce village du Gâtinais possède l'une des plus grandes églises du département. Construite à la fin du 12e et au début du 13e s., elle retient surtout l'attention du fait des peintures (1677) de sa **crypte★**. Cette dernière, probablement oubliée, fut découverte au 17e s. par Gabriel Estancelin, alors curé de la paroisse, qui décida de la faire recouvrir de fresques relatant la vie de la Vierge. Au moment de la découverte et du déblaiement de la crypte, encombrée d'immondices, fut mise au jour la pierre tombale de la Dame de St-Val (14e s.).

Écomusée – *8 bis pl. de l'Église - 01 64 99 40 07 - www.parc-gatinais-francais.fr - ♿ - fermeture temporaire, se rens.* Installé dans une ancienne grange, il a pour vocation de présenter les modes de vie, les contextes historique, culturel et naturel d'une commune rurale depuis le début du siècle. Au 1er étage, remarquez une très belle **collection d'affiches** de propagande datant de la Seconde Guerre mondiale.

★★ Domaine de Courances A1

À 5 km au nord de Milly par la D 372.

13 r. du Château - 01 64 98 07 36 - www.courances.net.

ABC d'architecture p. 592.

Profitez du salon de thé La Foulerie.

Château – *visite guidée uniquement (50mn) avr.-juin et sept.-oct. : w.-end 14h30-17h30 : 12 €, avec l'accès au parc (7-18 ans 10 €) - fermé juil.-août.* Construit vers 1630, le château fut remanié au 18e s. Il est un exemple imposant du style Louis XIII : initié avec une certaine austérité sous le règne d'Henri IV, ce style aux formes multiples témoigne d'influences italienne et flamande. Sa véritable originalité réside dans la juxtaposition de panneaux de brique, de couleur foncée, et de pierre beige ou blanche, ainsi que dans la symétrie rigoureuse des corps de bâtiments. La décoration sculptée est très réduite, sinon supprimée. Les lignes de l'édifice sont d'une grande simplicité. La façade d'entrée a été ornée, au 19e s., d'une imitation de l'escalier du Fer à cheval de Fontainebleau. En 2010, trois lucarnes monumentales ont été reconstruites sur le toit pour en rééquilibrer l'aspect. Des douves, demeurées en eau, sertissent l'édifice. De la terrasse sud, on découvre la perspective du parc. Parmi les salons, salles basses et annexes, on retient surtout la salle à manger d'angle avec ses boiseries de noyer et ses assiettes décoratives, mais aussi la galerie des Singes ainsi dénommée en raison de ses trois tapisseries du 16e s.

★★ Parc – *Avr.-oct. : w.-end 14h-18h - parc seul : 9 € (7-18 ans 7 €).* Créé par **Cosme Clausse**, le parc, rare vestige d'un style paysager méconnu du 16e s., fut réaménagé plusieurs fois par les propriétaires successifs, et doit sa beauté à la présence

Le jardin anglo-japonais du château de Courances.
Julesru/Getty Images Plus

maîtrisée des eaux de l'École (17 bassins) et de ses 14 sources disséminées dans les jardins. L'ensemble crée une atmosphère unique et romantique : les vastes tapis verts sont bordés par de hauts alignements d'arbres non taillés dont les branches se penchent et se reflètent sur les pièces d'eau ; des gueulards à tête de monstres crachent l'eau des sources par un habile aménagement de niveaux ; des statues se dévoilent çà et là au détour des pièces d'eau de formes variées ; de vastes perspectives trouent l'écrin boisé du jardin d'eau...

Devant le château, l'allée bordée de platanes est doublée de deux canaux de dérivation. Côté parc, le château donne sur des parterres de buis dessinés par le paysagiste **Achille Duchêne** en 1908. Une allée mène au Grand Canal de 600 m où coule l'École. Une autre, perpendiculaire, longe les cascatelles des « Nappes » et mène au parterre d'où l'on a une belle perspective sur le château se reflétant dans le « Miroir », pièce d'eau rectangulaire creusée au 18e s.

Avant de revenir à la grille, tournez à droite, à hauteur du château, vers les ruines d'un ancien moulin à foulon (le foulon servait au dégraissage des étoffes). Sur la gauche, du haut d'un remblai, vous pourrez visiter un **jardin anglo-japonais**, créé au début du 20e s. : arbres rares et jeux de couleurs, avec en fond de décor, un ancien moulin à chanvre transformé en **salon de thé**.

Non loin, un jardin tranquille et mystérieux a été aménagé dans les sous-bois.

Carnet pratique

S'informer

Office de tourisme – *47 r. Langlois - Milly-la-Forêt - ✆ 01 64 98 83 17 - http://millylaforet-tourisme.com.* L'office de tourisme a mis en place un **circuit pédestre** de 3 km dans la ville, avec panneaux explicatifs *(demandez le dépliant).*

Parc naturel régional du Gâtinais français – *20 bd du Mar.-Lyautey - Milly-la-Forêt - ✆ 01 64 98 73 93 - www.parc-gatinais-francais.fr - lun. mar. jeu. vend. 9h-13h, merc. 14h-18h, fermé sam. et dim.* Le Parc a pour objectif de protéger et valoriser le patrimoine naturel et culturel, d'aider au développement économique en respectant l'environnement de revitaliser les villages. *Animations touristiques (voir le site Internet), guide touristique sur le territoire du Parc (14,90 €).*

Pass Tourisme

Il donne accès au Conservatoire des plantes, à la chapelle St-Blaise-des-Simples, au parc du château de Courances, et au Cyclop (avec supp.). *13,50 €.*

Nos adresses

Restauration

À Noisy-sur-École

Budget moyen

Auberge d'Auvers Galant – *7 r. d'Auvers - à 4 km au sud de Milly-la-Forêt par D 948 - ✆ 01 64 24 51 02 - www.aubergedauversgalant.com - fermé lun. et mar. - formule déj. en sem. 27,50 €, menus 32,50/39,50 €, plat 18/28 €.* Rien à redouter de ce Galant-là : posté à l'orée de la forêt de Fontainebleau, c'est en tout bien tout honneur qu'il vous propose une halte, au coin du feu dans la salle à manger rustique en hiver, et dans la cour fleurie en saison. Recettes traditionnelles (dont les rognons de veau).

Shopping

Marché – Le marché de l'Herboriste se tient début juin, mais vous trouverez toute l'année, le jeudi après-midi, des herbes et plantes médicinales au marché de Milly, sous sa fameuse halle en chêne.

Le Pavé de la Halle – *4 pl. du Marché - ✆ 01 64 98 81 55 - 6h30-19h30 - www.jeandrepierre.wix.com/jplpdlh91 - fermé merc. et jeu.* À découvrir, le « pavé de la halle » est un genre de quatre-quarts aux fruits finement hachés, parfumé au cherry et recouvert de pâte d'amande. Goûtez aussi les seigles feuilletés qui, comme toutes les gourmandises proposées, sont des produits maison.

L'Herbier de Milly – *16 pl. du Marché - ✆ 01 64 98 92 39 - www.herbier.com - fermé lun.* Une herboristerie familiale depuis 4 générations où vous pourrez déguster des spécialités du Gâtinais, dont la menthe poivrée de Milly, et plusieurs sortes de miels, de sirops et de liqueurs. Un conseil : la visite du jardin médicinal de l'Herbier de Milly sera une très agréable pause, à partir du mois de mai.

Millymenthe – *35 pl. du Marché - ✆ 01 64 98 80 87 - www.millymenthe.fr - fermé lun.* Plantes médicinales et aromatiques, spécialités de Milly (menthe poivrée, fourrées miel, citronnelle, anis, angélique, verveine, etc.), thés nature et parfumés, miels de la forêt de Milly... Vous n'aurez que l'embarras du choix dans cette herboristerie qui a monté son « tisanes-bar ».

Activités

Parcours Atout Branches – *Rte de Boutigny - ✆ 06 72 46 86 44 - www.atoutbranches.com - avr.-oct. : calendrier sur le site Internet (généralement w.-end 10h-19h et sem. 13h-19h) - fermeture caisse 16h30, dernier départ 18h - 24 € (enf. 1,20/1,40 m 16 €).* Affrontez les tyroliennes, ponts de singe et sauts de Tarzan, sur 11 circuits dans les arbres de difficulté croissante.

Hébergement

À proximité

Premier prix

Le Clos de la Croix Blanche – *9 r. du Souvenir - Moigny-sur-École - à 3,5 km au nord de Milly-la-Forêt - ✆ 06 76 95 56 87 - www.compagnie-des-clos.com - - 4 ch. 67 € - table d'hôte 20 €.* De hauts murs d'enceinte protègent cette belle maison en pierre ordonnée autour d'un jardin aux essences variées. Chambres décorées avec soin, bénéficiant d'un calme absolu. Salle des petits-déjeuners aménagée dans l'ancien poulailler. Piscine de mai à octobre.

Maison de Jean Cocteau.
S. Grandadam/age fotostock

Larchant ★

Situé au creux d'une cuvette boisée, Larchant se reconnaît à la grande tour brisée de l'église St-Mathurin, une église gothique où affluèrent longtemps les pèlerins... Ce site charmant, à la lisière d'un massif annexe de la forêt de Fontainebleau, est bien connu des passionnés de varappe. Ici, dans un chaos gréseux, se dresse la Dame-Jouanne, le plus haut rocher d'escalade aux environs de Paris : 15 mètres !

Se repérer

CARTE B2 (P. 468).
681 habitants – Seine-et-Marne (77)
À 72 km de Paris par l'A 6.
Liaison SNCF (ligne R) de Paris-Gare-de-Lyon arrêt Nemours ; Larchant se trouve à 13 km.

À ne pas manquer

L'église St-Mathurin et son portail du Jugement dernier ; les belvédères sur Larchant dans le massif de la Dame-Jouanne.

Nos adresses p. 521

Visiter

Association culturelle de Larchant – 2 pl. Pasteur - Larchant - 06 48 10 83 10 - www.larchant.com.

★ Église St-Mathurin

Pl. du Pilori. Selon la légende, saint Mathurin serait né ici vers 250. Ayant sauvé miraculeusement la fille de l'empereur Maximilien, ses reliques, rapportées à Larchant, furent l'objet d'une grande vénération : on l'invoquait pour la délivrance des possédés et des fous. C'est en son honneur que fut construite la basilique, lieu de pèlerinage où sont venus jusqu'au 17e s. presque tous les rois de France : Charles IV le Bel, Louis VI, Charles VIII, François Ier, Henri III, Henri IV... Construite à la fin du 12e s. par le chapitre de Notre-Dame de Paris pour un pèlerinage à saint Mathurin, l'église fut incendiée en 1568 pendant les guerres de Religion. Sa tour s'écroula en partie en 1675.

Portail du Jugement dernier – Datant du 13e s., il donne accès à la partie ruinée de la nef. À sa composition, on remarque l'influence de Notre-Dame de Paris : le Christ, au centre, domine les autres personnages. Deux anges l'entourent, portant la lance et les clous de la Passion. La Vierge et saint Jean sont agenouillés à gauche et à droite des anges. Au tympan, la Résurrection des morts est une copie de l'ancienne sculpture, très dégradée, déposée à l'intérieur de l'église. Dans les voussures, on reconnaît saint Jean-Baptiste avec l'agneau et Moïse portant les Tables de la Loi. Dans les ébrasements apparaissent de gauche à droite cinq statues-colonnes : saint Jacques (panetière ornée de coquillages), saint André (la croix – la disposition en X de la croix n'apparaît pas encore), saint Pierre (un livre), saint Paul (livre et glaive) et saint Étienne (un pavé de la lapidation à la main).

Sur le flanc sud, au-dessus du bâtiment de la sacristie, on voit trois étages de fenêtres grillagées. Suivant une tradition romantique, ces locaux servaient d'asile aux fous dangereux, dont on espérait obtenir la guérison lors des pèlerinages. Plus vraisemblablement, ces salles abritaient les archives et le trésor.

Intérieur – *Entrez par le portail sud du transept.* Seuls le chœur, l'abside et la chapelle de la Vierge ont conservé leurs voûtes. Les deux étages de fenêtres confèrent à l'abside une harmonie que viennent accentuer les fines colonnes décollées du mur. On peut imaginer la luminosité du vaisseau, lorsque 46 baies l'éclairaient.

Chapelle de la Vierge – Édifiée vers 1300, elle se greffe sur le croisillon nord. Peu large et peu profonde mais très élancée, témoin de la pleine époque gothique, elle s'ouvre sur le transept par deux arcades très décoratives, surmontées chacune d'un gâble.

À proximité

CARTE P. 468

Marais de Larchant B2

Au nord-est de Larchant - rens. auprès de l'Association de la réserve naturelle du marais de Larchant - 06 30 39 67 92 - www.maraisdelarchant.fr - le marais ne peut se visiter qu'en de rares occasions et sur réserv. obligatoire (le w.-end, voir calendrier sur le site Internet), avec un guide (10 pers. mini).

Larchant abrite l'un des derniers marais de Fontainebleau. Ailleurs, la main de l'homme a beaucoup asséché les zones humides, comme le marais d'Érisy près du Loing. Aujourd'hui, le marais de Larchant, situé au fond d'un « golfe », est une réserve naturelle (123 ha) où les oiseaux nichent parmi les saules et les peupliers : butor étoilé, blongios nain, râle d'eau, busard des roseaux…

★ Massif de la Dame-Jouanne B1

À 3 km au nord par le chemin carrossable de Recloses, signalé « Dame-Jouanne » au départ de Larchant, puis 1h à pied AR.

Le chemin laisse à droite le chalet Jobert aussi appelé Auberge de la Dame Jouanne, un café-restaurant qui sert de point de ralliement aux randonneurs et aux grimpeurs (*p. ci-contre*). Il monte, toujours sous bois, vers le plateau. Peu après un virage prononcé à droite, laissez votre voiture à l'entrée d'un grand pré pénétrant en coin dans les taillis, à droite.

Suivez le chemin tracé dans le pré et entrez dans le bois : à une patte-d'oie, continuez tout droit. En fin de descente, le sentier débouche sur une platière dénudée ; traversez-la en gardant sensiblement la même orientation. Vous rejoignez alors le sentier balisé GR 13 *(marques rouge et blanc)* que vous prenez à

Larchant, rocher de la Dame-Jouanne.
P. Escudero/hemis.fr

droite. Le sentier se rapproche des escarpements des rochers d'escalade dont vous dominez les voies de « sortie ». Ici, tous les niveaux de difficultés coexistent : des premières prises pour les enfants jusqu'aux blocs les plus difficiles. Certains bancs rocheux du massif, près du sentier, offrent de superbes **belvédères★** sur Larchant : au-delà de la forêt, on distingue l'église St-Mathurin et une ancienne carrière de sable.

En sens inverse, ne manquez pas la bifurcation du sentier de retour.

Nos adresses

Restauration

Budget moyen

Auberge de la Dame Jouanne – *Rte de la Dame-Jouanne - ✆ 01 64 28 16 23 - www.ladamejouanne.fr - fermé vend. midi et sam. midi- plat 16/26 €.* Cette adresse en pleine forêt constitue une pause idéale pour les randonneurs. Salades, tête de veau ou entrecôte servis en terrasse aux beaux jours. Cuisine plus élaborée le soir.

Shopping

À proximité

La Gâtine – *6 hameau de Pilvernier - Mondreville - ✆ 06 71 92 98 23 - www.biere-la-gatine.fr - visite sur RV.* Si vous aimez la bière, rendez-vous à Mondreville pour une dégustation de Gâtine blonde, ambrée ou blanche et pour tout apprendre sur cette bière issue de l'orge de ce terroir.

Hébergement

À proximité

Budget moyen

Chambre d'hôte La Cerisaie – *10 r. de Larchant - Villiers-sous-Grez - à 6 km au nord-est de Larchant par D 116 rte de Nemours et rte secondaire - ✆ 06 66 22 65 92 ou 01 64 24 23 71 - www.cerisaie.fr - ⊭ P - 4 ch. 80/85 €* ☕. Vous tomberez vite sous le charme de cette ferme du 19e s. remarquablement restaurée. Ses chambres personnalisées portent des noms évocateurs : Photographe, Orientale, Voyageur et Suite musicale. Accueil chaleureux.

Nemours ★

Entourée de forêts profondes, Nemours, vieille ville historique, est aussi le point de départ idéal pour rayonner dans la vallée du Loing. Les environs de Nemours se situent dans le prolongement géologique du massif de Fontainebleau : accumulations de sable, chaos rocheux et blocs de grès curieusement sculptés agrémenteront vos promenades.

Se repérer

CARTE B2 (P. 468).
13 088 habitants – Seine-et-Marne (77)
À 82 km de Paris par l'A 6.
Liaison SNCF (ligne R) depuis Paris-Gare-de-Lyon.

En famille

Le chateau-musée ; le musée de Préhistoire d'Île-de-France ; la visite de la chocolaterie Des Lis Chocolat et le parc Nolimit Aventure.

Nos adresses p. 525

Visiter

28 r. Gautier-Ier - 01 64 28 03 95 - www.tourisme-paysdenemours.fr.

Château-Musée

Accès par un portail du 18e s., R. Gautier-Ier - 01 64 28 27 42 - www.nemours.fr/chateau-musee - tlj sf lun.-mar. 10h-12h30, 14h-18h, dim. 14h-18h - fermé fin déc.-déb. janv. - 5 € (-19 ans gratuit). Ateliers enfants pendant vacances de printemps et d'été.

Testez l'activité immersion en réalité virtuelle, l'occasion de découvrir des espaces du château inaccessibles, comme la tour de guet (à partir de 6 ans).

Situé sur la rive gauche du Loing, le château possède un corps principal flanqué de tours rondes qui remonte aux 12e et 13e s., mais la partie décorative de l'architecture – fenêtres surmontées d'accolades, par exemple – présente les caractéristiques du 15e s. Il est relié au donjon par un mur couronné d'une galerie couverte. Par de vastes salles dont les plafonds « à la française » ont été remis en valeur, on atteint un **oratoire gothique** (v. 1150) aménagé dans une tour.

Ce sont trois personnalités, le sculpteur nemourien Sanson (1833-1910), le peintre Marché (1864-1932) et l'imprimeur en taille douce Artail (1835-1911) qui ont rénové le château et l'ont transformé en musée, ouvert en 1903. Le château accueille aujourd'hui des expositions temporaires : certaines sont consacrées à l'histoire de l'édifice et aux personnalités qui l'ont occupé ou réhabilité, d'autres à l'art et à des travaux d'artistes contemporains.

Église St-Jean-Baptiste

Importants travaux de restauration en cours. Dominée par une flèche élancée, l'église de Nemours date du 16e s., à l'exception de la base de sa tour (12e s.). Son chevet est doté de chapelles rayonnantes très saillantes. Les voûtes décoratives de la nef, surélevée au 17e s., montrent des nervures et des clés en bois. Sur le plus gros pilier du chœur, à gauche, une inscription commémore le passage du pape Pie VII, en route pour Fontainebleau, le 25 novembre 1804. Derrière l'autel se trouve une pietà en bronze de Justin Chrysostome Sanson (1870), elle lui a valu le Grand Prix de Rome en 1861.

★ Musée départemental de Préhistoire d'Île-de-France

À l'est de la ville, sur la route de Sens ; on peut s'y rendre en bus (ligne 5) depuis la gare : arrêt à la cité scolaire (fréquence des bus dépendante du rythme scolaire). 48 av. Étienne-Dailly - ✆ 01 64 78 54 80 - www.musee-prehistoire-idf.fr - ♿ - tlj sf. merc. matin et sam. matin 10h-12h, 14h-17h30 (18h en juil.-août) - 5 € (-18 ans gratuit).

Un bâtiment en béton brut accueille ce musée aménagé à l'orée de la forêt de Nanteau, au centre d'une des régions d'Île-de-France les plus riches en sites préhistoriques et en monuments mégalithiques. Ouvert au pulic en 1981, le musée dispose de plus de 2 millions d'objets provenant principalement de la région Île-de-France dont seulement 3 400 sont présentés dans les collections permanentes. La sélection, intelligente et didactique, montre l'évolution de nos ancêtres depuis l'arrivée des premiers hommes sur le bassin parisien jusqu'à l'âge du fer. En plus d'expositions temporaires, le musée propose deux circuits de visite, le circuit principal (salles 1 à 7) et un circuit d'approfondissement (numéroté en bis). Après avoir monté la rampe de l'évolution de l'homme, vous découvrez, en guise d'introduction, la reconstitution du chantier de fouilles d'Étiolles, dans l'Essonne. Les salles se répartissent ensuite autour de puits de nature, reconstitutions de l'environnement naturel dans lequel évoluaient nos ancêtres au cours des différentes périodes préhistoriques : lauriers, mousses, bruyères, noisetiers, cultures d'avoine et d'orge, hêtres...

Les salles du **paléolithique** (600 000 à 9 000 ans av. J.-C.) apportent une vision imagée de la préhistoire régionale. Une reconstitution de stratigraphie montre comment on peut dater des fossiles de plantes en s'appuyant sur l'étude des strates qui se superposent au cours des temps. Un bloc de silex, dont le débitage a donné les plus grandes lames connues au monde (jusqu'à 60 cm), illustre par ailleurs les techniques de fabrication de l'industrie lithique. Les restes d'animaux du passé, comme la molaire de mammouth, attestent d'une période froide. Un moulage de sol du site de Pincevent (important site de fouilles, sur la rive gauche de la Seine, à 7 km au sud-ouest de Montereau) donne lieu à une **présentation audiovisuelle** *(20mn)* sur la vie des populations magdaléniennes.

On découvre la vie des chasseurs et pêcheurs du **mésolithique** (9 000 à 5 000 ans av. J.-C.), avec un ensemble d'objets en bois (pirogue, nasse à anguilles) issus de dépôts bourbeux de Noyen-sur-Seine, et d'outils en silex provenant des sites de Sonchamp, Buthiers et de St-Pierre-lès-Nemours.

Ducs et pairs

Au 12e s., un château fort est élevé près d'un gué du Loing. Des remparts ceinturent l'agglomération qui est très disputée au cours de la guerre de Cent Ans. Devenu comté, puis duché-pairie en 1404, Nemours est donné par les Valois aux plus grands princes du royaume : les Armagnacs, **Gaston de Foix**, la maison de Savoie. (Les pairs de France étaient des grands officiers désignés par le roi. On appelait leur domaine comté-pairie ou duché-pairie.) C'est au château de Nemours qu'à deux reprises, en 1585 et 1588, le roi Henri III essaie de se réconcilier avec les Guises, chefs de la Ligue révoltée contre son autorité. Peu après ces dernières négociations, Henri III fait assassiner le **duc de Guise** à Blois l'avant-veille de Noël. Il sera assassiné à son tour, l'année suivante, par un moine ligueur. Louis XIV ayant donné le duché à son frère Philippe, duc d'Orléans, en 1672, le titre est resté dans cette famille jusqu'à aujourd'hui.

Le député de Nemours

Pierre Samuel Dupont de Nemours (1739-1817) est un économiste de l'école des physiocrates. Ami et disciple de Quesnay, il travaille aux côtés de Turgot et plus tard de Calonne. Sous la Constituante, il siège dans les rangs du tiers état comme député de Nemours. C'est pour éviter d'être confondu avec un homonyme que Samuel Du Pont se fera appeler Dupont « de Nemours ». Royaliste, il doit se cacher, puis partir pour les États-Unis où l'un de ses fils, **Éleuthère-Irénée** (1771-1834), fonda dans l'État du Delaware une fabrique de poudre à l'origine d'une grande société d'industrie chimique et nucléaire.

Les salles du **néolithique** (5000 à 2300 ans av. J.-C.) et des **âges des métaux** (2300 ans à 30 ans av. J.-C.) offrent les témoignages de la vie en village, des occupations agricoles, du goût de la parure et des armes, des rites funéraires. Céramiques et mobilier funéraire (dont un poignard) mis au jour à Châtenay-sur-Seine. Une salle à part contient les vestiges d'une **barque carolingienne**. Exceptionnelle par son âge (834 apr. J.-C.), cette embarcation fut construite à partir d'un tronc d'arbre et faisait environ 14 m de long !

Randonnées

L'office de tourisme vend une carte de la forêt communale indiquant les 7 circuits de randonnée *(30mn à 3h30)* et décrivant 3 circuits balisés.

★ Parc des Rochers Gréau

1h30 à pied AR au départ du parking du stade (par l'avenue d'Ormesson au sud-ouest) ou de l'hôtel de ville de St-Pierre-lès-Nemours (depuis la gare, passez la voie ferrée, tournez à gauche puis traversez le parc de la Rochefontaine).

Du parking, reprenez la route de Nemours sur 100 m ; pénétrez dans le parc des Rochers par un passage entre deux propriétés. De l'entrée, gagnez, en montant légèrement à gauche, le seuil entre les deux rochers *(vieille borne-fontaine et banc) ; par ce sentier, vous passez devant la célèbre « tortue »*. De là, montez à droite.

Si vous partez de la mairie, prenez à droite et poursuivez jusqu'à la petite maison de pierre, c'est alors à gauche. Vous montez par un large chemin partiellement pavé, au rocher de la Grande École. De l'extrémité de l'éperon et depuis les rochers si vous les escaladez, échappées sur la gare de Nemours-St-Pierre. La tempête de 2008 a frappé sévèrement le parc ; les grands pins en portent encore la marque. *Redescendez à la borne-fontaine. Poursuivez, en descendant plus légèrement, à droite.*

Arrivé en terrain plat, entre la borne et l'abri, prenez à gauche le sentier marqué de deux lignes blanche et rouge (GR 13) qui s'enfonce dans les bois. Il monte au rocher Plat, dont la table supérieure est ombragée de grands pins. Vous pouvez redescendre en suivant le sentier, mais la pente est rude et glissante.

★ Rochers de Nemours

Cette formation marque le dernier prolongement, au sud, des grès de Fontainebleau. Le sentier balisé GR 13 traverse la plupart des massifs ; s'y associent des variantes permettant de boucler des circuits de « petite randonnée ».

Nos adresses

Restauration

Terrasse du Moulin
De Pâques à octobre, bars et restaurants installent leurs terrasses au bord du Loing au niveau du Moulin de Nemours : Crêpes, glaces, restauration légère, et les week-ends, animations et concerts.

Budget moyen

O Forum – *39 pl. de la République - 01 86 26 43 65 - www.restaurantoforum.fr - fermé dim.-lun. - service continu 9h-19h - formules 17/22 €.* Une cuisine maison d'excellente qualité proposée par des patrons très pointilleux sur la provenance des produits, pour la plupart bio. Et tous les jours, une proposition végétarienne.

L'Écu de France Gourmet – *5-7 r. de Paris - 01 64 78 98 34 - fermé le soir - formule déj. 15 €, menu déj. 25 € bc, plat 14/19 €.* Un petit restaurant d'habitués au service rapide. Salle élégante, terrasse couverte et chauffée. Cuisine de brasserie, un peu chère mais de qualité.

Shopping

Marché – *Merc. mat. place de la République et sam. mat. sur le Champ-de-Mars.*

Des Lis Chocolat – *6 r. Louis-Blériot - ZI du Rocher-Vert - 01 64 29 20 20 - www.deslischocolat.com - fermé dim. et lun.* Cette chocolaterie utilise les produits locaux (miel du Gâtinais, sucre de Souppes-Sur-Loing, pétales de la région...) pour la fabrication de ses chocolats et des bonbons au coquelicot de Nemours.

Activités

Nolimit Aventure – *Av. de Stalingrad - 06 12 35 40 50 - www.nolimit-aventure.com - avr.-sept. 10h-19h, oct.-mars 10h-18h - 40/58 € - sur réserv.* Parc aventure dans les arbres avec 12 circuits et plus de 150 ateliers. Paintball (à partir de 12 ans), canoë et tir à l'arc.

Une pénichette amarrée sur le canal de Loing.
P. Escudero/hemis.fr

Château-Landon

La silhouette finement ajourée du clocher fleure bon l'Italie et vous transporte presque en Toscane. Juchée sur son promontoire, cette petite ville ancienne du Gâtinais, berceau de la famille des Plantagenêts, est à découvrir au gré d'une promenade.

La ville et le clocher de l'église Notre-Dame.
H. Lenain/hemis.fr

Se repérer

CARTE B2 (P. 468).

2 947 habitants – Seine-et-Marne (77)
À 103 km de Paris par l'A 6. Abordez plutôt Château-Landon en venant de Dordives, par la D 43 : belle vue sur la ville perchée sur ses anciens remparts.
Liaison SNCF (ligne R) de Paris-Gare-de-Lyon, arrêt Souppes-Château-Landon (situé à Souppes-sur-Loing), puis prenez devant l'office de tourisme la ligne 34 du bus Express de Seine-et-Marne *(horaires sur le site www.transdev-idf.com)* ou ligne 14 du bus STILL jusqu'à Château-Landon.

À ne pas manquer

La vue sur le site depuis la place du Marché ; une promenade le long du Fusain. À Égreville, le jardin-musée Antoine-Bourdelle.

Organiser son temps

Profitez des illuminations le soir *(vend.-dim.)*.

En famille

La base de loisirs à Souppes-sur-Loing.

Carnet pratique p. 529

Nos adresses p. 529

Se promener

Place du Larry

Cette terrasse ombragée donnant sur la place du Marché forme un belvédère sur le front sud de la ville et ses monuments caractéristiques : tour ronde « du Notaire », tour St-Turgal (vestige d'une église romane incorporée dans le mur de défense), et l'ancienne abbaye St-Séverin occupant la pointe de l'éperon fortifié.

Église Notre-Dame

Sa **tour★** ajourée du 15e s., dont les arcades s'ouvrent sur le ciel, constitue le symbole de la petite ville. Prenez du recul, du côté de la place du Marché, pour apprécier l'envolée du clocher au-dessus du chevet roman.

Revenez place du Marché et prenez à gauche la route de Souppes.

Passez devant l'office de tourisme et tournez à droite sur une petite place terminant sur une sorte de balcon. Prenez le petit escalier à droite pour rejoindre la rue Moïse à gauche : vous aurez un bel aperçu de la partie la plus ancienne de la ville. Au bout de la rue, prenez en face un étroit passage en escalier descendant vers la rue du Bas-Larry, puis un autre escalier menant au bord du Fusain. De là, vous pourrez flâner le long de cette agréable petite rivière tout en admirant la ville qui se dresse au-dessus de vous. De nombreux lavoirs et un ancien moulin jalonnent la promenade.

★ Le site

En prenant le chemin vers l'est, vous arrivez à un pont. C'est le meilleur endroit pour apprécier le site défensif de Château-Landon, rehaussé par le vaisseau de pierre de l'**ancienne abbaye St-Séverin**, épaulée de massifs contreforts. La tour et les contreforts de l'abbaye remontent au 13e s. L'abbaye a été restaurée et abrite aujourd'hui une maison de retraite. Des fresques datées du 11e s. ont été retrouvées dans la chapelle : elles illustrent la guérison miraculeuse de Clovis par saint Séverin. Des copies de ces fresques sont visibles dans l'église.

Pour « remonter » dans la ville, faites demi-tour sur le chemin longeant le Fusain, puis empruntez les escaliers et la rue du Bas-Larry à gauche : elle vous permet de rejoindre la place du Larry.

À proximité

CARTE P. 468

Souppes-sur-Loing B2

À 5,5 km au nord de Château-Landon par la D 207. Bus Express 34 ou ligne 14 (réseau STILL) depuis Château-Landon.

67 av. du Mar.-Leclerc - 01 60 55 07 38 - www.souppes.fr et www.tourisme-gatinaisvaldeloing.fr.

En bordure du canal du Loing, Souppes est, comme Château-Landon, connu pour son excellente pierre du pays qui a servi à construire de nombreux monuments. À l'intérieur de l'**église** des 12e-13e s., beau retable en bois du 16e s., copié sur une œuvre du 14e s. provenant de l'**abbaye cistercienne de Cercanceaux** (12e s.). *01 60 55 07 38 - www.tourisme-gatinaisvaldeloing.fr - 6 € (enf. 3 €) - propriété privée - visite commentée (1h30) mars-nov. : 1 sam. par mois - réserv. à l'office de tourisme.*

5,5 km, 1h30 AR. À côté de l'abbaye, un parcours avec panneaux explicatifs a été aménagé dans le marais de Cercanceaux pour une promenade reposante dans un cadre préservé.

Musée du Verre et de ses métiers, à Dordives B2

À 7 km à l'est de Château-Landon par la D 43. Gare SNCF de la ligne Paris- Gare-de-Lyon-Nevers.

12 av. de Lyon - ☏ 02 38 92 79 06 - www.dordives.com - ♿ - fermé, se rens. pour la réouverture.

Les collections de ce musée consacré au verre industriel proviennent essentiellement des verreries de Bagneaux-sur-Loing. On y découvre les verres utilisés dans l'industrie culinaire (collection de biberons, plats, casseroles en verre borosilicate), dans l'optique (des verres de lunettes aux fibres optiques), dans l'électronique et le monde scientifique (verre à usage unique). Vous pourrez juger des progrès réalisés dans les outils, permettant des créations aussi techniques qu'une dalle nucléaire. Sans oublier les vases issus du bousillage, réutilisation artisanale des rejets, et les objets d'art des verreries Daum (Lorraine).

Égreville B2

À 16 km à l'est de Château-Landon par la D 43 puis la D 219. Bus Express 34 depuis Château-Landon.

1 r. St-Martin - ☏ 01 64 29 21 66 - www.tourisme-gatinaisvaldeloing.fr.

Situées au centre de ce bourg agricole du Gâtinais, les **halles** datent du 16e s. et sont dotées d'une imposante charpente en chêne (marché le lun.). Leur façade sud constitue une sorte d'immense pignon de pierre (1638) percé de quatre arcades. Sur la même place, l'**église** (13e-15e s.) est précédée d'un massif clocher-porche. Égreville possède aussi, depuis le 12e s., un **château** *(ne se visite pas)* qu'Anne de Pisseleu, favorite de François Ier, fit reconstruire au 16e s. Il fut habité par le compositeur **Jules Massenet** (1842-1912) à la fin de sa vie.

★ **Jardin-musée départemental Antoine-Bourdelle** – *À la sortie nord-ouest d'Égreville (D 58 en direction de Remauville) - 1 r. Dufet-Bourdelle - Le Coudray - ☏ 01 64 78 50 90 - www.musee-jardin-bourdelle.fr - ♿ - avr.-oct. : tlj sf lun.-mar. 10h30-13h, 14h-18h - 5 € (-18 ans gratuit).* Ce « jardin » de près de 7 000 m² fut aménagé entre 1966 et 1973 par Michel Dufet, artiste-décorateur qui avait épousé Rhodia, la fille du sculpteur. Il sert d'écrin à 56 statues de bronze créées par **Antoine Bourdelle** (1861-1929), parmi lesquelles on retrouve l'**Héraclès archer**★★, le *Centaure mourant*, *Pénélope*, *Sapho* ou encore l'imposant *Monument au général Alvear*. Sur la façade arrière de la maison (une ancienne ferme briarde) sont plaqués *Les Muses accourant vers Apollon*, reliefs exécutés pour la décoration du théâtre des Champs-Élysées, le tout agencé par Michel Dufet dans un esprit très Art déco.

Mondreville B2

À 7 km à l'ouest de Château-Landon par la D 43. Bus ligne 12 (réseau STILL) depuis Château-Landon.

Mondreville fait partie des villages du Gâtinais qui offrent des églises simples et rustiques, bâties suivant un plan identique : nef unique, abside semi-circulaire, clocher à toit en bâtière flanquant le côté sud. Elles sont précédées de porches en pierre évidés d'une galerie d'arcatures et couverts d'un toit à pente unique. La charmante silhouette de la petite **église** de Mondreville, avec son clocher dominant un chevet semi-circulaire, est complétée par un beau **porche**★ roman, percé aussi de baies sur ses faces latérales.

Beaumont-du-Gâtinais A2

À 18 km à l'ouest de Château-Landon par la D 43.

Ce bourg agricole de Seine-et-Marne possède, sur sa place centrale, une belle **halle** en bois datant du 17e s.

En face se trouvent l'église et les vestiges du **château fort** *(propriété privée)*, dont l'édifice d'origine appartenait à Jacques Cœur.
On voit encore le portail monumental (remarquez les canonnières) suivi d'un pont enjambant une douve en eau, dans laquelle les pêcheurs viennent tâter le goujon. Une deuxième douve sépare deux séries de bâtiments, dont ceux de derrière sont encadrés de deux grosses tours rondes, reconstruites au 19e s.

Carnet pratique

S'informer

Office de tourisme – *6 r. Hetzel - Château-Landon - ✆ 01 64 29 38 08 - www.tourisme.chateau-landon.com et www.tourisme-gatinaisvaldeloing.fr.*
L'office de tourisme propose 5 circuits balisés de 4 à 14,2 km pour découvrir le patrimoine de la ville.

Agenda

Les Tabarderies – *Juin.* Réunissant artistes et acteurs engagés autour de la thématique de la préservation de l'environnement, ce festival organise des concerts et spectacles en plein air, des conférences, des ateliers participatifs...

Nos adresses

Activités

La zone humide des Prés Patouillats – *R. de la Cave-Calot - ✆ 01 64 29 38 08 - ♿ (en partie).* 800 m de sentiers balisés ont été créés dans la zone humide du Parc de la Tabarderie. L'occasion d'observer et d'écouter ce milieu d'une grande richesse biologique. Plateformes d'observation et panneaux pédagogiques.

La Halte Nautique – *Souppes-sur-Loing - Le Port aux Pierres - lieu-dit La Sucrerie - ✆ 01 60 55 07 38 - 6 € (-12 m)/8 € (12-33 m)/nuit et 30/42 €/sem.* Cette halte nautique constitue une étape fort agréable pour tous ceux qui naviguent sur le canal du Loing. Située à proximité du centre-ville, elle propose 4 emplacements avec eau douce et électricité. Accueil camping-car *(5 €/nuit).*

Base de loisirs – *40 r. des Varennes - Souppes-sur-Loing - ✆ 01 64 78 50 35 - www.basedeloisirs-souppes.fr - 2,50 € (-3 ans gratuit).* Baignade (surveillée de juin à fin août), aire de jeux avec structures gonflables, trampoline, pédalos et animations encadrées autour d'un beau plan d'eau de 10 ha. Des randonnées en canoë sont organisées sur le Loing *(sur réserv.).* Point de restauration et aires de pique-nique.

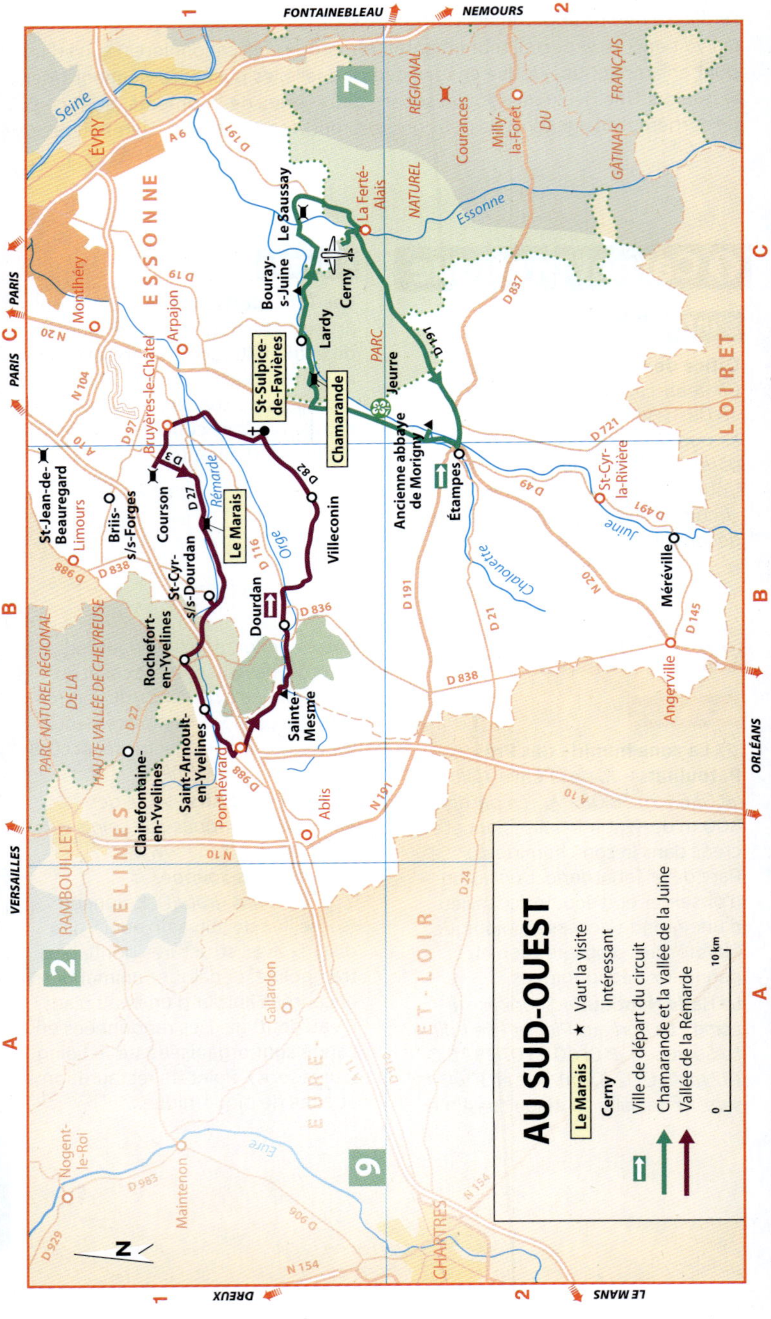
AU SUD-OUEST
Le Marais
★ Vaut la visite
Cerny
Intéressant
Ville de départ du circuit
Chamarande et la vallée de la Juine
Vallée de la Rémarde
0
10 km
FONTAINEBLEAU
NEMOURS
PARIS
VERSAILLES
DREUX
LE MANS
ORLÉANS
ESSONNE
LOIRET
YVELINES
EURE-ET-LOIR
PARC NATUREL RÉGIONAL DU GÂTINAIS FRANÇAIS
PARC NATUREL RÉGIONAL DE LA HAUTE VALLÉE DE CHEVREUSE
Seine
Essonne
Juine
Orge
Rémarde
Chalouette
Eure
ÉVRY
Montlhéry
Arpajon
Bruyères-le-Châtel
St-Jean-de-Beauregard
Limours
Briis-s/s-Forges
Courson
St-Cyr-s/s-Dourdan
Le Marais
Rochefort-en-Yvelines
Saint-Arnoult-en-Yvelines
Clairefontaine-en-Yvelines
Ponthévrard
Dourdan
Sainte-Mesme
Ablis
Villeconin
St-Sulpice-de-Favières
Chamarande
Lardy
Bouray-s-Juine
Le Saussay
Cerny
La Ferté-Alais
Courances
Milly-la-Forêt
Jeurre
Ancienne abbaye de Morigny
Étampes
St-Cyr-la-Rivière
Méréville
Angerville
RAMBOUILLET
Gallardon
Maintenon
Nogent-le-Roi
CHARTRES
2
7
9

Nos idées d'escapades d'une à deux journées autour de Paris.

8

Au sud-ouest Les vallées en Essonne

CARTES MICHELIN DÉPARTEMENTS 311 ET 312 – EURE-ET-LOIR (28), ESSONNE (91)

Étampes

Cette ville de la Beauce, où les rois capétiens eurent leur palais, a préservé son patrimoine, avec ses hôtels particuliers et son chapelet de paroisses qui longeaient l'ancienne route d'Orléans, aujourd'hui déviée. Le charme d'Étampes tient aussi à sa modeste rivière, union de la Chalouette et de la Louette, dont le bras d'eau est bordé de pans de murailles et de lavoirs.

Se repérer

CARTE B2 (P. 530).
25629 habitants - Essonne (91)
Étampes se situe à 50 km au sud de Paris par la N 20.
RER C depuis Paris ou ligne SNCF TER Centre depuis Paris-Austerlitz.

En famille

L'île de loisirs d'Étampes.

Nos adresses p. 536

Se promener

Pl. de l'Hôtel-de-Ville - 01 69 94 99 10 - www.caese.fr.
Deux circuits touristiques piétons sont balisés : « À la découverte du centre-ville » en bleu et « Au fil de l'eau » en vert.

Place de l'Hôtel-de-Ville

Le bâtiment date de la fin du 15e s., comme en témoigne la partie entre la tour octogonale et les deux premières poivrières. Une aile Renaissance s'y est adjointe en 1852 : elle abrite le Musée municipal. L'office de tourisme est logé dans l'**hôtel Anne-de-Pisseleu**, construit en 1538 pour Guillaume Audren, prévôt d'Étampes. Son nom rend hommage à une favorite de François Ier. À droite, au-dessus d'une porte, le buste mutilé est peut-être celui du roi...

Musée intercommunal

Cour de l'Hôtel-de-Ville - 01 69 59 59 96 - www.caese.fr - tlj sf lun.-mar. 14h-17h - 2 € (-18 ans gratuit).
La section de paléontologie présente de nombreux fossiles du stampien, issus de la région et vieux de 35 millions d'années. Parmi les collections d'archéologie, on remarque des lames préhistoriques en silex du Grand-Pressigny, des bracelets provenant d'une sépulture néolithique de St-Yon, des mosaïques gallo-romaines de Souzy-la-Briche et des sculptures du 11e s. au 14e s. dont la tête d'un roi de

Le saviez-vous ?

Étampes a donné son nom – du latin *Stampæ* ou « pays d'étangs » – à une période du tertiaire, le Stampien : il correspond à la dernière occupation marine du Bassin parisien, il y a 30 millions d'années. En témoignent les fossiles retrouvés autour d'Étampes, à Morigny et Auvers-St-Georges.
Ici naquit Étienne **Geoffroy Saint-Hilaire** (1772-1844). Ce naturaliste obtint la première chaire de zoologie au monde, à 21 ans, et fit partie de l'expédition d'Égypte en 1798.

Juda, vestige d'une statue-colonne de la collégiale Notre-Dame. Admirez aussi la superbe grille de l'ancienne abbaye de Morigny (12e s.). Le 1er étage expose des toiles d'artistes locaux (19e s.) : Édouard Béliard, qui se rattache à l'impressionnisme ; Narcisse Berchère, paysagiste et orientaliste ; la portraitiste Louise Abbéma (portrait de son amie Sarah Bernhardt) ; Félix Giacomotti, peintre académique, Grand Prix de Rome. Les sculptures sont aussi très présentes avec la collection des œuvres d'Élias Robert.

Place Notre-Dame

La place ouvre une perspective sur la collégiale Notre-Dame. Par la rue du Pont-Doré, jolie **vue** sur la « rivière d'Étampes », ses ponts et ses vieux lavoirs.

★ Collégiale N.-D.-du-Fort

R. de la République. Comprimée entre les maisons de la cité militaire et royale, la collégiale fut construite sur une crypte carolingienne, vers 1022, par Robert le Pieux ; elle fut fortifiée au 13e s. (chevet), d'où son nom local de Notre-Dame-du-Fort. Son clocher, dont la flèche est cantonnée de clochetons ajourés, domine la ville de ses 55 m.

Portail sud – Situé du côté du « marché », ce portail (12e s.) fut mutilé lors des guerres de Religion (1562) : les statues-colonnes (rois, reines, prophètes de l'Ancien Testament) ont été décapitées.

Intérieur – Le plan polygonal complexe, les supports irrégulièrement plantés reflètent les différentes campagnes de construction du 12e s. et l'insertion difficile de l'église dans une agglomération serrée. La confusion même du plan, accentuée par l'abaissement du sol dans le collatéral sud, engendre des perspectives très variées. Les deux premières travées de la nef, construites avant 1150, sont de structure romane. Du transept divergent les doubles collatéraux du chœur. Les collatéraux de gauche, édifiés sur un plan en biseau, se terminent par des chapelles absidiales très étroites et élancées, l'une des plus belles parties gothiques de l'ensemble. Les quatre clés de voûte forment une sorte de moyeu d'où rayonnent des figures de rois et d'anges. La chapelle de gauche conserve deux statues-colonnes venant du portail sud, saint Pierre et saint Paul. Les têtes sont modernes. De part et d'autre du chœur, des escaliers donnent accès à la crypte (11e s.). Elle fut décorée au 19e s. dans le goût néobyzantin.

Maison des Piliers

Sur la place St-Gilles, à l'angle de la rue Simonneau, s'élève la « maison des Piliers », bâtie au 12e s. Le plus vieux marché d'Étampes, qui remonte à cette époque, se tient toujours sur cette place, chaque mardi matin.

Tour de Guinette

Accès en voiture par la rue St-Jean qui enjambe la voie ferrée et la promenade de la Guinette. Ne se visite pas.

Dominant la ville, ce donjon du château royal, aujourd'hui disparu, fut édifié au début du 12e s. Philippe Auguste y fais Manounière faisait surveiller les féodaux des environs, y incarcérant au besoin ses ennemis et même, pendant douze ans (1201 à 1213), son épouse répudiée, Ingeburge de Danemark, le lendemain de ses noces. Le nom de Guinette vient de « guigner », c'est-à-dire guetter. Son plan, en forme de « rose à quatre feuilles », est rare. Le donjon fut pris en 1589 par Henri IV et démantelé en même temps que l'enceinte à la demande des habitants, lassés des guerres. Ses impressionnantes lézardes furent provoquées par l'explosion des tonneaux de poudre.

Une cité où bat le cœur des souverains

Rois et favorites – Dans une période de grande ferveur religieuse, Étampes est l'objet de la sollicitude des souverains : Robert II le Pieux et la reine Constance, Louis VI le Gros, Louis VII le Jeune, Philippe Auguste. Pendant la Renaissance, les rois, plus galants que pieux, offrent le duché d'Étampes aux dames qu'ils veulent honorer. C'est ainsi qu'après la reine Anne de Bretagne, la ville a pour duchesse Anne de Pisseleu, maîtresse de François Ier, et Diane de Poitiers, celle d'Henri II, puis Gabrielle d'Estrées, favorite d'Henri IV.
Un ancien port – Chaque jour, jusqu'à la fin du 17e s., une dizaine de bateaux chargés de blé, de farine ou de vin quittent le port, au gré des clapotis de la Juine. Il faut dix jours de navigation pour rejoindre Paris... Quand se ralentissent les faveurs royales, l'animation se maintient grâce au marché d'Étampes, malgré les assauts successifs des Anglais, des Bourguignons, des huguenots, de la Ligue et de la Fronde.

Église St-Martin

La curieuse tour penchée de cette église des 12e-13e s. fut achevée en 1537. L'édifice ayant perdu son aplomb à la suite de tassements de terrain, l'architecte dut reprendre les parties hautes. Sa base fut finalement réunie à l'église en 1873. À l'intérieur, l'alternance de piliers cylindriques et de colonnettes jumelées donne de l'élégance au triforium du chœur.

À proximité

CARTE P. 530

Méréville B2

À 15 km au sud d'Étampes par la D 49 puis la D 491, empruntée à St-Cyr-la-Rivière.
Pl. de la Halle - 01 69 78 36 87 - www.caese.fr.
Sur les 35 ha de cresson que compte le département de l'Essonne, Méréville, avec ses 10 ha, mérite bien son rang de capitale. Le bourg est bâti sur deux buttes. L'église occupe la première, et la grande **halle** du 16e s. a pris, sur la seconde, l'emplacement de l'ancien château féodal. Elle accueillait à l'époque quatre foires annuelles qui permirent à la région de redémarrer ses activités commerciales après les désastres de la guerre de Cent Ans.
Domaine départemental de Méréville – *R. Voltaire - 01 64 95 72 76 - www.essonnetourisme.com - juin-août : 10h-20h, sept.-fin oct. : 10h-18h - le château ne se visite pas.* Banquier de la cour de Louis XVI, le financier Jean-Joseph de Laborde acquit le domaine de Méréville en 1784. Bélanger, l'architecte de Bagatelle, et Hubert Robert dessinèrent les plans d'un **jardin à l'anglaise**, agrémenté de **fabriques** (les quatre plus célèbres ont été déplacées et réédifiées dans le **parc de Jeurre**, *p. 537*) sur les deux versants de la Juine et planté d'espèces rapportées par l'explorateur La Pérouse. Il est considéré à bien des égards comme l'un des plus beaux modèles de jardin pittoresque de la fin du 18e s., comme l'illustrent les gravures d'Hubert Robert.
Colonne Trajane – *Du w.-end de Pâques à la Toussaint : w.-end 10h-18h (en fonction des conditions météorologiques).* Haute de 35 m, elle est visible en tournant le dos au château, sur la colline en face. Inspirée de la célèbre colonne du forum de Trajan à Rome, cette ancienne fabrique du parc s'élève aujourd'hui dans une zone pavillonnaire. Belle vue depuis le sommet.

Temple de la Piété filiale (18e s.), conçu pour le domaine de Méréville, aujourd'hui dans le parc de Jeurre (voir p. 537).
B. Rieger/hemis.fr

Cressonnières de la villa Paul – *17 rte de Courcelles - ✆ 01 64 95 00 64 - www.cressonnieres.net - ♿ - lun.-vend. 8h30-12h, 14h-17h - gratuit.* Les cressonnières révèlent tous les secrets de cette plante aux multiples vertus (*ci-dessous).*
Pour finir, promenez-vous le long des parcs à truites. *Suivez la Juine vers St-Cyr (D 491), puis regagnez Étampes (D 49).*

On vous emmène dans les cressonnières de Méréville

Tout, tout, tout, vous saurez tout sur le **cresson**. Surprise : cette espèce de salade pousse dans de drôles de champs, très humides, qui font un peu penser à des rizières avec leur vert lumineux. Labellisées « Site remarquable du goût », les cressonnières de Méréville permettent de découvrir le travail des « cressiculteurs ». Ces maraîchers « les pieds dans l'eau », comme ils se définissent parfois, ne sont plus qu'une centaine en France. Près de la moitié de la production est concentrée dans l'Essonne, en particulier à Méréville, qui se voit comme la « capitale du cresson » française ! Avec ses multiples sources, la verdoyante vallée de la Juine est devenue l'un des fiefs de cette culture qui a pris son essor à la fin du 19e s., importée d'Allemagne. Les cressiculteurs vous parleront des particularités de cette plante semi-aquatique, des grands chefs qui s'approvisionnent à Méréville, de ses vertus supposées (pauvre en calories, le cresson contiendrait trois fois plus de vitamine C qu'une orange), de son poids économique (1 % de la culture de salade en France), de ses recettes (sauces, coulis, soupes)... En sortant, une certitude : le cresson, ça nous botte !

Nos adresses

Restauration

Budget moyen

Auberge de la Tour St-Martin – *97 r. St-Martin - ✆ 01 69 78 26 19 - aubergedelatourstmartin.com - fermé mar.-merc. - plat 18/28 €.* Nouveau départ réussi pour ce restaurant au cadre bien agréable (poutres, pierres apparentes et cheminée), proposant à l'ardoise les produits frais de saison.

À proximité

Budget moyen

Le Vieux Chaudron – *45 Grande-Rue - Ormoy-la-Rivière - ✆ 01 64 94 39 46 - www.levieuxchaudron.fr - fermé dim. soir et lun. - menu 39 €, plat 22 €.* Une petite auberge face à l'église, disposant d'un intérieur campagnard agrémenté d'une belle cheminée et d'une terrasse au calme.

Une folie

Le Bouche à Oreille – *19 r. du Périgord - Boutervilliers - ✆ 01 64 95 69 50 - www.lamaisondesbles.fr - fermé dim. soir, lun. et mar. - menu 68 €, plats 30/52 €.* Rien dans son environnement extérieur plutôt banal n'annonce une telle expérience. Le décor, moderne, constitue une première surprise, et les assiettes d'Aymeric Dreux portent à une autre dimension : elles mettent en valeur de beaux produits dans toute la force de leur goût !

Shopping

Marché – *Sur la place St-Gilles - mar. mat.* Le plus vieux marché d'Étampes. Un autre marché a lieu place de l'Hôtel-de-Ville le sam. tte la journée.

À Méréville

Cressonnières de la Vallée de la Juine/famille Barberon – *23 r. du Tour-de-Ville - Maison des producteurs - cressonnière : lieu-dit des Petits-Prés et lieu-dit la Vallée Colleau, rte de Saclas - ✆ 01 64 95 11 95 - ✆ 06 88 54 68 14 - www.lavalleedelajuine.wordpress.com - vente r. du Tour-de-Ville sur RV.* Cresson de fontaine biologique sous toutes ses formes : frais, vendu en bottes, ou cuisiné en soupe, velouté, mousseline, apéritifs...

Activités

Île de loisirs d'Étampes – *5 av. Charles-de-Gaulle - rte de Saclas - ✆ 01 69 78 33 06 - iledeloisirsdetampes.fr.* Un espace dédié à la détente et aux loisirs, avec un immense choix d'activités, autour et à l'intérieur du plan d'eau : baignade (piscine), skate parc, escalade, aventures dans les arbres, parcours « filets » acrobatique, tir à l'arc, luge d'été, patinoire, poney club, minigolf, etc. Restauration sur place.

Hébergement

À Mauchamps

Premier prix

Chambre d'hôte La Manounière – *12 r. des Templiers - 10 km au nord d'Étampes - ✆ 01 60 82 77 10 - fermé de déb.juil. à mi-août - P - 4 ch. 70 €.* Ancienne ferme beauceronne rénovée. Les chambres élégantes et le copieux petit-déjeuner pris dans la salle à manger aux poutres et aux pierres apparentes vous laisseront un agréable souvenir.

Chamarande ★

et la vallée de la Juine

Verdoyante et vallonnée, la vallée de la Juine, affluent de l'Essonne, contraste avec la plate Beauce toute proche. On peut y visiter deux parcs de châteaux, Jeurre et Chamarande, propices à la promenade le long de la rivière.

Se repérer

CARTE BC1-2 (P. 530).
Essonne (91).
La vallée de la Juine, affluent de l'Essonne, est empruntée par la N 20 entre Étampes et Chamarande.

En famille

Le musée des Vieux Métiers à Bouray-sur-Juine; le musée Volant Salis à Cerny.

Nos adresses p. 539

Circuit conseillé

CARTE P. 530

Circuit de 48 km au départ d'Étampes, tracé en vert sur la carte.
D'Étampes, prenez au nord la N 20 que vous quittez bientôt pour gagner Morigny-Champigny.

Ancienne abbaye de Morigny C2

De cette abbaye bénédictine subsistent le palais abbatial du 18e s. *(ne se visite pas)* et l'église, amputée de la plus grande partie de la **nef** (*visite J. du Patrimoine*). L'une des travées était romane avec de beaux chapiteaux, l'autre, très élancée, était gothique. Vestiges d'un chœur Renaissance, le tout flanqué d'une haute tour du 13e s.
Reprenez la N 20 vers le nord. Le parking du parc de Jeurre est en bord de route.

Parc de Jeurre C1-2

01 64 94 57 43 et 01 69 92 69 00 - www.parcdejeurre.fr - ♿ - visite guidée (2h30) sam.-merc. 13h et 15h (consulter le site pour les horaires) - 8 € (-12 ans gratuit).
Jeurre est connu pour ses « fabriques » commandées à Hubert Robert par le marquis de Laborde afin d'orner le parc de son château de Méréville. Elles furent déplacées ici à la fin du 19e s. La **colonne rostrale** était destinée à célébrer l'expédition de La Pérouse en 1785, à laquelle les deux fils du marquis participaient. Après la mort de ces derniers au large de la Californie, la colonne leur fut dédiée. Elle est ornée d'une sphère en cuivre doré et de quatre proues de navires fixées sur les fûts de marbre. Le **cénotaphe de Cook** commémore la mort du navigateur anglais (1728-1779) sous la forme d'un buste abrité par un portique à colonnes doriques. Le ravissant **temple de la Piété filiale** s'inspire d'un monument de Tivoli. Face au château, à l'extrémité de l'étang, la **Laiterie** est précédée d'un portique à colonnes ioniques qui soutiennent une demi-coupole en écailles de poisson.
Continuez sur la N 20 et sortez vers Chamarande.

★ Domaine départemental de Chamarande C1

38 r. du Cdt-Maurice-Arnoux - 01 60 82 52 01 - chamarande.essonne.fr - ♿ - juin-sept. : 9h-20h; avr.-mai : 9h-19h; reste de l'année : 9h-17h ou 18h.
Spectacles (danse, musique, cinéma en plein air, théâtre), animations dans les jardins et expositions d'art contemporain sont proposés au public. Accès gratuit.

C'est à Pierre Mérault, riche fermier des gabelles, que l'on doit la construction du château, en 1654. Pour marquer son ascension sociale, il eut recours à Nicolas de L'Espine, un architecte du roi. Pierre blanche, brique rouge et ardoise bleue, le château est caractéristique du style Louis XIII ou « sévère ». L'absence d'ornementation met en valeur ses lignes pures. Le rez-de-chaussée se visite et accueille des expositions d'art contemporain : le vestibule aux corniches et pilastres restaurés, la galerie au plafond imitant le style Renaissance, le salon aux boiseries Louis XV, la salle à manger au mobilier de bois sculpté, trois salons, la bibliothèque et la chapelle. L'orangerie du 18e s. a été agrandie d'un bâtiment d'habitation dans les années 1960.
Le parc (98 ha), réaménagé à l'anglaise vers 1780 sous la conduite du peintre paysagiste **Hubert Robert**, a fait l'objet d'une réhabilitation suivant les plans d'époque. Les « fabriques », créées par Contant d'Ivry, sont remises en valeur : pavillon du belvédère, orangerie, auditoire, jeu de l'oie (labyrinthe de verdure), glacière, buffet d'eau orné de deux statues allégoriques de la Dordogne et de la Garonne, copies de celles qui existent à Versailles. Une dérivation de la Juine alimente une pièce d'eau (1780), laquelle irriguait aussi un potager qui a retrouvé son lustre d'antan.
Gagnez Lardy à l'est par la D 17. L'itinéraire emprunte la rive gauche de la Juine.

Lardy C1

De belles demeures se cachent au fond de parcs fermés de grilles anciennes.
Parc Boussard – *43 r. de Verdun - ✆ 01 69 27 14 00 - www.ville-lardy.fr - 8h-20h (18h nov.-mars).* En remontant la rue du Maréchal-Foch face à l'hôtel de ville et en tournant à droite, on arrive dans ce un jardin Art déco créé en 1927 par Joseph Marrast. L'architecte a su tirer parti de la pente du terrain pour créer une perspective intéressante : du sommet, l'eau de la fontaine descend dans un bassin, puis coule jusqu'en bas par un canal. Influencé sans aucun doute par les jardins italo-mauresques, Marrast est cependant resté fidèle au style Art déco : lignes courbes, droites, simplicité des matériaux (brique et béton) et emploi de mosaïques de faïence. Le long de cette allée, arbres, buis et rosiers apportent une touche végétale. Cet endroit peu connu possède un charme certain et fera la joie des amateurs du style.
Revenez à Lardy. Par les D 17 et D 99, gagnez Bouray-sur-Juine.

Musée des Vieux Métiers à Bouray-sur-Juine C1

55 r. Haute - ✆ 07 49 10 02 33 - ♿ - www.musee-bouray.fr - visite guidée (réserv. obligatoire) - fermé janv., juil.-août et déc. - 5 € (enf. 2,50 €).
Installé dans l'ancienne école de filles de la commune, le musée expose près de 4 000 outils de métiers disparus ou en voie de disparition, tels que le charron, le tonnelier, le tapissier ou encore le sabotier.
Prenez la D 449 jusqu'à Itteville, puis les D 8 et D 74 vers Ballancourt. Au bout de la D 74, suivez à droite la route menant au château du Saussay.

Château du Saussay C1

✆ 01 64 93 28 05 ou 07 64 09 46 58 - sites.google.com/site/chateaudusaussay - visite guidée avr.-juil. : dim. 14h-18h ; sept. : tlj 13h-19h - 7 € (-12 ans gratuit), 4,50 € le parc seul.
Construit au 17e s., le château comprenait trois bâtiments. Au 18e s., le logis central fut détruit. Dans l'une des salles sont rassemblés des souvenirs du général de Canclaux, officier de l'Ancien Régime rallié à la cause révolutionnaire. La bibliothèque, contenant 4 000 volumes, a été créée par la famille Colbert.

Un vaste parc à l'anglaise agrémenté d'un miroir s'ouvre sur la cour du château, qui a gardé une partie de ses douves en eau.
Revenez sur la D 74 et tournez à droite vers la D 191 jusqu'à La Ferté-Alais. Là, empruntez la D 449 en direction d'Itteville. L'aérodrome se trouve à gauche.

Musée Volant Salis, à l'aérodrome de Cerny C1

01 64 57 52 89 - www.musee-volant-salis.fr - ♿ - 14h-17h (18h w.-end) - 12 € de mi-mars à mi-nov. (reste de l'année 9 €) (5-14 ans 6 €, reste de l'année 5 €), 30 € billet famille (23 € basse saison).
Chaque année, pendant le w.-end de la Pentecôte, a lieu un meeting aérien où plus de 30 000 passionnés assistent à la présentation en vol d'appareils historiques. *Rens. 01 64 57 55 85 - letempsdeshelices.fr - 32 € (10-16 ans 15 €).*
En bordure de l'aérodrome, animé les dimanches d'été par les baptêmes de l'air, se développe un musée « volant » de l'aviation, le **musée Jean-Baptiste-Salis**, issu d'une association ayant pour but de faire connaître le patrimoine aéronautique français. À l'origine de la collection, le *Blériot XI* (1919), reconstruit en 1954, rappelle l'époque héroïque. À voir aussi : une très belle série de *Morane* ; un *Albatros* ; l'un des innombrables *Piper Cub* (reconnaissance) ayant bourdonné au-dessus des théâtres d'opérations de la Seconde Guerre mondiale ; le bimoteur *De Havilland Dragon Rapide DH 89* de la ligne Paris-Londres (1937), remis en état de vol sous le nom de *Blue Way* pour la course transatlantique Paris-New York (1981), maintenant aux couleurs de la RAF ; un *Mustang P 51*, chasseur de 1944, qui escortait les bombardiers américains *B-17* et britanniques *Avro Lancaster*.
Revenez à La Ferté-Alais et rentrez à Étampes au sud par la D 191.

Nos adresses

Restauration

À Lardy

Pour se faire plaisir
Auberge de l'Espérance – *80 Grande-Rue - 01 69 27 40 82 - www.auberge-lesperance.fr - fermé lun.-mar. et le soir sf vend. et sam. - formule déj. (merc.-sam.) 21 € bc, menu 42 €, plat 28/29 €.* Au cœur de ce charmant village de l'Essonne, une auberge au cadre classique et lumineux où l'on se régale d'une bonne cuisine actuelle. Petit patio-terrasse pour les beaux jours.

Domaine de Saint-Jean-de-Beauregard

La forêt couvre un tiers de la superficie de St-Jean-de-Beauregard. Mais c'est tout particulièrement le château, son potager et les fêtes des plantes qui attirent ici chaque année des milliers de visiteurs. Le charme du domaine réside dans son site – un très beau château dominant un magnifique panorama – et dans l'ensemble architectural formé par le parc et les bâtiments : potager, écuries, communs, pigeonnier. Ces annexes sont de passionnants témoignages de la vie aux 17e et 18e s.

Se repérer

CARTE B1 (P. 530).
487 habitants - Essonne (91)
À 32 km de Paris
par l'A 10.
RER B, arrêt Orsay, puis taxi ou bus jusqu'à la station « centre commercial Ulis 2 », il reste alors 1 km à pied pour parvenir au domaine.

En famille

Les animations et atelier du domaine.

Nos adresses p. 541

Visiter

R. du Château - 01 60 12 00 01 - www.chateaudesaintjeandebeauregard.com - parc, pigeonnier et potager : visite libre de mi-mars à mi-nov. : dim. 14h-18h ; visite guidée de l'intérieur du château (suppl. 2 €) de mi-mars à mi-nov. : dim. à 14h30, 15h15, 16h15 et 17h15 - 8 € (6-18 ans 6 €).

Fête des plantes, Rendez-vous au jardin, Fête de la création et des métiers d'art... : consultez l'agenda sur le site Internet du domaine pour ne rater aucune manifestation !

Des animations très diverses (visite ludique et pédagogique du château, promenade, jeu de piste) sont proposées aux enfants.

Château

En 1610, François Dupoux, avocat au Conseil du roi, protégé de Concini, achète l'ancienne seigneurie de Montfaucon située sur une hauteur boisée dominant la vallée de la Salmouille.

Il entreprend la construction du château par les deux pavillons les plus élevés ; le corps central et les deux pavillons aux extrémités sont bâtis sous le règne de Louis XIV. Les deux façades harmonieuses, de style classique, sont prolongées par les communs. Le nom du château vient de ses hautes baies qui ouvrent largement sur un vaste panorama.

À l'intérieur du château, on visite les salons de réception au mobilier 18e s., dont une très belle bibliothèque littéraire et historique.

★ Potager

Le côté est du château s'agrémente d'un jardin à la française, tandis qu'une perspective de 2 km s'élance du côté ouest. Le domaine de St-Jean-de-Beauregard est surtout connu pour son ancien **potager** (17e s.) où sont cultivées, sur 2 ha, de larges variétés de légumes rares.

Pigeonnier

Vous remarquez un superbe pigeonnier du 17e s. doté de 4500 boulins, le plus grand d'Île-de-France. Admirez la charpente imposante du lieu.

À proximité

Briis-sous-Forges B1

À 10 km au sud de Saint-Jean-de-Beauregard, prenez la D 35 jusqu'à Gometz-la-Ville, puis la D 131.

Cet ancien village fortifié se trouve dans la vallée de la Prédecelles, au sud de la vallée de Chevreuse. Son nom viendrait d'un mot celtique signifiant « terres grasses » ou « limons de la terre ». Nous sommes en effet dans une région où l'agriculture est encore bien présente, et apparemment favorisée par une terre riche. Autour de l'église, de belles bâtisses affichent le caractère rural de la région.

Église – Son clocher, de forme carrée, remonte au 12e s. Terminé par quatre pignons indiquant les points cardinaux, il s'élève à 39 m. Sous le clocher, très belle chapelle romane, au chœur voûté en cul-de-four précédé de travées droites voûtées d'arêtes.

Donjon – *Propriété privée.* Seul vestige du château fort de Briis, ses murs ont 3 m d'épaisseur à la base. Il est surmonté de quatre échauguettes coiffées depuis le début du siècle par des toits en poivrière.

Nos adresses

Restauration

Pour se faire plaisir

L'Atelier Gourmand – *5 Grande-Rue - St-Jean-de-Beauregard - ✆ 01 60 12 31 01 - lateliergourmand-restaurant.com - fermé sam. et dim. - menu (lun.-jeu.) 43 €, plat 28/32 €.* Au cœur du village, dans une ancienne ferme, une table bien nommée : on y apprécie une cuisine de tradition bien tournée et toute fraîche (le chef s'approvisionne auprès du maraîcher voisin). Cadre classique et agréable, face au jardin clos de murs.

Vallée de la Rémarde

Le circuit commence en longeant la Renarde, cours d'eau qui rejoint l'Orge à Breuillet. Quant à la Rémarde, dont la vallée constitue la majeure partie du circuit, elle coule parallèlement à l'Orge avant de s'y jeter, à Arpajon. De châteaux en églises, laissez-vous porter par le cours de l'histoire.

Se repérer

CARTE BC1 (P. 530).
Essonne (91).
La vallée de la Rémarde est empruntée par la D 27, entre l'A 10 et la D 116, au sud-ouest de Paris. Dourdan se situe à 55 km au sud-ouest de Paris par l'A 10.

En famille

Les activités au parc Floréval.

Carnet pratique p. 546

Nos adresses p. 546

Circuit conseillé

CARTE P. 530

Circuit de 57 km au départ de Dourdan, tracé en violet sur la carte.

Dourdan B1

Au milieu des vestiges de la vieille forêt d'Yveline, l'ancienne capitale du Hurepoix fut ville royale dès les Capétiens, toujours en quête de territoires de chasse. Philippe Auguste en fit un des maillons du réseau défensif mis en place pour contrer l'avancée des Anglais.

★ **Place du Marché-aux-Grains** – La pittoresque **place du Gén.-de-Gaulle** regroupe les principaux monuments de Dourdan : le château fort, les halles médiévales (reconstruites en 1836) et l'église (12e et 13e s.), dont les flèches aiguës à lanternon dominent depuis le 17e s. toute la vallée.

Château – *Pl. du Gén.-de-Gaulle - ✆ 01 64 59 66 83 - www.chateau.dourdan.fr - tlj sf lun.-mar. 10h-12h30, 14h-18h (17h nov.-mars) - billetterie 45mn av. fermeture - fermé de déb. à mi-janv. - 5 € (6-25 ans 2,50 €) - château en cours de rénovation, certaines salles peuvent être fermées.* Hugues le Grand, père d'Hugues Capet, mourut à Dourdan en 956. Vers 1220, le castrum des premiers Capétiens n'étant plus apte à défendre le domaine royal, Philippe Auguste fit construire le château actuel et le dota de puissants moyens de défense. La forteresse médiévale vit défiler d'illustres hôtes parmi lesquels Saint Louis, Philippe le Bel ou encore le duc de Berry. Très endommagée durant les guerres de Religion, elle fut transformée en prison en 1690 et accueillit des prisonniers jusqu'en 1852. Au 19e s., elle fut restaurée dans le style néogothique mis à la mode par l'architecte Viollet-le-Duc, puis vendue à la ville de Dourdan

Un Égyptien à Dourdan

Roustan, le mamelouk que Bonaparte avait ramené d'Égypte, est enterré dans le cimetière de Dourdan. Il fut le fidèle valet de chambre du consul, puis de l'Empereur. Cependant, en 1814, son dévouement n'alla pas jusqu'à lui faire suivre son maître à l'île d'Elbe. Ayant épousé une fille de Dourdan, il se fixa dans le bourg et y mourut en 1845.

en 1961. L'enceinte carrée, entourée de larges fossés, était jadis défendue par des tours aux angles et au milieu des côtés. Le **donjon** demeure aujourd'hui encore la pièce maîtresse de cet ensemble militaire, bien qu'il ait perdu sa partie supérieure, avec sa terrasse crénelée et ses hourds; de la plate-forme du 2e étage *(72 marches)*, vous bénéficierez d'une **vue** sur la ville, les tours de l'église et les horizons boisés du Hurepoix. Installé dans un ancien grenier à sel aménagé en habitation au 19e s., le **musée, labellisé « musée de France »**, est consacré aux beaux-arts et à l'histoire de la ville de l'Antiquité à nos jours. Ses collections variées comprennent notamment une très belle **Vierge au perroquet★** de Pieter Coecke Van Aelst (16e s.), ainsi qu'un riche fonds archéologique gallo-romain et médiéval provenant de la région.
Sortez de Dourdan à l'est par la D 116 puis à droite la D 148.

Villeconin B1

Blotti au cœur de la vallée de la Renarde, ce petit village fleuri, rassemblé autour de son **église** au beau clocher rustique et de son château, est bâti sur l'emplacement d'un ancien domaine royal capétien.
Château – *6 Grande-Rue - ✆ 06 07 88 14 77 - www.chateaudevilleconin.fr - visite guidée (45mn) 1er juin-10 juil. : 14h30-18h - visite libre du parc - 5 € (-14 ans gratuit) - 2 € parc seul.* Il a su conserver d'importantes parties médiévales, et ne manque pas d'allure, avec son entrée fortifiée du 14e s. précédée de douves et son donjon. On est d'emblée frappé par la beauté austère du grand corps de logis qui lui fait face. Remanié sous Henri IV, il garde intacts son ancienne charpente sur laquelle s'appuie une voûte de bois en forme de carène de vaisseau renversée, ainsi que de belles fenêtres entourées de grès taillé et ses œils-de-bœuf éclairant l'immense salle du rez-de-chaussée. Henri IV accompagné de son fidèle conseiller Sully, époux de la fille de la maison, Rachel de Cochefilet, serait venu à de nombreuses reprises chercher à Villeconin refuge et tranquillité. C'est ainsi que, depuis, l'escalier et le donjon portent le nom de ce bon roi.
Suivez la D 82 qui longe la vallée.

★ Église de St-Sulpice-de-Favières C1

L'importance de cette église surprend. Elle doit son origine à un pèlerinage dédié à saint Sulpice : grand chapelain à la cour du roi mérovingien Clotaire II, il aurait ressuscité, en ce lieu, un enfant noyé. Le saint mourut évêque de Bourges en 647. Bâtie entre 1245 et 1260, l'église est un imposant édifice caractéristique du gothique rayonnant, surmonté par un clocher à toit en bâtière. Le portail, mutilé en 1793, conserve au tympan un Jugement dernier. Les quatre premières travées de la nef sont couvertes d'un berceau en bois. Les deux dernières, ainsi que l'abside, ont des voûtes d'ogives. Une arcature décorative fait le tour du vaisseau en soubassement. Dans le **chœur★**, on remarque l'élégance que confèrent trois étages de fenêtres, de style rayonnant. Admirez, dans le bas-côté gauche, la verrière en grisaille décorée de motifs végétaux et, dans le bas-côté droit, la verrière du 13e s. retraçant la vie de la Vierge et l'enfance du Christ. Les stalles du 15e s. sont dotées d'accoudoirs sculptés avec humour. Par la porte qui donne sur le bas-côté gauche, on descend dans la **chapelle des Miracles**, vestige d'une église du 12e s., où subsiste le buste-reliquaire de saint Sulpice. À l'entrée, un puits témoigne probablement d'un ancien culte.
Continuez sur la D 82, tournez à gauche vers Bruyères-le-Chatel puis prenez la D 152 en direction de Courson.

Château de Courson B1

✆ 01 64 58 90 12 - www.domaine-de-courson.fr - visite guidée (55mn) de mi-mars à mi-nov. : dim. 14h-18h - 12 € (7-12 ans 10 €) - 8 € (7-12 ans 6 €) parc seul.

Il s'agit de l'ancienne demeure de Guillaume de Lamoignon, premier président du Parlement de Paris (1676). Son parc allie des massifs floraux luxuriants à des arbres indigènes ou exotiques.
Intérieur – Les salons du rez-de-chaussée, notamment le Grand Salon à l'italienne, rappellent surtout le séjour de deux grands serviteurs des Bonaparte, fidèles entre les fidèles : les Arrighi, cousins issus de Corte, devenus ducs de Padoue. Une aile du château abrite une importante collection de peintures religieuses espagnoles du 17e s. Dans la bibliothèque, remarquez le portrait de Madame Mère, d'une vigueur sans complaisance.
★ **Parc** – *Suivez le parcours fléché (variant avec les floraisons).* Transformé « à l'anglaise » en 1820 par le premier duc de Padoue sous la direction du paysagiste Berthault, il tire son charme des plantations effectuées à partir de 1860 par les frères Bühler et après 1920 par le comte Ernest de Caraman, ami et émule d'Albert Kahn. On admire divers arbres de collection – cèdres, tulipiers, séquoias – tandis que les pins laricio de Corse rappellent la patrie des Arrighi.
Revenez vers la D 3 que vous prenez à droite, puis la D 27 à droite.

★ Château du Marais B1

21 r. du Marais - Le Val Saint Germain - ✆ 01 64 58 91 33 - www.lechateaudumarais.fr - fermé au public depuis le changement de propriétaire en mars 2022, se rens.
Ce château fit, surtout du début du 19e s. à la fin de la monarchie de Juillet, les délices d'une société d'hommes de lettres et de « têtes » politiques accueillis par Mme de La Briche – « excellente femme dont le bonheur n'a jamais pu se débarrasser », disait Chateaubriand – et par sa fille, la comtesse Molé. Au château du Marais se créèrent des idylles célèbres : Chateaubriand et Pauline de Beaumont, Talleyrand et Mme de Staël.
À l'extrémité d'un long miroir d'eau s'élève ce remarquable édifice construit sous Louis XVI, dont la solennité un peu froide est caractéristique de la fin de l'Ancien Régime. Au péristyle et au dôme répond, du côté ouest, un avant-corps rythmé de pilastres et couvert d'un attique à trois baies. En prenant du recul, du côté des jardins, on remarque le jeu des toitures : le comble à pavillon de l'attique paraît escamoté par le dôme. Les grandes lignes de la décoration – corniche supérieure à modillons, frontons ou bandeaux sculptés surmontant les fenêtres, frise séparant les étages – ajoutent au raffinement de l'édifice.
Poursuivez sur la D 27. Au carrefour, tournez à droite vers St-Cyr.

St-Cyr-sous-Dourdan B1

Du remblai de la route, on domine la maison forte de la Tour ou « ferme des Tourelles », de plan rectangulaire, flanquée de tours à éteignoirs. La silhouette de l'église au second plan complète le tableau.
Faites demi-tour et, au croisement de la D 27, tournez à droite vers Rochefort-en- Yvelines.
Bientôt surgissent, en avant, sur une colline, les couronnements d'un immense château édifié par un financier peu avant 1914 dans le style Louis XVI et, à gauche parmi les pins, le clocher de Rochefort.

Rochefort-en-Yvelines B1

Le village s'étage par paliers sur la colline. La **mairie** est installée dans l'ancien bailliage. Sur la grande rue, la construction (18e s.) montre une façade de prison avec son arc aux lourds claveaux et son étroite porte. L'inscription latine peut se traduire par : « Obstacle aux méchants, réconfort aux bons. »
Laissez votre voiture sur la place derrière la mairie.

Remarquez le portail roman à la base du clocher de l'**église**, et le chevet (chœur du 12e s.) au pittoresque étagement de toitures. Quelques pans de murs de l'ancien château féodal complètent le **site★**. Du cimetière, jolie **vue** sur le village et les lointains boisés du Hurepoix.

St-Arnoult-en-Yvelines B1

Église – Elle a pour origine un sanctuaire construit sur le tombeau de saint Arnoult, prince mérovingien, puis évêque missionnaire. Dès le 12e s., le vaisseau avait ses proportions définitives. Toutefois, la façade est devenue dissymétrique au 16e s. À cette époque, un bas-côté fut adjoint à gauche et la tour-clocher fut construite. À l'intérieur, le **vaisseau★** a retrouvé en grande partie sa pureté romane. La voûte lambrissée de la nef (15e s.) montre de belles poutres sculptées. Dans le bas-côté droit, voir deux statues anciennes : saint Fiacre, patron des jardiniers, et sainte Scariberge, épouse d'Arnoult, alors comte de Reims.

Maison Elsa Triolet-Aragon – *À la sortie de St-Arnoult sur la D 936, direction Rambouillet - R. de Villeneuve - ✆ 01 30 41 20 15 - www.maison-triolet-aragon.com - visite guidée (1h) à 16h, w.-end 14h-18h - visite libre parc et exposition 14h-18h - 9,50 € (-12 ans gratuit) ; billet parc, jardin de sculptures et exposition 5 € (-12 ans gratuit).* Le moulin de Villeneuve fut acheté en 1951 par Louis Aragon pour « offrir un coin de terre française » à sa compagne Elsa Triolet, émigrée russe et femme de lettres. Les deux écrivains se plaisaient dans cette demeure. Elsa travailla beaucoup à sa décoration originale et raffinée : lambris d'osier, étrange fauteuil russe monté sur des cornes de bœuf, omniprésence des tons bleus pétersbourgeois dans les chambres… Remarquez également le bureau d'Aragon, les nombreuses bibliothèques (plus de 15 000 livres) et l'oculus du Grand Salon qui découvre la cascade du moulin. Le premier étage semble s'être figé à la mort d'Elsa, le 16 juin 1970. Elle repose dans le parc auprès de Louis, bercée par une sarabande de Bach diffusée en permanence. Jardin de sculptures dans le parc. Dans le moulin, une salle d'exposition est consacrée à des artistes tels qu'Yvon Taillandier, Bertrand-Moulin ou Erro : le lieu accueille aussi des expositions temporaires et des rencontres artistiques.

Quittez St-Arnoult vers Ablis (D 988), puis tournez à gauche vers Ponthévrard et gagnez Ste-Mesme.

Manoir de Ste-Mesme B1

1 r. Charles-Legaigneur - ✆ 01 30 59 42 71 - visite guidée (2h) le w.-end (tél. pour connaître les horaires) - 7,50 € (enf. 5,50 €).

Situé en face du château *(ne se visite pas)* dont il dépendait, ce manoir du 15e s. était, jusqu'au 18e s., propriété de la seigneurie de Ste-Mesme. Cependant, l'origine du site est beaucoup plus ancienne : les travaux d'assainissement du manoir ont révélé l'existence d'une source fréquentée depuis le paléolithique et dédiée pendant la période gallo-romaine à la déesse Silgina. On visite les intérieurs de cette demeure privée, entièrement restaurée, ainsi que le Musée archéologique. Une collection d'**uniformes militaires** (80 mannequins) retrace l'évolution des tenues de parade et de combat, depuis 1870 jusqu'à nos jours.

Par la D 116, rejoignez Dourdan.

Carnet pratique

S'informer

Office de tourisme – *Pl. du Gén.-de-Gaulle - Dourdan - ✆ 01 64 59 86 97 - www.dourdan-tourisme.fr.*

Agenda

Fête médiévale de Dourdan – Le premier w.-end de juin, la ville organise sa célèbre fête médiévale. Au programme : spectacles, troubadours, marché thématique, tournoi...

Nos adresses

Restauration

Pour se faire plaisir

L'Escu de Rohan – *15 r. Guy-le-Rouge - Rochefort-en-Yvelines - ✆ 01 30 41 31 33 - www.lescuderohan.com - fermé dim. soir, lun. et mar. - formule 36 €, menu 41,50 €.* Dans les murs d'un relais de poste du 16e s., charmant restaurant d'esprit rustique avec charpente apparente et cheminée monumentale. Bonne cuisine traditionnelle, avec, pour spécialités, la tête de veau sauce gribiche ou les profiteroles au chocolat.

Shopping

Pâtisserie Bellanger – *9 r. de Chartres - Dourdan - ✆ 01 64 59 71 44 - www.patisseriebellanger.fr - 9h-19h30 - fermé lun.-mar..* Dans cette pâtisserie centenaire, laissez-vous tenter par la spécialité, un entremets au chocolat baptisé le Louis XIV, élaboré avec un biscuit très fin, de la mousse au chocolat et de la poudre de cacao.

Activités

Aventure Floréval – *Rte de Limours (D97) - Bruyères-le-Châtel - 5 km par D 97, au cœur de la forêt - ✆ 0 820 22 44 24 - www.aventure-floreval.fr - merc., w.-end et vac. scol. (zone C) 10h-19h (18h oct.) - fermé nov.-mars - 30 € (3-10 ans 20 €).* Vous évoluerez jusqu'à 15 m de haut, emprunterez les ponts de singe ou vous vous accrocherez aux lianes pour rejoindre les arbres. Les plus petits pourront partir à la découverte de la forêt en poney. Et aussi laser game, minigolf, tir à l'arc...

Église Saint-Nicolas à Saint-Arnoult-en-Yvelines.
B. Gardel/hemis.fr

La cathédrale de Chartres illuminée lors de Chartres en lumières.
D. Schneider/Photononstop/Spectaculaires/Les Allumeurs d'images

9

Escapade à Chartres

CARTES MICHELIN DÉPARTEMENTS 311 – EURE-ET-LOIR (28)

Cathédrale de Chartres ★★★

Les flèches de Notre-Dame de Chartres s'aperçoivent de loin et il est d'usage de les guetter lorsque l'on s'approche de la ville. Celle que Rodin appelait « l'Acropole de la France » est renommée dans le monde entier pour son unité architecturale, ses portails sculptés, ses statues-colonnes et ses magnifiques vitraux. Œuvre particulièrement représentative du Moyen Âge français, la cathédrale reste un lieu de pèlerinage et de spiritualité. Autour, le petit centre-ville réserve quelques beaux édifices et des places piétonnes sympathiques.

Cathédrale de Chartres.
Manifestive_Media/Getty Images Plus

Se repérer

CARTE GÉNÉRALE DU RABAT DE COUVERTURE - PLAN (P. 560).
38 578 habitants – Eure-et-Loir (28)
À 90 km de Paris par l'A 11.
Liaison SNCF de Paris-Montparnasse.

À ne pas manquer

La cathédrale; la série de plaques émaillées de Léonard Limosin du musée des Beaux-Arts; les illuminations sur la cathédrale lors de Chartres en lumières.

En famille

Promenade nocturne lors de Chartres en lumières et le petit train; le centre international du vitrail; le Compa; le musée de l'École; une promenade en pédalo sur l'Eure; la maison Picassiette.

Carnet pratique p. 564

Nos adresses p. 564

Restauration en cours

La cathédrale fait l'objet d'une vaste campagne de restauration depuis plusieurs années. La nef, le chœur et le déambulatoire ont été dépoussiérés et nettoyés, ce qui a permis de dégager les polychromies d'origine ; la nef a ainsi retrouvé son aspect du 13e s. Le visiteur est saisi, quand il pénètre dans le vaisseau, par la clarté des murs et la luminosité. La prochaine étape de la restauration concernera le transept *(fin des travaux prévue en 2024)*.
En parallèle, le travail sur les vitraux a été mené à son terme. La clôture du chœur a été également rendue à son aspect d'origine en 2022.

★★★ Découvrir la cathédrale

PLAN P. 552

16 Cloître-Notre-Dame - ✆ 02 37 21 59 08/02 37 21 75 02 - www.cathedrale-chartres.org - ♿ - 8h30-19h30 (22h les mar., vend. et dim. en juil.-août) - entrée libre - visite guidée : 10 € (-10 ans gratuit).

ABC d'architecture p. 588 et p. 590.

N'oubliez pas les jumelles pour regarder les sculptures et les vitraux !
Les 4 000 figures sculptées qui peuplent la cathédrale et les 5 000 personnages de ses vitraux ont demandé toute une vie aux spécialistes qui les ont étudiés. Le plus célèbre est sans doute **Étienne Houvet** (1868-1949), gardien et guide de la cathédrale, qui photographia les mille détails de l'édifice et constitua une collection d'un incomparable intérêt.

Une construction claire, rapidement menée – Enfermant quelques vestiges de maçonnerie d'un édifice plus ancien (crypte St-Lubin), la souche de l'édifice est la cathédrale romane de l'**évêque Fulbert** (11e et 12e s.) dont subsistent la crypte, les tours, la base de la façade ouest avec son portail Royal et une partie du vitrail de Notre-Dame-de-la-Belle-Verrière. Le reste de la cathédrale actuelle a été construit au lendemain de l'incendie de 1194.
Princes et bourgeois font assaut de largesses ; les moins bien munis prêtent leurs forces, et les artisans de la ville offrent de nombreuses verrières. Cet élan permet à la cathédrale d'être achevée en trente ans, ce qui assure au gros œuvre et à la décoration une homogénéité presque unique dans le style gothique.
Par une rare chance, les guerres de Religion, la Révolution et les deux guerres mondiales ont épargné la célèbre basilique. Seul un incendie, en 1836, ravagea la grande « forêt » de la cathédrale, la magnifique charpente des combles, qui fut remplacée depuis lors par une charpente métallique.
En 1594, Henri de Navarre fut sacré roi et devint Henri IV dans la cathédrale de Chartres. Il n'a en effet pas pu se rendre à Reims comme le voulait la coutume, car la ville était entre les mains de ses ennemis ultra-catholiques, les Ligueurs.

Extérieur

Façade principale

Ses deux hautes flèches et le portail Royal composent l'un des plus beaux ensembles de l'art religieux français. Le **clocher Neuf**, à gauche, fut en réalité commencé le premier. Il date, pour sa partie inférieure, de 1134. Il prit son nom actuel quand Jehan de Beauce eut lancé, au 16e s., à 115 m de hauteur, une flèche

Vue remarquable

Pour voir surgir la cathédrale de Chartres au-dessus de l'Eure, placez-vous derrière le **monument aux Aviateurs militaires** dominant la rive droite de la rivière d'où la **vue★** est époustouflante.

9

de pierre remplaçant la flèche de bois détruite en 1506. Le **clocher Vieux** (1145 à 1164 environ), à droite, haut de 106 m, chef-d'œuvre de l'art roman, contraste par sa sobriété avec la richesse de la flèche gothique flamboyante. Comme le portail Royal, les trois grandes fenêtres qui s'ouvrent au-dessus sont du 12e s. Tout ce qui les surmonte est postérieur : rose du 13e s., galerie des Rois (rois de Juda, aïeux de la Vierge) et pignon présumés du 14e s. où la Vierge présente son fils à la Beauce.

★★★ Portail Royal

L'une des merveilles de l'art roman parvenu à son terme (1145-1150), il présente la **vie et le triomphe du Sauveur**. Le Christ du tympan central et les statues-colonnes sont célèbres. Rois et reines de la Bible, prêtres, prophètes ou patriarches, leurs longues et minces figures s'alignent dans l'embrasure des portes. Contrastant avec les corps roides, les visages vivent intensément. Cette rigidité, qui s'oppose à la vivacité des personnages des voussures et des chapiteaux, fut voulue. Les statues sont des colonnes avant d'être des personnages.

Porche et portail nord

Contournez la façade principale, à gauche, en prenant un peu de champ pour mieux juger des lignes. Le vaisseau de la cathédrale est très haut et exceptionnellement large. Son étaiement a été résolu, avec une maîtrise souveraine, par le lancement d'arcs-boutants à triple étage ; les deux arcs inférieurs assurant la stabilité des voûtes sont reliés par des colonnettes. Près du clocher Neuf, l'élégant pavillon de l'Horloge est l'œuvre de Jehan de Beauce (1520).

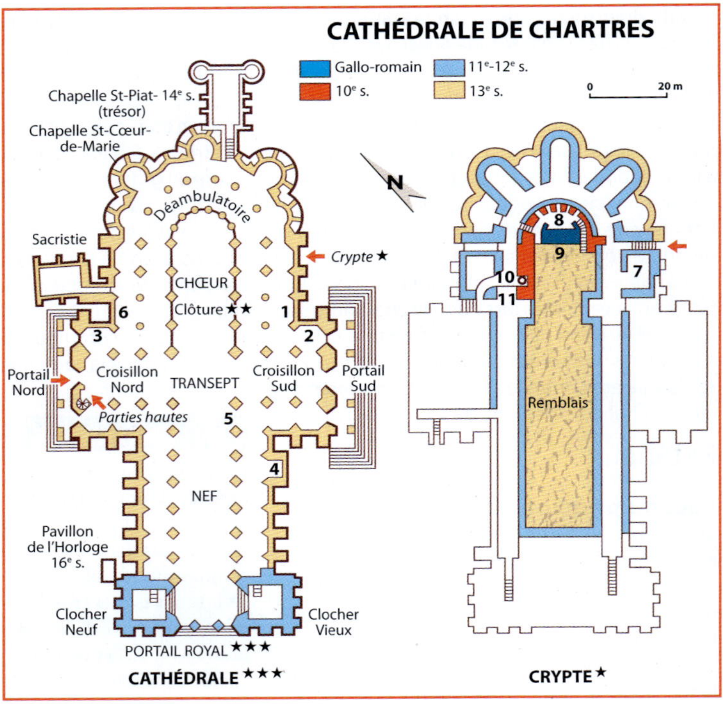

Un lieu majeur de la spiritualité en France

L'influence religieuse de ce lieu s'est exercée depuis l'Antiquité. La découverte d'un puits gallo-romain au sommet du plateau chartrain a révélé la présence d'un culte païen, transformé en culte chrétien au 4e s. par les premiers évangélisateurs. Le premier évêque connu, Adventus, a vécu au milieu du 4e s. Un document du 7e s. évoque déjà un **culte marial**. Le don du voile de la Vierge à la cathédrale par Charles le Chauve, en 876, confirmerait l'existence du pèlerinage à Notre-Dame. Chartres fut aussi un important centre intellectuel aux 11e et 12e s., avec la création de l'École de Chartres sous l'impulsion de l'évêque Fulbert. Jusqu'au 14e s., le rayonnement de Chartres ne cesse de croître. Trois images de la Vierge restent de nos jours l'objet d'un culte particulier : Notre-Dame-de-Sous-Terre, Notre-Dame-du-Pilier et Notre-Dame-de-la-Belle-Verrière, mais on a pu dénombrer 175 figurations de Marie dans l'iconographie de la cathédrale. Ni la cathédrale ni la crypte ne contiennent de tombeau : Chartres est le temple exclusif de la Vierge.

Les **personnages** du porche nord, traités avec plus de liberté que dans le portail Royal, sont plus vivants et montrent un réel progrès du réalisme, puis de l'élégance. Attardez-vous sur la statue de sainte Modeste, chef-d'œuvre de grâce. Cette martyre chartraine regarde vers le clocher Neuf.

La décoration des **trois portes** a encore trait au règne de l'« Ancien Testament ». À la porte de droite sont mis à l'honneur les héros bibliques ayant pratiqué les vertus que le Christ exalta dans son enseignement ; à la porte centrale, les Prophètes ayant annoncé la venue du Messie et Marie (tympan). À la porte de gauche sont représentées l'Annonciation, la Visitation et la Nativité accompagnées par les Vertus et les Vices (voussures).

Passez dans le jardin de l'Évêché dominant, en terrasse, la basse ville. Avant d'atteindre la grille du jardin, vous verrez à gauche, enjambant une petite rue, une porte qui s'ouvrait dans l'enceinte du cloître Notre-Dame.

Chevet

La hardiesse des arcs-boutants à double volée – ils doivent passer ici au-dessus des chapelles et nécessitent un contrefort intermédiaire –, l'étagement des absidioles, du chœur et des bras du transept sont d'un superbe effet. La chapelle St-Piat, du 14e s., d'abord séparée de la cathédrale, lui a été reliée par un élégant escalier.

Porche et portail sud

Ici, les hautes maçonneries sont dissimulées par des faisceaux de colonnettes. La perspective de ces verticales, qui conduit des arcades du porche aux pignons, donne à ce bras du transept une unité que ne possède pas le croisillon nord. Le thème est celui de **l'Église du Christ et du Jugement dernier**. Habituellement, les maîtres d'œuvre du Moyen Âge réservaient ces scènes au portail ouest. Le portail Royal étant déjà occupé, on mit ici en image l'Avènement du Monde nouveau, préparé par les martyrs (ébrasements de la porte gauche) et les confesseurs (témoins du Christ qui ont prêché l'Évangile) – porte de droite. Le Christ préside au tympan du centre. Il se dresse, surtout au trumeau, encadré par la double haie des douze apôtres aux traits d'ascètes, drapés dans leurs longues robes aux plis souples. Le programme sculpté du porche touche à la fantaisie la plus gracieuse dans les médaillons qui s'étagent par groupes de six de part

Le « bleu de Chartres »

Le fameux « bleu de Chartres » du 12e s., limpide et profond, transmet des radiations situées dans la gamme des rouges et la lumière du soleil couchant l'exalte particulièrement. Il avait longtemps été considéré comme un secret de fabrication perdu. Les examens en laboratoire ont établi que ces verres, riches en composés sodiques et en silice, avaient mieux résisté à la corrosion et à la saleté que les verres d'autres compositions et d'autres époques.

et d'autre des baies : vie des martyrs, Vices et Vertus, etc. Parmi les martyrs, deux statues occupent symétriquement le premier plan : saint Georges et saint Théodore, admirables figures de chevaliers en armes du 13e s. Ces personnages sont nettement détachés des colonnes – les pieds à plat au lieu d'être inclinés – et n'assument plus qu'un rôle décoratif.

En revenant vers la façade principale, vous verrez, sur le flanc du clocher Vieux, l'« Âne qui vielle », symbole ironique de l'homme incapable de tout maîtriser, et, à l'angle même de la façade, la longue silhouette de l'Ange au cadran solaire.

★ Montée au clocher Neuf

02 37 21 22 07 - www.chartres-cathedrale.fr - 2 mai à déb. sept. : 10h-12h45, 14h-18h ; déb. sept. à fin avr. : 10h-12h45, 14h-17h - 6 € (-18 ans gratuit) - réservation fortement recommandée.

Cette montée (300 marches) donne accès, en longeant le comble nord, à la galerie inférieure du **clocher Neuf**, 70 m au-dessus du sol du parvis. Les vues sur le clocher Vieux, les contreforts et les arcs-boutants, les statues et les **gargouilles** sont du plus grand intérêt. Au pied de la cathédrale, on décèle encore, grâce aux vieux toits à comble aigu, le « cloître Notre-Dame », ancien quartier des clercs – des chanoines en particulier – entouré d'un mur jusqu'au 19e s.

Intérieur PLAN DE LA CATHÉDRALE P. 552

Entrez dans la cathédrale par le portail nord.

La nef est large de plus de 16 m entre les piliers, dépassant ainsi toutes celles des autres cathédrales françaises (Notre-Dame de Paris : 12 m, Notre-Dame d'Amiens : 14 m) ; cependant, elle est à simples bas-côtés. Les voûtes s'élèvent à 37 m. La longueur intérieure de l'édifice atteint 130 m. Cette nef est du style gothique du 13e s., dit classique ; il n'y a pas de tribune, mais un triforium aveugle.

Dans cette église de pèlerinage, le chœur et le transept doivent se prêter au déroulement des grandes cérémonies. Leur structure est donc adaptée à une importante circulation. Le chœur est entouré d'un double bas-côté ; le transept, bordé de bas-côtés, est large de 64 m entre la porte nord et la porte sud.

De l'entrée, un œil attentif est sensible à la légère pente du sol, en montée vers le chœur. Cette pente permettait de laver l'église à grande eau lorsque les pèlerins y avaient passé la nuit.

Remarquez, au milieu de la nef principale, une énorme figure géométrique circulaire inscrite à même le sol, entre la troisième et la quatrième travée, formant un tracé noir et blanc long de 261 m. Ce rarissime exemple de **labyrinthe** *(parcours ouv. ts les vend. 10h-16h45)* symbolisait le parcours spirituel menant l'homme à la rencontre de Dieu. Les pèlerins suivaient ce dédale jusqu'au centre du labyrinthe : cette procession symbolisant les difficultés de la vie pour atteindre l'éternité. Le labyrinthe servait également à la célébration de la résurrection du Christ.

Vitrail Notre-Dame-de-la-Belle-Verrière (12e s.).
JurgaR/Getty Images Plus

9

★★★ Vitraux

La cathédrale de Chartres possède un ensemble incroyablement complet de vitraux (176 au total). La somptueuse parure de vitraux des 12e et 13e s. constitue la plus importante collection de France, avec celle de Bourges. La Vierge à l'Enfant, les scènes de l'Annonciation et de la Visitation s'imposent immédiatement dans les fenêtres hautes du fond du chœur.
Sur la **façade ouest**, les trois verrières du 12e s. éclairaient la tribune de la cathédrale romane de Fulbert et la nef basse et sombre qui suivait, d'où leur hauteur exceptionnelle. L'œuvre *(lisez les scènes de bas en haut)* proclame l'accomplissement des prophéties : à droite l'Arbre de Jessé, au centre l'enfance et la vie publique du Christ (cycle de l'Incarnation), à gauche la Passion et la Résurrection (cycle de la Rédemption). La **grande rose** de la façade, du 13e s., est consacrée au Jugement dernier.
Dans le **transept**, l'ensemble du 13e s., constitué par les deux roses, est complété par des vitraux à lancettes à grands personnages. Les thèmes traités reprennent ceux du portail sculpté correspondant : Ancien Testament au nord, fin des Temps au sud. La **rose nord** offerte par Blanche de Castille, régente de France (1226-1236), et appelée pour cela rose de France, est centrée sur la Vierge à l'Enfant. L'écu aux fleurs de lys (sous la lancette centrale) et le décor de fleurs de lys et de tours de Castille alternées, dans les petites lancettes des écoinçons, l'identifient. Dans les grandes lancettes, sainte Anne portant Marie enfant est encadrée de quatre grands prêtres ou rois : à gauche, Melchisédech et David, à droite Salomon et Aaron. Dans la **rose sud**, rayonnant autour du Christ glorieux, apparaissent, dans deux couronnes de 12 médaillons, les Vieillards de l'Apocalypse. Les damiers jaune et bleu sont liés aux armes des donateurs, Pierre Mauclerc, comte de Dreux, et son épouse, que l'on retrouve aussi au bas des lancettes. Dans les lancettes, encadrant la Vierge à l'Enfant, quatre personnages impressionnants, les « grands prophètes » (Isaïe, Jérémie, Ézéchiel et Daniel) portent sur leurs épaules les quatre Évangélistes : grâce à l'Esprit saint, l'Évangéliste, même faible et sans prestance, voit plus loin que les géants de l'Ancien Testament.

Notre-Dame-de-la-Belle-Verrière★ (1), d'une finesse extraordinaire (12e s.), occupait vraisemblablement une place de choix dans la cathédrale romane de Fulbert. Cette œuvre délicate, sur laquelle Marie, tout en bleu, et l'enfant Jésus se détachent sur fond rouge, se compose de trois panneaux de verre épargnés par l'incendie de 1194, et qui furent enchâssés dans un vitrail du 13e s. ornant une fenêtre du chœur.
Les bas-côtés de la nef et les chapelles du déambulatoire sont éclairés par de nombreux vitraux « légendaires » du 13e s. Dans les parties hautes, ce sont les hautes silhouettes de saints, prophètes, etc. Les bras du transept, côté est, ont reçu deux œuvres d'ateliers contemporains, harmonisées avec la vitrerie ancienne : le vitrail de saint Fulbert (croisillon sud : **2**) offert par l'Association des architectes américains (atelier François Lorin – 1954) ; le vitrail de la Paix (croisillon nord : **3**), don des Amis allemands de la cathédrale (1971). Dans la chapelle Vendôme **(4)**, une verrière très lumineuse du 15e s. détonne. Elle jalonne l'évolution qui aboutit aux verres clairs des 17e et 18e s.

★★ Clôture du chœur
La fermeture du chœur des édifices religieux devint une pratique courante au Moyen Âge. Cela permettait non seulement aux fidèles de se recueillir, mais aussi de se protéger du froid. La plupart des clôtures ayant été détruites durant la Contre-Réforme, celle-ci fait donc figure de référence en matière de sculpture religieuse. Commencée en 1514 par Jehan de Beauce, elle fut terminée au 18e s. Elle comprend 41 groupes sculptés illustrant, du sud au nord, les vies de la Vierge et du Christ. Sur le soubassement, des médaillons évoquent l'histoire sainte, l'histoire locale et la mythologie. Le contraste de cette statuaire Renaissance avec celle des portails gothiques est saisissant.

Orgues (5)
Le buffet date du 16e s.

Chapelle St-Piat et Trésor
Située au-dessus de la salle capitulaire, la chapelle date du 14e s., comme les vitraux, dont la restauration s'est achevée en 2021. Elle abrite le **Trésor**, qui a ouvert à la fin de l'année 2022. Dispersé à la Révolution, il a été reconstitué durant tout le 19e s. Parmi les pièces maîtresses, figurent une **navette** en argent et coquille de nautile, offerte à la cathédrale en 1540 par Miles d'Illiers, évêque de Luçon et doyen de Chartres, et le **tabernacle** de Saint-Aignan (1200), aux volets constitués de plaques de cuivre en émaux champlevés limousins du 13e s. La **salle capitulaire** accueille désormais le lapidaire, notamment des éléments sculptés du jubé (13e s.) démontés en 1763.

Notre-Dame-du-Pilier (6)
De tout temps, Chartrains et pèlerins ont eu pour coutume de venir partager joies et souffrances aux pieds de cette statue de bois polychrome à l'effigie de la Vierge. Celle-ci, d'environ 1510, est placée sur l'un des piliers du jubé du 13e s., aujourd'hui disparu.
Chapelle St-Cœur-de-Marie – Vous y découvrirez le **Voile dit de la Vierge**, que Marie aurait porté lors de l'Annonciation. C'est en 876 que Charles le Chauve fit don à la cathédrale de cette précieuse relique. Les pèlerins considérèrent longtemps ce modeste tissu de soie comme la « sainte chemise » de Marie, alors qu'il s'agirait d'un voile semblable à ceux portés par les femmes de Jérusalem à l'époque du Christ. Le vêtement fit, au cours des siècles, l'objet d'une immense

dévotion. La légende rapporte qu'au 10e s., les Normands qui assiégeaient la ville se seraient enfuis devant les habitants et leur évêque brandissant la relique comme étendard. Celle-ci survécut à l'incendie de 1194, ce qui ne fit qu'amplifier le culte marial déjà si fort à Chartres.

★ Crypte

Entrée à l'extérieur de la cathédrale, côté sud. ✆ 02 37 21 75 02 - www.cathedrale-chartres.org - visite guidée (45mn) tlj 14h - 7 € (10-18 ans 5 €, -10 ans gratuit) ; 15 € billet combiné avec la visite guidée de la cathédrale.

Cette crypte, l'une des plus vastes du monde (env. 220 m de long), est dite **crypte de Fulbert.** Elle date dans l'ensemble du 11e s. et présente des voûtes d'arêtes romanes. Sa forme en U se compose de deux longues galeries, réunies par un déambulatoire, qui passent sous le chœur et les bas-côtés de la nef et desservent sept chapelles dont trois seulement sont romanes. Les autres ont été ajoutées par le maître d'œuvre de la cathédrale gothique pour établir les fondations de l'abside du vaste édifice prévu. La crypte présente des peintures murales (11e-13e s.). En descendant dans la galerie sud, on voit d'abord, groupés dans la chapelle St-Martin **(7)**, les originaux de statues du portail Royal, l'Ange au cadran solaire, etc. Du déambulatoire, un escalier descend dans une crypte plus profonde. La **crypte St-Lubin (8)**, autour de laquelle s'enroule la crypte de Fulbert, formait l'assise de l'église du 10e s. Ses murs, sur lesquels reposent les piles de l'abside, font plus de 2,50 m d'épaisseur. Une grosse colonne ronde, dont la base a été dégagée, s'appuie contre un mur plus ancien **(9)** dont on reconnaît l'appareil à lits de brique et mortier alternés. La crypte permettait de mettre en lieu sûr les trésors de la cathédrale en périodes de troubles et de catastrophes ; le Voile de la Vierge, qui y avait été placé, fut ainsi épargné lors du grand incendie de 1194. Profond de plus de 35 m, le **puits des Sts-Forts (10)** construit autour de l'an 0, est d'époque gauloise ou gallo-romaine. La margelle est moderne. Les corps des martyrs chrétiens chartrains, massacrés lors d'une incursion normande en 858, y auraient été jetés, d'où son nom consacré par la tradition.

Place Marceau, dans le centre.
H. Lenain/hemis.fr

La **chapelle Notre-Dame-de-Sous-Terre (11)**, où les pèlerins vivent des moments de prière intense, forme, depuis le 17e s., en continuité avec la galerie nord de la crypte, une église en réduction. La légende dit qu'elle avait succédé à une simple excavation ou « grotte » où les fidèles venaient déjà vénérer la Vierge au 1er s. L'aménagement et le décor ont été rafraîchis en 1976. La statue, du 19e s., a été par la même occasion remplacée par une Vierge plus hiératique, inspirée de modèles romans, et mise en valeur par une tapisserie des Gobelins aux tons clairs.

Visiter

PLAN P. 560

Centre international du vitrail A1

5 r. du Card.-Pie - ✆ 02 37 21 65 72 - www.centre-vitrail.org - ♿ - 10h15-12h15, 14h-17h30, w.-end et j. fériés 14h-17h30 - 7 € (16-18 ans 5,50 €).

Chartres, capitale internationale du vitrail, se devait d'avoir un « pôle culturel et technique du verre, du vitrail et de la lumière ». À proximité immédiate de la cathédrale, il occupe depuis 1980 l'ancienne **grange aux dîmes de Loëns**, vaste structure à pans de bois reconnaissable à ses trois pignons, qui dépendait au Moyen Âge du chapitre de la cathédrale. Au rez-de-chaussée, sous la charpente de l'ancien grenier, vous découvrirez un parcours d'interprétation des vitraux de la cathédrale : avant ou après la contemplation des vrais vitraux de la cathédrale, les curieux peuvent ainsi approfondir leurs connaissances. Des vitraux Renaissance (retrouvés dans l'église St-Pierre) sont également exposés. Dans le magnifique **cellier gothique** à trois nefs (vers 1200), expositions de vitraux contemporains.

Musée des Beaux-Arts A1

29 Cloître-Notre-Dame - ✆ 02 37 90 45 80 - www.chartres.fr - mai-oct. : tlj sf lun.-mar. 10h-12h30, 14h-18h (jeu. 20h), dim. 14h-18h ; reste de l'année : tlj sf lun.-mar. 10h-12h30, 14h-17h (20h le jeu.), dim. 14h-17h - gratuit.

Situé au chevet de la cathédrale, ce musée occupe l'ancien **palais épiscopal**, vaste et imposant ensemble architectural comprenant une partie du 15e s. articulée autour d'une cour intérieure, une façade des 17e et 18e s., et une aile sur jardin du début du 18e s.

Au pied de l'escalier, vous découvrirez de beaux **instruments de musique** anciens (épinettes et clavecins des 17e et 18e s.).

Rez-de-chaussée – Remarquable par son vestibule doté d'un escalier en fer à cheval, le rez-de-chaussée se compose d'une enfilade de salons d'apparat. On découvre, au fil des salles, un mélange hétéroclite d'œuvres d'époques diverses, parmi lesquelles un ensemble tout à fait exceptionnel de plaques émaillées de grande taille, **Les Douze Apôtres★★** (v. 1547) ; dues à **Léonard Limosin** (v. 1505-1575), célèbre émailleur et orfèvre de la Renaissance, celles-ci avaient été commandées par François Ier en 1545 et offertes par Henri II à Diane de Poitiers pour sa demeure d'Anet. Le rez-de-chaussée présente également des objets religieux du Moyen Âge (**émaux champlevés**, belle croix de procession), des sculptures religieuses polychromes des 15e et 16e s. et, pour le 17e s., une toile du grand peintre espagnol Francisco Zurbaran (1598-1664) figurant *Sainte Lucie*. Vous pourrez voir aussi parmi les collections d'art moderne, un nombre important d'œuvres de Derain, Soutine, Henri Navarre et **Vlaminck** (*La Petite Fille à la poupée*, v. 1902) auxquelles se greffent curieusement des pièces issues du fonds océanien (objets provenant des Marquises, de Tahiti, de Nouvelle-Calédonie, etc.).

Premier étage – Vous découvrirez des **vues de Chartres**, parmi lesquelles le poignant *Incendie de la cathédrale de Chartres en 1836* par F.-A. Pernot.

Chartres en lumières

Chaque année, Chartres illumine ses monuments, de la vieille ville aux bords de l'Eure en passant par le cœur de la cité. Les édifices, sublimés par les superbes éclairages animés, prennent dans la nuit un aspect féerique. Ne manquez pas les scénographies du théâtre, de la médiathèque, de l'église St-Pierre et bien sûr de la cathédrale. Bluffant.
Le point d'orgue de la saison est atteint lors de la **Fête de la lumière**, mi-septembre. Enfin, la visite « Chartres en Lumières Privilège » permet de visiter la cathédrale à la bougie puis de parcourir la ville illuminée avec un guide.
www.chartresenlumieres.com et application gratuite Chartres en lumières. Tlj de la tombée de la nuit à 1h, de fin avr. à mi-janv., parcours signalé par des lumières bleues au sol - gratuit.

★ Le Compa HORS PLAN PAR A2

Pont de Mainvilliers - 02 37 84 15 00 - www.lecompa.fr - ♿ - merc.-dim. 10h-12h30, 14h-18h- 5 € (6-18 ans 2 €).

Une ancienne rotonde de la SNCF offre au **Conservatoire de l'agriculture** un cadre industriel soigné, avec de belles vues sur la cathédrale. Ses 3000 m² permettent de mettre en valeur des collections exceptionnelles de machines, d'outils, d'objets et d'art contemporain en rapport avec le monde rural d'hier et de demain.
L'exposition, inaugurée en 2016, replace l'homme au centre de l'évolution de l'agriculture. Le parcours s'organise en 4 espaces : dans la grande nef, les **Champs**, où paradent les tracteurs le long d'une frise chronologique, faisant prendre conscience de la révolution introduite par la motorisation dans le monde rural. Les outils sont classés par opérations agricoles : labourer, semer, récolter.
Les 12 cabinets de curiosités (la fête, le village, les femmes, l'enfance...) de **l'Almanach** témoignent de l'histoire et des traditions du monde rural, à travers objets, publicités, jouets, outils, photos et vidéos, mais aussi œuvres d'art contemporain. Une pièce ronde (en fait un écran) accueille **l'Album**, où défilent un film et des témoignages interrogeant les représentations actuelles du paysan.
Enfin, **l'Atlas** est un espace qui ouvre sur l'agriculture de demain, et le défi qu'elle doit relever : nourrir 9 milliards d'hommes en 2050 tout en préservant la planète. Un espace pédagogique, une boutique, des ateliers et un auditorium complètent la visite. Une réussite !

Se promener

PLAN P. 560

★ Vieux Chartres

À partir du jardin de l'Évêché, suivez le circuit vert sur le plan pour découvrir le quartier St-André et les bords de l'Eure.
Traversez le jardin de l'Évêché et descendez le tertre St-Nicolas.

Collégiale St-André A1

Cette église romane, désaffectée, était le centre religieux de l'un des quartiers les plus peuplés et les plus laborieux de la ville, animé par les « métiers de la rivière » : meuniers, teinturiers, corroyeurs, cordonniers, foulons, drapiers, sergiers, tanneurs, mégissiers, etc. Agrandie au 13e s., puis aux 16e-17e s., d'un chœur et d'une chapelle absidiale assis sur des arches franchissant l'Eure et la rue du Massacre,

9

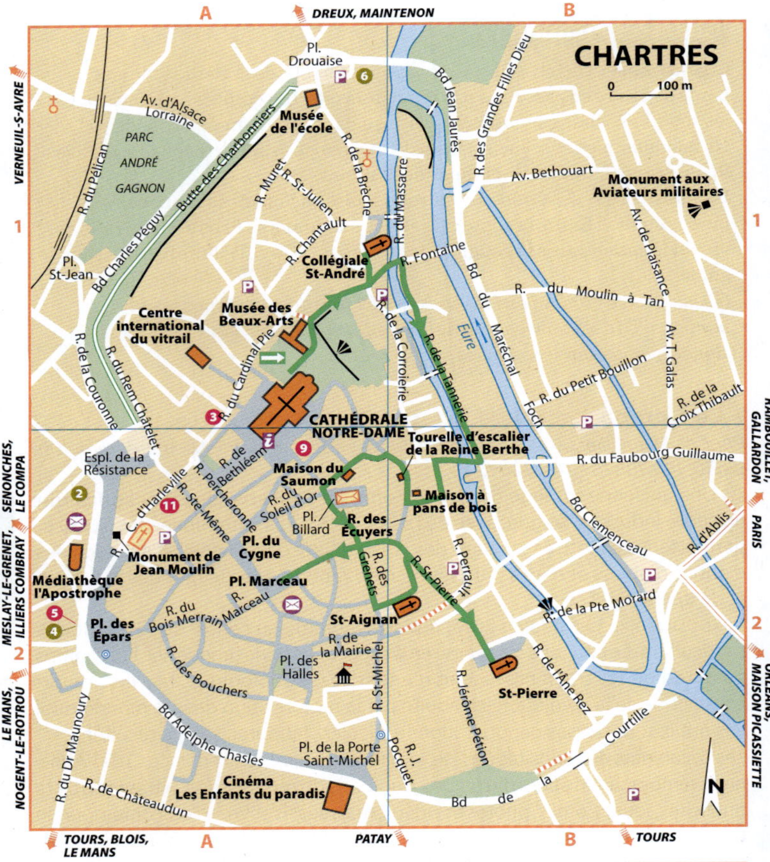

SE RESTAURER
Esprit Gourmand 3
Le Georges 5
Le Serpente 9
Le Tripot 11

SE LOGER
Le Bœuf Couronné 2
Le Grand Monarque 4
B&B Hotel Chartres Centre Cathédrale 6

elle perdit son aspect pittoresque lorsque ce chœur et ces voûtes disparurent (1827). Aujourd'hui, la collégiale est un lieu culturel qui accueille des expositions et des manifestations.

Traversez l'Eure sur une passerelle de fer.

Jolie **vue★** sur de vieux ponts bossus. Remarquez, au pied de la nef mutilée de St-André, les restes de l'arche supportant le chœur. Remontez les quais de l'Eure : les biefs des anciens moulins et les **lavoirs** ont été remis en valeur. La rue aux Juifs dessert un quartier ancien réhabilité avec des rues pavées bordées de pignons triangulaires et un éclairage par lanternes.

Rue des Écuyers B2

En empruntant le tertre au pied plat, vous arrivez dans l'un des ensembles les mieux restaurés du vieux Chartres. Les maisons n°s 17 et 19 ont conservé leur portail à bossages du 17e s. surmonté d'un œil-de-bœuf.

Redescendez la rue. À l'angle de la rue aux Cois, pittoresque **maison à pans de bois** formant proue. Du côté opposé s'élève la **tourelle d'escalier de la Reine Berthe**, également à pans de bois (16e s.).
Remontez la rue St-Éman ; à gauche, les escaliers conduisent à la place de la Poissonnerie où l'office de tourisme est abrité dans la **maison du Saumon** A2, maison à pans de bois (v. 1500) qui doit son nom au saumon ornant la console centrale. En poursuivant, sur la gauche, la **place Billard** correspond à l'emplacement du château des comtes de Chartres, où la grande halle couverte, structure architecturale métallique élevée en 1898, accueille le samedi un marché alimentaire très réputé.
Descendez la rue des Changes puis la rue des Grenets.

Église St-Aignan B2

Vous pénétrez par un délicat portail Renaissance (1541). L'église conserve notamment plusieurs vitraux du 16e s. (mort et couronnement de la Vierge) et un vitrail de 1949 (Crucifixion) ; l'intérieur a été entièrement peint au 19e s.
Prenez le tertre St-Aignan qui conduit à la rue St-Pierre, que vous prenez à droite.

★ Église St-Pierre B2

C'est l'église gothique (12e et 13e s.) de l'ancienne abbaye bénédictine de St-Père-en-Vallée. Le clocher-porche appartenait à un édifice préroman. Les **verrières★** gothiques de St-Pierre illustrent une période non représentée à la cathédrale (fin du 13e-début du 14e s.), avant les productions du 14e s. utilisant le jaune d'argent. Les vitraux les plus anciens sont ceux des travées droites du chœur. Ils représentent de grands personnages hiératiques de l'Ancien Testament.
Les verrières de l'hémicycle du chœur, les plus vibrantes de couleurs, furent posées vers 1300. Les sujets ont des attitudes plus mouvementées. Les fenêtres de la nef furent vitrées en dernier (vers 1305-1315). Elles font alterner les grands personnages – apôtres, évêques, abbés… – et les médaillons.
Elle est superbement éclairée de l'intérieur lors de Chartres en lumières (*p. 559*).
Remontez la rue St-Pierre, puis prenez la rue de la Pie à gauche. Elle conduit place Marceau, au cœur du quartier commerçant.

Quartier central PLAN CI-CONTRE

Place Marceau et place du Cygne A2

Depuis leur rénovation en 2016, la place Marceau et son prolongement la place du Cygne sont piétonnes, bordées de terrasses de café et de boutiques. Sur la **place Marceau**, une colonne est dédiée au jeune général chartrain tombé à Altenkirchen (1796) à l'âge de 27 ans.
La place du Cygne est en fait une ancienne rue élargie en terre-plein planté *(joli marché aux fleurs mar., jeu. et sam.)*. Elle conduit aux rues piétonnes et commerçantes, où toute la ville se presse le samedi.
Prenez la rue Noël-Ballay sur la gauche.
Vous débouchez sur la **place des Épars** et sur les boulevards, aménagés au 19e s. à l'emplacement des anciens remparts.

Médiathèque l'Apostrophe A2

1 bd Maurice-Viollette - ✆ 02 37 23 42 00 - https://mediatheque.chartres.fr - ♿ - juil.-août : mar.-vend. 13h30-19h, sam. 10h-18h ; reste de l'année : mar.-vend. 10h-19h, jeu. 14h-19h, sam. 10h-18h, dim. 14h-18h.
Elle est installée dans l'ancien hôtel des Postes, remarquable bâtiment Art déco en béton armé (1928), surnommé Notre-Dame des Postes car il reprend des éléments architecturaux de la cathédrale. L'architecte Paul Chemetov l'a transformé

L'unificateur de la Résistance

Jean Moulin, préfet d'Eure-et-Loir, fut révoqué par le gouvernement de Vichy en novembre 1940. Il se rend alors en zone libre puis en Angleterre. Le général De Gaulle le charge de fédérer les mouvements épars de la Résistance, puis de créer le Conseil national de la Résistance, dont la première réunion se tient à Paris le 27 mai 1943. Recherché à la fois par la police de Vichy et par la Gestapo, il est arrêté, sur dénonciation, le 21 juin 1943 dans la banlieue de Lyon. Il meurt lors de son transfert en Allemagne, suite aux tortures infligées par la Gestapo. Son inhumation au Panthéon en 1964 fut accompagnée de l'un des plus vibrants discours prononcés par André Malraux.

en médiathèque en 2007 en évidant l'intérieur pour créer de vastes volumes reposant sur une ossature métallique. L'effet est saisissant.

Monument de Jean Moulin A2

Jean Moulin (1899-1943) était préfet d'Eure-et-Loir au moment de l'invasion allemande en juin 1940. Il créa le Conseil national de la Résistance (*encadré p. 562*). Un peu plus loin, sur la place du Châtelet, remarquez l'hôtel du Département, aujourd'hui siège du conseil général d'Eure-et-Loir.

À voir aussi

Cinéma Les Enfants du paradis

Pl. de la Porte St-Michel

Il faut venir le contempler à la nuit tombée, quand sa façade Art nouveau se détache sur l'immense résille de béton. Cet ancien garage devenu cinéma multiplexe a été complètement redessiné par l'architecte Rudy Ricciotti.

Musée de l'École de Chartres et d'Eure-et-Loir A1

12 pl. Drouaise - 02 37 32 62 13 - museeecolechartres.wixsite.com/museedelecole - lun.-vend. : 14h-17h sf jours fériés, w.-end : selon animations - 4,50 € (6-16 ans 3,50 €).

Dans ce musée ont été rassemblés du matériel pédagogique et des meubles scolaires évoquant l'école de jadis. Il expose, outre des bouliers, des lanternes magiques à pétrole et des livres de morale, un **meuble-épargne**, tirelire collective destinée à « développer chez les enfants les vertus de l'épargne », dans lequel chaque élève avait un casier.

Maison Picassiette EN DIR. PAR B2

22 r. du Repos - 02 37 34 10 78 - www.chartres.fr - ♿ - ouv. mi-mars-mi-nov. : tlj sf mar. 10h-12h30, 14h-18h, dim. 14h-18h - 6,50 € (-18 ans gratuit).

Ce rarissime témoignage d'architecture naïve au 20e s., tout empreint de mysticisme, ne manquera pas de vous étonner. Pendant plus de 25 ans, **Raymond Isidore** (1900-1964), cantonnier puis balayeur de cimetière, surnommé « Picassiette », décora inlassablement son modeste pavillon jusqu'à le transformer en une immense mosaïque créée à partir de quelque 4 millions de débris de vaisselle et de morceaux de verre coloré, figés dans le ciment. Ici, rien n'a échappé à la main de ce « bâtisseur de l'imaginaire », des sols aux plafonds, en passant par le mobilier, les murs extérieurs, les pots de fleurs... On visite les différentes pièces de sa maison (cuisine, salon, chambre à coucher) puis, à l'extérieur, la chapelle, la cour Noire (« tombeau » surmonté d'une cathédrale de Chartres) et le logement d'été, décoré de fresques. Orné de statues et d'un bassin, le jardin contient une version très personnelle du mur de Jérusalem, ainsi qu'un tombeau bleu, le Tombeau de l'Esprit.

À proximité

Église Saint-Orien de Meslay-le-Grenet

À 14 km au sud de Chartres par la N 10. Pour vous faire ouvrir l'église, téléphonez au 06 31 12 10 21.

Découverte en 1864, la **Dansè macabre**, peinte en 1490, fait tout l'intérêt de cette église. L'affrontement entre la mort et les humains commence, sur le mur sud, au registre inférieur, par les représentations du pape et de l'Empereur ; il se termine au revers de la façade par l'enfant, l'usurier et l'ermite. Le texte d'accompagnement reste bien visible. Au registre supérieur, le « dit des trois morts et des trois vifs », récit moralisant souvent associé aux danses macabres retrouvées en France, conte l'aventure de trois jeunes insouciants conduits à la repentance par la rencontre de trois morts qui leur rappellent la brièveté de leur vie terrestre.

Gallardon

À 20 km au nord-est de Chartres par la D 32.

1 fg de la Bretonnière - 02 37 23 05 04 - www.tourismeporteseureliennes.fr.

L'église de campagne à la flèche haute et pointue de cette jolie cité médiévale, aux confins de la Beauce et du Hurepoix, s'associe à une curieuse tour mutilée, paraissant défier les lois de l'équilibre. Dans la traversée de la vallée, en venant de Chartres, aussitôt avant le premier pont, tournez à droite pour suivre le bord de la Voise. Bientôt, vous découvrez une **vue★** étonnante sur l'église de Gallardon et l'« épaule » : la tour donne l'illusion de menacer l'église d'une chute imminente. Autre belle **vue★** possible sur l'ensemble tour-église, en venant cette fois de Rambouillet par Orphin. Le bourg a gardé quelques noms de rues anciens : impasse du Cœur-à-Margot, rue du Croc-Salé, rue Porte-Mouton ; rue Notre-Dame, superbe logis dit « Petit Louvre », sur la gauche, où Louis XIV aurait passé une nuit. Près de la place de l'Église, la **maison de bois**, dite « fief des Marmousets », présente une ornementation riche, raffinée et variée, qui remonte au 16e s.

L'épaule de Gallardon – Cette belle tour ronde (12e s.), haute de 38 m, faisait partie du système défensif de la ville, avec ses remparts et son château fortifié. Elle fut en partie détruite lors du siège de 1421 sur l'ordre du Dauphin, le futur Charles VII. Le nom d'épaule dérive sans doute du latin *specula* (observatoire), mais bon nombre de Beaucerons s'en tiennent à une étymologie plus savoureuse : sous certains angles, la ruine ressemble à une omoplate de mouton fichée en terre...

Église – Remarquez le décrochement de ses combles, dû à la construction au 13e s. d'un chœur gothique surélevé. Gagnez le chevet. La tour et sa flèche, haute de 76 m, le chœur aux arcs-boutants à double étage forment un ensemble aérien et équilibré à la fois. Le **chœur★** retient l'attention par l'harmonie de son déambulatoire du 12e s. dont les colonnes sont fondées sur un mur-bahut, mais surtout par son élévation caractéristique du gothique à l'époque de Saint Louis. Remarquez la richesse de dessin des fenêtres hautes, dans les travées droites.

La voûte lambrissée de la nef a été peinte en 1709 de motifs – assez effacés – parmi lesquels la clé de saint Pierre et le glaive de saint Paul, patrons de l'église. Comme dans nombre d'églises de campagne à charpente apparente (cas fréquent en pays chartrain), les pièces de bois horizontales (entraits) et verticales (poinçons) servant à raidir le dispositif des combles sont « engoulées » à leurs extrémités dans des **têtes d'animaux** plus ou moins fantastiques.

9

Carnet pratique

S'informer

Office de tourisme – *8 av. de la Poissonnerie - Chartres - ✆ 02 37 18 26 26 - www.chartres-tourisme.com.* L'office de tourisme organise des visites guidées.

Agenda

Soirées à la cathédrale – *Été.* Soirées musicales et Vitraux grand format *(vend. 21h).*

Chartres en lumières – *p. 559.*

Nos adresses

PLAN P. 560

Restauration

Budget moyen

9 **Le Serpente** – A2 - *2 cloître-Notre-Dame - ✆ 09 83 90 26 63 - www.leserpente.fr - plat 17/24 €.* Une impressionnante collection de 365 théières et l'atmosphère apaisante de la musique classique : voilà pour le décor de ce café, posté face à la cathédrale. À table : belles salades, plats de brasserie et cuisine authentique à toute heure... Formules snack et vente à emporter dans l'espace ouvert sur la rue des Changes.

3 **Esprit Gourmand** – A1 - *6 r. du Cheval-Blanc - ✆ 02 37 36 11 57 - fermé dim. soir-mar. - plat 17/22,50 €.* Dans une petite rue proche de la cathédrale, ce bistrot, tenu par un Tourangeau-Basque, a vraiment l'esprit gourmand. Cuisine traditionnelle faite maison avec des produits choisis : tarte fine de ris de veau et pressé de légumes grillés, souris d'agneau confite aux épices douces orientales, terrine de foie gras au whisky breton... à déguster dans le calme de la cour intérieure quand le temps le permet.

Pour se faire plaisir

11 **Le Tripot** – A2 - *11 pl. Jean-Moulin - accès par la r. Collin-d'Harleville - ✆ 02 37 36 60 11 - letripot.wixsite.com/chartres - fermé lun., mar. et dim. soir - formules déj. en sem. 15/18 €, menus 29,50/33,50 €, carte 37,50/39,50 €.* Cette maison de 1553 abritait jadis un jeu de paume, Le Tripot, dont la devise est restée gravée en latin au fronton de la porte d'entrée : « Hors d'ici les querelleurs ». Intérieur rustique bien et cuisine au goût du jour, à base de produits scrupuleusement sourcés et majoritairement bios.

Une folie

5 **Le Georges** – A2 - *Hôtel Grand Monarque, 22 pl. des Épars - ✆ 02 37 18 15 15 - www.grand-monarque.com - fermé dim.-lun. - menus 95/126 € - 58 ch. 134/140 € - ☕ 19 €.* Cette table étoilée a su garder le goût feutré de la tradition. Le cadre est cossu, idéal pour la gastronomie classique que l'on vient y goûter. L'accent est mis sur de beaux produits, souvent locaux, et sur les grands crus.

Petite pause

Ne manquez pas de goûter à la spécialité locale : le **Mentchikoff !** Ce bonbon praliné-chocolat enrobé de meringue roulé dans le sucre glace fut créé en 1893 pour célébrer l'alliance franco-russe.

Brûlerie Les Rois Mages – *6 r. des Changes - ✆ 02 37 36 30 52 - www.cafechartres.com - fermé lun.* Dans cette brûlerie rétro, vous pourrez déguster l'une des nombreuses variétés de café torréfié sur place ou choisir un thé parmi la soixantaine de variétés proposées.

La Chocolaterie – *14 pl. Marceau - ✆ 02 37 21 86 92 - www.lachocolaterie-chartres.fr.* Adresse fort pratique pour faire provision de souvenirs gourmands tels que macarons ou Mentchikoffs. Le salon de thé, sur deux niveaux, garni de canapés et agrémenté d'une cheminée, est très cosy. Terrasse pour l'été.

Shopping

Marché – *Pl. Billard - près de la cathédrale - merc. et sam. mat.* Chaque samedi matin, une halle de style Baltard accueille nombre d'étals qui fleurent bon le terroir beauceron. C'est l'un des marchés les plus courus de la région.

La Galerie du Vitrail – *17 r. du Cloître-Notre-Dame - à l'angle de la rue de l'Horloge - ✆ 02 37 36 10 03 - www.galerie-du-vitrail.com - mai-sept. : mar.-sam. 10h30-13h, 14h-19h, dim. 14h30-19h ; oct.-avr. : mar.-sam. 10h30-13h, 14h-18h30.* Vous découvrirez ici le vitrail sous toutes ses facettes, depuis les salles d'exposition jusqu'à la boutique qui décline cette technique sous de multiples formes (miroirs, lampes, mobiles). Un endroit hors du commun !

Activités

Petit train – *Pl. de la Cathédrale - ✆ 06 80 73 10 05 - www.lepetittraindechartres.fr - visite guidée de fin mars à fin oct. : un dép. ttes les h. à partir de 10h30 et à partir de 14h - 7 € (3-14 ans 4 €) - visite de Chartres en lumières mi-avr.-mi oct. : 1 dép. par jour, consulter le site pour les horaires ; avr.-juin et sept.-oct. : vend.-sam. uniquement ; - durée de la promenade : 35mn - 8 €, 3-14 ans 5 €.*

Chartres Métropole Canoë-Kayak – *8 r. Georges-Brassens - Embarquement : stade des Bas-Bourgs - ✆ 06 21 01 00 99 - www.canoekayakchartres.fr - réserv. obligatoire - 8 €/h, 12 €/2h, 35 €/j. et promenades nocturnes (vend.-sam. en juil.-août).* Établi en plein centre de Chartres, ce club met à votre disposition des canoës-kayaks le temps d'une descente de l'Eure. Au choix, sorties en autonomie, randonnées avec moniteur-guide pour découvrir flore, faune et moulins de Saint-Prest à Maintenon, ou découverte nocturne de la basse ville lors des « Chartres en lumières » *(juil.-août).*

La Petite Venise - Guinguette de Chartres – *48 ter bd de la Courtille - parc des bords de l'Eure - ✆ 09 84 40 03 35 - www.laguinguettedechartres.fr - juin-août : guinguette : 16h-22h, w.-end 11h-22h - pédalos 2 places 15 €/30mn, 4 places 19 €/30mn.* Près de la cathédrale et du centre-ville, des pédalos vous attendent pour une relaxante promenade de 3 km sur l'Eure. Restauration légère en plein air.

À proximité

Atelier Loire – *16 r. d'Ouarville - Lèves - à 5 km au nord de Chartres - ✆ 02 37 21 20 71 - www.ateliers-loire.fr - visite guidée (1h) vend. 14h30, sur réserv. - fermé août - gratuit.* Une propriété bourgeoise agrémentée de vitraux abrite cet atelier créé par Gabriel Loire en 1946 et maintenant dirigé par ses petits-fils. L'art du vitrail et ses techniques y sont soigneusement mis en valeur, depuis le modèle dessiné par un artiste jusqu'à la conception menée par les maîtres verriers.

Hébergement

Premier prix

6 **B & B Hotel Chartres Centre Cathédrale** – A1 - *14 pl. Drouaise - ✆ 02 37 36 06 36 - www.hotel-bb.com - P 10,50 €/j - ♿ - 82 ch. 72/75 € - ☕ 10,90 € - ✗ 15/25 €.*

9

À proximité du quartier historique et de la cathédrale, un hôtel aux chambres fonctionnelles et entretenues. La terrasse du restaurant, dressée au bord de l'Eure, est très agréable.

Budget moyen

(2) **Le Bœuf Couronné** – A2 - *15 pl. Châtelet - 02 37 18 06 06 - www.leboeufcouronne.com - P 7 € - 17 ch. 85/94 € - 17 € - formule déj. 26 €, menu 36 €, plat 23/27 €.* Tenu par la même famille depuis 1919, cet établissement chartrain fait figure d'institution… Les chambres, de style classique, sont confortables et bien tenues ; on commence la soirée au bar avant de profiter du sympathique restaurant !

Pour se faire plaisir

(4) **Le Grand Monarque** – A2 - *22 pl. des Épars - 02 37 18 15 15 - www.grand-monarque.com - P - 58 ch. 134/137 € - 18 €.* Ce relais de poste du 16e s. était déjà recommandé dans le guide Michelin 1900 ! Chambres personnalisées ; ambiance conviviale à l'image du bar Le Madrigal.

À proximité

Premier prix

Chambre d'hôte Caroline Lethuillier - Cherville – *1 r. des Harres - Oinville-sous-Auneau - à Cherville, 2 km à l'ouest d'Oinville-sous-Auneau - 06 22 05 91 02 - www.cherville.com - P - 4 ch. 72/76 €.* Poutres, décoration à thèmes et mobilier familial font tout le cachet de ces chambres aménagées dans les greniers de la ferme, datant de 1800. Petit-déjeuner maison.

Chambre d'hôte La Ferme du Château – *Bailleau-l'Évêque - à Levesville, 8 km au nord-ouest de Chartres par D 954 puis D 134 - 02 37 22 97 02 - www.ferme-levesville.com - P - fermé 25 déc.-1er janv. - 3 ch. 92/183 € - sur réserv. 22,50 € (sf w.-end).* Jouxtant un petit château, cette élégante ferme beauceronne vous accueille dans de jolies chambres sobrement décorées, confortables et très calmes.

Portail nord de la cathédrale de Chartres.
KenWiedemann/Getty Images Plus

Le bassin de Latone dans les jardins du château de Versailles.
Fabianodp/Getty Images Plus

COMPRENDRE L'ÎLE-DE-FRANCE

Bienvenue en Île-de-France

Pôle touristique de première importance grâce à son patrimoine culturel exceptionnel et ses richesses naturelles, l'Île-de-France jouit en outre d'un rayonnement international. On la croit très urbaine mais les trois quarts de son territoire sont ruraux. En quelques décennies, la région a changé de visage, en tissant une trame complexe d'équipements et d'infrastructures. En constante transformation, elle est à la fois un lieu d'innovation et de patrimoine.

Multiple et en devenir

Nébuleuse urbaine autour de la capitale, étendues agricoles plus vastes à mesure que l'on s'en éloigne : l'Île-de-France est multiple. Elle s'est constituée dans la pluralité, à la fois agricole et industrielle, bourgeoise et ouvrière, résidentielle et vacancière. Entre le quartier des affaires d'Issy-les-Moulineaux, les guinguettes des bords de Marne, les grands ensembles de Seine-St-Denis et les puces de Saint-Ouen, il est difficile de dessiner une image unique de la « banlieue », si riche de **diversité**. D'autant que l'image de l'Île-de-France n'est pas figée : le projet du Grand Paris, par exemple, s'appuie à la fois sur l'essor de **pôles économiques** spécialisés et sur un nouveau réseau de transports, le **Grand Paris Express**, qui a pour ambition de désenclaver certains territoires et de réduire les temps de transport des Franciliens.

Un territoire très prisé

Aux portes de Paris, le départ des industries lourdes a libéré des milliers d'hectares de friches industrielles, ouvrant la porte aux aménageurs : le Stade de France à **La Plaine-St-Denis** ; les futurs Jeux olympiques 2024 à cheval sur les communes de St-Denis, l'Île-St-Denis et St-Ouen ; réhabilitation des berges du canal de l'Ourcq à **Pantin** ; la Seine musicale et le futur centre d'art contemporain sur l'île Seguin à **Boulogne-Billancourt**. La proche banlieue est également devenue un espace convoité par les **centres de recherche** et les **bureaux**.

Un très riche patrimoine

Le **patrimoine architectural et artistique** de l'Île-de-France est colossal, mais la fréquentation des sites recèle d'importantes disparités. Si Versailles attire plus de 8 millions de visiteurs par an, le château de Sceaux, la basilique Saint-Denis ou le domaine de Malmaison restent peu fréquentés. Et que dire des parcs entourant demeures et châteaux, dont la beauté rivalise avec les jardins de Versailles ou de Vaux-le-Vicomte, mais qui restent mal connus des Franciliens ? Et des lieux originaux ou contemporains, comme l'emblématique MAC VAL de Vitry-sur-Seine ? Autant de belles balades à prévoir pour une journée ou un week-end.

8 CHOSES À SAVOIR

DÉPARTEMENTS

Paris, Essonne, Hauts-de-Seine, Seine-St-Denis, Val-de-Marne, Val-d'Oise, Seine-et-Marne et Yvelines composent la région Île-de-France. Elle compte 12,240 millions d'habitants (2022), soit une densité de 1021 hab./km² (20 540 hab./km² à Paris).

JO 2024

En 2024, l'Île-de-France accueillera les Jeux olympiques et paralympiques, qui rayonneront à Paris et dans la région : Yvelines, Hauts-de-Seine, Seine-et-Marne et Seine-St-Denis. Le village olympique et celui des médias seront installés en Seine-St-Denis.

4 PNR

Il existe en Île-de-France 4 parcs naturels régionaux : Vexin français, Oise-pays de France, Haute-Vallée de Chevreuse, Gâtinais français.
Deux autres sont à l'état de projet : Brie et Deux Morins ainsi que Bocage gâtinais, à cheval sur le Centre et la Bourgogne.

Villes nouvelles

Cergy-Pontoise, Évry, Marne-la-Vallée, St-Quentin-en-Yvelines : créées à la fin des années 1960 pour interrompre la croissance « en tache d'huile » autour de Paris, ces villes nouvelles se voulaient pôles secondaires d'emploi et de peuplement.

UNESCO

5 SITES INSCRITS AU PATRIMOINE MONDIAL

Château et parc de Versailles ;
Œuvre de Le Corbusier (Villa Savoye à Poissy) ;
Rives de la Seine à Paris ;
Château et parc de Fontainebleau ;
Provins, cité médiévale.

Grand Paris

Le 1er janvier 2016, la métropole du Grand Paris a vu le jour : elle regroupe Paris, les 131 communes des Hauts-de-Seine, de la Seine-St-Denis et du Val-de-Marne, et 7 communes des départements de l'Essonne et du Val-d'Oise : en tout, près de 7,2 millions d'habitants.

19% de la population française

sur 2 % du territoire et une contribution de près de 30 % au PIB national.

50 millions

Avec 50 millions de visiteurs par an, l'Île-de-France est la première destination touristique au monde.
À lui seul le château de Versailles voit plus de 8 millions de visiteurs franchir ses portes chaque année (chiffres 2019). C'est le monument le plus visité de la région après le Louvre.

Histoire

L'Île-de-France est une région historique de la France, née du domaine royal constitué depuis le 10e s. par les rois capétiens. Ses limites ont varié au hasard des guerres, des mariages ou successions jusqu'au 15e s., où elle s'est constituée en gouvernement puis, en 1789, où elle fut découpée en trois départements. Avec Paris, c'est le berceau et le centre de tous les pouvoirs jusqu'à la décentralisation administrative, en 1964, où le nombre de départements est porté à huit pour répondre aux nouvelles exigences économiques. Mais une réforme politique, en 1976, voit, avec la création de la Région, la résurrection de la vieille province d'Île-de-France.

La naissance d'une île

Sous la conduite de Clovis, le royaume des Francs, ou Francia, s'étendait sur un grand territoire au nord de la Seine, mais très vite le mot « France » est resté attaché à la région limitée au sud par la Marne et la Seine (limite avec le Hurepoix), à l'ouest par l'Oise, et au nord et à l'est par les petits cours d'eau de la Thève et de la Beuvronne.

Le cœur du royaume de France

L'Empire franc de Charlemagne est partagé en 843 (traité de Verdun), et la France devient alors l'ensemble des pays situés à l'ouest des provinces bordant la Meuse, la Saône et le Rhône. L'ancien royaume franc n'est plus que le duché de France auquel sont rattachés les comtés d'Orléans et d'Étampes.

Ce n'est que quatre siècles plus tard que le duché est appelé **Île-de-France**. Au cours de l'invasion normande, le duc de France s'illustre dans la défense de Paris, et c'est de sa maison qu'est issu Hugues Capet, élu roi de France à Senlis en 987. Pour la troisième fois, la couronne royale revient donc au suzerain de l'Île-de-France.

Les origines de l'Île-de-France se confondent avec celles de la France. Les *Chroniques* de Froissart utilisent le nom Île-de-France dès 1387. À cette époque, celle-ci est souvent appelée la « France »; son cœur en est la Plaine de France, au nord de Paris, car elle est alors sensiblement plus étendue vers le nord. Même si, au fil du temps, l'Île-de-France voit son influence gagner les régions voisines – Brie, Gâtinais, Beauvaisis ou Vermandois –, très vite la notion d'Île-de-France désigne l'ensemble des « pays autour de Paris » et plus récemment, avec encore plus de précision, l'agglomération parisienne. Malgré le choix d'un toponyme historique, la logique du découpage de l'Île-de-France est bien la polarisation autour d'une grande ville. L'appellation de **région parisienne** n'a d'ailleurs pas disparu du langage courant.

La région parisienne, dont le noyau fut, durant 175 ans, le

La salle des moines dans l'abbaye cistercienne des Vaux-de-Cernay.
H. Gyssels/Photononstop

département de la Seine et une capitale soumise depuis 1800 à un régime administratif et politique d'exception, est devenue, après le nouveau découpage territorial de 1964 et la loi de décentralisation de 1982, la **région Île-de-France**. Le préfet de la Région est également préfet de Paris.

Chronologie

Les Celtes et les Romains

- **4e s. av. J.-C.** – Les Belges, Celtes venus d'outre-Rhin, s'installent sur l'Oise et l'Aisne.
- **52 à 51 av. J.-C.** – César conquiert la région du Bassin parisien.
- **Vers 250** – **Saint Denis** évangélise les environs de Paris. Premier évêque de Lutèce, il fut martyrisé à Montmartre.

Des Mérovingiens aux Valois

- **486** – Premier grand roi mérovingien, **Clovis** bat l'armée romaine à Soissons et s'installe sur un territoire allant de la Somme à la Loire. Son royaume s'appelle *Francia* en latin.
- **751** – Les **Carolingiens** prennent la couronne avec Pépin le Bref, élu roi à Soissons.
- **843** – La France (Melunois, Parisis, Vexin, Roumois et pays de Caux) est donnée à **Charles le Chauve** à la suite du traité de Verdun.
- **911** – Le **traité de St-Clair-sur-Epte** met fin aux incursions des Normands en Île-de-France, en leur abandonnant la Normandie.
- **987** – **Hugues Capet**, duc et suzerain des pays entre Somme et Loire, est élu roi de France à Senlis. Il donne son nom à la troisième dynastie des rois de France, celle des **Capétiens**, qui règne jusqu'à Charles IV le Bel (1328).
- **1068** – Rattachement du Gâtinais à la Couronne par Philippe Ier.
- **1328** – La succession difficile de Charles IV le Bel, sans héritier direct, débouche à la fois sur l'avènement des **Valois** (avec l'élection de Philippe VI) et sur la **guerre de Cent Ans** (1337-1453) entre la France et l'Angleterre. L'Île-de-France est ravagée par les combats.
- **1419** – Assassinat du duc de Bourgogne, **Jean sans Peur**, à Montereau. Cet épisode dramatique

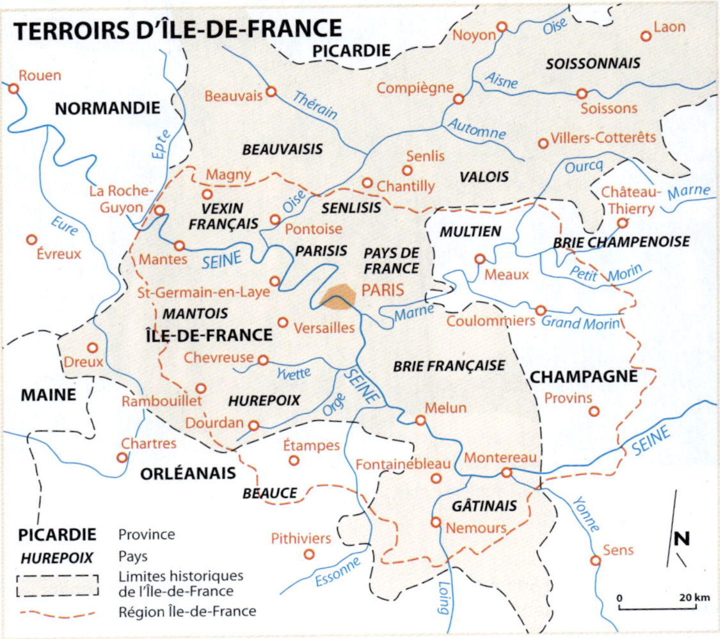

de la rivalité entre Armagnacs et Bourguignons a pour conséquence la signature du **traité de Troyes** entre les Anglais, Philippe le Bon, fils de Jean sans Peur, et Isabeau de Bavière, femme de Charles VI, par lequel Français et Anglais ne devaient plus avoir qu'un seul et même souverain, le roi d'Angleterre.

- **1465** – **Bataille de Montlhéry** à l'issue incertaine (chacun crie victoire) entre le roi de France Louis XI et Charles le Téméraire, futur duc de Bourgogne. Par le traité de paix signé à Conflans, le roi doit concéder à son frère la Normandie et restituer à Charles le Téméraire certaines villes de la Somme.
- **1484** – L'Île-de-France reçoit un gouverneur par ordre du roi. Elle devient une province à part entière.
- **1547** – François Ier meurt à Rambouillet. Henri II lui succède.
- **1561** – Colloque de Poissy pour tenter une conciliation religieuse entre catholiques et protestants.
- **1589** – Henri III assassiné à St-Cloud. Fin de la dynastie des Valois.

Des Bourbons à la Révolution

- **1593** – **Henri IV** se convertit au catholicisme, après avoir conquis presque toute l'Île-de-France (bataille d'Ivry le 14 mars 1590). Il est reconnu roi de France. Début de la dynastie des Bourbons.
- **1638** – Mort de **Jansénius**. Son œuvre, l'*Augustinus*, alimente la controverse de plus en plus âpre du jansénisme, funeste à Port-Royal.
- **1661** – Arrestation de **Fouquet**. Louis XIV décide de faire construire un grand palais à Versailles.
- **1671** – Naissance de la ville de **Versailles**.
- **1681** – **Bossuet** devient évêque de Meaux.
- **1715** – Mort de **Louis XIV** à Versailles. Louis XV roi de France.
- **1774** – Mort de **Louis XV** à Versailles. Louis XVI devient roi.

- **5 mai 1789** – Réunion des **états généraux** à Versailles.

Du Premier au Second Empire

- **1804** – **Napoléon** est sacré empereur à Paris.
- **1806-1814** – **Napoléon** séjourne à la Malmaison.
- **1812** – Le pape **Pie VII**, prisonnier de Napoléon, est exilé à Fontainebleau.
- **1814** – Invasion de la France par les Alliés (Grande-Bretagne, Autriche, Prusse, Russie). Napoléon essaie d'éviter la prise de Paris. Le 6 avril, il abdique sans condition à **Fontainebleau**.
- **1837** – L'inauguration de la première voie ferrée **Paris-Le Pecq** (19 km) a une valeur symbolique : elle annonce l'établissement de la ligne Paris-St-Germain en 1846, suivie par celles de Paris-Versailles, Paris-Juvisy, Paris-Pontoise et Paris-Épernay qui préfigurent les transformations spectaculaires du paysage d'Île-de-France.
- **1870-1871** – Versailles est occupé par les Prussiens lors de la **guerre franco-allemande**, qui, le 18 janvier 1871, suite à la capitulation de Paris, proclament l'Empire allemand dans la Galerie des Glaces. Après la signature de l'armistice par Thiers, le gouvernement français s'installe à Versailles pour sept ans. C'est le début de la **Commune de Paris**, mouvement insurrectionnel instauré par le peuple parisien qui refuse la défaite.

De la IIIe à la Ve République

- **1875** – La Constitution organisant la **IIIe République** est votée à Versailles.
- **1914** – Première Guerre mondiale : le sort de la France se joue sur les **plateaux du Multien** (Meaux).
- **1918** – Seconde victoire de la Marne.
- **1919** – **Traité de Versailles** mettant fin à la Grande Guerre.
- **Août 1944** – Seconde Guerre mondiale : **libération de l'Île-de-France**. Partie de Rambouillet, la 2e DB du général Leclerc marche sur Paris ; la 3e armée américaine (général Patton) progresse sur l'axe Chartres-Étampes-Fontainebleau.
- **1964** – Hors Paris, six nouveaux **départements** sont créés : Hauts-de-Seine, Seine-St-Denis, Val-de-Marne « petite couronne », Essonne, Yvelines, Val-d'Oise « grande couronne » remplacent ceux de la Seine et de la Seine-et-Oise.
- **1965** – Décision de création des **villes nouvelles** de St-Quentin-en-Yvelines, Cergy-Pontoise, Évry, Marne-la-Vallée et Sénart.
- **1966** – Début de l'ère des **tours** dans le quartier de La Défense.
- **1969** – Transfert des Halles à **Rungis**. Mise en service du **RER**.
- **1976** – Création de la **région Île-de-France**.
- **1985** – Coluche ouvre le premier **Resto du cœur** à Gennevilliers.
- **1989** – Inauguration de la **Grande Arche** de La Défense.
- **1996** – Inauguration de la **cathédrale d'Évry**.
- **2013** – Adoption du projet de **schéma directeur** de la région Île-de-France pour l'aménagement et le développement de la région en 2030.
- **2014** – Adoption de la loi sur la **métropole du Grand Paris.**
- **Juin 2016** – Lancement des travaux du Grand Paris Express.
- **Septembre 2017** – Paris obtient l'organisation des Jeux olympiques 2024. Les sites seront répartis sur cinq départements d'Île-de-France.
- **Avril 2019** – Incendie de la cathédrale **Notre-Dame de Paris.**
- **2020** – Création de l'Université Paris-Saclay, réputée au niveau international dans les disciplines scientifiques et médicales. La région paye un lourd tribut humain lors de la crise sanitaire due au Covid-19.
- **2022** – 27 des 68 gares du **Grand Paris Express** sont en cours d'aménagement et d'équipement.

Arts et culture

Châteaux, musées, églises, villes anciennes... L'Île-de-France concentre un très grand nombre de richesses culturelles, remarquable patrimoine artistique et architectural révélateur de la longue et foisonnante histoire régionale, mais aussi nationale, avec trois résidences royales, Versailles, Fontainebleau et Rambouillet.

Le berceau de l'art gothique

Les maîtres d'œuvre romans savaient construire des églises vastes et hautes, mais leurs lourdes voûtes de pierre tendaient à écraser et à écarter les murs. Pour soutenir et équilibrer le voûtement, les fenêtres étaient très réduites et la nef était flanquée de bas-côtés surmontés de tribunes; de ce fait, l'intérieur des édifices était obscur. L'idée naît alors de répartir le poids de la voûte grâce à des arcs, les ogives, qui en supporteraient la charge. Les parties intermédiaires pourraient être très évidées sans danger et faire entrer la lumière. L'art gothique a permis de répondre au besoin de construire des églises vastes, hautes et claires. Apparu en Île-de-France, il s'est développé parallèlement dans le Nord, en Champagne et en Normandie.

Un système ingénieux : l'ogive et l'arc-boutant

L'ogive

Vers la fin du 11e s., la voûte d'arêtes était la plus employée; comme elle était difficile à construire et se lézardait, des architectes anglais, milanais et franciliens prirent l'habitude d'en renforcer les arêtes. Ils découvrirent bientôt qu'en construisant d'abord ces renforts ou ogives, il suffisait de les recouvrir d'un léger blocage pour obtenir une voûte à la fois solide et légère. L'art ogival ou gothique était né.

L'arc-boutant

Les premiers architectes gothiques soutiennent d'abord les piliers de la nef par des maçonneries dissimulées dans les tribunes. Au cours du 12e s., ces maçonneries sont réduites à de simples arcs épaulés par des culées robustes. Puis les tribunes elles-mêmes sont remplacées par une rangée d'arcs-boutants et la nef peut être ainsi éclairée par des baies très hautes. Désormais, l'église ressemble à une cage de pierre formée de colonnes portant les arcs d'ogives et épaulée par deux ou trois étages d'arcs-boutants légers. Ceux-ci reportent les poussées des ogives vers de hauts piliers de culée dont le sommet est lesté d'un pinacle.

Les voûtes

La voûte sur croisée d'ogives qui concentre les poussées sur les quatre arcs porteurs était facile à monter sur une travée carrée. Mais au 12e s., l'élargissement des nefs ne permit plus de bâtir des travées carrées comme cela se faisait auparavant : les piliers qui arment les murs auraient été trop espacés.

Rosace de la basilique Saint-Denis.
Christine944/Getty Images Plus

Les architectes contournèrent d'abord la difficulté en couvrant deux travées rectangulaires ou « barlongues » à la fois, ce qui reformait le carré, et en édifiant un doubleau supplémentaire qui prenait appui sur des piles faibles alternant avec les piliers forts. Ces voûtes portées par trois arcs d'ogives sont appelées sexpartites en raison du nombre de leurs divisions. Lorsque l'ogive perfectionnée put porter des voûtes couvrant des travées rectangulaires, elles se simplifièrent en perdant leur appui intermédiaire. Mais à partir du 15ᵉ s., le souci de décoration du style flamboyant pousse à multiplier et à compliquer les nervures qui se ramifient d'abord en liernes et tiercerons, puis en étoiles et en réseaux. Des arcs dépourvus de rôle utilitaire s'ajoutent alors aux arcs d'ogives essentiels. Les clés de voûte,

La vie du chantier

Il est rare de rencontrer un monument parfaitement homogène et caractéristique d'une époque déterminée : l'édification d'une église était une entreprise onéreuse et longue au cours de laquelle la technique et le goût se transformaient. Les maîtres d'œuvre se tenaient informés des progrès réalisés par leurs confrères et en tiraient profit sur leur propre chantier, quand ils n'imitaient pas tout simplement ce qui leur avait plu.
Le nombre d'ouvriers sur un chantier pouvait être très variable. Les ouvriers qualifiés, carrier, tailleur de pierre, maçon et charpentier, exécutaient des tâches bien précises et, contrairement aux simples manœuvres originaires de la région, ils se déplaçaient d'un chantier à l'autre, parfois même très loin. Dès la fin du 13ᵉ s., de grands personnages ou des corporations – en récompense d'une aide financière importante accordée pour la construction ou l'entretien de l'église – obtinrent le privilège d'aménager une chapelle, percée sur l'un des bas-côtés de l'église.

souvent pendantes, s'allongent en stalactites.

Atteindre l'inaccessible...

L'élévation gothique est signe de l'évolution continuelle de ce style vers plus de hauteur et de clarté.

La première architecture gothique

Cette période d'essais et d'innovations dure une soixantaine d'années, de 1125 à 1190 environ. Des modifications apparaissent : on utilise désormais la voûte d'ogives ; l'élévation des murs est plus complexe avec quatre niveaux : des grandes arcades, des tribunes, un triforium, et des fenêtres hautes qui éclairent directement la nef.

Le gothique classique

C'est la période des grands chefs-d'œuvre tels que la **cathédrale de Chartres**. Les arcs-boutants rendent à présent inutile la tribune, qui disparaît. Les arcades et les arcs des fenêtres sont devenus aigus : en lancettes. Commencée vers 1190, cette période se termine en 1230.

Le gothique rayonnant

C'est l'apogée de la technique gothique, de 1230 (sous le règne de Saint Louis) à 1375, au moment où la guerre de Cent Ans suspend presque totalement l'essor des bâtisseurs médiévaux. Les murs se réduisent au minimum, les édifices deviennent de plus en plus hauts. La cathédrale **Notre-Dame de Paris** possède ainsi des éléments du gothique primitif et du gothique rayonnant.

Le gothique flamboyant

L'évolution architecturale prend fin. Le style s'oriente désormais vers une virtuosité décorative. Les voûtes se couvrent de multiples arcs, les remplages des baies et des roses prennent des formes tourmentées, comme des flammes. Le triforium disparaît, annexé par les fenêtres hautes. C'est la dernière manifestation de l'art gothique qui caractérise le 15e s. et survit encore une partie du 16e s. La façade de la **cathédrale de Meaux** est un très bel exemple de ce style.

La fin du gothique

Au 16e s., sous l'influence italienne, l'art gothique est abandonné. L'imitation de l'Antiquité est à la mode. L'architecture religieuse classique des 17e et 18e s. s'efforce à la majesté : superposition des ordres grecs (dorique, ionique et corinthien), portes surmontées d'un fronton, dômes et encadrements à volutes qui s'élèvent, imposants, à la croisée du transept. Un péristyle à colonnes précède souvent la nef. La cathédrale St-Louis ou la chapelle du lycée Hoche à **Versailles** offrent un bel aperçu de ce style.

Vitraux et jeux de lumière

Filtrée par un subtil ruissellement de couleurs, la lumière pénètre dans l'église. Grâce aux baies de plus en plus grandes, l'art gothique favorise l'essor des maîtres verriers à l'époque où le vitrail doit non seulement avoir un rôle décoratif, mais aussi instruire les fidèles. Véritable exposé imagé du catéchisme, de l'histoire sainte ou de la vie des saints, l'art du vitrail connaît son épanouissement en Île-de-France au 13e s.

Une mosaïque de verre

À **Chartres**, mais aussi à **St-Sulpice-de-Favières** et à **Montmorency**, l'art du vitrail s'est brillamment illustré. Savant assemblage de morceaux de verre colorés dans la masse et retenus entre eux par des plombs, cet art est à son apogée au 13e s., à l'heure où les dons affluent pour édifier de belles églises. La mosaïque de verre constituée, le verrier y dessine les détails des figures et les ombres par des touches de grisaille, une peinture brune ou noire qui s'incorpore au verre à la cuisson.

Des verrières de plus en plus claires

Les premiers vitraux du 12e s. sont de dimensions réduites, et les bordures encadrant les sujets sont assez développées. Il y a peu de décor architectural autour des personnages. Un siècle plus tard, le célèbre **bleu de Chartres** fait son apparition. La couleur s'impose jusqu'à ce que les verriers de la seconde moitié du 14e s. découvrent que le jaune d'argent, employé en rehaut, permet de jeter des taches lumineuses dans les compositions : jaune sur fond blanc, vert clair sur bleu, orangé sur rouge. Mais déjà, par économie, la surface des grisailles s'accroît.
Au 15e s., les verriers emploient souvent des verres plus clairs. Les couleurs sont moins vives que par le passé et les grisailles occupent parfois les deux tiers du vitrage. Dès la seconde moitié du 17e s., les difficultés économiques et religieuses marquent le déclin de l'art du vitrail. La recherche d'une lumière plus forte entraîne la disparition des verres colorés qui tamisent trop l'éclairage. Les vitraux sont décorés et teintés à l'émail.

Un art de la représentation

Le décor architectural autour des personnages reste tout d'abord très léger. Il faut attendre le 13e s. pour que de grands personnages isolés occupent les fenêtres hautes, tandis qu'au niveau des ouvertures plus basses et plus à portée de vue, sont placés des médaillons représentant des scènes : ce sont les vitraux légendaires (du sens premier du mot légende : récit de la vie d'un saint destiné à être lu à l'office). Un décor architectural et mobilier, plus de vérité dans les attitudes animent ces compositions. Des médaillons illustrent la vie quotidienne des artisans.
Un siècle plus tard, la surface vitrée devient considérable. De fines hachures ou de gracieux feuillages en adoucissent la nudité. Des anges et des enfants ailés meublent les parties trop dégarnies et les inscriptions se développent. Une grande première au 15e s. : les dessinateurs, d'une virtuosité extrême, signent leurs œuvres et recherchent l'originalité.
Au 16e s., les vitraux sont inspirés par les tableaux des grands peintres ou par des gravures. L'ensemble du vitrail tend à devenir un tableau transparent, soigné dans les détails, la composition des scènes et la perspective. Le caractère religieux des thèmes développés est parfois perdu de vue et des scènes antiques apparaissent dans les églises. La **collégiale St-Martin de Montmorency** et **l'église St-Martin de Groslay** possèdent une très belle série de vitraux de la Renaissance.

La relève

Au début du 19e s., la technique du vitrail est quasiment perdue, même si, à Montmorency, les vitraux de la nef de la collégiale St-Martin, datant de cette époque, s'harmonisent fort bien avec ceux datant de la Renaissance. Gustave Bontemps à **Choisy-le-Roi** et Brongniart à **Sèvres** permettent de retrouver certains procédés utilisés au 13e s. Le développement de la restauration archéologique nécessite une production industrielle de qualité contestée. Le vitrail civil fait une brève apparition en France au début du 20e s. On le retrouve notamment dans les belles demeures dotées de fenêtres, bow-windows ou jardins d'hiver. De nouvelles techniques comme celle de la dalle de verre permettent d'intégrer le vitrail dans l'architecture contemporaine. Cependant, des lieux plus traditionnels ont su inspirer quelques artistes : les vitraux de la **chapelle** de **Milly-la-Forêt**, décorés par Jean Cocteau, sont à cet égard significatifs. Plus récemment, l'artiste Carole Benzaken a proposé un thème floral unique, les tulipes, pour dix baies vitrées, comme une évocation de l'Arbre de Jessé dans la petite église de St-Sulpice de **Varennes-Jarcy** (91).

Une terre royale

Siège du pouvoir royal à de multiples reprises, l'Île-de-France a été modelée par les princes et les rois venus successivement s'y établir. Leurs somptueuses demeures, caractéristiques des époques Renaissance et classique, constituent l'un des plus riches témoignages de ces siècles passés.

L'héritage architectural

Du « château de cartes » au palais

Un « château de cartes »... C'est par ces mots que Saint-Simon avait qualifié le château de brique et de pierre construit par Louis XIII en 1631 sur les terres marécageuses de Versailles. Les travaux entrepris ensuite par **Louis Le Vau** – maître architecte qui avait fait ses preuves à **Vaux-le-Vicomte** – donnèrent une tout autre physionomie à l'ensemble. L'âge d'or du classicisme, cet art de « bâtir à la française », en opposition avec les règles développées à la même époque par le Bernin à Rome, allait atteindre son apogée à Versailles.

L'apogée de l'architecture classique

Longtemps itinérante (le Louvre, Fontainebleau, St-Germain), la Cour se fixe donc loin de Paris en 1682, sur décision de Louis XIV. Le **palais de Versailles**, signe éclatant d'une monarchie au faîte de sa gloire, est à la hauteur du prestige du souverain. **François Mansart** s'éloigne de l'amabilité de la Renaissance, qui survit encore dans le style Louis XIII, pour rechercher la grandeur : les proportions amples, les colonnes et les pilastres sont de mise. Puis, de 1660 à 1710, de nombreuses fenêtres hautes viennent rompre la monotonie des lignes horizontales tandis que la statuaire s'inspire de l'Antiquité. Parallèlement, la prospérité du pays et la volonté royale encouragent le développement des arts avec la création des académies royales (architecture, peinture, sculpture) par Colbert.

Demeures de style

Si le classicisme s'est illustré surtout à Versailles, l'Île-de-France possède de nombreux autres témoignages architecturaux, à commencer par le **château de Courances**, caractéristique du style développé sous Louis XIII.
Le château de **St-Germain-en-Laye** témoigne, lui, des premières réalisations nées de la collaboration franco-italienne au 16e s., tandis que le château d'**Écouen** montre bien l'évolution du style Renaissance vers un certain classicisme et une interprétation plus fidèle des canons de l'art antique. Déjà, depuis le 15e s., les châteaux forts sont transformés en résidences de plaisir : on agrandit les fenêtres, on décore les portes et les tours ne jouent plus qu'un rôle ornemental avant de disparaître complètement (seconde moitié du 16e s.). Des colonnes superposées et des statues décorent la façade.
La plupart des monuments du style Empire (1800-1830) sont concentrés à Paris. Toutefois, le palais de **Fontainebleau** et le château de **Malmaison** offrent de magnifiques exemples de décor Empire. Très homogène et remarquable par son unité, le style Empire s'éloigne de la nature et tend à reproduire l'art gréco-romain le plus fidèlement possible ; le plagiat supplante la créativité, excepté dans la décoration. Les grands architectes **Percier** et **Fontaine** reproduisent avec précision mais sans fantaisie les canons de l'art antique.

L'art des jardins

Les nombreux parcs et jardins font de l'Île-de-France une région à part. Jardin dit « à la française » au 17e s., jardin paysager ou à l'anglaise à la fin du 18e s., cet art de la composition a fait la réputation d'une pléiade de maîtres paysagers.

Jardin à la française

Le Nôtre (1613-1700) a amené l'art du jardin à la française (17e s.-début 18e s.) à la perfection. **Vaux-le-Vicomte**, sa première réalisation importante, attire l'attention du roi Louis XIV qui lui confie alors le soin d'aménager le **parc de Versailles**. Il concevra également **St-Germain-en-Laye, Dampierre, Sceaux, St-Cloud, Meudon**...

Le jardin à la française tel que Le Nôtre l'a imaginé est destiné à la fois à mettre en valeur le château qu'il précède et à offrir, depuis les appartements, un spectacle majestueux. Les eaux, les grands arbres, les fleurs, les statues, les terrasses et une longue perspective en sont les éléments essentiels. Devant le château est posé un « tapis de Turquie » : des parterres où fleurs et broderies de buis dessinent leurs arabesques. Des bassins symétriques aux margelles basses, animés de jets d'eau et souvent ornés de statues, agrémentent et couvrent la terrasse portant le château et l'aire qui lui fait suite, amorçant la perspective ouverte dans l'axe de l'édifice.

Les massifs d'arbres délimitant la perspective principale sont aussi symétriques que possible.

Chaque massif ou « bosquet » recèle une curiosité : une fontaine aux jeux compliqués, une colonnade ou un groupe sculpté. Ces jardins sont le théâtre de fêtes somptueuses : jeux d'eau, feux d'artifice et représentations théâtrales. Aujourd'hui, d'autres réjouissances alliant musique et jeux d'eau redonnent vie au faste royal.

Jardin paysager

À la fin du 18e s., on ne force plus la nature pour lui imposer le joug des compositions géométriques : on imite ses paysages. C'est le jardin paysager, dit encore **jardin à l'anglaise** puisque sa mode est venue d'outre-Manche. Il se compose traditionnellement de bosquets d'arbres plantés çà et là parmi de vastes pelouses, d'allées tortueuses et de buttes ménageant de bien agréables surprises. Ruisseaux, étangs ou pièces d'eau fleuries de nénuphars et bordées de saules : nous sommes à **Courson**... Un moulin et une laiterie donnent un air agreste à l'ensemble : voici **Rambouillet**... Tout comme **Ferrières** et **Villarceaux**, ces parcs paysagers invitent à la rêverie et répondaient en leur temps au goût des promeneurs, empreints tout à la fois de la philosophie des Lumières et du goût des romantiques pour les voyages exotiques.

Les parcs se parsèment de **fabriques**, petits monuments symboliques destinés à embellir un paysage et à évoquer l'ailleurs. On verra ainsi, au **désert de Retz**, dans le parc de Jeurre ou celui de Méréville, des temples à l'antique, des ruines féodales, des tombeaux, voire des monuments chinois tel le pavillon de Cassan à **L'Isle-Adam**, le mieux conservé de ces édifices. Beaucoup de ces fabriques, assez fragiles, ont disparu, mais on s'attache aujourd'hui à restaurer celles qui ont subsisté.

Des appartements de prestige

Ces riches demeures recèlent quelques joyaux en matière d'ornementation.

À Fontainebleau, un courant qui fait école

François Ier introduit les innovations de la Renaissance italienne à la Cour. Le Florentin **Rosso**, élève de Michel-Ange, et le Bolonais **Primatice** sont à l'origine de ce que l'on nommera la « première école de Fontainebleau » *(☛ p. 473)*.

Louis XIII n'a pas versé dans un luxe ostentatoire. À son époque, la décoration se veut discrète. La salle à manger du **château de Grosbois** le montre : de grandes tapisseries couvrent les murs, le plafond est à poutres apparentes.

Sous le règne de Louis XIV, **Le Brun** et **Jules Hardouin-Mansart** font triompher le marbre polychrome et la pierre à Versailles. Le nécessaire faste qui devait accompagner l'exercice du pouvoir trouve durant le long règne du Roi-Soleil l'une de ses plus belles expressions.

Courbes, rinceaux et arabesques brisent la rigueur des lignes droites. C'est le style Louis XV *(☛ chambre de Mme de Pompadour au château de Champs, p. 404)*.

Le règne de Louis XVI voit se développer une décoration élégante et claire. Dans le salon des Jeux du château de Versailles, des faisceaux de joncs et rubans, des guirlandes adoucissent la sévérité des panneaux rectangulaires couvrant les murs.

Les arts de la table

Les fêtes et réceptions ponctuent la vie de cour. Des tables au décor fastueux sont alors dressées et leur multiplication génère la fortune des céramistes et entraîne l'éclosion de nombreuses manufactures en Île-de-France.

Louis XIV institue tout un cérémonial autour des plaisirs de la table. Sur les simples tréteaux montés de planches et disposés dans l'une des pièces du château s'organise un long cortège de plats, nombreux et raffinés. Le « service à la française » – les plats ne circulent pas de convive en convive par les soins d'un serviteur, mais prennent place sur la table par séries successives – conquiert l'Europe.

Peu à peu, la faïence s'impose face à l'orfèvrerie et aux métaux précieux. La mise au point par Colbert du système des manufactures encourage fortement la multiplication de ces établissements et la fabrication des objets d'usage et de décoration devient une industrie à part entière. Pour remédier à l'état précaire des finances, il est arrivé que Louis XIV ordonne que la vaisselle d'or et d'argent soit fondue (édits de 1689, 1699 et 1709), ce qui allait confirmer l'essor de la faïence dans son rôle de remplacement.

La faïence

Découverte par les Arabes, très en vogue dans le Sud de l'Europe avant de faire son apparition à Rouen en 1617, cette céramique à pâte poreuse et recouverte d'un émail imperméable connaît son véritable essor en Île-de-France à la fin du 17e s. et surtout au 18e s. À la suite de Pierre Chicaneau, l'un des premiers faïenciers, venu s'installer à St-Cloud en 1674, le célèbre **Jacques Chapelle** fonde la manufacture de Sceaux en 1748. Jusqu'à la fin du 18e s., sa « faïence japonnée » (style rocaille, couleurs vives, décors en relief) connaît le succès.

La porcelaine, un casse-tête chinois

Mais comment diable s'y prenaient-ils pour fabriquer leur fameuse porcelaine? Voilà ce que se demandaient les céramistes et faïenciers inquiets du goût grandissant de leur clientèle pour cette céramique exotique blanche et fine, légèrement translucide. Par tâtonnements, le secret chinois fut finalement découvert et entraîna la production de porcelaine dite tendre (rayable à l'acier). Cependant, malgré le succès de la **manufacture de Vincennes-Sèvres** (à partir de 1740), des considérations techniques, d'amour-propre et de fierté nationale motivèrent les manufacturiers dans la recherche de nouveaux procédés de fabrication.

Les artisans d'Île-de-France s'ingénièrent à introduire dans leurs ateliers un secret jalousement gardé en Allemagne : la fabrication de la porcelaine « dure ». Ce n'est qu'en 1768, grâce à l'exploitation d'un gisement de kaolin, l'élément de base de la porcelaine en question, que l'on put exploiter le filon de cette nouvelle technique. Les manufacturiers se lancèrent alors dans une production intensive, notamment à Sèvres qui se consacra à la fabrication de porcelaine dure dès l'Empire.

Les grandes manufactures

La **manufacture de St-Cloud** (1693-1766) est la première à maîtriser les techniques de la porcelaine tendre. Elle est réputée pour son fameux « blanc » et ses dorures appliquées, très différentes de celles de Sèvres. Le développement des manufactures s'accélère au 18e s. avec l'appui des princes ou de la famille royale.

La mieux dotée est celle de **Vincennes**; en effet, Mme de Pompadour et Louis XV s'intéressent de près à cette entreprise qui s'établit ensuite à **Sèvres** en 1756. La production, lancée par les fleurs « au naturel », s'oriente vers l'exécution de pièces de service, de statuettes et de véritables tableaux de porcelaine. À ses débuts, la manufacture de Sèvres avait le privilège exclusif de l'emploi de l'or sur toutes les fabrications. De nos jours encore, sauf exception motivée par des raisons techniques, toutes les pièces de Sèvres doivent porter de l'or.

Sèvres - Manufacture et musée nationaux, p. 109.

La floraison d'abbayes

L'Île-de-France conserve nombre de vestiges d'abbayes, de prieurés et de couvents, et plusieurs lieux-dits et noms de rues témoignent de communautés aujourd'hui disparues.

La « magnifique floraison »

L'essor des abbayes en Île-de-France est directement lié à la présence du pouvoir royal dans cette région. L'Île-de-France ayant eu pour suzerain le plus puissant seigneur de France – le roi –, la « magnifique floraison » de monastères s'explique sans peine.

Dans les premiers siècles de la chrétienté, vers la fin du 4e s. en France, l'Île-de-France, couverte de forêts mais fertile, attire les moines soucieux de vivre en paix et de ne pas être exposés à la famine. Peu après, la monarchie mérovingienne, qui doit son essor à l'appui du clergé, encourage les fondations pieuses et les dote richement (Château-Landon). Les Carolingiens, plus opulents, amplifient cet essor monastique et les Capétiens, imités par leurs grands vassaux, l'entretiennent pendant huit siècles (Dammarie-les-Lys, Royaumont).

Les cisterciens en Île-de-France

Royaumont, Les Vaux-de-Cernay, Maubuisson : la plupart des abbayes en Île-de-France dépendent de l'ordre des cisterciens, fondé au 11e s. en réaction à la prospérité clunisienne. **Bernard de Clairvaux**, entré à Cîteaux (en Bourgogne), a profondément marqué par sa personnalité le rayonnement de l'ordre : il fonde en Europe 69 abbayes. Dans ces abbayes où le luxe est banni, il prône un art dépouillé et souvent monochrome.

Les abbayes de Port-Royal-des-Champs et de Maubuisson sont des abbayes cisterciennes de femmes, sous l'autorité d'une abbesse.

Les bâtiments monastiques

Le plus souvent isolées, en bordure de forêt, les abbayes sont généralement conçues sur un plan identique. Au centre, le **cloître**, formé d'une cour entourée de quatre galeries, lieu de méditation et de promenade. Un des côtés du cloître est adossé à l'**église abbatiale**, un autre à la **salle capitulaire** où les moines se réunissent pour discuter de la communauté lors des « chapitres », sous la présidence de l'abbé. Sur le troisième côté ouvre le **réfectoire** et sur le quatrième le **chauffoir**. C'est la seule pièce chauffée dans l'abbaye ; les moines y étudient ou se livrent à des travaux manuels. Le **dortoir** est généralement au-dessus de la salle capitulaire ; il communique avec l'église par un escalier afin que les moines puissent se rendre facilement aux offices de la nuit ou de l'aube.

Les impressions des peintres

Châteaux et abbayes ont attiré, très tôt, nombre d'artistes venus exercer leur talent au service des souverains et autres mécènes fortunés. Mais ce n'est qu'au 19e s. que les paysages ont suscité l'intérêt des artistes qui, à la suite de Corot, ont fait entrer l'Île-de-France dans l'histoire de la peinture.

DANS LES PAS DES PEINTRES IMPRESSIONNISTES P. 586

Artistes modernes et contemporains

Revenu ébloui de Pont-Aven où Gauguin lui a fait découvrir la magie de la forme suggérée par des à-plats de couleur franche, Paul Sérusier communique son enthousiasme à ses camarades de l'académie Julian, créant le **cercle des Nabis** (du mot hébreu signifiant prophète). Maurice Denis (1870-1943), installé à **St-Germain-en-Laye**, est le maître à penser du groupe où se rencontrent Bonnard, Roussel, Vuillard, Vallotton. *St-Germain-en-Laye, p. 266.*

Les **fauves** s'établissent dans une banlieue encore pittoresque : Braque à **Argenteuil** (où il est né), Derain et Vlaminck à **Chatou**.

Dans la lignée paysagiste, **Dunoyer de Segonzac** (1884-1974) tombe lui aussi sous le charme de la région.

À Puteaux, Jacques Villon constitue le groupe de peintres cubistes, la **Section d'or** : chaque dimanche de 1906 à 1914, Duchamp, Villon, Léger, Gleizes, Picabia, Archipenko et de La Fresnaye se retrouvent dans l'atelier du peintre.

Mort à Châtenay-Malabry où il s'était réfugié pendant l'Occupation, **Jean Fautrier** (1898-1964) s'impose comme le maître de l'art informel.

Dans la seconde moitié du 20e s., quelques peintres nés en Île-de-France ont acquis une renommée internationale : **Alain Jacquet** (1939-2008), cofondateur du mec'art (Mechanical Art) ; **André Fougeron** (1913-1998), qui a vécu et travaillé à Montrouge.

Adepte des scènes de la vie quotidienne et des paysages urbains, **François Boisrond** (1959, Boulogne-Billancourt) est l'un des chantres du mouvement de la figuration libre. **Bernard Frize** (1954, St-Mandé) s'intéresse plutôt à la surface peinte, à la toile conçue comme un écran.

Autre artiste majeur de la scène contemporaine, **Jean-Pierre Raynaud** (1939, Courbevoie) questionne notre rapport à l'espace. Il construit une maison à La Celle St-Cloud en 1969, entièrement recouverte de carrelage blanc en céramique, avant de la détruire. En 1986, il fait bâtir à La Garenne-Colombes une nouvelle maison, Le Mastaba, inspirée de la structure des monuments funéraires de l'Égypte ancienne (*p. 157*).

L'art au quotidien

Outre le fonds régional d'art contemporain, quelques lieux

constituent des repères importants pour l'art contemporain aujourd'hui, comme le **MAC VAL** à Vitry-sur-Seine (*p. 88*) et le projet d'aménagement de l'île Seguin (*p. 124*) qui comprendra une fondation d'art contemporain (à l'horizon 2025).

Le projet de **Grand Paris Express** comprend également une dimension artistique puisque chacune des 68 nouvelles gares du réseau accueillera une œuvre d'art pérenne, artistes et architectes s'associant dès la conception du bâtiment.

Des initiatives dans les départements visent à familiariser le public aux œuvres de rue, ainsi les balades à Vitry-sur-Seine et Pantin autour du street art et de la technique du graff.

Architectures

En plein triomphe du parallélépipède grisâtre, quelques réalisations isolées, telles les barres sinueuses vivement colorées d'**Émile Aillaud** à **Pantin** (les Courtillières, surnommées « les nouilles »), puis Grigny (la Grande Borne), ont annoncé, en dépit de leurs faiblesses, les évolutions qu'une conception renouvelée de l'urbanisme et la création des villes nouvelles allaient catalyser à partir de la fin des années 1960.

Dès lors, de jeunes architectes et plasticiens exempts de préjugés donnent naissance à une production d'un saisissant éclectisme : l'harmonieux voisine ici avec l'étrange, la démarche rigoureuse avec la fantaisie gratuite. Avatars du constructivisme, high-tech, postmodernisme, néobaroque... les styles s'entremêlent au gré de la construction des logements. Difficile, dans ce désordre, d'établir une hiérarchie des valeurs...

On peut voir quelques beaux spécimens de cette architecture : à **Noisy-le-Grand**, les espaces d'Abraxas de Ricardo Bofill et les Arènes de Picasso (dites « les camemberts ») de Manuel Núñez Yanowsky (*p. 407*) ; à **Marne-la-Vallée**, l'École supérieure d'ingénieurs en électronique et électrotechnique de Dominique Perrault (*p. 407*) ; à **Évry**, la cathédrale de la Résurrection de Mario Botta (*p. 445*) ; à **Montigny-le-Bretonneux**, les Arcades du Lac de Ricardo Bofill (*p. 221*) ; à **Guyancourt**, le Centre de la communication coiffé « à l'iroquoise », et à **Pierrefitte-sur-Seine**, les Archives nationales, de Massimiliano Fuksas (*p. 43*) ; à **Cergy-St-Christophe**, l'Axe majeur, perspective dessinée par le sculpteur Dani Karavan et les immeubles habillés de cuivre de Claude Vasconi (*p. 303*) ; à **Sénart**, l'Académie Fratellini de Patrick Bouchain ; l'habillage en Inox du château de Rentilly par Xavier Veilhan (*p. 408*) et bien d'autres encore...

Des sculptures en plein air

Le meilleur moyen d'apprécier une sculpture est de pouvoir tourner autour, de la considérer dans l'espace. Plusieurs lieux intègrent les œuvres dans la nature : voir le **Jardin des bronzes** de la Fondation Coubertin (St-Rémy-les-Chevreuse) et **Le Cyclop**, dans la forêt de Milly.

Relevant de commandes publiques, la sculpture fait partie du langage des villes nouvelles. À St-Quentin-en-Yvelines, l'Arche de Piotr Kowalski signale l'entrée dans la ville et les Personnages à table de Klaus Schultze se tiennent à proximité d'un lycée hôtelier. Pierre Székely réalise à Évry une grande sculpture-escalade, la Dame du Lac. Le Livre de la Vie d'Éric Théret s'élève devant le lycée Gutenberg à Créteil.

Dans les pas des peintres impressionnistes

L'Île-de-France a été au 19ᵉ s. une source d'inspiration très féconde pour les impressionnistes. Ils furent nombreux à planter leur chevalet sur les berges de la Seine et de l'Oise, de Daubigny, rattaché à l'école de Barbizon, à Pissarro, Monet, Sisley ou Renoir... Grâce à ces artistes, Moret-sur-Loing, Yerres, Auvers et la vallée de l'Oise, Chatou, Louveciennes et Argenteuil, mais aussi la forêt de Fontainebleau sont ainsi immortalisés pour toujours.

Le retour à la nature

Le cadre champêtre, les parterres de forêts et les petits villages ont charmé plus d'un artiste, à commencer par **Camille Corot** (1796-1875) qui s'installe en 1830 à **Barbizon**. Le paysage devient alors un sujet à part entière (jusque-là, il servait surtout à meubler le fond des tableaux, portraits ou scènes de genre, et sa réalisation pouvait être confiée à un tâcheron). Corot, et à sa suite les artistes de l'école de Barbizon – Rousseau, Courbet, Millet entre autres –, peignent la forêt de Fontainebleau, les jeux de lumière dans les sous-bois, les allées ou l'orée de la plaine, les étangs, ainsi que la Seine à Mantes, les spectaculaires ciels d'orage ou la vie rurale, le plus souvent idéalisée, voire édifiante. Précurseurs de l'impressionnisme, au moins par la démarche et l'objet de leurs recherches, ils seront rejoints vers 1865 par de jeunes artistes – Bazille, Renoir, Sisley et Monet – qui, sans s'intégrer au groupe, s'installent non loin, à Chailly.

Barbizon, p. 500.

Sur les bords de l'Oise...

L'Oise a attiré de nombreux artistes en quête d'inspiration.

Des disciples de Corot, les **peintres de l'Oise**, viennent se fixer à partir de 1845 dans la région de **L'Isle-Adam**. Charles-François Daubigny (1817-1878) aime à rendre les miroitements de la rivière et travaille sur l'île de Vaux, au large d'Auvers, ou sur un canot aménagé en atelier. Sa peinture est très appréciée. Plus sombre, Jules Dupré (1811-1889), qui vit et travaille à L'Isle-Adam, attire à Valmondois en 1865 son ami caricaturiste Honoré Daumier.

Un peu plus loin, **Auvers** est rendu célèbre par le passage de **Vincent Van Gogh**. Le village, ses habitants et la campagne environnante inspirent fortement l'artiste, comme en témoigne son œuvre.

Auvers-sur-Oise, p. 306.

En 1866, c'est au tour de **Camille Pissarro** (1830-1903) de rejoindre les bords de l'Oise. Le peintre s'installe à **Pontoise** pour un premier séjour de deux ans. Il y vivra à nouveau pendant dix ans, de 1872 à 1882. Plus que la rivière, ce sont les champs, les coteaux, les rues et les hameaux peuplés de paysannes volontiers poétisées qui l'attirent. Il s'intéresse beaucoup à la peinture de Daubigny et lui rend visite de temps en temps.

... Et de la Seine

Du côté de Vétheuil

La famille Manet possédait plusieurs propriétés à **Gennevilliers**, notamment dans l'actuelle rue Jean-Jaurès. Mais ce que l'on retiendra surtout d'Édouard Manet (1832-1883), c'est sans doute la représentation de ce déjeuner sur l'herbe où, bousculant les conventions d'atelier, il allait ouvrir la voie à

« Claude Monet peignant dans son atelier », E. Manet, 1874.
D.R.

ces jeunes peintres unis dans leur recherche de la peinture claire. Un jeune Havrais, **Claude Monet** (1840-1926), après avoir reçu à Honfleur les conseils d'Eugène Boudin, le « roi des ciels », et rendu avec Jongkind la luminosité des paysages de l'estuaire de la Seine, allait s'unir avec Bazille et Sisley pour s'attacher à la forêt de Fontainebleau. De 1878 à 1881, Monet s'installe à **Vétheuil.**

Vétheuil, p. 318.

Avec Pissarro, Cézanne et Guillaumin, ces jeunes gens s'attaquent aux salons officiels jusqu'à obtenir de Napoléon III l'organisation en 1863 d'un **Salon des refusés.** Aux « scènes de genre » et aux portraits en vogue à leur époque, ces artistes préfèrent la vibration des couleurs et tout ce qui fait jouer la lumière : eau, neige, tissus et chairs, feuilles et fleurs. D'où une technique nouvelle où les couleurs sont posées par taches en touches rapides sans suivre le tracé des formes comme leurs aînés. La démarche fera scandale et les impressionnistes (ainsi baptisés ironiquement par un journaliste en 1874) mettront une vingtaine d'années à imposer leurs conceptions à un public habitué à l'art dit pompier.

Des foyers de création multiples

Renoir, Monet, Sisley et Degas se regroupent à **Argenteuil** et à **Louveciennes.** Monet, en particulier, arrive à Argenteuil dès 1871, où il occupe une première maison et trois ans plus tard, en trouve une autre au 21 boulevard Saint-Denis, aujourd'hui boulevard Karl-Marx, où il demeurera jusqu'en 1878 (elle est ouverte à la visite depuis 2022). Manet, puis Berthe Morisot (dont on peut voir la maison rue de la Princesse, à **Bougival**) se rallient à Monet. En 1880, Renoir choisit l'île de **Chatou** et la maison Fournaise où était hébergé Caillebotte. Caillebotte vécut également dans une propriété à Yerres que l'on peut visiter. Après 1880, le groupe se disperse (Cézanne retourne à Aix-en-Provence, Monet à **Giverny,** tandis que Renoir voyage).

Chatou, p. 278; Argenteuil, p. 386; Giverny, p. 330; Yerres, p. 448.

Architecture religieuse

MANTES-LA-JOLIE – Plan de la collégiale Notre-Dame (12e s au 14e s.)

Plan basilical sans transept ; la sacristie a été rajoutée au 13e s., les chapelles rayonnantes et la chapelle de Navarre au 14e s.

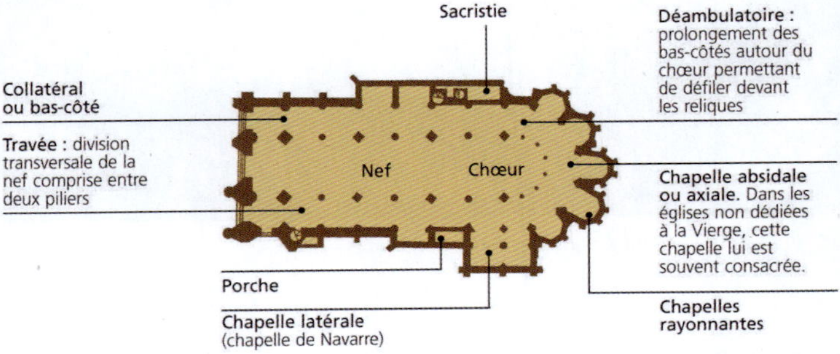

CHARTRES – Cathédrale Notre-Dame

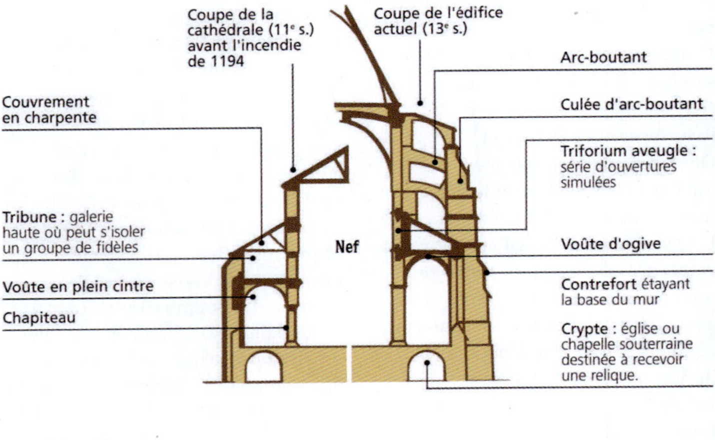

R. Corbel/MICHELIN

RAMPILLON – Portail principal de l'église (13e s.)

JOUARRE – Crypte St-Paul (7e s.)

R. Corbel/MICHELIN

CHARTRES – Façade principale de la cathédrale Notre-Dame (12e et 13e s.)

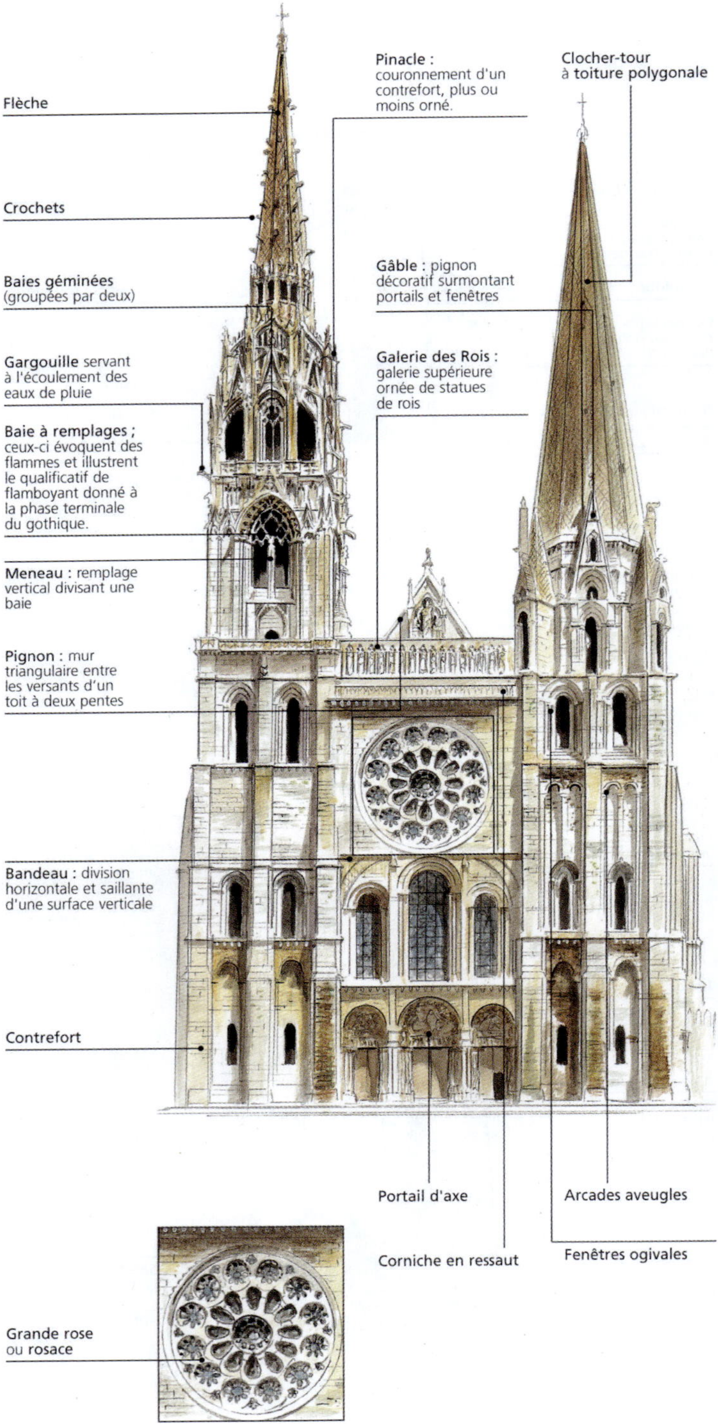

R. Corbel/MICHELIN

Maisons fortes et châteaux

BOMBON – Fief des Epoisses (12e et 13e s.)

Ferme fortifiée ; très répandues dans la Brie, ces vastes fermes ont parfois une qualité architecturale comparable à celle de certains châteaux.

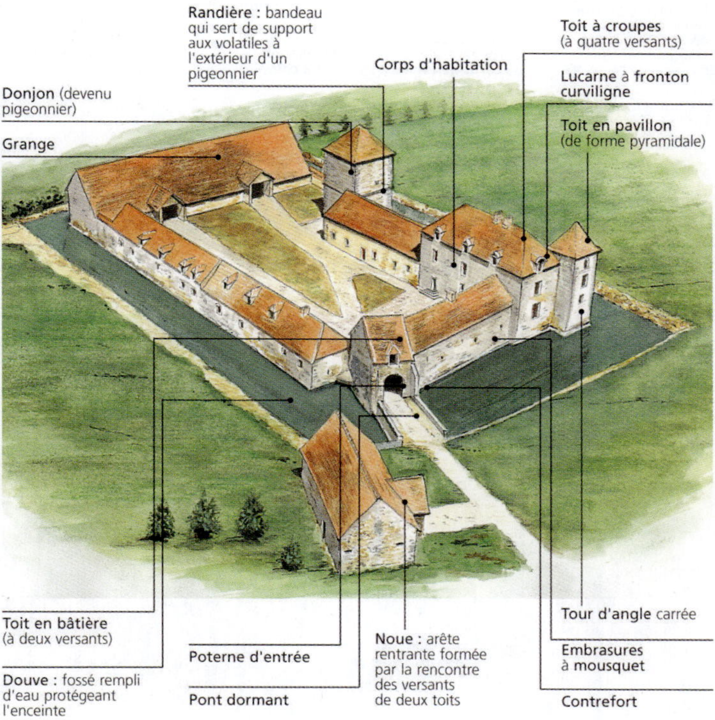

Château de COURANCES (16e et 17e s.)

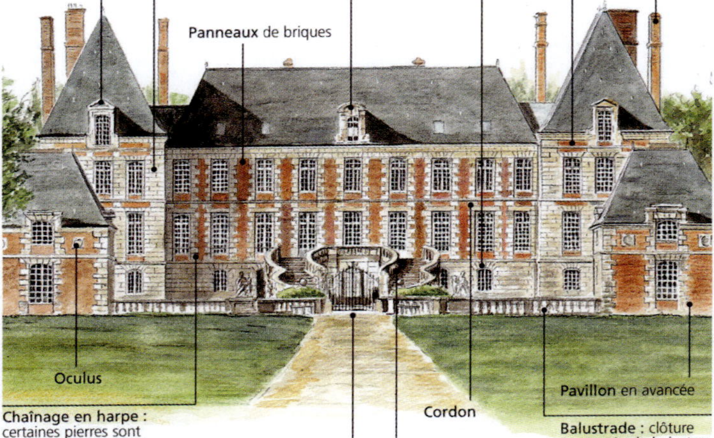

VERSAILLES – Opéra royal (1765-1770)

Pavillons et villas

CHATOU – Pavillon du 19e s.

Ce type de pavillon en meulière et pierre calcaire est caractéristique de l'habitat de banlieue autour de Paris.

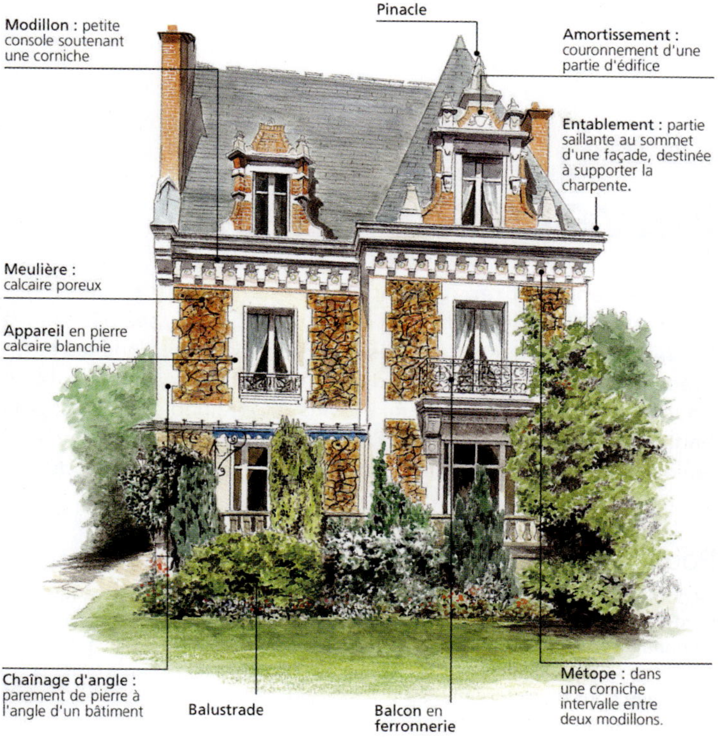

POISSY – Villa Savoye (1929-31)

Réalisée par Le Corbusier, la conception de cette villa résulte des recherches d'organisation spatiale du maître et respecte parfaitement sa définition des « cinq points d'une architecture nouvelle ».

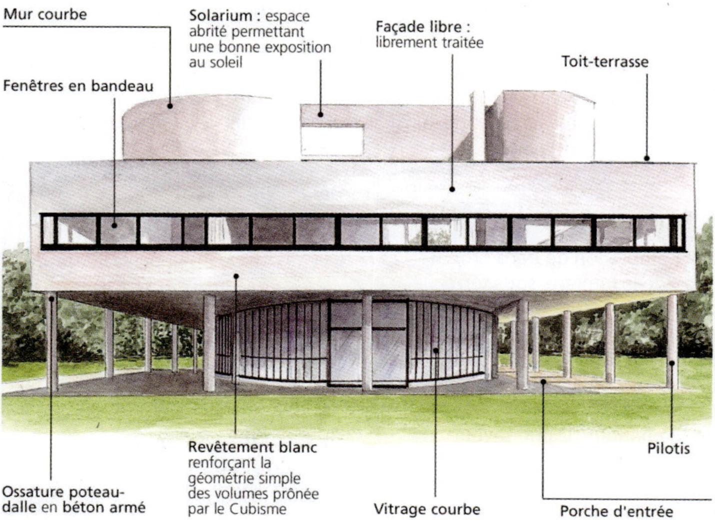

Saveurs locales

L'Île-de-France est réputée depuis longtemps pour sa gastronomie, ses produits maraîchers et fruitiers de qualité, ses pâtisseries fines, ses beaux marchés animés. Les recettes traditionnelles et les spécialités – soupe d'asperges d'Argenteuil, potage Crécy, pâté de Houdan, bries de Meaux, Melun, Provins…, fontainebleau, brioche de Nanterre… – portent souvent un nom qui indique leur provenance. La région, aujourd'hui, soutient les producteurs avec le label « Produit en Île-de-France ».

Poularde de Houdan

La poule de Houdan (Label rouge) – qui a failli disparaître – se reconnaît à sa crête double et à sa huppe de plumes sur la tête. Elle est appréciée pour sa chair goûteuse et fondante, que l'on consomme notamment dans le délicieux pâté de Houdan.

Menthe de Milly

Au village de Milly-la-Forêt, la culture des simples perdure. Parmi les plantes médicinales, la menthe poivrée de Milly se distingue par son arôme très marqué. Utilisez-la fraîche ou séchée, en infusion, ainsi qu'en condiment, à moins que vous ne la préfériez en bonbon.

Champignon de Paris

Le champignon de Paris croît à l'abri de la lumière, sous terre : la région étant truffée de carrières, cela permit le développement de sa culture dès 1600. Quelques champignonnières sont encore exploitées et valorisent ce produit emblématique. D'une saveur légèrement boisée, il se savoure frais, avec par exemple une sauce crème et moutarde.

Fontainebleau

Voilà une préparation fromagère qui fait frémir tous ceux qui font attention à leur ligne : elle a un taux de 60 % de matières grasses ! Composée de fromage frais au lait entier de vache lissé et d'une crème foisonnée, elle est enrobée d'une fine mousseline et placée dans un petit pot. On la déguste nature, avec de la confiture, des fruits rouges…

Moutarde de Meaux®

Depuis 1632, cette moutarde à l'ancienne, aux graines de sénevé entières et concassées, est appréciée par les gourmets,

Top 5 Marchés

- **Fontainebleau**, les mardis, vendredis et dimanches matin.
- **Enghien-les-Bains**, les mardis, vendredis et samedis matin.
- **Meaux**, halles aux fromages, le samedi matin.
- **L'Isle-Adam**, les mardis, vendredis et dimanches matin.
- **Versailles**, quartier Notre-Dame, les mardis, vendredis et dimanches matin.

Champignons de Paris.
valentinrussanov/Getty Images Plus

comme l'indique son étiquette, pour sa finesse en bouche et sa saveur un petit peu épicée. Elle est conditionnée dans des jolis pots en grès fermés par un bouchon en liège naturel et un cachet de cire rouge.

Miel du Gâtinais

Ce miel de bouche se caractérise par sa couleur claire et ambrée, son goût velouté et onctueux. Les ruches installées dans le Parc naturel régional donnent des miels d'acacia, de bruyère, de châtaignier, de forêt... que l'on consomme tels quels ou en pain d'épices par exemple.

Confit de pétales de roses de Provins

Vers la mi-septembre, les pétales de roses de Provins sont récoltés, mis à infuser dans de l'eau, puis préparés comme une confiture. Cela donne un confit à la belle robe rose fuchsia qui se marie volontiers avec du foie gras, du brie, une brioche de Nanterre.

Paris-Brest

Un boulanger, dit-on, créa ce gâteau à Maisons-Laffite au début du 20e s. en l'honneur de la course cycliste Paris-Brest-Paris. Ce gâteau populaire a normalement la forme d'une roue de vélo. Il est composé d'une triple couronne de pâte à choux décorée d'amandes effilées, garnie d'une généreuse torsade de crème pralinée et saupoudrée de sucre glace.

Grand Marnier

Cette liqueur sirupeuse à base de cognac et d'oranges amères tient sa renommée mondiale à son amertume et son goût prononcé. Elle a été conçue, après 1870, à Neauphle-le-Château (Yvelines), dans la distillerie Lapostolle. Appréciée en digestif, elle sert aussi à flamber les fameuses crêpes Suzette.

Noyau de Poissy

En plein centre-ville, depuis la fin du 17e s., la distillerie artisanale de Poissy produit des liqueurs à base d'amandons de noyaux d'abricots qui ont macéré dans des eaux-de-vie. Elles se savourent frappées à 10-12 °C en digestif ou dans les desserts.

Voir aussi brie p. 412 et cresson p. 535.

Nature et paysages

L'Île-de-France est la plus urbanisée des régions françaises. Pourtant, elle recèle de magnifiques forêts, des vallées verdoyantes, de vastes étendues de champs sur des plateaux agricoles, des réserves naturelles, un fleuve et des rivières, qui forment un écrin de verdure pour Paris. Mais la proximité de la capitale menace ces milieux naturels. C'est pour aider la nature à résister à l'urbanisation et contribuer au respect et à la protection des sites que quatre parcs naturels régionaux (Vexin français, Haute-Vallée de Chevreuse, Gâtinais français, Oise-Pays de France) ont été créés en Île-de-France.

Le Bassin parisien

L'Île-de-France, la plus petite des régions françaises (12000 km²), se situe au centre du Bassin parisien, une immense cuvette qui couvre plus du quart de la superficie de la France. La région, composée de dix principaux pays qui formaient jadis, autour de Paris, le domaine de la Couronne, présente des caractéristiques géographiques propres.

La vaste région dite « Bassin parisien » communique avec la plaine du nord de l'Europe, avec le bassin du Rhône par le seuil de Bourgogne et, au-delà de la vallée de la Loire, avec le Bassin aquitain par le seuil du Poitou. Les altitudes les plus basses s'observent dans la vallée de la Seine, en aval de Mantes (14 m à La Roche-Guyon); les plus hautes atteignent ou dépassent 200 m dans le Vexin français et les hauteurs du pays de Bray (au nord-ouest de Paris), la forêt de Carnelle et les hauteurs du pays de Goële (respectivement aux nord et nord-est de la capitale).

Région humide aux saisons intermédiaires, orageuse en été, avec des hivers assez modérés, l'Île-de-France est caractérisée par quatre types de paysages : la zone urbanisée, les plateaux agricoles, les vallées verdoyantes et la forêt.

La formation géologique du Bassin parisien

Ce bassin est au centre d'une large cuvette dont les rebords extrêmes sont les massifs anciens des Ardennes, des Vosges, du Morvan, du nord du Massif central et de la Bretagne. Le centre du Bassin parisien est séparé de ces massifs primaires par des auréoles de côtes de calcaire dur. On pourrait comparer cette région à une série de plats, emboîtés les uns dans les autres de manière concentrique, le plus petit au centre étant le plus récent. Cette disposition régulière s'explique par la formation du Bassin parisien. Au début de l'ère secondaire, il n'est qu'un vaste golfe limité par les massifs anciens. La mer dépose des sédiments sur ses côtes et sur son fond, et la surface du golfe diminue progressivement. Simultanément, le fond du bassin s'abaisse, par un lent effondrement, et les bancs de calcaire dur de la périphérie se relèvent.

Le rebord intérieur délimite la région décrite dans ce guide : celui de la

Forêt de Fontainebleau.
encrier/Getty Images Plus

falaise d'Île-de-France, des coteaux du Gâtinais et des collines du Perche. Le bassin est constitué de sédiments tertiaires marins, lagunaires ou lacustres. La mer se retire peu à peu et des lacs lui succèdent.

Il reste de nombreuses traces de ces métamorphoses millénaires. De la mer tertiaire, de larges plaques de sables dits de Beauchamp sont à nu dans le Valois, et un calcaire est dit de St-Ouen. Des bancs épais de gypses et de marnes vertes subsistent dans le pays de France et le Parisis, déposés par la lagune qui a succédé à cette mer. Un lac a ajouté une couche de calcaire, plus tard « meuliérisé » : le dur calcaire de Brie. La mer a alors de nouveau envahi le bassin et recouvert la meulière de sables dits de Fontainebleau dont la surface se transforme en grès. Un dernier lac a enfin occupé cette région et y a déposé le calcaire tendre dit de Beauce qui souvent se transforme en meulière.

L'érosion causée par les rivières achève de donner sa physionomie actuelle à la région de Paris, par les eaux courantes au nord et à l'est où les couches de meulière et de gypse demeurées intactes forment des éminences ou de petits plateaux, et, au sud, par un intense ruissellement qui attaque le calcaire tendre de Beauce et les grès de Fontainebleau.

Les paysages de l'Île-de-France

Les anciens pays et provinces d'Île-de-France, qui ont su conserver leur nom d'origine, présentent des caractéristiques bien particulières. Au-delà de la grande couronne, les forêts constituent le « poumon vert » de la région.

Au nord-ouest, le **Vexin français** étend ses terres fertiles (blé et cultures légumières) jusqu'à l'Epte, frontière avec la Normandie. À l'est du Vexin, le **Parisis**, entre l'Oise, la Seine et la plaine de France, au-delà de la banlieue parisienne, est couvert de cultures maraîchères, de vergers – autour de Groslay en particulier – et de forêts. Plus vers l'est, la **plaine de France** est un vaste plateau qui s'étend jusqu'à la proche banlieue de Paris, entre St-Denis, Luzarches et Dammartin-en-Goële ; sa vocation agricole subsiste, bien que ses terres soient lentement grignotées par l'extension de l'aéroport de Roissy.

Au nord-est, le **Valois**, limité par l'Oise, l'Ourcq et l'Automne, est une région de forêts et de cultures. La richesse des sols de cette région, ainsi que du Multien et de la Brie française, plus au sud, en fait le domaine de la grande culture mécanisée. L'ouest du plateau de la Brie, drainé par la Marne, les deux Morins et la Seine, est couvert de forêts (Sénart et Ferrières), fragiles par leur proximité avec des îlots de l'agglomération parisienne.

Seul le nord du **Gâtinais** « français » est décrit dans cet ouvrage, constitué d'un plateau argileux à l'est de la vallée du Loing et d'une région de sables à l'ouest recouverte par la forêt de Fontainebleau et ses fameux chaos gréseux.

La **Beauce**, située aux franges de la région Île-de-France, entre la vallée de l'Eure au nord et le val de Loire au sud, est un vaste plateau dont les étendues céréalières lui valent le surnom de « grenier de la France ».

Dans le **Hurepoix**, limité par la Beauce, la Seine et le Mantois, alternent fragments du plateau calcaire de Beauce, vallées sablonneuses cultivées et collines boisées; un parc naturel régional tente de contenir l'urbanisation de cette région.

Enfin, à l'ouest, entre l'Eure et la Seine, le vaste plateau du **Mantois** se partage entre une partie cultivée à l'ouest et des forêts à l'est (Rambouillet, St-Arnoult).

Les forêts

Théâtre autrefois des chasses royales et princières, les forêts d'Île-de-France sont autant de lieux de détente et de loisirs. L'Isle-Adam au nord, Fontainebleau et Sénart au sud, Rambouillet et Marly à l'ouest, Ferrières à l'est : ces forêts forment une véritable couronne verte autour de Paris.

Brève histoire des forêts franciliennes

La surface de la forêt en Île-de-France, comme en France, a fortement varié, mais aussi fréquemment bougé au cours des siècles. Une succession de futaies constituait l'immense massif qui s'étendait de la Seine à la Belgique à l'époque gallo-romaine. Mais jusqu'à la Révolution, l'agriculture a conduit les hommes à défricher massivement, partout en France : la forêt devient un espace à détruire, avant que sa fonction de production (bois de chauffage, construction navale, pâte à papier...) et qu'un « renouveau forestier » ne s'affirment.

Avant la Révolution

Les grandes forêts d'Île-de-France, aujourd'hui dans le domaine national, sont pour la plupart d'anciennes forêts royales, seigneuriales ou ecclésiastiques confisquées à la Révolution. François Ier parcourant les forêts de Retz ou de Fontainebleau, Louis XIII sillonnant les terres giboyeuses de Versailles, le Roi-Soleil chassant le cerf ou le lièvre à Rambouillet : les souverains ont pleinement profité des massifs forestiers bordant leur royaume. Ils ont aménagé nombre d'allées, de routes et de chemins forestiers. Toutefois, dans le courant du 17e s., l'augmentation de la demande en bois de chauffage et surtout en bois de construction civile et navale suscite un intérêt nouveau pour les domaines boisés. La hausse de la rentabilité des forêts conduit à la rationalisation de leurs modes d'exploitation. En 1661, constatant leur état de dégradation, Colbert lance le premier recensement des forêts royales et, huit ans plus tard, la fameuse ordonnance de St-Germain établit les bases de la gestion forestière moderne (elle instaure par exemple la mise en réserve d'un quart de la superficie exploitable afin de favoriser la croissance en futaie, pratique toujours d'actualité) et réorganise les Eaux et Forêts. Pour la première fois, des mesures contraignantes interviennent en forêt privée en vue d'assurer la pérennité de la forêt française.

Près d'un siècle est cependant nécessaire à l'application effective de ces nouvelles réglementations, qui comprend plusieurs étapes : la délimitation des forêts grâce à la cartographie, le marquage physique de l'espace forestier par des bornes et des fossés, la création d'une voirie adaptée pour exploiter plus facilement les produits des coupes et organiser chasses à courre et traques.

Au 18e s., la région est encore très boisée; les grandes forêts sont plus vastes qu'aujourd'hui, surtout pour les plus proches de Paris, comme Meudon et Sénart. Elles sont la propriété de la Couronne et sont réservées aux chasses royales et seigneuriales, sources de dévastation, grief que l'on retrouve fréquemment dans les cahiers de doléances des villageois d'Île-de-France.

Au 19e siècle

La Révolution a modifié le paysage de l'Île-de-France (mutations des propriétés, confiscation des biens ecclésiastiques), mais c'est surtout au 19e s. que la mutation est importante, avec l'invasion des établissements industriels et l'accroissement massif de la population. Les premiers lotissements apparus sous le Second Empire s'établissent aux dépens des parcs et des forêts.

Au début du 19e s., l'Île-de-France est deux fois moins boisée qu'actuellement.

Aujourd'hui

Contrairement aux idées reçues, l'Île-de-France est très boisée, et la forêt occupe actuellement 287 000 ha, soit **24 % du territoire**; le taux de boisement est de 23 % (le taux national de 31 %). En outre, 57 % des forêts sont classées Natura 2000.

À qui appartiennent les forêts ?

On distingue les forêts publiques des forêts privées. Les premières appartiennent soit à l'État (forêts domaniales), soit aux collectivités publiques (région, départements, communes…). Facilité par un bon réseau de routes, chemins et sentiers mis en place par l'Office national des forêts, qui les gère depuis 1966, leur accès est libre aux promeneurs.

Les bois privés sont de plus en plus vastes. De nos jours, 70 % des forêts d'Île-de-France sont privées, mais elles sont très morcelées et de faible superficie (moins de 2 ha en moyenne). En dehors des routes et chemins publics qui les traversent, elles sont le plus souvent interdites d'accès.

La forêt grandeur nature

Les arbres

Les forêts franciliennes sont composées à 94 % d'**essences feuillues**. Parmi elles prédominent le chêne sessile (32 %), le chêne pédonculé et le châtaignier (12 % à parts égales), suivis du frêne (7 %). Les résineux (environ 6 % de la surface forestière) sont le pin sylvestre en majorité, et le pin laricio.

L'Office national des forêts a installé par endroits des panneaux d'interprétation à l'attention des curieux.

Les hôtes de ces bois

Les bois et forêts d'Île-de-France sont de véritables réservoirs de biodiversité abritant une faune et une flore à la fois denses et variées.

La flore – La voûte de la forêt, les sous-bois et leur lisière favorisent une végétation très diversifiée : une flore arbustive et herbacée, des mousses, lichens, fougères (voir l'osmonde royale, fort rare, en forêt de Montmorency) pullulent sur le riche humus forestier.

Côté **fleurs**, vous trouverez en avril des cytises, des jacinthes et des jonquilles. Mai est la saison de l'aubépine, du muguet, de l'ancolie et des chatons de noisetier. Juin voit s'épanouir genêts, bruyères, campanules, scabieuses et œillets sauvages.

Avec l'été, les plus observateurs pourront savourer quelques **fruits des bois** (fraises et framboises), mais attention aux lieux fréquentés par les renards qui transmettent l'échinococcose ! Il faudra attendre septembre pour déguster mûres et noisettes, et l'automne pour les châtaignes ou les 500 variétés de **champignons** qui poussent dans les forêts de la région.

Les champignons appartiennent au propriétaire de la forêt. Il faut donc, en principe, obtenir son autorisation avant de les ramasser.

La faune – Les futaies d'Île-de-France abritent tous les **grands mammifères** des forêts de plaine (cerf, chevreuil, daim, sanglier…), mais aussi de **petits animaux** (renard, blaireau, martre, lièvre, écureuil, hérisson, chauve-souris…), une extraordinaire variété d'**insectes** (des espèces parfois rares comme à Fontainebleau, la forêt de Rambouillet abrite, quant à elle, trois-quarts des espèces de libellules), des **reptiles** (couleuvre, vipère) et de nombreux **oiseaux** (rouge-gorge, mésange bleue, faisan, chouette, grive, épervier, merle…). Et bonne nouvelle, après plus d'un siècle d'absence, le **castor** d'Europe est de retour en Île-de-France !

Pour avoir plus de chances de rencontrer les animaux, promenez-vous juste avant la tombée de la nuit ou au petit matin.

En pleine journée, le promeneur bon observateur distinguera des **traces** de sangliers, dans les pelouses ou sur les bords des chemins, lorsqu'ils cherchent vers, glands, racines ou champignons. Pour déceler la présence des cervidés, il faut regarder les ronces : si celles-ci sont privées de leurs feuilles ou de leurs pousses terminales (surtout au printemps, quand les feuilles sortent des bourgeons), à plus d'un mètre de haut, c'est qu'elles ont été broutées par les cerfs et les biches. Les ronciers sont particulièrement dépouillés au mois de mars quand la nourriture est rare. Une forêt riche en cervidés montrera des buissons et des petits arbres rabougris, taillés en boule. On dit alors que la forêt est **abroutie**.

Vous pourrez approcher ces animaux en compagnie des agents de l'ONF (à l'Espace Rambouillet, par exemple).

L'observation sans autorisation, de nuit avec des lampes torches, peut donner lieu à une amende.

L'entretien de la forêt

Le patrimoine forestier est régi depuis des siècles par des règlements spécifiques pour assurer son avenir. L'administration de la forêt voit le jour avant la justice et l'armée en 1292, lorsque Philippe le Bel crée les **maîtres des Eaux et Forêts**. En 1376, l'ordonnance de Moulins sur le « faicts des Eaux et Forêts » constitue le début d'un véritable code forestier. Aujourd'hui, les forestiers appartiennent en majorité à l'**Office national des forêts** qui gère les forêts domaniales. Ils sont chargés d'entretenir les arbres et de veiller au renouvellement d'essences nobles. L'ONF récolte ainsi et vend chaque année 14 millions m³ de bois dont il réinvestit les revenus en plants et aménagements de sentiers forestiers, pistes cavalières et cyclables, parcours pédagogiques et thématiques, et espaces destinés à accueillir toujours plus de visiteurs.

Daims dans le parc Espace Rambouillet, forêt de Rambouillet.
Ch. Goupi/age fotostock

Noisy-le-Grand, les bords de la Marne.
B. Gardel/hemis.fr

ORGANISER SON VOYAGE

Idées de balades

La vie de château	
Époque médiévale	Château de Vincennes ; château de la Roche-Guyon ; Blandy-les-Tours ; les remparts de Provins ; fête médiévale de Dourdan.
Architecture classique et résidences royales	Sceaux ; Malmaison ; Versailles ; Breteuil ; Rambouillet ; St-Germain-en-Laye ; Maisons-Laffitte ; Écouen ; Champs ; Vaux-le-Vicomte ; Fontainebleau ; Courances.
Les bâtisseurs de la foi	
Le temps des cathédrales	Basilique St-Denis ; collégiales à Mantes-la-Jolie et Poissy ; cathédrale St-Étienne à Meaux ; Notre-Dame à Chartres.
Les abbayes	Port-Royal-des-Champs ; Vaux-de-Cernay ; Royaumont ; Jouarre.
L'architecture contemporaine	
Nouveaux paysages urbains	Quartier de La Défense ; villa Savoye de Le Corbusier à Poissy ; villes nouvelles : St-Quentin-en-Yvelines, Marne-la-Vallée, Sénart, Cergy-Pontoise et Évry ; Stade de France ; Fondation Louis Vuitton ; cathédrale d'Évry.
Patrimoine industriel	Grands Moulins de Pantin ; usine de chocolat Menier à Noisiel.
L'Île-de-France artistique	
Sur les traces des peintres	Île de la Grande-Jatte à Neuilly-sur-Seine ; Chatou ; Bougival ; Auvers-sur-Oise ; Giverny ; L'Isle-Adam ; Barbizon ; Yerres.
Maisons d'artistes	Maison Arp et Villa Rodin à Meudon ; château de Rosa Bonheur à By-Thomery ; maison-musée Jean Cocteau à Milly-la-Forêt.
Les grands musées	MAC VAL à Vitry ; musée du Domaine départemental de Sceaux ; musée d'Archéologie nationale de St-Germain-en-Laye.
En plein air	Balades graff ou *street art* à St-Denis et à Vitry-sur-Seine ; Axe majeur de Cergy-Pontoise.
L'Île-de-France se met au vert	
Circuits nature	Vallée de Chevreuse ; boucles de la Seine ; Vexin français.
Forêts et parcs naturels	Bois de Vincennes ; parc de St-Cloud ; bois de Boulogne ; forêt de Rambouillet ; forêt de Fontainebleau ; forêt de Sénart.
Sports et loisirs	
Activités nautiques	Îles de loisirs (*tableau p. 613*).
Escalade	Forêt de Fontainebleau ; massif de la Dame-Jouanne.
Randonnées	4 000 km de sentiers ; forêts de Fontainebleau et de Rambouillet.
Cyclotourisme	Piste cyclable du canal de L'Ourcq ; Promenade du canal St-Denis ; Coulée verte du sud parisien ; « route des 17 tournants » de la vallée de Chevreuse ; Véloscénie Paris-Le Mont-Saint-Michel ; l'Avenue Verte London-Paris ; La Scandibérique ; La Seine à vélo.
L'Île-de-France au fil de l'eau	
Croisières fluviales	Sur la Seine, l'Yonne, le canal du Loing, le canal de l'Ourcq, l'Oise et la Marne. *Tourisme fluvial, p. 618.*
Festivités autour de l'eau	Balades en Seine (92) ; Bains numériques d'Enghien-les-Bains (95) ; une guinguette des bords de Marne ; L'été du canal (93).

Avant de partir

Le bon moment pour partir

Le printemps et l'automne sont sans doute les deux plus belles saisons pour découvrir l'Île-de-France. Au mois d'août, l'activité ralentit; musées, lieux culturels, restaurants et boutiques peuvent être fermés, mieux vaut se renseigner avant! L'hiver, il fait relativement froid.

Météo France

Composez le ✆ **3250** (2,99 €/appel + prix appel) suivi de :
0 – prévision de pluie à 1h;
1 – météo d'une commune, d'un département ou de la France;
2 – météo du prochain week-end.
Accès direct aux prévisions du département – ✆ **0 899 71 02** suivi du numéro du département (2,99 €/appel + prix appel).
En ligne : **www.meteofrance.com**

Adresses utiles

Les institutions

Comité régional du tourisme d'Île-de-France

www.visitparisregion.com.
Le site Internet de la région **www.iledefrance.fr/tourisme** vous propose également des activités sous l'onglet « Culture Sport Tourisme ».

Comités départementaux et offices de tourisme

Les coordonnées des offices de tourisme sont repérables dans le guide par le picto ℹ.
Seine-et-Marne (77) – ✆ 01 60 39 60 39 - www.seineetmarnevivreengrand.fr/je-visite.
Yvelines (78) – www.yvelines.fr/loisirs
Essonne (91) – ✆ 01 64 97 36 91 - www.essonnetourisme.com.
Hauts-de-Seine (92) – https://destination.hauts-de-seine.fr.
Seine-St-Denis (93) – ✆ 01 49 15 98 98 - www.tourisme93.com.
Val-de-Marne (94) – ✆ 01 55 09 16 20 - www.tourisme-valdemarne.com.
Val-d'Oise (95) – ✆ 01 30 73 39 20 - www.valdoise-tourisme.com.
Eure-et-Loir (28) – ✆ 02 37 84 01 00 - www.tourisme28.com.
Oise (60) – ✆ 03 64 60 60 60 - www.oisetourisme.com.

Personnes à mobilité réduite

Dans ce guide, les établissements et sites qui peuvent accueillir des personnes à mobilité réduite sont signalés par le symbole ♿.
Tourisme et Handicaps : liste des sites labellisés sur www.tourisme-handicaps.org.
Visitparisregion.com – Le site officiel de la destination Île-de-France précise, pour les musées et monuments de la rubrique « À voir, à faire », l'accessibilité.

Transports

Accès Plus Transilien – Les gares de RER sont progressivement rendues accessibles pour les fauteuils roulants. Rens. : www.transilien.com/fr/page-deplacements/accessibilite-handicap - ✆ 0970 82 41 42.
SNCF Accès Plus – www.sncf.com/fr/offres-voyageurs/voyager-en-toute-situation/accessibilite : liste des gares adaptées.
Île-de-France mobilités – https://me-deplacer.iledefrance-mobilites.fr/itineraire. Ce service très bien fait permet de planifier votre trajet en fonction de vos besoins.

Nos catégories de prix		
	Hébergement	**Restauration**
Premier prix	jusqu'à 80 €	jusqu'à 20 €
Budget moyen	de 80 € à 120 €	de 20 € à 40 €
Pour se faire plaisir	de 120 € à 160 €	de 40 € à 60 €
Une folie	plus de 160 €	plus de 60 €

Les Compagnons du voyage – Cette association propose un service d'accompagnement dans les transports. ✆ 01 58 76 08 33 - https://compagnons.com.

Hébergement

Notre sélection

Retrouvez notre sélection d'hébergements dans les carnets d'adresses situés en fin de description des principaux sites.
Les établissements sont classés par catégories de prix. Les tarifs indiqués, prix minimum et maximum pour une chambre double, sont ceux pratiqués en haute saison.

L'hébergement rural

Gîtes de France – ✆ 0826 10 44 44 (0,15 €/min + prix d'un appel local) - www.gites-de-france.com.
Bienvenue à la ferme – Réseau d'agriculteurs accueillant les visiteurs dans leurs exploitations : Chambres d'agriculture France – 9 av. George-V - 75008 Paris - ✆ 01 53 57 10 10 - www.bienvenue-a-la-ferme.com. Idéal pour séjourner dans la grande couronne francilienne.
Samedi Midi – www.samedimidi.com. Site répertoriant des chambres d'hôtes de charme par région et par prix.
Charme & Traditions – www.charme-traditions.com. Sélection de locations, chambres d'hôtes et hôtels de charme par région.

Se déplacer en Île-de-France

Par la route

Les grands axes

Du boulevard périphérique de Paris partent les routes nationales et les autoroutes :
- A 10 puis A 11 au sud-ouest vers Chartres,
- A 6 au sud-est vers Nemours,
- A 4 à l'est vers Disneyland,
- A 1 au nord vers Roissy,
- A 15 au nord-ouest vers Cergy-Pontoise
- puis A 16 vers Beauvais,
- A 13 à l'ouest vers Mantes-la-Jolie.

Informations autoroutières – ☏ 3620 et dites « Mon autoroute » (0,15 €/mn) - www.autoroutes.fr.

Les cartes Michelin

Cartes Départements **305** (Oise, Paris, Val-d'Oise), **311** (Eure-et-Loir, Paris, Yvelines) et **312** (Essonne, Paris, Seine-et-Marne).
Carte Région **514** (Île-de-France).
Les cartes des **Environs de Paris n° 106**, **n° 101** de la **Banlieue de Paris** et **n° 102** de **Paris et ses alentours** s'avèrent très utiles.
Enfin, n'oubliez pas la **carte de France n° 721** qui offre une vue d'ensemble de la région Île-de-France au 1/1 000 000, avec ses grandes voies d'accès, d'où que vous veniez.
En ligne : calcul d'itinéraires sur **www.viamichelin.fr**.
Pour un état de la circulation aux sorties de Paris, consulter le site **www.sytadin.fr.**

Transports en commun

Informations pratiques

Paris correspond à la zone 1 de la RATP et la région Île-de-France correspond aux **zones 2 à 5**, selon la distance.
Renseignements – ☏ 3424 (prix appel) - www.ratp.fr - application pour les smartphones.
Le **ticket t+** en carton disparaîtra en 2023. Pour les usagers occasionnels plusieurs alternatives existent :
Le pass **Navigo Easy** est une carte magnétique rechargeable *(2 €)* permettant de charger des tickets t+ à l'unité ou en carnet *(à l'unité : 1,90 €; en carnet de 10 tickets : 16,90 €)*, des tickets OrlyBus et RoissyBus *(9,50 € et 13,70 €)* et les forfaits Navigo Jour *(2 zones : 7,50 €; 3 zones : 10 €; 4 zones : 12,40 €; 5 zones : 17,80 €)*.
Ce support est non nominatif, et peut donc être prêté mais pas être utilisé par plusieurs personnes en même temps.
Vendu dans les guichets et distributeurs automatiques des stations et gares, et chez les commerçants agréés.
www.iledefrance-mobilites.fr/titres-et-tarifs.
Depuis janvier 2022, le pass Navigo offre à ses souscripteurs des avantages dans **près de 300 lieux culturels** parisiens et d'Île-de-France. www.iledefrance-mobilites.fr/navigo-avantages-culture.
Spécial week-end – Les abonnés possédant déjà un pass Navigo mois ou annuel deux zones peuvent

circuler gratuitement sur les cinq zones de l'Île-de-France le week-end, les jours fériés, les petites vacances scolaires de la zone C et l'été du 15 juillet au 15 août.
Ticket SMS : achat d'un ticket par téléphone pour un trajet en bus *(2 €, valable 1h)* sans correspondance. Envoyez Bus63 au 93100 si vous prenez le Bus 63 à Paris par exemple.
Le forfait **Paris-Visite** est valable dans les mêmes conditions pendant 1, 2, 3 ou 5 j. d'affilée, et permet d'utiliser les liaisons avec les aéroports (coupon zones 1-3 ou 1-5) *(entre 12 € et 65,80 € selon la durée et les zones choisies)*.

Le réseau RATP

Métro

plan p. 32-33.
Les lignes 1, 3, 4, 5, 7, 8, 9, 10, 11, 12 et 13 permettent d'accéder à certaines localités de la petite couronne.

RER (Réseau express régional)

plan dans le rabat de couverture.
Le réseau compte 5 lignes dont 3 s'articulent sur la station centrale Châtelet-Les Halles (lignes A, B et D). **Ligne A** (d'ouest en est) de St-Germain-en-Laye, Poissy ou Cergy-le-Haut à Marne-la-Vallée-Chessy (Parc Disneyland) ou Boissy-St-Léger. **Ligne B** (du nord au sud) de Robinson ou St-Rémy-lès-Chevreuse à la gare du Nord puis (via le réseau SNCF) à l'aéroport de Roissy-Charles-de-Gaulle ou Mitry-Claye. **Ligne C** (d'ouest en est) de Versailles-Château, St-Quentin-en-Yvelines, ou Pontoise à Dourdan-la-Forêt, Saint-Martin-d'Étampes, Massy-Palaiseau ou Versailles-Chantiers. **Ligne D** (du nord au sud-est) de Creil à Malesherbes ou Melun. **Ligne E** (d'ouest en est) de la gare Haussmann-St-Lazare à Tournan ou Chelles-Gournay.

Bus Noctilien

Les Noctiliens (47 lignes) fonctionnent toute la nuit en Île-de-France (de 0h30 à 5h30). Leur numéro est précédé par la lettre N. Dans Paris, le départ se fait de 5 stations : Gare-de-Lyon, Gare-de-l'Est, Gare-St-Lazare, Gare-Montparnasse et Châtelet. Les lignes circulaires N01 (circulaire intérieure) et N02 (circulaire extérieure), passant par divers lieux parisiens à haute fréquentation nocturne, permettent de rejoindre les lignes Noctiliens desservant l'Île-de-France (proche banlieue : bus N11 à N16 ; moyenne banlieue : bus N21 à N63 ; grande banlieue : cars N120 à N151). Fréquence lignes N01-N02 : un bus ttes les 17mn (10mn le w.-end) ; lignes N11-N16 : un bus ttes les 30mn (10 ou 15mn le w.-end) ; lignes N21-N71 : un bus/h ; lignes N122-N154 : un car/h.

Tramway

Le **T1** relie Asnières-Quatre-Routes à Noisy-le-Sec, et le **T2** Pont-de-Bezons à Porte-de-Versailles-Parc-des-Expositions. Les **T3a** (Pont-de-Garigliano à Porte-de-Vincennes) et le **T3b** (Porte-de-Vincennes à Porte-d'Asnières-Marguerite Long, en construction jusqu'à Porte-Dauphine), doublant la petite ceinture de Paris, permettent des connexions avec certains bus, les lignes 1, 3 et 3bis, 4, 5, 7 et 7bis, 8, 9, 11, 12, 13, 14 de métro, les lignes de RER B, C et E et des correspondances vers certaines villes de banlieue. Le **T4** permet d'aller de Bondy à Aulnay-sous-Bois ou à Hôpital de Montfermeil, le **T5** relie le marché de Saint-Denis à Garges-Sarcelles et le **T6** connecte Châtillon-Montrouge à Viroflay.
Le **T7** fonctionne entre Villejuif-Louis-Aragon et Athis-Mons-Porte-de-l'Essonne, en passant par l'aéroport d'Orly. Le **T8** relie Saint-Denis à Épinay-Orgemont et Villetaneuse. Le **T9** va de Porte de Choisy à Orly-Gastons Viens. Le **T11**

va d'Épinay-sur-Seine au Bourget. Le **T13** relie St-Germain-en Laye à St-Cyr-l'École.

Bus en banlieue

26 lignes de bus parisiens desservent la proche et moyenne banlieue (zone 3). Les plans des réseaux de bus de banlieue par zone sont téléchargeables sur www.ratp.fr ou disponibles dans certaines stations.

SNCF : le transilien

Le réseau Transilien SNCF couvre la totalité de l'Île-de-France (près de 400 gares). Les trains et RER circulent en Île-de-France et vers Paris en général de 5h à minuit. Les guichets sont ouverts de 6h à 21h. Le tarif dépend de la longueur du trajet; pass à prix forfaitaires variables selon les zones. Renseignements, informations sur le trafic et idées de balade : ☎ 3658 (0,25 €/mn) - www.transilien.com.

Réseaux de bus locaux

De nombreuses banlieues non desservies par les bus RATP ont leur propre réseau. Ces bus sont souvent reliés à la gare SNCF de la ville. Attention à leur fréquence : élevée aux heures de pointe, elle est bien moindre en pleine journée et en soirée. On peut souvent y utiliser des tickets t+ . Se renseigner dans les offices de tourisme.

Vélos

Vélos en accès libre

Les Vélib', mécaniques (vert) ou électriques (bleu), sont en accès libre aux bornes de location *(pass 1 et 7 jours ou abonnement annuel).* Ce service existe à Paris et dans plusieurs villes de la petite couronne. Nous indiquons les villes qui proposent des Vélib' dans la rubrique « Se repérer » de chaque chapitre. Plan des stations et renseignements : www.velib-metropole.fr.

Vélos dans les transports

Vous pouvez transporter gratuitement votre vélo sur les **réseaux RER et Transilien** les sam., dim. et j. fériés tte la journée, les autres jours avant 6h30, entre 9h et 16h30 et après 19h. Les vélos doivent être embarqués de préférence dans les voitures marquées du pictogramme vélo, situées à l'avant ou l'arrière du train. Sur la ligne 1 du **métro**, les vélos sont acceptés les dim. et j. fériés jusqu'à 16h30; sur les autres lignes de métro, de bus et de **tramway**, les vélos sont interdits.

Projets d'extension du réseau RATP

Dans le cadre du Grand Paris Express, le **T1** sera prolongé jusqu'à Nanterre. La **ligne 11** se poursuivra de Mairie-des-Lilas à Rosny-Bois-Perrier à l'horizon 2023. La **ligne 14** sera reliée à l'aéroport d'Orly en 2024. Quatre nouvelles lignes (15, 16, 17 et 18) sont en travaux et seront mises en service de 2024 à 2030 pour relier les aéroports, les gares TGV et 68 nouvelles gares de la petite et de la Grande Couronne. Rens. sur www.societedugrandparis.fr.

Sur place de A à Z

Pour une documentation détaillée sur les activités et loisirs, adressez-vous au comité régional du tourisme d'Île-de-France et aux autres structures touristiques (*p. 605*) et consultez les rubriques « Nos adresses à... » dans la partie « Découvrir ».

Balades faciles

Canal de l'Ourcq

Une piste cyclable et roller est aménagée tout le long du canal, du parc de la Villette à Meaux, soit 52 km en suivant la voie de halage. De la Villette, le parcours est jalonné, sur 6 km, de bornes expliquant l'histoire du canal. En été, de nombreuses animations et festivités sont organisées le long du canal (*Agenda p. 622*).
Pour plus de renseignements : **www.tourisme93.com/ete-du-canal.**

Coulée verte

Très agréable, car bordée d'arbres, de fleurs et préservée de la circulation automobile (sauf lorsqu'il faut traverser des rues), la **Coulée verte** du sud parisien se déploie sur 14 km de la porte de Vanves à Massy-Verrières (gare RER) et traverse 9 communes : Malakoff, Châtillon, Bagneux, Fontenay-aux-Roses (attention, forte montée dans le sens Massy-Paris), Sceaux, Châtenay-Malabry, Antony, Verrières-le-Buisson et Massy, et deux départements : les Hauts-de-Seine et l'Essonne. On peut démarrer derrière la place de Catalogne, dans le 14e arrondissement de Paris, ou rejoindre directement la Coulée à Châtillon (à la sortie du métro Châtillon-Montrouge – ligne 13 – côté Châtillon), ou commencer et terminer un parcours en boucle de 10 km à la gare Robinson (RER B) qui mène à différents parcs.

La Coulée verte est ouverte 24h/24 aux piétons et aux cyclistes, rollers et trottinettes, et est aménagée de roseraies, de nombreuses aires de jeux et de pelouses.

Vous pouvez retrouver, sur le site **https://destination.hauts-de-seine.fr** d'autres itinéraires de promenade nature en boucles d'environ 15 km dont les départs et arrivées sont souvent situés à proximité d'une gare (SNCF, RER, métro ou tram) ou en téléchargeant la brochure des promenades à vélo : d'un étang à l'autre, entre Seine et Parc, de l'impératrice aux impressionnistes, etc.

Boucles du Vexin

Des circuits d'environ 30 km sont aménagés pour la circulation douce dans le parc naturel et vous permettent de découvrir le Vexin français sur des chemins sécurisés. Rens. www.valdoise-tourisme.com.

Voir aussi Cyclotourisme p. 614.

Bases de loisirs

Les bases d'Île-de-France, baptisées **« Îles de loisirs »**, offrent un large éventail d'activités sportives en **plein air** (équitation, aviron, canoë-kayak, voile, golf et tennis) ou en **salle** (murs d'escalade, squash, etc.) et proposent tout au long de l'année des loisirs adaptés à tous les âges et à tous les goûts : parcours dans les arbres, pêche sportive, potagers-écoles etc.

Bois-le-Roi (77) – UCPA - r. de Tournezy - Bois-le-Roi - 01 64 81 33 00 - bois-le-roi.iledeloisirs.fr.

Buthiers (77) – 73 r. des Roches - Buthiers - 01 64 24 12 87 - www.buthiers.iledeloisirs.fr. Au cœur de 150 ha pour petits et grands : parcours aventures, ateliers, VTT, escalade...

Jablines/Annet (77) – Jablines - ✆ 01 60 26 04 31 - https://jablines-annet.iledeloisirs.fr.
Vaires-Torcy (77) – ✆ 01 60 20 02 04 - https://vaires-torcy.iledeloisirs.fr - la base est sur 2 sites : Torcy – rte de Lagny - Torcy ; Vaires-sur-Marne – rte de Torcy - Vaires-sur-Marne.
Boucles-de-Seine (78) – Route de Lavacourt - Moisson - ✆ 01 30 33 97 80 - https://bouclesdeseine.iledeloisirs.fr.
Saint-Quentin-en-Yvelines (78) – Rond-point Éric-Tabarly - D 912 - Trappes - ✆ 01 30 16 44 40 - saint-quentin-en-yvelines.iledeloisirs.fr.
Val-de-Seine (78) – Chemin du Rouillard - Verneuil-sur-Seine - ✆ 01 39 28 16 20 - valdeseine.iledeloisirs.fr.
Étampes (91) – 5 av. Charles-de-Gaulle - Étampes - ✆ 01 69 78 33 06 - https://etampes.iledeloisirs.fr.
Chanteraines (92) (parc) – Parc des Chanteraines - Entrée les Tilliers - 46 av. Georges-Pompidou - Villeneuve-la-Garenne - ✆ 06 68 06 22 17. Lieux de promenade et centre nautique (voile, canoë) accessible aux jeunes de 12 à 18 ans. Ce parc ne fait pas partie du réseau « Île de loisirs ».
Le Port aux Cerises (91) – R. du Port-aux-Cerises - Draveil - ✆ 01 69 83 46 00 - https://portauxcerises.iledeloisirs.fr.

Îles de loisirs	Dépt.	Surface en ha	Baignade	Base nautique	Équitation	Autres activités
Bois-le-Roi	77	73	oui	⛵	oui	VTT, tir à l'arc, tennis, kayak, golf, skatepark, accrobranche
Boucles-de-Seine	78	350	oui	⛵	-	VTT, tennis, tir à l'arc, golf, voile, accrobranche
Buthiers	77	140	oui	-	poney	VTT, parc aventure, balade nature, escalade, patinoire, astronomie
Cergy-Pontoise	95	250	oui	⛵	-	tennis, sports nautiques, parc aventure, petit train
Chanteraines	92	75	oui	⛵	oui	pêche, marionnettes, jeux, petit train, bateau miniature
Créteil	94	64	vagues	⛵	-	VTT, voile, nature, pêche, canoë, kayak
Étampes	91	145	vagues	⛵	poney	VTT, escalade, kayak, tir à l'arc, accrobranche, skate parc, patinoire
Jablines/Annet	77	500	oui	⛵	oui	VTT, kayak, ski nautique, voile, tennis
Le Port-aux-Cerises	91	175	vagues	⛵	poney	VTT, tennis, parc aventure, skate parc, kayak, petit train
St-Quentin-en-Yvelines	78	600	vagues	⛵	oui	voile, canoë, parc aventure, ferme, golf
Vaires-Torcy	77	350	oui	⛵	poney	canoë-kayak, fitness, badminton, tennis, aviron, squash, catamaran, golf
Val-de-Seine	78	270	oui	⛵	oui	VTT, kayak, pêche, tennis, minigolf, pêche, basket

Créteil (94) – 9 r. Jean-Gabin - Créteil - 01 48 98 44 56 - creteil.iledeloisirs.fr. Piscine à vagues (en été), course d'orientation, voile et jeux pour enfants.

Cergy-Pontoise (95) – R. des Étangs - Cergy-Pontoise - 01 30 30 21 55 - https://cergy-pontoise.iledeloisirs.fr.

Voir aussi les carnets d'adresses du guide où des îles de loisirs peuvent être indiquées.

Cyclotourisme

La diversité des paysages d'Île-de-France favorise la pratique de ce sport à tous les niveaux. La **vallée de Chevreuse** est sans doute l'exemple le plus réputé avec le passage régulier du Tour de France sur la célèbre « route des 17 tournants ». Certains tronçons de **La Véloscénie** Paris-Le Mont-Saint-Michel (www.veloscenie.com), **l'Avenue Verte London-Paris** (www.avenuevertelondonparis.com) et **l'EuroVelo 3-La Scandibérique** (www.scandiberique.fr) traversent l'Île-de-France (voies vertes ou partagées, avec quelques petits parties en cours d'aménagement). Vous pouvez vous procurer gratuitement dans les offices de tourisme, dans les bases de plein air et de loisirs et dans les gares la **carte des pistes cyclables de l'Île-de-France**, qui indique les parcs à vélo où l'on peut laisser son vélo en sécurité ainsi que les sites remarquables le long des itinéraires. Vous pouvez aussi la télécharger sur le site www.pistes-cyclables.com.

Pour rejoindre votre itinéraire cyclable en transports en commun avec votre vélo, voir les conditions p. 612.

VTT

Fédération française de cyclisme – Montigny-le-Bretonneux - 01 76 21 93 20 - www.ffc.fr. La Fédération propose 50 000 km de sentiers balisés pour la pratique du VTT, répertoriés dans un guide annuel gratuit.

Des sociétés de location, à proximité des grands sites forestiers, permettent d'organiser facilement des randonnées.

Voir les carnets d'adresses de la vallée de Chevreuse, de la forêt de Fontainebleau, de la forêt de Rambouillet et de St-Germain-en-Laye.

Promenades faciles

Coulée verte de la porte de Vanves à Massy – *p. 612.*

Coulée verte prolongée par les petites routes jusqu'à Chartres – Départ de la station de métro Châtillon-Montrouge (terminus de la ligne 13). Le parcours (100 km) comporte quelques passages délicats (sans piste cyclable) mais permet de découvrir des lieux magnifiques. On roule d'abord sur la voie de la vallée de la Bièvre. Après Gif-sur-Yvette, les voitures se font plus rares, la route serpente dans la vallée de Chevreuse; à St-Rémy-lès-Chevreuse, on est déjà à la campagne. Pour profiter de haltes sur le parcours, le mieux est de se donner 2 jours. Attention, la piste est très fréquentée le week-end jusqu'au parc de Sceaux. Variante possible au départ de Versailles, voir notre itinéraire *p. 22-23.*

Canal de l'Ourcq – *p. 612.*

Le long de la Seine – Itinéraire non autorisé aux voitures, entre Ivry-sur-Seine et Choisy-le-Roi.

La promenade bleue – Elle longe la Seine sur 10 km du pont de Colombes à celui de Chatou en reliant les rives du fleuve, les grands parcs départementaux et les espaces naturels des Hauts-de-Seine. Elle est accessible aussi bien aux piétons qu'aux vélos.

Boucle intérieure de la Marne – Entre Créteil et Joinville-le-Pont, elle suit les bords de Marne jusqu'à Champs-sur-Marne (20 km aller, à parcourir de préférence le matin). La piste passe par les communes de Joinville-le-Pont, Champigny-sur-Marne, Bry-sur-Marne, Noisy-le-Grand, Gournay-sur-Marne, Chelles et finit à l'entrée de la base nautique de Vaires.

Boucle du château de Versailles – Elle est constituée par la D 186, la D 307, la D 10 et la D 7, soit environ 13 km. Elle dessert également la ferme de Gally.

Île de loisirs de St-Quentin-en-Yvelines – Piste entre Montigny-le-Bretonneux, Trappes et Élancourt. Au-delà de Montigny, la piste cyclable va jusqu'à la forêt de Versailles par Guyancourt.

Forêts d'Île-de-France – Elles offrent des dizaines de kilomètres de routes goudronnées (des pistes serpentent en forêt de Marly, de Rambouillet, notamment autour des étangs de Hollande, à travers la forêt de St-Germain, en forêt de Sénart, de Fontainebleau...), mais aussi des routes forestières non revêtues mais tout à fait praticables. Attention toutefois en forêt de Fontainebleau : certains chemins très sableux ne sont pas praticables à vélo, l'ONF propose plusieurs parcours repris dans des fiches pratiques : s'adresser au Centre d'initiation, la Faisanderie, de Sénart - ✆ 01 60 75 54 17 (*p. 450*).

Équitation

L'Île-de-France est la première région française pour la pratique équestre. Riche d'immenses forêts et d'un patrimoine incomparable, elle regroupe des sites privilégiés que le cheval permet de découvrir sous un autre jour et avec convivialité.

Adresses utiles

Comité national de tourisme équestre ✆ 02 54 94 46 00 - www.ffe.com. Le comité édite une brochure annuelle, *Cheval nature,* répertoriant les possibilités en équitation de loisir et les hébergements accueillant cavaliers et chevaux.

Comité régional de tourisme équestre d'Île-de-France (CREIF) ✆ 01 47 66 10 03 - www.cheval-iledefrance.com. Ce comité crée et répertorie les parcours de randonnée équestre de la région.

Courses

La région offre la plus importante concentration d'hippodromes sur lesquels se disputent toutes sortes de courses.

France Galop – Société qui gère les centres d'entraînement de Chantilly, Maisons-Laffitte, Longchamp, St-Cloud et Auteuil ✆ 01 49 10 20 30 - www.france-galop.com. Programme des courses sur le site Internet.

Hippodrome d'Enghien-Soisy (95) – *p. 387.*

Escalade

Le débutant, comme le varappeur confirmé, trouvera en Île-de-France de nombreuses voies équipées sur des sites naturels et des murs artificiels extérieurs ou en salle. Les sites naturels les plus célèbres et les mieux équipés pour l'escalade sont concentrés dans la **forêt de Fontainebleau** (*p. 488*) et ses environs. Les rochers les plus hauts sont à Larchant et à la Dame Jouanne (8 à 15 m) ; le massif des Trois-Pignons est remarquable pour son décor insolite et présente une grande variété de difficultés. Quelques circuits, balisés en blanc, sont aménagés pour les enfants.

Greeters

Si vous rêvez de découvrir une ville autrement qu'en suivant les recommandations de l'office de tourisme ou celles de votre

précieux guide, les greeters sont là pour vous ! À travers une balade, ces guides locaux vous dévoileront (gratuitement) leurs coins préférés et leurs coups de cœur.
Plus d'informations sur https://greeters.fr/paris-idf.

Jardins

La manifestation nationale **Rendez-vous aux jardins** se déroule généralement le 1er w.-end de juin - https://rendezvousauxjardins.culture.gouv.fr. Plusieurs départements organisent leur « mois (ou semaine) des jardins » : visites guidées dans les jardins publics et privés, animations permettant de découvrir le patrimoine des jardins franciliens.

Jardins et châteaux

Châteaux et jardins autour de Paris – www.parcsetjardins.fr. Cette association rassemble plus de 30 sites historiques, publics et privés, composés de domaines où la beauté des jardins répond à l'intérêt architectural des lieux : Breteuil, Chantilly, Sceaux, St-Jean-de-Beauregard, Courson, Courances, Fontainebleau, Royaumont, St-Cloud, Vaux-le-Vicomte, etc. Elle permet ainsi un large panorama de l'art des jardins en Île-de-France. Le site présente l'agenda des manifestations dans ces propriétés.

Montgolfière

Airshow ✆ 01 53 24 95 47 - https://airshow.fr - avr.-oct. Différents vols en Île-de-France dont un au-dessus du parc du Vexin (à partir de 199 €).

France Montgolfières ✆ 03 80 97 38 61 - www.franceballoons.com - avr.-oct. Au départ de Fontainebleau, découvrez du ciel les décors fétiches des peintres ou les terrains de chasse des rois de France - 205 €/1 pers.

Pass touristiques

Au niveau régional

Paris Museum Pass – En vente dans les musées et monuments, Fnac, bureaux de l'office de tourisme de Paris, points information tourisme et sur Internet - 52 € (pass 2 j), 66 € (pass 4 j), 78 € (pass 6 j) - www.parismuseumpass.com. Valable 2, 4 ou 6 jours d'affilée, ce pass offre un accès libre, direct à plus de 50 musées (collections permanentes) et monuments de Paris et de la région parisienne.

Au niveau départemental

Pass'malin Yvelines et Hauts-de-Seine – www.passmalin.fr. Cette carte, gratuite, permet aux familles de bénéficier de tarifs réduits toute l'année sur une soixantaine de sites de plein air, de spectacles et de musées : île de loisirs du Val-de-Seine, académie équestre de Versailles, Espace Rambouillet, Serre aux papillons, la Seine musicale, etc.

Balad'Pass – Réservée aux résidents de Seine-et-Marne (77), il permet d'obtenir une entrée gratuite (ou une réduction) pour l'achat d'une entrée payante plein tarif sur les sites partenaires de l'opération. Elle est gratuite et valable à vie. Pour obtenir cette carte ainsi que la liste des sites partenaires, contactez le comité départemental du tourisme de Seine-et-Marne : www.seineetmarnevivreengrand.fr/je-visite.

Et aussi...

De nombreux sites proposent à divers moments de l'année des **offres spéciales** de découverte. Pour saisir ces occasions, consultez régulièrement les sites Internet concernés ou renseignez-vous auprès des offices de tourisme locaux.

Promenades architecturales

Cathédrale d'Évry, de Créteil, villes nouvelles, La Défense... La région fait appel aux plus grands architectes actuels pour enrichir son **patrimoine architectural**.

Les comités départementaux de tourisme (CDT) proposent des parcours à la découverte de leur architecture ancienne ou contemporaine. Ainsi, le CDT des Hauts-de-Seine publie une brochure autour du patrimoine architectural dans les communes de la vallée de la Seine disponible dans les offices de tourisme ; les parcours sont téléchargeables sur https://destination.hauts-de-seine.fr/deambuler-dans-les-hauts-de-seine.html. Les offices de tourisme proposent aussi souvent des audioguides téléchargeables et organisent des visites guidées.

Dans un autre genre, des balades graff ou street art sont organisées par certains comités départementaux de tourisme.

St-Denis p. 42 et Vitry-sur-Seine p. 88.

Randonnée pédestre

Quelque 4000 km de sentiers de grande et petite randonnée permettent de parcourir l'Île-de-France, en particulier le GR 1 qui forme une boucle et relie entre elles les forêts de la région parisienne.

Développée par le CRT Paris-Île de France, l'application gratuite **Bougeott** propose des idées de balade à pied (marche, course) avec guidage, associée à la découverte de points d'intérêt culturels ou naturels.

Le CRT propose également un jeu de piste : **Paris Region Aventures** (36 aventures à faire en famille en Île-de-France, application gratuite).

Application consacrée aux forêts franciliennes, **Balade Branchée**, créée par l'ONF, disponible sur Google Play et l'App Store.

Des randonnées sont disponibles sur **Helloways.com** (site et appli).

Proposée par Val d'Oise Tourisme, l'application gratuite **ValdOiseMyBalade** permet de télécharger des circuits et visites dans tout le département : 150 circuits et balades - 80 pédestres, près de 50 circuits vélo, VTT/VTC et cyclo-touristiques, et des circuits équestres et trail.

Le site des **Parcs naturels régionaux d'Île-de-France** répertorie aussi les randonnées possibles.

https://rando.pnr-idf.fr.

Randonnée à roller

En Île-de-France, on peut faire du roller en toute sécurité sur les pistes cyclables et sur les voies goudronnées de certaines forêts (bois de Verrières, forêt de St-Germain-en-Laye ou forêt de Sénart, par exemple). Dans les bases de loisirs, il existe la plupart du temps des pistes et même des stades de glisse pour rollers et skate-boards.

Vous trouverez quelques idées de randos à roller en Île-de-France sur le site Internet de l'association **Roller Squad Institut (RSI)** – www.rsi.asso.fr.

Restauration

Notre sélection

Retrouvez notre sélection de restaurants dans la rubrique « Nos adresses » située en fin de description des principaux sites.

Les établissements sont classés par fourchettes de prix équivalents à quatre types de budget (*tableau p. 606*).

Les prix affichés correspondent à la fourchette de prix mini/maxi des plats et/ou des menus.

Les formules (constituées d'une

entrée et d'un plat ou d'un plat et d'un dessert) sont aussi parfois indiquées.

Pour répondre à toutes vos envies, nous proposons des **restaurants** régionaux, classiques ou gastronomiques, mais aussi des adresses où faire une petite pause.

Pour un choix plus étoffé, consultez **Le Guide Michelin France** (édition papier) ou **https://guide.michelin.com**.

Routes historiques

Plusieurs routes historiques sont proposées en Île-de-France :

Route des maisons d'écrivains

Mallarmé à Vulaines-sur-Seine, J.-J. Rousseau à Montmorency, Elsa Triolet et Louis Aragon au moulin de Villeneuve à St-Arnoult-en-Yvelines, Tourgueniev à Bougival, Dumas au château de Monte-Cristo à Port-Marly, Cocteau à Milly-la-Forêt, Zola et Maeterlinck à Médan... : vous découvrirez le cadre dans lequel ont vécu ces écrivains.

https://litterature-lieux.com.

Route Normandie-Vexin

La partie orientale de cette route vous mène à travers le Vexin français, dans l'Oise et le Val-d'Oise, à l'ombre des châteaux forts, au gré des paysages qui ont inspiré les peintres impressionnistes.

www.route-normandie-vexin.com.

Route du Lys de France et de la Rose de Picardie

De Champlâtreux à Boulogne-sur-Mer, cette route royale serpente à travers les départements de la Seine-St-Denis, du Val-d'Oise et de l'Oise, couverts dans ce guide, et se poursuit par les départements de la Somme et du Pas-de-Calais (*Le Guide Vert Nord-Pas-de- Calais* et *Picardie)*. Elle vous fera découvrir, dans de jolis paysages de vallées sinueuses, de forêts et de paisibles campagnes, une vingtaine de curiosités historiques parmi lesquelles l'abbaye de St-Denis, le château d'Écouen, Royaumont, L'Isle-Adam.

www.chateaux-france.fr/route-lysdefrance.

Parcours impressionnistes

Marly-le-Roi p. 283, Chatou p. 277, et Auvers-sur-Oise p. 306.

Tourisme fluvial

Le réseau navigable d'Île-de-France est riche de plus de 700 km de voies fluviales sur la **Seine** aval (de Chatou à La Roche-Guyon), la Seine amont (d'Ablon à Montereau-Fault-Yonne), l'**Yonne** (à partir de Montereau), le **canal du Loing** (à partir de Moret-sur-Loing), le **canal de l'Ourcq**, l'**Oise** et la **Marne** (de Meaux à Paris ou de Meaux à La Ferté-sous-Jouarre). Il permet des croisières de plusieurs jours sur des péniches-hôtels, des parcours sur des bateaux-promenades ou la location d'un bateau à piloter s pour un week-end ou une semaine.

Le site du Port autonome de Paris **www.haropaports.com** donne toutes sortes d'informations : points de location, escales fluviales, idées de croisières et promenades au fil de l'eau, activités nautiques, etc.

Adresses utiles

Sur la Seine et la Marne – Paris Canal – 01 42 40 29 00 - www.pariscanal.com - dép. au pied du musée d'Orsay - 77/82 €, déj. compris - réserv. obligatoire. Croisière d'une journée sur la Seine ou la Marne, du musée d'Orsay (quai Anatole-France) à l'île de Chatou ou à Chennevières, avec déjeuner dans une guinguette sur la Marne ou l'île des Impressionnistes à Chatou.

Canauxrama – 01 42 39 15 00 - www.canauxrama.com - durant l'été : jours et horaires sur le site - dép. du port de plaisance de Paris-Arsenal, (M° Bastille) ou de l'île de la Cité - réserv. obligatoire. Croisière guinguettes de Paris à Joinville aller-retour - 21 € (sans repas) - déconseillé pour les enfants. Plusieurs autres formules possibles.

Sur l'Oise – Auvers Tourisme-Sausseron impressionnistes – Auvers-sur-Oise - ✆ 01 30 36 71 81 - www.tourisme-auverssuroise.fr (rubrique Croisières sur l'Oise). D'Auvers-sur-Oise à L'Isle-Adam.

Sur la Seine aval – *Conflans-Ste-Honorine p. 298, et Melun p. 440.*

Sur le Loing – *Moret-sur-Loing p. 504.*

Tourisme industriel et urbain

Certains comités départementaux de tourisme organisent des visites d'entreprises, d'ateliers, de bureaux d'études, de laboratoires, pour découvrir une grande palette de savoir-faire et de métiers.

Le site **exploreparis.com** – regroupement des OT de Paris, Hauts-de-Seine, Val-de-Marne et de Seine-St-Denis – propose toute l'année un très riche programme de visites, sur des thématiques variées.

Hauts-de-Seine

https://destination.hauts-de-seine.fr. Certaines entreprises du département Hauts-de-Seine ouvrent parfois leurs portes. C'est l'occasion, par exemple, de visiter les ateliers Louis-Vuitton à Asnières (2 sem. 2 fois par an, inscription sur le site Internet https://fr.louisvuitton.com/fra-fr/articles/asnieres).

Seine-St-Denis

Des entreprises (RATP, Peugeot-Citroën, Christofle, ateliers de moulage du Louvre, Stade de France, aéroport Charles-de-Gaulle) s'ouvrent au public toute l'année, selon un calendrier édité par le comité départemental de tourisme de Seine St-Denis (www.tourisme93.com, onglet « Nos visites »).

Quelques sites industriels

Ailleurs dans la région, d'autres sites permettent la découverte d'un patrimoine technique intéressant (les visites ont lieu sur RV).

Port de Gennevilliers (92) – 62 rte principale du Port - ✆ 01 46 13 98 98 - inscription indispensable - 7 €. Le premier port d'Île-de-France s'étend sur 386 ha. En bateau avec un guide, on découvre les activités de cette zone industrielle (1h30).

Marché de Rungis (94) – ✆ 01 84 23 25 85 - www.visiterungis.com - sur réserv., le vend., visite guidée de 3h avec brunch sur le marché - dép. en car à 4h pl. Denfert-Rochereau (Paris, 14e) - suspendue en 2022, se rens.

Agenda

Les **manifestations** en Île-de-France sont si nombreuses qu'il serait impossible d'en dresser la liste exhaustive. Ces rencontres fleurissent, pour une journée, un week-end ou une semaine, tout au long de l'année et surtout à la belle saison. Profitez-en !

Chaque année, à l'occasion des **Journées européennes du patrimoine** en septembre, de nombreux sites fermés au public ouvrent leurs portes. Les comités départementaux du tourisme organisent des événements spécifiques.

Retrouvez l'agenda des manifestations dans les carnets pratiques en fin de chaque chapitre du guide.

Janvier

Parc culturel de Rentilly (77) – Festival Frisson Baroque : musique, théâtre et danse baroques - 01 64 02 15 15 - www.marneetgondoire.fr.

Février

Massy (91) – Festival international du cirque *(4 j. début fév.)* - 01 69 53 06 71 - www.cirque-massy.com.

Mars

Chatou (78) – Foire internationale de Chatou, antiquités, brocante, produits du terroir, sur l'île des Impressionnistes *(mars et sept.)* - 01 47 70 88 78 - www.foiredechatou.com.

Mars - avril

Créteil (94) – Festival international du film de femmes - 01 49 80 38 98 - http://filmsdefemmes.com.

Fontainebleau (77) – Foulée impériale : semi-marathon à travers la ville et le parc - 01 60 74 99 99.

Boulogne (92) – Festival Chorus (chanson française) - 01 74 34 53 53 - https://chorus.hauts-de-seine.fr. À la Seine Musicale.

Méréville (91) – Foire au cresson *(w.-end de Pâques).*

Rambouillet (78) – Fête de la tonte et de la laine à la Bergerie nationale *(fin mars ou déb. avr.) - 8 € (3-12 ans 6 €)* - www.bergerie-nationale.educagri.fr.

Seine-St-Denis (93) – Banlieues Bleues, festival de jazz - 01 49 22 10 10 - www.banlieuesbleues.org.

St-Jean-de-Beauregard (91) – Fêtes des plantes de printemps - 01 60 12 00 01 - www.chateaudesaintjeandebeauregard.com.

Vaux-le-Vicomte (77) – www.vaux-le-vicomte.com. Chasse aux œufs de Pâques. La plus grande chasse aux œufs de France ! Des milliers sont cachés dans tous les recoins du parc. Animations et spectacles.

Avril - mai

Vincennes (94) – Foire du Trône : 300 attractions foraines à la porte Dorée - www.foiredutrone.com.

Avril - novembre

Provins (77) – Au Temps des Remparts, Les Aigles des Remparts, La Légende des Chevaliers, Les Lueurs du Temps *(fin mars à déb. nov.) - https://provins.net*.

Vaux-le-Vicomte (77) – Jeux d'eau dans les jardins *(de mi-mai à fin sept., sam. en soirée)* - www.vaux-le-vicomte.com.

Versailles (78) – Les Grandes Eaux musicales *(début avr.-fin oct. : w.-end ; de mai à juin : mar.)* - www.chateauversailles.fr/grandes-eaux-jardins-musicaux.

Mai

Seine-et-Marne (77) – La Rando des 3 châteaux *(un dim. déb. mai)*, randonnée à pied ou à vélo - ✆ 01 64 14 77 77 - www.seine-et-marne.fr/fr/la-rando-des-3-chateaux.

Aérodrome de Cerny (91) – Meeting aérien de machines volantes historiques *(Pentecôte)* - ✆ 01 64 57 55 85 - https://letempsdeshelices.fr.

Écouen (95) – Festival du Connétable - ✆ 01 39 33 09 00 - www.ecouen.fr.

Fontainebleau (77) – Nature et Vénerie en fête : démonstrations de chasse à courre, de fauconnerie, concours de trompes de chasse, messe de St-Hubert - https://natureenfete.com.

Jouarre (77) – Pèlerinage aux « Saints de Jouarre » et procession à l'abbaye le lun. de Pentecôte - ✆ 01 60 22 64 54.

Rambouillet (78) – Fête du muguet : défilé de char, couronnement de la reine, fête foraine - parc du château et place Félix-Faure - ✆ 01 34 83 21 21 - www.rambouillet.fr.

Seine-St-Denis (93) – Rencontres chorégraphiques internationales dans plusieurs villes du 93 - ✆ 01 55 82 08 08 - www.rencontreschoregraphiques.com.

Mai – juin

Nogent-sur-Marne (94) – Médiévales : spectacles et animations médiévales *(fin juin ou déb. juil.)* - ✆ 01 43 24 62 00 - www.ville-nogentsurmarne.com.

St-Denis (93) – Festival de St-Denis, concerts de musique classique *(fin mai à déb. juil.)* - ✆ 01 48 13 06 07 - festival-saint-denis.com.

Mai – janvier

Chartres (28) – Chartres en lumières : parcours nocturne dans la ville dont les principaux monuments sont illuminés *(mai à mi-janv.)* - www.chartresenlumieres.com.

Juin – juillet

Aérodrome du Bourget (93) – Salon international de l'aéronautique et de l'espace *(les années impaires)* - www.siae.fr.

Auvers-sur-Oise (95) – Festival international de musique *(de mai à début juil.)* - ✆ 01 30 36 77 77 - www.festival-auvers.com.

Barbizon (77) – Traditionnelle fête du village où la peinture est mise à l'honneur *(un dim. de juin)* - ✆ 01 60 66 41 87 - www.fontainebleau-tourisme.com.

Bièvres (91) – Foire internationale de la photo *(1er w.-end de juin)* - www.foirephoto-bievre.com.

Conflans-Ste-Honorine (78) – Fête du Pardon de la Batellerie *(3 j. le 3e w.-end de juin)* : spectacles, animations et restauration - ✆ 01 34 90 39 32 - www.conflans-sainte-honorine.fr.

Dourdan (91) – Fête médiévale : marché médiéval, troubadour, danses et tournoi *(1er w.-end de juin)* - www.dourdan-tourisme.fr.

Fontainebleau (77) – Festival de l'histoire de l'art à Fontainebleau, Avon et Milly-la-Forêt - http://festivaldelhistoiredelart.com.

Lagny-sur-Marne (77) – Fête de la Marne : spectacles, croisières, paddle, concours de pêche, etc. - ✆ 01 64 02 15 15 - www.lagny-sur-marne.fr.

Le Plessis-Robinson (92) – Fête des guinguettes - ✆ 01 46 01 43 21 - www.plessis-robinson.com.

L'Haÿ-les-Roses (94) – Rendez-vous au jardin *(1er w.-end de juin - gratuit)* : w.-end portes ouvertes pour découvrir la richesse des collections de roses - ✆ 01 47 40 04 04 - www.valdemarne.fr.

Milly-la-Forêt (91) – Marché de l'herboriste *(1er w.-end de* *juin)* : halle de Milly, marché de producteurs de « simples » - ✆ 01 64 98 86 93 - www.lemarchedelherboriste.fr.

Nanterre (92) – Parade(s) Festival des arts de la rue et du cirque - www.ot-nanterre.fr.

Pantin (93) – Festival du court-métrage - ✆ 01 48 10 30 51 - www.cotecourt.org.

Provins (77) – Provins au Moyen Âge : les Médiévales, spectacle son et lumière. https://provins-medieval.com.

Fontainebleau (77) – Festival de jazz Django Reinhardt *(fin juin-déb. juil.)* - www.festivaldjangoreinhardt.com.

Seine-et-Marne (77) – Couleur jardin (parcs et jardins remarquables habituellement fermés au public) - ✆ 01 64 03 30 62 - www.77couleurjardin.com.

St-Cloud (92) – Films sous les étoiles : projection dans le parc de St-Cloud *(gratuit - 3 j. dernière sem. de juin) - www.domaine-saint-cloud.fr.*

St-Ouen (93) – Festival Didier Lockwood (jazz musette aux Puces) - *4 j. mi-juin* - www.tourisme93.com.

Vaux-le-Vicomte (77) – Journée Grand Siècle : enfilez votre costume 17e ou 18e s. pour un déjeuner sur l'herbe - ✆ 01 64 14 41 90 - www.vaux-le-vicomte.com.

Juin – septembre

Meaux (77) – Spectacle son et lumière mettant en scène 3600 personnages qui font revivre les grandes heures de l'histoire de Meaux de l'an 800 à la Libération - sur RV au ✆ 01 64 33 95 15 - spectacle-meaux.fr.

Vincennes (94) – « Pestacles du Parc floral » (vallée des Fleurs) - accès libre une fois dans le parc. Festival jeune public avec théâtre, concerts, lectures et spectacles de rue - ✆ 01 48 51 38 98 - festivalsduparcfloral.paris.

Vincennes (94) – Paris Jazz Festival et Festival classique au vert *(en été, les sam. et dim.)* et les Nocturnes : le Parc floral accueille des concerts et des animations gratuits (entrée au parc à acquitter) - https://festivalsduparcfloral.paris/programmation/paris-jazz-festival.

Enghien-les-Bains (95) – Festival « Bains numériques » : expositions autour de l'art numérique en journée et concerts sur le lac en soirée - www.cda95.fr.

St-Germain-en-Laye (78) – Fête des Loges : fête foraine - www.fetedesloges.fr.

Juillet – août

Canal de l'Ourcq (93) – L'Été du canal est un festival qui célèbre ce lieu de loisirs en proposant animations, balades en bateau, jeux nautiques, visites guidées, etc. - www.tourisme93.com.

Chartres (28) – Soirées estivales : théâtre, spectacles de rue et musique - ✆ 02 37 18 26 26 - www.chartrestivales.com.

Coulommiers (77) – Festival Jazz aux Capucins *(tous les dim. de juil.)* - ✆ 01 64 75 80 20 - www.coulommierspaysdebrie-tourisme.fr.

Versailles (78) – Les Grandes Eaux nocturnes - www.chateauversailles-spectacles.fr.

Août

St-Cloud (92) – Festival Rock en Seine, dans le parc de St-Cloud *(fin août)* - www.rockenseine.com.

Royaumont (95) – Festival *(fin août-déb. oct.)* : concerts à l'abbaye - ✆ 01 30 35 59 00 - www.royaumont.com.

Septembre

Chartres (28) – Fête de la Lumière *(3e sam. de sept. tous les 2 ans, années impaires) - www.chartresenlumieres.com.*

Brétigny-sur-Orge (91) – Fête de l'Huma : grande fête annuelle du Parti communiste avec concerts, théâtre, spectacles pour enfants, dégustations et débats - fete.humanite.fr.

Marnes-la-Coquette (92) – Journée nationale du cheval *(un dim. de sept.)* : concours hippiques, démonstrations et galops d'essai, au haras de Jardy - ✆ 01 47 01 35 54 - www.marnes-la-coquette.fr.

Les Mureaux (78) – Fleurs en Seine - 2 jours en hommage au végétal - fleurs-en-seine.fr.

St-Cloud (92) – Le Grand Feu : le plus grand feu d'artifice d'Europe *(1er ou 2e sam. de sept.)* - www.le-grand-feu.com.

St-Germain-en-Laye (78) – L'Estival, festival de musique *(mi-sept.-1ère sem. d'oct.)* - www.lestival.fr.

St-Jean-de-Beauregard (91) – Fêtes des plantes d'automne *(vend.-dim. fin sept.)* - ✆ 01 60 12 00 01 - www.chateaudesaintjeandebeauregard.com.

Sceaux (92) – Festival de l'Orangerie : concerts de musique de chambre *(3 sem. en sept.)* - ✆ 01 75 32 58 37- www.festival-orangerie.fr.

Octobre

Melun (77) – Melun fête son brie *(1er sam.)* - ✆ 01 64 52 64 52 - www.ville-melun.fr.

Montfort-l'Amaury (78) – Journées Ravel *(2 w.-end d'oct.)* : concerts, rencontres musicales et conférences - ✆ 01 34 86 96 10 - www.lesjourneesravel.com.

Île-de-France – Balades du goût dans de nombreuses fermes de la région (portes ouvertes durant 2 jours) - ✆ 01 64 79 30 65 ou 01 39 23 42 17 - www.balade-du-gout.fr.

Suresnes (92) – Festival des vendanges *(1er w.-end)* : cirque, musique et théâtre - ✆ 01 41 18 18 21- www.suresnes-tourisme.com.

Novembre - décembre

Mantes-la-Jolie (78) – Festival Blues-sur-Seine - ✆ 01 30 92 35 38 - www.blues-sur-seine.com.

Montreuil (93) – Salon du livre et de la presse jeunesse - ✆ 01 55 86 86 55 - slpjplus.fr.

Décembre

Vaux-le-Vicomte (77) – Vaux-le-Vicomte en lumières. Décor féerique et spectacle pour les enfants *(de fin oct. à début janv.)* - www.vaux-le-vicomte.com

Livres

Histoire

COLLECTIF, **Atlas des Franciliens**, 2013.
BERNUS Pierre, **Petite Histoire de l'Île-de-France des origines au début du 20e siècle**, 2010.
CANAC Sybil, MAN Victoria, **Femmes célèbres d'Île-de-France**, 2013.
DEUTSCH Lorànt, **Métronome, l'histoire de France au rythme du métro parisien**, 2009.
FERRAND Franck, **Dictionnaire amoureux de Versailles**, 2013.
GRIMAUD Renée, **Hauts-de-Seine insolites**, 2013
LACAILLE Frédéric, **Versailles : 400 ans d'histoire**, 2012.
MULON Marianne, **Noms de lieux d'Île-de-France**, 1997.
BAUER Olivier, CHARTIER Olivier et LEIMDORFER Gilles, **Au cœur de Rungis**, 2015.
DA VINHA Mathieu, **Versailles, enquête historique**, 2015.
COLLECTIF, **Guide des Grands Parisiens 2021-2023**, 2021.

Art et architecture

COLLECTIF, **Les Édifices religieux du 20e siècle en Île-de-France**, 2013.
CAZELLES Diane, DE LAUBIER Guillaume, **Made in banlieues, Voyages inattendus aux portes de Paris**, 2010.
CHICUREL Arnaud, **Châteaux d'Île-de-France**, 2012.
CHOMETTE Guy-Pierre et VINCENZO Valerio, **Le Piéton du Grand Paris**, 2014.
CINQUALBRE Olivier, LABASSE Alexandre, **Œuvres construites 1958-2009, Architectures de collection Paris Île-de-France**, 2009.
LE GOFF Nicolas, **L'Autre Paris**, 2018. Du même auteur, **À l'ouest, un autre Paris**, 2019.
LOMBARD Stéphanie, **Guide du street art à Paris, Vitry, Montreuil, St-Denis**, 2020.
ORLANDINI Alain, **Le Stade du Parc des Princes**, 2009.
SAËZ Évelyne, GRÉGOIRE Jean-Yves, **Sites impressionnistes en Île-de-France**, 2013.

Nature

FETERMAN Georges, **Guide des plus beaux arbres de Paris et d'Île-de-France, arbres insolites, historiques, majestueux**, 2014.
JACOBSOHN Antoine, PETZOLD Alexandre, **Le Potager du roi, Dialogue avec La Quintinie**, 2017.
COLLECTIF, **Parcours mythologique dans les jardins de Versailles**, 2019.
LUSTRAT Philippe, **Animaux de la forêt de Fontainebleau**, 2020.
COLLECTIF, **Guide des jardins remarquables en Île-de-France**, 2020.
LE MARÉCHAL Pierre, LALOI David, **Les Oiseaux d'Île-de-France, nidification, migration, hivernage**, 2013.
MINVIELLE Anne-Marie, **Curiosités botaniques à Paris et en Île-de-France**, 2005.
ROSTAING Aurélia, **Les Jardins de Le Nôtre en Île-de-France**, 2010.

Rambouillet : villes, curiosités et régions touristiques.
Monet, Claude : noms historiques ou termes faisant l'objet d'une explication.
Les sites isolés (châteaux, abbayes...) sont répertoriés à leur propre nom.
Nous indiquons par son numéro, entre parenthèses, le département auquel appartient chaque ville ou site. Pour rappel :

28 : Eure-et-Loir
60 : Oise
75 : Paris
77 : Seine-et-Marne
78 : Yvelines
91 : Essonne
92 : Hauts-de-Seine
93 : Seine-St-Denis
94 : Val-de-Marne
95 : Val-d'Oise

A

B

J

K

L

M

S

T

Carte générale

Premier rabat de couverture

Cartes des régions

Plans de ville

Plans de monuments et sites

Espaces verts

Carte thématique

Carte des circuits

Plans de métro et de RER

LÉGENDE DES CARTES ET PLANS

Curiosités et repères

Itinéraire décrit, départ de la visite
Église
Mosquée
Synagogue
Temple
Temple : bouddhique - hindou
Bâtiment
Monastère - Phare
Fontaine
Point de vue
Château - Ruine ou site archéologique
Barrage - Grotte
Monument mégalithique
Tour génoise - Moulin
Temple - Vestiges gréco-romains
Autre lieu d'intérêt, sommet
Distillerie
Palais, villa, habitation
Cimetière : chrétien - musulman - israélite
Oliveraie - Orangeraie
Mangrove
Auberge de jeunesse
Gravure rupestre
Pierre runique
Église en bois
Église en bois debout
Parc ou réserve national
Bastide

Sports et loisirs

Piscine : de plein air - couverte
Plage - Stade
Port de plaisance - Voile
Plongée - Surf
Refuge - Promenade à pied
Randonnée équestre
Golf - Base de loisirs
Parc d'attractions
Parc animalier, zoo
Parc floral, arboretum
Parc ornithologique réserve d'oiseaux
Planche à voile, kitesurf
Pêche en mer ou sportive
Canyoning, rafting
Aire de camping - Auberge
Arènes
Base de loisirs, base nautique ou canoë-kayak
Canoë-kayak
Promenade en bateau

Informations pratiques

Information touristique
Parking - Parking - relais
Gare : ferroviaire - routière
Voie ferrée
Ligne de tramway
Départ de fiacre
Métro - RER - Tramway
Station de métro (Calgary, ...) (Montréal)
Téléphérique, télécabine
Funiculaire, voie à crémaillère
Chemin de fer touristique
Transport de voitures et passagers
Transport de passagers
File d'attente
Observatoire
Station-service - Magasin
Poste - Téléphone
Internet
Hôtel de ville
Banque, bureau de change
Palais de justice - Police
Gendarmerie
Théâtre - Musée
Université
Musée de plein air
Hôpital
Marché couvert
Aéroport
Parador, Pousada (Établissement hôtelier géré par l'État)
A Chambre d'agriculture
D Conseil provincial
G Gouvernement du district, Délégation du Gouvernement Police cantonale
L Gouvernement provincial (Landhaus)
P Chef-lieu de province
Station thermale
Source thermale

Axes routiers, voirie

Autoroute ou assimilée
Échangeur : complet - partiel
Route
Rue piétonne
Escalier - Sentier, piste

Topographie, limites

Volcan actif - Récif corallien
Marais - Désert
Frontière - Parc naturel

Comprendre les symboles utilisés dans le guide

LES ÉTOILES

★★★ **Vaut le voyage** ★★ **Vaut le détour** ★ **Vaut la visite**

HÔTELS ET RESTAURANTS

9 ch.	Nombre de chambres		Wi-Fi
7,5 €	Prix du petit-déjeuner en sus		Piscine
50 €	Prix de la chambre double, petit-déjeuner compris	CC	Paiement par cartes de crédit
bc	Menu boisson comprise		Carte de crédit non acceptée
	Air conditionné dans les chambres	P	Parking réservé à la clientèle
	Restaurant dans l'hôtel	Tram	Station de tramway la plus proche
	Établissement servant de l'alcool (à l'étranger)	M	Station de métro la plus proche

SYMBOLES DANS LE TEXTE

	À faire en famille		Organisme de tourisme
	Pour approfondir		Astuce, conseil
	Promenade à pied		Adresse coup de cœur
	Randonnée à vélo	A2 B	Repère sur le plan
	Facilité d'accès pour les personnes à mobilité réduite		Tourisme écoresponsable

Note au lecteur

Michelin a apporté le plus grand soin à la rédaction de ce guide et à sa vérification. Toutefois, les informations pratiques (formalités administratives, prix, adresses, numéros de téléphone, adresses Internet, etc.) doivent être considérées comme des indications du fait de l'évolution constante de ces données.

Il n'est pas totalement exclu que certaines d'entre elles ne soient plus, à la date de parution du guide, tout à fait exactes ou exhaustives. N'hésitez pas à nous signaler toute omission ou inexactitude que vous pourriez constater, ainsi qu'à nous faire part de vos avis et suggestions sur les adresses contenues dans ce guide.

Avant d'entamer toute démarche, formalités administratives ou douanières notamment, vous êtes invité à vous renseigner auprès des organismes officiels. Ces informations ne sauraient, de ce fait, engager notre responsabilité.

Collection sous la direction de Philippe Orain

Responsable d'édition et rédactrice en chef du guide : Catherine Guégan

Secrétaire d'édition : Anna Crine

Rédaction : Juliette Dablanc, Lucie Dejouhanet, Sandrine Favre, Renée Grimaud, Serge Guillot, Guylaine Idoux, Sylvie Kempler, Fadila Khafin, Marie Lionnet, Laurence Ottenheimer, Françoise Rault, Emmanuelle Souty
Ont contribué à ce guide : Steluța Anghel, Paula Cepraga, Theodor Cepraga, Denis Rasse (**Cartographie**), Véronique Aissani, Carole Diascorn (**Couverture**), Marion Capera, Margot Santraine, Marie Simonet (**Iconographie**), Oana Dimitriu, Claudiu Spiridon (**Données objectives**), Bogdan Gheorghiu, Cristian Catona, Gabriel Dragu, Hervé Dubois, Pascal Grougon (**Prépresse**), Dominique Auclair (**Pilotage**)

Remerciements : Céline Barbin, Musée du Domaine départemental de Sceaux ; Célia Dahan, Service de presse - Département des Hauts-de-Seine ; Émilie Filliot, Tourisme Val de Marne ; Alexandre Gady, Mission de préfiguration du Musée du Grand Siècle ; Clothilde Lassegue, Seine-Saint-Denis Tourisme ; Julie Ruault, Seine-et-Marne Attractivité

Conception graphique
Christelle Le Déan, Sandro Borel, Justeciel (maquette intérieure)
Véronique Aissani, Marie-Pierre Renier (couverture)

Régie publicitaire et partenariats
contact.clients@editions.michelin.com
Le contenu des pages de publicité insérées dans ce guide n'engage que la responsabilité des annonceurs.

Contacts
Vous souhaitez nous contacter ?
Rendez-vous dans la rubrique contact de notre site internet : editions.michelin.com

Parution 2023

MICHELIN Éditions
Société par actions simplifiée au capital de 487 500 EUR
57 rue Gaston Tessier – 75019 Paris (France)
R.C.S. Paris 882 639 354

Dépôt légal : 02 2023 – ISSN 0293-9436
Compograveur : IGS-CP, L'Isle-d'Espagnac
Imprimeur : Chirat, St-Just-la-Pendue
Imprimé en France : 02 2023

Sur du papier issu de forêts bien gérées

LE GUIDE VERT

- **Découvrir l'Île-de-France :** 9 régions pour plonger au cœur de la destination.
- **Comprendre l'Île-de-France :** des thématiques culturelles pour enrichir son voyage.
- **Organiser son voyage :** les informations pratiques pour préparer son voyage et profiter de son séjour sur place.
- Des sites touristiques classés par **étoiles** :

★★★ Vaut le voyage
Pour une expérience unique et inoubliable !

★★ Vaut le détour
Allez-y sans hésiter, un site remarquable !

★ Vaut la visite
Soyez curieux, poussez les portes !

À chaque étape, consultez **nos adresses** répertoriées par catégories de prix :

	Hébergement*	Restauration
Premier prix	jusqu'à 80 €	jusqu'à 20 €
Budget moyen	de 80 à 120 €	de 20 à 40 €
Pour se faire plaisir	de 120 à 160 €	de 40 à 60 €
Une folie	plus de 160 €	plus de 60 €

*Prix d'une chambre double en haute saison